학교경영의
이론과 실제

주삼환 · 신재흡 공저

머리말

오늘날 세계 각국에서는 교육개혁에 노력을 집중하고 있으며, 우리나라도 예외가 아니다. 아무리 혁신적 정책이 수립된다고 하더라도 교육개혁의 실현은 학교라는 교육현장에서 성패가 결정되는 것이다. 그리고 그것은 학교의 교육 경영책임자인 학교장의 전문적 자질과 그 지도성 여하에 달려 있다고 생각된다.

어떤 사회나 조직을 이끌어가는 지도자의 중요성은 아무리 강조해도 지나침이 없다. 학교경영에 있어서도 그 중심축에 서 있는 학교장의 역할이나 능력, 그리고 자세 여하에 따라 학교 운영의 모습이 달라지고 학교에 대한 학부모와 지역사회의 인식이 다르게 나타날 것이다. 이러한 관점에서 학교장의 역할을 재정립하고 이를 수행할 수 있는 능력과 자질 및 자격요건을 새롭게 설정해야 한다는 논의가 많이 제기되고 있다.

현재 내외 환경의 급속한 변화에 대한 우리 학교경영의 대응방안은 교장이 새로운 지도성과 직능 발휘를 바람직하게 할 수 있도록 교사집단과 협력체제를 구축하고, 전문직성을 가진 교장과 교사집단의 협력으로 학교경영체제의 활성화를 강구하면서 그것을 더욱 발전시키는 데 있다. 즉, 학교장의 직무수행을 위하여 더 이상 그 상식 수준에 머무를 수는 없다. 그 전문직성을 향상시켜서, 학교경영체제의 목표 달성을 효과적으로 그리고 능률적으로 이루기 위하여, 학교장은 새로운 지도성을 창안하여 그 경영실천력을 전문적으로 배가해야 할 것이다.

교사라면 누구나 언젠가는 학교경영자가 되어서 나름대로의 교육적인 꿈을 펼쳐 보고 싶어할 것이다. 하지만 모든 교사가 학교경영자가 될 수는 없다. 왜냐하면 모든 교사가 경영자가 될 만한 지식과 기술, 그리고 경륜과 경험을 갖추고 있다고 볼 수 없을 뿐 아니라 학교장으로 승진할 수 있는 기회가 제한되어 있기 때문이다. 그러면 어떤 교사가 학교경영자가 될 수 있는가, 그리고 학교경영자의 자질은 어떻게 갖추어질 수 있는가? 무엇보다도 학교장의 역할을 충분히 이해하고 학교경영에 관한 이론적인 배경은 물론 실제적인 문제 상황을 잘 해결해나갈 수 있는 능력과 자질을 구비해야 가능하다. 말하자면, 학교장의 역할이나 행위에 대하여 제대로 인식하고 학교경영 현상이나 행위를 종합적으로 이해 및 설명하고 분석할 뿐만 아니라 학교 내외를 둘러싼 학교경영 미래를 예상하고 또 이를 해결할 수 있는 대안 제시능력이 있어야 한다.

이에 본서에서는 변화하는 시대적 상황 속에서 교장의 역할을 효율적으로 효과적으로 수행하는 데 필요한 지침을 제시하기 위해 실천적인 사례와 경험을 담은 자료를 담고자 노력하였다. 그리고 학교장으로서의 기본적으로 이해해야 할 이론적 바탕을 토대로 학교장이 수행해야 할 역할을 규명하고, 이러한 역할을 수행하는데 있어서 필요한 여러 가지 학교경영의 실제 사례도 중점적으로 다루었다. 특히 학교경영에서 실제로 직면하는 문제들을 해결하는 데 도움을 줄 수 있다고 여겨지는 경험들을 담고자 노력하였다. 아울러 학교경영 혁신을 위한 기술이나 기법과 학교교육의 발전과 혁신을 가져오는 데 결정적인 요소가 되는 학교장의 자세와 자질 등에 대한 내용도 다루었다.

우선 제I부에서 학교경영의 이론적 기초를 다루었다. 제1장 지도성(지도성 이론의 개요, 교육 지도성), 제2장 의사소통(의사소통의 개념 및 발전과정, 의사소통의 구성요소와 기능, 의사소통의 접근법, 의사소통의 과정모형과 의사소통망의 종류, 의사소통의 유형, 의사소통의 장애요인, 의사소통의 원칙과 개선방법, 의사소통의 기법, 의사소통 장애의 극복과 효과적 의사소통), 제3장 의사결정(의사결정의 개념과 의의, 의사결정의 유형과 과정, 의사결정의 이론 모형, 의사결정의 영향 요인, 의사결정과 구성원의 참여, 의사결정의 제약 요인, 집단의사결정), 제4장 동기유발(동기의 개념, 동기의 구성요소, 동기유발 이론의 종류, 동기이론의 통합모형, 학교조직에서 교직원들의 동기유발, 동기이론의 시사점), 제5장 조직개발(조직개발, 조직개발과 지도자의 역할, 조직변화의 저항과 극복방안), 제6장 조직갈등과 스트레스(갈등의 정의와 갈등관, 학교조직에서 갈등의 원천, 갈등의 유형, 조직갈등의 원인 및 관리, 조직갈등 해결의 기법, 스트레스의 개념과 특성, 스트레스의 원인과 결과, 학교행정가의 스트레스 관리법), 제7장 학교조직의 역할분담(학교조직의 특성 및 발전 방향, 학교조직의 인간관계, 학교조직의 효율적 관리, 교육행정가의 역할, 학부모의 역할 · 지원 · 참여활동 및 참여의 유의점) 등을 소개했다.

제II부에서는 학교경영의 실제를 다루었다. 제8장 교장직의 기능과 직무(교장직의 기능, 교장직의 직무), 제9장 학교경영기법(목표관리기법, 경영정보체제, 과업평가계획기법, 기획예산제도, 교육비 분석, 델파이 방법), 제10장 학교경영의 실천(학교운영위원회, 직원회와 기획위원회, 학부모회, 교원단체활동 관리, 학교환경 조성·관리 및 정화, 수련회와 현장체험학습, 학교 자체연수, 학교교육계획 수립과 학교평가), 제11장 현장 중심의 학교장의 지도성(학교중심 교육과정개발과 학교장의 지도성, 단위학교 책임경영제와 학교장의 지도성, 총체적 질 경영(TQM)과 학교장의 지도성, 학교 공동체 문화와 학교장의 지도성), 제12장 21세기의 교육지도자(지도성 개발의 방향, 교육 지도성의 개발 방안, 21세기 교육지도자) 등을 소개했다.

본서는 학교교육의 현장에서 경영연구와 교육발전에 진력하고 계신 교장(감)선생님들에게 크게 도움이 되리라 생각한다. 아직은 이 방면의 연구가 미흡하지만 갖고 있는 자료들을 정리하여 앞으로 계속 보완할 것을 약속드린다. 독자 여러분의 아낌없는 지도와 충고를 바란다.

마지막으로 출간을 맡아 주신 학지사 사장님과 좋은 책을 만들려고 애써주신 편집부 여러분께 감사한다. 그리고 필자로 하여금 계속 생각하고, 글쓰는 기회를 준 분들에게 고마움의 뜻을 전하는 바이다.

2006년 2월

주삼환·신재흡

차 례

제2부 학교경영의 실제

제 1 부

학교경영의 이론적 기초

제1장 지도성

모든 조직에는 조직의 과업, 조직의 구성원, 조직의 지도자가 존재한다. 그리고 그 조직의 성패는 조직의 지도자가 어떠한 영향력을 어떻게 발휘하느냐에 따라 결정된다. 지도성이라는 문제는 집단이 존재하는 곳이라면 어디서든 사람들의 관심을 끄는 주제임에 틀림없다. 지도자의 영향력은 조직의 성패를 좌우하는 결정적인 요인으로서, 지도자에 대한 자질과 역량에 대한 관심과 연구가 지속적으로 이루어지고 있는 것이다(B. M. Bass, 1990).

오늘날 지도성은 모든 조직이나 집단에서 필요한 것으로 인식되고 있다. 학교조직에서도 예외는 아니다. 학교행정가의 지도성은 그의 조직의 성공여부를 결정하는 중요한 요인이 된다. 현대 모든 조직이 훌륭한 지도자를 원하듯이 학교행정가도 그가 맡은 행정단위의 지도자라고 말할 수 있다. 지도성에 관한 지식은 학교행정가가 그의 역할과 기능을 효과적으로 수행하는 데 제일차적 요건이 된다.

지도성에 대한 관심은 테일러(F. W. Taylor)의 과학적 관리론이 지배하던 시대에는 별로 강조되지 아니하였다. 인간관계론 시대에 들어와서야 비로소 지도성의 중요성이 강조되었으며, 또한 지도성에 대한 본격적 연구는 사회학 및 심리학의 영향을 받아 그 후에 나타나기 시작했다. 그리고 지도성에 대한 접근방식은 제 학자마다 다르며, 지도성에 대한 정의도 매우 다양하다. 특히 학교행정가가 관심을 두어야 할 교육지도성은 다른 지도자에서 볼 수 없는 특수한 지도성이며, 학교행정의 특수성과 핵심을 파악하는 데 있어서 강조해야 할 특수지도성 요인이라 할 것이다. 학교장은 학교교육의 목표달성을 위해 여러 가지 자원들을 활용하고 조정한다. 무엇보다도 목표달성을 위해 구성원들을 동기화시키고, 그들의 능력을 최대한 동원하여 활용하며, 또 이를 개발시켜야 한다.

이러한 맥락에서 본 장에서는 이러한 노력과 관련하여 학교경영행위에서 매우 빈번하게 일어나는 지도성에 대한 전반적 내용을 살펴보고자 한다. 즉 지도성 이론의 개요, 교육지도성의 개요 등에 대해서 고찰하고자 한다.

제1절 지도성 이론의 개요

지도성 이론의 개요에는 지도성의 개념, 지도성 영향력의 원천, 지도성과 창의력, 지도성 본질에 따른 쟁점, 학교행정가와 지도성, 지도성의 다양한 차원 등을 살펴보기로 한다.

1. 지도성의 개념

지도성은 조직구성원들이 지도자를 리더로 인정할 때 형성된다. 조직구성원들이 지도자의 행동을 인식하고 그의 영향력을 인정할 때 그에 대해 헌신하게 된다는 것이다. 이러한 관점에서 지도성이란 조직의 목적을 효율적으로 달성하기 위하여 조직의 과업과 구성원에게 끼쳐지는 조직의 지도자의 영향력으로 볼 수 있다. 결국 지도성을 올바로 이해하기 위해서는 지도자의 자질, 지도자와 추종자(follower)와의 관계, 조직의 다양성 상황 등을 다각적으로 고려하여 살펴보아야 하며, 다양한 지도성의 개념들 속에 내재된 본질을 이해하는 것이 바람직하다. 지도성에 대한 학자들의 다양한 관점을 살펴보면 다음과 같다.

첫째, 지도성을 조직의 목표 성취를 위한 지도자 자신의 행동 혹은 일련의 과정으로 보는 전통적인 관점이다. 이러한 관점은 조직의 방향, 목적 혹은 목표를 마련하여 구성원들에게 제시하고, 그 목표의 성취를 위해 조직의 모든 역량을 발휘하고, 구성원들의 행동을 지시 및 조정하는 지도자의 행동에 초점을 둔다. 이러한 관점의 지도성 개념은 다음과 같다.

i) 공동의 목표를 향해 집단의 행동을 지시하는 개인의 행동(J. K. Hemphill & A. E. Coons, 1957: 7)

ii) 조직의 목적과 목표를 완수하거나 조직의 목적과 목표를 변화시키기 위한 새로운 조직을 만들 어 내는 것(J. M. Lipham, 1964)

iii) 지도자가 그의 집단 구성원들의 일을 지시하고 조정하는 과정에 종사하는 특정한 행위(F. E. Fielder, 1963)

iv) 조직의 특수성이 요구하는 직무 달성을 위해 구성원들에게 전문적 지도 통제 및 조장 등의 행사(N. Gross & R. E. Harriot, 1965)

둘째, 조직의 구성원들로 하여금 자신들의 맡은 과업을 달성하도록 유도하는 지도자의 일련의 과정으로 보는 관점이다. 이러한 관점은 조직구성원들로 하여금 지도자가 기대하는 행동을 유도하거나, 주어진 과업을 달성하도록 이끌어 내는 과정에 초점을 둔다. 이러한 지도성의 실례는 다음과 같다.

i) 다른 사람들로 하여금 개인이 이끄는 대로 수락하게 하는 행위의 질(L. F. Urwick, 1958)

ii) 조직구성원으로 하여금 주어진 과업을 달성하도록 유도하는 과정(H. Koonts & C. O'Donnell, 1972: 557)

iii) 타인을 자기가 바라는 대로 행동하도록 유도하는 과정(W. G. Bennis, 1959)

iv) 추종자들에게 신뢰감을 심어 주고 스스로 리더의 의지에 따르도록 유도할 때 조직의 목적을 효과 있게 달성할 수 있다고 봄(C. I. Barnard, 1968: 174)

셋째, 지도성을 상황에 적합한 지도자의 영향력으로 보는 관점이다. 이러한 관점은 어떤 상황에서 조직의 목표를 달성하기 위하여 지도자가 개인 혹은 집단에게 행사하는 영향력에 초점을 둔다. 이러한 지도성의 개념을 설명한 예는 다음과 같다.

i) 일정한 상황 속에서 목표 달성을 위해 개인 또는 집단의 활동에 영향력을 행사하는 과정(P. Hersey & K. H. Blanchard, 1993)

ii) 어떤 사람이 다른 사람에게 의도적으로 영향력을 행사하여 소기의 목적을 달성하는 과정으로 보고, 지도자가 의도적으로 영향력을 행사하여 목적을 달성하도록 하는 기술(A. D. Szilagyi & M. J. Wallace, 1990: 385)

iii) 특수한 상황에서 특수한 목표의 획득에 관한 상호 개인적 영향력(R. Tannenbaum & F. Massarik, 1968)

iv) 집단의 목표설정과 목표 달성을 위하여 조직구성원들의 활동에 영향을 주는 행위(R. M. Stogdill, 1974)

넷째, 최근 강조되는 변혁적 지도성의 관점으로, 이러한 관점은 카리스마(charisma), 개인적 배려(individualized consideration), 지적 자극(intellectual stimulation) 등에 초점을 두며, 이를 구체적으로 제시하면 다음과 같다(신재흡, 2002).

i) 지도자의 카리스마는 모든 부하들로부터 존경을 받음과 동시에 조직에 정말로 중요한 것이 무엇인지 파악할 수 있는 비범한 재능과 조직의 목표 측면에서 조직구성원들에게 열정, 신념, 충성심, 자부심, 신뢰감을 불러일으키며, 어떤 위기나 절망적인 상황에서도 합리적인 해결책을 제시하면서 성공 가능성의 고양을 통하여 부하들에게 자신의 능력을 보여줄 수 있어야 한다. 카리스마 변인으로는 교사들에게 비전을 제시하며 자부심과 확신감 및 사명감을 심어 주며, 존경과 신뢰감 유발, 과업에 대한 동기 부여 등이 있다.

ii) 개인적 배려를 통해 지도자가 부하들에게 개별적인 관심을 기울이는 것이다. 그들에게 책임감을 갖도록 하고 발전적인 경험을 제공함으로써 조직구성원들의 생산성 향상 및 지도성을 육성하는데 목적이 있다. 개인적 배려의 변인으로는 교사들에게 개별적 조언 및 고충에 대한 관심, 교사들의 입장 고려, 교사들과 함께 하는 시간 할애, 교사들의 능력 발휘에 대한 도움 등이 있다.

iii) 지적 자극은 리더가 창의적인 관점에서 하위자들을 고무시켜 진취적 의식을 느끼도록 하는 것이다. 어떤 사안에 대해서 문제 해결법을 제시함으로써 고정관념에서 벗어나도록 역량을 발휘하며, 문제 해결능력의 향상을 촉진시키는 것으로 볼 수 있다. 지적 자극 변인에는 사려 깊은 사고력, 지적 능력의 활용, 새로운 아이디어를 획득하도록 요구하며, 새로운 방식의 업무처리, 다양한 시각의 요구 등이 있다.

위와 같이 지도성을 보는 관점에 따라 다양하게 정의할 수 있지만, 다양한 개념들 속에 공통적으로 강조되는 지도성은 조직의 목표 달성을 지향하고 있다. 그리고 조직 내에서는 두 사람 이상이 상호 작용하는 과정 혹은 영향력이며, 새로운 조직의 문화 혹은 분위기를 창출한다는 점에서 그 본질을 찾을 수 있다. 결국 지도성에 대한 기본적 이해의 출발은 조직의 모든 상황에 적용될 수 있는 새롭고 완전한 지도성 개념을 진술하는 것이 아니라, 다양한 지도성 개념 속에 공통으로 내포하고 있는 본질을 이해하는 것이다. 다양한 지도성의 개념 속에 함축된 주안점을 정리하면 다음과 같다. 지도성이란 집단이나 조직의 목적을 달성하기 위하여 지도자가 집단에 영향력을 행사하는 과정으로 집약할 수 있다. 이러한 영향력의 행사는 파워를 소유함으로써 가능한 것으로 볼 수 있으며, 학교 경영자의 바람직한 지도성은 학교 조직의 목적을 효율적으로 달성하기 위하여 교육 이념 및 다양한 학문적 식견과 전문성에 근거하여, 조직구성원들의 민주적인 참여를 유도하고 창의적인 의견을 수렴하여, 학교 구성원들을 위해서 변화촉진자 및 안정유지자로서의 역할을 슬기롭게 수행하는 것이라고 볼 수 있다(신재흡, 2002).

2. 지도성 영향력의 원천

어떤 개인 또는 집단에서 지도자가 지도성을 발휘하며 조직구성원들을 이끌어 나갈 수 있는 영향력에는 여러 가지 힘의 원천이 있다. 따라서 조직구성원들에 대한 지도자의 권위는 영향력의 원천에 따라 달라질 수 있고, 그 영향력은 지도성의 의미와 깊은 관련성을 맺고 있다. 일반적으로 하위자들에 대한 지도자의 영향력은 권한 혹은 권위와 유사하게 사용되지만, 의미상 다소 차이가 있다.

권한 혹은 권위는 조직이나 사회가 이미 만든 규칙 혹은 법규에 위한 합법적 지위를 바탕으로, 위에서 아래로 흐르는 공식적 특성을 가지고 있으며, 하위자들에 의하여 받아들여져야 행사된다(Ivancevich & Matteson, 1987). 다시 말하면, 권력이나 권한은 지도성을 반드시 전제하지는 않는다. 반면 영향력은 어떤 개인이나 조직이 바람직한 방향으로 나아가도록 권력이나 권위를 활용한다는 차원에서 보다 상위개념이라 할 수 있다. 따라서 영향력은 지도성을 통해 행사되는 것이기 때문에, 지도성 개념과 거의 유사하게 사용된다.

효과적인 지도자는 조직적 권력과 개인적 권력 등을 통하여 다른 사람에게 영향력(혹은 지도성)을 행사하고 행동을 교정한다. 영향력 행사를 위한 권력의 원천은 조직적인 것과 개인적인 것으로 나누어 볼 수 있으며, 조직적 차원에는 합법적 권력, 보상적 권력, 강압적 권력이 있으며, 개인적 차원에는 전문적 권력과 준거적 권력이 있다(J. R. French, 1993).

우선 조직적 측면에서 영향력 행사를 위한 권력의 원천은 다음과 같다.

첫째, 합법적 권력(legitimate power)이다. 이는 조직의 위계상 지도자의 지위 혹은 역할에 부여되어 있는 권력을 말한다. 합법적 권력은 지도자가 부하에게 영향력을 미치는 권리를 가지고 있다는 상호 간에 수용하는 인식에 바탕을 두고 있다. 실례로, 학교조직에서 학교장은 조직적인 위계를 통하여 학교의 어떤 특정 업무를 수행할 수 있는 것 등이 포함된다.

둘째, 보상적 권력(reward power)이다. 지도자들은 하위자들을 보상해주기 위해 조직에서 보상적 권력을 항상 가지고 있다. 권력의 강도는 지도자가 보상하는 양에 따라 다르고, 보상에 대한 하위자의 욕구도 강도에 따라 다르다. 보상적 권력의 구체적 실례로는 봉급 인상, 승진, 좋은 보직 임명, 상찬 등이 포함된다.

셋째, 강압적 권력(coercive power)이다. 이는 보상적 권력과 상대적이다. 지도자의 지시에 불응하는 하위자에게 벌을 주고 통제하는 지도자의 능력을 말한다. 강압적 권력의 실례는 강등, 견책, 경고, 곤란한 업무 부과 등이 포함된다.

한편 개인적 차원에서 영향력 행사를 위한 권력의 원천은 다음과 같다.

첫째, 전문적 권력(expert power)이다. 이는 집단이 지도자에게 필요로 하는 특수한 능력과 지식에 바탕을 두고 있다. 지도자는 집단에게 주어진 과업을 분석, 실행, 통제할 수 있는 것처럼 보인다. 전문적 권력은 교육, 훈련, 경험에 달려 있으며, 현대 교육조직의 복잡한 것들을 처리하는 데 있어 중요한 권력 유형이다.

둘째, 준거적 권력(reference power)이다. 이는 하위자들이 그 자신의 성격을 개발시키도록 하는 지도자의 독특한 능력이다. 어떤 의미에서 이것은 지도자를 존경하고 지도자에게 매혹되도록 하는 카리스마의 한 형태이다. 준거적 권력은 한 사람의 지위나 조직의 위계에 있는 다른 막강한 개인과의 연대로부터 발생될 수도 있다.

위에서 지도자의 영향력 행사를 위한 권력의 원천을 정리하면 〈표 1-1〉과 같다.

〈표 1-1〉 권력의 유형과 그 원천

권력의 유형		원 천
조직적 차원	합법적	권한에 준한 합법적 지위
	보상적	결과 보상에 의한 통제력
	강제적	결과 처벌에 의한 통제력
개인적 차원	전문적	전문성, 지식, 기술 등의 능력
	준거적	지도자의 매력이나 카리스마

셰리(Y. K. Sherry)는 이러한 힘의 원천을 검토한 몇 가지 연구 결과로부터 다음과 같은 시사점을 제시하고 있다(1978).

첫째, 합법적 권력은 초기에는 의존성이 강하나, 여기에 지속적으로 의존하는 것은 불만과 저항, 좌절감을 안겨 줄 수 있다. 그리고 합법적 권력이 전문적 권력과 부합하지 않는다면, 생산성에 부정적인 영향을 미칠 수 있다. 또한 합법적 권력에 의존하는 것은 저항을 일으키며 최소한의 복종만을 이끌어 낼 수 있다.

둘째, 보상적 권력은 단기적으로 보면 피고용인의 성취 행동 빈도에 직접적으로 영향을 미칠 수 있다. 보상적 권력의 장기적인 사용은 하위자가 조종당하고 있다고 생각하여 불만을 느끼게 되는 종속관계를 초래할 수도 있다.

셋째, 강압적인 권력은 좌절, 두려움, 복수감, 소외와 같은 바람직하지 못한 부정적 결과를 일으킬 수 있다. 이것은 부실한 성취, 불만, 반발을 가져올 수 있다.

넷째, 전문적 권력은 신뢰할 수 있는 분위기와 관련된다. 지도자의 영향력을 하위자가 자기의 것으로 받아들여 내면화한다. 다시 말하면, 지도자가 전문적 권력을 사용할 때, 하급자의 태도상의 변화와 내면화된 동기가 일어난다. 따라서 이것은 보상적 권력이나 강압적 권력보다 하위자에 대한 감독을 덜 필요로 한다.

다섯째, 준거적 권력은 하위자로부터 열정적이고 확고한 신뢰, 복종, 충성, 헌신을 이끌어 낼 수 있다. 전문적 권력처럼 하위자에 대한 감독은 거의 필요치 않다.

이러한 지도자의 영향력의 원천은 힘, 영향, 지도성의 관계를 살펴보면 [그림 1−1]과 같다.

[그림 1−1]에서 살펴본 바와 같이, 지도자의 지도성은 지도자가 갖는 권력의 원천들에서 나온 지도자의 영향력을 의미하며, 지도자의 영향력은 개인적 관점과 조직적 관점에서 추종자들의 행동을 효과적 혹은 비효과적으로 작용할 수 있음을 시사하고

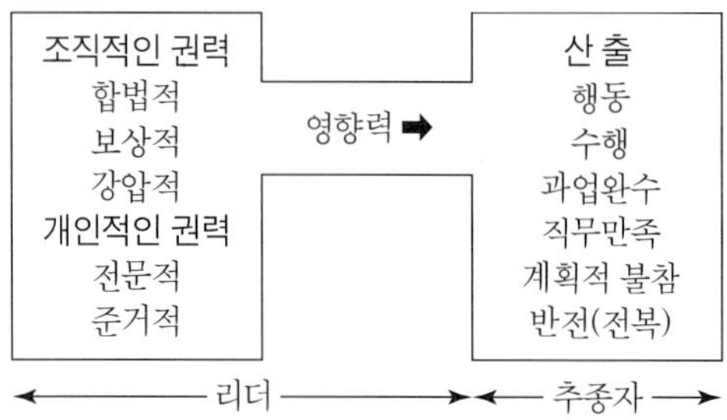

[그림 1-1] 추종자에 대한 지도자의 영향력의 원천

*자료: Yukl, G. A.(1998). *Leadership in Organizations*. New Jersey: Prentice-Hall, Inc. p. 25 재인용.

있다. 그 실례로는 교육조직과 직접적으로 관계된, 직무만족과 수행에 따른 교육 지도자의 힘의 원천에 대한 연구(Balderson, 1975)에서, 교육 지도자의 권력이 전문성으로부터 나온다고 인식하는 교사들이 있는 교육조직은 교사의 만족이 더 높았고, 반면 강압적인 권력을 사용하여 교사들에게 영향력을 미치는 것으로 인식되는 교육조직에서는 모든 척도에서 가장 낮은 점수를 받고 있다.

3. 지도성과 창의력

창의력은 새롭고 유용한 아이디어를 내는 능력이다. 창의력은 사고력에 속한다. 따라서 창의력은 머리를 사용해서 아이디어를 내는 지적 능력이다. 창의력은 지적 능력이지만 분석, 비판, 추리, 판단을 주로 하는 논리적 사고력과는 다르다. 창의력은 순발력과 직관력을 바탕으로 하는 상상력이다. 창의력은 흔히 수평적 사고와 확산적 사고를 주로 한다. 길포드에 위하면 창의력을 구성하는 지적 요인들 가운데 대표적인 것으로 유창성, 융통성, 독창성, 치밀성, 감수성, 재구성력, 호기심, 직관력 등을 들고 있다. 그러나 창의적인 사람은 보통 사람들보다 긍정적 자아관과 적극적 사고방식을 지니고 있으며, 인내심과 문제해결에 대한 집착력이 강하고, 변화와 혁신 지향적이다. 그래서 창의력을 인성적 특성으로 설명하려는 학자들도 있으며, 그들은 창의력이라는 말 대신 창의성이라는 말을 즐겨 쓰기도 한다(윤종건, 1999).

지도성에 관련된 제 이론이 모두 지도성과 창의력 사이에는 매우 깊은 상관이 있음을 직·간접적으로 시사하고 있다. 즉 특성이론에서는 창의력을 인성적 특성으로 보기는 했지만 지도성에 있어서의 그 중요성을 구체적으로 명시하고 있으며, 행동이론에서도 과업중심적인 지도성은 곧 일을 좋아하는 창의적 인간의 특성을 그대로 드러내고 있다. 특히 상황이론은 지도자의 상황대처능력으로서의 창의력의 중요성을 강조하고 있다. 그리고 변혁적 지도성은 창의적인 지도자가 보다 적극적 · 능동적으로 조직 환경과 조직문화 · 조직풍토를 개선하며 조직을 재구성하는 것이 아니라 변혁을 시도하는 특성을 보인다고 한다(L. W. Hughes, 1994; J. L. Adams, 1995; A. J. Durbrin, 1997).

휴즈(L. W. Hughes, 1994)는 창의적 지도성의 특징을 다음과 같이 제시하고 있다. i) 일상성을 무시하고, 일에는 혁신적으로 대처한다. ii) 전혀 새로운 사명과 산물을 개발한다. 그리고 그 조작과정은 기본적 디자인의 변화, 새로운 돌파구, 변형, 예측 불허 등이다. iii) 관리인을 창의적인 사람으로 만든다. iv) 욕구좌절을 싫어한다. 새로운 아이디어의 실행을 머뭇거리지 않는다. v) 좋은 지도성은 새로운 아이디어를 결정하고자 하며, 열정적으로 변화를 추진한다.

유능한 학교장이 되려면 스스로 창의력이 있어야 하며, 창의적인 인성적 특성을 갖추고 있어야 한다. 그리고 학생들의 창의력을 계발 육성하고자 하는 데 특별한 노력을 기울여야 하며, 학교 조직문화 및 풍토를 창의적인 것으로 변화시키고자 하는 의지와 노력을 경주해야 한다.

첫째, 학교교육과 창의력과의 관계를 살펴보면 다음과 같다. 학교교육의 기능이 변하고 있다. 종래 학교의 기능은 문화유산의 전달, 즉 축적된 지식의 전수가 가장 중요한 기능이었다. 그래서 주지교육에 치중했다. 하지만 폭증하는 지식의 양과 평생교육체제로의 전환은 학교의 기능을 지식위주의 교육에서 기초기능 중심의 교육으로 전환을 불가피하게 만들었다. 지식 및 정보기반사회에서는 그 많은 지식들을 다 가르칠 수도 없거니와 열심히 가르쳐 봤자 5년만 지나면 그 지식의 반 이상이 쓸모없게 되어 지식을 가르친다는 것은 별로 의미가 없게 되었다. 그래서 'Back to Basics'이라는 구호 아래 기초 기능을 익히고 그것을 바탕으로 하는 '공부하는 방법(learning how)'을 익히는 데 초점을 맞추게 되었다.

학교에서 반드시 익혀야 할 기초기능을 흔히 4Cs로 표현한다. 이는 의사소통능력(communication), 계산능력(computation), 창의력(creative thinking), 컴퓨터 조작기능(computer)을 말한다. 초 · 중등학교 교육과정에도 학교교육을 통해 기르고자 하는 인간상으로 건강한 사람, 자주적인 사람, 창의적인 사람, 도덕적인 사람으로 제시하고 있다. 이것은 학교교육이 창의력 계발에 각별한 관심을 두고 중요하게 생각하는 이유는 현실적으로 창의력이 개인의 생존과 직결되는 능력이기 때문이다. 창의력이 없으면 이제 좋은 대학을 가기 어렵게 되었다. 그리고 취직시험에도 창의력이 당락을 결정하는 가장 큰 변인으로 작용하고 있다. 이미 상당수 대기업에서도 학력철폐를 선언했으며, 채용 시에도 필답시험을 없애고 인성과 적성을 고려하되, 창의력을 중점적으로 테스트하는 면접시험에 가장 큰 비중을 두고 있는 것이다.

한편 학교교육에서 창의력이 필요한 이유에 대해서 한명희(1985)는 철학적 측면, 사회적 측면, 심리적 측면으로 분류하여 제시하고 있다.

① 철학적 측면이다. i) 현대철학의 인식론은 지(知), 즉 앎은 그 주체자의 주관적 의식과 능동적 해석을 바탕으로 성립된다고 본다. 따라서 지식의 생산이나 지적인 과정에 있어서 창의성의 역할은 지대하다. ii) 인간존재는 고정되거나 밖으로부터 먼저 규정되거나 조형화되는 것이 아니라 자기 스스로의 선택에 의하여 되는 존재이다. 따라서 고정된 틀의 대답을 내면화하는 인간이 아니라 창의성을 가지고 탐구하고 형성하는 인간이 되기 위해서는 창의력 교육은 필요하다. iii) 창의력은 가치문제의 해결에 요청되는 능력이다. 모든 문제해결에는 최종적으로는 가치선택의 문제가 필연적으로 개재된다. 가치의 준거를 선택하는 문제에서도 모든 사람들이 만족할 수 있는 완벽한 선택은 있을 수 없으므로 결국 사고에 의존한 본인의 선택에 따를 수밖에 없다. 그런데 여기서 선택이란 2+2=4와 같은 자명한 논리에 의해서만 도출되는 것은 아니며, 궁극적으로는 창의성에 의존할 수밖에 없다.

② 사회적 측면이다. 현대사회와 같이 변화가 가속화되고 있는 상황에서는 기존의 지식이나 신념만을 전달해서는 적응력과 생존력을 잃게 된다. 급변하는 사회에 적응하고 생존하기 위해서는 능동적으로 새로운 방법을 스스로 찾아낼 수 있는 능력, 곧 창의력이 필수적이다.

③ 심리적 측면이다. 창의적 인성은 결국 확고한 자아의식을 바탕으로 능동적, 적극적 삶의 자세를 갖는 것에서 비롯된다. 따라서 이러한 특성은 개인의 정신건강과 자아실현에 필수적인 요건이기도 하다. 심리적으로 창의적인 인간이 된다

는 것은 타율에 대한 자율을 의미하며, 무기력에 대한 생동감, 무관심에 대한 정열적인 관심, 상투적인 관념으로부터의 자유, 자기 자신의 주체성에 대한 판단, 새로운 것에의 탐구와 추구력 같은 것을 의미한다. 그리고 그것은 인간의 자연성과 일치하는 방향이며, 인간 잠재력의 효율성과도 방향을 같이 하는 성향이다. 그러므로 성격적인 차원의 창의성이 위축된다는 것은 그만큼 인간의 경직성, 타율성, 기계화, 획일화가 확대되는 것을 의미하므로 정신건강을 해치게 된다.

따라서 창의성을 자아실현의 필수적인 요소로 보는 까닭은 창의력이 자아결정, 자아통합의 전제가 되는 능력이기 때문이다.

둘째, 유능한 학교장의 조건으로서의 창의력은 다음과 같다. 학교교육의 핵심적인 목표가 창의적 인간이고, 학교교육에서 길러야 할 핵심적인 능력이 창의력이며, 창의적인 학교를 만드는 것이 학교장의 임무라면 당연히 학교장은 스스로 창의적인 인간이어야 하며, 창의력에 관심을 가져야 하고, 창의적인 학교 조직문화를 조성하는 데 힘써야 한다.

콜드웰과 스핑크스(B. J. Caldwell & J. M. Spinks, 1992)에 따르면, 최근에 교육개혁운동의 방향은 자율적으로 경영하는 학교(self-managing school)로의 전환을 모색하고 있다. 여기서 자율적으로 경영하는 학교란 정책적 측면이 아니라 행정적 측면에서 학교단위로 자원배분과 관련된 의사결정의 분권화를 시도하는 것을 말한다. 그리고 이 경우 자원이란 지식, 기술, 권한, 인력, 시간, 재정 등을 포괄하는 광의의 개념이다. 그리고 자율적으로 경영하는 학교는 문화적 탁월성을 창조하고 유지하는 데 힘쓰는 문화적 지도성을 행한다고 주장한다.

자율적으로 운영하는 학교, 즉 문화적 탁월성을 견지하는 학교는 세 가지 가치 또는 신념을 갖고 있는데 그것은 교육적 성과의 질(quality)과 경영의 효과성(effectiveness) 및 평등의 실현(equity)이다. 그리고 학교교육의 성과의 질을 보장하는 두 가지 기본적인 수단은 능률성(efficiency)과 권한부여(empowerment)이다. 이들의 관계를 다음과 같은 공식으로 나타내고 있다.

탁월성(수월성) = 질 + 효과성 + 평등성 + 능률성 + 권한부여

한편 문화적 탁월성을 견지하는 학교의 두드러진 특징은 다음과 같다. ⅰ) 군림하

지 않고 도와주는 원칙을 지니며, ii) 모든 교육활동에 있어서 자율권을 갖도록 보장한다. iii) 신뢰감이 충만하며, iv) 협동을 통한 상승작용(synergy), v) 책임의식이 강함 등이다. 하지만 탁월성이 두드러진 학교에서 가장 강조하는 것은 학생중심이라는 점이다.

이상과 같은 문화적 탁월성을 견지하는 자율적 학교경영체제를 확립하기 위해서는 문화적 지도성이 필수적이다. 문화적 지도성을 갖춘 학교장은 다음과 같은 조건들을 충족시켜야 한다. i) 학교장은 학교문화를 기술하고 분석할 수 있어야 한다. ii) 학교장은 학구의 탁월성에 대한 기대를 명확히 알고, 교내의 기대 수준과 차이점을 조정할 줄 알아야 한다. iii) 학교문화 창조와 개혁에는 시간이 걸린다. iv) 학교와 상황에 따라 문화 창조와 유지에 관련된 곤란도는 다르다. v) 학교장은 거시적으로 사안을 볼 수 있는 안목이 필요하다. vi) 자율경영체제를 갖춘 학교문화는 지속적인 변화 관리와 조화를 이루어야 한다. vii) 강력하고 높은 수준의 지도성이 필요하다. viii) 문화적 지도성은 한 사람 또는 소수집단에 의해 수행될 수 없다. ix) 상징을 관리할 줄 알아야 한다. x) 문화적 지도성을 발휘하는 데는 극적인 자각이 중요하다(dramatic consciousness), xi) 문화적 지도성의 가장 핵심적인 바탕은 창의력이다(윤종건, 1999).

4. 지도성 본질에 따른 쟁점

지도성은 한 개인이나 집단 혹은 조직의 제 상황에 따라 그 영향력의 성격이 달라질 수 있다. 따라서 지도성에 대한 특성을 제 학자에 따라 접근하는 관점에 따라 달라질 수 있다. 하지만 지도성의 영향력은 어떠한 상황, 조직, 그리고 개인에게 공통적으로 적용될 수 없는 복잡한 성격을 가지고 있다. 따라서 지도성의 본질은 보는 시각에 따라 다원적인 논쟁의 여지가 있다. 일반적으로 논의되고 있는 지도성의 쟁점은 다음과 같다(G. A. Yukl, 1998: 3-5).

첫째, 지도성이 조직 내에서 지도자만이 갖는 전문적 역할인가, 아니면 조직구성원과의 상호 공유된 영향력의 과정인가의 논쟁이다. 이러한 논쟁의 핵심은 지도성을 개인적 차원에서 지도자만이 갖는 고유한 전문화된 역할로 볼 것인가, 아니면 지도성을 지도자와 조직구성원 사이의 상호 과정적 차원에서 자연적으로 발생하며, 함께 공유할 수 있는 영향력의 과정으로 볼 것인가이다.

둘째, 한 조직에 있어서 누가 영향력을 행사하는가 뿐만 아니라, 누가 어떤 유형의 영향력을 행사하는가의 논쟁이 있다. 지도자의 영향력에 대한 구성원들의 반응은 긍정적일 수 있고 그렇지 않을 수도 있다. 추종자들이 무관심하거나 억지로 복종하게 만드는 지도자의 영향력의 행사는 지도성의 본질과는 거리가 멀다는 의견이 있다. 이러한 관점에서는 추종자들을 일방적으로 조정하고 강요하기 위해 보상과 벌을 사용하는 사람들은 실제로는 추종자들을 진정으로 이끌지 못한다고 본다. 반면에 동일한 유형의 영향력이라도 조직의 상황에 따라 상이한 결과를 이끌어 낼 수 있으며, 다른 유형의 영향력이라도 같은 결과를 산출할 수도 있다.

셋째, 지도자가 영향력을 행사하는 목적에 대한 논쟁이 있다. 과연 지도자의 행위를 단지 조직의 목적을 성취하는 데 요구되는 업무나 조직을 유지하는 영향력으로 국한할 것인가, 아니면 지도자가 추종자들의 사고방식, 태도, 그리고 행동에 영향을 주는 모든 영역을 포함할 것인가의 논쟁이다.

넷째, 지도자의 영향력을 합리적 · 이성적 사고에 기초할 것인가, 아니면 감정이나 정서에 기초할 것인가의 논쟁이 있다. 지도성에 대한 초기의 관점은 행위 결과에 대한 지도자와 조직구성원 사이의 거래적 관점으로, 지도자의 영향력을 합리적이고 인지적인 과정으로 보는데 반해, 최근의 지도성 영향력에 대한 이해는 이성적인 사고보다는 감정적인 차원을 강조하는 경향이다. 지도성의 영향력을 감정, 정서 혹은 가치에 근거한 것으로 보는 관점에서는 추종자들을 고무시키고 조직에 기꺼이 헌신하도록 만드는 데 관심을 둔다.

위에서 살펴본 지도성 본질에 따른 쟁점들은 지도성의 성격을 이해하는 데 중요한 가정이 된다. 본 절에서는 지도성 본질에 따른 쟁점을 공식적 조직과 비공식적 조직의 지도자, 지도성과 직권력, 지도자와 관리자, 지도자의 권한의 위임, 지도자와 추종자의 기술 등으로 분류해서 알아보고자 한다(이병진, 2003).

첫째, 공식적 조직과 비공식적 조직의 지도자 측면이다. 공식적 조직은 조직 기구표에 명문화된 조직을 말하며, 비공식적 조직은 공식적 조직 내의 대면적 · 감정적 · 비합리적 측면에서 자연적으로 발생되는 '자생집단' 혹은 '소집단'이다. 따라서 조직에는 조직을 이끄는 지도자가 있기 마련이다. 조직에는 공식적 조직과 비공식적 조직이 존재하기 때문에 공식적 지도자와 비공식적 지도자가 있을 수 있다. 공식적 조직에서의 지도자는 조직 내에서 조직의 목적을 달성하기 위하여 인위적으로 조직된 구조 안에서 자신이 갖고 있는 직위상 권력에 근거한 영향력을 행사하며, 조직구성원의 동의와는 관계없이 하향적으로 부여된다. 반면에 비공식적 조직의 특징은 혈연, 지연, 취미 등 현실적 인간관계에 따라 자연 발생적으로 성립하기 때문에, 내면적 · 내향적이어서 불가시적 성격을 가지고 있으며, 조직구성원 상호 간에 강한 유대감을 유지한다. 이러한 비공식적 조직에 있어서의 지도자의 권위는 구성원의 동의에 의해서 상향적으로 부여된다. 공식적 지도자와 비공식적 지도자는 일반적으로 한 조직 내에서 일치하는 경우가 있으며, 때로는 일치하지 않아 조직의 역기능을 초래할 수도 있다. 따라서 공식적 지도자와 비공식적 지도자가 불일치할 경우, 공식적 지도자는 비공식적 조직 내의 역학관계를 잘 이해해야 하며, 원활한 의사소통을 통하여 공식 조직의 경직성을 완화하고, 조직구성원 상호 간의 행동기준을 마련해 주어야 한다. 왜냐하면 공식적 지도자와 비공식적 지도자가 불일치하여 역기능적 이해관계를 가지고 있다면, 공식적 지도자에 대한 적대감을 유발할 수 있으며, 정실행위가 우려되며, 아울러 의사전달의 왜곡으로 인해 사기가 저하될 수 있기 때문이다. 이러한 측면에서 본다면, 지도성의 본질적 성격에 더 부합되는 지도자는 비공식적 지도자일 수도 있다. 즉 공식적 권력이나 강압에 의한 힘의 논리로 구성원들을 관리하는 것보다는 구성원들의 자발적인 노력과 협동에 근거하여 구성원들로부터 부여받을 수 있는 영향력이 지도성의 중요한 성격이기 때문이다. 따라서 공식적 지도자는 동시에 그 조직 내의 비공식적 지도자이어야 조직의 효과성이 극대화될 것이다.

둘째, 지도성과 직권력 측면이다. 지도성의 본질을 이해하기 위해 지도성(leadership)과 직권력(headship)의 차이를 살펴볼 필요가 있다. 지도성은 직권력과 완전히 다른 성격을 가지고 있으나, 지도성은 직권력을 포괄적으로 내포하고 있다. 즉 조직에서 최고 권위를 가진 지위를 가진 사람은 당연히 하부 조직에 있는 사람들보다는 지도해 갈 기회를 더 많이 갖는 것은 사실이다. 그러나 권위를 가진 지위에 있다고 하더라도 다른 사람에게 항상 영향력을 행사할 능력이 있는 것이 아니다(P. C. Schlechty, 1990). 일반적으로 지도성과 직권력은 모두 조직의 구성원들에게 영향력을 발휘할 수 있는 권위를 가지고 있으나, 그 권위의 원천에는 차이가 있다. i) 직권력은 위계적이고 계층적인 공식적 직위 상에 나타나는 지배력이나, 지도성은 반드시 그런 것은 아니다. ii) 직권력은 조직의 최상위에 있는 사람이 가지는 권력으로서 구성원의 행동을 강제적으로 제압하는 것을 의미하나, 지도성은 구성원 스스로 행동을 하도록 유도한다. iii) 직권력은 권위를 구성원들로부터의 인정이나 합의와는 관계없이 발휘할 수 있으나, 지도성은 그 직위와는 관계없이 어떤 특정인이 갖는 권위를 구성원들이 인정함으로써 나타나기 때문에, 공유된 감정과 동지적 일치감이 구성원 사이에 강하게 나타난다.

한편 기브(C. A. Gibb, 1969: 213)는 지도성과 직권력을 보다 구체적으로 비교하여 다음과 같이 제시하고 있다. i) 직권력은 권위의 유지에 있어서 조직의 체제를 통하여 유지되거나 동료집단의 구성원들에 의해 타율적으로 유지되나, 지도성은 구성원의 자발적인 인정에 의해 유지된다. ii) 조직의 목적 설정에 있어서 직권력은 위계적인 상부의 지시나 지도자의 자기 이익에 따라 이루어지나, 지도성은 지도자와 구성원의 공동 참여로 이루어진다. iii) 직권력은 주어진 목적의 추구에 있어서 공동체 의식이나 공동 행위가 희박하나, 지도성은 충만하다. iv) 직권력은 직권자와 조직구성원들 간의 사회적 간격이 멀다.

또한 직권력에 있어서, 직권자와 추종자 사이의 관계는 공식적 조직상의 상하 위계적 관계가 끝남으로써 즉시 해체된다. 반면 지도성에는 지도자의 권위가 구성원들의 심리 속에 있기 때문에 지도자와 하위자 사이의 관계는 하위자의 심리적 유대가 끝나지 않는 한, 조직상의 공식적 상하관계의 파기에 관계없이 지속된다. 즉 직권력은 강제성과 일방성을 그 본질로 하는데 비해 지도성은 자발성과 상호성을 그 본질로 한다.

따라서 지도성이 조직구성원의 자발적인 인정에 의하여 그 권위가 인정 및 수용되고, 구성원이 자발적이고 적극적으로 일할 수 있도록 여건을 조성하는 것이라고 한다면, 직권력은 직위상 부여된 권한을 통해 지배력을 동원하여 구성원을 감독하고 통제하는 것이다.

이러한 직권력이 지도성으로서 영향력을 발휘하기 위해서는 긴밀한 업무 추진, 원활한 의사소통, 인간관계, 그리고 참여적 민주주의의 기술 등을 체득하고 실현하는 것이 요구된다(D. P. Schultz, 1978). 또한 조직의 목적 달성을 위해서는 강제적 수단의 동원도 필요한 경우가 있을 수 있으므로, 지도성과 직권력은 상호 배타적인 관계로 보기보다는 상호 보완적 관계로 이해하는 것이 바람직하다.

셋째, 지도자와 관리자 측면이다. 지도성의 본질을 이해하는 데 있어 도움이 되는 또 다른 논의는 한 조직체에서 지도자와 관리자 및 행정가를 동일하게 볼 것인가 아니면 다른 차원으로 볼 것인가의 문제가 있다. 일반적으로 지도자와 관리자·행정가는 상호 보완적으로 사용되고 있지만, 지도자는 관리자·행정가와는 다른 차원으로 이해된다(E. M. Hanson, 1991). 잘레즈니크(A. Zaleznik, 1977)는 "지도자와 관리자와는 달리 수동적이기보다는 능동적이고, 어떠한 의견에 단순히 반응하기보다는 새로운 의견을 창조하며, 목표를 향한 개인적이고 활동적인 태도를 수용하고, 분위기를 바꾸고 어떤 욕망을 일깨워 일의 방향을 결정한다."라고 말하고 있다. 그리고 리팸(James M. Lipham)은 "지도성을 조직의 목적이나 목표를 달성하거나 또는 변화시키기 위한 새로운 구조나 절차의 도입이라고 정의하여 변화를 일으키는 것"을 강조하였다. 따라서 지도자는 기존의 구조나 절차 또는 목표의 변화를 시도하는 데 관심이 있기 때문에 현상 타파적이다. 이에 비해 행정가는 조직의 목적이나 목표달성에 기존 구조나 절차를 이용하는 사람으로, 기존의 구조나 절차 또는 목표의 변화보다는 주로 그 유지에 관심을 갖는다(1964: 122-123). 스타레트(R. J. Starratt, 1990)는 "행정관리자와 지도자를 구분하여 관리자는 관리자의 가치에 부합하는 과업의 과정과 수단에 관심을 갖게 되고, 지도자는 교육 목적과 실제상의 문제에 관심을 갖게 되어, 교육적으로 무엇이 의미가 있고 무엇이 도덕적으로 옳은 것인가를 최우선적으로 고려한다."라고 지적하고 있다.

이상과 같이, 지도자와 관리자의 차이를 구체적으로 살펴보면 다음과 같다(J. M. Lipham, 1964; S. P. Robbins, 1976; A. Zaleznik, 1977; E. H. Schein, 1985; W. G. Bennis & B. Nanus, 1985; E. M. Hanson, 1991, 178; P. F. Drucker, 1993; G. A. Yukl, 1998, 4). i) 관리자는 조직의 목적이나 목표달성에 있어서 기존 구조나 절차를 이용하는 사람으로 변화보다는 현상유지 지향적이지만, 지도자는 기존의 조직이 갖는 구조나 절차 혹은 그 과정에 있어서 변화 지향적이다. 관리자는 정책을 이행하는 데 관심이 있지만, 지도자는 정책을 만들어 간다. 다시 말하면, 안정을 지향하는 관리자와는 달리 지도자는 혁신을 중시하며, 사람들이 해야 하는 일에 동의하도록 하는 데 비해, 관리자는 사람들이 일을 좀 더 능률적으로 하도록 한다. ii) 관리자는 자기가 갖는 직위상 고유한 공식적 권한에 기초하여, 임명에 의한 합법적 권력을 통하여 구성원들에게 보상, 혹은 처벌할 수 있지만, 지도자는 임명 혹은 구성원들의 자발적 인정 등을 통하여 단순히 직위상 갖는 공식적 권한을 초월하여 구성원들에게 영향력을 발휘한다. iii) 관리자는 조직구조를 형성하고 유지하지만, 지도자는 조직문화를 형성하고 유지한다. 따라서 관리자는 조직의 구조적 기제를 통하여 조직구성원들에게 영향력을 행사하려 하지만, 지도자는 조직의 문화적 기제를 통하여 구성원들에게 영향력을 행사한다. iv) 관리자는 일상적인 문제해결에 더 관심을 갖지만, 효과적인 지도자는 많은 결정을 내리지 않고, 조직에 중대한 영향을 주는 것들에 중점을 둔다. 즉 지도자는 거시적 관점에서 숲의 생명과 숲 전체에 관점을 두지만, 관리자는 미시적으로 숲 속의 나무 한 그루의 관점에서 본다. v) 관리자는 일을 옳게 하는 사람이고, 지도자는 옳은 일을 하는 사람이다. 즉 관리자는 일을 처리하는 방법에 관심이 있는 반면, 지도자는 그 일이 사람들에게 어떤 의미를 주는가에 더욱 관심을 갖는다.

결국 지도자와 관리자를 단순히 대비적으로 개념화하여, 그 의미를 정형화하는 것은 지도성의 본질을 이해하는 데 도움이 되지 않는다. 오히려 지도자와 관리자는 상호 배타적인 것이 아니라, 통합적으로 이해되어야 할 것이다.

넷째, 지도자의 권한의 위임 측면이다. 허쉬호른(L. Hirschhorn, 1997)은 "포스트모던 시대의 조직은 권위의 분권 혹은 비집중화, 개방적 풍토, 인간관계의 합리성, 권위의 이양, 그리고 참여와 직무의 열정 등의 특징을 갖는다."라고 했다. 다시 말하면, 지도자의 권위는 한 사람에게 집중되는 것이 아니라, 조직구성원들에게 적절히 분산된다. 따라서 지도자의 권력은 조직의 구성원(하위자) 위에 군림함을 의미하지 않는다. 이러한 측면에서 권력은 분산되어 조직구성원들 간에 권력이 공유되며, 일반적으로 권한위임(empowerment)이란 한 개인이 타인에게 권력을 휘두르는 것이 아니라, 타인과 더불어 권력을 공유하는 것을 의미한다(G. Campbell-Evans, 1993: 112). 그리고 권한위임의 개념에 대한 폭넓은 이해를 제공한 콩거와 카눈고(J. A. Conger & R. N. Kanungo, 1988) 역시 권한위임을 관계구조 관점과 동기부여 관점에서 정의하고 있다. 조직구조적인 관점에서의 권한위임은 조직구성원의 역량을 향상시키기 위해 권한을 부여하는 과정, 또는 조직 내의 일정한 권한의 배분이나 합법적인 권한을 조직구성원들에게 배분하는 과정이다. 아울러 동기부여 관점에서의 권한위임은 과업성취에 대한 신념이나 판단, 즉 과업성취를 위한 자기 효능감을 부여하는 과정이다. 따라서 권한위임은 적절한 권한의 배분을 통하여 조직 내 권한의 균형을 유지하려는 의미와 조직구성원이 위임받는 권한뿐만 아니라 과업성취를 위한 구성원 개인의 내재적 동기부여의 의미가 내포되어 있다. 또한 권한위임을 받은 구성원들은 단순히 심리적 동기만 부여받는 것이 아니라, 조직행동으로 연결될 수 있으며(B. L. Kirkman

& B. Rosen, 1997), 자기 행동의 결과에 책임을 지며 직무행위를 개선하여 조직효과성을 향상시킨다고 한다(G. M. Spreitzer, M. A. Kizilos & S. W. Nason, 1997).

따라서 흔히 말하는 '전능한 영웅적 지도자'는 조직의 역동적 상황 하에서는 비현실적이다. 그러한 지도자는 거의 드물며, 오히려 조직구성원들이 지도성의 기능에 책임감을 공유하고 구성원들에게 권한을 위임하는 것이 조직효과성에서는 더 효과적이다(D. L. Bradford & A. R. Cohen, 1984). 결국 효과적인 지도자는 권한위임과 동시에 의사결정의 공유를 강조한다. 효과적인 지도자는 중간 관리자에게 적절한 책임과 권한을 위양하며, 의사결정은 위원회 혹은 집단에 의해 결정되도록 하고, 적절한 권한위임과 집단 의사결정의 과정을 통하여 조직을 효과적으로 이끈다.

이러한 관점에서 트레이시(D. Tracy, 1990)는 지도자가 지도성을 발휘할 때 갖게 되는 힘의 새로운 관점으로 '권한위임(empowerment)'을 강조하며, 다음과 같이 열 가지 기본 원칙을 제시하고 있다. i) 사람들에게 그들의 책임이 무엇인지 말하라. ii) 그들에게 부여한 책임에 준한 권위를 부여하라. iii) 수월성의 표준을 설정하라. iv) 필요한 훈련(교육)을 제공하라. v) 지식과 정보를 제공하라. vi) 그들의 수행에 따른 피드백을 제공하라. vii) 그들의 성취에 대하여 그들을 인정하라. viii) 신뢰하라. ix) 실패를 용인하라. x) 그들을 존중하라 등이다.

이와 같이 지도성의 새로운 방향은 자기-권한위임(self-empowerment)이어야 한다. 교육조직의 구성원에게 자율적 선택권을 부여함과 동시에 그 권한에 따른 책무성을 강조하는 자기-권한위임 지도성(self-empowerment leadership)은 21세기를 지향하는 지도성의 특징이다. 자기-권한위임은 조직구성원이 의사결정을 하고 실행하는 과정에서 상급자의 결재를 얻지 않고서도 행동할 수 있는 권한의 부여이다. 아울러 자기-권한위임은 조직의 향상과 발전을 위해 구성원의 지식, 경험, 직관, 창의성을 활용할 수 있는 여건을 조성해주며, 조직구성원에게 정보를 제공하고 조직운영에 구성원을 참여시키는 권한위임을 의미한다.

한 조직의 지도자가 자기-권한위임을 발휘하기 위한 중요한 전제 조건은 구성원에 대한 신뢰 형성과 자기 자신에 대한 믿음이다. 구성원들을 신뢰하지 못하는 지도자는 구성원에게 권한위임을 할 수 없으며, 구성원에 대한 지도자의 높은 기대는 높은 성취를, 낮은 기대는 낮은 성취를 가져온다는 피그말리온 효과 이론에 따르면 조직이 제대로 기능할 수 없게 된다. 또 다른 자기-권한위임의 전제 조건인 자신에 대한 신뢰와 관련해서는 높은 자신감을 가진 지도자가 구성원을 보다 신뢰한다는 점이다. 지도자가 자신의 능력에 대해 자신감을 가지고 있으면 구성원들을 믿는데 대한 불안이 감소한다. 결국 자기에 대한 신뢰가 구성원에 대한 신뢰로 이어질 수 있다는 사실은, 지도자가 먼저 인격적으로 성숙되어 있어야 한다는 점에서 의미가 있다.

이와 같이 최근에 강조되고 있는 지도성은 지도자가 의사결정의 공유와 권한위임의 관점에서, 구성원들에게 책임에 상응한 권한을 부여하고 적합한 지식과 정보를 제공하며, 상호 신뢰의 바탕 위에 목표를 인식시켜 성공적 수행을 격려하고, 실패도 수용된다는 허용적 분위기에서 창의성을 존중하며, 인격적 존경심으로 대우해야 한다는 것이다.

다섯째, 지도자와 하위자의 기술 측면이다. 지도자의 기술 측면을 살펴보면 다음과 같다. 효과적인 지도자가 되기 위해서는 지도자에게 필요한 능력과 기술을 갖추도록 지도자의 교육 프로그램을 개발하여 이론적이며 임상적 지식과 응용과학적 연구를 많이 접하도록 하여야 한다. 그리피스(D. E. Griffiths, R. T. Stout & P. B. Forsyth, 2001) 등은 지도자 교육의 기본바탕을 다음과 같이 다섯 가지로 들고 있다. i) 이론적 모형의 연구: 행정과 지도성 행위는 행정이론과 행동과학, 철학 그리고 경험에서 지적 기반과 가치관을 찾아야 한다. ii) 교육행정의 중핵적 기술(technical core)의 습득: 교육지도성을 포함하여 모든 전문직은 실무자가 소유해야 하거나 적어도 친숙해야 할 기술적 지식의 중핵을 알아야 한다. 중핵적 영역의 전형적인 것은 재정, 법규, 인사, 정보체제, 교육과정의 이론과 설계, 교수이론이다. iii) 응용적이고 실천적 방법을 통한 문제해결 기술의 개발: 이것은 대학과 학교의 협력을 통해 가장 쉽게 배울 수 있다. 예를 들면, 학업성취도가 낮은 학생, 조직의 변화와 같은 학교에서의 실질적인 문제를 취급함으로써, 비전을 창조하고 효과적인 의사소통, 회의의 주재, 연구계획, 협상 등 본질적인 문제해결 기술을 개발할 수 있다. iv) 지도성의 실천: 유망한 지도자는 초기의 준비과정에서 임상적 경험이 필요하고, 훈련을 통해 점차 책임감을 증진시킨다. v) 수행능력(competence)의 시범: 컴퓨터 시뮬레이션, 포트폴리오 작성, 새로운 프로그램의 현장 검증이나 어려운 사례연구의 실시와 같은 형태를 통해서 능력을 보여줄 수 있다.

이상의 다섯 가지 영역은 교육행정가나 효과적인 지도자를 양성하기 위한 프로그램에 따라 다양한 방법으로 성취될 수 있을 것이나 다섯 가지 분야를 결합하여 종합적인 프로그램을 만들어야 할 것이다. 좀 더 구체적인 수준에서 어떻게 해서 최고의 지도자가 되었느냐는 질문에 여러 분야의 지도자들은 다음과 같은 답을 하였는데, 이는 실제 지도자의 기술개발에 많은 도움이 될 것이다(T. S. Bateman & S. A. Snell, 2002: 400). i) 내가 존경하는 상사의 방법과 기술을 관찰하였다. ii) 모험을 감행하고 시도하였으며, 나의 실수로부터 배웠다. iii) 내가 흠모하는 지도자의 자서전을 읽고, 그들이 어떻게 생각하였는가를 이해하려고 노력하였다. iv) 수많은 실습을 하였다. v) 내 자신 실수를 저지른 다음에는 다른 접근을 시도하였다. vi) 일을 완수하기 위해서 의도적으로 다른 사람들과 다투었다. vii) 다른 사람이 바라는 책임 있는 위치에 임명되었다.

이 외에도 하위자의 기술을 들 수 있다. 조직의 성패는 지도자가 얼마나 과업을 잘 수행하느냐에도 좌우된다. 행정가가 반드시 좋은 지도자는 아니듯이 사람들도 반드시 좋은 하위자는 아닌 것이다. 가장 효과적인 하위자는 독립적인 사고를 할 수 있는 능력이 있고 동시에 적극적으로 조직의 목표에 헌신하는 사람이다. 그리고 하위자의 가장 중요한 특성은 자진해서 진실을 말하는 것이다. 위대한 지도자도 마찬가지이다. 행정가는 지도자와 하위자의 두 역할을 하도록 요구된다. 부하가 행정가에게 보고하듯이, 행정가도 상사에게 보고한다. 행정가는 어떤 팀이나 위원회의 일원이면서 다른 사람들의 팀장이나 위원장이 된다. 효과적인 하위자와 비효과적인 하위자의 차이는 조직과 지도자, 조직의 목표에 대한 열성과 사명감이 있다. 하위자는 조직에 유용한 기술을 익히고, 요구 이상의 과업 수행도를 유지해야 한다. 효과적인 하위자는 영광은 획득하지 못하지만 조직에 대한 기여가 가치 있다는 것을 안다. 이러한 기여를 통하여 자기 자신의 지도자가 될 준비를 하는 것이다.

뉴스트롬과 데이비스(John W. Newstrom & Keith Davis, 2002: 167)는 하위자의 행위를 다음과 같이 들고 있다. i) 각광을 받고 있는 지도자와 경쟁하지 말 것, ii) 충직하고 지원적이며 팀 플레이어가 될 것, iii) 자동적으로 동의하는 '예하는 사람(yes person)'이 되지 말 것, iv) 예민한 질문을 함으로써 용기 있는 행동을 할 것, v) 지도자의 생각이나 가치관, 행동에 대해 건설적으로 대응할 것, vi) 나타날 수 있는 문제를 예측하고 예방할 것 등이다.

결국 하위자는 관리자가 성공할 수 있도록 도움으로써 자기가 성공하게 된다. 훌륭한 하위자는 훌륭한 지도자가 된다.

5. 학교행정가와 지도성

학교행정가와 지도자는 동일한 의미는 아니지만, 일반적으로 그들은 하나의 기관의 장으로서 지도적인 위치에서 실제적인 지도성을 발휘하는 교육 지도자라고 보아도 좋을 것이다.

캠벨과 람세이어(Ronald F. Campbell & John A. Ramseyer, 1983)는 지도성에 관한 많은 연구와 이론들을 종합, 개관해 본 다음 학교행정가를 위한 지도성을 다음 몇 가지를 제시하면 다음과 같다.

ⅰ) 목적 및 목표의 명료화: 교육의 목적과 학교경영의 목표를 규정하고 결정하는 데 지도성이 요구된다. ⅱ) 수업에서의 효과성 촉진: 효과적인 수업을 위해 효과적인 교사를 확보하고, 그 자질을 높여야 한다. 그리고 이와 관련된 수업지도성이 중요시되어야 한다. ⅲ) 생산적인 단위 형성: 학교조직의 여러 다양한 조직구성원들의 노력을 하나의 완전한 생산적인 단위로 통합시키는 노력이 요청된다. ⅳ) 전문적 봉사를 위한 조직풍토의 마련: 교사나 다른 구성원들이 적절한 조건 속에서 효과성을 높일 수 있다는 것은 아무리 강조해도 지나치지 않으므로 전문적인 능력을 발휘하고, 또 성장시킬 수 있는 여건 조성에 노력해야 한다. ⅴ) 적정한 자원과 봉사의 제공: 교수-학습을 촉진시키기 위한 적절한 자원과 봉사를 제공하는 일도 매우 중요하다. 여기서 자원과 봉사는 인적·물적 요건의 확보와 제공, 그리고 활용도 제고를 위한 노력 등이 포함된다.

사실 지도성과 관련된 이론들을 학교 상황에 적용하여 실천적인 의미를 끌어내는 데에는 한계가 있다. 그것은 이론 자체의 다양한 전개와 그에 따른 수많은 연구결과가 서로 다른 관점과 시각에서 이루어지고 있다는 점 때문이다. 더욱이 우리의 학교 상황, 즉 대학이나 초·중등학교에서의 제반 교육 외적인 상황 변화, 행정·제도적인 운용 방식, 학교조직 내의 구성원의 수준 및 가치관, 기타 제반 교육 여건 등의 측면에서 많은 제약요인을 안고 있는 것이 사실이다. 특히 초·중등학교 조직의 경우, 학교경영자의 역할 수행 및 지도성 발휘의 성격이나 그 범위의 폭이 매우 제한되고 있다는 점을 부인할 수 없다.

무르개트로이드와 그레이(Steve Murgatroyd & H. L. Gray)는 효과적인 학교를 위해 지도성이야말로 가장 관건적인 요인으로 보고 효과적인 지도성 및 비효과적인 지도성을 대비적인 관점에서 다음 몇 가지로 나누어 설명하고 있다(1984: 39-55). 즉 비효과적인 지도성은 다음과 같은 특성이 있다는 것이다. i) 효과적인 지도성의 특성은 가시성(visibility)이다. 하지만 비효과적인 지도자는 대체로 숨어 있고 노출되고 싶어 하지 않는다. ii) 효과적인 지도자는 다른 사람들에게 생각과 느낌을 소통시키고 행동을 설명해 준다. 그러나 비효과적인 지도자는 대체로 의사소통기술이 빈약하다. iii) 지도자는 구성원들을 배척하지 아니하고 수용할 필요가 없다. iv) 효과적인 지도자가 보여주는 특징의 하나는 개방성과 진지함이다. 한편 비효과적인 지도자는 감추려 하고 진실하지 못하다. v) 지도자를 따르기 위해서는 구성원들이 그 추종 이유를 알도록 해주어야 한다. 비효과적인 지도자는 그들의 의도를 표시하기를 바란다. vi) 비효과적인 지도자는 문제를 직면하지 않고 오히려 피하려 든다. 그러나 효과적인 지도자는 문제에 부닥치고, 함께 하려하고, 그로부터 배우고 개선하려고 한다. vii) 비효과적인 지도자는 벌을 주는 형태로 난관을 해결하려 하지만 효과적인 지도자는 특정한 상황에 대하여 적절한 반응을 모색한다.

한편 콜드웰(Brain J. Caldwell, 1992)은 공교육을 담당하는 학교행정가는 자율 경영능력을 개발해야 한다고 강조하면서 지도자로서의 학교행정가가 갖추어야 할 지식과 기술로서 다음 다섯 가지를 들고 있다. i) 교육지도자는 학습과 수업에 관한 광범위한 지식이 필요하다. 특히 현행 장학에 강조점을 둔 수업지도성이 요청된다. ii) 교육지도자는 국가, 지방 및 지역의 특성과 요구, 흐름 속에서 각 학생의 필요에 맞는 교육과정을 기획 및 제공할 수 있는 능력을 구비해야 한다. iii) 교육지도자는 경영의 과정으로서 교육프로그램 평가에 대한 계속적이며 체계적인 접근을 할 수 있어야 한다. 평가는 학교문화의 부분이어야 한다. iv) 교육지도자는 지도자, 지도성 특히 교육의 질과 효과성 또는 수월성 등에 관하여 나타난 보편적인 원칙들을 실제적인 말로 표현하고 실천할 수 있어야 한다. v) 교육지도자는 목표달성, 정책결정, 기획, 예산편성, 자원할당의 실천과 평가에 대한 계속적이며 순환적인 접근을 구안할 수 있어야 한다.

따라서 학교행정가나 조직구성원이 지도성 발휘에 있어서 유념하여 실천, 적용할 수 있는 점은 다음과 같다. i) 인화를 중시하는 지도성 발휘이다. 카츠(Katz)가 지적한 대로 지도자는 개념적 기술과 사무적 기술이 필요할 뿐만 아니라 인간관계 기술을 중시할 필요가 있다. 인화를 중시하는 지도성은 조직의 목적달성을 위해 구성원의 직무의욕을 높이는 하나의 요건이 되기 때문이다. 그리고 이러한 지도성 발휘는 조직구성원들이 원하는 형태인 것이다. ii) 전문적 지도를 통한 과업달성에 주력하는 지도성 발휘가 요청된다. 일차적으로 목적달성의 극대화 내지 수업효과를 높이는 일이 최우선적인 과업이 될 것이다. 여기에는 교육과 교육행정, 그리고 제반 행정적 지식과 기술이 요청된다. 이제까지 학교현장에서 학교경영자는 사실 수업지도자 또는 교내장학 책임자로서의 역할보다는 경영-관리적인 측면에 관심을 쏟는 소위 '학교관리자'의 역할 수행에 초점을 두어 온 것 같다. iii) 민주적 의사결정을 운용, 구사하는 지도성 발휘가 요청된다. 전문가인 교원집단의 의견과 창의적인 아이디어를 최대한 활용하고 포용, 유도해 나가야 할 것이다. 그러므로 구성원의 적극적인 참여를 유도하느냐 못 하느냐는 인화와 과업을 높일 수 있는 관건적인 과정이 될 것이다. iv) 합리적 소신을 지닌 융통성 있는 지도성 발휘가 필요하다. 조직의 목적달성을 위해서는 지나치게 기계적이며 경직된 행정 운용보다 교육목적 달성, 즉 교원과 학생의 교육에 더욱 초점이 두어져야 할 것이다. v) 지도자나 중간관리자는 구성원의 욕구와 직무만족을 충족시키기 위한 제반여건을 조성하기 위한 노력을 기울이되, 일에 대한 만족과 관련되는 점과 환경적인 조건개선에 힘써야 한다. vi) 학교행정가는 구성원 개개인에 대한 적극적이며 긍정적인 인간관을 가지고 일을 맡김으로써 책임과 권한을 위양하며, 그들의 능력을 적극적으로 개발 및 활용해야 할 것이다. vii) 학교행정가는 구성원의 능력 개발과 문제해결, 그리고 학교 조직의 능률 향상을 위해 제안제도, 상담제도, 사기 및 태도 조사, 연수, 기타 제반 경영 참여 방식을 충분히 활용할 필요가 있다.

6. 지도성의 다양한 차원

전통적 이론에서 지도성의 이중성은 인간에 대한 관심과 과업의 관심으로 강조된다(A. W. Halpin, 1966; Blake & R. R. Mouton, 1985). 이는 보편적으로 조직의 과정에 문화적 · 정치적 양상을 무시하고 특히 학교생활을 무시한 결과이므로 동적인 학교 조직효과성과 장기적인 학교개발을 추구하기 위한 학교단위책임경영 메커니즘을 위한 강력한 종합적인 지도성을 형성하기에는 역부족이다. 따라서 지도성의 다양한 차원에 대해서 5차원 모형과 다중차원 지도성과 학교 수행에 대해서 알아보고자 한다(박종렬, 김순남, 2001).

첫째, 5차원 모형이다. 지도성 대안적 관점에 의하면, 지도자의 문화적 · 변혁적 양상이 중요함에 틀림없다. 조직을 이해하는 네 가지 구조에 근거를 해서 볼맨과 딜(L. G. Bolman & T. E. Deal, 1991)은 조직에서 구조적 지도성, 인간자원 지도성, 정치적 지도성, 상징적 지도성 등의 네 가지 지도성이 있다고 했다. 교육조직을 위해서 서지오바니(T. J. Sergiovanni, 1984)는 어떻게 학교장의 원리가 우수한 학교 수행에 관계되는지를 설명하기 위해 다섯 가지 지도성 모형, 즉 기술적 지도성 · 인간적 지도성 · 교육적 지도성 · 상징적 지도성 · 문화적 지도성 등을 제안했다. 학교 지도성은 다양한 차원이어야 할 것 같다. 위의 두 가지 모형을 통합하여 학교 지도성이 다섯 가지 영역의 모형, 즉 구조적 지도성 · 인간적 지도성 · 정치적 지도성 · 상징적 지도성 · 교육적 지도성 등으로 구성되어야 함을 기대할 수 있다. 구체적으로 학교 지도성의 다섯 가지 영역을 설명하면 다음과 같다.

i) 인간적 지도성: 학교지도자는 지원적이고, 참여를 조장하고, 직원 위임과 만족을 높이고, 긍정적인 인간관계를 고무시킨다.

ii) 구조적 지도성: 학교지도자는 명확하고 논리적으로 사고하고, 명확한 목표와 정책을 개발시키고, 사람들이 결과에 책임을 지게 하고, 학교에서 정책을 계획 · 조직 · 조정 · 실행할 기술적 지원을 제공한다.

iii) 정치적 지도성: 학교지도자는 연합과 지원을 구축하는 데 설득적이며 효과적이고, 학교조직구성원들 사이의 갈등을 해결한다.

iv) 문화적 지도성: 학교지도자는 영감이 있어야 하며, 카리스마적이어야 하고, 개인이나 집단의 목적 · 가치 · 규범을 변혁시킬 수 있는 학교 조직문화를 구축해야 한다.

v) 교육적 지도성: 학교지도자는 전문성 개발과 교수 개선을 촉진시키고, 교육 문제를 진단하고 학교 교수문제에 전문적인 의견과 지침을 제공한다.

둘째, 다중차원 지도성과 학교 수행이다. 이러한 다중 차원성의 개념에 근거하여, 190명의 학교장, 678개의 6학년 학급, 21,622명의 학생, 3,872명의 교사를 포함하는 190개의 초등학교 표본을 통해 조직수준, 교사수준, 학생수준 등에서 학교 수행과 교장 지도성 사이의 관계를 연구했다(Y. C. Cheng, 1996). 피어슨(Pearson) 상관분석의 결과는 〈표 1-2〉와 같다.

〈표 1-2〉 다중차원 지도성과 학교 수행

구 분	항 목	인간적 지도성	구조적 지도성	정치적 지도성	문화적 지도성	교육적 지도성
조 직 수 행	조직효과성	.2175*	.3297**	.2398**	.3172**	.3044**
	조직문화	.4166**	.4513**	.4173**	.4656**	.4517**
	교장-교사관계	.6725**	.6410**	.6405**	.6019**	.6198**
	공식화	-.0024	.0434**	.0603	.0745	.1246
	권위의 위계	-.3682**	-.2766**	-.3156**	.2691**	-.2556**
	참 여	.3548**	.2992**	.3366**	.3051**	.3287**
교사집단 수준수행	친밀성	.0808	.0407	.0997	.1129	.1375
	사 기	.4460**	.4712**	.4487**	.4913**	.5101**
	방 임	-.2632**	-.3337**	-.2859**	-.3207**	-.2754**
	방 해	-.3149**	-.3000**	-.3036**	-.2528**	-.1670
	전문성	.3557**	.3853**	.3720**	-.3824**	.3192**
교사개별 수준수행	외부적 만족	.3075**	.2502**	.3454**	.3148**	.2724**
	내재적 만족	.2435**	.2406**	.2508**	.2417**	.2587**
	영향만족	.4229**	.3744**	.4013**	.3782**	.3846**
	사회적 만족	.1377	.1046	.1554	.1652	.1808
	직무수행	.3407**	.3167**	.3639**	.3555**	.3587**
	공정한 역할부담감	.3483**	.2981**	.2945**	.2670**	.2307**
	직무 의미감	.2036*	.1610	.2025*	.2343*	.2022*
학 생 수 행	자기개념	.0676	.0493	.0414	.0570	.0461
	동료에 대한 태도	.0692	.0840	.0965	.1232	.0791
	학교에 대한 태도	.2495**	.2863**	.2130*	.2500**	.2243*
	교사에 대한 태도	.1824*	.2207*	.1837*	.1696	.1309
	학습에 대한 태도	.1522	.1641	.1818*	.1866*	.1323
	숙제 부담감	-.0869	-.0874	-.0597	-.0303	-.0504
	탈락의 의도	-.1103	-.1332	-.1307	-.1714	-.1475

* 자료: 박종렬, 김순남(2001). 학교단위책임경영의 이론과 실제. 서울: 원미사, p. 188.

〈표 1-2〉에서 본 바와 같이, 첫째, 조직 수행 측면을 살펴보면 다음과 같다. 학교장 지도성의 구조적 · 인간적 · 정치적 · 문화적 · 교육적 차원은 학교의 인식된 조직효과성, 교장과 교사관계, 조직문화의 강도, 권위위계(부정적으로) 그리고 의사결정에서의 교사 참가 등에 주로 유의미 수준 .001로 강하게 상관되어 있다. 지도성의 차원이 강하면 강할수록, 인지된 학교조직은 더 효과적이며, 교장과 교사관계의 만족도는 더욱 크며, 학교의 목적과 가치의 공유도 더욱 크며, 학교당국의 위계질서도 약

해지고, 정책결정에 교사의 참여가 훨씬 더 높아진다.

위의 결과는 조직의 기능과 수행에 대한 구조적 · 인간적 · 정치적 · 상징적 · 교육적 양상이란 관점에서 강력한 지도성의 중요성을 지지한다(L. G. Bolman & T. E. Deal, 1991). 학교의 조직효과성에 대해, 그 결과는 구조를 주도하는데 있어서 교장 지도성 행위는 학교조직의 기능과 정적으로 상관되어 있으며, 교장의 문화적 지도성은 발전과 개선에 상당히 공헌하고 있다는 쳉(Y. C. Cheng)의 결과(1991)와 일치된다. 학교 조직문화에 대해 그 결과는 학교목적, 조직, 교수-학습기술, 대인관계와 일상적 기능 등에 대한 학교 구성원들의 공유된 가정, 신념, 가치를 형성하고 변혁시키고 발전시키는 데 있어서 교장의 지도성의 역할에 대한 현재의 신념을 강화시켜 준다. 교사가 학교장과 사회적 · 직업적 관계에서 만족하는가는 교장의 경영 유형에 매우 민감하다. 조직 구조의 관점에서 의사결정에 있어서 분권화와 교사 참여의 유도에 강력한 지도성이 요구된다. 이러한 의미에서 이 이론은 강력한 지도성은 교사를 포용하고 용기를 주지만 높은 권위위계나 고도로 집중화된 체제를 확립시켜 주지는 않는다는 것을 나타낸다. 이 결과는 강력한 지도성은 학교에서 절차, 수업, 의사소통을 크게 형식화하는 것을 의미하지 않음을 암시하고 있다.

둘째, 교사수행 측면은 다음과 같다. 〈표 1-2〉에서 나타나듯이, 다섯 가지 지도성 차원들은 교사의 사기, 자유방임(부정적), 장애(부정적), 전문성 등과 같은 교사집단의 수준 실행에 대한 네 가지 측정과 유의미 수준 .001로 상관된다. 인간적 · 구조적 · 정치적 · 상징적 · 교육적 지도성의 영역이 강하면 강할수록 교사들의 근로의욕은 더 높아지고, 교사들 사이의 전문성은 더 커지며, 교사들이 겪게 되는 부담감과 방임이 더 적어진다. 직원 사이의 사회적 관계는 교장의 지도성의 모든 차원과 상관이 없어 보인다.

교장의 다섯 가지 지도성 차원은 내재적 만족, 외부적 만족, 영향 만족, 직무 수행, 직업의 공정한 역할 부담감과 직무 의미감 등과 같은 개인적 수준에서 대부분의 교사들의 수행과 정적 상관을 이루며, 교장의 지도성에 대한 인간적 · 구조적 · 정치적 · 상징적 · 교육적 양상이 강할 때, 교사들은 의사결정에서 직업에 대한 내적 · 외적 보상과 참여 및 자율성 기회 등에 더욱 만족하는 경향이 있다. 교사는 자신의 직업을 더욱 잘 수행하게 되고, 직업 의미에 대해 좋은 느낌을 가지고 공정한 역할 부담을 느끼게 된다. 그러나 교사들의 직업에서 사회적 관계에 대한 교사의 개인적 만족은 교장의 어떤 지도성의 차원과도 관계되지 않는다. 이러한 결과는 집단 수준에서 나타나는 지도성과 교사의 친밀성 사이의 사소한 상호관계와 일치한다. 교장 지도성은 교사와 교사의 사회적 관계보다 교장과 교사의 사회적 관계에 더욱 쉽게 영향을 줄 수 있다.

셋째, 학생 수행 측면이다. 〈표 1-2〉에서 살펴본 바와 같이, 학교장의 지도성과 학생 수행 간에는 몇 가지 측정 사이에는 적당한 상관관계가 있다. 교장 지도성의 모든 차원은 학교에 대한 학생들의 태도가 유의미 수준 .01에서 상관된다. 교장의 지도성의 인간적·구조적·정치적·상징적·교육적 양상이 강하면 학생들은 학교생활을 즐기는 행위에 더욱 더 만족한다. 지도성의 인간적·구조적·정치적 차원이 교사들에 대한 학생의 정적인 태도에 관계되며 지도성의 정치적·상징적 차원은 학습에 대한 학생들의 정적인 태도에 관계된다.

결국 위의 연구에서 나타났듯이, 다중차원 모형은 학교단위책임경영을 위한 지도성의 연구와 실천에 적합한 것임에 틀림없다.

제2절 교육 지도성

2절에서는 교육 지도성의 개요- 교육 지도성의 개념, 교육 지도성의 중요성, 교육 지도성의 성격과 역할, 교육 지도성의 범주-에 대해서 알아보고자 한다(김병성, 1995; 주삼환, 1997; 이병진, 2003).

1. 교육 지도성의 개요

1) 교육 지도성의 개념

지도성이란 집단이나 조직의 목적을 달성하기 위하여 지도자가 집단에 영향력을 행사하는 과정으로 집약할 수 있다. 이러한 영향력의 행사는 파워를 소유함으로써 가능한 것으로 볼 수 있으며, 학교행정가의 바람직한 지도성은 학교조직의 목적을 효율적으로 달성하기 위하여 교육이념 및 다양한 학문적 식견과 전문성에 근거하여 조직구성원들의 민주적 참여와 적극적이며 창의적인 의견을 수렴하여 학교 구성원들을 위해서 변화촉진자 및 안정유지자로서의 역할을 슬기롭게 수행하는 것으로 볼 수 있다.

교육 지도성의 의미는 교육에 있어서 일차적인 조직이 학교이고, 교육조직의 목적이 달성되는 일차적인 장소도 학교이기 때문에, 흔히 어떤 지역이나 단위 학교의 지도자가 행하는 지도성의 영향력을 의미한다. 다시 말하면, 교육조직이라는 단위조직에 초점을 두고 지도성을 언급할 때, 학교장론(principalship) 혹은 학교지도성(school leadership)으로 기술되기도 한다. 하지만 교육 지도성을 '교육을 위한 지도성'이라고 한다면, 교육에 관련된 제 지도자, 즉 교육인적자원부장관, 시·도교육감 및 시·군·구 교육장, 그리고 학교장 더 나아가서는 학급의 교사가 교육의 목적 달성을 위해 발휘하는 지도성이 교육 지도성이라고 말할 수 있다.

한편 교육 지도성 역시 지도성의 한 영역이기 때문에 지도성의 개념 및 성격에 부합함과 동시에, 그 적용 분야인 교육조직이라는 특수성을 가지고 있으므로, 교육 지도성은 교육조직의 효과성을 높이기 위한 영향력인 것이다.

따라서 교육 지도성이란 다음과 같은 교육적 상황하에서 영향력 발휘가 요청된다. i) 학교사회의 조직구성원들이 교육목표를 정하고 공유하는 것을 돕는 일, ii) 교수-학습 과정을 촉진시키는 일, iii) 교육조직의 생산성을 높이는 일, iv) 조직의 성장과 건강한 풍토를 조성하는 일, v) 효율적인 교육활동에 필요한 적합한 자원과 환경을 마련하는 일 등이다.

물론 상기의 다섯 가지 사항이 교육 지도성 발휘의 전부는 아니나 교육조직의 과업이 광범위하고 복합적이므로 발휘되어야 할 영향력의 범위 또한 다원적이고 복합적이라고 할 수 있다.

2) 교육 지도성의 중요성

다양한 연구를 통하여, 조직체의 효과성 증진과 높은 질의 수행은 지도자의 지도성과 긴밀하게 연관되어 있음은 선행 연구물에서 입증되고 있다. 특히 교육조직에서 학교장을 포함한 교육지도자의 지도성은 교육조직의 목표 성취에 중요한 역할을 한다. 교육조직에 있어서 지도성의 중요성에 대해서 베어 등(H. Beare, B. J. Caldwell, & R. H. Millikan, 1989: 99)은 탁월한 지도성은 성공적인 조직의 중요한 핵심적 요소이며, 질 높은 교육을 추구하고자 하는 사람들은 지도성의 존재를 확인하여야 하며, 조직의 지속적인 성공을 위해 미래의 잠재적 지도자를 개발하는 일에 우선적 가치를 두어야 한다고 강조한다. 한편 신재흡(2002)은 "교사가 지각한 학교장의 변혁적 지도성과 학교 조직문화 및 학교 조직효과성 간의 연구에서 변혁적 지도성 하위 변인 가운데 카리스마(charisma)와 지적 자극(intellectual stimulus) 변인이 학교 조직문화를 통하여 학교 조직효과성에 영향을 미치는 경로구조를 발견했으며, 이러한 사실은 학교장이 강한 자신감을 지니면서 학교 조직구성원들에게 강력한 영향력을 행사하는 욕구를 소유하고, 탁월한 의사소통 기술로 자신이 제시한 교육적 사명감을 달성하기 위하여 조직구성원들의 동기와 정서를 불러일으키는 능력을 발휘하도록 카리스마와 지적 자극변인을 적극적으로 활용해야 하며, 아울러 학교 조직문화의 분위기를 진취적 문화 및 친화적 문화로 변화시키는 것이 학교 조직효과성을 극대화하는 방안으로 볼 수 있다."라고 했다.

영국의 교육기준청(OFSTED: Office for Standards in Education) 역시 지도성과 성공적인 교육조직 사이의 높은 상관관계를 인정하여, 교육조직 평가과정에 있어서 교육의 질 개선과 교육 표준의 성취와 개선을 수행해가는 학교장의 전문적 지도성과 관리가 어느 정도 효과적인가에 중점을 두고 있다(OFSTED, 1995: 108).

교육조직에 있어서 교육 지도자의 지도성의 중요성과 관련하여, 교육조직 효과성 연구와 학교개선 연구는 중요한 핵심변인으로 교육 지도자의 지도성을 특히 강조하고 있다. 먼저, 교육조직 효과성 연구에 있어서, 에드몬즈(R. R. Edmonds, 1979)는 효과적인 학교들이 공통적으로 갖는 다섯 가지 효과성 조건으로 강력한 학교장의 지도성을 우선적으로 들고 있으며, 코엔과 로즈(E. Cohen & R. A. Rossmiller, 1987) 역시 교육조직 효과성 변인으로 학교장의 지도성을 강조하고 있다.

학교개선 연구에 있어서도 마일즈 등(M. Miles et al., 1987)은 학교개선을 하기 위해서는 교육조직을 좀 더 효과적으로 달성하기 위하여 학교 내에서의 학습 조건과 다른 관련 내적 조건의 변화를 목적으로 하는 체계적이고 지속적인 노력으로 정의하면서 지도성을 강조하고 있다. 홉킨스(D. Hopkins, 1996) 역시 학교개선의 의미를 학생들을 위해 좀 더 좋은 학교를 만들려는 노력뿐만 아니라, 학교의 변화관리 능력을 강화하여, 학생의 성취결과를 향상케 하는 학교문화를 변화하는 과정이라고 보고, 교육 지도자의 역할이 무엇보다도 중요하다고 강조하고 있다. 그리고 바르드(R. Barth, 1990)는 학교개선을 학교문화 변화를 구체화하는 것으로 보고, 구성원들이 함께 일하는 방식에 영향을 줌으로써 학교의 내적 실제의 변화과정과 연관된 것으로 보고 있다. 이 역시 학교개선의 문제에는 학교문화의 변화과정에서의 교육 지도자의 지도성이 중요함을 시사하는 것이다. 특히 학교개선을 위한 하나의 관리철학의 총체적 질 관리의 변인과 지도성과의 관계에 있어서도, 지도성의 역량을 교육조직의 총체적 질 관리의 핵심적인 변인으로 강조하고 있다(S. L. Ahire, 1996).

상기에서 살펴본 바와 같이, 교육조직에 있어서 지도자의 지도성은 교육조직의 효과성 및 학교개선에 매우 중요한 요건이 되며, 지도성의 중요성은 교육조직의 성패와 직결된다는 점에서 더욱 강조되어야 할 것이다.

3) 교육 지도성의 성격과 역할

(1) 교육 지도성의 기본 성격

효과적인 교육조직을 위한 교육 지도성의 성격에는 교육 지도자에게 요구되는 다양한 요소들이 있다. 교육 지도자에게 요구되는 다양한 기능은 다음과 같다.

ⅰ) 조직의 목표 설정 기능으로, 조직이 추구해야 될 목표 설정과정에서 주도적인 역할을 해야 하는 일, ⅱ) 구성원의 조직편성 기능으로, 조직의 목적달성을 위하여 구성원의 능력과 기술을 고려하여 구성원을 조직의 적재적소에 배정하여 최적의 기능을 발휘하게 하는 일, ⅲ) 조직구성원의 과업 달성 기능으로, 모든 구성원은 그들이 맡은 과업이 있으며, 조직의 지도자는 이러한 과업의 달성을 성취하도록 지도성을 행사하는 일, ⅳ) 조직의 유지발전 기능으로 지도자는 지도성을 통하여 조직의 현 상태를 유지시키면서 발전을 도모해가는 일, ⅴ) 환경에 대한 조직 적응 기능으로 지도자가 조직 내외의 상황을 파악하고 조직 외의 환경에 적응하기 위하여 조직을 적절히 이끌어 가는 일 등이다.

무르개트로이드와 그레이(S. Murgatroyd & H. L. Gray, 1984)는 효과적인 교육조직을 위해서는 효과적인 지도성이 가장 중요한 관건으로 보고, 효과적인 지도성을 비효과적인 지도성과 대비하여 다음과 같이 제시하고 있다.

ⅰ) 효과적인 지도자는 가시적이나, 비효과적인 지도자는 숨기고 노출되기 싫어한다. ⅱ) 효과적인 지도자는 다른 구성원들에게 자신의 생각과 느낌을 소통케 하고 행동을 설명하는 데 반해, 비효과적인 지도자는 의사소통기술이 미흡하다. ⅲ) 효과적인 지도자는 구성원들을 배척하지 않고 수용할 필요가 있다. ⅳ) 효과적인 지도자는 개방

성과 진지함을 보이나, 비효과적인 지도자는 감추려고 하고 진실하지 않다. v) 효과적인 지도자는 조직구성원들이 자기를 따라야 하는 이유를 충분히 제공하지만, 비효과적인 지도자는 그렇지 않다. vi) 효과적인 지도자는 문제에 직면하여 함께 해결하려고 하고 그것으로부터 배울 점을 찾는데 비해, 비효과적인 지도자는 문제에 직면하려 하지 않고 오히려 회피한다. vii) 효과적인 지도자는 특정 상황에 대한 적절한 반응을 모색하는데 반해, 비효과적인 지도자는 벌을 주는 방식으로 그 난관을 해결하려 한다.

이러한 효과적인 교육 지도자에게 요구되는 다양한 요소들은 교육조직이라는 특수한 목적의 조직 상황에 있어서 다른 일반 조직과는 다른 독특한 역할을 기대하며, 특히 교육 현장의 실제 상황에서 반드시 고려되어야 할 판단(평가) 기준이기도 한 것이다.

(2) 교육 지도성의 역할

조직이나 집단의 지도자는 지도성의 영향력 발휘를 통하여 조직의 목표를 설정하고 조직 내외의 상황을 파악한 후, 조직의 목표달성을 위하여 최적의 수단을 동원한다. 아울러 조직 내의 각 부서를 조장 · 통합하여 통일성을 유지하며, 조직 내외의 변화하는 환경에 대한 적응성을 확보하여야 한다.

캠벨 등(R. F. Campbell, E. Jr. John, & J. A. Ramseyer, 1983: 176 184)은 지도성에 대한 다양한 연구를 종합하여, 교육 지도자에게 요구되는 지도성의 영역을 다음과 같이 제시하고 있다.

① 교육목적 및 목표의 명료성: 교육목적과 경영목표를 명료하게 결정하는 데 지도성이 요구된다.

② 수업 효과성 증진: 수업 지도성의 관점에서 효과적인 수업을 위하여 그에 요구되는 교사를 확보하고 교사 자질을 높여야 한다.

③ 생산적 단위의 마련: 교육조직구성원들의 다양한 노력을 하나로 종합할 수 있는 생산단위를 마련하고 통합하는 노력이 필요하다.

④ 전문적 봉사를 위한 조직풍토 조성: 교육조직의 구성원들이 적절한 조건하에서 자신들의 전문적인 능력을 발휘하고 성장할 수 있는 여건을 조성하여야 한다.

⑤ 적절한 자원과 봉사의 제공: 교수활동을 촉진하기 위한 적절한 물적 · 인적 자원과 봉사를 확보 · 제공하여야 한다.

서지오바니(T. J. Sergiovanni, 1987)는 학교교육을 개선하는 데 필요한 변화를 일으키거나 지속시키기 위하여 행정가, 장학담당자, 교사들에게는 지도성의 힘(leadership forces)이 요구된다고 보고, 교육조직의 지도자가 수행해야 할 기본 역할을 다음과 같이 제시하고 있다.

첫째, 기술적 지도자로서의 역할이다. 건전한 경영관리자로서의 역할을 수행한다. 계획, 시간관리 기술, 상황 적응 지도성 이론 및 조직의 구조와 같은 개념을 강조함으로써 지도자는 최적의 효과를 보장하기 위한 전략 및 상황의 조작에 익숙해 있다.

둘째, 인간적 지도자로서의 역할이다. 인간적 지도자는 인간관리자로서의 역할을 담당한다. 인간관계론, 대인관계능력, 동기유발 기술과 같은 개념을 강조함으로써, 학교라는 인간 조직의 구성원들에게 지원적이며 격려를 하고 성장의 기회를 제공한다. 능숙한 인간적 지도자는 사기를 진작하고 참여적 의사결정을 하는 데 능숙하다.

셋째, 교육적 지도자로서의 역할이다. 교육적 지도자는 일선 실무자로서의 역할을 맡는다. 교육에 관한 전문적 지식을 교육효과, 교육프로그램 개발, 임상장학에 적용하는 전문가이다. 교육적 지도자는 교육문제의 진단, 교사와의 상담, 장학, 평가, 직원의 성장, 교육과정의 개발에 능숙하다.

넷째, 상징적 지도자로서의 역할이다. 상징적 지도자는 최고 책임자로서의 역할을 하며, 선택적 관심을 보임으로써 타인에게 무엇이 중요하며 가치 있는가를 알려준다. 학교를 순시하고 교실을 방문하여 학생들과 시간을 같이 보내고 교육적으로 유리하게 학교를 관리하며, 여러 의식이나 주요 행사를 주재하고 적절한 언행을 통해 학교의 전망을 제시하는 것들이 상징적 지도자의 행동이다. 학교의 기본 목표를 분명히 제시하고 이에 대한 합의와 사명감을 도출하는 데 영향력을 발휘한다.

다섯째, 문화적 지도자로서의 역할이다. 문화적 지도자는 높은 성직자와 같은 역할을 한다. 학교가 추구하는 영속적인 가치와 신념 및 문화의 맥을 규정하고 강조하며 표현하도록 한다. 높은 성직자로서의 지도자는 전통을 수립하고 조직의 역사를 창조하고 배양하며 가르치는 일에 열중한다. 문화적 힘과 관련된 지도자의 활동은 학교의 목표와 사명을 표현하고 새로운 구성원을 그 문화에 적응하도록 사회화한다.

이상의 교육 지도성의 역할을 종합하면, 교육 지도자의 지도성은 교육조직이 갖는 특수한 성격을 고려하여 기본적으로 다음과 같은 역할을 한다.

① 학교의 목적과 기능에 관계된 일: 학교운영의 교육적 장치, 학생을 위한 교육적 배려, 교육의 과정, 필요한 교육 프로그램 형성 등이 있다.

② 학교의 조직과 관리의 개선: 학교 시설 설비의 개선, 학교 교직원의 효과적인 활동, 학생들의 효과적인 생활과 학습을 위한 집단 활동, 학생들의 진로 탐색 등이 있다.

③ 학교교육과정의 개선: 학습자의 요구에 부응하는 교육과정 개발을 의미한다.

④ 학교의 봉사적 역할 개선: 건강과 안전을 위한 학교의 프로그램 개선, 도서관 및 정보 시스템 개선, 학생의 개인적 성장과 생활지도 개선 등이 있다.

⑤ 학교 내외의 교육적 인간관계: 교사가 아닌 일반 직원들과의 관계개선, 학교와 지역사회와의 관계 개선이다.

⑥ 학교의 효과적인 평가 개선: 학교의 여러 프로그램의 평가, 교육 지도성의 질 평가 등을 의미한다.

4) 교육 지도성의 범주

교육 지도성의 범주에는 교육 지도성의 영역과 학교 구성원 수준에 따른 교육 지도성에 대해서 살펴보기로 한다.

(1) 교육 지도성의 영역

교육 지도성은 일반 행정가의 지도성보다 더 포괄적이다. 교육조직이라는 조직의 특수성과 직무 수행의 복잡성, 그리고 지도력을 받아들여야 하는 대상의 다양성 등을 생각할 때, 교육 지도성은 그 나름의 독자성과 포괄성을 가지기 때문이다.

교육 지도자는 교육조직의 구성원인 동시에 여러 교직원들의 직무수행을 책임지는 사람이다. 교육조직의 모든 구성원들은 나름대로의 결과를 산출하기 위해 다양한 인적 · 물적 자원을 활용하게 되므로, 결국 교육 지도자의 직무는 인적 자원과 물적 자원의 활용을 통하여 높은 수준의 수행을 달성하도록 교육조직을 잘 운영해야 한다. 아울러 교육 지도자는 교육조직의 고유한 목적과 직접적으로 관련 있는 과업이 있다. 교육 지도자의 교육적 과업은 학교의 교육목표를 달성하기 위해 학교가 수행해야 할 활동 중에서 교육활동과 직접적으로 관련되는 모든 활동을 포함한다.

엘스비와 맥날리(W. S. Elsbee & H. T. Mcnally, 1951)는 교육 지도자의 과업을 인

사관계, 시설관계, 재정관계, 공공관계 등으로 나누며, 기타 학생에 관한 기록관리, 생활지도, 교육과정 개선 등을 포함시키고 있다. 훼버와 쉐론(C. F. Faber & G. F. Shearon, 1970)은 교육 지도자의 과업을 수업, 학생인사, 지역사회 관계, 교직원 인사, 학교시설, 조직구조, 재정 및 사무관리 등 일곱 가지 영역으로 보고 있다. 또한 리팸과 호에(J. M. Lipham & J. A. Hoeh, 1974)는 교육 지도자의 과업영역으로 수업 프로그램, 교직원 인사, 학생 인사, 재정 및 물적 자원, 학교-지역사회 관계를 제시하고 있다.

따라서 위의 교육 지도자의 다양한 직무와 관련하여 교육조직에 있어서 교육 지도자에게 요구되는 지도성의 유형은 다양하다. 쳉(Y. C. Cheng, 1996: 107-108)은 교육 지도자에게 요구되는 지도성 영역을 다섯 가지로 제안하고 있다.

첫째, 인간적 지도성(human leadership)이다. 교육 지도자는 후원자이며 직원의 참여를 권장하고 구성원의 만족감을 높이며 긍정적인 인간관계를 북돋운다.

둘째, 구조적 지도성(structural leadership)이다. 교육 지도자는 분명하고 논리적으로 사고하며 명백한 목표와 정책을 개발하고 학교의 정책을 계획, 조직, 조정, 이행하기 위한 적절한 기술적 지원을 제공한다.

셋째, 정치적 지도성(political leadership)이다. 교육 지도자는 조직구성원들이 학교 후원자들 사이의 갈등과 분쟁을 해결하고 구성원들이 서로 후원적으로 협력관계를 유지하도록 한다.

넷째, 문화적 지도성(cultural leadership)이다. 교육 지도자는 개인과 집단의 기준, 가치, 신념을 변화시키는 학교 문화를 창조한다.

다섯째, 교육적 지도성(educational leadership)이다. 교육 지도자는 교육에 대한 전문적 지식을 가지고 교직원의 전문성 개발과 교수 증진을 위해 용기를 북돋우며 교육 문제를 진단하고 수업과 관련된 전문적 견해를 제공한다.

콜만(M. Coleman, 1994: 71-72)은 자율경영 학교의 지도자에게 요구되는 지도성을 다음과 같이 제시하고 있다.

첫째, 문화적 지도성(cultural leadership)이다. 인정된 윤리와 가치 체제를 확립하는 데 타인과 함께하고, 탁월한 문화를 유지하는 일을 의미한다.

둘째, 전략적 지도성(strategic leadership)이다. 폭넓은 이슈와 시대의 큰 흐름을 인식할 수 있는 능력을 수반하는 지도성이다.

셋째, 교육적 지도성(educational leadership)이다. 최종적으로 학습결과의 획득을 기반으로 학생들에게 이점이 되어야 한다는 관점이다.

넷째, 반응적 지도성(responsive leadership)이다. 학부모, 학생 그리고 지역사회에 대한 학교의 책무성을 지닌 지도성이다.

위의 쳉(Y. C. Cheng, 1996), 콜만(M. Coleman, 1994) 등의 지도성의 영역을 종합해서 정리하면 다음과 같다.

첫째, 관리 지도성(administrative leadership)이다. 구성원들의 기능, 과업, 행동과 합리적 관리를 통한 조직의 효과성 증진에 초점을 두며, 교육 자료의 확보 유지 및 과학적 운용, 대내외적 행정 행위, 공식화의 합리성, 교육재정 운용의 효율화, 교육시설의 유지개선을 위한 계획수행 평가, 교육 공학적 접근을 통한 관치체제의 확립을 위한 영향력을 행사하는 지도성을 의미한다.

둘째, 장학 지도성(supervisory leadership)이다. 교사의 요구와 조직목표와의 조화, 교사의 자기 계발과 교사집단의 전문성 함양을 위한 제반 이론적 이해와 적용, 그리고 교사의 교육활동을 촉진시킬 수 있는 영향력을 행사하는 지도성이다.

셋째, 수업 지도성(instructional leadership)이다. 학생들의 성장과 발달에 직접적으로 영향을 주는 교수–학습 상황에 있어서 수업 조직, 수업 자료, 수업 기술에 관한 기초적인 이해와 자원 등의 다양한 수업 활동의 효과를 높이기 위한 영향력을 행사하는 지도성이다.

넷째, 조직문화 지도성(organization cultural leadership)이다. 교육조직에 대한 기본적인 이해를 바탕으로 조직구성원들의 헌신과 능력 발휘를 위한 지도자의 행위에 초점을 두며, 조직에 참여하여 조직 내에서 구성원들과의 관계성 증진을 위한 영향력을 행사하는 지도성이다.

다섯째, 팀 지도성(team leadership)이다. 교육활동의 효과성을 높이기 위한 팀 활동을 통한 집단 의사결정 과정 및 각종 소집단의 합리적 형성과 원활한 운영을 위한 영향력을 행사하는 지도성이다.

(2) 학교 구성원 수준에 따른 교육 지도성

교육조직의 고유한 특수성과 다양성으로 인해 교육 지도자의 역할과 교육 지도성의 영역을 구체적이고 실제적으로 제시하는 데에는 많은 어려움이 있다. 다시 말하면 교육조직의 다양한 구성원들의 상호작용을 통하여 교육 효과를 높이기 위해서는 교육조직의 각 수준별 주체적 입장에서 있는 교육 지도자의 지도성이 요구된다. 구체적 실례를 들면, 학교조직일 경우, 학교장, 교감 등의 최고관리자 차원의 지도성의 영향력, 부장교사들을 중심으로 하는 중간관리자 차원의 지도성의 영향력, 그리고 학급담임교사 및 교과담임교사 차원의 지도성 영향력이 교육조직에 총체적으로 발휘될 때 교육조직의 효과성을 높일 수 있을 것이다(이병진, 2003).

첫째, 최고 관리자 차원의 교육 지도성이다. 교육조직에서 최고 관리자(CEO)는 단위 교육기관의 장으로서 전문적인 교육행정가라 할 수 있으며, 교육조직을 이끌어 가는 데 책임을 지는 교육 지도자이다. 최고 관리자 차원의 교육 지도자에게 요구되는 교육 지도성은 다음과 같다. ① 최고 관리자는 교육에 대한 자기 자신의 확고한 철학을 갖고 비전을 제시하는 지도성을 발휘해야 한다. 합법적 권위에 얽매여 경직적이고 기계적으로 조직을 경영하는 것이 아닌, 장기적 비전과 확고한 교육관을 갖고 조직이 처한 상황을 고려하여 자율적이고 융통성 있는 지도성을 발휘해야 한다. ② 최고 관리자는 구성원 모두 참여하는 민주적 지도성을 발휘해야 한다. 독단적 의사결정이 아닌 구성원들 모두가 참여하는 의사결정을 통하여 조직을 합리적으로 운영하고, 최고 관리자와 구성원들 사이의 원활한 의사소통을 통해 조직에 적극적으로 참여하고 헌신하도록 유도하는 지도성을 발휘해야 한다. ③ 최고 관리자는 교육 전문가로서의 지도성을 발휘해야 한다. 교육조직의 특수성으로 최고 관리자는 일반 행정직 기술뿐만 아니라, 교육적 전문 지식과 기술을 갖추고 교사를 도와 교육목적을 잘 달성할 수 있도록 수업 지도성을 발휘해야 한다. ④ 최고 관리자는 경영적 과업과 대인 간 인화를 모두 중시하는 인간적 지도성을 발휘해야 한다. 최고 관리자는 무엇보다도 먼저 교육조직의 목표를 효과적으로 달성해야 하지만, 그 접근 방식에 있어서는 구성원들의 동기를 충분히 유발시키고 의욕을 높이며 상호 존중의 인간적 조직풍토를 만들어 가야 한다.

둘째, 중간 관리자 차원의 교육 지도성이다. 최근 조직의 효과성 차원에서 중간관리자의 역할이 강조되고 있다. 조직에 있어서 중간 관리자는 최고 관리자와 하위자들 사이의 완충적 역할을 하며, 조직 내 갈등을 해소하고 최고 관리자의 지도성의 영향력을 구성원 개개인에게 올바로 전달하게 하는 역할을 한다. 따라서 학교조직의 경우, 중간 관리자로서의 역할을 담당하는 부장교사는 단순한 사무분장에 의한 직무적 역할이 아닌, 중간 관리자로서의 지도성을 발휘해야 한다. ① 중간 관리자는 완충적 지도성을 발휘해야 한다. 중간 관리자는 최고 관리자인 학교장 혹은 교감과 교사들 사이의 관계를 원활히 하여 갈등의 요소를 해소하고, 올바르고 원활한 의사소통을 유지하는 지도성을 발휘해야 한다. 이러한 완충적 지도성을 발휘하기 위해서는 중간 관리자는 교사들로부터 모범을 보여야 하며, 높은 대인관계 기술을 갖고 교사들과 끊임없는 의사소통을 통하여 갈등의 요소를 미리 파악하는 것이 필요하다. ② 중간 관리자는 같은 동료의 입장에서 교사들에 대해 장학적 지도성을 발휘해야 한다. 일반적으로 교사들은 자기 수업에 대하여 누구에게 간섭받는 것을 좋아하지 않는다. 따라서 중간 관리자는 권위주의적인 지시나 형식적 혹은 행사 지향적 장학지도보다는 실질적이고 현실적인 동료적 차원의 수업장학을 해야 한다. ③ 중간 관리자는 헌신적 지도성을 발휘해야 한다. 교육조직이 효과적으로 운영되기 위해서는 많은 경영적 과업을 처리해야 한다. 수업 전문가라고 할 수 있는 교사들이 학생들과의 교수-학습 과정에만 집중할 수 있도록, 중간 관리자는 보다 많은 노력과 시간을 교육조직에 헌신해야 한다. ④ 중간 관리자는 팀 지도성을 발휘해야 한다. 중간 관리자는 교사들 개개인의 성격과 능력을 잘 파악하여, 실무적인 측면에서 교사들을 적절히 조직해야 한다. 또한 조직의 효과성을 위하여 특별한 목적의 팀을 조직할 경우에도 교사들의 능력이 최대한 발휘될 수 있도록 합리적으로 구성하여 운영해야 한다.

셋째, 교사 차원의 교육 지도성이다. 교육조직에서 가장 핵심적인 활동인 교수-학습을 담당하는 담임교사 혹은 교과 전담교사들의 지도성은 교육조직의 궁극적인 목적을 달성하는 데 중요한 역할을 한다. 따라서 교사 차원의 교육 지도자에게 교수-학습 과정에 있어서 실질적이며 직접적인 교육 지도성이 요구된다. ① 교사들은 학생들과의 교수-학습활동에 있어서 전문적 수업 지도성을 발휘해야 한다. 교육조직의 목적을 달성하기 위하여 교사들은 교육 전문가로서 지도성을 발휘해야 한다. 따라서 수업의 계획단계에서부터 최종 평가단계에 이르는 교육의 전반적 과정에서 수업 지도성이 발휘되어야 한다. 교사들은 학급관리 지도성을 발휘해야 한다. 따라서 수업의 계획단계에서부터 최종 평가단계에 이르는 교육의 전반적 과정에서 수업 리더십이 발휘되어야 한다. ② 교사들은 학급관리 리더십을 발휘해야 한다. 학급은 교사와 학생들이 대면적으로 활동하는 가장 최소단위이다. 따라서 교사들은 교수-학습이 원활히 이루어지고 학급 내 학생들의 소속감, 협동 및 응집성을 높일 수 있는 학급분위기를 만들어야 한다. 또한 교사들은 단순한 교과지도에 국한하는 것이 아닌, 생활지도 차원의 훈육을 통하여 학생 개개인의 성장 및 발달을 도와야 한다. ③ 교사들은 교사 상호 간의 협동을 통하여 지도성을 발휘해야 한다. 교사들은 교수-학습 과정이나 학급관리에 있어서 교사들 상호 간에 많은 정보를 교환할 필요가 있다. 따라서 교사들은 상호 우호적이고 협동적인 동료문화를 마련해야 하며, 교육활동에 대한 다양한 정보를 공유해야 한다. ④ 교사들은 교육조직에 영향을 줄 수 있는 다양한 외적 관련자들의 의견을 모니터해야 한다. 교육조직과 관련된 다양한 외적 조직들이 있다. 현실적으로 최고 관리자가 다양한 외적 조직들의 의견, 특히 학부모들의 의견을 충분히 수렴하는 데에는 한계가 있다. 교사들은 다양한 외적 조직들의 의견을 지속적으로 조사하여 수집하고 최고 관리자가 교육적 판단을 하는 데 중요한 정보를 제공해야 하며, 외적 관련자들이 교육조직에 적극적으로 참여하도록 유도해야 한다.

참고문헌

김병성(1995). **효과적인 학교 학습풍토의 이론과 실제**. 서울: 학지사.

박종렬, 김순남(2001). **학교단위책임경영의 이론과 실제**. 서울: 원미사.

신재흡(2002). 교사가 지각한 학교장의 변혁적 지도성과 학교 조직문화 및 학교 조직효과성 간의 관계연구. 건국대학교대학원 박사학위논문.

윤종건(1999). **21세기의 학교조직 경영론**. 서울: 원미사.

이병진(2003). **새로운 교육의 패러다임 교육리더십**. 서울: 학지사.

주삼환(1997). **변화하는 시대의 장학**. 서울: 원미사.

한명희(1985). 교육목표로서의 창의성. **창의성을 높이는 교육**. 서울: 대한교육연합회.

홍기원 역(2000). **가치중심의 리더십**. 서울: 학지사.

Adams, J. L.(김원석 역, 1995). **리더가 되려면 창의력을 개발하라**. 서울: 가교.

Ahire, S. L.(1996). An Empirical Investigation of Quality Management in Small Firms. *Production and Inventory Management Journal, 37*(2), 44-50.

Barnard, C. I.(1968). *The Functions of the Executive*. Cambridge, Mass.: Harvard University Press.

Bass, B. M.(1990). *Bass and Stogdill's Handbooks of Leadership*. New York: Free Press.

Barth, R.(1990). *Improving Schools from Within: Teacher, Parents and Principals Can Make a Difference.* San Francisco: Jossey-Bass.

Bateman, T. S., & Snell, S. A.(2002). *Management: Comoeting in the New Era.* (5th ed.). New York: McGraw-Hill, 400.

Beare, H., Caldwell, B. J., & Millikan, R. H.(1989). Creating Management Organization and Techniques. *Journal of Construction Engineering and Management, 18*(1), 113-121.

Bennis, W. G.(1959). Leadership theory and Administrative Behavior: The Problem of Authority. *Administrative Science Quqrterly, 4.*

Bennis, W. G., & Nanus, B.(1985). *Leaders: The Strategies for Taking Charge.* New York: Harper & Row.

Blake, R. R., & Mouton, S. J. (1985). *The Managerial Grid III: The Key to Leadership Excellence*, Houstion: Guif.

Bolman, L. G., & Deal, T. E.(1991). *Reframing Organizations.* San Francisco, CA: Jossey-Bass.

Bradford, D. L., & Cohen, A. R.(1984). *Managing for Excellence: The Guide to Developing High Performance Organizations.* New York: John Wiley.

Caldwell, B. J., & Spinks, J. M.(1992). *Leading the Self-managing School.* London: The Falmer Press.

Campbell, Ronald F., & Ramseyer, John A.(1983). *Introduction to Educational Administration.* Allyn & Bacon Inc., 176-184.

Campbell-Evans, G.(1993). A Value Perspective on School-Based Management, In C. Dimmock (Ed.), *School-Based Management and School Effectiveness.* London: Routledge.

Cheng, J. Y. C.(1996). *School Effectiveness and School-based Management: A Mechanism for Development.* London: The Falner Press.

Cohen, E., & Rossmiller, R. A.(1987). Research on Effective Schools: Implications for Less Developed Countries. *Comparative Education Review, 31*(3), 13-16.

Coleman, M.(1994). Management in Educational Organizations. In Bush, T. & West-Burnham, J. *The Principles of Educational Management*, 55-78. Harlow: Longman.

Cheng, Y. C.(1991). 'Leadership Style of Principals and Organizational Process in Hong Kong Secondary Schools'. *Journal of Educational Administration, 29*, 2, 25-37.

Cheng, Y. C.(1996). *School effectiveness and School-based Management: A Mechanism for Development.* Washington, D. C.: The Falmer Press.

Conger, J. A., & Kanungo, R. N.(1988). The Empowerment Process: Integrating Theory and Practice. *Academy of Management Review, 13*(3).

Drucker, P. F.(1993). *The Effective Executive*. New York: Harper Collins.

Durbrin, A. J.(1997). 10 Minute Guide to Leadership. Alpha books.

Edmonds, R. R.(1979). Effective Schools for the Urban Poor. *Educational Leadership, 37*(10), 15-24.

Elsbee, W. S., & Mcnally, H. T.(1951). *Elementary School Administration and Supervision*. New York: American Book Co.

Faber, C. F., & Shearon, G. F.(1970). *Elementary School Administration*. New York: Rinehart and Winston, Inc.

Fielder, F. E.(1963). *A Theory of Leadership Effectiveness*. New York: McGraw-Hill.

French, J. R.(1993). A Formal Theory of Social Power. New York: Irvington.

Gibb, C. A.(1969). Leadership. In G. Lindzey & E. Aronson(eds.). *The Handbook of Social Psychology, 2nd*. Vol 4. Mass: Addison-Wesley.

Griffiths, D. E., Stout, R. T., & Forsyth, P. B.(2001). "The Preparation of Educational Administrator". In Griffiths, D. E., Stout, R. T., & Forsyth, P. B. (Eds.), *Leader for America's Schools*(Berkely, CA: McCutchan), 284-304, cited in Hoy, W. K. & Miskel, C. G., 419.

Halpin, A. W. (1966). *Theory and Research in Administration*. New York: Macmillan.

Hanson, E. M.(1991). *Educational Administrative and Organizational Behavior*(3rd ed.). Boston: Allyn and Bacon.

Hemphill, J. K., & Coons, A. E.(1957). Development of the Leader Behavior description questionnaire. In R. M. Stogdill & A. E. Coons(Eds.), *Leader Behavior: Its Description and Measurement*. Columbus, Ohio: Bureau of Business Research, Ohio State University.

Hersey, P., & Blanchard, K. H.(1993). *Management of Organizational Behavior: Utilizing Human Resources* (6th ed). Englewood Cliffs, New Jersey: Prentice-Hall, Inc.

Hirschhorn, L.(1997). *Reworking authority: Leading and Following in a Post Modern Organization*. Cambridge, MA: MIT Press.

Hopkins, D.(1996). Towaeds a Theory for School Improvement. In J. Gray, D. Reynolds, C. Fitz-Gibbon(Eds). *Merging Traditions: The Future of Research on School Effectiveness and School Improvement*. London: Cassell.

Hughes, L., W.(1994). *The Principal as Leader.* New York: Macmillan College Publishing Company.

Kirkman, B. L. & Rosen, B.(1997). A Model of Work Team Empowerment. In R. W. Woodman & W. A. Pasmore(Eds.). *Research in Organizational Change and Development, 10,* 131-167.

Koonts, H., & O'Donnell, C.(1972). *Principles of Management*(5th ed.). New York: McGraw-Hill Book Company.

Lipham, J. M.(1964). Leadership and Administration. In Daniel E. Griffiths.(Ed.), *Behavioral Service and Educational Administration.* Chicago: University of Chicago Press.

Lipham, M., & Hoeh, J. A.(1974). *The Principalship.* New York: Harper & Row, Publishers.

Miles, M., Elkholm, M., & Vandenberghe, R.(1987). Lasting School Improvement: *Exploring the Process of Institutionalization.* Leuven, Belgium: ACCO.

Newstrom, John W., & Davis, K.(2002). *Organizational Behavior: Human Behavior at Work*(11th ed.). New York: McGraw-Hill, 167.

OFSTED(1995). *Annual Report of HerMajesty's Chief Inspector of Schools.* London: Hmso.

Robbins, S. P.(1976). *The Administrative Process: Integrating Theory and Practice.* Englewood Cliffs, New Jersey: Prentice-Hall, Inc.

Schein, E. H.(1985). *Organizational Culture and Leadership.* San Francisco: Jossey-Bass.

Schlechty, P. C.(1990). *Schools for the Twenty-First Century: Leadership Imperatives for Educational Reform.* San Francisco: Jossey-Bass Publishing.

Schultz, D. P.(1978). *Psychology and Industry Today*(2nd ed.). New York: Macmillan.

Sergiovanni, T. J.(1984). Leadership and Excellence in Schooling. *Educational Leadership, 41,* 5, 4-13.

Sergiovanni, T. J.(1987). Leadership and Excellence in Schooling. In Ray E. Bruce & Edith E. Grimeley. *Readings in Educational Supervision, Vol. 2.* Association for Supervision and Curriculum Development.

Spreitzer, G. M., Kizilos, M. A., & Nason, S. W.(1997). A Dimensional Analysis of the Relationship between Psychological Empowerment and Effectiveness, Satisfaction and Strain. *Journal of Management, 23,* 679-704.

Starratt, R. J.(1990). *The Drama of Schooling the Schooling of Drama.* Bristol, PA:

Falmer Press.

Stogdill, R. M.(1974). *Handbook of Leadership.* New York: The Free Press.

Szilagyi, A. D., & Wallace, M. J.(1990). *Organizational Behavior and Performance*(5th ed.). New York: Harper Collins.

Tannenbaum, R., & Massarik, F.(1968). Leadership: a Frame of Reference. In D. E. Porter & P. B. Applewhite(Eds.), *Organizational Behavior and Management.* Saranton, PA: International Textbook.

Trice, H. M., & Beyer, J. M.(1991). "Charisma and its Routinization in Two Social Movement Organization". In B. M. Staw & L. L. Cummings(Ed), *Research in Organizational Behavior.* Greenwich, C. N.: JAI Press Inc., No. 8, 62.

Urwick, L. F.(1958). *Leadership in the Twentieth Century.* New York: Pitman Publishing Co.

Yukl, Garry A.(1998). *Leadership in Organizations.* New Jersey: Prentice-Hall, Inc.

Zaleznik, A.(1977). Manager and Leader: Are they different?. *Harvard Business Review, 55*(5), 67-78.

제2장 의사소통

의사소통은 학교 조직효과성을 좌우한다. 즉, 교사들은 다양한 의사소통 매체를 사용하여 가르치며, 학생들도 같은 방식으로 학습활동을 전개한다. 학교행정가 역시 교직원, 학생, 학부모 및 지역사회와 다양한 방식으로 의사소통을 하며 학교를 경영한다. 이와 같이 교사 · 학생 · 행정가들은 의사소통을 하면서 그들의 학교생활을 영위하고 있다.

한마디로 의사소통 없는 조직이란 생각할 수 없다. 조직을 우리 인체에 비유하면, 의사소통은 신경계통의 기능과 같다. 신경계통이 없는 인체를 생각할 수 없고 신경계통이 마비되면 인체의 기능이 마비되는 바와 같이 의사소통 없는 조직이란 존재할 수도 없고 의사소통 없이는 조직의 협동과 조정이 불가능하다.

한편 의사소통은 의사결정과도 밀접한 관계가 있다. 의사결정을 신중하게 하려면 여러 가지 대안과 그 대안들을 비교 및 평가할 수 있는 근거자료 또는 정보가 필요하다. 의사소통은 이러한 자료나 정보를 의사결정자에게 전달하는 중요한 수단이 된다.

이와 같이 의사소통은 학교조직과 교육행정의 중요한 기능으로서 그 의의가 매우 크다. 따라서 본 장에서는 의사소통의 개념 및 발전과정, 의사소통의 구성요소와 기능, 의사소통의 접근법, 의사소통의 과정모형과 의사소통망의 종류, 의사소통의 유형, 의사소통의 장애요인, 의사소통의 원칙과 개선방법, 의사소통의 기법, 의사소통의 장애의 극복과 효과적인 의사소통 등에 대해서 고찰하기로 한다.

제1절 의사소통의 개념 및 발전과정

1. 의사소통의 개념

의사소통은 사람들 간 감정, 태도, 사실, 신념, 생각 등을 전달하는 과정이다. 일반적으로 이러한 의사소통은 양방향적 과정이다. 다시 말하면, 의사소통은 어느 한 사람이 타인에게 영향을 주고 타인을 이해하는 데 사용되는 모든 수단을 포함한다. 의사소통에서 야기되는 많은 문제점들은 사람들이 의사소통이 양방향적 과정이라는 사실을 망각하는 데서 기인한다고 볼 수 있다. 그러면 의사소통에 대한 어원적 의미를 살펴본 후에 제 학자들의 견해를 고찰하기로 한다.

의사소통(communication)의 어원은 라틴어의 'communis'에서 온 말로서 '공통' 또는 '공유'라는 뜻을 가지고 있다. 따라서 의사소통이란 말을 문자 그대로 해석하면 하나 또는 그 이상의 유기체가 다른 유기체(들)와 지식, 정보, 신념, 감정들을 '공유' 또는 '공동화' 하는 행동이라 하겠다. 그러므로 의사소통은 집단행동에 있어서 집단 구성원들 사이를 연결해 주고 상호 작용에 가장 중심적인 역할을 하는 중요한 요소이다(송화섭, 1993).

크네츠비히(Stephen J. Knezevich, 1975)는 의사소통을 i) 인간의 능력이나 기술 매체를 사용하여 태도, 생각, 정보를 교환하는 것, ii) 아이디어를 교환하는 것, iii) 사상과 의견을 교환하는 것, iv) 사실, 생각, 느낌을 주고받는 과정이라고 정의했다.

버나드(Chester I. Barnard, 1938)는 조직의 세 가지 구성요소를 의사소통, 봉사하려는 의지, 공동목적이라고 규정하고, 공동목적을 달성하기 위해 기꺼이 활동하려는 사람들이 상호 간에 의사소통을 할 수 있을 때에 조직은 탄생한다고 규정함으로써 의사소통을 조직의 핵심적 요소로 부각시켰다.

호이와 미스켈(W. K. Hoy & C. G. Miskel, 1982)은 조직 내에서 의사소통을 분석하고 의사소통의 여섯 가지 특징을 다음과 같이 제시했는데, 이것은 의사소통의 개념을 정의하는 데 매우 유용한 준거를 제공해 주고 있다. i) 의사소통은 유목적적이다. ii) 전언의 의미는 반드시 의도된 바대로 되는 것은 아니며 사람마다 다르게 해석된다. iii) 상호 이해의 수준을 높이기 위해서는 피드백이 필수적이다. iv) 모든 조직에는 공식적 의사소통 경로뿐만 아니라 비공식적 의사소통 경로도 존재한다. v) 공식적 의사소통 경로와 비공식적 의사소통 경로는 대개 상호 보완적 관계에 있다. vi) 의사소통의 효과는 언어적(verbal) 의사소통과 비언어적(nonverbal) 의사소통 방법이 상호 일치할 때 높다.

이상기와 옥장흠(2000)은 의사소통에 대한 선행 연구자들의 견해를 종합하여 구조적 관점에서 본 의사소통, 기능적 관점에서 본 의사소통, 의도적 관점에서 본 의사소통으로 분류하여 제시하고 있다. i) 구조적 관점에서 본 의사소통이다. 구조적 관점이란 의사소통을 정보(information), 또는 전언(message)의 단순한 송 · 수신과정으로 보고 그 구조 자체(송신자-전언-수신자)에 중점을 두는 견해로 보며, 이러한 관점에서의 의사소통은 전언을 보내고 받는 과정이라고 정의할 수 있다. ii) 기능적 관점에서 본 의사소통은 사람의 기호 사용 행동 자체로 보고 그 기호화 및 해독과정(encoding-decoding)에 중점을 두고 있다. 이 견해에 의하면, 의사소통이란 어떤 자극에 대한 한 유기체의 분별적 반응(the discriminatory response)으로 본다. iii) 의도적 관점에서 본 의사소통이란 한 사람이 다른 사람에게 영향을 미치기 위하여 의도적으로 계획된 행동이라는 것이다.

위의 여러 학자들의 견해를 정리하면, 의사소통이란 교육행정에 있어서 조직의 목표와 관련하여 어떤 목적을 가진 조직구성원이 그 목적을 성취하기 위하여 다른 사람에게 무엇인가를 하도록 시도하는 역동적인 과정으로 볼 수 있다. 즉 의사소통은 상대방에게 지각되는 언어적 또는 비언어적 행동이라고 할 수 있다. 의사소통은 말의 교환 그 이상이다. 결국 우리의 모든 행동은 나름대로 어떤 의사를 전달하며, 의사소통의 한 형태가 되는 것이다.

따라서 학교의 교육목표를 달성하기 위하여 조직구성원들은 끊임없이 의사소통을 하지 않으면 안 된다. 교사와 학생 간, 교사 상호 간, 행정가와 교사 간에 직접적인 대화나 질의응답, 전화, 회의, 문서, 비디오 및 팩스, 전자우편 등의 다양한 방법과 매체를 활용한 의사소통은 일과 시간의 대부분을 차지할 정도로 매우 중요하다.

2. 의사소통 이론의 발전과정

의사소통 이론의 발전과정을 과학적 관리론 시대, 인간관계론 시대, 체제이론 시대로 구분해서 살펴보기로 한다(한공우, 2003).

첫째, 과학적 관리론 시대의 의사소통을 살펴보면 다음과 같다. 테일러(F. W. Taylor, 1947)는 그의 저서 『과학적 관리』에서 의사소통에 대하여 실제적으로 언급하고 있지 않다. 그는 조직의 구조와 개인의 행동에 대해 강조하고 있다. 의사소통은 공식적이고, 위계적이고, 계획적인 것으로, 의사소통의 목적은 과업을 수행하도록 하는 데 있다. 따라서 의사소통은 일방적이며 수직적이고 과업 지향적이다.

과학적 관리론에서는 어떤 경영원리에 정확하게 따르지 않을 때에는 조직에서 의사소통 문제가 야기된다는 점을 인식하고 있다. 예를 들면, 경영자가 5~6명 이상의 부하직원을 데리고 있다고 하면 그의 통제범위가 너무 넓어지므로 하부층과 효과적으로 의사소통할 수 없는 능력으로 괴로워하게 된다. 이러한 문제해결은 통제범위를 축소하여 위계상의 하층 경영자에게 권위를 양도한다. 과학적 관리는 계선(line)과 막료(staff)로 의사소통 기능을 구분하였다. 막료들은 인사, 회계 및 용도에 대한 전문가들이며, 이들의 의사소통 기능을 구분하였다. 막료들은 인사, 회계, 용도에 대한 전문가들이며, 이들의 의사소통 기능은 그들의 상관에게 그들의 충고를 받아들이도록 설득하는 것이다. 계선 조직은 명령계통이 톱니바퀴와 같은 것이며, 상관으로부터의 명령을 부하에게 전달하고 지시가 적절히 수행되고 있는가를 평가하는 것이다. 결국 과학적 관리론은 의사소통에 중요한 역할을 부여하지 않고 의사소통을 수직적 · 공식적 통로를 통한 명령과 통제로 제한하여 생각하였다. 이러한 견해는 상층부는 적절한 정보를 가지고 있고, 의사소통의 기능은 그들의 지식을 전파하는 데 있다고 보는 것이다.

둘째, 인간관계론 시대의 의사소통을 살펴보면 다음과 같다. 메이요(Elton Mayo, 1933), 뢰슬리스버어거(F. J. Roethlisberger) 및 딕슨(William J. Dickson, 1939) 등은 호손 연구를 했는데, 이들은 비공식 사회적 관계에서 근로자들의 동기에 대하여 고찰했다. 카츠와 레저스펠드(E. Katz & P. Lazarsfeld, 1955)는 호손 연구는 "일차집단, 즉 가족이나 우정집단과 같은 밀접한 관계에 있는 개인들의 아주 작은 집단의 재발견이 중요하다."라고 했다. 이것은 고도로 형식적이고 정형화되어 있는 상황에서 비공식적인 내적인 관계에 중요성을 인식한 것이라 하겠다.

특히 호손 연구는 조직 내의 인간행위에 대한 가정을 재조정하는 데 기여함으로써 조직행위의 개념에 대한 중요한 지적 분수령이 되었다. 이와 같은 결과로 생산성 결정 요인으로 구성원들의 관계를 강조하게 되어 '인간관계학파' 를 만들게 되었다. 이 학파에서는 조직 중심적인 것보다 개인 중심적인 것을 강조하여 조직구성원의 만족도, 사기와 같은 개념이 중요시되었다. 과학적 관리론에서는 재정적인 유인에 직접적으로 반응하는 경제적 인간을 중요하게 보는 반면에 인간관계론에서는 비공식적 작업집단의 상호영향에 반응하는 사회적 인간으로서 조직구성원을 중요하게 보았다. 따라서 조직행위에서 감정적이고, 비계획적인 요소들이 강박감을 준다고 한다. 조직에서 생산성은 감독자나 시간 · 동작전문가 등에 의하여 결정되는 것이 아니고 집단으로서의 그들 자신들에 의하여 결정된다고 보아야 한다.

셋째, 체제이론 시대의 의사소통을 살펴보면 다음과 같다. 1960년대 이후에 과학적 관리론과 인간관계론의 종합이 시도되었는데 이것은 어떤 조직에서는 과학적 관리론이 맞고, 또 다른 조직에서는 인간관계론이 더 맞기 때문이었다. 이것이 곧 체제론의 대두라고 하겠다. 체제이론은 부분, 요소 혹은 하위체제들의 상호관계를 체제로 보았으며, 이들 부분들이 고도의 조화를 이루는 것이 곧 생산의 극대화에 기여한다고 강조하였다. 버트란피(L. V. Bertalanffy, 1968)는 '체제를 상호 의존관계가 있는 부분들의 총체' 라고 했다. 따라서 의사소통은 체제의 한 요소인 것이며, 다른 요소들과 상호 자용하게 된다. 의사소통의 체제 내에서 역할은 상호의존성을 조장하는 것이다. 체제이론에서는 체제 내의 하위체제의 요소 간의 상호의존성을 강조한다. 모든 조직은 생산하위체제, 유지하위체제, 그리고 적응 혹은 혁신하위체제로 구성되어 있다. 각 하부체제는 어떤 목적을 가지고 있으며, 각각의 체제의 전체목적을 추구하여 하위체제 간의 내적 의존성을 증진하는 것이다. 여기에서 의사소통은 내적 의존성을 활발하게 하도록 하는 기능을 하는 것이다.

체제 내에서 각 요소들은 상호 간에 비슷한 양의 의사소통을 하는 것은 아니기 때문에 체제 내의 하위요소 간에 의사소통은 중요한 것이다. 따라서 하위체제 간의 의사소통의 정도에 따라 또 다른 체제 내의 동질적이고 좀 더 큰 하위 체제군을 형성하게 되는 것이다.

체제론자들은 조직에서 하위체제들의 상호 작용 연구의 필요성이 대두되기 때문에 사회체제로서 조직을 분석하고 이해하는 데 그 핵심요소로서 의사소통을 중요시하였다. 따라서 의사소통론이 체제이론 발전에 중심이 되었다. 의사소통은 전체 체제의 요소들의 상호 의존성을 수행하는 데 기초과정이며, 조정기능을 하게 된다. 의사소통의 역할은 조직의 조화로운 조정자와 같은 것이다.

앞에서 의사소통의 발전과정을 과학적 관리론, 인간관계론 및 체제론으로 보고 그 특성을 제시했는데 이들의 특성을 그 중요성, 의사소통의 목적, 의사소통의 흐름, 주요 의사소통 문제로 구분하면 〈표 2-1〉과 같다.

〈표 2-1〉 3가지 학파에 의한 의사소통의 본질 비교

내 용	과학적 관리론	인간관계론	체제론
중요성	* 상대적으로 중요하지 않음 * 하향적 의사소통으로 제한됨	* 상대적으로 중요시 됨 * 주로 동료집단 간의 의사소통에 관심이 있으며, 약간의 상향식 의사소통에 관심이 있음	* 매우 중요함 * 조직의 결속력이 중대한 영향을 미침
의사소통의 목 적	* 명령과 복종을 성취	* 직원의 욕구만족, 구성원의 의사 결정에 참여	* 의사결정자에게 정보를 제공하고 조직이 환경의 변화에 적응하도록 통제하고 조정함
의사소통 흐름의 방향	* 지시를 따르도록 설득하기 위하여 경영자로부터 직원들에게로 향하는 하향식 방법	* 동료집단 간의 수평적 관계, 경영자와 직원 간의 쌍방적 방법	* 전체 체제 안의 모든 방향으로 하향식과 상향식이 병용
주 요 의사소통 문제	* 위계질서를 파괴하거나 너무 넓은 통제의 범위에 의한 의사소통의 붕괴	* 유머, 비공식 의사소통에 의한 공식적 의사소통이 비효과성	* 과중한 과업, 왜곡 및 태만 부정적 환류에 대한 무책임성

* 자료: Rogers, E. M., & Agarwala-Rogers, R.(1976). *Communication in Organizations*. New York: The Free Press, p. 56.

〈표 2-1〉에서 살펴본 바와 같이, 과학적 관리론에서는 하향적 의사소통이며, 명령과 복종을 성취하기 위해서 의사소통을 했으며, 인간관계론 측면은 주로 동료집단 간이나 경영자와 직원 간의 수평적 및 쌍방향적 의사소통에 관심을 가졌으며, 주로 비공식적 의사소통을 했다. 이에 반해 체제이론 측면은 의사소통이 조직의 결속력에 중대한 영향을 미쳤으며, 전체 체제에서 모든 방향으로 하향식 또는 상향식을 병용했다.

제2절 의사소통의 구성요소와 기능

1. 의사소통의 구성요소

조직의 모든 활동은 의사소통을 통하여 이루어지므로 의사소통은 교육조직에서 매우 중요한 역할을 한다. 그러므로 의사소통의 핵심적 논제는 행정가가 의사소통에 개입하느냐의 여부가 아니라 얼마나 효과적으로 의사소통을 하느냐 하는 것이다. 의사소통은 조직의 활동에 있어서 필수 불가결한 것이며 때문에 효과적인 의사소통을 위해서는 행정가는 물론 교직원 모두의 공동의 노력이 필요하다.

여기에서 의사소통의 구성요소에 대해서 살펴보기로 한다.

첫째, 전달자이다. 전달자는 의사소통을 전하는 사람일 수도 있고 의사소통의 최초의 원천(source)이 될 수도 있다. 따라서 의사소통의 원천은 반드시 사람이 아니라 잡지, 전문학술지, 직위, 보도매체(신문, TV, 인터넷)가 될 수 있다. 전언의 효과는 대체로 전달자(원천)의 신뢰도 정도에 달려 있다. 신뢰도는 수신자가 전달자의 말과 행동에 대해 갖고 있는 믿음과 확신으로 이루어진다. 그러므로 신뢰도가 전달자의 말과 행동에 대한 수신자의 반응에 영향을 준다(Gibson, James L., Ivancevich, John M., & Donnelly, Jr. James J., 1976). 예를 들면, 학교장이 정직하지 못하고 교묘하게 속임수를 잘 쓰는 사람이라고 생각하는 교직원들은 아마 교장에게서 비롯된 모든 의사소통을 의심하고 왜곡할 것이다.

의사소통에 있어서 전달자의 어떤 특성이 중요한지에 대한 연구들을 종합해 볼 때 의사소통의 결과에 영향을 미치는 가장 중요한 전달자의 특성으로서 맥구이레(W. J. McGuire, 1969)는 신뢰성(credibility), 매력(attraction) 및 영향력(power)을 들고 있다. 다시 말하면, 수신자가 전달자를 믿고 좋아하며 전달자가 수신자 자신의 행위를 보상해 줄 수 있는 영향력을 가지고 있을 때 두 사람 간의 의사소통은 보다 효과적으로 이루어진다는 것이다. 그러나 전달자의 특성은 자신의 인성(personality)에서 비롯되는 특성과 자신의 역할에서 비롯되는 특성으로 구분해 볼 수 있는데, 의사소통과 관련하여 중요한 의미를 갖는 전달자의 특성은 아직 제대로 개념화되지 못하고 있다.

둘째, 전언과 전달매체이다. 전달자가 전언에 부여하는 의미는 개인적 · 역사적 ·

상황적 여러 요인들에 의해서 결정되는데 전언의 의미에 관한 대부분의 중요한 연구들은 주로 심리학에서의 지각(perception)현상에 관한 연구에 기초하고 있다. 전언은 여러 가지의 내용을 담고 있기 때문에 그 특성을 다양하게 개념화할 수 있을 것이다. 그러나 전언의 내용을 체계적으로 개념화하는 노력은 의사소통 분야의 연구에서 매우 미흡한 상태이다.

전달매체와 관련하여 던칸(Duncan)은 의사소통의 비언어적 매체가 언어적 매체보다 더 정확할 수 있음을 강조한다. 비언어적 매체 중에서 중요한 것이 얼굴표정인데, 특히 바람직하지 않거나 부정적인 내용을 전달할 경우 언어적인 매체보다 비언어적인 매체가 훨씬 더 감정을 솔직하게 표현하게 된다고 보고 있다. 얼굴 표정 이외에 침묵, 시간관념, 의상, 공간배열 등도 비언어적 매체로 사용되곤 한다(이형행, 1983).

시간관념을 예로 들어 보면 다음과 같다. 어떤 교사가 교장과 약속시간을 10시로 잡았다면 아마 9시 55분쯤 미리 가서 기다렸다가 10시 정각에 교장실에 들어가는 경우가 많을 것이다. 하지만 교사가 학생과의 면담시간을 오후 2시로 잡았다면 앞 경우와 같이 기다리기보다는 시간에 맞추어 가고자 할 것이다. 이와 같이 '시간의 사용'은 다른 사람에 대해 어떻게 생각하고 있느냐를 내포하고 있으므로 중요한 의사소통 수단이 된다. 또 공간배열을 예로 든다면, 어떤 사무실이 대단히 넓다거나 교장실과 같이 교장 개인의 장소가 따로 있다는 것은 그만큼 그 지위가 높을 것이라는 것을 암시하므로 하나의 의사소통 수단이 된다.

셋째, 수신자이다. 의사소통 과정에서 수신자에 대한 연구를 종합 고찰한 로버츠(D. F. Roberts, 1971)는 다음과 같은 결론을 내렸다. i) 수신자는 전언을 해석할 때 저항을 최소화하는 방향으로 해석한다. ii) 수신자는 자기의 기존 가치체계와 부합하는 전언에 대해서 보다 더 개방적이다. iii) 수신자는 자신의 욕구충족을 촉진시켜 주는 전언은 보다 더 쉽게 받아들이는 경향이 있다. iv) 환경이 변함에 따라 수신자는 자신의 환경을 재구성하는 데 도움을 주는 전언에 보다 약해진다.

수신자가 받은 전언 내용이 자신의 가치관과 일치하지 않을 때, 이러한 갈등 상황을 처리하는 기제(mechanism)에 대한 실증적 연구는 거의 이루어지지 않고 있다(L. W. Porter & K. H. Roberts, 1976). 개인 간 의사소통에 대한 연구는 빈약하다고 할 수 있다. 대부분의 연구결과들이 실험실에서 이루어졌기 때문에 실제 생활에 일반화하는 데는 한계가 있기 마련이다.

2. 의사소통의 기능

의사소통을 효과적으로 할 때 조직구성원은 각각의 개성, 태도, 가치 등을 이해하게 된다. 특히 버나드(Chester I. Barnard, 1938: 175-181)는 의사소통이란 조직을 형성하는 데 주된 원동력이 된다는 점을 고려했다. 조직에서 공식적인 권위를 수립하고 유지하기 위하여 조직에서 의사소통은 다음과 같은 특징을 지녀야 한다고 제시했다. i) 의사소통의 통로는 명백하게 알려져야 한다. ii) 명백한 공식적인 의사소통 통로를 통해서 조직의 모든 조직구성원에게 의사소통을 할 수 있어야 한다. iii) 의사소통의 통로는 가능한 한 직접적이고 단거리이어야 한다. iv) 의사소통의 중심이 되는 인물은 유능하여야 한다. v) 의사소통의 통로는 조직이 기능을 하는 동안에 방해를 받지 말아야 한다.

조직이 동기화되지 않은 구성원이나 퇴직하는 사람이 많을 때에는 의사소통이 원활하게 되지 않음을 지적하고 있다. 의사소통이 원활한 경우에는 조직구성원의 비동기화와 퇴직을 방지하고, 조직 내부 구성원에게 지식을 제공하고, 동기화하며, 조직구성원의 투입량을 조정하고, 감정이나 느낌을 표현하도록 하게 한다.

의사소통의 기능을 제시하면 다음과 같다(박수연, 박정애, 2000; W. G. Scott, 1976).

첫째, 협동의 전제조건이며 조정의 수단이다. 조직에서 의사소통이 없으면 신경계통이 없는 인간과 같아서 그 조직은 모든 기능이 마비된 상태가 된다. 의사소통은 인체의 신경계통이나 혈액순환계통과 같아서, 이것이 여러 요소에 영향을 줌으로써 인체가 협동적 균형을 이루어 나가는 것과 같다. 마찬가지로 조직에서도 의사소통이 조직의 여러 요소에 영향을 주므로 협동적 행동이 가능하며 이와 같은 협동적 행동은 조정의 수단으로서 가능을 하게 된다. 조직을 사회적 체제로 보았던 버나드(Chester I. Barnard, 1938: 82)도 의사소통을 조직의 세 가지 요소(공동목표, 협동에의 의욕, 의사소통) 가운데 하나로 다루어 그 중요성을 강조하였다. 공동목표를 달성하기 위하여 구성된 상호 간의 의사소통은 협동의 전제조건이며 조정의 수단이다.

둘째, 정보의 제공과 합리적 의사결정의 수단이다. 조직의 활동은 의사결정의 연속적인 과정이다. 이러한 결정을 합리화하고 효율적으로 집행하기 위해서는 의사소통을 통하여 필요한 정보를 제공하고 교환함으로써 양질의 의사결정에 도움을 주고, 또한 의사소통의 내용이 정확, 신속, 적절하며, 그 전달의 질이 우수해야 의사결정의 질도 확보될 수 있다. 이와 같이 효율적인 의사소통은 합리적인 의사결정을 위한 수단이 된다는 점에서 그 중요성이 강조되었다. 사이몬(Herbert A. Simon, 1957)이 의사소통을 합리적 의사결정의 전제조건으로 본 것도 이러한 이유에서이다.

셋째, 조직구성원의 동기화이다. 지도자는 의사소통을 함으로서 조직구성원을 동기화한다. 의사소통이 조직구성원을 동기화하는 수단이 되는 것은 기대이론과 목표설정 이론과 관련이 있다. 기대이론은 노력과 수행의 연계 및 수행과 결과물 획득의 연계 등 각각의 절차에서 조직구성원이 기대를 하게 되는 것을 말한다. 기대를 현실적인 감각을 갖게 하는 역할을 하는 작용이 지도자와 조직구성원 사이의 의사소통이다. i) 지도자는 의사소통을 함으로서 조직구성원이 획득하려는 결과물을 결정한다. ii) 지도자는 의사소통을 함으로서 작업 수행이 잘된 경우에만 조직구성원은 그 결과물을 획득할 수 있음을 알게 한다. iii) 지도자는 의사소통을 함으로서 조직구성원이 바라는 결과물을 얻기 위하여 많은 노력을 투입하여 작업 수행을 하여야 하는 것을 조직구성원이 인식하도록 확인한다. 그리고 목표설정 이론에 의하면, 지도자는 조직구성원의 목표를 설정할 때 의사소통을 함으로써 구체적이고 어려운 목표를 설정하도록 하고 있다. 지도자가 조직구성원과 의사소통이 없이 목표를 설정한다는 것은 목표설정을 무의미하게 한다.

넷째, 갈등 해소의 수단이다. 조직에서는 개인 간, 부서 간의 갈등이 있게 마련이다. 그런데 이러한 갈등은 여러 가지 원인에서 발생한다. 이와 같은 갈등의 원인을 해소하는 수단으로서 의사소통이 사용된다. 그러므로 의사소통은 갈등 해소의 수단이 될 수 있다.

다섯째, 통솔과 사기앙양의 수단이다. 의사소통은 조직을 통솔하고 조직구성원의 사기를 앙양시키는 수단이 된다. 조직구성원들은 의사소통을 통하여 참여감, 귀속감, 책임감, 인정감, 유대감 등 사회 심리적 욕구를 충족하며, 이런 과정에서 자발적 통솔이 이루어지고 사기가 앙양되며 근무에 대한 동기가 유발된다. 이와 같이 의사소통은 협동과 조정, 합리적 의사결정, 갈등 해소 그리고 사기앙양의 수단이 된다는 점 등으로 그 중요성이 크게 강조되고 있다.

여섯째, 분위기와 감정의 표현이다. 직무분위기는 조직구성원들이 직무를 수행하는 매일 시간마다 직무자가 경험하는 기분을 의미한다. 조직구성원이 제안하는 경우에 지도자가 이를 무시하는 사태가 발생하는 경우도 있으며, 조직구성원이 상처를 받은 것을 교육행정가가 발견하는 경우도 있다. 이러한 경우에는 교육행정가는 조직 구성원에게 그 당시의 직무분위기가 좋지 않고, 다른 때에 상의하는 것이 나았을 것이라고 의사소통을 하여야 한다. 분위기에 대해 간단하게 의사소통을 하면 작은 사건이 큰 사건으로 전개되는 것을 방지할 수 있다. 분위기와 감정에 대한 의사소통은 조직구성원이 상호 이해하도록 도와주며, 직무수행을 하도록 하고, 목표를 달성하도록 한다.

제3절 의사소통의 접근법

의사소통의 이론적 접근방법은 학자에 따라 다양하게 구분하고 있다. 그 한 실례로 의사소통의 이론적 접근법을 ⅰ) 기계론적(mechanistic) 접근법, ⅱ) 심리학적(psychological) 접근법, ⅲ) 해석적-상징적(interpretive-symbolic) 접근법, ⅳ) 체제지향적(systems-orientation) 접근법으로 구분하고 있다(Aubrey B. Fisher, 1978; J. K. Krone, F. M. Jablin & Linola L. Putnam, 1987).

기계론저 접근범은 의사소통의 경루와 전언의 전달에 기본적으로 관심을 집중시키고 있다. 심리학적 접근법은 개인의 정보 환경에 어떻게 반응하는가를 개념적이거나 정신적인 여과과정에 밀어 넣는 데에 집중하고 있다. 해석적-상징적 접근법은 의사소통자들 간에 전언의 의미를 서로 이해해서 공유하도록 발전시킬 수 있느냐에 연구의 초점을 맞추고 있다. 체제지향이론은 서로 접촉하는 의사소통 행위와 상호 작용에 강조점을 둔다. 곧 의사소통에서 체제의 계열성을 중시한다.

호이와 미스켈(W. K. Hoy & C. G. Miskel, 1991: 346)은 이들 접근방법들이 중복되거나 유사성도 있다고 보아서 사회심리학적 의사소통이론과 공식적-비공식적 조직의 의사소통이론으로 나누고 있다. 여기서는 워포드(Jerry C. Wofford, Edvin A. Gerloff, & Robert C. Cummis, 1977) 등이 제시한 ⅰ) 정보이론(information theory), ⅱ) 대인적 의사소통(individual or human communication), ⅲ) 조직 의사소통(organizational communication) 등을 살펴보려고 한다. 정보이론은 수학적 및 공학적인 데 비하여, 대인적 의사소통은 개인 상호 간 또는 인간행위에 중점을 둔 행동과학에서 발달되었으며, 조직 의사소통은 그 중간적인 입장으로 조직에서의 의사소통 접근방법이다. 이 이론을 중심으로 소개한 의사소통 접근방법을 고찰하면 다음과 같다(신유근, 1982).

첫째, 정보이론이다. 정보이론은 조직 내의 자료의 흐름에 수학적 · 과학적 · 기술적 이론들을 적용시킨 것으로 의사소통에 대한 연구에서 중요한 위치를 차지하고 있다. 정보이론의 주요 관심사는 정보를 필요로 하는 곳에 왜곡됨이 없이 정확하게 대량의 자료를 전달하는 문제에 대해 체계적인 분석을 하는 것이다. 샤논과 위버(Claude E. Shannon & Warren Weaver, 1949)는 최초로 수학적 관점에서 정보 이론적 의사소통을 발전시켰으며, 뿐만 아니라 사이버네틱스(cybernetics)를 발전시키는데 공헌하였다. 정보이론은 의사소통과정에서 의사소통의 전달적 측면을 일차적으로 중요하게 다룬다. 특히 정보이론에서는 주어진 성과수준의 달성을 위한 송신과 수신의 전달개념(transmission concept)이 독특한 특징으로 나타나고 있다(R. G. Gallager, 1968: 1). 정보이론의 목적은 메시지의 통계적 특성을 이용해서 메시지를 기호화(encode)하고 오류를 최소화시켜, 주어진 경로를 통해 메시지를 전달하기 위해서 전기신호(electrical signals)를 이용하는 것이다.

둘째, 대인적 의사소통이다. 대인적 의사소통은 행동과학의 이론에 근거한 의사소통 접근법이다. 이 접근법은 지각 · 학습 · 동기이론에 의하여, 이와 같은 것에 초점을 두고 인간의 행동 · 사고 · 감정 등을 자극과 반응을 통하여 사람들과의 관계에서 설명하려는 것이다. 대인적 의사소통은 한 개인에게서 다른 개인으로의 정보전달에 중점을 두고 있으므로 의사소통을 전달자와 수신자 간의 행동변화에 영향을 주는 기본적인 방법으로 여긴다(Fred Luthans, 1979). 대인적 의사소통은 조직 의사소통의 과정에서 중심적인 역할을 하며 조직행위의 연구에 직접적으로 관련되는 분야이다. 조직 의사소통은 여러 가지 측면에서 비효율성이 발견되는데, 이러한 것들은 대인적 의사소통이 분석 및 설명해 준다. 대인적 의사소통은 인적 요소에 대한 설명을 해준다는 의미에서 정보이론보다도 중요한 접근법이다.

셋째, 조직 의사소통이다. 이것은 정보이론과 대인적 의사소통의 중간에 위치한 의사소통의 접근법이다. 조직 의사소통은 공식적 조직의 구조를 정보의 흐름을 가능하게 하는 의사소통망(communication network)으로 보고 있다. 그러므로 조직구조에 의해서 형성되는 의사소통망에서 구성원들 사이에 발생하는 의사소통의 흐름에 강조점을 두고 있다(Jerry C. Wofford et al., 1977: 16). 조직 의사소통은 관리기능과 직접적인 관련을 맺고 있으며 조직구성원들 사이에서 일어나는 하향적 · 상향적 · 수평적 · 대각적인 의사소통의 흐름이 조직 의사소통망의 중요한 부분이 된다. 조직 의사소통은 조직구성원들을 연결시켜 줄 뿐만 아니라 외부환경과 상호 작용을 할 수 있는 수단이 된다. 조직 의사소통은 정보이론보다는 대인적 의사소통에 많이 의존하고 있다. 조직 의사소통과 대인적 의사소통은 조직구조와 인간행위의 상호관련성을 중심으로 의사소통 과정에 미치는 영향을 설명해 주고 있다.

제4절 의사소통의 과정모형과 의사소통망의 종류

1. 의사소통의 과정모형

의사소통은 일련의 연속적인 과정을 통해 이루어진다. 따라서 의사소통은 개념적으로 하나의 흐름 또는 과정으로 이해할 수 있다. 리커트(Rensis Likert, 1961: 44)에 따르면, 의사소통은 다음과 같은 세 가지 과정을 밟아서 이루어진다고 했다. i) 정보를 송신자로부터 표적이 되고 있는 수신자에게 전달하는 과정이고, ii) 이와 같이 전달된 정보를 수용하여 포괄적으로 이해하는 과정이며, iii) 이해한 정보를 수신자가 수락하거나 거부하는 과정이다.

의사소통의 과정은 송신자가 전달하고자 하는 의미와 정보를 여러 가지 매체와 통로를 통해 수신자에게 전달하고 피드백을 통해 확인하는 일련의 과정을 통해 이루어진다. 이러한 의사소통의 과정에는 흔히 여러 가지 잡음요인(소음)들이 작용하여 의사소통의 효과성을 저해한다. 의사소통의 과정 모형을 제시하면 [그림 2-1]과 같다.

[그림 2-1]은 의사소통 과정의 핵심적 요소들을 모형화한 것이다. 이들의 각 요소에 관해 간단히 살펴보면 다음과 같다.

첫째, 정보(source) 및 송신(sender)이다. 정보원 또는 송신자는 메시지를 생산해 내는 의사소통자이다. 정보원이 반드시 사람일 필요는 없다. 신문, 잡지, 또는 교육감(장), 교장(감)과 같은 직위 등도 모두 의사소통의 원천이 될 수 있다. 송신자는 메시지의 내용을 아이디어, 사실 등으로 구성해야 한다. 메시지의 효과는 수신자가 송신자에 대해서 가지는 신뢰성의 수준에 의해서 어느 정도 좌우된다. 또한 신뢰성의

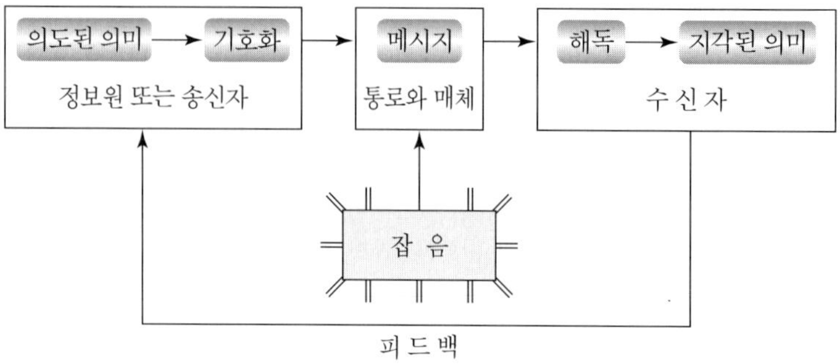

[그림 2-1] 의사소통의 과정 모형

*자료: Reece, Barry L., & Brandt, Rhonda(1984). *Effective Human Relations in Organization*. Boston: Houghton Mifflin Co.

수준은 송신자의 말과 행동에 대해서 수신자가 어떠한 반응을 보이느냐에 따라 영향을 받는다. 송신자에 대한 수신자의 불신은 정보를 왜곡시키거나 메시지를 무시해 버리는 사태를 초래하기도 한다.

둘째, 기호화(encoding)이다. 이는 송신자의 생각이나 아이디어 또는 정보를 부호나 상징으로 전환시키는 과정이다. 언어는 기호화의 가장 보편적인 수단으로서 이는 송신자의 의도, 아이디어, 정보를 메시지의 형태로 표현하려는 것이다. 송신자의 의사소통기술, 주제에 관한 지식 그리고 태도, 가치, 관심사, 동기 등과 같은 인성적 요인들이 기호화의 과정과 내용을 제한하게 된다. 송신자의 제반 특성이 기호화와 메시지의 질을 결정하는 데 영향을 미친다.

셋째, 메시지(message)이다. 메시지는 기호화 과정의 결과로서 전달하고자 하는 내용이다. 메시지는 송신자가 수신자에게 교신하기를 원하는 아이디어이다. 메시지의 형태는 이를 실어 나르는 통로와 매체가 무엇이냐에 따라 크게 좌우된다.

넷째, 통로(channel)이다. 통로는 메시지가 흘러 다니는 송신로이다. 통로는 수직적 통로, 수평적 통로, 사선적 통로로 구분할 수도 있으며, 공식적 통로와 비공식적 통로로 분류하기도 한다.

다섯째, 매체(medium)이다. 매체는 메시지의 운반수단이다. 메시지는 구두매체와 문서매체를 포함한 언어매체나 전화, TV, 라디오 등 전파매체를 통해서 전달된다. 이 외에도 신체언어나 제스처 혹은 상징 언어와 같은 비언어적 매체를 통해서도 메시지가 전달된다.

메시지가 전달된다.

여섯째, 수신자(receiver)이다. 수신자는 송신자로부터 전달된 메시지를 접수하는 사람이다. 수신자는 접수된 메시지를 해독하고 거기에 의미를 부여하게 된다. 하지만 그 의미가 송신자가 의도한 의미와 반드시 일치하는 것은 아니다. 왜냐하면 송신자의 경우와 유사한 내적 과정이 수신자에게도 일어나기 때문이다.

일곱째, 해독(decoding)이다. 해독은 수신자가 전달된 메시지를 해석하는 과정이다. 수신자가 송신자에 의해서 기호화된 내용을 암호를 풀듯이 해독하는 것이다. 해독하는 과정에는 수신자의 의사소통 기술, 주제에 대한 지식, 가치, 흥미, 동기와 같은 특성들이 작용하게 된다. 수신자의 제반 특성들이 해독의 과정과 내용을 제약한다. 수신자가 받아들인 지각된 의미와 송신자가 보낸 의도된 의미가 일치하기가 어려운 것은 바로 이러한 이유 때문인 것이다. 수신자가 보여준 메시지에 대한 반응은 송신자에게는 피드백으로 작용한다.

여덟째, 피드백(feedback)이다. 피드백은 송신자로 하여금 메시지가 정확하게 전달되고 이해되었는가를 알게 해주는 수신자의 반응이다. 피드백은 의사소통과정이 얼마나 성공적으로 이루어졌는가를 확인하게 하는 단서를 제공하게 될 뿐만 아니라, 앞으로 이루어질 의사소통의 과정과 내용을 개선하는 데 있어 중요한 단초가 된다. 다시 말하면, 피드백의 사용은 의도된 정보와 의미와 지각된 정보와 의미 사이에 존재하는 격차를 감소시킴으로써 의사소통과정을 개선하는 데 도움을 준다.

마지막으로 잡음(소음: noise)이다. 잡음은 정보를 송신하거나 수신하는 과정에서 의사소통의 정확도를 감소시키고 방해하는 요인이다. 일반적으로 물리적인 잡음, 개인들의 고유한 편견이나 고정관념, 사회적 상황의 소음 등이 의사소통을 방해하는 소음요인으로 작용한다.

2. 의사소통망의 종류

의사소통망(communication net)이란 송신자로부터 수신자에게로 메시지가 흐르는 경로의 구조를 의미한다. 일반적으로 조직에서 흔히 볼 수 있는 대표적인 의사소통망을 제시하면 [그림 2-2]와 같다.

다음의 [그림 2-2]에서 살펴본 의사소통망의 형태에 대해서 구체적으로 설명하면

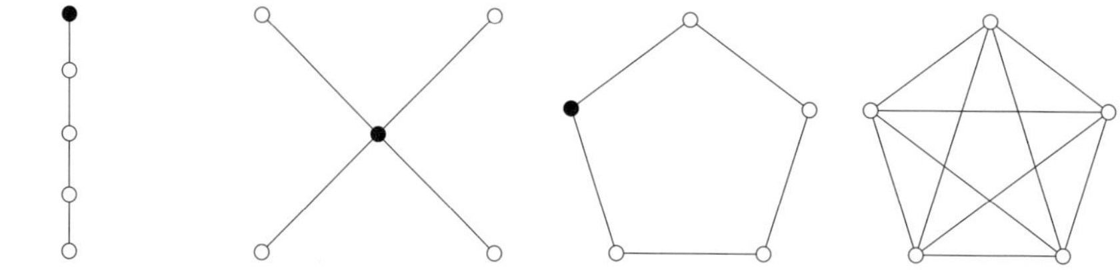

[그림 2-2] 의사소통망의 형태

*자료: Lunenburg, Fred C., & Ornstein, Allen C.(1996). *Educational Administration: Concepts and Practices*(2nd ed.). Belmont: Wadworth Publishing Company, p. 186.

첫째, 쇠사슬형(chain)이다. 이는 공식적인 명령계통에 따라 의사소통이 상위계층에서 하위계층으로만 흐르는 경우이다. 구성원들 간에 엄격한 권한의 계층관계가 존재하며, 상위계층의 중심인물이 정보를 종합하고 문제를 해결함으로써 의사결정의 속도가 빠르나, 조직구성원들의 만족도는 일반적으로 낮다. 또한 정보가 계층의 단계를 따라 아래로 전달되는 과정에서 왜곡될 소지를 내포하고 있다.

둘째, 수레바퀴형(wheel)이다. 수레바퀴형은 구성원들 간에 중심인물이 있어 모든 정보가 그에게 집중되는 의사소통망이다. 이와 같은 형태의 의사소통망을 가지고 있는 경우에는 중심인물이 신속하게 정보를 획득할 수 있고, 문제 해결을 위한 상황도 정확하게 판단할 수 있으며, 문제에 대해서도 신속하게 대응할 수 있다. 단순 업무의 경우에는 의사소통의 속도와 정확성을 기할 수 있으나, 업무가 복잡한 경우에는 그 효과를 기대하기가 어렵고 조직구성원들의 만족도 측면은 대체로 낮다.

셋째, 원형(circle)이다. 원형은 권한의 계층관계가 형성되어 있지 않고 중심인물도 없는 상황에서 나타날 수 있는 의사소통망이다. 위원회의 의사소통망이 전형적으로 여기에 속한다. 위원회에는 공식적인 리더가 있기는 하지만, 리더에게 정보가 집중되지 않으며 구성원 상호 간에 상호 작용이 왕성하게 이루어진다. 권한이 어느 한쪽에 집중되어 있지 않아서 문제해결이 느린 편이지만 조직구성원의 만족도 측면은 일반적으로 높은 편이다.

넷째, 상호 연결형(star)이다. 상호 연결형은 비공식적 의사소통에서 형성되는 의사소통망이다. 여기에는 특정한 중심인물이 없고 조직구성원 개개인이 서로 의사소통을 주도한다. 구성원들 상호 간에 정보교환이 왕성하게 이루어짐으로써 상황의 파악과 문제해결에 시간이 많이 소요되는 단점을 가진다. 그러나 구성원들의 참여를 통하여 창의적으로 문제를 해결하고자 할 때는 효과적일 수 있으며 조직구성원들의 만족도 측면은 대체로 높다.

제5절 의사소통의 유형

의사소통의 유형은 보는 관점에 따라 다음과 같이 여러 가지로 분류할 수 있다. 일반적으로 의사소통의 수단을 중심으로 할 때 언어적 의사소통(verbal communication)과 비언어적 의사소통(nonverbal communication)으로 구분하고, 조직의 성격에 따라 공식적 의사소통(formal communication)과 비공식적 의사소통(informal communication)으로 구분되며, 의사소통의 방향에 따라 일방적 의사소통(one-way communication)과 쌍방적 의사소통(two-way communication), 그리고 수직적 의사소통(vertical communication), 수평적 의사소통(horizontal com-munication)과 대각적 의사소통(diagonal communication) 등으로 구분할 수 있다(한국교육행정학회, 1995; 박성식, 1998; 박병량, 주철안, 1999; 이군현, 1999; 박수연, 박정애, 2000; 조성일, 안세근, 2005).

첫째, 언어적 의사소통(verbal communication)과 비언어적 의사소통(nonverbal communication)이다. 언어적 의사소통은 언어를 매개체로 하여 의사소통이 이루어지는 것으로서, 이는 다시 구두 의사소통(oral communication)과 문서 의사소통(written communication)으로 나뉜다. 구두 의사소통은 직접적인 말을 수단으로 하여 정보의 교환이나 메시지를 전달하는 것을 의미한다. 대면적 의사소통이 대부분 여기에 속한다. 구두 의사소통은 대면적인 의사소통이므로 대면성이 갖는 즉시성과 신축성, 융통성, 비밀 보장성 등의 장점이 있으나 전달 대상이 제한되며, 전달 내용이 중요하고 복잡할 때는 사용하기가 어렵다. 이에 비해 문서 의사소통은 문서를 통한 의사소통으로서 공문서, 보고서, 지침, 메모, 편지, 회람, 안내서 등이 여기에 포함된다. 문서 의사소통은 장기적으로 보존할 필요가 있을 때(보존성), 중요하고 복잡한 내용을 정확하고 획일적으로 전달할 필요가 있을 때(정확성 · 획일성), 구성원이 지리적으로 분산되어 있을 때 효과적이나, 수신자의 반응을 확인하기 어렵고, 수신자의 다양한 욕구를 고려하지 못하며, 비밀이 누설되기 쉽다는 등의 단점이 있다.

비언어적 의사소통은 구두나 문서 언어를 사용하지 않고 메시지를 전달하는 의사소통이다. 예를 들면 물리적 언어인 교통신호, 사이렌, 도로 표지판 등과 같은 것은 비언어적 의사소통 수단이 된다. 그리고 상징적 언어(symbolic language)인 사무실의 크기, 의자의 크기, 자동차의 크기와 색깔 등도 효과적인 비언어적 의사소통의 수단이 된다. 아울러 신체적 언어(body language)라 할 수 있는 자세, 얼굴, 표정, 몸짓, 목소리, 눈동자, 하품 등도 상대에게 메시지를 전달할 수 있는 비언어적 의사소통의 수단이 된다. 이러한 비언어적 의사소통은 때로는 언어적 의사소통보다 더 효과적일 수도 있다.

둘째, 공식적 의사소통(formal communication)과 비공식적 의사소통(informal communication)으로 구분된다. 공식적 의사소통은 공식적 조직 내에서 공식적인 의사소통의 경로와 수단을 통해서 정보가 유통되는 것으로, 보통 계서제의 명령계통을 따라 공문서 또는 서면이나 구두의 명령, 보고 등의 방법으로 이루어진다. 공식적 의사소통의 목적은 조직구성원에게 조직의 목표방침 및 지시사항 등을 알리고 직원들의 의견과 보고내용을 관리자와 모든 직원에게 알리는 데 있다.

비공식적 의사소통은 비공식적 조직, 즉 자생적 집단 내에서 비공식적인 방법으로 이루어지는 의사소통으로 풍문, 유언, 전화, 접촉 등의 형태로 나타나므로 통제하기도 어렵고 추궁하기도 어렵다. 이것은 공식적 직책을 떠나 친분, 상호 신뢰 등 인간관계를 기초로 하여 의사소통을 하는 것으로 극히 제약된 조직이나 사회에서는 많은 의사소통이 발생한다. 이러한 비공식적 의사소통은 구성원들의 여론 감정 등을 그대로 나타내므로 유익한 정보를 전달하는 수단이 되기도 한다.

셋째, 일방적 의사소통(one-way communication)과 쌍방적 의사소통(two-way communication)이다. 의사소통은 송신자와 수신자의 의사소통의 흐름이 일방적인가 아니면 쌍방적인가에 따라 일방적 의사소통 또는 쌍방적 의사소통으로 구분이 된다. 일방적인 의사소통은 발신자가 의사소통을 주도하고, 수신자는 듣는 입장에 있으며, 연설, 강연, 설교, 강의 발표, 공식적인 인사와 같은 형태가 있다. 쌍방적인 의사소통은 최소한 두 사람이 서로 전달 내용을 주고받는 의사소통의 형태를 의미하며, 대화, 인사, 상담, 면담, 토론 등과 같은 형식이다.

넷째, 수직적 의사소통(vertical communication), 수평적 의사소통(horizontal

communication)과 대각적 의사소통(diagonal communication)이다.

수직적 의사소통은 하향적 의사소통(상의하달)과 상향적 의사소통(하의상달)으로 나누어지며, 하향적 의사소통(downward communication)은 조직 내의 지휘, 명령계통을 따라서 상사가 부하에게 메시지를 전달하는 상의 하달식 의사소통 방식이다. 따라서 여기서는 명령, 지시, 방침, 규칙, 업무정보 등의 전달이 포함된다. 반면에 상향적 의사소통(upward communication)은 부하가 상사에게 메시지를 전달하는 하의 상달식 의사소통 방식이다. 여기에는 보고, 의견조사, 제안 등이 포함된다.

수평적(횡적) 의사소통은 조직 내에서 같은 계층에 있는 개인 또는 부서 간에 이루어지는 상호 작용적 의사소통으로써 회람, 통지, 회의 등이 포함된다. 수평적 의사소통은 구성원 또는 부서 간의 활동을 조정하거나 갈등을 해소하는 데 매우 중요한 기능을 한다.

대각적(사선적) 의사소통은 상향적, 하향적, 수평적 의사소통의 경로가 비효과적일 때 발생되며 조직 내의 여러 기능과 기준들을 가로질러 이루어지는 의사소통이다. 특히 이것은 조직구성원들이 다른 채널을 통해서 효과적으로 의사소통을 할 수 없는 상황에서 중요하다. 조직의 구조가 복잡하고 다원적인 경우에는 의사소통의 경로가 다양해진다. 그리고 사선적 의사소통 방식은 필요한 자료를 확보하는 과정에서 시간의 지연을 최소화한다.

제6절 의사소통의 장애요인

의사소통의 장애요인에 대하서 제 학자의 입장을 정리하면 다음과 같다. 베디안(A. G. Bedeian, 1980)은 개인 내 요인(intraperson factors), 개인 간 요인(interperson factors), 조직 요인(organizational factors), 기술적 요인(technical factors) 등으로 분류하고 있다. 엘렌슨(Ann Ellenson, 1982), 루넨버어그와 온스테인(Fred C. Lunenburg & Allen C. Ornstein, 1996)은 준거체제의 상이성, 의미상의 문제, 선별적 지각, 여과(filtering), 잠재적 의도, 정보과잉, 지위의 차이, 수용거부, 선입견, 고정관념 등을 들고 있다. 그리고 박수연과 박정애(2000)는 사회적 요인, 물리적 요인, 기술적 요인, 조직구성원의 내적 특성 등으로 분류했다. 그리고 한국교육행정학회의 분류에 의하면, 전달자와 수신자에 관련된 장애요인(준거기준의 차이, 지위상의 차이, 전달자의 의사소통 기술의 결여, 전달자의 의식적 제한, 전달자의 신뢰성 결여, 수신자의 평가적 · 선택적 경청), 의사소통 상황과 수단에 관련된 장애요인(언어상의 장애, 지리적 거리, 보고량의 과중과 타업무의 압박), 의사소통의 변질(생략, 왜곡, 증폭과 확산) 등으로 분류하고 있다(1995).

본 절에서는 한국교육행정학회의 의사소통의 장애요인을 토대로 해서 베디안(A. G. Bedeian, 1980), 엘렌슨(Ann Ellenson, 1982), 루넨버어그와 온스테인(Fred C. Lunenburg & Allen C. Ornstein, 1996)의 의사소통의 장애요인을 첨가해서 제시하고자 한다.

첫째, 전달자와 수신자에 관련된 장애요인을 살펴보면 다음과 같다. i) 준거기준의 차이: 이는 의사소통에서 발안자 · 전달자 · 수신자 등의 준거기준의 차이로 인해 정보나 의견을 달리 해석할 수 있다. 개인은 각기 개성이 있게 마련이며 그들의 문화적 배경도 다르고 전문영역도 차이가 있으므로 그들 나름대로 가치관이 형성되어 있다. 그러므로 각자의 준거기준이 다를 수밖에 없다. 준거기준과 관련된 것으로 선입견이 의사소통을 저해한다. 특히 전언이 수신자의 관점에 따라 각기 달리 해석되기 때문에 전언의 본래의 의도가 크게 상실될 수 있다. 조직구성원들의 준거기준이 유사할 때는 의사소통이 효과적으로 이루어지지만, 서로 다를 때에는 의사소통의 생략 · 왜곡 등과 같은 저해현상이 일어난다. ii) 지위상의 차이(status differences): 송신자와 수신자의 지위 차이가 종종 원활한 의사소통의 장애요인으로 작용한다. iii) 전달자의 의사소통 기술의 결여: 전달자의 의사소통의 목표 · 내용 · 방법 · 결과 등에 관한 지식과 기술이 부족할 때 장애가 일어난다. 의사소통의 목표는 전언을 만드는 기초가 되고, 전언의 내용은 적절한 단어의 사용에서부터 문장 구성에 이르기까지 수신자를 고려하여 방법 · 반응 등을 미리 생각해야 한다. 특히 대인감수성이 부족한 경우에는 타인에게 공격적인 언어를 사용할 수 있고 타인의 욕구와 감정에 무관심할 수도 있으므로 사전에 의사소통 방법을 고려하여 의사소통의 기술을 십분 발휘해야 한다. iv) 전달자의 의식적 제한: 행정기관이 필요하다고 인정하는 사항에 관하여 의식적인 비밀을 유지하는 경우에도 원활한 의사소통이 이루어지지 않는다. 보안 업무 규정은 이를 명문화한 것으로 관료제 내에 비밀제도를 형성시켜서 의사소통이 부자연스럽게 된다. v) 전달자의 신뢰성 결여: 수신자가 전달자 언행에 대한 신뢰도가 낮은 경우에는 전달자의 전언에 대한 수신자의 반응은 의문과 잔소리 등으로 나타나는 경우가 있다. 따라서 전달자에 대한 수신자의 신뢰도가 의사소통의 반응도를 결정한다. vi) 선별적 지각: 일반적으로 수신자는 송신자가 보내는 모든 정보를 다 수용하지 않는다. 왜냐하면 수신자는 자신의 욕구, 동기, 과거의 경험 등 개인적 특성에 따라 선택적으로 보고 듣기 때문이다. 이러한 인간의 선별적 지각의 특성이 의사소통의 장애요인으로 작용한다. vii) 여과: 메시지가 몇 사람을 거쳐 전달되는 과정에서 일어나는 장애가 여과작용이다. 송신자가 고의로 의사소통의 내용을 일부 여과하거나 생략하는 경우가 있으며, 송신자가 내용의 전체를 파악하지 못함으로써 수신자에게 정보가 충분하게 전달되지 못한다. viii) 잠재적 의도: 자기 자신의 욕구에 따라 메시지를 이해하는 것을 잠재적 의도라고 한다. 송신자와 수신자가 갖고 있는 잠재적 의도는 효과적인 의사소통의 장애요인으로 작용한다. ix) 수용거부: 이는 수신자가 송신자의 말이나 행동에 대하여 신뢰성을 갖지 못할 때 일어난다. 또한 수용거부는 수신자의 선입견이나 편견 때문에 발생하기도 한다. x) 고정관념: 사람들이 갖고 있는 너무 단순하고 일반화된 고정관념이 의사소통의 장애요인으로 작용한다. 고정관념은 시각적인 것뿐만 아니라 가치, 편견, 불완전한 정보 등 많은 다른 요인들에 기초해서 형성된다.

둘째, 의사소통 상황과 수단에 관련된 장애요인이다. i) 언어상의 장애: 의사소통의 매체 가운데 가장 중요한 것이 언어인데, 언어 자체의 다양성뿐만 아니라 전달자와 수신자들의 언어수준 차이 등으로 언어가 의사소통의 가장 큰 장애요인이 된다. 용어의 다양성으로 인하여 객관적이고 신뢰도가 큰 용어가 부족하며, 직업의 전문화로 인하여 난해한 전문적 용어가 난무하고 있다. 게다가 사적 용어와 관청적 용어까지 파생되어 사용되고 있다. 그러므로 언어를 어떤 기준에 의하여 선택하여 사용하면 효과적인 의사소통을 유지할 수 있을 것인가를 고려해야 한다. ii) 지리적 거리: 전달자와 수신자가 한 장소에 있지 않고 거리적 간격을 가지고 있는 경우는 원만한 의사소통이 이루어지지 못한다. 물론 의사소통의 기술이 발달하여 이를 어느 정도 극복할 수 있으나 중앙집권화를 초래할 우려가 있다. iii) 보고량의 과중과 타 업무의 압박: 정보의 양이 과중할 때는 의사소통이 원활하지 못하다. 수신자가 자기능력 이상의 전언을 받았을 때 효과적으로 반응하지 못하기 때문에 의사소통은 침체된다. 따라서 전달자는 한 번에 무리한 정보를 전달해서는 안 된다. 조직구성원은 의사소통 이외에 본래의 업무가 있다. 그런데 본래의 업무에 주력하다 보면 의사소통을 등한시하기 쉽다. 일반적으로 업무에 충실한 사람은 필요한 것 이외의 의사소통을 할 수 없을 정도로 시간적 압박(time pressure)을 받게 된다.

셋째, 의사소통의 변질이다. 앞에서 제시한 바와 같이 의사소통의 장애요인으로 말미암아 다음과 같은 형태의 의사소통의 변질이 일어난다. i) 생략(omission): 의사소통에서 수신자가 전언 내용의 일부를 파악하지 못하거나, 수신자의 부담 과중으로 전언 자체가 등한시되는 경우가 있다. 이럴 경우 전달된 내용의 일부가 생략된다. 심지어는 전부가 생략되는 경우도 있다. 흔히 계층제 조직에서 일부 상급자들이 하급자들로부터 올라오는 의사소통에 파묻혀 제대로 모든 의사소통을 받아들이지 못하는 경우가 있다. 때로는 고의적으로 생략하는 경우도 있으며, 보안상의 이유로 일부의 조직구성원에게 전달을 생략하는 경우, 혹은 위기에 처해 있을 때 의사소통체계 중 일부를 거치지 않는 경우 등이 있다. ii) 왜곡(distortion): 의사소통의 왜곡은 전술한 장애요인 가운데 언어상의 장애, 준거기준의 차이 등의 요인으로도 생긴다. 왜곡은 여러 가지 형태를 지니는데, 내용이 일부 압축되는 경우 내용의 일부가 지나치게 강조되는 경우 등이 있다. 하급자가 상급자의 비위를 맞추기 위해서나 자신에게 유리하게 하기 위하여 왜곡하기도 하는데, 특히 승진 의욕이 강한 하급자가 상향적 의사소통에서 의사소통을 왜곡시키는 경우가 있다. iii) 증폭과 확산: 하향적 의사소통에서 상급자의 의도를 지나치게 강조하는 현상을 증폭이라 한다. 특히 관료제하의 동조과잉현상에서 일어난다. 횡적 의사소통에서 처음에는 의미 있게 전달되지만 여러 단계를 거치면서 내용의 초점이 넓어져 쓰러져 버리는 현상을 확산이라 한다.

제7절 의사소통의 원칙과 개선방법

본 절에서는 의사소통의 원칙과 개선방법에 대해서 살펴보기로 한다.

1. 의사소통의 원칙

의사소통의 원칙으로 레드필드(Charles E. Redfield, 1958)가 제시한 것을 소개하면 다음과 같다. i) 명료성(clarity): 의사소통에는 간결한 문장과 평이한 용어를 사용해야 한다는 것이다. ii) 일관성(consistency): 의사소통에는 일관성이 있어야 하고, 처음의 명령과 나중의 명령에 모순이 없어야 한다. 뿐만 아니라 명령은 조직의 목표와 부합되어야 한다. iii) 적당성(adequacy): 의사소통의 양은 적당해야 한다. 너무 많아도, 너무 적어도 바람직하지 못하다. iv) 적기 · 적시성(timing and timeliness): 의사소통은 알맞은 시기를 택해야 하며 때를 놓쳐서는 안 된다는 것이다. v) 분포성(distribution): 의사소통에서 정보나 의견의 전달자로부터 수신자에게 올바르게 전달되어야 한다는 것이다. 곧 수신자를 고려해야 한다는 것이다. 수신자를 결정짓는 것은 전달내용을 결정하는 것과 마찬가지로 중요하기 때문이다. vi) 적응성과 통일성(adaptability and uniformity): 의사소통에서 적응성과 통일성을 조화시켜야 한다는 것이다. 곧 개별에의 합치와 전체적 통일성이 조화되어야 한다. vii) 관심과 수용(interest and acceptance): 효율적인 의사소통은 수신자의 관심과 수용태도에 의해 결정된다는 것이다. 따라서 수신자는 의사소통에 관해 관심을 가지고 수용태도를 갖추고 있어야 한다는 것이다.

2. 의사소통의 개선방법

의사소통을 개선하기 위해서는 의사소통의 장애요인과 왜곡현상을 제거해야 하며, 원활한 의사소통이 되기 위해서는 다음과 같은 사항에 유의해야 한다.

첫째, 전달자와 수신자의 고려사항은 다음과 같다. i) 의사소통의 기술 향상: 전달자의 의사소통에 관한 지식과 기술이 원활한 의사소통이 전제조건이 된다. 의사소통의 목표를 설정하고 적절한 언어를 사용하여 호소력 있게 전달함으로써 수신자와 공감대를 형성할 수 있다. ii) 의사소통에의 감정이입의 시행: 전달자는 전언이 어떻게 수용되고 해석될 것인가를 알기 위해서 수신자의 준거체계를 간파해야 한다. 물론 전달자는 수신자의 준거체계에 자신을 투영해 볼 필요가 있다. 이와 같은 의미의 의사소통을 감정이입 의사소통(empathic communication)이라 한다. 감정이입 의사소통은 전술한 의사소통의 장애요인을 해소시켜 줄 수 있다. iii) 의사소통에서 신뢰적 분위기 조성: 효과적인 의사소통은 전달자와 수신자 간에 신뢰성이 전제되었을 때 가능하다. 신뢰가 있는 의사소통 풍토가 조성되려면 의사소통자들 간의 인간관계가 기본이 된다. iv) 수신자의 사실적 경청: 수신자의 전언을 평가적으로 경청하여 성급한 판단을 하거나, 부정적으로 보려 하거나, 자기중심적으로 해석하면 의사소통이 제대로 되지 않는다. 뿐만 아니라 선택적으로 경청하면 전체 의미를 파악하지 못하고 어떤 요소 만을 강조하게 되어 주관적 감정이 앞서게 된다. 이러한 것들을 지양하기 위해서는 전언을 사실 그대로 받아들여야 한다. v) 협의회 등을 통한 상호 접촉의 장려: 조직구성원 간에 협의회 및 토의 등을 통하여 상호 접촉할 기회를 자주 마련하여 줌으로써 그들 간에 준거기준과 이해관계에 따른 의견의 차이를 좁힐 수 있다.

둘째, 전달수단에 대한 고려사항은 다음과 같다. i) 언어의 명료성: 수신자가 이해할 수 있는 언어를 선택하여 사용하여야 하며 또한 언어내용에 일관성이 있어야 한다. ii) 환류 장치의 확립: 의사소통자들이 상호 전달과 수신과정을 확인하고 반응을 알 수 있도록 환류(feedback) 장치가 이루어져 있어야 한다. iii) 정보관리체제의 확립: 정보관리체제의 확립과 정보 분석능력의 향상을 통하여 정보를 분류 및 분석하여 조직에 적절히 교류하여 주어야 한다.

제8절 의사소통의 기법

의사소통능력은 대인관계와 조직의 효과성을 좌우하는 중요한 요인이다. 따라서 여기서는 의사소통능력을 향상시키는데 도움이 되는 몇 가지 의사소통 기법에 대해 살펴보고자 한다(박성식, 1998).

첫째, 효과적인 의사소통방법의 일반적 원리이다. 효과적인 의사소통은 양 방향적 과정이다. 의사소통의 통로를 양방향으로 개방하도록 하기 위해서는 송신자와 수신자가 협동할 필요가 있다. 다음에 제시하는 것들은 아주 기본적인 몇 가지 규칙들로서 의사소통을 원만한 수준으로 지속할 수 있도록 도와줄 것이다(Ann Ellenson, 1982). i) 감정이입(empathy)을 하라. 의사소통은 서로에 대한 관심과 문제를 공유하려는 태도를 바탕으로 한다. 따라서 자신이 타인의 입장에 서고 타인에게 자기 자신의 온정과 이해를 전달하는 능력을 갖는다는 것은 아주 중요하다. 우리가 감정이입을 한다고 함은 타인의 경험을 자기 자신의 경험 속에서 재창조하는 것을 말한다. 즉 사람이 타인에게 감정이입을 한다는 것은 타인의 관점에서 세상을 보려고 하는 것을 말한다. ii) 장애물을 의식하라. 자신과 타인의 준거체제(frame of reference)가 서로 다르다는 사실을 알고, 이를 극복하려는 노력을 기울여야 한다. 서로 간에 차이점이 있다고 해서 의사소통이 되지 않을 것이라고 생각하지 말라. 자신이 갖고 있는 가정, 과거의 경험, 자신의 사적인 가치 신념, 흥미 등이 자신의 지각에 영향을 줄 것이라는 것을 인식하고, 마음을 개방한 상태에서 타인의 관점에서 상황을 보도록 노력한다. iii) 피드백(feedback)을 주고받아라. 만일 여러분이 타인이 전하고자 하는 의도나 의미를 이해했다는 확신을 갖지 못했다면 다시 물어 보라. iv) 타인의 말을 경청하라. 경청이란 적극적인 책임의식이 수반되어야 한다. 상대방의 말뿐만 아니라 그 사람의 사상과 감정을 알아차리는 마음의 귀(inner ear)를 갖고 이야기를 들어야 한다. v) 권력과 조직에 의한 전달을 피하라. 권위나 권력은 타인의 효과적인 의사결정을 하도록 돕는 경우에만 사용해야 한다. 사람들은 자신의 권력이나 남용이나 조작적인 상황에 처해 있다는 것을 알게 되면, 인간관계를 승리와 패배의 시각에서 보게 된다. 신뢰와 이해의 관계는 개인의 권력에 기초하는 것이 아니라 믿음에 기초를 두어야 한다. 이해는 타인에게 자신의 견해를 강요하는 것이 아니다. 그러나 조작적인 사람들은 이해를 타인에게 강요함으로써 타인으로 하여금 자기 자신의 견해에 동조하게 만드는 것으로 본다. 그래서 그 사람은 타인이 자신을 이해해주길 바란다. 그렇지만 이것은 잘못된 생각이다. vi) 일대일로 의사소통을 하라. 효과적인 의사소통은 타인에 대한 진정한 배려를 전제로 한다. 이것은 일대일의 의사소통방식을 통해서 가능하다. 항상 상대방의 개인차를 인정하고 존중하라. vii) 타인을 수용하려고 노력하라. 조건 없이 타인을 수용하는 것은 의사소통을 원활하게 한다. 타인과 타인의 견해에 대하여 존중과 배려를 하는 것, 타인의 강점을 격려해 주고 강화시켜 주는 것은 수용과 관련된 몇 가지 예이다. 수용에는 타인과 함께 하고자 하는 개방적이고 자발적인 태도가 포함된다. viii) 자기 자신과 타인을 신뢰하라. 의사소통이 안 될 경우에는 일단 자기 자신과 상대방을 신뢰하라. 타인에게서 신뢰와 믿음을 발견하고자 한다면, 여러분이 먼저 신뢰받는 사람이 되어야 한다. 정직하고 개방적인 의사소통에는 모험이 수반된다. 왜냐하면 상호작용의 결과는 이로운 것이 될 수도 있지만 해로운 것이 될 수도 있기 때문이다. 사람들은 자기 자신과 타인을 믿는 경우에만 자신의 성장과 문제해결을 위한 의사소통에서 모험을 하려 할 것이다.

둘째, 건설적이고 효과적인 피드백의 일반적 원리이다. 피드백(feedback)은 지각과 정보를 전달하고 자신의 이해를 명료화하는 과정이다. 따라서 적절한 피드백의 활용은 의사소통능력을 향상시킨다. 아래 제시한 것들은 건설적이고 효과적인 피드백의 일반적 원리를 제시한 것이다(J. R. Gordon, 1993). i) 성격보다는 행동에 대해서 말하라. 자신의 메시지가 타인을 공격하는 것으로 지각되면 상대방은 분명히 방어적이 될 것이다. 따라서 타인의 실제 '모습'이 어떻다고 생각하기보다는 타인의 '행동'이 어떻다는 데 관심을 집중하는 것은 타인의 방어의식을 감소시키는 데 도움을 준다. ii) 판단하기보다는 정보를 교환하라. 딱 잘라 말해 주는 것보다는 규모, 범위, 전체적인 윤곽에 대해서 말해 주는 것이 더 효과적이다. 예를 들면, '이 새로운 제도는 지긋지긋해.' 라고 말하기보다는 '전에 있던 제도가 좋았던 것 같애.' 라고 말하는 것이 더 효과적일 것이다. iii) 충고나 해결방안보다는 대안을 제시하라. 선택안, 생각, 지각 등에 대해서 서로 의견을 교환하는 것은 다른 사람으로 하여금 자신이 고려해야 할 대안에 관한 정보제공의 기회가 된다. 그러나 최종적인 의사결정은 당사자에게 맡겨져야 한다. 해결방안을 말해 주는 것은 상대방에게 부적절하다는 감정과 무능감을 느끼게 할 수도 있다. iv) 타인에게 자유로운 제안을 하되 강요는 말아라. 피드백은 이것을 받으려는 사람의 욕구를 채워 주기 위한 것이지 자신의 욕구를 방출하거나 정화하기 위한 것이 아니다. 만일 여러분이 더 많은 정보를 받아들이도록 강요한다면, 그것은 타인의 욕구를 위한 것이 아니라 여러분 자신의 욕구표현에 불과하다.

셋째, 자아개방: 조해리 창(Johari Window)이다. 조해리 창(Johari Window)은 원래 자아개방(self-disclosure)과 피드백(feedback)이란 두 가지 중요한 개념을 명료화하기 위하여 루프트와 잉햄(Joseph Luft & Harry Ingham)이란 2명의 심리학자에 의해 개발된 개념으로, 두 사람의 이름을 본 따서 조해리 창이라 명명되었다. 자아개방(self-disclosure)이란 자신의 입장을 명백히 밝히고, 자기 자신을 남에게 보여줌으로써 타인이 자신을 알 수 있도록 하는 행위이다. 이러한 자아개방은 어떤 사람이 다른 사람과 정보와 감정을 공유할 수 있을 만큼 신뢰 수준이 높아질 때 가능하게 된다. 신뢰 수준이 더 높아지고, 어떤 사람이 기꺼이 모험을 감행하려고 하면 할수록 사람들은 더욱 더 자아를 공개할 것이다. 피드백은 타인들이 우리를 개방적이고 수용적이라고 지각하고 이해할 때 일어난다. 그러면 타인들은 우리에게 자신의 지각을 말해주고, 우리가 그들에 대해서 어떤 영향을 갖는지를 말해 주게 된다. 또한 신뢰 수준이

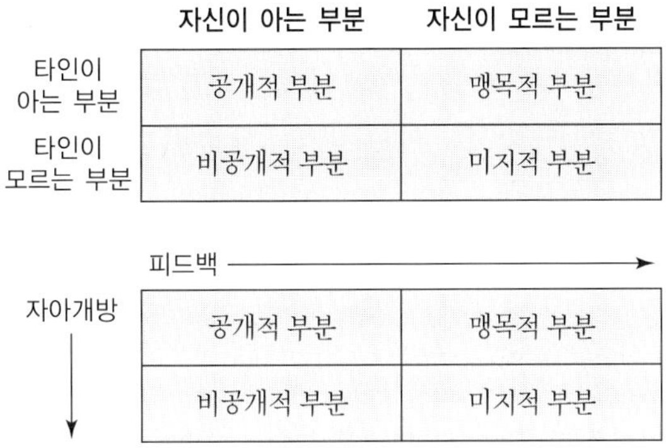

[그림 2-3] 조해리 창(Johari Window)

*자료: Joseph Luft(1969). The Johari Window. *Human Interaction*. Palo Alto, California: National Press Book Co., p. 313.

높아진다는 것은 생각을 공유하고 모험을 감행하는 정도가 높다는 것을 의미한다. 조해리 창을 제시하면 [그림 2-3]과 같다.

[그림 2-3]에서 제시된 조해리 창(Johari Window)에 있어서 네 가지 창틀의 크기와 형태는 고정된 것이 아니라, 상호신뢰의 수준과 자아개방 그리고 피드백을 교환하는 정도에 따라 유동적으로 결정된다.

i) 공개적 부분(open area): 공개적 부분은 자기 선택에 대하여 본인은 물론이고 다른 사람들에게도 잘 알려진 정보로 구성되어 있다. 이 부분이 커진다는 것은 효과적인 의사소통이 가능해진다는 것을 의미한다.

ii) 맹목적 부분(blind area): 맹목적 부분은 자기 자신에 대하여 남들은 알고 있는데 정작 본인은 모르고 있는 정보로 구성되어 있다. 만일 어떤 사람이 자신의 주장은 강하게 하면서 상대방의 의견에 대해서는 불신하고 수용하지는 않는다면 이 부분은 확대되고 효과적인 의사소통은 그만큼 어려워진다.

iii) 비공개적 부분(hidden area): 비공개적 부분은 자기 자신에 대해 다른 사람들은 전혀 모르고 다만 자신만이 알고 있는 비밀스러운 정보로 구성되어 있다. 만일 어떤 사람이 자기 자신을 거의 개방하지 않으면서 상대방으로부터 피드백만을 받으려고 한다면 이 부분이 확대되어 효과적인 의사소통을 방해하게 될 것이다.

iv) 미지적 부분(unknown area): 미지적 부분은 자신에 관하여 자신과 타인이 모두 모르는 정보들로 구성되어 있다. 만일 어떤 사람이 자아개방과 피드백의 수용을 최소화한다면 이 부분은 확대되어 효과적인 의사소통은 매우 어렵게 된다. 그러나 본인을 포함하여 어느 누구도 특정한 개인을 완전히 알 수 없기 때문에 이 부분은 결코 없어지지 않는다. 자아의 공개와 피드백을 통해서 미지의 영역 속에 들어 있는 정보들이 극적인 통찰(insight)을 거쳐 공개적 부분으로 이동하는 경우가 많이 있다.

넷째, 개인의 의사소통 스타일이다. 대부분의 사람들은 자신의 독특한 의사소통 스타일을 가지고 있다. 따라서 자신의 독특한 의사소통 스타일을 분석하여 장점을 발전시키고 단점을 보완하는 것이 의사소통 능력의 향상에 기여하게 된다. 개인의 의사소통 스타일에 관하여 리스와 브란트(Barry Reece & Rhonda Brandt, 1984: 124-135)는 독단성(dominance)의 정도와 사교성(sociability)의 정도라는 개념을 통해 네 가지 스타일로 분류하여 제시하는데 아래 [그림 2-4]와 같다.

[그림 2-4]에서 독단성(dominance)은 책임을 맡으려는 태도를 과시하는 경향으로 정의된다. 일반적으로 독단성이 낮은 사람은 협조적이고 남을 열렬히 돕는 경향이 있으며, 또 자기주장이 약하고 타인에 의해서 쉽게 통제 당하는 경향이 있다. 한편 독단성이 높은 사람은 거리낌 없이 충고하고, 자주 강력한 의견개진이나 요구를 나타내며 자기주장이 강하고 타인을 통제하는 경향이 있다. 반면에 사교성(sociability)은 자기감정을 통제하거나 표현하려는 경향으로 정의된다. 일반적으로 사교성이 낮은 사람은 자신의 느낌을 통제하는 경향이 있으며 보수적이고 공식적인 인간관계를 유지한

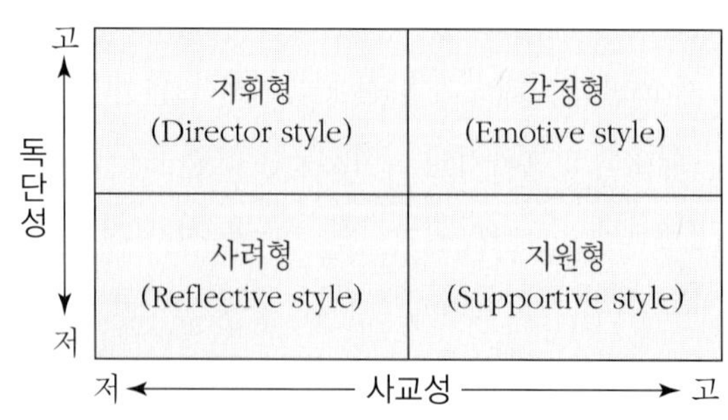

[그림 2-4] 개인의 의사소통 스타일

*자료: Barry Reece & Rhonda Brandt(1984). *Effective Human Relations in Organization.* Boston: Houghton Mifflin Co. p. 124.

다. 한편 사교성이 높은 사람은 자신의 느낌을 자유롭게 표현하며 개방적이고 말을 많이 하는 경향이 있다.

i) 감정형(emotive style): 이 유형은 높은 독단성과 높은 사교성을 가지며, 열정적이고 솔직담백하게 의사소통을 하는 유형이다. 감정형의 사람은 말이 빠르고 정열적인 제스처와 함께 자기의견을 표현한다. 또한 감정형은 상대방의 이름을 부르거나 사적인 이야기를 하는 등 비격식을 좋아하며, 자신의 의견을 극적이면서도 설득력 있게 표현한다.

ii) 지휘형(director style): 이 유형은 높은 독단성과 낮은 사교성을 가지며, 솔직하고 엄격하며 독단적이고 단호하다. 지휘형의 사람은 진지한 태도를 나타내는데, 이로 인하여 사무적이고 재미없는 인상을 주기도 한다. 또한 지휘형의 사람은 단호한 표정과 결단력 있는 음색으로 강력한 의견을 개진하며, 상대를 따뜻하게 보살펴 주지 않는 냉담성을 보이며 자주 격식을 차린다.

iii) 반성형(reflective style): 이 유형은 낮은 독단성과 낮은 사교성을 가진다. 조용하고 혼자 있기를 좋아하며 의사결정을 쉽게 하지 않는다. 그리고 사려형의 사람은 격식을 차리고 신중한 태도로 의견을 제시하며, 서두르지 않고 계산된 의견을 개진하며 감정통제를 잘한다. 또한 사려형의 사람은 침착하고 어떤 일에 몰두하며, 초연해서 친해지기가 쉽지 않다. 그러나 사려형의 사람은 질서정연한 직업 환경을 좋아하고 회의 시 안건을 숙고하며, 세부적인 것까지 검토한 뒤 천천히 결정을 내린다.

iv) 지원형(supportive style): 이 유형은 낮은 독단성과 높은 사교성을 가진다. 민감하고 참을성이 있으며 좋은 경청자가 된다. 지원형의 사람은 주의를 기울여 경청하고 권력의 사용을 절제하며, 오히려 친절하게 설득하며 온정을 표시한다. 또한 지원형의 사람은 사려 깊고 신중하게 의사결정을 하고 의사표현을 한다.

위에서 제시한 의사소통 스타일에서 가장 이상적인 스타일이 별도로 존재하는 것은 아니다. 각각의 스타일은 나름대로 독특한 강점을 지닌다. 그러나 이러한 강점이 과장되면 문제가 발생한다. 예를 들면, 감정형이 너무 지나치면 쉽게 흥분하고 진지하지 않게 보일 수 있다. 반면에 너무 엄격한 지휘형은 남들에게 밀어붙이는 형으로 비쳐질 수도 있다. 또한 과도한 사려형은 소심하게 보일 수 있는 반면에 지나친 지원형은 우유부단하게 비쳐질 수 있다.

제9절 의사소통 장애의 극복과 효과적 의사소통

의사소통의 장애는 의사소통의 과정을 간섭, 훼방, 왜곡, 변화시키는 모든 것을 의미하며, 개인 내적 요인, 개인 간 요인, 조직요인 및 기술적 요인으로 분석한다. 의사소통 중에서 발생하는 장애는 개인적 수준과 조직 전체의 수준에서 극복될 수 있다(J. M. George & G. R. Jones, 1999). 그리고 교육행정가는 의사소통의 장애를 극복하기 위해서 효과적인 의사소통을 해야 한다. 의사소통에는 상의 하달식 의사소통과 하의 상달식 의사소통이 있다.

따라서 9절에서는 의사소통의 장애 극복과 효과적인 의사소통에 대해서 알아보고자 한다(박병량, 주철안, 1999; 박수연, 박정애, 2000).

1. 의사소통의 장애 극복

1) 개인 수준에서 의사소통 장애의 극복

개인적인 수준에서 의사소통은 반복, 감정이입, 이해 및 환류에 의하여 극복될 수 있다. i) 반복: 이는 같은 내용의 전달사항을 전화, 면담, 메모 또는 편지 등 여러 가지 수단을 사용하여 반복하여 전달함으로써 의사소통의 장애를 피할 수 있다. ii) 감정이입: 의사소통이 심리적인 기제를 이해하는 것을 감정이입이라고 하며, 의사소통의 장애를 극복하는 효과적인 방법이다. iii) 이해: 전달사항을 상대방이 이해할 수 있는 언어로 전달하는 것이 중요하다. iv) 환류: 수신자의 전달내용을 수신하고, 이해의 정도를 확인하는 환류는 이해를 증진시키는 의사소통을 촉진한다. v) 듣기: 상대방의 의사를 듣는 것은 성공적인 의사소통의 핵심이다.

2) 조직 수준에서 의사소통 장애의 극복

조직구조의 측면에서 장애의 극복은 계층의 단계가 많고 적음에 따라 다르다. 계층의 단계가 많은 조직에서는 수평적 의사소통이 유리하고, 계층의 단계는 적은 조직에서는 직접적 대화가 유리하다. 지위 차이의 측면에서의 장애의 극복은 상위직에 있는 구성원이 하위직의 사람과 대화를 할 기회를 의식적으로 확대하는 노력을 하여야 한다. 통신망의 측면에서의 장애의 극복은 효율적인 정보의 처리와 선택체제를 수립하는 것이 바람직하다. ⅰ) 정보의 여과와 정보왜곡 방지: 여과는 몇 사람을 거쳐 전달되는 과정에서 일어나는 장애이다. 송신자가 고의로 의사소통 내용의 일부를 여과하거나 생략하는 경우가 있으며, 송신자가 전체 내용을 파악하지 못함으로써 수신자에게 정보가 충분하게 전달되지 못한다. 조직 내 계층이 많은 고층구조 아래에서는 의사소통의 단계가 길어져서 정보가 누락되거나 왜곡되기도 한다. 조직구성원은 지도자가 싫어하는 정보를 여과시키거나 자신의 과실에 대한 보고를 하는 것은 삼가한다. 지도자는 자신의 지위를 유지하기 위하여 조직구성원에게 제한된 정보만을 제공한다. 긴급한 상황의 경우 또는 의도적인 경우에는 의사소통의 통로 중 한 가운데가 생략이 된다. 교육조직에서는 이상에서 나타난 정보여과 현상과 정보왜곡 현상을 극복함으로써 의사소통 장애를 방지 및 극복할 수 있다. ⅱ) 듣기 태도 향상: 대부분의 사람들은 좋은 듣는 자가 되지 못한다. 듣기란 수동으로 듣는 일과 동시에 의미하는 바를 찾는 능동적인 행위이다. 신중한 듣기는 말하는 것보다 지루하고, 이해하기 위한 노력과 집중이 필요하다. 효과적인 듣기를 위하여 지도자는 조직구성원의 말을 듣도록 하고, 말을 할 수 있는 자유로운 허용적인 분위기를 만든다. 상대방이 말하는 것을 경청하고, 감정이입을 하며, 논쟁이나 비판을 삼가하고, 질문을 한다. ⅲ) 환류의 충분 또는 환류의 적절성이다.

ⅳ) 정보의 왜곡 방지: 여러 송신자를 통하여 수신자에게로 정보가 전달될 때 발생하는 현상으로서 중간단계에 있는 송신자는 자신들의 관심에 따라 전달내용을 바꾸거나 왜곡한다. 정보의 여과와 정보의 왜곡은 조직내부의 신뢰도를 향상함으로써 극복할 수 있다. 모든 조직구성원은 자신들의 책임지지 않아도 될 문제 때문에 책망을 받지 않을 것이라는 것을 확신할 때 정보의 여과와 정보의 왜곡은 일어나지 않는다. ⅴ) 소문 방지: 소문은 비공식적인 정보 흐름을 통한 일련의 비공식적인 의사소통의 경로이다. 조직구성원은 소문을 통하여 중요하거나 관심이 있는 비공식적인 정보를 얻는다. 소문은 구성원에게 영향을 미치는 잠정적인 문제에 대하여 공식화되지 않고 빠르고 통제되지 않은 채 포도덩굴처럼 퍼진다. 감각적인 주제에 대한 소문은 권태를 덜어 주기도 하고, 구성원의 사생활과 습관, 조직의 미래, 업무 등에 대하여 문제를

일으키기도 한다. 구성원에게 중요하고, 정확한 정보를 제공하며, 조직구성원에게 피해를 주지 않도록 조직은 소문에 대처할 수 있는 방법을 고안하는 것에 관심을 갖고 있다. vi) 다양한 문화의 차이와 의사소통의 이해: 개개인은 자신이 속한 문화에 따라 목소리의 톤, 크기, 속도, 쉼표의 사용, 직접적 표현 또는 은유적인 표현, 단어의 선택, 질문과 농담의 사용, 신뢰할 수 있는 사고방식 등의 언어 유형이 다르며, 이러한 언어 유형은 출신지역, 민족과 성별에 따라 다양하다. 다문화 간의 언어유형의 차이는 매우 크고, 의사소통에 오해를 일으킨다. 브라질 사람이나 사우디아라비아 사람들은 대화를 할 때 물리적으로 가까운 거리에서 대화를 하는데, 문화가 다른 사람들은 이를 불안하게 생각한다. 브라질 사람이나 사우디아라비아 사람들은 이러한 언어유형을 따르지 않는 다른 문화권의 사람들에 대하여 냉정하다고 생각한다. 다른 문화의 사람들과 상호작용을 할 때에는 다양한 문화의 차이에 의하여 발생하는 오해를 극복하기 위하여 조직구성원들은 문화의 차이와 언어상의 유형에 대한 학습을 하여야 한다.

2. 효과적인 의사소통

1) 효과적인 상의하달식 의사소통

카츠와 칸(Daniel Katz & Robert Kahn, 1978)은 상의하달식 의사소통을 하는 다섯 가지 목적을 확인하고 있다. i) 직무 지시에 관하여 구체적인 지시를 준다. ii) 조직 절차와 관행에 대한 정보를 제공한다. iii) 직무의 합리성에 대한 정보를 제공한다. iv) 직무 수행자에게 직무 성취도에 관한 지적을 한다. v) 목표 고취를 활성화하기 위한 이상적인 정보를 제공한다.

대부분의 조직들은 직무 지시에 관한 구체적인 지시와 조직 절차와 관행에 관하여 상의하달의 의사소통을 실시하여 왔다. 최근에 이르러 직무의 합리성, 직무 성취도, 목표달성을 위한 상의하달식 의사소통이 증가하고 있다.

조직이 상의하달식의 의사소통을 하는 경우 직무에 대한 합리성, 조직의 목표에 대한 직무의 이상적인 관계, 직무 성취도에 관련된 정보는 조직에 이익을 준다. 상의하달을 하는 경우 교육행정가는 다음의 사항을 유의하여 의사소통을 하여야 한다. 조직구성원의 저항이 적은 통로를 경유하여 의사소통이 상의하달되도록 한다. i) 조직구성원은 기존의 인상, 신념, 가치와 부합하는 전달 내용을 더 많이 수용한다. ii) 조직구성원은 자신들이 소유한 가치와 신념에 일치하지 않는 전달 내용에 더 많은 저항을 한다. iii) 조직구성원은 필요충족을 활성화하는 전달 내용을 더 많이 수용한다. iv) 조직구성원이 환경변화를 인식하는 경우, 하달되는 전달 내용에 더 많은 관심을 갖는다. v) 전체상황은 의사소통에 영향을 준다. 특정의 상황에 적합한 전달 내용은 상황이 변화하는 경우 일치하지 않을 수 있다(D. F. Roberts, 1971).

2) 효과적인 하의상달식 의사소통

하의상달식 의사소통을 통하여 조직에 유익한 많은 정보들이 얻어지고 유통된다. 하의상달식 의사소통을 통하여 흐르는 정보들은 조직구성원 자신이 수행한 사항, 부하가 수행한 사항, 동료가 수행한 사항, 실시될 필요가 있는 사항, 조직구성원의 개인적인 문제, 부서의 문제, 재검토되어야 하는 조직의 관행과 정책 등이다(Daniel Katz & Robert Kahn, 1978).

많은 조직에서 하의상달식 의사소통을 두려워하는 경향이 있으며, 하의상달식 의사소통은 상의하달식 의사소통보다 발생빈도가 매우 적다(Walter III Krechel, 1990). 하의상달식 의사소통이 원활하게 발생하도록 하기 위하여 불만처리제도, 문호개방정책, e-mail의 활성화, 상담, 태도 설문지 및 퇴직 인터뷰, 참여 기술의 강화, 조직구성원의 강화 전략, 민원조사관 제도 등을 실시한다. i) 불만처리제도: 조직구성원이 직속상사에게 항소하는 것을 의미한다. 불만처리제도는 직속상사에 의한 부정행위로부터 개인을 보호하는 것이고 불평에 관한 의사소통을 활성화한다. ii) 문호개방(open-door) 정책: 교육행정가는 조직구성원에게 문을 개방하는 것이다. 조직구성원이 어려움을 겪는 경우 교육행정가에게 와서 말을 하도록 하는 계속적인 초대이며, 실제에 있어서 적용하기가 어려운 정책이다. iii) e-mail 활성화: 많은 조직구성원들은 조직에 있는 특정의 인물과 e-mail을 직접 송수신할 수 있다. iv) 상담 · 태도조사 · 퇴직 인터뷰: 인간자원 부서는 태도 설문조사, 퇴직 인터뷰를 실시하여 비지시적이고 비밀스러운 상담을 주기적으로 실시함으로써 상향적 의사소통을 한다. v) 참여적 기술 활성화: 참여적 의사결정 기술은 많은 의사소통을 가능하게 한다. 참여적 의사결정은 기능 팀, 노사위원회, 제안함, 다기능 팀 등 비공식적인 참여에 의하여 수행한다. vi) 조직구성원 강화 전략: 강화 전략은 조직구성원에게 권한, 자원 및 정보를 부여함으로써 직무를 수행하도록 하고, 조직구성원을 만족하게 하는 전략이다. 강화 전략은 개방적인 분위기와 신뢰를 산출하고, 상향적인 의사소통을 향상시킨다. vii) 민원조사관(ombudsperson): 조직이 대규모화되고 조직 기능이 다양화될수록 관료제적 특성에 의하여 발생하는 비개성화와 부당한 대우로부터 조직구성원을 탈출하게 하는 기능을 수행하는 역할을 수행하는 제도가 민원조사관이다. 민원조사관 제도는 스칸디나비아 반도 국가에서 활성화되었으며, 교육조직이 대규모화되고 활성화될수록 발생하는 제도상의 빈틈을 보완하는 역할을 한다.

효과적인 의사소통은 의사소통의 목적에 맞는 의도한 결과를 효율적으로 달성하는 것이다. 이는 곧 의사소통의 본질적인 기능을 잘 수행하는 것을 의미한다. 즉 효과적인 의사소통은 의사소통의 본질적인 기능이라 할 수 있는 전달의 정확성, 전달 내용의 상호 이해와 공감, 의사결정의 영향력, 의사소통자 간의 사회적 관계발전을 촉진하는 의사소통이라 할 수 있다(박병량, 주철안, 1999). 이러한 의사소통은 학교의 교육기능과 경영기능을 촉진시켜 줄 것이다.

따라서 의사소통 과정의 핵심적 요소에 따라 학교 의사소통체제의 효과성을 평가하는 사항들로서, 학교 의사소통체제를 개선하는 지침이 된다(박병량, 주철안, 1999). i) 의사소통의 분위기를 향상시킨다. 구성원 사이 그리고 관리층과 구성원 사이에 상호 신뢰감이 있어야 한다. ii) 의사소통 경로를 개방한다. 상향, 하향, 횡적 및 비공식적 의사소통은 효과적인 결과를 가져온다. iii) 광범위하고 다양한 의사소통방식을 사용한다. 다양한 의사소통방법들은 상황에 적합한 정보를 전달할 수 있게 한다. iv) 의사소통의 적기(timing)를 계획한다. 신중하고 계획되고 조정된 중요한 메시지의 타이밍은 의사소통의 효과를 증진시킨다. v) 메시지의 내용이 적합하도록 한다. 특정한 수신자와 상황은 상이한 표현을 필요로 한다. vi) 의사소통에 피드백을 권장한다. 메시지의 발신자는 피드백을 확실히 하는 것을 필수적이라고 인식하고, 이를 권장한다. vii) 정보원(source of information)을 안다. 중요한 정보출처에 대한 지식이 있어야 하며(정통하여야 하며), 정보원은 신뢰할 수 있는 것이어야 한다. viii) 상급자-하급자의 의사소통을 활성화하여야 한다. 상급자와 하급자는 다 함께 목표, 기준 및 우선순위를 이해하여야 한다.

결국 의사소통은 학교행정의 매우 중요한 부분이다. 그것은 의사결정, 기획, 실천, 조정, 평가 등 학교행정의 모든 과정에서 중추적인 기능을 수행하기 때문이다. 이러한 측면에서 학교행정가는 효과적인 의사소통이 이루어질 수 있도록 노력해야 한다. 학교에서 완벽한 의사소통을 할 수는 없겠지만 학교에서의 의사소통체계를 개선하기 위한 노력은 지속되어야 할 것이다. 다시 말하면, 학교의 의사소통체계를 개선하기 위해서는 먼저 의사소통체계의 조직설계를 평가해야 한다. 그 평가기준은 다음과 같다(W. K. Hoy & C. G. Miskel, 1996). ⅰ) 의사소통의 경로가 알려져 있는가? ⅱ) 의사소통의 경로가 학교의 모든 구성원에게 연결되어 있는가? ⅲ) 의사소통의 경로가 직접적이고 또 짧은가? ⅳ) 완전한 경로가 활용되고 있는가? ⅴ) 모든 의사소통행위가 정확한 사람으로부터, 그리고 그의 권위 아래에서 나온 것임을 보증할 수 있는가 등이다.

그리고 의사소통체계를 개선하고 촉진시키기 위해서는 직원의 배치장소, 건축상의 배치, 개인과 집단 사이를 연결하는 기계장치(예: 전화 · 건물 내 통화장치), 인사이동규정 등의 요인들을 활용할 필요가 있다. 더욱이 평가보고서, 저장 및 검색체제와 같은 정보서비스를 개발하고 단순화시킬 필요가 있다. 아울러 현재의 직원들을 위한 연찬 프로그램을 개발하여 활용하는 것이 효과적이다.

〈참고자료〉

당신의 의사소통 능력은?

(What is your communication quotient: CQ)

1. 나는 내가 중요하다고 생각하는 사안은 듣는 사람이 동의하거나 말거나 상세하게 설명한다.

① 자주 그렇다　② 가끔 그렇다
③ 내 기억에는 없다　④ 전혀 그렇지 않다

2. 나는 다른 사람과 이야기할 때 자주 상대방의 이름을 부르는 경향이 있다.

① 자주 그렇다　② 가끔 그렇다
③ 내 기억에는 없다　④ 전혀 그렇지 않다

3. 나는 내 생각(아이디어)을 재빨리 실제사례와 연결시켜 말하는 경향이 있다.

① 전혀 그렇지 않다　　② 거의 그렇지 않다

③ 가끔 그런 편이다　　④ 전혀 그런 편이다

4. 나는 단순히 주의를 끌기 위해서 정말 깜짝 놀란 듯이 말을 하곤 한다.

① 필요하면 그렇게 한다　　② 거의 그렇지 않다

③ 내 기억에는 없다　　④ 전혀 그렇지 않다

5. 나는 이야기할 때 일상적인 것을 예로 하여 쉽게 나의 견해를 설명한다.

① 전혀 그렇지 않다　　② 거의 그렇지 않다

③ 가끔 그런 편이다　　④ 자주 그런 편이다

6. 나는 다른 사람과 말할 때 '당연히 해야 한다', '틀림없이 해야 한다', '하지 않으면 안 된다'는 등의 말을 자주 쓴다.

① 일상적으로 그렇다　　② 가끔 그렇다

③ 내 기억에는 없다　　④ 거의 쓰지 않는다

7. 친구나 동료가 우울할 때 나는 그의 기분전환을 위해 유쾌한 척 하려고 노력한다.

① 일상적으로 그렇다　　② 가끔 그렇다

③ 내 기분에 달렸다　　④ 거의 그렇지 않다

8. 직장에서 누군가가 내 말이나 제의에 반대하면 우선 내 입장을 다시 설명한다.

① 대개 그렇다　　② 괜찮은 생각이다

③ 가끔 그렇다　　④ 거의 그렇지 않다

9. 남의 말을 들어야 할 경우 나는 '그러니까 네 말은 결국 이런 뜻이지'라는 말을 자주 한다.

① 대개 그렇다　　② 가끔 그렇다

③ 별로 그렇지 않다　　④ 거의 그렇지 않다

10. 나는 다른 사람과 대화를 하는 중에 상대방이 말을 그치면 곧바로 침묵을 깨뜨린다.

① 거의 그렇다　　② 자주 그렇다

③ 가끔 그렇다　　④ 거의 그렇지 않다

〈채점 방법〉

문항: 1, 3, 5, 6, 7, 8, 10은 ④−4점, ③−3점, ②−2점, ①−1점

문항: 2, 4, 9는 ①−4점, ②−3점, ③−2점, ④−1점

〈채점 결과〉

33점 이상: 탁월 28~33점: 매우 좋음

22~27점: 양호 21점 이하: 미흡

〈이상적인 대답〉

1−④ 설득력 있는 지도자는 수신자들이 가장 관심 있는 것을 얘기하고, 긍정적 행동을 유발하기 위해 공감대를 찾는다.

2−① 과용하지만 않는다면 상대방의 이름을 사용하는 것은 친밀감을 유도한다. 특히 서면일 경우 끝 부분에 수신자의 이름을 쓰면 매우 좋다.

3−④ 부인할 수 없는 사실과 연관시키거나 자신의 견해나 주장을 말하는 것은 상대방으로 하여금 거절이나 반대를 어렵게 한다.

4−① 주의를 끄는 것은 '모두 다 아는 얘기' 류에 특별히 효과가 있다. 그것은 사람들로 하여금 당신의 의도를 인식시키고, 견해차가 커지는 것을 방지하는 데 효과가 있다.

5−④ 사람들은 제안이나 아이디어를 말할 때 부드러운 어조로 쉽게 설명하면 저항이 적다.

6−④ 어린아이에게 말하는 것이 아니라면 단정적인 어조는 피하는 것이 좋다. 말하려 하지 말고 의견을 물어라.

7−④ 다른 사람의 기분을 풀어 주려고 노력하지 말고 그의 마음에 함께 젖어 들어서 해소하도록 하라.

8−④ 먼저 반대의견이나 저항에 동조하라. 신뢰를 획득한 다음에 하나씩 장애를 제거하라.

9-① 의미의 재진술은 다른 사람의 견해가 가치 있다고 생각한다는 뜻이 담겨져 있고, 당신의 관심을 분명히 보여주는 것이며, 오해를 불식할 수 있다.

10-④ 많은 사람들은 침묵을 대화에 있어서 보다 중요한 부분으로 여긴다. 대부분 동의에 이르는 데는 시간이 필요하다.

*자료: Chernow, F. & Chernow, C.(1992). *Elementary Principal's Complete Handbook*. Englewood Cliff, New Jersey: Prentice-Hall.

참고문헌

권기욱, 조남두, 유현숙, 오영재, 조남근, 최창섭 외(2000). **교육행정의 이해**. 서울: 원미사.
김윤태(2004). **교육행정 · 경영의 이해**. 서울: 동문사.
남정걸(1998). **교육조직행위론**. 서울: 교육과학사.
남정걸(1999). **장학의 이론과 실제**. 서울: 교육과학사.
남정걸(2004). **교육행정 및 교육경영**. 서울: 교육과학사.
박성식(1998). **교육행정관리론**. 서울: 학지사.
박수연, 박정애(2000). **교육조직론**. 서울: 교육과학사.
송운석(2002). **인간관계의 이해**. 서울: 학연사.
송화섭(1993). **교육행정 이론과 경영론**. 서울: 양서원.
신유근(1982). **조직행위론**. 서울: 다산출판사.
윤정일, 송기창, 조동섭, 김병주(2001). **교육행정학원론**. 서울: 학지사.
윤종건(1999). **21세기의 학교조직경영론**. 서울: 원미사.
이군현(1999). **교육행정 및 경영-조직이론적 접근-**. 서울: 형설출판사.
이상기, 옥장흠(2000). **교육행정 및 교육경영**. 서울: 형설출판사.
이순형(2004). **학교경영개혁론**. 서울: 동문사.
이형행(1983). 교육행정과 의사소통이론. 1983년도 추계학술연구 발표회. 교육행정학연구회.
이형행, 고전(2003). **교육행정론-이론 · 법제 · 실제-**. 서울: 양서원.
조성일, 신재흡(2004). **21C 지식 및 정보기반사회에서의 장학행정 이론과 실제**. 서울: 도서 출판 학이당.
주삼환, 천세영, 명제창, 신붕섭, 이석열, 이명주(2000). **교육행정 및 교육경영**. 서울: 학지사.
한공우(2003). **교육행정 및 교육경영**. 서울: 동문사.

한국교육행정학회(1995). 교육조직론. 서울: 도서출판 하우.

Barnard, Chester I.(1938). *The Functions of the Executive.* Cambridge, Mass: Harvard Univ. Press.

Bedeian, A. G.(1980). *Organizations: Theory and Analysis.* Hinsdale: The Dryden Press.

Bertalanffy, L. V.(1968). *General Systems Theory.* New York: Braziller.

Chernow, F., & Chernow, C.(1992). *Elementary Principal's Complete Handbook.* Englewood Cliff, New Jersey: Prentice-Hall.

Ellenson, Ann(1982). *Human Relations*(2nd ed.). Englewood Cliffs, New Jersey: Prentice-Hall Inc.

Fisher, Aubrey B.(1978). *Perspectives on Human Communication.* New York: Macmillan.

Gallager, Robert G.(1968). *Information Theory and Reliable Communication.* New York: John Willey & Sons, Inc.

George, J. M., & Jones, G. R.(1999). *Understanding and Managing Organizational Behavior*(2nd ed.). Addision-Wesley. Reading, Massachusetts.

Gibson, James L., Ivancevich, John M., & Donnelly, Jr. James J.(1976). *Organizations: Behavior, Structure, and Processes.* Dallas, TX: Business Publications.

Gordon, J. R.(1993). *A Diagnostic Approach to Organizational Behavior*(3rd ed.). Boston: Allyn and Bacon.

Hoy, W. K., & Miskel, C. G.(1982). *Educational Administration.* New York: Random House.

Hoy, W. K., & Miskel, C. G.(1991). *Educational Administration: Theory, Research, and Practice.* New York: Random Housre, Inc.

Hoy, W. K., & Miskel, C. G.(1996). *Theory, Research, and Practice,* McGraw Hill Inc.

Katz, E., & Lazarsfeld, P.(1955). *Personal Influence: The Part Played by People in the Flow of Mass Communication.* New York: The Free Press.

Katz, Daniel & Kahn, Robert(1978). *The Social Psychology of Organizations*(2nd ed.). New York: Wiley.

Knezevich, Stephen J.(1975). *Administration of Public Education*(3rd ed.). New York: Harper & Row, Publishers.

Krechel, Walter III.(1990). Breaking bad news to boss. *Fortune.* April 9, 111.

Krone, Kathleen J., Jablin, F. M., & Putnam, Linda L.(1987). Communication Theory and Organizational Communication: Multiple Perspective. In *Handbook of Organizational Communication: An Interdisciplinary Perspective*(Ed.). by F. M. Joblin, L. L. Putnam, K. Roberts L. W. Porter. Newbury Park, CA: Sage, 1987, 18-40.

Likert, Rensis(1961). *New Patterns of Management.* New York: McGraw-hill Book Company.

Luft, Joseph(1969). The Johari Window. *Human Interaction.* Palo Alto, California: National Press Book Co.

Lunenburg, Fred C., & Ornstein, Allen C.(1996). *Educational Administration: Concepts and Practices*(2nd ed.). Belmont: Wadworth Publishing Company

Luthans, Fred(1979). *Organizational Behavior*(2nd ed.). Tokyo: McGraw-Hill Kogakusha, Ltd.

Mayo, E.(1933). *The Human Problems of an Industrial Civilization.* New York: Macmillan Co.

McGuire, W. J.(1969). The Nature of Attitudes and Attitude Change. In G. Lindzey & E. Aronson(Ed.). *Handbook of Social Psychology*, Vol. 3. Mass.: Addison-Wesley, 179.

Porter, L. W., & Roberts, K. H.(1976). Communication in Organization. In Marvin D. Dunnette(Ed.), *Handbook of Industrial Organizational Psychology.* Chicago: Rand McNally.

Redfield, Charles E.(1958). *Communication in Management*(Rev. ed.). Chicago: Univ. of Chicago Press.

Reece, Barry L., & Brandt, Rhonda(1984). *Effective Human Relations in Organization.* Boston: Houghton Mifflin Co.

Roberts, D. F.(1971). The Nature of Human Communication Effects. In W. Schramm & D. F. Roberts(Ed.), *Process and Effects of Mass Communication.* Urban: University of Illnoise Press.

Roethlisberger, F. J., & Dickson, W. J.(1939). *Management and the Worker.* Cambridge: Harvard Univ. Press.

Rogers, E. M., & Agarwala-Rogers, R.(1976). *Communication in Organizations.* New York: The Free Press.

Scott, W. G.(1976). *Organization Theory: A Structural and Behavioral Analysis.* Homewood, Ill: Irwin.

Shannon, Claude E., & Weaver, Warren(1949). *Mathematical Theory of Communication.* Urbana, Ⅲ.: Univ. of Illinois Press.

Simon, Herbert A.(1957). *Administrative Behavior*(2nd ed.). New York: Macmillan.

Taylor, F. W.(1947). *The Principles of Scientific Management, Scientific Management.* New York: Harper & Row, Publishers.

Wofford, Jerry C., Gerloff, Edvin A., & Cummis, Robert C.(1977). *Organizational Communication: The Keystone to Managerial Effectiveness.* New York: McGraw-Hill Book Company.

제3장 의사결정

인간은 살아가는 동안 수많은 결정을 하면서 생활을 한다. 이러한 측면에서 삶은 의사결정의 연속이라고 한다. 결정은 여러 가지 대안 중에서 선택하는 것을 말한다. 우리들이 평소에 행하는 수많은 선택들은 어떤 목적에 비추어서 행해진다. 그러므로 결정의 기본적인 성격은 어떤 목적을 달성하기 위하여 두 개 이상의 대안 중에서 하나를 선택하는 것이다.

그런데 교육의 경영에 관한 교육적 재량은 학교장 단독으로 결정하는 것이 적절하지 않는 경우가 많이 있다. 물론 최종적으로는 학교장의 책임하에서 의사결정이 이루어져서 대외적으로도 책임질 수 있는 것이어야 한다. 그러므로 학교경영에서 의사결정을 내리는 데 있어서는 어떠한 절차에 의하여 진행할 것인가, 교직원의 참가를 어떻게 할 것인가, 그리고 학교장으로서도 책임질 수 있는 결정을 하기 위해서는 어떻게 할 것인가가 중요하다.

실제의 교육활동에 임하는 교직원의 참가 없이는 학교장의 의사결정이 무의미하다. 이와 같이 학교장의 의사결정에 있어서 전교직원의 참여가 요청될 수 있다는 것은 학교조직의 특질이라고 할 수 있다. 따라서 교육목표를 달성하기 위해서는 이제까지와 같이 학교장 한 사람에 의하여 여러 대안들에 대한 의사결정을 할 것이 아니라 여러 교직원이 경영과정에 참가하여 의사결정을 함께하는 민주적이고 합리적인 절차와 방법을 발전시킬 것이 요청되고 있는 실정이다.

따라서 3장에서는 의사결정의 개념과 의의, 의사결정의 유형과 과정, 의사결정의 이론 모형, 의사결정의 영향요인, 의사결정과 구성원의 참여, 의사결정의 제약요인, 집단의사결정 등에 대해서 고찰하기로 한다.

제1절 의사결정의 개념과 의의

학교행정가들의 의사결정들은 궁극적으로 학교조직뿐만 아니라, 조직구성원들의 직무성과에도 어느 정도 영향력을 미치게 된다. 더욱이 학교행정가들은 그들이 내린 의사결정의 결과에 의해 평가되기 때문에 의사결정의 질은 행정가의 효과성을 판단하는 하나의 준거로서 작용한다.

의사결정에 대한 제 학자의 견해를 살펴보면 다음과 같다. i) 그리피스(D. E. Griffiths, 1959: 75)는 의사결정을 심사숙고한 후에 도달된 결론이라고 정의했다. ii) 그레그(R. T. Gregg, 1957: 48)는 의사결정을 행정의 본질로 보고, 다른 모든 행정의 기능들을 의사결정과 관련되어질 수 있을 뿐만 아니라 의사결정이라고 해석되어질 수 있다고 보았다. iii) 오웬스(R. G. Owens, 1970: 90)는 의사결정을 다른 모든 활동을 종속시킬 수 있는 행정의 중핵과정(core process) 혹은 행정과 동의어로 보았다. iv) 호이와 미스켈(W. K. Hoy & C. G. Miskel, 1978: 212)은 의사결정은 결정을 의미할 뿐만 아니라 그러한 결정을 실행하는 과정까지도 포함한다고 보았다. v) 버나드(Chester I. Barnard, 1978: 14)는 의사결정이란 조직이 목표달성을 위해 여러 대안 중에서 최적의 것을 선택하는 논리적 과정이라고 했다. vi) 사이몬(Herbert A. Simon, 1945: 1)은 행정과정을 의사결정과정이라고 말했다. 의사결정이란 어떤 목적을 달성하기 위해 가장 적절한 대안을 선택하는 연속적인 과정이라는 것이다. vii) 김종철(1999: 52)은 의사결정을 보통 행동에 선행되는 과정으로서 목표의 수립, 수단의 선택 및 결과의 판정 등 합리적 행동의 여러 단계에 있어서 불가결한 요소로 보았다. viii) 이군현(1999: 298)은 의사결정이란 조직의 목표달성을 위해서 여러 대안들 가운데 최선으로 여겨지는 대안을 선택하고 실행하는 과정이라고 했다.

의사결정에 대한 상기의 제 학자의 견해를 종합하면, 의사결정(decision making)이란 조직이나 개인이 장래의 행동방향을 결정하고 그에 대한 결정을 내리는 과정이며, 다시 말해서 어떤 행위를 취하기 전에 어떠한 선택을 할 것인가를 신중하게 고려한 뒤에 그 가운데 한 가지를 선택하는 것을 의미한다. 우리 인간들은 의사결정을 먼저 하지 않고서는 행위를 할 수 없는 것이다.

여기서 의사결정은 흔히 '결정'이라는 원래의 의미로 볼 때 정책결정(policy-making)과 동일한 의미로 사용되기도 한다. 의사결정과 정책결정을 엄격히 구분하기는 힘들지만, 굳이 구분하자면 특별히 다른 결정보다 더 중요한 결정 또는 그 결정이 다른 사람의 결정이나 차후의 결정에 지침이 될 수 있는 중대한 결정을 정책결정이라 볼 수 있다. 의사결정(A)과 정책결정(B)의 차이를 하나의 예시문을 통해 소개하면 다음과 같다(한국교육행정학회, 이군현, 1999).

(A) 어떤 부모가 가정이 빈곤하다는 이유로 자기 자녀의 등록금을 면제해 달라는 요청을 교육인적자원부장관에게 하였는데 장관이 이를 수락한 경우

(B) 장관이 이를 수락하면서 이와 유사한 상황에 처해 있는 모든 어린이들에게 등록금을 면제해 주도록 지시한 경우

이와 같이 의사결정은 공공기관과 관계가 없는 개인이나 집단에게도 있을 수 있으나 정책결정은 국가의 공권력을 배경으로 한 정부나 공공기관에서 하는 것이며, 일단 결정된 정책은 국민생활에 지대한 영향력과 강제성을 수반하게 된다. 결론적으로 의사결정에는 개인이나 집단이 어떤 특수한 목적이나 동기에 의해서 장차 행동진로를 선택하는 단순한 결정을 포함할 수 있으나, 이에 반해 정책결정은 행정의 방향을 제시해 주는 기본지침으로서 경제적 및 정치적 특징을 함축하고 있는 것으로 볼 수 있다.

따라서 학교행정가는 단위 학교 수준에서 교육부 최고 책임자 수준에 이르기까지 여러 계층이 있는데 고위직에 속하는 행정가일수록 자신의 결정이 정책이 될 가능성이 높음을 깊이 인식해야 할 것이다. 학교행정가는 의사결정을 내리거나 정책결정을 할 경우에 신중하게 결정해야 될 것으로 생각된다.

제2절 의사결정의 유형과 과정

1. 의사결정의 유형

의사결정은 상황 중심적이다. 의사결정을 함에 있어서 하나의 올바른 방법은 전제하지 않으며, 최선의 의사결정방법은 상황에 의해서 결정된다. 따라서 교육적 지도자는 환경, 사람 및 우선순위에 대한 이해에 근거해서 의사결정을 언제, 어떠한 방식으로 해야 하는지를 알고 있어야 한다. 일반적으로 다음과 같은 의사결정의 유형이 있다(한국교육행정학회, 1995; 이군현, 1999). 각각의 방법은 그 나름대로 정당성을 가지고 있다. 원숙한 교육 행정가는 이러한 스타일을 잘 활용할 줄 알 뿐만 아니라, 각 스타일을 언제 사용할 것인가를 알고 있어야 한다.

첫째, 단독 결정(individual decision)과 집단 결정(group decision)이다. 단독 결정은 행정가 개인이 대안을 선택, 결정하는 것이다. 단독 의사결정은 신속한 결정을 필요로 하는 경우나 행정가가 다른 관계자를 불신하는 경우, 결정에 대해 별다른 논쟁의 여지가 없는 경우에 이루어진다. 그러나 현대의 조직에서 단독 결정은 별로 없다. 왜냐하면 최고 행정가가 최종 의사결정권한을 가지고 있더라도 실제로는 참모조직에서 제공된 지식이나 정보 하위계층으로부터 올라온 각종 자료 등을 통해 최고 행정가가 의사결정을 하기 때문이다. 이에 반해, 집단적 결정은 결정의 내용과 관련된 사람과 전문가들을 참여시켜 결정하는 것이다. 이것은 구성원에게 참여의식을 부여하고 그들의 결정능력을 향상시키고자 하는 경우나 문제가 높은 수준의 전문성을 요하는 경우에 이루어진다. 집단적 결정은 단독 결정보다 신속하지는 못하지만 신중성을 띠고 있으며, 질적인 측면과 관계자들의 수용성 측면에서 장점을 지닌다. 학교에 각종 위원회가 있는데, 만약 이 위원회가 의결기관일 때는 집단 결정의 성격을 지닐 것이며, 만약 자문기관일 때는 최고 행정가에 의한 단독 결정의 성격을 띤다.

둘째, 사적 결정(personal decision)과 조직적 결정(organizational decision)이다. 사적 결정은 개인 자신의 목표달성을 위한 결정인 반면, 조직적 결정은 조직의 목표를 달성하기 위한 결정이다. 개인적 결정은 어디까지나 개인의 목표달성을 위한 결정이므로 이것이 조직의 목표와 부합될 수도 있지만 그렇지 않을 때도 있다. 물론 조직

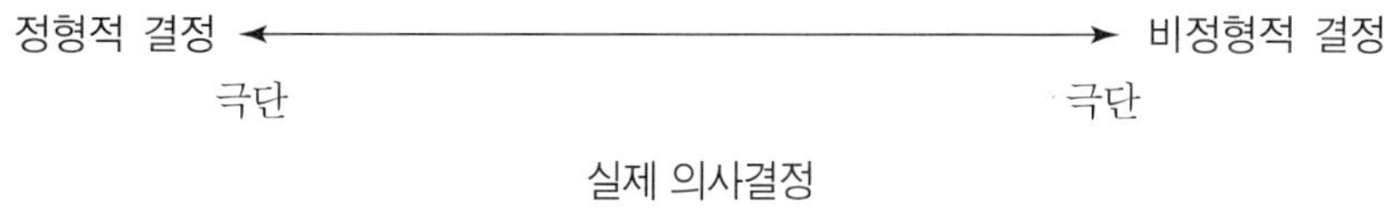

[그림 3-1] 정형적 결정과 비정형적 결정의 연속체

적 결정은 개개인의 목표와 부합되지 않는 경우가 있을 수 있는데 이 경우 저항이나 방해가 나타나기도 한다.

셋째, 정형적 결정(programmed decision)과 비정형적 결정(nonprogrammed decision)이다. 사이몬(H. A. Simon, 1960)은 의사결정의 양극단의 유형으로 정형적 결정과 비정형적 결정을 언급했다. 사이몬(H. A. Simon)은 [그림 3-1]과 같이 연속선(continuum)의 개념을 제시했다.

정형적 결정은 반복적이며 일상화된 결정으로 명확한 절차가 이미 만들어져 있기도 한 정형화된 것들이다. 정형적 의사결정의 특징으로 i) 대안이 모두 파악되어 있으며, ii) 각 대안의 선택결과가 분명하고, iii) 선택의 결과에 우선순위를 매길 평가기준도 부여되어 있다는 것이다. 따라서 이러한 유형의 결정들은 심사숙고할 필요가 없다. 예를 들면, 일상적인 교육, 입학식, 졸업식 등에 관한 것은 법규나 선례에 따라 결정하면 되므로 새로운 창의성이 요구되지 않는다. 한편, 비정형적 결정은 새롭거나 구조와 성격이 복잡한 문제 또는 매우 중요한 문제를 해결하기 위한 결정으로 명확한 절차나 일상화된 것이 없다. 비정형적 결정과정의 특징으로는 i) 대안이 부여되어 있지 않아 따로 파악이 필요하며, ii) 대안의 선택결과가 분명하지 않은 경우, iii) 선택결과에 우선순위를 매길 평가기준조차도 없다는 것이다. 예를 들어, 교육예산 삭감으로 교원의 수를 감축해야 하는 경우, 학교건물의 노후화로 시급한 보수가 필요하거나 학교 이전이 불가피한 경우 등은 어렵고 복잡한 결정들이다. 정형적 의사결정에 있어서는 인간의 합리성의 한계가 별로 문제되지 않는 반면, 비정형적 의사결정은 이것이 매우 중요한 문제가 된다. 결국 정형적 의사결정과 비정형적 의사결정은 모두 중요하나 교육조직에서는 비정형적 결정을 할 때, 특히 교육행정가의 판단력, 창의성 등이 필요하게 된다.

넷째, 전략적 결정(strategic decision)과 전술적 결정(tactical decision)이다. 전략적 결정은 보다 상위 수준의 결정을 말하며, 전술적 결정은 보다 하위 수준의 결정을 의미한다. 전략적 결정이 조직의 생존 및 발전과 관련된 중요한 문제를 다루는 반면, 전술적 결정은 이에 따른 세부적이고 구체적인 방법에 대한 결정과 관련된다. 따라서 전술적 결정은 전략적 결정에 영향을 받는다.

2. 의사결정의 과정

의사결정의 과정은 의사결정이 어떤 단계와 절차를 거쳐서 수립되는가에 대한 문제이다. 의사결정의 과정에 대하여 여러 학자마다 다양한 견해를 나타내고 있다. 여기서는 사이몬(H. A. Simon, 1960), 그리피스(D. E. Griffiths, 1959), 드러커(Peter F. Drucker, 1993), 민츠버그(Henry Mintzberg, 1990), 딜(William R. Dill, 1964), 호이와 미스켈(W. K. Hoy & C. G. Miskel, 1991) 등의 의사결정의 과정에 대해서 살펴보기로 한다.

첫째, 사이몬(H. A. Simon, 1960)은 의사결정의 과정을 3단계로 보았다. i) 결정을 요하는 상황을 확인하기 위해 환경을 조사하는 정보활동(intelligence activity), ii) 가능성 있는 행동방향을 발견 및 개발하여 분석하는 기획활동(design activity), iii) 여러 행동노선 중에서 활용 가능한 것 하나를 실제 고르는 선택활동(choice activity) 등이 있다.

둘째, 그리피스(D. E. Griffiths, 1959)는 의사결정의 과정을 6단계로 보았다. i) 문제를 인식하고 정의하며 한정한다. ii) 문제를 분석하고 평가한다. iii) 해결책이 수락할 만하고 필요에 적절한지의 여부를 평가하거나 판단할 기준 또는 표준을 설정한다. iv) 자료를 수집한다. v) 우선권이 있는 대안을 만들어서 선택하여 미리 검토한다. vi) 해결책을 실행한다. 즉 해결책의 세부계획을 수립하고 세부 활동을 통제하며 결과와 과정을 평가한다.

셋째, 드러커(Peter F. Drucker, 1993)는 의사결정과정이 문제의 정의, 문제의 분석, 문제에 대한 대안적 해결방안들의 개발, 최선의 해결방안의 선택, 의사결정을 효과적인 행동으로 전환, 결과들에 대한 감시(monitor)와 평가라는 6단계로 구분된다고 주장한다.

넷째, 민츠버그(H. Mintzberg)는 의사결정과정을 간단히 문제 정의, 개발, 선택의 3단계로 보았다(Fred Luthans, 1995, p. 441). i) 1단계(문제 정의단계)는 문제를 인지하고 진단한다. ii) 2단계(개발단계)는 대안을 탐색하고 구성 및 설계를 하는 단계이

〈1단계〉 문제정의 (인지/진단) → 〈2단계〉 개발 (탐색/구성) → 〈3단계〉 선택 (판단/선택)

[그림 3-2] H. Mintzberg의 의사결정과정의 모형

*자료: Luthans, Fred(1995). *Organizational Behavior*(7th ed.). Singapore: McGraw-Hill International Editions, p. 441.

다. 그리고 iii) 3단계(선택단계)는 대안 가운데서 판단하고 선택한다. 이를 도표로 나타내면 [그림 3-2]와 같다.

다섯째, 딜(William R. Dill, 1964)은 의사결정과정으로 i) 의제의 작성단계(agenda building), ii) 탐색단계(search phase), iii) 관여단계(commitment phase), iv) 실행단계(implementation), v) 평가단계(evaluation phase)를 제시했다.

여섯째, 호이와 미스켈(W. K. Hoy & C. G. Miskel, 1991)은 리치필드(Litchfield, 1956)와 사이몬(H. A. Simon, 1957)의 연구 논문에서 의사결정에 대한 다음과 같은 기본가정을 이끌어 냈다. i) 의사결정 과정은 문제의 확인과 진단, 그 문제를 해결하기 위한 계획의 수립과 시행, 그리고 성공의 평가를 포함하는 일련의 순환적 과정이다. ii) 행정은 조직 내의 개인이나 집단에 의해 행해진 의사결정의 구체적인 수행이다. iii) 의사결정에 있어서 완전한 합리성은 사실상 불가능하다. 즉 행정가들은 사실상 의사결정 과정을 극대화할 수 있는 지식, 능력, 역량을 가지고 있지 않기 때문에 만족화를 추구한다. iv) 행정의 기본적인 기능은 하급자들이 개인적인 관점과 조직적인 관점에서 합리적인 행동을 할 수 있도록 의사결정의 내적 환경을 조성해 주는 것이다. v) 의사결정 과정은 모든 주요한 행정 기능과 과업에서 나타나는 일반적인 행동양식이다. vi) 의사결정 과정은 사실상 대부분의 복잡한 조직 속에서 유사한 형태로 나타난다.

호이와 미스켈(W. K. Hoy & C. G. Miskel, 1991)은 이와 같은 6개의 가정에 근거하여 의사결정의 만족화 모형을 5단계의 순환과정으로 [그림 3-3]과 같이 제시했다.

첫째, 1단계는 문제의 인식 단계이다. 의사결정을 하려면 의사결정자는 결정 대상의 문제에 대한 내용과 성질을 명백히 인식해야 한다. 그러므로 그 문제 분야에 대한 지식이 필요하게 된다. 그러나 문제의 인식은 객관적인 사건이 발생하였다고 곧 의사결정자에 의하여 인식되는 것은 아니며, 사건의 중요성·명확성 이외에도 의사결정

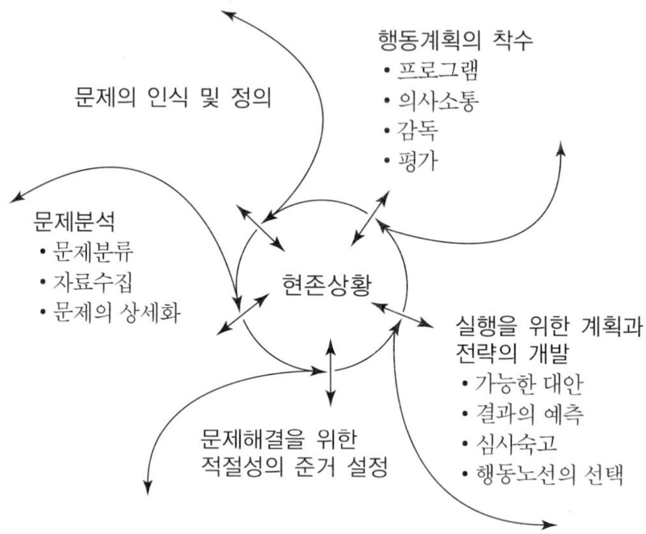

[그림 3-3] 의사결정 과정의 순환모형

*자료: Hoy, W. K. & Miskel, C. G.(1991). *Educational Administration: Theory, Research and Practice*(4rd ed.). New York: Random House, p. 306.

자의 인성, 사회적 배경과 경험, 가치관 등에 따라 문제의 인식 여부, 인지의 속도 등도 달라진다.

둘째, 2단계는 자료의 수집과 분석 단계이다. 문제를 인식하고 그것에 대한 대책을 강구하려면 우선 자료 · 정보 · 지식을 수집하여 과학적으로 분석해야 한다. 자료를 수집하는 데는 공식적인 통로뿐만 아니라 비공식적 통로 등을 이용해서 관련된 자료를 모두 수집해야 한다. 물론 자료의 정확성과 신빙성이 전제되어야 한다. 오늘날에는 정보처리체제(MIS: Management Information System)나 전산자료처리체제(EDPS: Electronic Data Processing System) 등을 활용하여 정보를 수집하고 분석함으로써 신속성과 정확성을 기할 수 있고 능률적이며 자료 전체의 관리 통제를 용이하게 할 수 있다.

셋째, 3단계는 대안의 작성 및 평가 단계이다. 수집 · 분석된 자료에 입각한 문제에 대한 해결책 및 대안을 작성하고 평가하는 단계이다. 이 단계에서는 달성하고자 하는 목표 달성에 영향을 미치는 여러 변인과 그 관계 및 상호 작용의 결과를 예측 · 평가해야 한다. 우선 각종 대안을 모색하여 작성하고, 이들 대안의 결과를 미래 상황에서 추정하여 평가한다. 그러므로 불확실성이 내포될 수 있다. 따라서 관련된 변인 등을 고려하여 계량적 기법 등을 사용하여 평가해야 한다. 대안의 평가에는 교육적 합리성, 경제적 합리성, 사회적 합리성을 아울러 고려해야 한다.

넷째, 4단계는 대안의 선택 단계이다. 여러 대안 중에서 최선안을 선택하는 단계이다. 전 단계에서 교육적 · 정치적 · 사회적 · 경제적 · 제 관점에서 평가된 대안들 가운데서 현재나 미래에 최선일 수 있는 대안을 선택한다. 대안을 선택하는 데는 그 대안이 설정된 목표를 달성할 수 있으며, 실제로 문제를 해결할 수 있는가, 실천 가능성이 있는가, 그리고 장점보다는 더 큰 부작용은 없는가 하는 다양한 측면에서 재검토를 한 다음에 최종적으로 결정을 내려야 한다.

다섯째, 5단계는 대안의 실행 단계이다. 최선의 대안이 선택된 다음에 그 대안을 실행하는 단계이다. 일반적으로 제4단계까지를 의사결정과정으로 고려하나 넓은 개념으로는 대안의 실행까지 포함한다. 대안의 실행에는 먼저 활동계획(programming)을 작성하고, 그 집행을 관리(control)하고 결과를 평가(evaluation)하는 것이 포함된다. 활동계획은 대안이 요구하는 것을 행하기 위한 세부방침을 작성하고, 이것을 실행하기 위한 기구나 이용하는 절차를 설정하는 것을 말한다. 관리란 계획에 일치되게 대안이 이행될 수 있도록 보장하는 절차이다. 평가란 실시된 대안이 얼마만큼 의도한 대로 실현되었는가를 알아봄으로써 각 단계에 피드백(feedback)하고 다음의 의사결정을 하는 자료로 삼는 데 공헌하는 단계이다.

제3절 의사결정의 이론 모형

의사결정의 모형은 학자에 따라 다양하게 분류하고 있다. 일반적으로 규범적 · 이상적 접근(합리적 모형, 최적화 모형), 현실적 · 실증적 접근(만족화 모형, 점증적 모형), 혼합적 모형(혼합관조적 모형) 등으로 분류하고 있다.

i) 규범적 · 이상적 모형은 의사결정에 고도의 합리성을 주장하는 이론으로서 합리적인 결정을 하기 위하여 수학적 · 계량적 분석이나 논리적 추리에 의하여 합리성을 확보하려는 접근법이다. 그리고 ii) 현실적 · 실증적 접근은 의도적 혹은 제약된 합리성에서 현실을 인정하고, 비합리성의 개연성을 인정하며, 행동과학적 · 정치적 · 사회적 합리성을 수용하고 의사결정을 하자는 접근법이다. 또한 iii) 혼합적 접

근법은 규범적 · 이상적 접근과 현실적 · 실증적 접근을 혼합한 형태이다.

본 절에서는 가장 보편적인 합리성의 제약이라는 측면에서 합리모형, 만족모형, 점증모형, 혼합모형(만족모형+점증모형), 쓰레기통 모형 등으로 분류하여 설명하고자 한다(한국교육행정학회, 1995; 박성식, 1998; 박병량, 주철안, 1999; 이군현, 1999; 이상기, 옥장흠, 2000).

1. 합리모형

합리모형(rational model)은 규범적 · 이상적 방법으로 인간의 전능성을 전제로 인간은 이성과 타산에 의해 결정한다는 합리적 결정이론으로서, 인간은 필요한 모든 지식과 정보를 동원할 수 있다는 것이다. 이 모형은 경제학 혹은 경영학에서 다루어지며, 선형계획(linear programming), 운영조사(operation research), 게임이론(game theory), 비용－편익 분석(cost-benefit analysis) 등이 여기에 속한다.

합리모형의 결정과정은 문제해결 과정과 같은 절차를 밟게 된다. 즉 ⅰ) 목표설정, ⅱ) 자료수집, ⅲ) 자료 분석 및 종합, ⅳ) 다양한 대안 제시, ⅴ) 각 대안에 대한 평가, ⅵ) 최적 대안 선택의 절차를 따라 결정이 이루어진다면 완전히 객관적이며 합리적인 선택이 이루어진다고 본다. 곧 목표를 달성하기 위한 최적 대안의 선정을 위한 분석과정이 모든 요소들을 고려하고 있는 종합성을 띠고 있으며, 전 단계를 전제로 다음 단계가 전개되며 분석방법으로는 계량적 방법이 동원된다.

하지만 결정에는 비합리성도 크게 작용하고 있는데, 곧 합리성의 제약으로 인하여 현실과는 다르다. 아울러 정책결정에서 활용될 수 있는 단순한 기법들만 생각했을 뿐, 인간의 복잡한 심리적 요소 등은 고려하지 않고 이론의 전개에만 노력하다 보니 현실에 대한 설명보다는 논리적인 당위성만을 강조하게 되었다. 이러한 문제점에도 불구하고 정책결정 상황에서 가장 먼저 고려되는 것이 이 모형이라고 할 수 있고, 합리모형의 제약성으로 인하여 후술하는 모형들이 제시되기에 이르렀다.

결국 이 모형은 의사결정자가 가지고 있지 않는 정보처리능력, 합리성, 지식을 가정하고 있기 때문에 행정가들의 실제적인 의사결정에 크게 도움이 되지 않는다.

2. 만족모형

만족모형(satisfying model)은 제한적 합리화의 모형이라고 한다. 이를 최초로 소개한 학자는 사이몬(H. A. Simon, 1960)이다. 이 모형은 행동과학적 접근으로 의사결정자의 사회 · 심리적 측면을 중요시하는 현실적인 것이다. 사이몬(H. A. Simon)은 의사결정의 객관적 상황보다는 오히려 주관적인 입장에 서서 의사결정자가 어떻게 행동하는가를 중요시한다. 다시 말하면, 실증적으로 조사된 의사결정자의 비합리성을 반영하고 있다. 이 모형은 우리의 현실을 상당히 잘 반영하고 있다.

인간은 완전히 합리적인 결정을 할 수 없다. 곧 인간은 몇 개의 대안을 알고 있으며 대안의 선택결과에 대해서도 일부만 예상할 수 있다. 아울러 대안의 평가의 기준도 불명확하다. 따라서 현실의 인간은 이러한 능력의 한계로 말미암아 최적의 대안을 선택할 수 없다고 가정한다. 그리고 현실에서는 모든 대안을 탐색할 시간이 주어져 있지 않기 때문에 항상 최적의 선택을 이룰 수는 없다. 즉 현실적인 여러 제약 때문에 만족스러운 수준을 정해 두고 대안을 탐색해가면서 어떤 대안이 이 수준을 넘을 때 그 대안을 선택하고 탐색을 멈추는 방법을 많이 사용한다. 이 모형을 만족모형이라고 부르는 이유도 여기에 있다.

만족모형의 문제점은 다음과 같다. ⅰ) 대안의 탐색에 있어서 대안의 선택문제이다. 사실, 실제 가능하며 효율적으로 보이는 대안이 얼마든지 있을 수 있다. 그러나 실제로는 한 가지 대안을 선택하여야 하는데, 이 경우 비슷하게 보이는 대안들 중 가장 효율적인 것이 어떤 것인가를 선택하는 문제는 그리 쉬운 것이 아니다. 더군다나 만족모형에서처럼 나열된 대안의 생성에서는 그것이 상당한 어려움을 줄 수도 있다. ⅱ) 문제가 복합적이며 여러 단계에 걸쳐 있어서 대안의 영향이 매우 오래 간다면 행정가는 당연히 그중 가장 부작용이 적은 대안들을 선택하여야 하겠지만 각 단계의 대안은 많이 있고 그것들의 조합은 더 많아지므로 선택에 어려움이 따르고 비능률적일 수도 있다. ⅲ) 만족의 정도에 대한 한계영역의 설정 문제이다. 한계영역의 설정은 한계영역의 정당성이 어떻게 할 수 있는가 하는 측면과, 적절한 수준의 한계가 설정되었어도 한계수준 밖의 영역이 크게 영향을 미칠 수 있다는 측면의 두 가지 어려움이 있다(이상기, 옥장흠, 2000).

3. 점증모형

점증모형(incremental model)은 현실적 · 정치적 방법으로 린드블롬(Chales E. Lindblom, 1965), 윌다브스키(Aaron Wildavsky, 1966) 등에 의해서 제시되었다. 이 모형에서 선택되는 대안은 기존의 정책이나 결정을 점진적으로 수정해 나가는 것이므로 의사결정의 과정에서 대안의 선택과 분석의 범위가 큰 제약을 받는다. 여기에서 의사결정은 계속적으로 일어나는 한정된 비교(limited comparison)이며 부분적인 상호 조절 현상(partial mutual adjustment)이어서 점진적으로 조금씩 변화하며 나타나는 것이지 갑자기 비약적으로 이루어지는 것이 아니다. 따라서 의사결정은 바람직한 목적에 대한 접근이지 목적의 달성은 아니다. 린드블롬(Chales E. Lindblom, 1965)은 이 모형을 '요행히 헤쳐 나가는 모형'(the science of muddling through)이라고 한다.

특히 학교행정에서 많은 문제를 다루는 데 만족화 전략을 사용해도 무리는 없지만 때때로 어떤 상황에서는 점증적 전략이 요구된다. 만일 일련의 적합한 대안들을 정의할 수 없고 특정 대안의 결과를 예측할 수 없다면 만족화 전략을 활용하기가 어렵게 된다. 이러한 경우에는 기존의 상황과 다소 다른 대안을 검토할 수 있다. 점증적인 모형은 점증적인 작은 변화는 조직에 예상치 못한 부정적인 결과를 가져오지 않을 것이라고 가정한다. 점증적 모형은 일반적으로 문제가 복잡하고 불확실하며 갈등이 높을 때 활용될 수 있는 안정적인 접근법이다. 점증적 모형에 따른 의사결정은 대안의 결과에 대한 철저한 분석을 필요로 하지 않는다. 그 대신에 의사결정자들은 기존 상황과 유사한 소수의 대안을 각각의 결과와 계속해서 비교함으로써 행동방안을 결정한다.

구체적으로 점증모형의 특징을 다음과 같이 제시하면 다음과 같다(Chales E. Lindblom, 1965).

ⅰ) 의사결정자는 모든 대안을 전체적으로 검토하고 평가하기보다는 다소 향상된 정책에만 관심을 표명한다. ⅱ) 의사결정자는 비교적 한정된 수의 대안만을 평가한다. ⅲ) 각 대안에 대해서도 한정된 수의 중요한 결과만을 평가한다. ⅳ) 의사결정자는 현실의 당면한 문제를 끊임없이 재정의하고 변화시킨다. ⅴ) 옳은 해결안이 나오지 않으면 계속적인 분석 및 평가를 통하여 당면한 문제를 검토한다.

결국 점증모형은 의사결정에 항상 조직의 기본적인 목표와 일치되는 대안만을 구상하는 것이 아니라 현행 대안과 크게 다르지 않는 대안만을 검토하며, 더욱이 극히 소수의 대안만을 검토하여 현실을 긍정하고, 이것보다 다소 향상된 대안에 만족하여 결정하는 것을 말한다. 곧 기존결정보다 약간 개선된 대안을 택하는 것이다. 이러한 점증모형은 경제적 합리성뿐만 아니라 정치적 합리성도 고려하여 결정된다. 이 모형은 의지성이 결여되어 보수주의에 빠지기 쉽고, 기본적인 쇄신과 혁신을 설명하기가 곤란하다는 평을 받고 있다.

4. 혼합모형

점증모형은 널리 사용되고 있지만 보수적인 특성을 지니고 목표가 불분명하다는 제약점이 있다. 행정가들은 일반적으로 시간적 제약 아래서 부분적인 정보를 가지고 의사결정을 내린다. 복잡하고 불확실한 상황에 실용적으로 접근해 가는 의사결정방식은 혼합모형이다.

혼합모형은 모든 정보를 조사함으로써 어려움에 직면하거나 또는 정보가 거의 없이 맹목적으로 결정하는 문제를 피하고 만족할 만한 결정을 내리기 위해 부분적인 정보를 사용한다. 혼합모형은 광범한 영역의 사실들을 일반적으로 검토하여 선택한 후에 초점을 맞추어 부분적인 사실들을 세밀하게 분석하여 선택한다. 고위 수준의 기본적인 결정과 하위 단계의 실제적으로 처리하는 결정이 결합된다. 혼합모형은 행정가 모형의 합리성과 점증모형의 실용성을 결합하였다(A. Etzioni, 1989).

대안을 구분하기가 어렵고 결과의 예측이 어려운 경우 행정가들은 대개 점증주의적으로 처리해 나간다. 점증적 의사결정은 한시적이거나 치료적이며, 현 상황으로부터 멀리 벗어나지 않는다. 이러한 의사결정은 종종 보수적이며 방향감이 없다. 의사결정자가 기본적인 정책에 의해 이와 같은 점증적 결정을 평가하지 않는다면 조직은 표류할 수 있다. 혼합모형은 효과적인 의사의 진료방식과 유사하다. 점증주의자들과 달리 의사들은 관심의 초점을 두어야 할 부분과 그들이 해야 할 임무를 인식한다. 또한 최적화를 추구하는 의사결정자와는 달리 의사들은 초기 증상에 대한 모든 자료를 요구하지도 않는다. 의사들은 환자의 증상을 조사하고, 문제를 분석하여 대중적 치료를 시작한다.

혼합모형은 다음과 같은 특징을 지니고 있다(A. Etzioni, 1989). ⅰ) 초점을 맞추어 시행착오의 과정을 거친다. 부분적인 정보에 기초하여 결정을 내리고 추후에 새로운 자료에 의하여 수정된다. ii) 가설적이며 신중하게 추진한다. 필요에 따라 방안을 수정한다. iii) 불확실할 때 더 많은 정보를 수집하고 분석하기 위해 연기한다. iv) 의사결정의 각 단계에서 결과에 대해 평가한다. v) 불확실할 때 결정들을 분산시킨다. 결과가 만족스러울 때까지 자원을 부분적으로 활용한다. vi) 여러 경우의 수를 고려한다. 각 대안이 만족할 만한 결과를 가지고 있을 때 여러 대안들을 실행한다. vii) 특정한 하나의 대안을 지나치게 따르는 것을 피한다.

5. 쓰레기통 모형

코헨과 매치(M. D. Cohen & J. G. March, 1974)는 42개 미국대학 총장의 역할에 관한 연구에서 대학은 그들이 명명한 조직화된 무정부(organized anarchy) 조직 군에 속한다고 제의하였다. 코헨과 매치는 문제스러운 목적, 불분명한 기술 그리고 유동적 참여가 조직화된 무정부 조직의 중요한 속성이라고 주장하였다. 코헨과 매치는 무정부상태의 조직 속에서 일어나는 의사결정과정을 다음과 같이 기술함으로써 의사결정에 관한 이전의 많은 기술들이 실제로 발생하고 있는 것을 왜곡하지 않았다면 심각하게 단순화시켰다는 점을 명백히 하고 있다.

> "조직의 참여자들은 의사결정을 하는 과정에서 그들이 과거에 했던 일과 현재 하고 있는 일에 대한 해석을 통해 의사결정의 절차들을 설정한다. 이와 같은 관점에서 볼 때, 조직은 문제해결을 위한 선택 대안들, 그들이 추론하는 결정 상황을 해결하기 위한 문제와 감정, 그들이 해결해야 할 문제에 대한 해결방안들 그리고 해결을 모색하는 의사결정자들의 집합체이다."(M. D. Cohen & J. G. March, 1974: 81)

이와 같은 상황들은 의사결정에 대한 어떠한 합리적 관점에서도 적합하지는 않다. 왜냐하면 목적과 기술과 참여가 모호한 상황에서의 의사결정은 고도로 상황 의존적이기 때문이다(Suanne E. Estler, 1988: 311). 조직화된 무정부 조직에서는 의사결정을 오로지 목적달성에 초점을 둔 기법이라기보다는 결정의 산출물과는 관련이 없는 많은 효과를 가지고 있는 하나의 과정으로 본다. 따라서 이 관점은 과정 자체의 중요성에 초점을 두면서 이완결합이나 심지어 목적과 수단 간의 전치현상을 인정함으로써 목적에 근거한 의사결정의 합리적 가정들을 벗어난다(Suanne E. Estler, 1988).

이러한 일반적인 생각들이 목적과 기술과 참여가 모호한 조건 하에서 의사결정을 기술하기 위한 상황적 선택모형인 쓰레기통 모형(garbage-can model)의 배경을 구성한다(M. D. Cohen & J. G. March, 1974). 이 모형은 교육조직에서의 의사결정에 특별히 초점을 두고 있다. 이 모형은 의사결정에 대한 합리적 접근 방법의 요소들로 잘 알려진 표준운용 절차, 참여자, 목적과 같은 많은 요소들을 포함하고 있다. 그러나 이 모형은 의사결정이 목적을 달성하기 위한 하나의 과정이라는 가정에서 의사결정은 종종 조직 산출물 또는 개인의 의도와는 단지 느슨하게 결합된 하나의 과정이라는 가정으로 개념적 도약을 함으로써 그와 같은 요소들을 다른 방법으로 결합한다(Suanne E. Estler, 1988: 312).

쓰레기통 모형의 구성요소는 상대적으로 서로 독립적인 문제, 해결책, 참여자 및 선택기회의 네 가지이다. 이러한 요소들이 서로 다른 시간에 통(can) 안에 들어와서 우연히 동시에 한데 모일 때 비로소 결정이 이루어진다. 이들 4가지 구성요소들의 특징은 다음과 같다(M. D. Cohen & J. G. March, 1974).

첫째, 문제(problem): 이것은 조직 내 · 외에 있는 사람들의 관심을 의미하는 것으로서, 일상생활에서 발견되는 사람들의 관심을 끄는 무수한 사건들(예: 가정문제, 대인관계 갈등, 경력과 지위 등)이 쓰레기통 모형에서의 문제들이다.

둘째, 해결책(solution): 이것은 어떤 사람의 산출물 또는 대답을 의미하는 것으로서, 문제가 발생할 경우에 그 해결을 위한 해답을 필요로 하게 되지만, 현실 사회에서는 해답이 먼저 발견되고 이것이 오히려 해결해야 할 문제를 찾으려고 하는 경우도 있다.

셋째, 참여자(participants): 이것은 조직의 구조, 규범, 이해관계 및 의무에 의해 참여의 권리를 인정받아 상충되는 요구들을 가지고 결정하는 장소에 들어오고 나가는 사람을 의미한다. 참여자는 문제발생에서부터 특정한 결정이 내려질 때까지 계속적으로 참여하는 것이 아니라, 자신의 시간 사정이나 관심 그리고 문제의 성격에 따라 참여하므로 결정의 전 과정을 통해 유동적이다.

넷째, 선택기회(choice opportunities): 이것은 조직이 결정을 하도록 기대되는 때를 의미한다. 선택기회들은 상충하는 선택기회들 중에서 이용 가능성, 현존성 그리고 매력에 따라 이용 가능한 문제, 해결책 그리고 참여자를 끌어들이는 은유적인 쓰레기통을 의미한다.

따라서 이 모형에 의하면, 의사결정은 상대적으로 독립적인 네 가지 요소들이 특정 시점에 한 곳에서 우연히 만나게 될 때 이루어진다. 쓰레기통 모형은 목표가 불분명하고 불확실한 기술과 유동적 참여를 특징으로 하는 조직화된 무정부상태의 조직에서 일어나고 있는 의사결정과정을 설명하는 모형이다. 조직화된 무정부상태에서는 합리적인 의사결정과정이 존재하지 않는다. 오히려 참여자, 해결책 그리고 문제들이 혼란스러운 조직구조 속에서 서로 뒤엉켜져 있으며 때로는 거의 우연적인 사건에 의해 결합되는 의사결정의 쓰레기통 과정이 만연되어 있다. 따라서 의사결정은 문제와 해결책과 의사결정자가 혼합되어 이루어지거나 연기된다.

쓰레기통 모형은 여러 가지 측면에서 의외로 강력한 설득력을 가지고 있다. 이 관점은 전통적인 모형들이 설명하지 않고 남겨 두었던 의사결정과정의 실체(reality)에 초점을 둠으로써 목적 지향적 행동의 가정들을 극복하도록 만들었다. 특히 이 관점은 비합리적인 의사결정행위에 강조점을 두고 있다는 점에서 전통적인 모형과는 구별된다(박성식, 1998).

제4절 의사결정의 영향 요인

의사결정을 할 때 창의성이 영향을 주며, 개인 · 집단 · 조직에 진보와 혁신이 일어나는 것을 알 수 있다. 의사결정 오류의 주요 원인은 성급하게 의사결정을 하거나 규칙 혹은 주먹구구식, 무의미한 행동 뒤에 금전을 바라는 인간의 경향 등을 지적할 수 있다.

창의성은 새롭고 유용한 아이디어를 내는 의사결정과정이며, 생각하는 방법이 새로워서 개인과 집단, 조직의 복지에 기여하는 것을 의미한다. 조직에서는 창의성이 발휘됨으로써 혁신이 일어난다. 개인과 집단의 의사결정에 창의적인 생각이 작용하는 경우에는 발생한 문제에 새롭고 유용한 대처를 할 수 있게 된다. 창의적인 생각이 성공적으로 수행되는 경우에는 우수한 진보와 혁신이 일어난다(W. Taylor, 1990; Joseph A. Anderson, 1992; W. Kiechel, 1993).

의사결정자의 개인적 특성은 개인적인 차이, 업무와 관련된 지식, 내재적인 동기 등을 들 수 있다. 이러한 개인적인 특성은 개별적인 의사결정이나 집단의사결정에서 창의력을 발휘하는 데 도움을 준다. 창의성은 이러한 요소가 상호작용을 할 때 가능하다.

여기서는 우선 의사결정자의 특성을 살펴본 후에 창의성에 대해서 고찰하기로 한다.

첫째, 의사결정자의 특성으로 다음과 같은 것들이 있다. ① 개인적인 차이: 행정가가 의사결정을 수행하는 데에 영향을 주는 요인들은 자발적 경험 추구성, 통제력, 자아 존중감, 개성, 지능, 수 개념 등을 들 수 있다. ⅰ) 자발적 경험 추구성: 다양한 자극에 대한 개방성, 신속한 변화와 혁신 요구, 위험을 감수하는 태도, 새로운 아이디어나 방법의 개발, 아이디어의 제안 등을 들 수 있다. ⅱ) 내재적인 통제력과 외재적인 통제력: 내재적 통제력을 갖는 지도자는 자신의 행동이 장래에 발생하는 결과에 많은 영향을 미친다고 고려하는 의사결정자이며, 외재적인 통제력을 갖는 지도자는 외부의 힘이 장래에 발생하는 결과에 영향을 미친다고 생각하는 의사결정자이다. ⅲ) 자아존중심: 자아존중심이 강한 의사결정자는 창조적인 생각을 할 수 있는 자신감이 있다. ⅳ) 개성: 다른 조직구성원과 구별이 되는 개성이 있는 의사결정자는 창의력을 발휘할 가능성이 많다. ⅴ) 지능: 사건 간의 관계를 보고 다른 관점으로 생각을 할 수 있게 하는 능력으로서 새로운 아이디어를 창출하게 한다. ⅵ) 수 능력: 제조과정의 다양한 변화를 고려하여 비용의 문제를 정확하게 해결할 수 있다. ② 업무와 관련된 지식: 의사결정자는 의사결정에 필요한 모든 정보, 기술, 전문적인 지식을 포함하는 지식을 모두 알아야 한다. 교육행정가에게 업무와 관련된 지식이 없으면 새로운 교육프로그램의 개발, 성공적인 운영, 평가 등을 할 수가 없다. 창조적인 사고를 하려면 교육행정가는 교육프로그램에 관한 지식이 있어야 하고, 운영에 필요한 비용의 산정 및 교육프로그램을 평가할 수 있어야 한다. ③ 내재적인 동기: 동기는 내재적인 동기와 외재적인 동기로 구분할 수 있다. 내재적인 동기가 있는 의사결정자는 일 자체를 사랑하고 창조적인 아이디어가 생각나거나 직무를 원활하게 수행했을 때 만족을 느낀다. 외재적인 의사결정자는 승진이나 보너스 등에 의하여 만족을 느낀다. 내재적인 동기를 갖는 조직구성원은 외재적인 동기를 갖는 조직구성원에 비하여 창의성을 발휘하는 빈도가 많다.

둘째, 창의성에 영향을 주는 상황적인 특성은 자율성의 수준, 평가의 형식, 보상의 체계 및 결정의 중요성 등을 들고 있다. ① 자율성의 수준: 창의성은 의사결정을 하는 자유 혹은 자립을 의미한다. 내재적으로 동기가 부여되면 창의성이 높아지고, 자율성이 높으면 창의력이 좋아진다. 창의성의 연구에 참여한 과학자의 70% 이상이 자율성은 조직의 창의성을 높이는 중요한 요소라고 하였다. ② 평가의 형식: 창의적인 조직구성원과 의사결정자들은 자신이 일을 하고, 환류를 받고, 격려를 받고 싶어 한다. 평가적인 환류와 비판은 의사결정자들이 모험을 격려하도록 하기 때문에 창의성을 발휘하는 것을 방해한다. ③ 보상의 체계: 조직구성원들은 누구나 보상을 받고 싶어 한다. 창의성을 발휘하도록 하려면 조직의 보상체계가 창의적인 직무수행에 대한 인정을 하는 체제가 마련되어 있어야 하고, 보너스와 승진 등의 보상이 있어야 한다. 보상이 행동을 통제하여서는 되지 않으며, 창의적인 아이디어는 성공하지 않는 경우에도 처벌되지 않아야 조직구성원들이 창의적인 모험을 하게 된다. ④ 결정의 중요성: 교육행정가는 조직구성원 모두 내재적으로 동기가 부여될 때 열심히 작업을 수행할 수 있으며, 창의성도 높아진다. 창의성을 발휘하기 위한 단계는 i) 문제 인식의 단계, ii) 정보 수집 및 잠재적인 반응 고려 단계, iii) 창의적인 생각의 단계, iv) 생각 선택의 단계, v) 아이디어 실행의 단계로 구분된다(박정애, 박수연, 2000).

제5절 의사결정과 구성원의 참여

일반적으로 조직의 의사결정에 구성원들이 참여할 때 조직구성원들의 사기는 향상된다. 학교에서도 조직구성원들의 의사결정에 대한 참여는 바람직하다. 학교의 의사결정에 대한 교사들의 참여에 대한 연구결과를 살펴보면 다음과 같다(W. K. Hoy & C. G. Miskel, 1996). i) 의사결정에 대한 참여기회는 교사들의 사기와 학교조직에 대한 열의를 위하여 중요하다. ii) 의사결정에의 참여는 교직에 대한 교사들의 만족도를 향상시킨다. iii) 교사들은 자신들의 의사결정에 참여시키는 학교장을 선호한다. iv) 의사결정은 질적인 수준이 낮을 때, 또는 교사들이 수용하지 않을 때 실패한다. v) 교사들은 모든 의사결정에 참여하기를 기대하지 않고 원하지도 않는다. 실제로 지나친 참여는 오히려 부정적인 결과를 초래할 수 있다. vi) 의사결정에서 교사와 행정가의 역할과 기능은 문제의 특성에 따라 달라진다.

학교의 의사결정과정에 있어 교사들의 참여는 긍정적인 결과를 가져오거나 때로는 부정적인 결과를 초래할 수 있다. 따라서 교사들의 학교 의사결정에 효과적으로 참여할 수 있는 방법을 찾아야 한다.

따라서 본 절에서는 참여의 효과 및 역기능, 조직구성원의 참여방식, 참여적 경영스타일과 교육적 효과, 의사결정기구의 운영, 단위학교 의사결정체제의 운영, 참여의 장애 등에 대해서 고찰하기로 한다.

1. 참여의 효과 및 역기능

경영이나 의사결정에 구성원을 참여시키면 민주적 지도자나 경영자이고, 참여를 시키지 않으면 전제적 경영자로 구분하듯이, 참여의 문제는 의사결정을 포함한 경영에 있어서 항상 중요시된다.

하지만 의사결정에의 참여는 많은 효과도 있지만 그 역기능도 발생할 수 있다. 여기서는 참여의 효과에 대해서 먼저 살펴보고, 동시에 역기능도 고찰하기로 한다.

탄넨바움(Arnold S. Tannenbaum, 1966: 98-99)은 참여에서 얻은 만족을 다음과 같이 제시했다. ⅰ) '심리적' 또는 '상징적'인 것이다. 자기결정, 독립 또는 권력에 대한 욕구 때문에 개인은 만족을 얻는다. 예를 들면, 참여는 성원으로 하여금 자기가 중요하고 우수하며 또는 성공적이라는 것을 의미할 수 있다. 즉 참여는 자존심을 높여준다고 할 수 있다. ⅱ) 참여는 어떤 물질적 또는 실용적 보답을 가져올 수도 있다. 참여하는 자는 의사를 결정할 수 있고 자기 자신의 이익과 일치하도록 정책에도 영향을 줄 수 있다. 참여적 결정은 계층적 결정보다 모든 당사자의 욕구와 이익을 고려하는 경향이 있고, 통제를 제멋대로 불리하게 하는 경향은 덜한 것 같다. ⅲ) 참여는 흔히 본질적으로 만족을 주고 있다. 예를 들면, 재미있는 토픽을 토의하고 주요한 결정을 하는 집단회의가 구성되는 것이다. 게다가 지적 · 기술적 · 인간관계적 기술을 요하는 도전적 활동이 포함되기도 한다.

참여는 불만을 감소시키고, 개인으로 하여금 조직과의 일체감을 증대시키며, 과업과 관련하여 사명감 · 책임감을 더 쉽게 느끼도록 한다. 지도자는 위에서 능률적으로 의사소통이나 명령을 전달하지 않아도 된다. 지도자는 대항하는 관계보다는 함께 일하는 사람이 된다. 참여는 또한 감정과 아이디어를 교환하는 것을 격려한다. 적대감과 반대는 더 많은 협조적 태도로 대치되고 경영자가 부하와의 관계에서 가지는 영향력을 높인다. 역설적으로 참여를 통하여 경영자는 자기 권한의 얼마를 포기함으로써 통제력을 증가시킨다.

그리고 브룸과 자고(Victor H. Vroom & Artlun G. Jago, 1988)는 참여의 성과를 다음과 같이 제시했다. i) 참여는 직무만족과 사기를 제고시키는 데 효과적이다. 참여자는 결정의 성격에 영향을 주어 자기의 이해나 관심을 반영할 뿐 아니라 참여의 결과와 상관없이 참여 자체를 가치 있게 느낀다. ii) 의사결정과정에 참여를 증대시켜야 한다는 논의는 보다 나은 결정의 생산보다는 그 결정을 집행할 때 참여자들의 사명감을 증진시키는 역할을 할 수 있다는 데서 나온다. 참여는 결정에 대한 반감을 축소하고 공감을 얻으며 보다 순조로운 수행을 보장한다. iii) 의사결정에의 참여는 성원들의 발전에 기여한다. 학습이론에서 연습이 기능의 개발에 필요하다는 논리대로 의사결정과정에서도 마찬가지로 같은 원칙이 적용된다. 즉 의사결정에 참여함으로써 의사결정의 기술이 개발된다. iv) 결정이 실천될 경우 조직의 목표달성이 용이해진다. 의사결정의 질에 영향을 줄 수 있는 참여의 조건은 참여의 목표, 참여자의 지식, 집단의 규모, 참여자의 불일치, 문제 자체의 성격 등이다.

참여는 목표지향적이어서 자기 자신의 목표와 일치된 결정을 바란다. 하지만 행정가는 자기 자신의 왕국을 건설하고 보호하려는 경향이 있고, 계층 간, 부서 간, 목표 간에 갈등이 있을 수 있다. 어느 상황이건 공통적으로 발견될 수 있는 것은 조직의 목표와 개인목표 간의 불일치인데, 생존하기 위해서는 같은 배에 탔다는 공동의 목표를 지향하지 않으면 안 된다. 참여에 의한 의사결정은 비단 성원들의 목적이나 목표만을 반영하는 것이 아니라 그들이 가지고 있는 지식과 정보를 반영한다. 그러므로 대안창출을 위해 성원들이 소유하고 있는 지식과 정보는 어느 정도인가가 의사결정의 질을 좌우하게 된다.

한편 의사결정과정에 직원이 참여하는 것이 반드시 바람직한 것만은 아니다. 스트라우스(G. Straus, 1963: 70)는 참여에 의해 집단적으로 문제를 해결할 수도 있지만 그 부산물로서 다음과 같은 역기능도 가져온다고 했다. i) 집단에 의해서 자기의 의견이 거부된 사람은 거기서 소외되기 쉽다. ii) 경영자가 충족시킬 수 없는 참여를 계속 기대하게 만든다. iii) 참여는 흔히 많은 시간을 요하고, 관련자를 좌절시킬 수도 있고 자주 아무 소득없는 결론으로 끝날 수도 있다.

2. 조직구성원의 참여방식

학교의 의사결정에 교사들을 참여시킬 때 학교행정가들의 보다 신중한 검토가 필요하다. 언제 이들이 의사결정에 참여해야 되고, 어떻게 참여해야 하는가? 여기서 중요한 개념은 수용권이다. 조직구성원들은 조직에서 내리는 결정들 중에서 특정한 결정들은 자신과는 관계가 없기 때문에 아무런 문제를 제기하지 않고 받아들인다. 이러한 영역에 속하는 결정사항은 조직구성원들의 무관심 영역 또는 수용권에 속한다. 조직구성원들이 단순하게 수용하는 결정사항에 대해서는 구성원들을 의사결정에 참여시킬 필요가 없다. 조직구성원이 의사결정 사항을 수용할 것인지를 파악하기 위해 학교행정가는 적절성 검증과 전문성 검증을 제기해야 한다. ⅰ) 적절성 검증은 구성원들이 결과에 대해 개인적 이해관계를 가지는가를 검토하며, 아울러 구성원들이 결과에 대해 개인적 이해관계를 가지는가를 검토한다. ⅱ) 전문성 검증은 구성원들이 문제해결에 기여할 수 있는 전문성을 지니고 있는가를 검토한다. 조직구성원들이 의사결정결과에 대해 개인적으로 이해관계를 지니고, 의사결정에 기여할 수 있는 전문성을 소유할 때 이들은 의사결정에 참여하게 된다. 반면에 조직구성원들이 의사결정에 대해 개인적으로 이해관계를 지니지도 않고, 의사결정에 기여할 수 있는 전문성을 갖지 못할 때 이들은 의사결정에 참여하지 않는 것이 바람직하다. 조직구성원들이 의사결정에 대한 이해관계뿐만 아니라 전문성을 구비하고 있는 경우에 이들의 조직목표에 대한 성실성의 정도 또는 의사결정의 신뢰성을 평가해야 한다. 다시 말하면, 구성원들의 개인적 목표가 조직의 목표와 갈등을 일으킬 때 이들을 의사결정에 참여시키는 것은 바람직하지 않다. 따라서 구성원들의 헌신은 중요하다. ⅲ) 성실성의 검증은 구성원들이 조직의 임무를 위해 헌신하고 있는가 또는 조직에 대한 최선의 관심에서 의사결정을 할 수 있는지 신뢰할 수 있는가를 점검한다(박병량, 주철안, 1999).

상기와 같은 검증을 통해서 조직구성원들의 의사결정에 대한 참여방식은 다음과 같이 분류할 수 있다(W. K. Hoy & C. G. Miskel, 1996).

첫째, 의사결정이 구성원들이 단순하게 받아들일 수 있는 수용권에서 벗어나 있고, 구성원들의 조직에 대한 최선의 관심에서 의사결정을 하는 데 신뢰받을 수 있다면 구성원들의 참여는 확대되어야 한다. 이는 민주적인 의사결정방식을 택하는 상황이다.

둘째, 의사결정이 구성원들이 단순하게 받아들이는 수용권에서 벗어나 있지만 의사결정에 대한 구성원들의 신뢰성이 문제가 될 때 구성원들의 참여는 제한된다. 그렇지 않을 때 의사결정은 조직 전체의 목적과는 다른 방향으로 흘러가기 쉽다. 이는 갈등적인 의사결정 상황이다.

셋째, 구성원들이 의사결정 사항에 대해 개인적인 이해관계를 가지고 있지만 전문성이 거의 없는 경우이다. 이는 이해관계를 가진 의사결정 상황이다. 이때 구성원은 단지 때때로 참여해야 하며 참여정도에 있어서도 제한되어야 한다. 참여자들이 실제로 기여할 수 없을 때 조직의 의사결정은 전문성을 지닌 사람들이 내리게 된다. 이때 참여자들은 좌절감을 느끼게 된다. 이 경우 조직구성원의 참여는 구성원들에 대한 개방적인 의사소통이며, 이들을 교육하고, 결정에 대한 지지를 획득하는 목적에서 실시된다.

넷째, 구성원들이 결과에 대한 개인적인 이해관계는 가지지 않았으나 의사결정에 유용한 기여를 할 수 있는 전문성을 가지고 있는 경우이다. 이는 전문가 의사결정 상황이다. 이 때 구성원들은 단지 때때로 참여하고 참여 정도로 제한된다. 전문가의 의사결정에서 구성원들이 너무 빈번하게 참여할 때 이들은 불평하게 된다.

다섯째, 조직구성원들이 의사결정사항에 관심을 갖지 않고, 전문성도 가지고 있지 않는 경우, 의사결정은 구성원들이 단순하게 수용하는 영역 내에 속하게 되므로 구성원들의 참여는 불필요하다. 이는 비협조적인 의사결정 사항이다. 이 경우에 구성원들을 참여시킬 경우 불만을 초래할 수 있다.

3. 참여적 경영스타일과 교육적 효과

케이스와 걸링(Sherry Keith & Robert H. Girling, 1991)은 경영스타일과 조직풍토와 교육효과와의 3차원적 관계를 [그림 3-4]와 같이 설명한다.

경영스타일은 지도성 유형론에서 고찰한 바와 같이 여러 가지로 분류할 수 있으나 여기에서는 비참여적 스타일(nonparticipatory style)에서 참여적 스타일(participatory style)에 이르는 정도의 차이로 본다. 비참여적 경영스타일은 자유방임적이거나 전제적 형태의 경영자이다. 자유방임적 경영 하에서는 지도자로부터 하등의 지시가 없고 목표도 불분명하며 문제의 해결은 각자 나름대로 하고 성취에 대한 보상이나 동기부

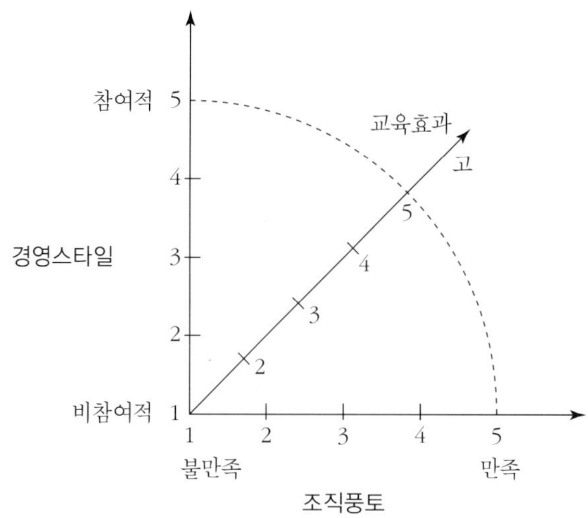

[그림 3-4] 경영스타일 · 조직풍토 · 교육효과성과의 관계

여도 없다. 자유방임적 스타일의 경영은 참여를 지원하기 위한 명확한 방침이나 조직의 구조도 없다. 전제적 경영자는 모든 권한을 독점하고 있으나 종업원과 상의하거나 어떤 책임을 위임할 수도 있다. 경영자가 목표를 세우고 문제를 해결하며 의사결정을 한다. 위에서 주도권을 가지고 조직의 계층을 통한 하향적 의사소통이 이루어지되 밑으로부터의 상향적 의사소통은 거의 없다. 참여적 경영스타일은 전제적 스타일의 정반대의 경영자나 지도성 유형을 말한다.

조직의 문화나 풍토는 엄밀히 말하면 연구방법이나 개념의 차이가 분명하지만 일반적으로는 어떤 조직이 다른 조직과 구별되는 독특한 사회 및 심리적인 분위기를 말한다. 조직풍토의 지표의 하나가 구성원들이 직무만족인데, [그림 3-4]에서는 조직의 풍토를 직무불만족에서 만족에 이르는 정도로 나타내고 있다.

교육적 효과(educational effectiveness)라는 개념도 매우 복잡하고 논란이 많은 개념이지만 결국은 학교가 잘 하고 있는지 못하고 있는지의 측정에 대한 문제이다. 교육의 성과를 표준화된 검사에 의해서 학생들의 특정 과목의 성취도를 측정하는 것이 가장 흔한 방법이지만, 이는 일차원적이고 사회적 · 성적 · 인종적 편견을 무시한다는 비판을 면키 어렵다. 여기에서는 적정한 교육의 효과는 경영스타일과 조직풍토의 상호 작용이나 혼합으로 보고 있다. 경영스타일은 전문적 직무풍토에 영향을 주고, 양자는 지속적인 상호 작용관계, 상호의존적 관계를 가지면서 교육효과에 영향을 주고 있음을 나타내고 있다.

결국 교육적 효과(educational effectiveness)는 참여적 경영스타일과 만족스러운 조직풍토와 정비례적 관계에 있음을 알 수 있다.

4. 의사결정기구의 운영

일단 조직구성원들의 의사결정 참여방식이 결정되면 의사결정기구의 운영방식을 정하게 된다. 의사결정기구의 운영방식에는 집단의 합의, 집단 다수결에 의한 결정, 집단적 자문, 개인적 자문, 일방적 결정이 있다(W. K. Hoy & C. J. Tarter, 1995).

i) 집단 합의: 행정가는 의사결정에서 구성원들을 참여시키고 집단이 결정한다. 모든 집단 구성원들은 결정에 대해 평등하게 참여하여 전체 합의에 의해 결정한다. ii) 집단 다수결에 의한 결정: 행정가는 의사결정에서 구성원들을 참여시키며 다수결의 원칙에 의해서 의사결정을 내린다. iii) 집단 자문: 행정가는 전체 집단의 의견을 청취하며 제안을 토의하지만 결정을 내릴 때 구성원들의 요구를 반영할 수도 있고 반영하지 않을 수도 있다. iv) 개인적 자문: 행정가는 결정에 도움이 되는 전문성을 가진 구성원들의 개별적인 자문을 받지만 의사결정에서 이들의 의견을 반영할 수도 있고 반영하지 않을 수도 있다. v) 일방적인 결정: 행정가는 구성원들과의 협의나 참여 없이 의사결정을 내린다.

의사결정에서 행정가의 의사결정 집단을 이끄는 지도적인 역할이 매우 중요하다. 행정가의 역할은 통합자, 촉진자, 교육자, 청취자, 지시자로 구분된다. 행정가는 통합자로서 의사결정과정에서 표출되는 다양한 의견과 입장을 조정하여 구성원들의 합의를 도출한다. 촉진자로서 소수의 의견을 보호함으로써 개방적 의사소통을 촉진하며 민주적 과정을 통해 참여자들은 집단결정으로 이끈다. 교육자로서 의사결정상의 쟁점의 기회와 제한을 집단 구성원들과 함께 설명하고 토의함으로써 변화에 대한 저항을 줄인다. 청취자로서 전문성을 지닌 구성원의 조언을 청취한다. 의사결정의 질은 행정가가 적합한 정보를 산출할 때 향상된다. 지시자로서 구성원들이 어떠한 전문성이나 개인적 이해관계를 가지고 있지 않을 때 일방적인 결정을 내린다. 행정가의 각 역할의 기능과 목적은 〈표 3-1〉과 같다.

〈표 3-1〉 권력의 유형과 그 원천

역 할	기 능	목 적
통합자	다양한 입장의 통합	합의도출
촉진자	개방적인 토론 촉진	신중한 검토 지원
교육자	설명과 쟁점 토론	결정 사항의 수용
청취자	의견 청취	결정의 질 향상
지시자	일방적 결정	효율성

조직구성원들의 의사결정기구에 대한 참여방식은 구성원들의 참여유형에 따라 다음과 같이 달라진다. ⅰ) 조직구성원들이 조직의 목적에 성실하고 의사결정을 신뢰받을 수 있는 경우이다. 의사결정 집단이 최상의 결정을 내리고자 노력하게 된다. 이 때 조직구성원의 참여는 확대되며 의사결정 기구의 운영은 민주적으로 이루어진다. 행정가는 구성원들의 합의가 필수적인 경우에는 통합자로서 역할을 수행하게 되고, 집단 다수결로 결정할 경우에는 촉진자로서 역할을 수행한다. ⅱ) 구성원들의 조직의 목적에 성실하지 않는 갈등적인 의사결정 상황인 경우이다. 이 때 구성원들의 참여는 제한된다. 갈등적인 의사결정 상황에서 행정가는 교육자로서 역할을 수행한다. 그리고 의사결정 집단은 반대하는 사람들을 충고한다. ⅲ) 구성원들이 결정에서 개인적 이해관계만을 가지지만 어떤 전문성도 없는 이해관계 상황인 경우이다. 이 때 구성원들의 참여는 제한된다. 구성원들은 결과에 관심을 가지지만 결정을 내리는 데 필요한 지식은 거의 가지고 있지 않다. 이 상황에서 구성원들을 때때로 참여시키는 것은 이들의 저항을 줄이고 교육활동을 하기 위한 것이다. 만약 이들이 자주 참여하는데도 자신들의 희망사항이 충족되지 않는다면 불만이 커지게 된다. 행정가는 이 집단이 조직의 책임자에 대한 자문의 역할을 수행한다는 점을 인식시켜야 한다. 행정가의 역할은 결정하고 교육하는 것이다. ⅳ) 조직구성원들이 전문성은 가지지만 어떠한 개인적 이해관계가 없는 전문가 상황이다. 행정가들은 의사결정에 이들의 전문성을 활용하기 위해서 때때로 그리고 제한적으로 참여시킨다. 전문가가 모든 의사결정에서 협의되어야 한다는 생각을 할지 모르지만, 이들이 결과에 대해 개인적 이해관계를 가지고 있지 않다면 그들의 열정은 빠르게 약화되고 그 대신 불평하게 된다. ⅴ) 비협조적인 상황에서 교사들은 결정에 대한 이해관계나 전문성을 가지고 있지 않다. 이 경우에는 행정가들이 주도적으로 의사결정을 내리는 것이 효과적이다.

5. 단위학교 의사결정체제의 운영

우리나라의 초 · 중등학교에 설치된 학교운영위원회의 운영과 관련해서 단위학교의 의사결정방식에 대한 논의가 활발해지고 있다. 학교운영위원회는 학교행정가, 학부모, 교사, 지역사회 인사들이 참여하는 단위학교 의사결정기구이다. 단위학교에는 학교운영위원회를 비롯하여 교무회의, 학부모회 등 여러 가지 학교운영기구들이 존재한다. 이와 같은 단위학교의 의사결정기구에 대한 구성원들의 참여범위와 참여방식을 규정하는 것은 중요한 과제이다. 단위학교의 의사결정은 학교운영 주체들 간에 의사결정의 분업화, 의사결정의 고유 영역, 분권적 책임을 인정함으로써 효과적으로 운영될 수 있다(김성열, 1995).

첫째, 단위학교 의사결정체제는 의사결정의 분업화에 따라 이루어질 수 있다. 의사결정은 민주적 의사결정과 전문적 의사결정으로 구분된다. 민주적 의사결정은 구성원들이 집단적으로 원하는 집합적 선호에 관한 결정을 내려야 하는 경우에 사용될 수 있다. 전문적 의사결정은 결정해야 될 내용이 전문적 지식을 필요로 하는 사실적 문제일 경우에 채택되는 방식이다. 학교운영위원회에서는 학교운영 주체들 모두의 집합적인 선호에 관련된 사항을 결정할 수 있다. 예를 들면, 학생들이 착용하는 교복의 색상과 디자인에 대한 결정은 학교 구성원들의 집합적인 선호를 고려하기 때문에 학교운영위원회에서 다수결로 결정할 수 있다. 반면에 학교에서 가르치는 교육 내용 및 교수방법과 같은 전문적인 사항은 교사들의 전문적인 지식에 근거하여 결정될 수 있어야 한다.

둘째, 단위학교 의사결정체제는 학교의 각 구성원들의 고유한 의사결정 영역을 인정한다. 이는 학교행정가, 교사, 학부모, 학생들과 같은 학교 운영주체들이 주로 다룰 수 있는 고유한 의사결정 영역을 인정하는 것을 의미한다. 구체적 실례를 들면, 학교운영위원회는 학교 구성원 모두가 관련된 공통의 사항을 주로 다루며, 학부모회는 학부모들이 관심을 가지고 기여할 수 있는 사항을 주로 다룬다.

셋째, 단위학교 의사결정체제는 학교운영 주체들의 분권적 책임의식에서 운영된다. 학교의 다양한 구성원들은 학교운영에 대하여 상호 의존적이면서 또한 대립적이다. 학교구성 주체들이 집단의 이익을 무한정 주장할 때 학교는 분열된다. 이를 방지하기 위하여 학교구성 주체들이 각자 책임의식을 가져야 한다. 그러나 학교 구성원들 가운데 누구도 학교운영에 무한정 책임을 질 수는 없다. 따라서 학교구성 주체들은 각자의 지위와 역할에 따른 분권적 책임의식을 가지고 학교운영과정에 참여해야 한다.

6. 참여의 장애

경영이나 의사결정에 관계자의 참여가 효과적이라고 하지만 이를 실제에 적용하려고 하면 많은 장애가 있다는 것을 알게 된다. 이에 대해 케이스와 걸링(S. Keith & R. H. Girling, 1991: 43-45)은 다음과 같이 세 가지 기본적 장애, 즉 조직 측면의 장애, 경영 측면의 장애, 구성원들의 장애 등에 대해 살펴보고자 한다.

첫째, 조직 측면의 장애이다. 여기에는 철학적 장애와 구조적 장애의 두 범주가 있다. i) 철학적 장애는 최고 경영 집단과 지도자의 가치관과 관계가 있는 것이다. 효과적인 조직의 지도자는 개방적인 풍토를 조성하여 조직의 발전과 개선을 위해 직원들이 기여하도록 격려하고, 직원들은 경영자가 그들의 노력을 지원한다고 생각하면 그들은 정직한 잘못에 대한 위협이나 보복을 느끼지 않는다. ii) 구조적 장애란 참여를 벌하는 보상체제를 의미한다. 어떤 조직에서는 참여를 바라고 자기의 감정을 분명히 밝히는 사람들을 불평분자나 문제의 인물로 여겨 통제를 하고, 마치 상사의 행동에 대한 문제를 제기하는 문제아로 여겨 좋은 자리에 앉지는 않는다. 효과적인 참여를 저해하는 장애로는 시간상의 문제가 있다. 종업원으로서는 현재 진행하고 있는 업무를 그만 두지 않고는 문제를 깊이 생각하고, 전략을 연구하여 참여하기란 어려운 일이다. 의사결정에 타인을 관여시킨다는 것은 시간을 요한다. 보다 나은 결정을 하기 위해서는 부수적인 시간이 더 필요하다. 집단의 의사결정에 적절한 시간이 배당되지 않거나 정규시간 이후에 회의를 하면 효과적인 참여에 장애가 된다.

둘째, 경영 측면의 장애이다. 경영자가 경영방침을 보다 더 참여적 스타일로 바꾸기를 원하는 경우를 흔히 본다. 그러나 어떻게 시작해야 할지, 무엇부터 해야 할지를 모르는 경우가 많다. 여기에는 훈련의 부족과 불안감이라는 두 가지가 가장 흔한 장애가 된다. i) 훈련은 경영자와 종업원의 문제해결이나 목표설정과 같은 집단과정에서 협력하는 특수한 기술을 배우는 것이다. 적절한 훈련이 없으면 참여하는 척(pseudo-participation)만 하게 된다. 참여하는 척한다는 것은 권위도 없이 장식으로만 참여시키는 것을 말한다. 예를 들면, 교육장이 자신을 참여적 경영자로 간주하고 결정에 앞서 관내 교장들의 자문을 받기 위해 교장회의를 소집하되 애초에 자기가 결정하려는 의사에 하등의 변화가 없으면 교장들에게 좌절감만 안겨 주는 잘못된 참여가 될 수 있다. ii) 어떤 경영자들은 종업원들의 참여를 두려워하거나 불안하게 여기는데, 이것도 참여의 방법이 된다. 그들은 의사결정에 종업원을 참여시키면 권위가 침해당한다고 믿는다. 팀의 성취에 긍지를 갖는 대신 부하들이 우수한 업무를 수행하면 자신이 위협을 받는다고 생각한다. 그 결과 아주 사소하고 중요하지도 않은 일에만 부하를 참여시킨다. 그런가 하면 어떤 경영자들은 기회도 주지 않고 부하들이 능력이 없어 일을 못할 것이라고 불안해한다.

셋째, 구성원들의 장애이다. 학교의 경우 참여적 경영에 관해 교사들은 수업만 하기를 원하고 부차적 형태의 행정업무는 맡기는 싫어한다. 그들은 참여를 과중한 업무에 또 다른 업무를 더하는 것으로 여긴다. 또 하나의 장벽은 종업원들이 참여에 대한 전문적 능력이 없다고 생각하는 것이다. 만족스러운 결과에 대한 특별한 기술이나 지식이 없다면 참여할 필요가 없을 것이다. 비록 참여가 교사의 전문적 식견을 늘리고 직업생활을 풍부하게 한다고 하더라도 기본적인 전문적 훈련을 대치하지는 못한다.

제6절 의사결정의 제약요인

의사결정을 제약하는 요인들을 모두 기술한다는 것은 불가능하다. 하지만 의사결정을 연구하는 학자들은 합리적인 의사결정을 제약하는 요인으로 조직상의 상황적 제약과 인간의 심리적 제약으로 분류하여 살펴보면 다음과 같다(H. A. Simon, 1960).

첫째, 조직상의 상황적 제약을 들 수 있다. i) 지식의 불완전성이다. 합리적인 의사결정은 각 대안의 선택에 따르게 될 완벽한 지식을 필요로 한다. 그러나 인간은 자기가 처해 있는 상황에 대한 단편적인 지식밖에는 가지고 있지 못하며, 또한 인과관계에 대한 예리한 통찰력도 가지고 있지 못하다. 따라서 의사결정자는 실제적인 결정을 하는 데 있어서 그의 행동 목표에 가장 부합된다고 생각되는 단편적인 불완전한 지식을 토대로 하여 결정을 하게 된다. ii) 정보의 부족 및 불확실성이다. 문제의 인지, 대안의 탐색 및 분석에 필요한 정보가 충분하고 완벽한 경우는 매우 드물다. 정보가 부족하거나 불확실하면 의사결정의 합리성은 제약을 받을 수밖에 없다. 어떤 결정 상황 하에서 필요한 정보가 절대적으로 결여되어 있는 경우도 있고, 조직이 그러한 정보를 흐름과 활용을 규제하는 절차의 결함으로 조직이 기억하고 있는 정보를 제대로 이용할 수 없는 경우도 있을 수 있다(E. H. Schein, 1980). iii) 의사소통체제의 불비(不備)이다. 의사결정의 과정은 의사전달에 의하여 휩싸여 있다고 해도 과언이 아니다. 특히 문제의 인지를 가져오는 자극을 탐지할 때, 문제의 진단과 분석에 필요한 정보와 대안 탐색에 필요한 정보를 구할 때, 의사결정의 결과를 보고하고 전파시킬 때, 그리고 의사결정과정 자체의 진행을 통제할 때에는 반드시 의사소통이라는 과정에 의존하게 된다. 그런데 현실적으로 조직 내의 의사소통체제에는 여러 가지 장애요인이 내포되어 있는 것이 보통이다. 의사소통체제의 장애는 의사결정과정에 많은 지장을 준다. iv) 집권화와 권위주의적 결정이다. 의사결정이 계서제 상의 상층부에 집중되어 있으면 의사결정에서 참여자들이 제한을 받게 되므로, 목표의 설정, 문제의 인지, 대안의 탐색에 상당한 제약을 받게 된다. 아울러 상층부에 있는 소수자가 의사결정권을 권위주의적으로 통제하면 하위자들의 혁신적인 의견투입이 안될 뿐만 아니라 사실에 입각한 의사결정 과정이 이루어지기 어렵다. v) 기타 상황적 제약조건으로서 조직의 사회적·물리적 환경과 법적·사회적 체제이다. 조직의 사회적 또는 물리적 환경과 법적 또는 사회적 체제는 의사결정자의 결정행위가 그의 직무한계에 속하는 것인가를 검토하는 판단의 준거가 되기 때문에 다른 한편으로는 합리적인 의사결정을 제한할 가능성도 내포하고 있다고 보아야 한다. 예를 들면, 어떤 일을 결정짓는 데 있어서 법이나 규정 때문에 어떻게 할 도리가 없다고 한다든가, 상위자가 완고한 고집 때문에 안 된다든가, 혹은 어떤 정책을 결정하는 데 관련 집단의 압력 때문에 애로가 많다든가 하는 등등의 사유는 의사결정의 합리성을 저해하는 요인으로 볼 수 있다.

둘째, 인간의 심리적 제약이다. i) 의사결정자의 가치관: 사실상 한 인간의 주관적 가치판단은 의사결정에 있어서 중요한 역할을 하고 있다. 상반되는 정보자료가 제시되는 경우, 인간은 때때로 사실적인 근거에서가 아니라 당위적인 규범에서 그가 처음부터 선호하는 것을 택하고 다른 정보자료는 곡해하거나 아예 무시하는 경향이 있다. 이러한 인간의 심리현상은 합리적인 의사결정을 가로막는 저해요인이 된다. ii) 의사결정자의 인지: 의사결정자는 의사결정의 전체 배경 속에서 특정 요인이나 조건만을 선택하여 식별하는 경향이 있다. 그 결과 의사결정자들은 자기들이 분별하고 수용한 것만을 실제의 결정에 반영하는 제약성을 지니게 된다. iii) 사회적 규범과 관습: 의사결정을 하는 사람은 사회화과정을 통하여 그 사회의 문화를 소유한 존재이다. 사회적 규범과 관습은 의사결정자가 결정 대상의 문제를 인지하는 데 영향을 줄 뿐만 아니라 대안을 선택하는 과정에도 영향을 미친다. 따라서 의사결정자는 사회적 규범과 관습으로부터 벗어나는 쇄신적 결정을 하기가 곤란한 경우가 많다.

상기에서 살펴본 조직 상의 상황적 제약과 인간의 심리적 제약조건은 합리적이고 효과적인 의사결정을 제한하는 요인이 되는 동시에 의사결정자가 의사결정과정에서 고려하지 않을 수 없는 기본적인 조건이기도 하다. 따라서 의사결정에 작용하는 이러한 제약조건의 실태를 파악하여 비합리적 요소와 부당한 조건을 제거 혹은 개선할 수만 있다면 의사결정은 그만큼 발전하게 될 것이다.

제7절 집단의사결정

집단에서 이루어지는 의사결정은 일반적으로 효과적인 과정이다. 집단의 의사결정은 개인적 의사결정보다 시간이 더 요구되며, 참여는 토론과 논쟁을 가져오고 때로는 갈등을 일으킨다. 실제로 의사결정과정에 참여하는 사람이 증가되면, 의견의 조정이 중요하게 된다. 집단 의사결정은 속도와 능률성 측면에서 약점을 지닌다. 의사결정에의 참여는 집단에서 갈등을 낳을 수 있지만, 집단 문제해결의 성공은 자주 강한 응집력을 낳게 한다.

한편 집단의 단결이 강력할 때 이는 조직에서 발생하는 갈등만큼이나 위험할 수 있다. 집단의 강한 응집력은 집단 내의 획일성을 조장한다. 획일성은 집단 구성원들 간에 무비판적으로 동일한 생각을 초래할 수 있다. 조직 내에서 집단 구성원들 간에 획일적인 사고가 지배적일 때 집단 구성원들은 그들의 조직이 잘못될 수 없다는 맹목적 집단사고의 문제를 나타낸다.

그리고 조직에서는 공식적인 집단과 비공식적인 집단을 통한 많은 의사결정을 하고 있다. 집단의사결정의 유익성과 불이익성을 소개하고 이어서 집단사고를 조장하는 여건을 소개하면 다음과 같다(박수연, 박정애, 2000).

첫째, 집단의사결정의 유익성을 들 수 있다. i) 다양한 기술, 지식, 기술 및 특기의 이용: 집단이 의사결정을 할 때 구성원들이 소유한 다양한 기술, 지식, 특기들이 연기된다. 집단 구성원들은 각기 다른 견해를 가지고 있으며, 이러한 다양한 견해를 집단의 발전을 위하여 사용할 수 있다. 이에 반해 집단 구성원의 다양성은 집단 구성원으로 하여금 서로 화합하여 어울리는 것을 어렵게 한다. ii) 기억력의 강화: 집단결정은 사실에 대하여 집단 구성원들이 기억하는 능력이 개개인의 기억보다 우수하고 강화되어 있다. iii) 오류발견 및 수정의 가능성: 의사결정자들은 경력에 관계없이 모두 실수를 하게 마련이다. 집단의사결정에서는 오류 발견 및 수정의 가능성이 높다. iv) 결정 수용성의 증대: 수행될 결정에 대하여 조직구성원들이 결정을 받아들이는 것이 필요하다. 고용인이 의사결정에 참여하고, 행정가가 혼자서 의사결정에 독주하지 않을 때 결정사항의 수용성은 증대한다.

둘째, 집단의사결정의 불이익성이다(I. L. Janis, 1989). 집단의 의사결정은 개별적인 의사결정보다 장시간이 걸리며, 응집력이 있는 집단의 경우에는 윤리성과 도덕성을 무시하고 조직 자체의 이익을 추구하기가 쉬우며, 불량한 결정을 하기가 쉽다. 불량한 결정의 구체적 실례를 들면, 미국의 닉슨 대통령이 차기 대통령 선거에서 재선하게 하기 위하여 여당인 공화당의 선거 참모들이 워터게이트 호텔(Watergate Hotel)에 본부를 둔 민주당의 선거 전략을 도청한 사건이 있었다. 공화당의 도청 사건은 비윤리적인 집단사고에 의하여 나타난 사태로 규정되었고, 닉슨 대통령이 승리를 하였으나 결국에는 하야하게 되었다.

셋째, 집단의 사고를 조장하는 여건은 다음과 같다(I. L. Janis, 1989). 집단사고를 조장하는 가장 중요한 조건은 집단의 내부 정책결정자들이 조직 내의 다른 사람들과 직접적인 접촉이 단절되었을 때이다. 지도자가 편견에 치우쳐 있고 카리스마적일 때 조직구성원들의 동의를 추구한다. 이때 구성원들은 지도자의 선호를 따르려고 추종한다. 더욱이 조직구성원들의 사회적 배경과 이념의 동질성과 체계적인 분석을 요구하는 규범이 결여될 때 집단사고는 조장된다. 이와 같이 상황은 집단사고를 조장할 수 있다. 외적 위협으로부터의 높은 스트레스는 집단으로 하여금 무비판적인 합의를 밀어붙이게 한다. 조직의 실패로 인한 집단의 낮은 자기 존중, 과다한 난제, 도덕적 딜레마는 집단사고를 조장한다. 이러한 모든 선행 여건들은 동일한 사고를 추구하는 경향을 증진시킨다. 이러한 여건들은 집단의 과대평가, 폐쇄된 사고, 만장일치에 대한 압력 등을 가져오게 되어 집단사고를 낳는다. 집단사고는 실패할 가능성이 높은 질 낮은 의사결정을 가져오게 된다.

상기에서 의사결정에 대한 다양한 이론들을 살펴보았다. 우리나라 학교행정 측면에 의사결정이론을 적용해서 생각해볼 때, 한마디로 학교행정에 나타난 의사소통체계는 중앙집권적으로 볼 수 있다. 오늘날 민주화, 자율화 및 지방분권화의 요구에 따라 교육자치제가 정착되고 활성화됨에 따라 이와 같은 중앙집권적 의사결정과 정책결정을 어떻게 점차적으로 완화시키고 분권화해야 할 것인가가 앞으로의 우선적 과제로 볼 수 있다. 교장의 결정권을 교육장이, 교육장의 결정권을 교육감이, 교육감의 결정권을 교육인적자원부장관이 행사하거나 감독, 지시하여 의사결정권의 자율성과 폭을 제한하고 있는 이와 같은 의사결정권의 집중화현상은 '위에서 아래로(from the top to down)'의 권위주의적 관료적 행정을 보편화하는가 하면, 한편으로 책임회피의 수단으로 이용되기도 하여 무사 안일한 조직행위를 조장하기도 한다.

이와 같은 현상은 단위 학교행정에서도 보편화되어 있는 실정이다. 학교에서의 의사결정은 학교장에게만 귀속되는 집중현상을 보이고 있다. 따라서 교육인적자원부, 광역 및 지역교육청, 학교라는 상·하위체제 간의 의사결정의 분업화를 어떻게 조정하고 자율적인 의사결정권을 어떻게 보장하느냐 하는 문제는 시급히 해결되어야 할 과제임에 틀림없다.

학교에서 의사결정에 대한 참여가 효과적이려면 적어도 다음과 같은 조건이 만족되어야 할 것이다(남정걸, 1998). i) 참여는 사소한 문제가 아니라 본질적인 문제라야 한다. ii) 학교행정가 및 교사의 시간을 너무 많이 빼앗아서는 안 된다. iii) 학교나 교직원들이 통제할 수 있는 문제에만 참여시켜야 한다. iv) 교직원은 참여를 원해야 하고 성심성의를 다해서 기여하고자 하여야 한다. v) 학교행정가는 교직원이 의사결정에 참여하는 데 성의를 다해야 한다. vi) 교직원은 학교행정가에게 의미 있고 유용한 아이디어를 제시할 능력이 필요하다. vii) 학교행정가는 교직원이 당면 문제에 대한 적절한 의견을 제시하는 데 필요한 정보라면 무엇이나 이용할 수 있도록 하여야 한다.

참고문헌

김성열(1995). 학교운영위원회의 설치와 단위학교 의사결정체계의 재구성. **교육행정학 연구**, 제13권 제4호.

김종철(1999). **교육행정의 이론과 실제**. 서울: 교육과학사.

남정걸(1998). **교육조직론**. 서울: 교육과학사.

남정걸(2004). **교육행정 및 교육경영**. 서울: 교육과학사.

박병량, 주철안(1999). **학교, 학급경영론**. 서울: 학지사.

박성식(1998). **교육행정관리론**. 서울: 학지사.

박수연, 박정애(2000). **교육조직론**. 서울: 교육과학사.

윤종건(1999). **21세기의 학교조직 경영론**. 서울: 원미사.

이군현(1999). **교육행정 및 경영-조직이론적 접근-**. 서울: 형설출판사.

이상기, 옥장흠(2000). **교육행정 및 교육경영**. 서울: 형설출판사.

주삼환, 천세영, 명제창, 신붕섭, 이석열, 이명주(2000). **교육행정 및 교육경영**. 서울: 학지사.

한국교육행정학회(1995). **교육조직론**. 서울: 도서출판 하우.

Anderson, Joseph A.(1992). "Weirder than fiction: The Reality and Myths of Creativity". *Academy of Management Executive*, 40.

Barnard, Chester I.(1978). *The Functions of the Executive. Cambridge*. MA: Harvard University Press.

Campbell, R. F., Corbally, J. E., & Nystrand, R. O.(1983). *Introduction to Educational Administration*(6th ed.). Boston: Allyn and Bacon, Inc.

Cohen, M. D., & March, J. G.(1974). *Leadership and Ambiguity: The American College President*. New York: McGraw-Hill Book Company.

Dill, William R.(1964). "Decision Making". *Behavioral Science and Educational Administration*. NESS, 201.

Drucker, Peter F.(1993). *Management: Tasks, Responsibilities, Practice*. New York: Harper Collins.

Estler, Suzanne E.(1988). Decision Making. in Norman J. Boyan(Ed.). *Handbook of Research on Educational Administration*. New York: Longman Inc.

Etzioni, A.(1989). "Humble Decision Making". *Harvard Business Review, 67*.

Gregg, R. T.(1957). "The Administrative Process." In R. F. Campbell and R. T. Gregg(Eds), *Administrative Behavior in Education*. New York: Harper & Brothers.

Griffiths, Daniel E.(1959). *Administrative Theory*. New York: Appleton-Century-Crofts, Inc.

Hoy, Wayne K., & Miskel, Cecil G.(1991). *Educational Administration: Theory, Research and Practice*(4th ed.). New York: McGraw-Hill, Inc.

Hoy, Wayne K., & Miskel, Cecil G.(1996). *Educational Administration: Theory, Research and Practice*(5th ed.). New York: Random House.

Hoy, W. K., & Tarter, C. J.(1995). *Administrator Solving the Problems of Practice: Decision Making Concepts, Cases, and Consequences*. Boston: Allyn & Bacon.

Janis, I. L.(1989). *Groupthink*. Boston: Houghton Mifflin.

Keichel, Walter(1993). "How We will Work in the Year 2000". *Fortune*. May. 17, 38-52.

Keith, Sherry & Girling, Robert H.(1991). *Education, Management, and Participation: New Directions in Educational Administration*. Boston: allyn and Bacon.

Lindblom, Chales E.(1965). *The Intelligence of Democracy: Decision Making Through Mutual Adjustment*. New York: The Free Press.

Luthans, Fred(1995). *Organizational Behavior*(7th ed.). Singapore: McGraw-Hill International Editions.

Mintzberg, Henry(1990). *The Nature of Managerial*. New York: Harper Collins.

Owens, Robert G.(1970). *Organizational Behavior in School*. Englewood Cliffs, New Jersey: Prentice-Hall, Inc.

Owens, Robert G.(1995). *Organizational Behavior in Education*(5th ed.). Needham Heights, MA: Allyn and Bacon.

Schein, E. H.(1980). *Organizational Psychology*(3rd ed.). Englewood Cliffs, New Jersey: Prentice-Hall Inc.

Simon, Herbert A.(1945). *Administrative Behavior*. New York: The Macmillan Co.

Simon, Herbert A.(1960). *The New Science of Management Decision*. New York: Harper and Row.

Straus, G.(1963). "Some Notes on Power-Equalization". In H. Leavitt(Ed.), *The Social Science of Organizations: Four Perspective*. Englewood Cliffs, New Jersey: Prentice-Hall.

Tannenbaum, Arnold S.(1966). *Social Psychology of the Work Organization*. London: Tavistock Publication.

Taylor, W.(1990). "The Business of Innovation". *Harvard Business Review*. March-April, 97.

Vroom, Victor H., & Jago, Artlun G.(1988). *The Leadership: Managing Participation in Organizations*. Englewood Cliffs, New Jersey: Prentice-Hall.

Wildavsky, Aaron(1966). "The Political Economy of Efficiency: Cost-Benefit Analysis Systems and Program Budgeting". *Public Administration Review, 264*(Dec.), 292-310.

제4장 동기유발

조직의 구성원이 조직 속에서 성실하게 일하도록 조장하는 행위는 학교행정가가 가장 관심을 가지고 해야 할 일들 가운데 하나이다. 이를 위해서 행정가들은 때로 작업환경을 개선해 주기도 하고 혹은 구성원들을 직접적으로 자극시키는 가치 있는 것을 제시해 주기도 한다. 학교행정가가 이렇게 조직의 구성원들이 열심히 일하도록 돕는 일련의 내용이나 과정을 우리는 동기 혹은 동기부여라고 한다.

따라서 본 장에서는 동기의 개념, 동기의 구성요소, 동기유발 이론의 종류, 동기이론의 통합모형, 학교조직에서의 교직원들의 동기유발, 동기이론의 시사점 등에 대해서 고찰하기로 한다.

제1절 동기의 개념

행정가는 조직의 목적을 효과적으로 성취하기 위하여 구성원이 적절한 행동을 하도록 유도해야 한다. 그리고 구성원이 취하는 행동의 원인을 정확하게 이해하고, 개인적으로 추구하는 목적과 조직이 추구하는 목적을 조화시키고, 인간의 동기체계를 이해하여야 한다.

원래 동기의 어원은 라틴어 'movere'와 영어의 'move'에서 기원하였으며, 학자에 따라 정의를 달리하고 있다.

i) 빈에이크(W. E. Vinacke, 1962)는 '동기란 개인이 수행하고 있는 행동의 강도, 질 및 방향의 변화를 결정하는 조건'이라고 정의했다. ii) 머레이(Edward J. Murray, 1965)는 '동기란 타인의 행동을 유발하고 방향을 주며 통합시키는 내적 요인'이라 했다. iii) 스티어즈와 포터(R. M. Steers & A. W. Porter, 1970)는 "동기는 인간의 행동을 활성화시키고, 지시하고, 유지시키는 세 가지 요소들로 구성되어 있다."라고 했다. 이들 학자들이 동기에 대해 주로 행동을 유발케 하는 개인의 내적 조건 또는 요인에 초점을 맞춘 데 비하여 다른 학자들은 개인의 행동을 유발케 하는 일련의 동기화 과정에 비중을 두고 정의하고 있다. 구체적으로 iv) 브룸(Victor H. Vroom, 1964)은 동기를 '다양한 형태의 자발적인 활동들 가운데 개인적인 선택을 통제하는 과정'으로 보았으며, v) 미들미스트와 히트(D. R. Middlemist & M. A. Hitt, 1988)는 '동기란 개인 내부의 어떤 힘에 의해서 행동하게 하며, 구체적인 목표의 달성을 향한 개인적인 노력을 의도적인 방향으로 주는 과정'이라고 하였다. vi) 마이너(J. B. Miner, 1988)는 '동기란 개인이 어떤 행동을 하도록 자극하고, 그 행동이 전체적으로 조직의 목표를 성취하는 데 이익이 되도록 통로화시키는 과정'이라 하였다. vii) 존스(Gary Johns, 1970)는 '동기란 인간이 일을 열심히 하고, 자신의 일을 지속하고, 자신의 행동이 적절한 목표를 지향하도록 지시하는 것의 세 가지를 의미 한다.'라고 했다. viii) 캠벨(John P. Campbell et al., 1970) 등은 "동기란 행동의 방향, 반응의 강도, 행동의 지속을 내포하고 있다."라고 하였다.

상기에서 동기에 대한 여러 학자들의 견해를 종합하면, 동기는 개인의 욕구와 동기의 내용에 초점을 두는 입장과 동기부여의 심리적 과정을 강조하는 입장 등 크게 두 가지로 나누어져 있다. 따라서 동기는 인간 행동의 활성화, 방향 제시, 유지 등 세 가지 기본적인 요소를 포함하고 있다. 활성화하는 힘은 개인의 내부에 존재하며, 개인이 어떠한 형태로 행동하도록 안내한다. 동기는 행동의 방향도 제시하고 있다. 다시 말하면, 그것은 목표지향을 제시한다. 그러므로 행동을 유지시키고 지속시키기 위해서 주위 환경은 개인적 추진력의 강도와 방향을 강화하여야 할 것이다.

제2절 동기의 구성요소

동기는 욕구, 충동 및 유인물로 구성이 된다. 조직구성원이 욕구를 가질 때 유인물을 성취하여 충동을 발생하게 한다. 욕구, 유인물과 충동은 상호작용을 하는 동시에 상호 의존적이다. 욕구는 심리적 불균형과 육체적 불균형이 존재할 때 발생한다. 강력한 욕구를 갖는 조직구성원은 지속적인 성장을 한다. 충동은 욕구를 완화하는 작용을 하며, 충동으로 변환 충족하려는 방향을 갖는 결핍한 상태이다. 음식에 대한 욕구는 배고픔 충동과 갈증 충동으로 변환이 되고, 친구에 대한 욕구는 소속감 충동이 된다. 유인물은 욕구를 감소하고 충동을 감소하는 것으로 정의된다. 유인물을 획득하면 심리적 균형과 육체적 균형이 발생하고 충동이 감소하게 된다. 음식물을 취하게 되면 육체적 균형이 회복되고 충동이 감소한다(Fred Luthans, 1998, 161). 루탠스(F. Luthans)에 의하면, 동기를 구성하는 요소는 욕구, 충동, 유인물의 상호작용의 결과이다.

루탠스에 따른 동기유발의 종류와 동기의 구성요소는 〈표 4-1〉과 같다.

루탠스는 동기를 구성하는 요소는 욕구, 충동 및 유인물의 상호작용의 결과라고 보는 것에 비하여 조지와 존스(J. M. George & G. R. Jones, 1998)는 작업동기(work motivation)는 조직 내에서의 조직구성원 행동 방향, 개인의 노력 수준, 장애물에 부딪치게 될 경우의 지구력 정도 등을 결정하도록 하는 개개인에게 내재하는 심리적인 힘을 의미한다. 동기는 조직구성원의 행동방향, 노력, 지구력으로 구성된다.

여기서는 조지와 존스의 동기 구성요소를 고찰하면 다음과 같다. 즉 작업동기를

〈표 4-1〉 루탠스(F. Luthans)의 동기유발 종류와 동기의 구성요소

구분	정의	보기
욕 구	심리적 불균형과 육체적 불균형이 존재함으로 발생한다.	음식에 대한 필요 교육에 대한 필요
유인물	욕구를 감소시키고 충동을 감소시키는 요소이다.	음식물을 섭취함 교육을 받음
충 동	진행방향을 갖는 심리적 결핍상태와 육체적 결핍상태를 의미한다.	배고픔 충동 갈증충동 교육을 받으려는 충동

구성하는 요소는 조직구성원의 행동 방향, 조직구성원의 노력 정도 및 지속성의 정도이다(박수연, 박정애, 2000).

첫째, 조직구성원의 행동 방향이다. 동기는 조직구성원이 일을 실제로 수행할 수 있는 많은 잠재적인 행동을 의미한다. 기술자가 생산비용을 감축하기 위하여 새로운 디자인으로 전환하기를 요구하면서 이에 대하여 쉽게 동의하지 않는 상사인 감독자를 납득시키려고 노력과 시간을 투자하는 것, 교육행정가가 교육프로그램의 개발을 위하여 근무시간 이후에도 집에 가지고 가서 작업을 하는 것 또는 자신의 승진을 위하여 근무 후에 일을 하는 것, 교사가 동료교사들을 모아 놓고 에어로빅 강습을 하는 것 등은 자신들이 성취하고자 하는 것을 위하여 수행하는 행동들이다. 조직구성원들의 행동은 조직 전체의 목표를 달성하도록 돕는 기능적인 역할을 하기도 하고, 조직 전체의 목표를 성취하는 것에서부터 멀어지는 역기능적인 역할을 한다. 교육행정가들은 조직구성원들의 행동이 조직 전체에 대하여 기능적으로 작용할 때 동기화되었다고 판단한다. 이를 위하여 조직구성원들이 제 시간에 출근하고, 행정가와 상의하여 과업을 수행하기를 바라고, 아이디어를 창출하도록 동기를 부여하기를 희망한다.

둘째, 조직구성원의 노력 정도이다. 조직구성원들이 목표를 달성하기 위하여 기능적인 행동을 하도록 동기를 부여하는 것 외에 조직구성원들은 목표를 달성하기 위하여 노력을 부여하여야 한다. 조직구성원들은 교육행정가를 설득하기 위하여 노력을 하는 정도는 단지 일상적인 대화에서 구두로 언급을 하는 경우와 목표를 달성하기 위한 일반적인 항목과 새로운 항목을 보고서로 작성하여 보고를 하는 경우로 구분할 수 있다. 조직구성원들이 일반적인 노력을 하는 경우와 특별한 노력을 하는 경우로 구분할 수 있다.

셋째, 지속성의 정도이다. 이것은 조직구성원들이 목표를 달성하기 위하여 투입하는 노력을 얼마나 지속하는가를 의미한다. 학교행정가가 교사가 제안한 사항이 불필요하고 시간 낭비가 될 것이라고 수용하는 경우에 해당 조직구성원은 변화를 위한 노력을 지속적으로 할 것인가 아니면 포기할 것인가를 결정하여 노력을 들이는 정도를 결정하여야 한다. 시청각 교실의 기구가 고장이 난 경우 '교사는 수업을 중간에 그만두고 다른 사람이 고칠 때까지 잠잠하게 기다릴 것인가? 교사가 스스로 고칠 것인가? 다른 직원에게 문제에 대하여 의논을 할 것인가?'를 결정하여 교사의 노력 투입의 지속성 정도를 결정하여야 한다. 다른 사람이 고칠 때까지 기다리는 경우는 가장 작은 노력이 투입되어 지속성이 작은 경우의 상황이며 지속성이 짧은 경우이다. 다른 직원에게 문제에 대하여 의논을 하는 것은 많은 노력을 투입하여 지속성을 확대하는 경우이다.

위의 내용을 정리하면 〈표 4-2〉와 같다.

〈표 4-2〉 J. M. George & G. R. Jones의 동기의 종류와 구성요소

구분	동기의 요소	
	정의	보기
행동 방향	조직 내에서 조직 구성원이 일을 하기 위하여 어떤 행동을 하는가?	'정보 및 지식기반사회에 대처하는 학생 양성' 목표를 달성하기 위하여 교육과정의 변화 필요성을 학교 내 전 교사에게 인지시키기 위하여 행정가는 시간과 노력을 투입하는가?
노 력	일을 얼마나 열심히 하는가?	교과서 자체의 내용이 수록하지 않은 문제에 대한 보충을 교사가 작성하여 보완하는가?
지 구 력	장애물을 만날 경우 개인이 선택한 행동을 성공적으로 수행하기 위하여 얼마나 열심히 노력하는가?	교장이 교사의 의견에 반대하고 교육과정을 변화하는 것이 시간 낭비이고 비효과적이라고 할 때 교사는 변화의 필요성을 믿으면서도 변화하려는 노력을 포기하는가?

제3절 동기유발 이론의 종류

조직의 관리자는 조직구성원의 개인적 욕구와 조직의 목표를 파악하여 구성원들이 조직의 목표 달성을 위한 업무 수행에 헌신할 수 있도록 적절한 동기를 부여하는 방법에 대해 일찍부터 관심을 가져 왔다. 동기이론들이 실제조직에서 현실적으로 구체화된 것은 20세기 들어 동기에 대한 심리학적 · 관리적 연구가 진행되면서부터이다. 초창기의 동기이론들(1910~1960)은 개인과 그 개인이 처한 상황에 초점을 맞추고 그와 관계된 변인들의 탐색을 통해 개인의 행동을 설명하려는, 곧 조직구성원을 동기 부여시킬 수 있는 처방적인 모델이나 방법들로 구성되는 내용이라는 범주 속에서 포함되는 이론들이었다(Andrew D. Szilargyi, Jr. & Marc J. Wallace, Jr., 1990: 92).

조직의 경영관리 측면에 동기를 최초로 체계화한 테일러(Frederick Taylor)는 그의 과학적 관리론(scientific management)을 통해 조직구성원의 작업 능률을 극대화하기 위한 동기부여 방법을 제시했다. 테일러는 과업의 세분화, 그리고 업무 성적에 따른 성과급 등을 지급함으로써 조직구성원들을 동기화시킬 수 있다고 보았다. 그리고 일단 동기부여가 잘된 구성원들은 조직의 목표를 효율적으로 달성하는 데 기여하게 된다는 것이다.

한편 인간관계론의 시기에는 동기에 대한 관심을 과학적 관리론에서의 물질적 보상으로부터 조직구성원과의 인간적인 관계와 의사소통에 주어지게 된다. 인간관계론자들은 구성원을 동기화시키고자 할 때 요구되는 조직 관리자의 행위는 조직구성원을 의사결정 과정에 포함시키고 그들의 의사를 존중하며 건전한 의사소통 관계를 확립하는 것이라고 주장한다.

1940년대 후반에 들어 조직의 경영 · 관리에 행동이론적 접근이 대두되면서 과거의 과학적 관리론이나 인간관계론의 시기에서보다도 더 세련된 동기에 대한 행동과학적인 접근이 대두되기 시작하였다. 인간의 동기에 대한 심리학적 접근이 주류를 이루었던 1950년대의 동기이론들은 인간이 어떤 행동을 유발하도록 만드는 것이 무엇인가에 대해서 관심을 갖는 이론을 말한다. 이 이론들을 통칭해서 동기의 내용이론이라고 하며, 여기에는 매슬로(Maslow)의 욕구계층이론, 허즈버그(Herzberg)의 동기-위생이론, 앨더퍼(Alderfer)의 존재-관계-성장이론, 맥그리거(McGregor)의 X-Y이론, 아지리스(Argyris)의 성숙-미성숙이론 등이 있다. 1960년대에 들어 종래의 내용이론들과는 다른 동기이론들이 등장하기 시작하였다. 이것을 동기의 과정이론이라 하는데, 다시 말하면, 먼저 행동을 설명하기 위해 필요한 변인들을 정의하고 그 주요 변인들이 상호작용하여 결과적 행동(일에 대한 열의, 직무 만족 등)에 어떻게 영향을 주는지를 분석하는 것이다. 이에 속하는 대표적인 이론으로는 브룸(Vroom)의 기대이론, 포터와 로울러(Porter & Lawler)의 기대이론, 스미스와 크래니(Smith & Cranny)의 삼각이론, 아담스(Adams)의 공정성이론, 에드윈 로크(Edwin Locke)의 목표설정이론, 직무특성이론, 귀인이론 등이 있다.

1. 동기의 내용이론

1) 매슬로의 욕구계층이론

인본주의 심리학의 시조로 불리는 매슬로(A. H. Maslow, 1954)는 동기를 이해하는 데 유용하다고 판명된 인간의 욕구계층이론(Need Hierarchy Theory)을 발전시켰다. 또한 그는 『동기와 인성』(Motivation and Personality, 1954)과 『우정신학적 관리』(Eupsychian Management, 1965)를 통해 인간의 동기를 이해하는 데 긴요한 인간의 욕구계층을 주요 내용으로 하는 이론을 제시하였다. 매슬로(1954: 80)의 욕구계층이론은 많은 관찰과 실험연구를 토대로 하고, 여러 유파의 심리학적 연구를 종합하였기 때문에 역동적 통합이론(a holistic-dynamic theory)이라고 불렀으며, 생태적 내지 내재적 욕구에 주안점을 두어 인간의 보편적 욕구를 분류하여 그 상호 관계를 설명하였다. 이 이론은 인간의 욕구에 관련된 몇 가지 기본 가정을 전제로 인간에게 동기를 부여하기 위한 욕구의 종류와 내용을 밝히고 있다.

매슬로(1954)가 제시한 욕구계층이론의 기본 가정은 다음과 같다.

i) 인간은 부족한 존재(wanting being)이다. 따라서 인간은 항상 무엇을 원하고 있으며, 또 더 원하게 된다. 대체로 인간은 그가 원하는 욕구를 충족하게 되면 새로운 욕구를 충족시키기 위하여 노력한다. 이러한 과정은 끊임없이 계속된다.

ii) 이미 충족된 욕구는 더 이상 인간의 욕구를 유발하지 못한다. 충족되지 못한 욕구만이 행동을 유발하는 동기가 된다. 예를 들어 일단 배가 부르게 되면 다시 배가 고파질 때까지 먹기 위한 행동이 나타나지 않는다.

iii) 인간의 욕구는 일련의 단계(a series of levels) 또는 중요성에 따라 위계적으로 배열할 수 있다. 하위단계의 욕구가 충족되면 다음 단계의 욕구가 나타나게 되고, 뒤이어 이 욕구를 충족시키기 위한 행동이 유발된다.

이러한 세 가지의 인간 욕구에 관한 기본 가정을 토대로 매슬로(A. H. Maslow, 1970)는 『동기와 인성』에서 인간의 기본적인 욕구를 계층으로 분류하여 설명하였다. 즉 인간의 가장 기본적인 욕구를 1수준으로 하고 가장 잠재된 욕구를 5수준으로 하여 욕구를 저 수준에서 고 수준으로 분류하였다. 각 단계별 욕구의 의의와 특성을 살펴보면 [그림 4-1]과 같다.

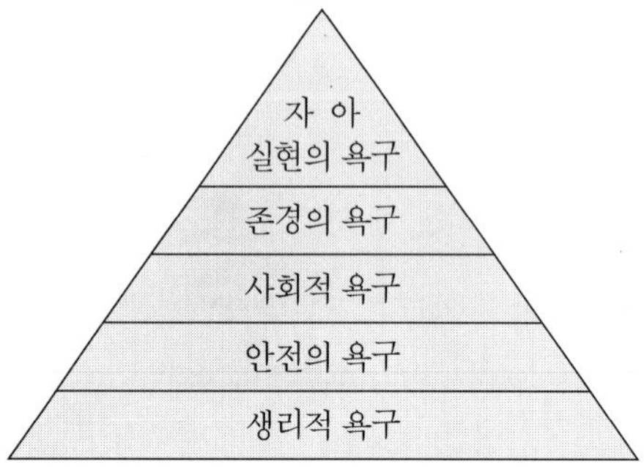

[그림 4-1] A. H. Maslow의 욕구계층 모형

매슬로가 제시한 다섯 가지의 욕구를 상술하면 다음과 같다.

i) 1수준의 욕구(생리적 욕구; physiological needs): 이는 욕구 단계상 출발점이 되며 인간이 생명을 유지하기 위한 가장 기본적인 욕구이다. 생리적 욕구의 대상은 인간이 의식적 또는 무의식적으로 행하는 신체적 · 물질적 욕망의 작용과 직접 관련이 있는 것이다. 예를 들면, 호흡 · 음식 · 배설 · 성 · 휴식 등이 여기에 포함된다. 여기서 생리적 욕구는 몇 가지 특성이 있다. 생리적 욕구와 관련된 내용들은 대개 상호 독립적이고 대부분 육체의 일정한 부위와 관련이 있으며, 그리고 풍요한 문화권에서 동기부여의 요인으로는 부적절하다. 또한 생리적 욕구는 비교적 단기간 내에 반복적으로 충족시켜 주지 않으면 안 된다는 것이다. 우리가 일상생활에서 경험하듯이 생리적 욕구의 좌절은 다른 욕구의 경우보다 쉽게 발생하지만, 그 충족 또한 비교적 용이한 편이다.

ii) 2수준의 욕구(안전의 욕구; safety needs): 이 욕구는 생리적 욕구가 충족된 후에 인간이 추구하게 되는 욕구로서 정신적 · 육체적 안정을 얻고 싶어 하는 욕구이다. 예를 들면, 신체적 위협으로부터의 보호 · 경제적 안정 · 직장의 안정성 추구 등이 여기에 포함된다. 안전의 욕구는 특히 인간의 조직생활과 관련하여 조직구성원이 직장의 안정성과 작업환경의 안전 등을 추구하는 것과 밀접한 관계가 있다.

iii) 3수준의 욕구(소속 및 애정의 욕구; belongingness and love needs): 생리적 욕구와 안전의 욕구가 충족되면 사회적 욕구가 인간 행동의 중요한 동기유발의 요인으로 등장하게 된다. 인간은 누구나 동료집단에 소속되기를 원하고 그 가운데서 인간관계를 형성하여 살아가기를 원한다. 예를 들면, 조직 속에서 구성원들은 공식 또는 비공식적 집단에 소속되어 동료애와 우정을 나누고 싶어 한다.

iv) 4수준의 욕구(존경의 욕구; esteem needs): 이 욕구는 타인으로부터 존경받고 높은 평가를 받고자 하는 욕구이다. 예를 들면, 동료나 친구로부터 부러움을 사고 싶거나 사회적으로 존경받고 싶어 하는 욕구가 모두 여기에 해당된다.

v) 5수준의 욕구(자아실현의 욕구; self-actualization needs): 이 욕구는 매슬로의 욕구계층 가운데 최상위를 차지하고 있는 자기다워지려는 욕구이다. 매슬로는 자아실현의 욕구를 인간이 될 수 있는 가능한 모든 것이 되어 보려는 욕망이라고 정의했다. 이 욕구는 자신의 잠재력을 인식하고 자아 충족적이며 계속적인 자아발전 및 창조적이 되고자 하는 욕구와 연결되어 있다. 자아실현의 욕구가 강한 사람은 어렵지만 실현 가능한 목표를 세워 이의 달성을 위해 도전적이면서도 진취적인 활동을 하는 사람이다. 따라서 자아실현의 욕구가 강한 사람은 성취의 욕구 또는 강한 사람이라고 볼 수 있다. 그리고 환경에 제약에 대하여 굴복하지 않고 능동적으로 일을 처리하여 자신의 능력의 한계에 도전하려는 욕구가 강하고 자신의 능력을 검증 받기를 원하는 사람이다. 자아실현의 욕구는 사람에 따라서 상대적이기 때문에 사회적으로 존경받고 성공한 직업 종사자라고 해서 모두 자아를 실현한 사람이라고 평할 수는 없다. 어느 누구이건 자기가 맡은 역할을 충실히 수행하고, 행복하다고 생각하며 도전적이고 창의적인 직업의식을 가졌다면 자아실현의 욕구를 가진 사람이라고 할 수 있다. 매슬로에 따르면 한 사회의 약 10%만 자아실현의 욕구를 충족시킨다고 하였다.

이러한 욕구계층이론을 조직의 실제에 적용할 때 유의할 사항은 다음과 같다(권기욱 외, 2000). i) 만족된 욕구는 동기자로서 가치를 갖지 못한다. 어떤 욕구가 만족된 경우에는 다른 욕구가 동기자로서 역할을 한다. 인간을 동기화할 수 있는 것은 충족되지 않은 욕구이다. ii) 욕구계층이론은 인간의 동기화를 이해하는 데 매우 유용하다. 그러나 인간은 너무 다양한 욕구를 갖고 있기 때문에 이 이론을 조직의 실제에 적용하는 것은 간단하지 않다. iii) 인간이 동기화되는 욕구를 충족시키는 데에는 다양한 방법이 있으나, 낮은 계층의 욕구를 충족시키는 방법은 상대적으로 적다. iv) 욕구계층에서 높은 계층의 욕구를 충족시키는 데에는 다양한 방법이 있으나, 낮은 계층의 욕구를 충족시키는 방법은 상대적으로 적다. v) 욕구계층이론은 너무 엄정하게 해석해서는 안 된다. 대부분의 사람들은 기본적으로 욕구계층이론의 욕구구조와 같은 것을 가지고 있되 예외를 인정하여야 한다.

매슬로의 욕구계층이론은 동기유발 이론에서 많은 기여를 했지만 비판도 상당히 제기되었다. 이를 살펴보면 다음과 같다. i) 욕구계층론은 하나의 경직된 구조로 표현되어 있으나 실제로 개별 욕구위계는 명확하게 나누기 어렵고 서로 중복되는 경향이 있다. 데이비스(Keith Davis, 1967)는 인간의 욕구가 상호 작용적으로 존재한다는 것을 [그림 4-2]와 같이 제시하고 있다.

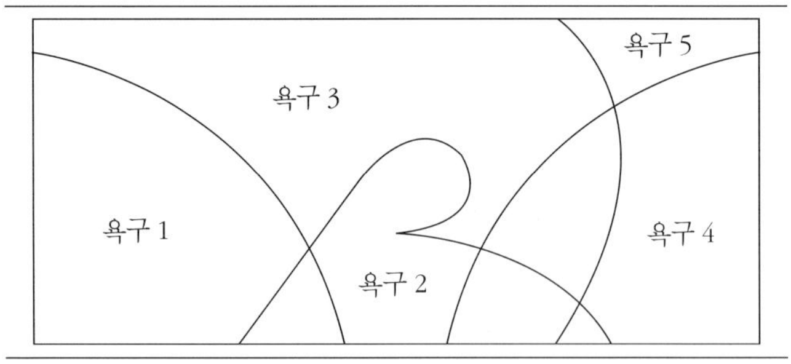

[그림 4-2] 상호 작용적 인간의 욕구

ii) 욕구의 계층이 모든 사람에게 일률적으로 적용되지 않는다. iii) 상이한 두 사람이 동일한 행동을 했다고 해서 반드시 동일한 욕구에서 비롯된 것이 아니고, 동일한 욕구라 해서 모든 개인들이 동일한 반응을 보이는 것은 아니다. iv) 욕구가 반드시 순차적으로 동기유발되는 것이 아니라 동시에 여러 욕구가 동기유발될 수 있다. v) 매슬로의 욕구계층 모형 자체와 관련하여 우선 모형을 이루고 있는 개념이 막연하고 너무 일반적이며 분류 단계가 인위적인 측면이 있다. 그리고 매슬로가 수집한 임상적 자료를 근거로 이 이론을 만들었기 때문에 경험적 타당성에 문제가 있을 수 있다.

이러한 비판에도 불구하고 매슬로의 욕구계층이론은 학교조직의 행정에 많은 시사점을 주고 있다(권기욱 외, 2000). i) 교직원들은 대부분 생리적 욕구를 충족할 수 있는 상황에 있을지라도, 어떤 교직원은 생리적 욕구가 잠재적인 동기요인으로 고려될 수 있다. ⅱ) 안전의 욕구는 교직원들이 변화에 저항하거나, 직업 안정과 상해-보상계획 및 퇴직프로그램 등의 운영을 요구하는 것들이 해당된다. 소속의 욕구는 동료·상사·부하와의 관계에 관련되며, 우정·비공식 과업집단·전문위원회 활동 등에 의하여 충족될 수 있다. 존경의 욕구를 위하여 교직원들은 자율성의 강화, 타인으로부터 존경 받기, 전문적 능력의 개발 등을 추구하게 된다. 자아실현의 욕구는 최선의 인간이 되도록 노력하는 일들이 해당된다. 자아실현의 욕구를 충족시키는 자가 최선의 성취자이므로 학교는 가능한 한 이러한 자아실현의 욕구를 충족시킬 수 있도록 지원하여야 한다. 이와 같이 욕구계층이론은 교직원의 동기 및 욕구의 확인과 욕구를 충족시킬 보상을 규명하는 데 유용하다. ⅲ) 교직원의 욕구가 안전의 욕구단계 이상으로 올라갈 경우에는 가능한 한 높은 계층의 욕구를 활성화할 수 있는 환경을 제공하는 것이 바람직하다. ⅳ) 조직에서 직위가 상승할수록 동기화되는 욕구가 욕구계층에서 높은 계층이 된다. 그리고 개인에 따라 서로 다른 욕구를 갖고 있으므로 직위별로나 개인별로 현안 욕구에 근거하여 동기화할 필요가 있다.

교원들은 경제적 안정이 기본적으로 중요한 욕구이지만 보다 상위의 욕구인 사회로부터의 존경과 대우를 중요시 여긴다. 따라서 교육행정가는 교원들의 동기유발을 위해서 충분한 보수를 넘어서 교원들의 자존심을 유지시켜 주고 교원사회의 사기를 고취시키며 교원들 각자가 스스로의 능력을 최대한 발휘할 수 있는 여건을 만들어 주어야 할 것이다. 결국 교육행정가는 교원들이 매슬로가 말하는 제 욕구를 각기 다양한 형태로 지니고 있다는 것을 이해하고 그 욕구와 동기유발과의 관계를 이해하여야 할 것이다.

2) 허즈버그의 동기-위생이론

허즈버그(F. Herzberg, 1964)는 그의 동료들과 피츠버그 지역의 여러 회사에서 일하는 약 200여 명의 기술자를 대상으로 면접을 통하여 연구를 수행했다. 이 연구의 결과로부터 인간은 조직 속에서 직무만족도를 높이는 요인과 직무불만을 느끼는 요인이 서로 다르며, 직무불만을 느끼는 요인을 아무리 개선해도 직무만족도를 높이거나 동기가 유발되지 않는다고 했다. 다만 직무불만이 해소될 따름이다. 반대로 직무만족도를 높이는 요인들은 비록 그것들이 충족되지 않아도 별로 직무에 대한 불만족을 느끼지는 않으나, 그 요인들이 충족되면 동기를 유발하게 된다.

만족요인은 개인이 하는 일과 관련된 것들로서 하는 일의 종류, 성격, 작업성과, 책임, 일을 통한 자아실현 가능성 등이다. 허즈버그는 이들을 동기요인(motivators or motivational factors)이라고 불렀다.

불만요인은 주로 직업 환경과 관련된 것으로서, 경영 · 지도방식, 수직적 또는 수평적 인간관계, 작업조건, 보수 등이다. 허즈버그는 이 요인들을 위생요인(hygiene factor) 또는 유지요인(maintenance factors)이라고 불렀다. 위생요인은 인간의 낮은 수준의 기본욕구와 관련된 것으로서 충족되지 않으면 커다란 불만을 야기할 수 있으나, 충족되어도 직접적으로 작업성과나 능률에 작용하는 동기유발요인은 안 된다. 그러나 불만요인도 충족되어야 동기요인이 제 기능을 발휘한다. 한편, 동기요인이 충족되면 인간의 심리적 만족이 크고 직무의욕을 크게 고취시킬 수 있으므로 동기요인을 충족시키는 데 힘써야 한다.

허즈버그의 동기-위생이론은 2요인 이론(two-factor theory)이라고도 부른다. 그의 초기 연구에서 밝힌 동기요인과 위생요인의 내용과 강도를 나타내면 [그림 4-3]과 같다.

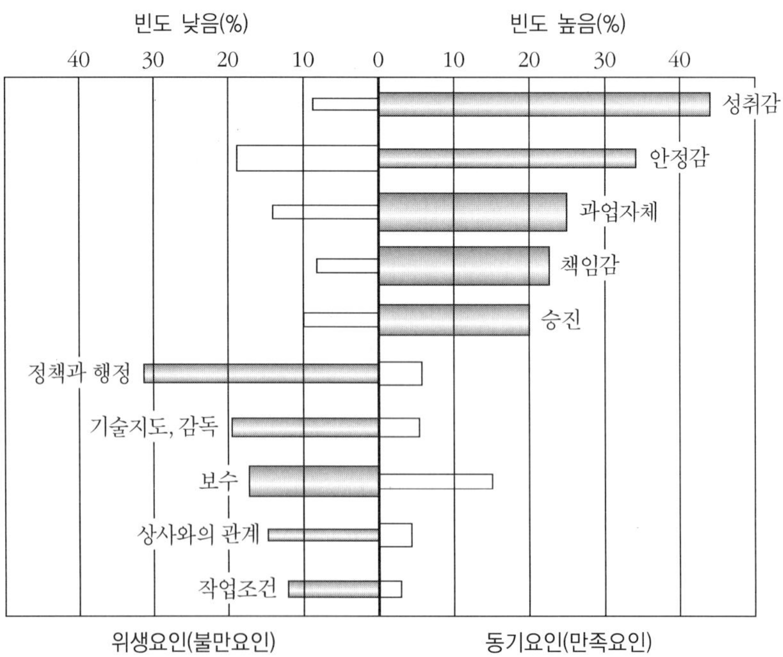

[그림 4-3] 만족요인과 불만요인의 비교

허즈버그의 이론을 정리하면, i) 인간은 2원적인 욕구구조를 가지고 있다. ii) 조직생활에 있어서의 불만족과 만족은 서로 별개의 차원에 있으며, 불만족의 반대 개념은 만족이 아니다. iii) 조직생활에서 만족을 주는 요인과 불만족을 일으키는 요인은 서로 다르며, 만족요인은 성취, 인정, 작업 자체, 책임, 발전 등이고, 불만족 요인은 회사의 정책, 감독, 임금, 대인관계, 작업조건 등 직무 외적인 요인들이다. iv) 불만족 요인의 제거는 불만을 줄여 주는 소극적이고 단기적인 효과를 가져 오는데 반해서 만족요인을 크게 하는 것은 인간의 자아실현의 욕구에 자극을 주어 적극적인 만족을 가져다준다. 즉 불만족 요인(위생요인)의 제거는 단지 불만을 방지하는 데 기여할 뿐이지만, 만족요인(동기요인)의 개선은 직무수행의 동기를 유발한다.

이러한 허즈버그의 2요인 이론은 조직이론인데, 특히 동기이론의 접근에 크게 기여함은 물론 조직의 실제 현장에서도 널리 활용되고 있으나 다음과 같은 비판을 받기도 한다(박성식, 1998; 윤종건, 1999; 윤정일 외, 2001).

첫째, 허즈버그의 이론은 방법적인 측면에서 문제점을 가지고 있다. 즉 공개적인 면담을 통해서 질문에 대한 반응을 얻었기 때문에 응답자들은 사회적으로 수용될 수 있는 응답을, 즉 면담자가 듣기를 원한다고 생각하는 바를 응답할 가능성이 높다. 즉 면접조사방법이 아닌 다른 연구방법을 사용하였을 때는 연구결과가 달리 나타났다. 따라서 허즈버그가 적용한 연구방법은 보편적이고 과학적인 연구방법이 될 수 없으며, 그의 이론은 보편타당성이 없다는 것이다.

둘째, 만족 차원과 불만족 차원의 상호 배타성에 대한 오류이다. 일부 연구에서 동기요인은 만족요인임과 동시에 불만족요인으로 빈번하게 나타나기도 한다(Valerie M. Bockman, 1971). 결국 어떤 요인을 전적으로 불만에만 작용하거나 혹은 만족에만 작용하는 요인으로 딱 부러지게 구분할 수 없다는 점이다.

셋째, 허즈버그의 연구는 피고용자의 실제적인 동기와 성과에 초점을 두지 않고 피고용자의 만족에 초점을 두었다. 즉 만족스러운 직무 경험과 높은 성과 수준 간의 연계나 불만족한 경험과 낮은 성과 수준간의 연계성에 대한 연구가 부족하였다.

넷째, 2요인 이론이 개인차를 전혀 무시하고 있다는 점이다.

다섯째, 2요인 이론이 범하고 있는 논리적 오류로서 만족과 동기를 같은 것으로 다루고 있다는 점이며, 즉 만족한 근로자가 반드시 열심히 일하고 성과를 올리라는 보장은 없다.

물론 허즈버그의 이론에 대한 긍정적인 평가도 크다. 즉 동기 부여의 연구에 새로운 장을 열게 해주었다는 점이다. 대부분의 경영자들은 일반적으로 위생요인에만 관심을 집중하는 경향이 있다. 그러나 허즈버그에 의하면 위생요인만 가지고 종업원들에게 적극적인 동기를 주지 못하며, 오직 동기요인만이 적극적인 만족을 유도하고 그럼으로써 동기를 줄 수 있다고 한다. 그런데 기존의 일에서는 동기요인이 나오기 어려우므로 경영자는 일 자체의 내용을 개편하는 작업, 즉 직무의 재설계작업이 필요하다는 것이다. 허즈버그는 조직구성원들의 동기를 유발하기 위한 방법으로 직권확충(job enrichment)을 권하고 있다. 직권확충이란 조직구성원들로 하여금 자기가 맡은 일에 관련된 권한을 확충함으로써 책임감을 높이고 동시에 심리적으로 성장감(psychological growth)을 느끼게 한다.

허즈버그(F. Herzberg, 1982)는 직권확충을 할 수 있는 직무 재설계 사례로 최소한 다음과 같은 여섯 가지를 제시했다. i) 고객에 대한 봉사를 위주로 하는 업무체계, ii) 작업결과를 담당자에게 알려주는 환류, iii) 부단한 연찬을 통한 새로운 지식과 기술의 습득 기회 제공, iv) 업무수행에 필요한 자원들을 스스로 통제할 수 있는 재량권 부여, v) 직업수행에 필요한 정보원에 직접 연결되도록 의사소통체계 개선, vi) 결과에 대해 스스로 책임을 질 수 있는 체제를 마련하는 것이라고 천명했다.

서지오바니(T. J. Sergiovanni, 1967)의 연구와 쉬미트(G. L. Schmidt, 1976)의 연구결과에 따르면, 교사들에게 작업 자체와 승진은 동기부여 요인으로서 그렇게 중요하지 않았다고 한다. 교사들에게는 출석부 정리, 시간표 작성, 점심시간에 학생지도 업무, 복도 생활지도 업무 등이 불만족 요인으로 작용하고 있었다. 그리고 교사들은 상사와의 인간관계가 학생들과의 인간관계보다 더 많은 문제를 지니고 있으며, 학교행정가는 교사들보다 부하직원과의 인간관계를 포함한 더 많은 문제점들을 갖고 있는 것으로 나타났다. 결론적으로 허즈버그의 이론은 동기요인의 중요성과 이를 경영에 실천할 수 있는 현실적 방안을 소개하고 있다는 점에서 의미를 지닌다.

허즈버그의 2요인 이론은 우리나라에서도 주삼환(1974)에 의해서 검증된 바 있다. 주삼환이 서울 시내 초·중등교사들을 대상으로 검증한 결과 다음과 같은 결론이 도출되었다. i) 교사의 만족요인과 불만요인은 상호 배타적이고 만족요인은 직무 자체에, 불만족 요인은 직무환경과 관련되어 있다. 직무만족 요인으로는 성취감, 인정감, 과업자체, 책임감 등이고, 교사의 불만족 요인은 근무조건, 학교방침과 행정, 보수, 장학, 상사와의 인간관계 등이다. ii) 교직에 만족하게 하는 요인과 직무에 충실하게 하는 동기요인은 일치하며, 직무에 만족하면 직무에 충실하다고 할 수 있다. iii) 허즈버그의 동기-위생이론은 이처럼 한국의 학교에서도 검증된 셈이다.

3) 앨더퍼의 존재(E)-관계(R)-성장(G)이론

앨더퍼(Clayton P. Alderfer, 1969)는 매슬로의 욕구계층이론의 다섯 단계를 세 단계로 통합·발전시켜 ERG 이론을 제시했다. 그가 제시한 수준의 욕구는 ERG 이론의 각 영문을 구성하는 생존(Existence)의 욕구, 관계(Relatedness)의 욕구, 성장(Growth)의 욕구이다. i) 생존의 욕구(existence needs): 인간이 존재하기 위해서 필요로 하는 욕구이다. 이러한 욕구에는 굶주림, 갈증 등과 같은 생리적 욕구와 봉급, 부가 급부, 근무조건 등과 같은 욕구가 포함된다. 이러한 욕구는 대체로 매슬로의 생리적 욕구와 안전의 욕구에 해당된다. ii) 관계의 욕구(relatedness needs): 인간이 사회적 존재로서 타인과 관계를 맺으려는 욕구이다. 이러한 욕구는 가족, 친구, 동료, 상사, 부하 등과의 대인관계를 모두 포함한다. 이러한 욕구는 매슬로의 안전의 욕구의 일부, 소속 및 애정의 욕구, 존경의 욕구의 일부에 해당된다. iii) 성장의 욕구(growth needs): 인간이 성장하고 발전하면서 자신의 잠재능력을 최대한 발휘하고자 하는 욕구이다. 이러한 욕구는 매슬로의 존경의 욕구 일부와 자아실현의 욕구에 해당한다.

앨더퍼(Clayton P. Alderfer)의 ERG 이론이 매슬로의 욕구계층이론과의 다른 점을 정리하면 다음과 같다. i) 매슬로의 욕구계층이론은 만족-진행접근법(satisfaction-progression approach)인데 반해, ERG 이론은 좌절-퇴행(frustration-regression)요소가 가미되어 있다. 좌절-퇴행이란 고차원의 욕구가 만족되지 않을 때 혹은 좌절될 때 그보다 낮은 저차원의 욕구의 중요성이 커지는 상황을 말한다. ii) ERG 이론은 매슬로의 욕구계층이론과 달리 한 가지 이상의 욕구가 동시에 작용할 수 있다는 점이다. iii) ERG 이론은 고차원의 욕구가 행위에 영향력을 행사하기 전에 반드시 하위욕구가 충족되어야 한다는 가정을 배제한다. iv) 매슬로의 이론은 하위계층의 욕구가 만족되어야 다음 단계의 욕구가 발생한다고 한 데 비하여 ERG 이론은 여러 가지 욕구를 동시에 경험할 수 있다고 하였다. 예를 들면 사람들이 관계나 혹은 성장욕구 충족에 관심을 갖기 이전에 생존욕구가 충족되어야 할 필요가 없다는 것이다. v) 매슬로의 욕구계층이론은 충족된 욕구는 더 이상 동기요인이 될 수 없다고 하였다. 그러나 앨더퍼는 상위욕구의 계속적인 좌절은 낮은 수준의 욕구로 귀환토록 한다고 주장했다. 즉 상위욕구를 충족시킬 수 없는 대신 하위욕구를 집중적으로 충족시키게 된다는 것이다.

앨더퍼(Clayton P. Alderfer, 1969)의 이론을 매슬로의 욕구계층이론과 비교하면 〈표 4-3〉과 같다.

〈표 4-3〉 매슬로의 이론과 앨더퍼의 이론의 관계

욕구 / 이론	저차원의 욕구	←——→	고차원의 욕구
Maslow	생리적 욕구, 물리적 측면의 안전 욕구	대인관계 측면의 안전욕구, 소속 및 애정욕구, 존경욕구	자아실현의 욕구
Alderfer	존재(E)	관계(R)	성장(G)

앨더퍼의 ERG 이론은 인간행위를 설명하는 데 있어 매슬로의 이론보다 탄력적이며 욕구구조에 있어 개인적인 차이가 많을 수 있다는 것을 인정하고 있다. ERG 이론은 비교적 최근에 발전을 본 이론이기 때문에 이 이론을 검증한 실증적 연구들이 별로 없다. 즉 이 이론이 어떤 조직에서는 들어맞지만 어떤 조직에서는 맞지 않는다는 증거가 있다는 것이다. 그러나 어떤 연구자들은 이 이론이 욕구개념에 근거를 둔 동기이론으로서는 가장 타당성이 있고 연구조사가 가능한 이론이라는 평가를 내리고 있다. ERG 이론이 경영에 있어 지니는 의미는 매슬로의 이론과 달리 두 가지 욕구가 동시에 작용할 수 있다고 하였다는 점이다. 즉 존재욕구가 완전히 충족되지 않았다고 하더라도 일 자체를 흥미롭고 도전감이 유발되게 만들어 성장욕구가 충족될 수 있는 기회를 마련함으로써 또 다른 동기부여가 가능하다는 것이다. 또 존재욕구나 관계욕구를 충족시켜 줄 수 있는 요인들이 성장욕구를 대처할 수 있다(윤종건, 1999).

4) 맥그리거의 X-Y이론

맥그리거(Douglas McGregor, 1960)는 그의 저서 『기업의 인간적 측면』(The Human Side of Enterprise)에서 관리자가 조직 내의 인간에 대하여 X · Y라는 두 가지 이론적 가정 중에서 하나를 선호할 수 있다고 보고, 그것에 입각해서 조직의 관리전략 및 조직구성원에 대한 동기부여 방법이 달라진다고 주장했다. 이 두 가지 이론을 설명하면 다음과 같다.

첫째, X이론은 인간을 지시받기를 바라고, 책임을 회피하고, 안전을 원하는 존재로 보며, 이로 인하여 인간은 돈이나 벌의 위협 등에 의하여 동기화된다. 이러한 인간관을 믿는 관리자는 부하를 통제하고, 엄격하게 감독하며, 과업을 구조화한다. 외적인 통제는 믿을 수 없고, 책임을 회피하고 미성숙된 인간을 다루는 데 매우 적절하다.

X이론은 부하의 인간적 본질에 대해 다음과 같이 가정하고 있다. ⅰ) 인간은 태만하고 가능한 한 일을 적게 하려고 한다. ⅱ) 인간은 야망을 갖고 있지 않으며 책임지기를 싫어하며 지시받기를 원한다. ⅲ) 인간은 조직의 문제해결에 필요한 창의력이 부족하다. ⅳ) 동기는 생리적 욕구와 안정 욕구에 의해 야기된다. ⅴ) 인간은 엄격하게 통제되고, 조직의 목적을 성취하기 위하여 강제되어야 한다. ⅵ) 인간은 조직의 요구에 무관심하고 오직 자신만을 생각한다. ⅶ) 인간은 지적이지 못하고 어리석으며 선동에 쉽게 따른다. ⅷ) 인간은 변화에 저항한다.

이와 같이 X이론은 때때로 부정확하다. 이 이론에 근거하여 관리를 하면 부하가 조직의 목적을 성취하도록 하는 동기화에 실패하는 경우도 있다.

둘째, 이에 반해 Y이론은 인간을 적절하게 동기가 주어지면 과업의 수행에 자아지시적이고 창의적인 존재로 본다. 따라서 개인의 잠재력이 극대로 발휘될 수 있도록 하는 것이 관리자의 중요한 과업이라고 본다. X이론의 대안으로 제시된 Y이론은 근로자의 관심과 능력에 긍정적인 관점을 나타낸다.

Y이론의 기본가정은 다음과 같다. ⅰ) 인간은 과업조건이 양호하면 과업수행을 놀이만큼 자연스러운 것으로 본다. ⅱ) 인간은 조직의 목적을 성취하기 위하여 스스로를 통제할 수 있는 자율적인 존재이다. ⅲ) 인간은 조직의 문제를 창의적으로 해결할 수 있다. ⅳ) 인간은 스스로 통제할 수 있고, 동기화가 되면 과업을 창의적으로 해결할 수 있다. ⅴ) 인간은 본질적으로 조직의 요구에 수동적이지도 저항하지도 않는다. 그러한 행위가 나타나는 것은 과거의 경험이 그러한 행위를 하도록 작용했기 때문이다. ⅵ) 인간은 책임을 가질 능력, 인간적 성장과 발달의 잠재적인 능력을 갖고 있다. 관리자는 구성원의 동기를 극대화할 수 있는 환경을 제공하고, 자신의 운명뿐만 아니라 조직의 운명에도 책임을 가질 수 있도록 해야 한다.

이상으로 Y이론을 살펴보았다. Y이론은 인간가정과 동기부여 방법은 전술한 매슬로의 사회적 존경과 자아실현의 욕구단계와 유사하고, 허즈버그의 동기요인의 가정과 비슷하다. X이론과 비교할 때 Y이론은 인간에 대한 동태적 견해를 대표하고 있다. 인간을 본성적으로 성장과 발전의 잠재력을 가진 행동 주체로 인식한다. 따라서 관리자는 인간에 대한 X이론의 가정과 사고를 반성하고 관리 방식을 재조정하여 조직과 개인의 목표를 통합해야 한다는 것이다. 오늘날의 인간관계론의 지향은 바로 이와 같은 관리철학을 완전하게 실현하는 것을 이상으로 한다.

하지만 Y이론 역시 다음과 같은 비판을 면치 못하고 있다(한국교육행정학회, 1995). ⅰ) Y이론은 지나치게 이상주의적인 요소가 강하다. 곧 Y이론은 자율성, 자기 지시성 등의 여러 가지를 내포하고 있는데, 그것이 소망되기는 하지만 사람들이 반드시 이를 원하지 않는 상황도 있는 것이다. 때로는 관리자의 지시 · 명령이 더욱 필요하며 효과적인 경우도 있다. ⅱ) Y이론은 욕구충족의 주된 장소로 작업 현장을 강조하고 있다. 실제로 많은 조직구성원들은 그들의 욕구를 작업장 밖의 장소에서 충족하는 경우도 있다. ⅲ) Y이론에 의하면 작업의 단순화 및 표준화 등은 직무만족을 크게 저하시키고 이에 따라 대규모의 조직 내 갈등이 심화되었다고 설명한다. 그러나 이는 조직 갈등의 한 요인에 불과하며, 따라서 과장 표현된 감이 없지 않다.

따라서 인간의 본성에 관련해서 볼 때, X이론을 가정하는 관리자는 부하를 지시하고 감독하며 통제하는 경향이 있다. 그러나 Y이론을 가정하는 관리자는 부하를 지지하고 신뢰하는 경향이 있다. X-Y이론은 인간에 대한 관점에 초점을 두고 있다. 그래서 관리자가 가져야 할 가장 좋은 가정이 Y이론일지라도 항상 그러한 가정에 일치하게 행동하는 것은 부적절하다. 관리자는 인간의 본질에 대해 Y이론의 가정을 가졌더라도, 부하들이 진실로 Y이론과 같은 인간이 될 때까지 성장하고 발달할 수 있도록 단기적으로는 지시적이고 통제적으로 행동할 필요가 있다.

5) 아지리스의 성숙-미성숙 이론(immaturity-maturity theory)

아지리스(C. Argyris, 1957)는 인간의 성장과정을 유아특성에서부터 성인특성 단계로 이어지는 연속과정으로 파악하고, 그 시발이 되는 유아적 성향과 종착점인 성인성향을 각각 네 가지로 지적하며, 그것을 [그림 4-4]와 같이 나타냈다.

아지리스는 [그림 4-4]를 근거로 성숙-미성숙 이론을 제시하였다. 그리고 인간이 미성숙된 상태에서 성숙된 상태로 발달하려면 개인의 성격에서 여섯 가지 요소로 변화하여야 한다고 지적하였다. ⅰ) 유아와 같이 수동적으로 활동하는 상태에서 성인

유아성향(미성숙)	성인성향(성숙)
• 수동적 행동	• 능동적 행동
• 부모 또는 다른 어른에 의존하고 복종함(의존성)	• 자신과 인접한 세계와 비교적 독립성, 자율성을 견지함
• 거의 무능함	• 여러 가지 능력이 개발됨
• 피상적이고 얕은 능력만 지님	• 몇 가지 깊은 능력을 개발하게 됨
• 매우 가까운 미래만 전망	• 먼 장래를 내다볼 수 있는 안목이 생김
• 자아의식의 결여	• 자아의식과 자기통제

[그림 4-4] 아지리스(C. Argyris)의 발달과정

과 같이 능동적으로 활동할 수 있는 상태로 변화하고, ii) 유아와 같이 타인에 의존하는 상태에서 성인과 같이 독립적으로 활동하는 상태로 변화하고, iii) 유아와 같이 소수의 방법으로만 행동할 수 있는 존재에서 다양한 방식으로 행동할 수 있는 능력의 소유자로 발달하며, iv) 사물에 대한 관심이 유아처럼 변덕스럽고 우연적이고 피상적이며 흥미를 쉽게 잃어버리는 상태에서 성인처럼 보다 깊고 강한 관심을 갖는 상태로 변화하며, v) 시간적 관점이 유아처럼 현재만을 포함한 아주 단기적인 관점에서 어른처럼 현재는 물론 과거와 미래도 포함하는 상태로 변화하며, vi) 유아와 같이 자아의식이 부족한 상태에서 성인과 같이 자아의식을 갖고 자아를 통제할 수 있는 상태로 변화한다.

이상과 같은 인간의 성격변화는 일반적인 경향성이며, 인간 성숙의 문제에 많은 시사점을 제공한다(권기욱 외, 2000).

아지리스는 구성원은 조직 자체의 관리방식 등에 의하여 성숙이 제한된다고 했다. 그리고 조직의 환경에 대한 통제를 조금밖에 할 수 없고, 조직과 행정가의 명령에 수동적이고 의존적이며 복종적이 되도록 장려되고, 성숙된 성인으로보다는 미성숙된 방법으로 행동하도록 기대되고 있다. 따라서 조직구성원의 나태함은 본인보다는 조직 자체의 운영에 그 원인이 있다.

조직구성원을 미성숙되게 하는 것이 공식조직의 본질적 특성이다. 공식조직은 목적을 집단적으로 성취하기 위하여 구성되기 때문에 구성원의 발달을 촉진하는 방법보다는 조직의 목적을 효과적으로 성취할 수 있는 방법으로 구성원을 활용하는 경향이 있다. 본질적으로 공식조직은 인간 성격에 적절한 발달을 조장할 수 없는 여건을

제공한다. 그것은 조직에서 적용되고 있는 고전적인 관리 행태가 구성원에게 어린이와 같은 역할을 요구하여 그의 자연적인 발달을 저해하기 때문이다.

아지리스에 의하면, 조직에서 실시되는 관리의 실제에 적용되는 인간관계론접근은 구성원을 성숙하게 하고, 과업을 효과적으로 성취하도록 한다. 그는 이상과 같은 분석을 토대로 하여 다음과 같은 명제를 제시한다. i) 성숙한 인간이 갖는 욕구와 공식조직의 요구 사이에는 부조화가 일어난다. ii) 이러한 부조화는 구성원에게 좌절감, 실패감, 갈등을 일으킨다. iii) 공식조직은 본질적으로 구성원들 사이에 경쟁심 및 적대감 등을 갖게 하여 전인적으로 발달되게 하기보다는 발달을 제한한다. 이러한 문제를 해결하기 위해서는 구성원의 대인관계 능력을 높이고, 참여적이고 종업원 중심적인 지도성을 적용하여야 한다.

2. 동기의 과정이론

동기의 과정이론은 행동의 형성과정, 즉 행동이 어떻게 시작되고 유지되며 멈추는지를 설명하는 이론으로서 동기과정에서 발생하는 인지요소(cognitive factors)들을 강조하면서 개인의 동기발생과 행동선택과정을 설명하려는 것이 특징이다. 여기서는 브룸(Vroom)의 기대이론, 포터와 로울러(Porter & Lawler)의 기대이론, 스미스와 크래니(Smith & Cranny)의 삼각이론, 아담스(Adams)의 공정성이론, 에드윈 로크(Edwin Locke)의 목표설정이론, 직무특성이론, 귀인이론 등을 중심으로 살펴보기로 한다.

1) 브룸의 기대이론

기대이론은 1960년대 중반에 브룸(Victor H. Vroom, 1964)에 의해 개발되었고, 유의성－수단성－기대치(VIE: valence-instrumentality-expectancy) 이론, 가치이론(value theory)이라고도 한다. 이 이론은 개인이 사고력, 추리력 등을 지니고 있어서 조직 속에서 어떻게 행동하는 것이 좋을 것인가에 대한 이해득실을 미리 예견하는 의식적 과정을 통해서 행동을 결정한다고 본다. 브룸의 기대이론의 기본가정은 다음과 같다. i) 행위는 개인 내부의 힘과 환경의 힘에 의하여 결정된다. ii) 인간은 조직에서 자신의 행위를 결정한다. iii) 인간은 서로 다른 욕구, 소망, 목적을 갖고 있다. iv) 인간은 어떤 행동이 바라는 산출을 갖게 하는 정도에 대한 지각(기대)에 근거하여 여러 가지 행동들 중에서 하나를 선택하게 된다.

이 이론을 구성하는 주요개념은 다음과 같다.

i) 유의성(valence): 어떤 특정 보상에 대해 개인이 평가하는 중요성을 말한다. 예를 들어, 어떤 사람이 승진을 매우 갈망한다면 승진에 대해 매우 긍정적인 유의성을 부여할 것이다.

ii) 수단성(instrumentality): 어떤 일의 성취가 가져올 보상에 대한 확률을 말한다(유의성과 수단성은 내용측면에서 동일하며, 전자는 중요성을 말하고, 후자는 확률을 말함). 예를 들어 어떤 사람이 높은 성과(이것을 1차 수준의 결과라 함)를 올렸을 때 이것으로 말미암아 승진이라는 보상(이것을 2차 수준의 결과라 함)이 주어질 확률이 크다고 생각하면 수단성의 값이 높아질 것이다. 반대로 아무리 노력해서 성과를 올려도 승진이라는 보상이 주어질 것 같지 않다면 수단성의 값이 낮아질 것이다.

iii) 기대치(expectation): 개인의 어떤 노력이 구체적으로 어느 수준의 목표 성취를 가져올 것이라고 믿는 정도이다. 즉 자신이 노력을 하면 성과를 얼마나 얻어낼 수 있을 것이라고 믿는 주관적 확률을 의미한다. 아무리 노력해도 성과를 얻을 수 없다고 생각한다면 이 기대치는 0이고, 성공할 확률이 확실하다고 믿으면 기대치는 1에 가까울 것이다. 이와 같이 기대치는 노력과 성과와의 관계에 대하여 어떻게 지각하는가에 달려 있다.

iv) 1차 수준의 결과, 2차 수준의 결과: 1차 수준의 결과란 사람이 직접적으로 어떤 일을 한 결과를 말한다. 곧 조직구성원의 성과 또는 생산성 같은 것이다. 2차 수준의 결과란 제1차 수준의 결과가 가져오는 보상을 뜻한다. 금전, 휴가, 칭찬 등이 2차 수준의 결과의 예라고 볼 수 있다.

v) 동기유발의 힘(force): 사람이 인지하고 판단한 여러 가지 행동 대안 중에서 선택한 방향으로의 의지를 뜻한다.

위의 브룸의 기대이론에서 동기부여를 다음과 같이 표현하였다.

$$\text{동기부여} = f[\text{기대치}(E) \cdot \text{수단성}(I) \cdot \text{유의성}(V)]$$

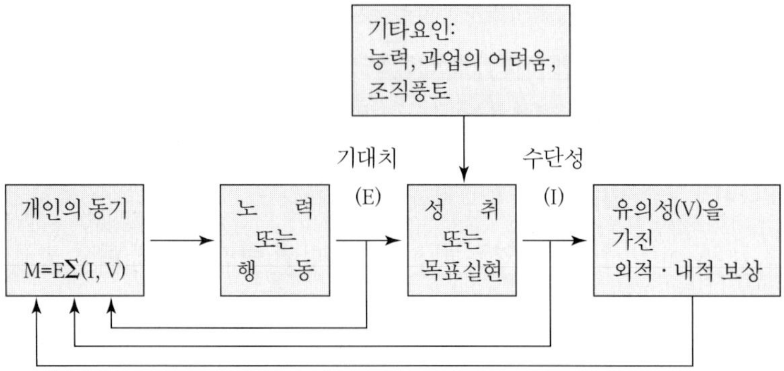

[그림 4-5] 브룸의 기대이론 모형

*자료: W. K. Hoy & C. G. Miskel(1996). *Educational Administration*(5th ed.). McGraw-Hill, p. 109.

결국 유의성과 수단성 그리고 기대치가 모두 높을 때 동기부여가 높을 것이라는 것을 뜻한다. [그림 4-5]는 브룸의 기대이론 모형을 나타내고 있다.

이러한 브룸의 기대이론의 문제점을 소개하면 다음과 같다. ⅰ) 세 가지 구성요소(V, I, E)를 복합적으로 함수관계 속에서 결합하는 과정이 문제가 된다. 즉 최근 연구에 의하면, 세 가지 구성요소 모두가 노력 또는 성취와의 상관관계가 그리 크지 않다는 것이다. 또 이들 요소들 간의 역동적 관계가 명쾌하게 개념화되어 있지 못하다. ⅱ) 기대이론은 직선관계를 지나치게 단순화해서 설명하고 있다는 것이다. 즉 세 가지 요소 가운데 어느 하나라도 증가하면 개인의 동기는 더 증대된다고 설명하는 단순성(선형적 곱)의 문제점을 지적한다. 행동주의 심리학자들은 이 주장에 대해 반대한다. 예를 들어, 내용 이론학자들은 욕구란 어느 수준의 만족에 도달하면 그 욕구의 우선순위는 감소한다고 주장한다. ⅲ) 기대이론은 인간의 합리성을 가정한다. 의사결정이론에서 살펴보겠지만 인간이 정보를 모두 가지고 있고 합리적 결정을 하여 최적의 대안을 찾는다는 합리적 모형은 현실적으로 무리가 있다. 그런데 브룸의 기대이론은 인간의 정보처리능력을 과대평가하고 인간이 행동에서 최적의 선택을 할 수 있다고 가정한다.

브룸의 기대이론은 작업 현장에서 이루어지는 조직구성원들의 동기부여를 기대와 유인가 등의 개념을 토대로 공식화하는 데 공헌했으며, 오늘날 동기이론에서 중요시되는 기대이론의 기초적인 틀을 제공하는 데 그 의의가 있다고 하겠다.

2) 포터와 로울러의 기대이론

포터와 로울러(Lyman W. Porter & Edward E. Lawler, 1968)도 브룸과 같이 기대이론 모형에 근거하여 동기를 연구했다. 그들의 의하면 개인은 과거에 습득한 경험과 미래의 기대감 속에서 동기를 부여받고 있다는 것이다. 그들의 연구모형은 노력(effort), 성취(performance), 보상(reward) 및 만족감(satisfaction) 등의 많은 핵심적 개념들을 포함하고 있다. 이들 개념들의 상호관계를 나타내면 [그림 4-6]과 같다.

이 이론에 따르면 개인은 업적 또는 직무 성취에 의해서 내적 보상(성취감)과 외적 보상을 받게 된다. 하지만 이러한 보상은 자기가 받아야 된다고 생각하고 기대하는 정당한 수준 이상에 도달해야만 자신의 만족감 또는 기대감을 충족시키게 되는 것이다. 나아가서 그러한 보상의 매력과 보상 가능성에 대한 개인적 인지의 정도가 높을수록 직무를 위해서 더욱 많은 노력을 하게 된다. 그리고 개인의 업적 또는 직무의 성취도는 개인의 노력, 능력, 역할 인지의 유형 등에 따라서 결정된다는 것이다.

[그림 4-6]에 나타난 주요 개념들을 요약하면 다음과 같다. i) 노력(effort): 이것은 개인이 어떤 과업에 대해서 바치는 에너지의 양을 말한다. 그리고 그가 과업에 대해서 바치는 노력의 양은 그가 실제로 받는 보상의 가치와 그가 받을 수 있으리라고 지각한 노력에 대한 보상 가능성과의 상호 비교에 의해서 달라진다. ii) 성취(performance): 조직의 목표 달성을 위한 과업의 실행 정도를 말하는데, 이는 조직구

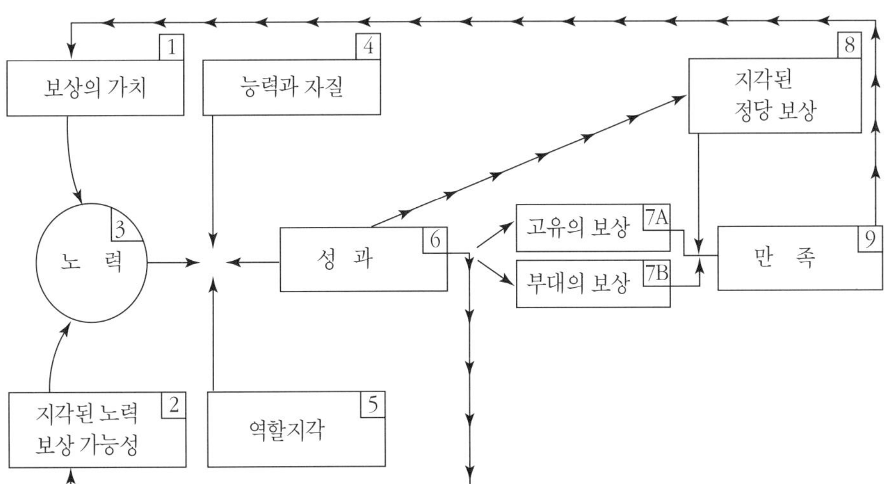

[그림 4-6] 포터와 로울러의 기대이론 모형

성원의 노력, 조직구성원이 가진 능력과 자질(ability and traits), 그리고 역할지각(role perception)에 의하여 높은 수준을 유지할 수 있다. 따라서 조직구성원이 최대한으로 노력을 한다 해도 능력이 없거나 역할지각의 정도가 약하면 성취는 크게 기대할 수 없다. iii) 보상(rewards): 조직이 개인의 직무 성취에 대해서 부여하게 되는 대가로서 일종의 강화(reinforcement)이다. 이는 특정한 결과가 얼마나 매력적인가(유인가)를 나타내며, 내재적인 보상(intrinsic rewards)과 외재적인 보상(extrinsic rewards)이 있다. iv) 만족(satisfaction): 이는 직무성취와 그 결과에 대해서 부여받게 되는 보상에 대해서 개인이 느끼게 되는 욕구의 충족 정도이다. 개인은 자신이 받을 수 있으리라고 기대한 정당한 보수 수준보다 더 큰 실제의 보상을 받게 될 때 만족을 느끼게 된다. v) 노력-보상의 확률(effort-reward probability): 이것은 보상이 노력에 근거하여 주어진다는 것에 대한 지각을 말하는 것으로, 구체적으로 노력-성과(기대)와 성과-보상(기대)으로 지각된다. vi) 능력과 자질(ability and traits): 이는 개인이 갖는 조직구성원으로서의 능력과 자질을 말한다. vii) 역할지각(role perception): 이것은 자신의 직무와 과업에 대해서 갖게 되는 사명감을 말한다.

[그림 4-6]에서 살펴본 바와 같이 동기유발을 설명했다. 이 이론에 의하면, 개인은 자신의 성과에 의해서 내적 보상과 외적 보상을 받게 된다. 그런데 이러한 보상이 기대수준에 도달해야만 만족감을 충족시키게 된다. 이러한 보상이 개인에게 특히 가치가 있고 보상 가능성이 높다는 것을 인지하였을 때 개인은 보다 많은 노력을 기울이게 된다. 개인의 성과는 개인의 노력, 능력과 자질, 역할지각 등에 따라서 좌우된다고 설명한다.

포터와 로울러는 7개의 조직체에서 근무하는 563명의 관리자를 대상으로 조사한 결과 그들의 기대이론이 유효하다는 것을 밝혔다. 하지만 포터와 로울러의 모형은 실제 행정에 적용되기에는 너무 복잡하다는 비판을 받고 있다. 곧 실무에 종사하는 사람들이 매슬로와 허즈버그의 이론에서 벗어나 보상 가능성에 대한 가치와 노력-보상의 확률에 대한 지각, 역할에 대한 지각 등과 같은 개념을 실제로 측정하기란 어렵고 또한 당시의 보상 제도를 재검토하여 만족의 정도와 성과의 정도가 얼마나 밀접히 관계되는가를 측정해야 하는 문제점이 있다(한국교육행정학회, 1995). 이런 이유로 행정가들이 실제 이 이론을 적용하는 데 많은 어려움이 있다. 하지만 교육행정가는 이 이론으로부터 성과에 대한 적절한 보상(기대수준의 보상)은 동기유발에 결정적인 역할을 한다는 시사점을 얻을 수 있다.

3) 스미스와 크래니의 삼각이론

스미스와 크래니(P. Smith & C. Cranny, 1968)는 개별적으로나 전체적으로 타 변인과 인과관계를 가지는 세 가지 변수, 곧 노력(effort), 만족(satisfaction), 그리고 보상(rewards) 변인을 중심으로 종업원의 성취 실현을 위한 동기의 삼각이론을 전개하였다.

삼각이론의 핵심을 이루는 성취를 실현하기 위해서는 구성원의 노력 또는 의도를 끌어내야 한다. 성취는 보상에 의해서도 아니고 만족에 의해서도 아닌 노력이나 의도에 의해서만 영향을 받기 때문이다. 이때 의도는 어떤 기회가 오면 행동을 하려는 결심을 말한다.

스미스와 크래니(1968)의 삼각이론 모형은 [그림 4-7]과 같다. [그림 4-7]을 보면 성취를 핵으로 한 세 가지 변인 간의 상호 관련성과 상호 의존성이 크다는 것을 알 수 있다. 보상을 받게 되고 또 성취로부터 만족을 느끼게 되면, 개인은 더 큰 노력과 의도에 의해서 성취 실현에 기여하게 된다. 따라서 개인이 노력에 의해서 성취를 실현할 경우 그에게는 각종의 보상이 부여되고 또 그는 성취 자체로부터 만족을 느낄 수 있다. 이런 상황에서만이 개인은 어떤 노력을 하게 되는 것이다.

이와 같이 스미스와 크래니(1968)의 삼각이론은 노력(의도), 성취, 보상, 그리고 만족 간의 관계를 체제적인 관점에서 다룸으로써 간략하면서도 함축성 있는 동기의 이론화에 성공하였다. 그러나 이 이론은 예측과 문제 해결을 가능하게 할 이론적 목표 설명이 부족하다는 점에서 한계가 있다. 즉 이 이론은 조직적인 보상체계를 관리해

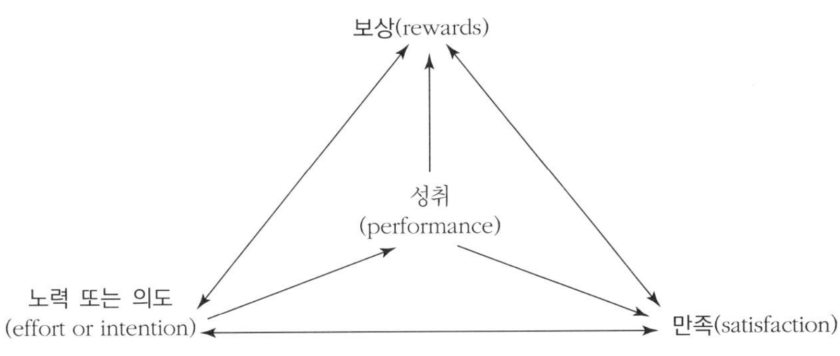

[그림 4-7] 스미스와 크라니의 삼각이론 모형

나가는 데 관리자의 역할이 얼마나 중요한 것인가를 설명하고, 또 조직구성원들이 성취 실현에 관련되는 제 변인과 그들의 상호 관계에 대해서 관심을 가지도록 하는 점에서는 유익하다. 그러나 어떤 형태의 기술과 보상이 성취를 취해서 최상의 노력을 유도할 수 있을 것인가에 대해서는 별다른 시사점을 주지 못하고 있다.

브룸이나 포터와 로울러 이론은 너무나 전문적인 용어를 많이 사용했거나 이론 전체가 복잡하여 실제적인 적용이 어렵다는 비판을 받고 있다. 그러나 삼각이론은 비교적 이해하기가 쉽고 적용하기가 용이하다는 장점이 있다.

4) 아담스의 공정성이론

아담스(J. S. Adams, 1963)의 공정성이론(equity theory)은 일련의 사회적 비교이론(social comparison theories)들 가운데 하나이다.

사회적 비교이론이란 한 개인이 다른 사람들에 비하여 얼마나 공정하게 대우를 받느냐 하는 느낌을 중시하는 이론이다. 동기 부여이론으로서의 공정성이론의 핵심은 사람들의 행위가 타인들과의 관계에서 공정성을 유지하는 쪽으로 동기가 유발된다는 것이다.

공정성이론은 인간행위에 관한 기본적인 가정으로서 개인들의 자신의 사회적 관계를 평가하며, 이러한 평가는 진공 속에서 이루어지는 것이 아니라 타인들과의 비교 속에서 이루어진다는 전제를 지니고 출발한다. 공정성이론의 체계를 나타내면 [그림 4-8]과 같다.

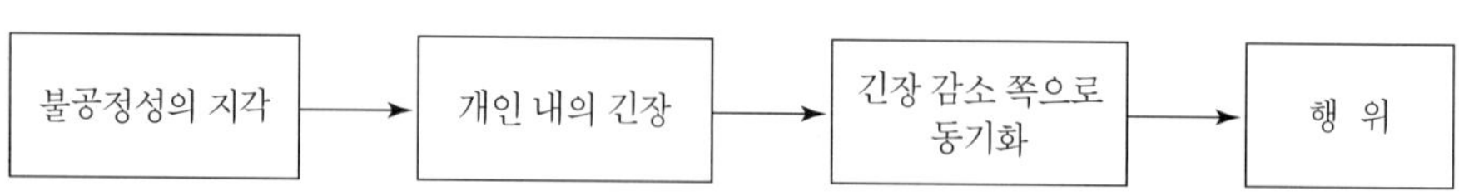

[그림 4-8] 공정성이론의 논리

* 자료: 윤종건(1999). 21세기의 학교조직 경영론. 서울: 원미사, p. 159.

공정성이론에 의하면, 개인은 나름대로의 투입 대 산출의 비율이 있으며, 이를 타인과 비교하는 속성을 지니고 있다. 만일 이 비율이 일치하면 공정성을 느끼게 되며, 과다 보상, 과소 보상의 경우에는 불공정성을 지각하게 된다. 다시 말하면, 과소 보상의 경우에는 불평불만을 느끼게 되고, 과다 보상의 경우는 부담감이나 불안감을 느끼게 된다. 개인에게 있어서의 투입과 산출의 예는 〈표 4-4〉와 같다.

〈표 4-4〉 투입과 산출

투 입	산 출
교육, 경력, 경험, 훈련, 사회적 지위, 직무에 대한 노력, 기능, 개인적 용모, 연령, 건강	급료 · 부가급부, 내적인 보상, 직무에 따른 부수입, 직위의 지위, 열등한 작업 조건, 불확실성, 연공에 따른 혜택, 지위의 상징, 단조로움, 기타 불만족 요인들

불공정성을 감소시키기 위해서는 다음과 같은 방안들이 이용된다.

첫째, 투입의 변경이다. 개인들은 불공정성이 유리한 것이냐 불리한 것이냐에 따라 투입을 증가시키거나 감소시키거나 한다. 예를 들면, 불리한 학력을 보충하기 위하여 대학원을 진학하는 따위를 말한다.

둘째, 결과의 변경이다. 결과를 변경할 때에는 대개 그것을 증가시키는 것이 사용된다. 노조의 압력 등으로 임금인상이나 작업조건이 개선되는 경우가 이에 해당된다.

셋째, 자기 자신의 투입이나 결과의 왜곡이다. 사람들은 인지적으로 이를 왜곡시킴으로써 같은 결과를 얻을 수 있다. 예를 들면, 같은 학력이지만 나는 일류학교를 나오지 않았다고 생각하거나(투입왜곡), 비록 보수는 낮지만 정년이 더 길어서 보상이 된다고 생각하는 경우(산출왜곡)가 그것이다.

넷째, 직장이동이다. 불공정성을 일으키는 직장을 떠남으로써 불공정성을 아예 없애 버리는 것이다.

다섯째, 타인의 투입이나 결과의 왜곡이다. 왜곡은 비교대상에 대해서도 행해질 수 있다. 예를 들면, 그 친구는 나보다 나이가 많으니까 보수를 더 받아도 된다고 생각하거나(투입왜곡), 나보다 지위는 높지만 내 자리가 이른바 노른자위라고 생각(산출왜곡)하는 것 등이다.

여섯째, 비교대상의 변경이다. 비교대상을 변경함으로서 불공정성을 줄일 수가 있다.

공정성이론이 경영상에 있어서 시사하는 바는 다음과 같다. i) 경영자는 조직에서의 사회적 비교과정에 주의를 기울여야 할 필요성이 있다. 즉 종업원들을 공정하게 대우하도록 노력해야 한다. ii) 경영자는 종업원의 동기유발에 있어서 지각의 중요성을 인식해야 한다. iii) 공정성 또는 불공정성에 관한 결정은 개인적 차원에서만 이루어지는 것은 아니고, 조직 내외의 다른 작업자와의 비교가 포함된다는 점이다

(윤종건, 1999).

5) 로크의 목표설정이론

로크와 그의 동료들(Edwin A. Locke, Norman Cartledge, & Claramae S. Knerr, 1970)이 1968년에 처음으로 목표이론 혹은 목표설정기법이라고 명명한 이 이론은 1970년대에 동기에 대한 인지과정적 접근방법으로서 점차적으로 널리 알려지게 되었다. 목표설정이론은 목표관리(MBO: management by objectives), 기획예산제도(PPBS: planning-programming-budgeting systems), 경영정보관리(MIS: management information systems)에는 물론 체제분석, 전략적 기획 등과 같은 경영기법에 광범하게 적용되어 왔다. 기대이론과 달리 목표설정이론은 복잡하지 않다. 목표란 개인이 의식적으로 성취하려고 하는 것으로서, 여기에는 내용과 강도의 두 가지 특성이 포함된다. 목표의 내용은 활동이나 얻고자 하는 성과와 관련을 가지는 반면에, 목표의 강도는 개인이 목표에 대해서 부여하는 중요성의 정도와 관련을 가진다. 이 이론의 기본가정은 목표를 성취하려는 의도가 동기를 형성하는 가장 중요한 동인이 된다는 것이다.

[그림 4-9]는 목표설정이론을 단순화시킨 것이다.

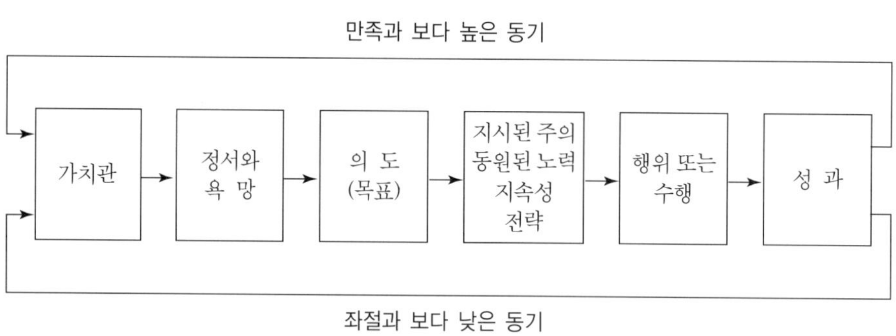

[그림 4-9] 목표설정이론의 일반모델

[그림 4-9]에 의하면, 행위를 결정하는 인지적 요인에는 가치관(values)과 의도(목표)의 두 가지가 있다. 한 사람의 가치관은 그에 부합하는 일을 하고 싶어 하는 욕망을 창조하고, 욕망과 정서는 어떠한 목표를 설정하도록 한다. 목표는 주의와 행동을 지시하고, 에너지를 동원하며, 보다 높은 노력을 발휘하도록 하고, 지속적인 노력을

증가시킨다. 목표는 설정된 목표 수준을 달성할 수 있는 전략을 개발하도록 사람들에게 동기를 부여한다. 마지막으로 목표 달성은 만족과 보다 높은 동기를 가져오거나 혹은 목표가 달성되지 않았을 경우에는 좌절과 보다 낮은 동기를 가져온다(E. A. Locke & Gary P. Latham, 1989).

결국 목표설정이론이란 대부분 인간의 행동은 유목적적이며, 행위는 목표와 의도에 의하여 통제되고 유지된다는 것이다. 정신적 혹은 신체적 활동에 대한 목표의 가장 기본적인 영향은 생각과 행위를 한쪽 방향으로 지향하도록 지시하는 것이다. 이러한 과정에서 목표는 에너지의 사용도 역시 통제하게 된다는 것이다.

로크(Edwin A. Locke)는 목표가 실제 행위 또는 성과를 결정하는 주요 요인임을 강조하고 있으나 그 목표가 어떠한 속성을 가져야 하는가에 대해서는 체계적인 해답을 주고 있지 못하다. 스티어즈(R. M. Steers, 1984)가 제시한 여섯 가지의 과업목표의 속성은 다음과 같다. ⅰ) 목표의 구체성: 막연한 목표보다는 구체적인 목표가 성과를 높일 수 있는 행동을 불러일으킨다. 구체적인 목표는 목표의 모호성을 감소시켜 주고 행동방향을 명확하게 제시해 주기 때문이다. ⅱ) 목표의 곤란성: 쉬운 목표보다는 다소 어려운 목표가 동기를 유발시킨다. 도전감이 문제해결에 많은 노력을 집중하도록 자극하기 때문이다. ⅲ) 목표 설정에의 참여: 구성원들이 목표 설정과정에 참여함으로써 성과가 향상될 수 있다. ⅳ) 노력에 대한 피드백: 노력에 대하여 피드백이 주어질 때 성과가 올라간다. ⅴ) 목표달성에 대한 동료들 간의 경쟁: 동료들 간의 경쟁이 성과를 높일 수 있다. 그러나 지나친 경쟁은 오히려 해가 될 수도 있음을 알아야 한다. ⅵ) 목표의 수용성: 일방적으로 강요된 목표보다는 구성원이 자발적으로 수용한 목표가 더 큰 동기를 유발시킬 수 있다.

하지만 목표설정이론은 다음과 같은 문제점을 가지고 있다(Donald J. Campbell, 1982: 79-95; W. K. Hoy & C. G. Miskel, 1991: 187-189). ⅰ) 목표설정이론의 가장 큰 결점은 목표수용(goal acceptance)과 헌신(commitment)을 결정하는 요소가 무엇인가를 밝혀 주지 못하고 있다. 즉 목표의 수용과정에 대한 설명이 부족하다. ⅱ) 목표설정이론은 목표의 수용, 목표의 어려움 그리고 다른 여러 가지 변인들이 결합하여 노력을 결정하는 방법을 설명하는 기제에 약점이 있다. ⅲ) 목표설정이론은 구체적인 결과를 얻을 수 있는 단순한 직종에 대한 산출을 예측하는 데에는 효과가 있으나, 과업이 복잡한 경우에는 효과가 적은 것으로 지적되고 있다. ⅳ) 목표를 설정하는 데 참여하는 것이 성취에 영향을 미치는가 여부에 대해 명료하게 결론을 제시하지 못하였다.

6) 직무특성이론

직원의 동기유발을 위한 비교적 최근의 연구 중의 하나가 1970년대 후반에 해크만과 올드햄(J. R. Hackman & Greg R. Oldham, 1975)에 의해 제시된 직무특성이론이다. 이 이론은 직무특성(job characteristics)과 개인적 차이(individual differences)가 어떻게 상호 작용하여 개인의 직무만족, 동기유발, 생산성 등에 영향을 주는가를 설명하려는 이론이다. 이 이론은 매슬로의 욕구계층이론과 허즈버그의 직무재설계 및 내적 보상체제, 그리고 브룸의 기대이론을 직무설계이론으로 통합한 것이다.

직무특성이론의 모형은 [그림 4-10]과 같다.

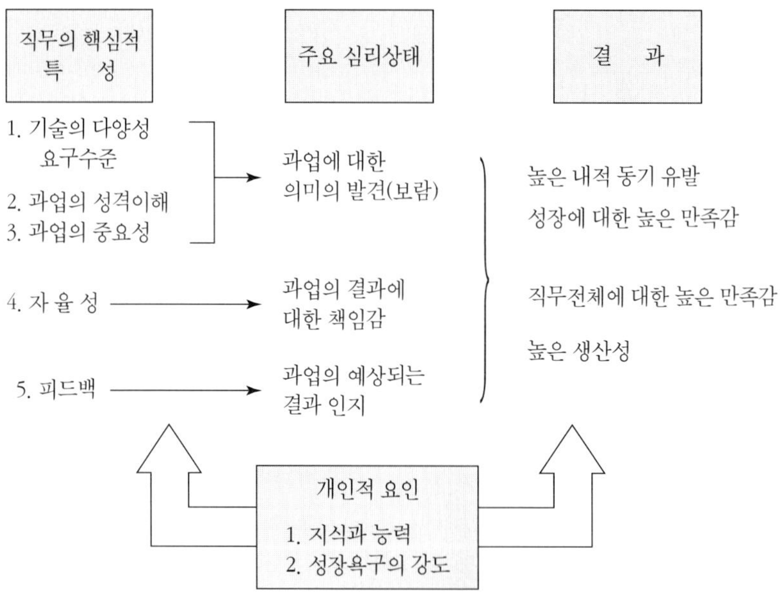

[그림 4-10] 직무특성이론 모형

*자료: J. R. Hackman(1983). Designing Work for Individuals and for Group. in J. R. Hackman, E. Lawler Ⅲ, L. Porter(Ed.), *Perspectives on Behavior in Organizations*. New York: McGraw-Hill, p. 243.

[그림 4-10]에서 보듯이 직무특성에 의해 주요 심리상태가 나타나고 이러한 심리상태가 결과를 가져온다. 주요 심리상태를 만들어 주는 데 작용하는 직무특성으로는 기술의 다양성 요구수준, 과업의 성격, 과업의 중요성, 자율성, 그리고 과업자체로부터의 피드백 등 5가지를 들고 있다. 이 이론에 따르면 직무의 5가지 특성은 객관적이고 측정할 수 있는 변인들로서 개인의 심리적 상태를 자극하여 동기를 유발한다는 것이다. 아울러 이 특성들은 개인적 요인인 지식과 능력 또는 개인의 성장욕구 등에 따라 변화될 수 있다.

첫째, 기술의 다양성 요구수준이다. 개인이 자신의 기능과 능력을 발휘할 수 있는 기회가 얼마나 많으냐와 관련을 가진다. 다양한 기술이 요구될 때 직무에 대한 보람은 더욱 커진다.

둘째, 과업의 성격이다. 개인이 수행하는 직무가 얼마나 정체성(identity)을 확보하고 있는지의 여부를 뜻한다. 직무가 전체과업 중에서 일부 만을 다룰 때 직무에 대한 보람은 전체를 다룰 때보다 적어지게 된다.

셋째, 과업의 중요성이다. 직무가 다른 사람의 행동에 영향을 주는 정도이다. 다른 사람에게 영향을 많이 끼칠 수 있을 때 직무에 대한 보람은 커진다.

넷째, 자율성이다. 개인에게 직무수행에 있어 자유재량권이 주어지는 정도이다. 자율성이 많이 주어지면 책임감도 커진다.

다섯째, 피드백이다. 개인이 행한 직무가 효과적인지 또는 그렇지 않은지에 대해 개인이 알고 있는 정도이다. 피드백이 잘 되어 있으면 결과에 대한 인지는 커진다.

심리적 상태는 바람직한 성과를 가져오게 하는 데 있어서 매우 중요한 요인으로서 보람, 책임감, 결과인지 등의 3가지가 있다.

첫째, 보람이다. 개인이 어떤 직무를 의미 있고 가치 있는 것으로 느끼는 정도이다.

둘째, 책임감이다. 자신이 수행한 직무의 결과에 대하여 느끼는 책임감의 정도이다.

셋째, 결과인지이다. 개인이 스스로 얼마나 효과적으로 직무수행을 했는지에 대해 알고 있는 정도이다.

이 이론은 간단히 말하면, 직무의 핵심적 특성으로부터 개인이 다음과 같은 심리적 상태를 갖게 될 때 과업을 성취하고자 하는 내적 동기가 유발된다는 것이다. i) 맡은 과업이 체험적으로 의미 있다고 느낄 때, ii) 과업의 결과에 대해 책임이 있다고 느낄 때, iii) 일의 결과에 대하여 일관성 있게 이해하고 확신할 때 내적 동기가 유발된다는 것이다.

해크만과 올드햄은 한 개인의 동기유발 수준을 계량화하여 MPS(motivating potential score)로 나타내었다.

$$\text{MPS} = \left[\frac{\text{다양하게 요구되는 능력} + \text{과업의 성격 이해} + \text{과업의 중요성}}{3} \right] \times \text{자율성} \times \text{피드백}$$

요컨대 직원의 MPS 점수가 증가하면 할수록 내적 작업동기유발, 높은 질의 성과, 직무만족, 낮은 이직률과 결근 등 성과가 증가한다는 것이다. 여기서 한 가지 유념해야 할 것은 개인적 차이를 인정하는 조절변인의 개념이다. 이 이론은 조절변인인 개인의 성장욕구의 개념을 도입하여 성장욕구가 강한 사람과 그렇지 않은 사람 간에 동기유발의 차이를 설명해 준다.

직무특성이론의 장점은 핵심적 직무특성 변인에 대한 측정이 비교적 용이하다는 점이다. 해크만과 올드햄(1975)은 직무진단 설문지(JDS: Job Diagnostic Survey)를 개발하였다. 그 이후 JDS를 이용한 많은 연구가 행해졌다. 첫 연구는 해크만과 올드햄(1976) 자신에 의해서 행해졌으며 연구결과는 이 이론을 지지하는 것으로 나타났다. 그러나 다른 연구의 결과는 지지하는 것도 있고 그렇지 않는 것도 있다.

지금까지 JDS를 사용한 연구는 많지만 이 이론의 타당성을 검증한 연구는 거의 없다. 그러나 이 이론도 제 문제점을 내포하고 있다. 지금까지 지적되고 있는 문제점들은 다음과 같다. i) 직무특성요인과 심리적 상태요인 간의 상관관계는 처음에 자신들이 주장했던 것만큼 높지는 않다. ii) 직무특성요인 간의 독립성이 약하다. 즉 이 모형은 직무특성 요인들이 상호 독립적이고 상관관계가 없는 것처럼 다루고 있으나 실제로 이 요인 중 어느 한 요인이 높으면 다른 요인도 높은 것으로 나타나고 있다. iii) 이 모형에서 사용되고 있는 피드백의 개념이 적절하지 않다. 즉 어떤 것이 직무에 기초한 피드백이고 어떤 것이 그렇지 않은 것인지 결정하기가 어렵다. iv) 객관적 직무특성 요인과 이 요인들에 대한 지각(perception)과의 관계가 분명하지 않다.

7) 귀인이론

많은 교과서에서 귀인이론을 동기유발이론의 범주에 넣어서 설명하지 않고 있으나 귀인이론도 그 내용상 동기유발이론으로 파악될 수 있을 것이라는 점에서 본 저서에서는 귀인이론을 동기이론으로 다루고자 한다.

귀인이론(attribution theory)은 관찰된 행동의 원인을 기술하는 일반적 법칙을 규명함으로써 인간행동에 대한 설명과 예측을 가능케 하려는 이론적 체계로서 최근에 주목을 끌고 있는 동기 이론이다.

귀인이론에 대하여 제 학자들의 견해를 살펴보면 다음과 같다.

켈리(Harold H. Kelly, 1967: 193)는 귀인이론을 사람들이 어떻게 인과론적 설명을 하며, '왜'로 시작되는 질문에 그들이 어떻게 대답하는가에 관한 이론이라 하였다. 여기에서 인과론적 설명, 혹은 '원인으로 돌리기(causal ascription)'란 성공과 실패에 대한 지각된 이유를 말한다. 따라서 귀인이론은 개인이 어떤 특정한 상황에서의 성취결과, 성공 혹은 실패에 대하여 그 원인을 무엇이라고 인식하느냐에 따라 그의 행동이 결정된다고 가정한다. 로터(Rotter, 1984)는 학업에 있어서는 물론 개인의 일상생활에서 일어나는 여러 가지 일에 대하여 그 책임 또는 원인이 무엇이라고 지각하는 것은 사람에 따라 다르다는 것을 일찍부터 주장하였다. 그는 어떤 활동의 결과가 자기의 능력이나 노력으로써 얻어진 것으로 믿는다면 그는 내적 귀인성향을 가진 사람이고, 그것이 운, 기회, 운명 혹은 강력한 타자의 작용에 의해서 획득된 것이라고 지각한다면 그는 외적 귀인성향을 소유한 사람으로 본다. 웨이너(B. Weiner, 1972: 3-25)는 성취를 위해 얼마만큼 노력하게 되느냐 하는 것, 그리고 그같은 노력을 통해서 앞으로 성취하리라 생각하는 기대의 수준은 학생들의 교실경험에 대한 귀인적 결론에 의해 상당히 많은 영향을 받는다. 즉 어떠한 학습활동을 한 후 그 결과에 대해 학생들은 정의적인 반응을 하게 되며 그들의 수행에 대한 결과를 설명하기 위한 원인을 생각하게 되는데, 이 같은 귀인은 그 이후의 유사한 과제에 대한 기대수준이나 태도에 변화를 가져오는 한 요인으로 보았다.

따라서 귀인이론이 시사하는 바는 학교학습에서의 성공과 실패에 대하여 그 원인을 무엇이라고 지각하느냐에 따라 후속되는 학업적 노력, 정의적 경험 미래학습에서의 성공과 실패에 대한 기대 등이 상당히 달라진다는 것이다. 그러므로 학습자가 성취결과에 대한 원인을 무엇이라고 지각하고 있는지를 알면 그의 미래의 학업성취도를 예측할 수 있고, 나아가서 학습자의 인과적 귀인을 바람직한 요인으로 변경시키면 미래의 학업성취도를 증진시킬 수 있다는 것이다.

학습자들은 자신들이 경험해 온 학교 성적의 성공과 실패를 주로 능력, 노력, 과제

곤란도, 운 등 네 가지 원인으로 설명하려고 한다. 하이더(F. Heider, 1958) 및 웨이너(B. Weiner, 1984)는 이들 원인들을 원인의 소재, 안정성, 통제 가능성의 세 가지 차원에 따라 분류하고 있다.

첫째, 원인의 소재 차원이란 원인을 학생 자신의 내부에서 찾느냐 외부에서 찾느냐의 문제로서 내적-외적 차원으로 특징지어진다. 구체적 예를 들면, '능력'과 '노력'은 학습자 자신에게 발생된 것이기 때문에 내적 요인으로 분류되고, '과제곤란도'와 '운(재수)'은 학생의 외부에서 발생된 것이기 때문에 외적 요인으로 분류된다.

둘째, 원인의 안정성 차원은 찾아진 원인이 시간이 경과되거나 상황이 바뀌어도 비교적 항상성을 띠는 안정적인 것이냐, 아니면 때와 장소에 따라 수시로 변화될 수 있는 불안정적인 것이냐의 문제로서 안정적-불안정적 차원으로 특징지어진다. 실례를 들면, '능력'과 '과제곤란도'는 시간과 상황이 변해도 의미 있게 변하지 않기 때문에 안정적 요인으로 분류되고, '노력'과 '운(재수)'은 상황과 시간에 따라 변할 수 있기 때문에 불안정한 요인으로 분류된다.

셋째, 원인의 통제 가능성 차원은 찾아진 원인이 학생의 의지에 의해 통제될 수 있느냐, 아니면 통제될 수 없느냐의 문제로서 통제 가능-통제 불가능 차원으로 특징지어진다. 예를 들면, '노력'은 통제 가능요인으로, '능력'과 '과제곤란도' 및 '운(재수)' 등은 통제 불가능 요인으로 분류된다.

앞의 내용을 요약하면, '능력'은 내적 · 안정적 · 통제 불가능한 원인이고, '노력'은 내적 · 불안정적 · 통제 가능한 원인이며, '과제곤란도'는 외적 · 안정적 · 통제 불가능한 원인이다. '운(재수)'은 외적 · 불안정적 · 통제 불가능한 원인이다. 귀인이론을 학교 학습과 관련하면 동기가 중요함을 알 수 있다. 예컨대, 내적-외적 차원은 자신감, 자존심, 죄책감, 수치감과 밀접한 관련이 있는 것으로 보인다. 만일 성공이나 실패를 내적 요인의 탓으로 돌린다면 성공은 자부심과 동기증진을 가져올 것이지만 실패는 수치감을 가져올 것이다. 만일 성공이나 실패를 외적 요인의 탓으로 돌린다면 성공은 감사의 결과를 수반할 것이지만 실패는 분노의 결과를 수반할 수 있다(신재흡, 김희수, 2005).

제4절 동기이론의 통합모형

지금까지의 논의를 토대로 동기이론의 통합적 틀을 모색해 보고 이것이 교육행정가에게 주는 시사점을 파악하고자 한다(이군현, 1999). 동기이론의 통합모형은 [그림 4-11]과 같다.

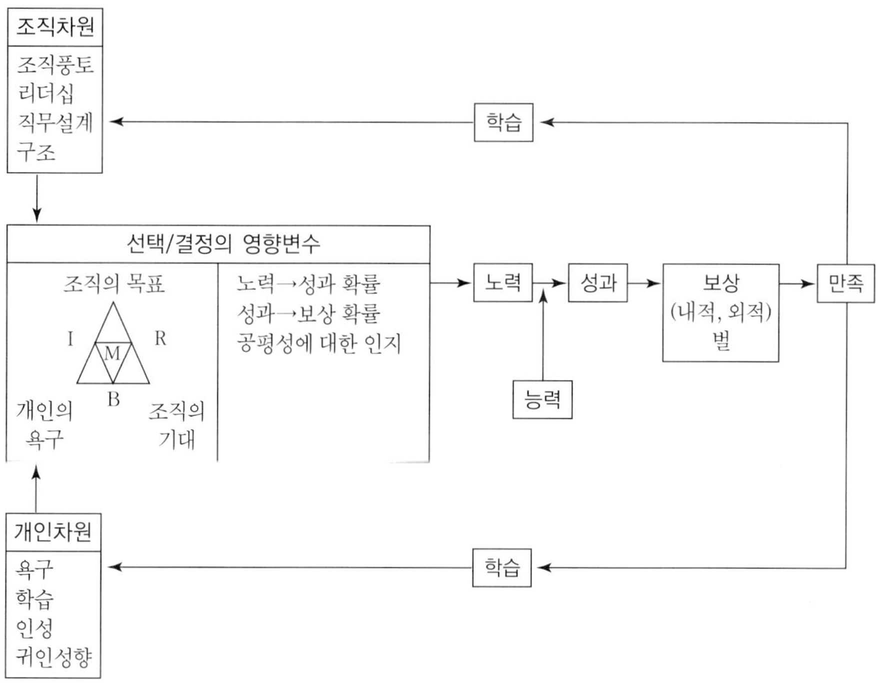

[그림 4-11] 동기이론의 통합모형

[그림 4-11]에서 살펴본 바와 같이, 이 통합모형은 앞에서 소개되었던 모든 이론을 통합하지는 못하지만 비교적 다양한 이론들을 이용하여 통합을 시도하고 있다. 동기이론의 통합모형을 구체적으로 설명하면 다음과 같다. ⅰ) 이 모형의 핵심은 선택/결정의 영향변인과 노력이다. 선택/결정의 영향변인의 내용은 크게 두 가지로 나누어 볼 수 있다. 먼저 조직목표와 개인의 욕구, 조직의 기대 사이의 함수가 사기(morale)를 결정한다는 내용이 여기에 포함되어 있다. 구체적으로 살펴보면, 조직목표와 개인욕구의 일치 정도를 의미하는 I(Identification), 조직목표와 조직기대의 일

치 정도를 나타내는 R(Rationality), 그리고 개인욕구와 조직의 기대와의 일치 정도를 나타내는 B(Belongingness)의 역동적 과정에 따라 조직구성원의 사기가 결정된다는 것이다. 이러한 I, R, B의 점수가 높을수록 조직구성원의 사기가 높을 것이다. 예를 들면, 개인욕구와 조직목표가 일치하지 않는다면 개인은 괴로워할 것이며, 이를 어떻게든 해결해야만 하는 부담이 남는다. 아울러 선택/결정의 영향변인에는 노력이 성과에 연결될 수 있는 확률(수단성), 성과가 보상에 연결될 수 있는 확률(수단성), 그리고 공평성에 대한 인지의 내용이 포함되어 있다. 앞서 기대이론이나 공정성이론에서 살펴보았듯이 이들의 수단성이 높을수록, 공평하게 인지할수록 동기유발이 잘될 것이다. 이러한 선택/결정의 영향변인은 개인의 특성과 조직차원의 변인에 영향을 받는다. ii) 이러한 선택/결정의 영향변인에 영향을 주는 변인으로는 개인적 특성과 조직적 차원의 변인이 있다. iii) 노력은 개인의 행동이 나타날 때 발현되는 일종의 에너지이다. 이러한 노력은 개인의 특성, 조직차원의 변인, 선택결정의 영향변인에 의해 결정된다. iv) 노력이 성과에 연결되는 데에는 개인의 능력이 중요한 조절변인이 된다. 개인이 아무리 하고자 하는 동기가 있어서 노력을 많이 한다 할지라도 능력이 없다면 성과가 미비할 것이다. v) 성과를 바탕으로 주어진 보상이나 벌은 만족에 영향을 준다. 보상은 내적 보상과 외적 보상을 모두 포함한다. vi) 이러한 만족은 하나의 학습과정을 통하여 다시 개인적 특성, 조직적 변인, 선택/결정의 영향변인에 환류과정으로서 영향을 준다.

그리고 이 모형이 교육행정가에게 시사하는 바는 다음과 같다.

i) 교사들의 개인목표나 욕구가 조직의 목표와 일치했을 때 동기유발이 잘 될 수 있다는 것이다. 이것은 학교조직의 경우 조직의 목표는 학생들을 좋은 대학에 많이 입학시키는 것인 반면, 대부분의 교사들은 학교의 목표는 학생들에게 지 · 덕 · 체를 길러 주어야 한다고 생각하므로 교사의 동기유발에 큰 걸림돌이 될 수 있다는 것을 유추해 볼 수 있게 한다. 이러한 문제를 해결하기 위해서는 결국 교육행정가와 정책입안자들이 조직목표 수정을 통한 교사들의 동기유발에 대해 확고한 의지와 이를 실행할 수 있는 힘이 중요하다고 여겨진다. ii) 교육행정가는 조직구성원들의 개인차를 인식하는 것이 중요하다. 이를 위해서는 개인의 태도, 귀인성향, 성격 특성, 능력 등을 잘 알아야 한다. 교육행정가가 이러한 개인차를 인식하여 각자에 맞는 다양한 보상을 활용한다면 교사는 자신의 재능을 보다 잘 발현할 것이다. iii) 교육행정가는

동기이론을 사용하여 동기유발을 시킬 때는 개인적 특성뿐만 아니라 조직적 차원의 변인들도 고려하여야 한다. 조직문화나 직무설계 등에 대한 이해는 구성원의 동기유발 시 염두에 두어야 할 사항들이다. iv) 보다 장기적인 관점에서 본다면 교육행정가는 개인의 욕구나 목표와 직무만족에 많은 관심을 가져야 한다. 현재까지 동기유발에 대한 대부분의 이론들은 조직의 목표를 달성하기 위해서 개인의 동기를 유발시켜야 한다는 관점에 치우친 감이 많다. 그러나 단기적인 효과만이 아니라 장기적인 효과를 기대한다면 이러한 답은 구성원의 직무만족에서 찾아야 할 것으로 생각된다.

제5절 학교조직에서 교직원들의 동기유발

학교조직의 특성들도 시대적 변화에 따라 달라지고 있다. 예를 들면, 지금까지 온상조직으로서 학교의 존립 자체는 별로 위험을 받지 않았으나, 수요자 중심체제로의 전환과 학부모 및 학생들의 학교선택권과 담임선택권, 그리고 학교장과 교사초빙제의 확대 등으로 인하여 총체적인 변화를 겪고 있다. 시장경제원리와 자유경쟁체제의 도입으로 학교도 얼마든지 통폐합되거나 폐교된 수 있게 되었다. 그러면서도 학교는 느슨하게 결합된 이완조직이며 교육전문가 집단이다. 학교는 더 이상 62세까지 정년이 보장되는 안정된 직장이 아니다. 무능하거나 직무수행을 게을리하면 얼마든지 중도에 퇴출될 수도 있다. 국민들은 점점 학교경영의 투명성을 요구하고 그 경영효과를 따지려고 하고 있다.

이처럼 주위로부터의 압력이 거세어질수록 학교의 분위기는 가라앉고, 학교장의 권한은 축소되고, 교사들의 사기는 형편없이 땅에 떨어지고 있다. 이를 극복하고 교직원들의 동기를 유발하기는 결코 쉬운 일이 아니지만 반드시 불가능한 것도 아니다.

서지오바니와 스타래트(T. J. Sergiovanni & R. J. Starratt, 1993)는 교사들의 높은 효능감이 학생들의 학업성취도를 높이는 지름길이며, 그러한 교사들의 높은 효능감, 동기, 헌신성은 조장적인 학교풍토, 협동적이고 참여적인 의사결정방식, 학교 조직문화 등에서 비롯된다고 보고 [그림 4-12], [그림 4-13]과 같이 그 관계를 설명하고 있다.

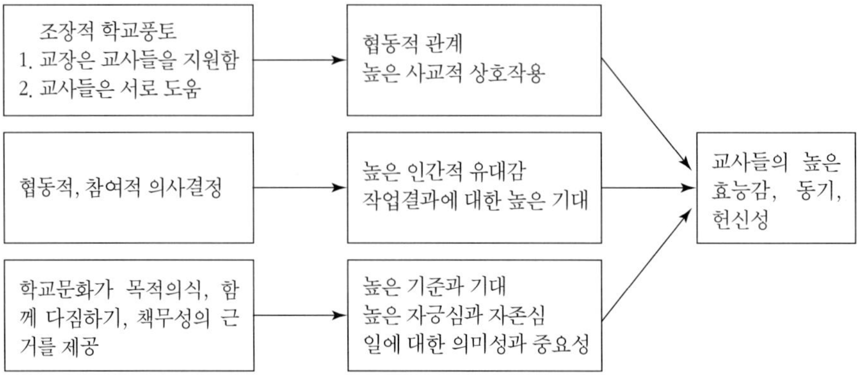

[그림 4-12] 교사의 효능감, 동기, 헌신성에 영향을 미치는 요인들

*자료: Sergiovanni, T. J. & Starratt, R. J.(1993). *Supervision: A Redefinition*(5th ed.). New York: McGraw-Hill, Inc, p. 70.

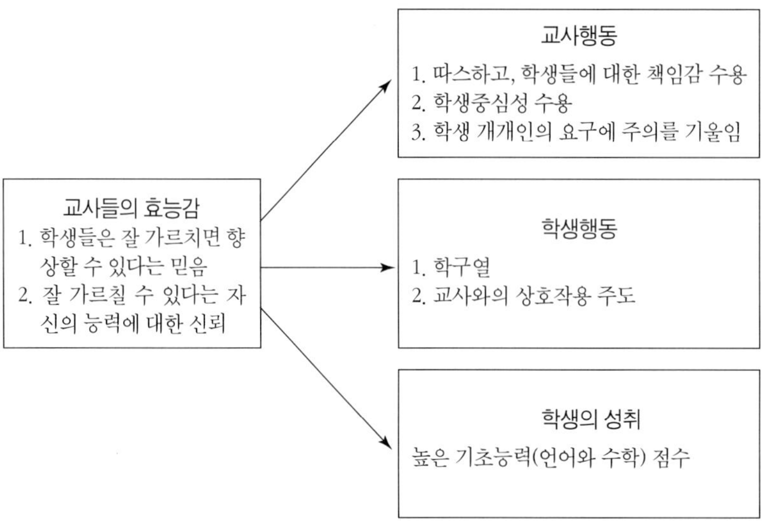

[그림 4-13] 교사들의 효능감이 교사행동, 학생행동 및 학생들의 학업성취에 미치는 영향

*자료: Sergiovanni, T. J. & Starratt, R. J. (1993). *Supervision: A Redefinition*(5th ed.). New York: McGraw-Hill, Inc.

'군자(君子)는 지기자위사(知己者爲死)' 란 말이 있다. 이 말은 '사람이란 자기를 알아주는 사람을 위해서 죽는다.' 라는 의미이다. 결국 인간이란 자기를 알아주는 사람을 위해서 신명을 바쳐 일한다는 뜻이다. 학교에서도 교직원들의 동기를 유발하려면 그들 개개인을 존중하고, 그들이 상사로부터 인정받고 있음을 알게 해야 한다. 실수에 관대하고, 인간적으로 대우하며, 자율권을 강화하여 믿고 맡기는 경영자의 자세가 필요하다. 이 말은 교직원들로 하여금 신명나게 일할 수 있도록 신바람을 불러일으켜야 한다는 것이다. 이러한 신명은 신바람을 일으키는 조직문화를 형성함으로써 가능하다.

결론적으로 교직원들의 동기를 유발하려면 학교장은 경영자가 아닌 좋은 리더가 되어야 한다. 좋은 리더의 조건은 리더십에서 구체적으로 언급하고 있지만 무엇보다도 교직원들을 수단이 아닌 목적으로서의 인격체로 간주하고 교육전문가로 인정하고, 그들에게 힘을 실어 주며, 의사결정과정에 적극적으로 참여시켜야 한다는 서지오바니와 스타래트(T. J. Sergiovanni & R. J. Starratt, 1993)의 충고를 받아들일 필요가 있다.

쿡(M. J. Cook, 1997)도 좋은 리더란 뒤에서 밀기보다는 앞에서 솔선수범으로 이끌어 주며, 복종을 강요하지 말고 설득하며, 교직원들과 승리와 패배를 함께 한다고 주장했다. 말을 물가에 끌고 갈 수는 있지만 억지로 물을 먹일 수는 없다란 평범한 진리를 명심해야 할 것이다(윤종건, 1999).

제6절 동기이론의 시사점

인간은 물질에 의하여 동기화되지만, 어떤 교직원은 물질에 대하여 그렇게 관심을 갖지 않는다. 교직원의 행위를 효과적으로 변화시키려면 동기가 단순한 물질적 관점이 아니라 매우 복잡한 것임을 이해해야 한다. 동기는 인간의 과업성취를 위한 자발적인 활동을 유발하고 유지하는 복잡한 힘으로 구성되어 있다.

이러한 동기에 대하여 제 이론이 제시되고 있다. 내용이론은 동기요인으로 행위를 활성화하고, 지시하고, 유지하고, 종료하는 인간의 내적 요소로 본다. 그러나 행정실제에 적용할 때에는 개인들 간의 욕구, 소망, 목적 등이 서로 다름을 이해하여야 한다. 과정이론은 인간의 행위가 활성화되고, 지시되고, 유지되고, 종료되는 방법을 묘사하고 설명한다. 그리고 실제에 적용할 때에는 동기화의 과정을 이해하고, 개인의 선호 · 보상 · 성취에 근거하여 선택하는 방법을 이해하여야 한다.

동기이론에 근거하여 학교행정가들이 교직원들의 동기를 관리할 때 고려해야 할 사항은 다음과 같다(권기욱 외, 2000; Lynn I. Lehman, 1989). i) 교직원의 동기를 높이고, 과업을 효과적으로 성취하기 위하여 동기관리의 역할을 능동적으로 수행하여야 한다. 동기를 개선하려는 활동이 성공하려면 새로운 지식과 기법을 습득하고 교직원을 동기화 하는 과업에 책임감을 갖고 임해야 한다. ii) 행정가는 교직원의 과업을 효과적으로 성취하였을 때, 바라는 보상과 효과적인 보상이 개인에 따라 차이가 있음을 이해하여야 한다. 이러한 개인 간의 차이를 고려하여 적절한 보상을 제공하여야 한다. iii) 보상을 제공할 때에는 보상이 주어지는 이유가 명확하게 인식되도록 하고, 보상과 보상을 받게 한 행동 간의 관계성을 명확히 해야만 보상받는 행동이 계속 유지될 확률이 높아진다. iv) 개인에게 제공되는 보상은 균형을 유지하여야 한다. 개인의 실적과 보상 사이에 균형이 이루어져야 한다. 특히 보상의 불균형은 교직원의 불만을 야기할 수 있다. v) 동기화를 효과적으로 수행하려면 조직 및 조직구성원의 특성 등을 고려하여 상황에 적합한 기법이 적용되어야 한다. 모든 조직 상황에 동일하게 효과적인 동기화의 방법은 없기 때문이다. vi) 학교행정가들은 교직원들의 동기를 개선하는 데 가장 필요한 것은 학교 내의 작업환경 전반에서 어떠한 현상이 일어나고 있는지를 신속하게 파악하고, 이 가운데 중요한 요인에 대해서 충분한 주의를 기울일 수 있는 능력이다. 특히 학교 환경의 독특한 풍토를 이해하는 일이 중요하다. 그리고 다양한 공식적 혹은 비공식적 집단의 영향, 지도자의 행동 유형과 이의 효율성, 그리고 대중매체 및 구성원 상호 간의 의사소통 과정 등에 대해서 정확한 이해력을 지녀야 할 것이다. vii) 행정가가 동기를 효율적으로 개선하기 위해서는 동기에 관한 여러 이론들과 제 연구결과들을 적극적으로 이해하려고 하고, 이 결과로부터 실무적인 시사점을 얻으려는 전문가적 태도를 지녀야 한다. viii) 동기이론이나 동기화 기법을 효과적으로 적용하려면 사회 환경, 조직 및 조직구성원의 특성을 고려해서 사태에 알맞은 방법을 선별해야 한다. ix) 동기화 방안으로 실무에 적용되는 내용들을 살펴보면 현재까지는 조직구성원의 개인 목표보다 조직목표의 달성에 치중된 감이 없지 않다. 그러나 단기간의 효과만이 아니라 장기적 효과를 기대하려면 동기화 방안의 기본은 직무의 훌륭한 수행뿐만 아니라 조직구성원의 만족을 함께 고려하는 조직의 성실성이다. 그리고 조직의 이러한 성실성이 조직구성원들에게 전달되어야만 어떠한 동기화 기법도 효과를 거둘 수 있을 것이다. 특히 학교조직에 있어서 교직원에 대한 적절한 동기유발은 결과적으로 학생들의 학업성취 동기로 이어지게 되므로 교직원의 동기유발은 대단히 중요하다.

또한 교사의 동기유발을 위해서는 다양하고 상황에 적절한 학교행정가의 지도성이 발휘되어야 할 것이다. i) 교사는 전문적 집단이다. 전문적 집단은 자율성을 근간으로 한다. 자율에 대한 욕구는 자기통제, 자기결정, 자기통치의 원리에 근거를 두고 있다. 학교경영자는 자율적이고 개방적인 풍토 속에서 교사들의 전문적 능력이 신장되고 창출될 수 있도록 자율적이고 개방적인 풍토조성에 노력해야 한다. ii) 경제적 보상이나 직무조건 등의 외적 보상 그리고 규제나 통제 등의 관리방식을 지양하고 자아의 만족, 자아의 실현 등 내적 보상을 얻을 수 있도록 관심과 노력을 기울여야 할 것이다. iii) 학교행정가는 교사들로 하여금 자기발전에 대해 관심을 가지고 성취 욕구를 추구할 수 있도록 자극과 도전의 기회를 제공해야 한다. iv) 교사의 참여의식을 높일 수 있도록 해야 한다. 학교행정과 교수활동 전반에 대한 의사결정에 참여할 수 있을 때 교사들의 직무의욕은 높아질 것이다. v) 학교행정가는 민주적이고 자율적인 풍토 속에서 교사들의 공식 및 비공식 활동들이 활발하게 이루어질 수 있도록 노력해야 한다. vi) 교사 개개인에 대한 관심과 이해를 바탕으로 상황에 맞는 동기부여 방법이 활용되어야 할 것이다. 즉 다양한 환경 변화와 치열한 경쟁 속에서 교사들의 욕구 또한 더욱 복잡해질 것이다. 학교교육의 생존을 위해서는 교사들이 급격히 변하는 시대적 상황에 창조적으로 적응할 수 있도록 학교행정가로서의 지도성을 갖추어야 할 것이다.

참고문헌

권기욱, 조남두, 유현숙, 오영재, 조남근, 최창섭 외(2000). **교육행정의 이해**. 서울: 원미사.
박성식(1998). **교육행정관리론**. 서울: 학지사.
박수연, 박정애(2000). **교육조직론**. 서울: 교육과학사.
신재흡, 김희수(2005). **교육심리학**. 서울: 박학사.
윤정일, 송기창, 조동섭, 김병주(2001). **교육행정학원론**. 서울: 학지사.
윤종건(1999). **21세기의 학교조직 경영론**. 서울: 원미사.
이군현(1999). **교육행정 및 경영**. 서울: 형설출판사.
조성일, 신재흡(2004). **21C 정보 및 지식기반사회에서의 장학행정 이론과 실제**. 서울: 학이당.

주삼환(1974). Herzberg의 동기-위생이론에 관한 가설 검증. 서울대학교교육대학원 석사 학위논문.

한국교육행정학회(1995). **교육조직론**. 서울: 도서출판 하우.

Alderfer, Clayton P.(1969). An Empirical Test of a New Theory of Human Needs. *Organizational Behavior and Human Performance*(May), 142-175.

Argyris, C.(1957). "Personality and Organization Theory Revisited". (S. Altman and R. M. Hodgettz(eds.). (1979)에서 재인용함.

Bockman, Valerie M.(1971). The Herzberg Controversy. *Personnel Psychology, 24,* 155-189.

Campbell, John P. et al.(1970). *Managerial Behavior. Performance and Effectiveness.* New York: McGraw-Hill.

Campbell, Donald J.(1982). Determinants of Choice of Goal Difficulty Level: A Review of Situational and Personality Influences. *Journal of Occupational Psychology*, Vol. 55.

Cook, M. J.(1997). *Motivation People.* New York: Macmillan Spectrum/Alpha Books.

Davis, Keith(1967). *Human Relation at Work: The Dynamics of Organizational Behavior.* New York: McGraw-Hill.

George, J. M., & Jones, G. R.(1998). *Understanding and Managing Organizational Behavior*(2nd ed.). Addision-Wesley. Reading, Massachusetts.

Hackman, J. R., & Oldham, Greg R.(1975). Development of the Job Diagnostic Survey. *Journal of Applied Psychology. 60,* 159-170.

Hackman, J. R., & Oldham, Greg R.(1976). Motivation through the Design of Work: A Test of a Theory. *Organizational Behavior and Human Performance. 16,* 250-279.

Hackman, J. R., & Oldham, Greg R.(1980). *Work Redesign.* MA: Addison-Wesley.

Heider, F.(1958). *The Psychology of Interpersonal Relations.* New York: Wiley.

Herzberg, F.(1964). The Motivation-hygiene Concept and Problems of Manpower. J. M. Shafritz and A. C. Hyde(Eds.)(1978)에서 재인용함.

Herzberg, F.(1982). *The Managerial Choice: To be Efficient and to be Human.* Salt Lake City, UT: Olympus.

Hoy, W. K., & Miskel, C. G.(1991). *Educational Administration: Theory, Research and Practice*(3rd ed.). New York: McGraw-Hill, Inc.

John, Gray(1983). *Organizational Behavior: Understanding Life at Work.* Glenview, IL: Scott, Foresman.

Kelly, Harold H.(1967). Attribution Theory in Social Psychology. In D. Levine(Eds.), *Nebraska Symposium on Motivation*. Vol. 15. University of Nebraska Press, Lincoln, 193.

Lehman, Lynn I.(1989). Practical Motivational Strategies for Teacher Performance and Growth. *NASSP Bulletin, 73*, 76-80.

Locke, Edwin A., Cartledge, Norman & Knerr, Claramae S.(1970).Studies of the Relationship Between Satisfaction, Goal-Setting, and Performance. *Organizational Behavior and Human Performance*, 5, 135-139.

Locke, Edwin. A., & Gary P. Latham(1989). *A Theory of Goal Setting and Task Performance*. Englewood Cliffs, New Jersey: Prentice-Hall.

Luthans, Fred(1998). *Organizational Behavior*(8th ed.), Irwin-McGrawhill. Boston, Massachusetts.

Maslow, A. H.(1954). *Motivation and Personality*. New York: Harper and Row, Publishers.

Maslow, A. H.(1970). *Motivation and Personality*(2nd ed.). New York: Harper and Row, Publishers, Inc.

McGregor, Douglas(1960). *The Human Side of Enterprise*. New York: McGraw-Hill.

Middlemist, D. R., & Hitt, M. A.(1988). *Organizational Behavior: Managerial Strategies for Performance*. St. Paul, MN: West Publishing Co.

Miner, John B.(1988). *Organizational Behavior: Performance and Productivity*. New York: Random House.

Murray, Edward J.(1965). *Motivation and Emotion*. Englewood Cliffs, New Jersey: Prentice-Hall.

Porter, Lyman W., & Lawler, Edward E.(1968). *Managerial Attitudes and Performance*. Homewood, I 11.: Richard. Irwin.

Schmidt, G. L.(1976). Job Satisfaction among Secondary School Administrators. *Educational Administration Quarterly, 12*.

Sergiovanni, T. J.(1967). Factors which Affect Satisfaction and Dissatisfaction of Teachers. *The Journal of Educational Administration, 5*, 66-82.

Sergiovanni, T. J., & Starrat, R. J.(1993). *Supervision: A Redefinition*(5th ed.). New York: McGraw-Hill, Inc.

Smith, P., & Cranny, C.(1968). Psychology of Men at Work. *Annual Review of Psychology*, Vol. 19, 469-477.

Steers, R. M., & Porter, L. W.(1979). *Motivation and Work Behavior*(2nd ed.). New York: McGraw-Hill.

Steers, R. M.(1984). *Introduction to Organizational Behavior*(2nd ed.). Scott, Foreman and Company.

Szilargyi, Andrew D. Jr., & Wallace, Marc J. Jr.(1990). *Organizational Behavior and Performance*. Glenview, I 11.: Scott, Foresman.

Vinacke, W. E.(1962). Motivation as a Complex Problem. In M. R. Jones(Ed.), *Nebraska Symposium on Motivational*. Lincoln, Nebraska: Nebraska University Press, 3.

Vroom, Victor H.(1964). *Work and Motivation*. New York: John Wiley & Sons.

Weiner, B.(1984). *Human motivation*. New York: Hole, Rinehart & Winston.

제5장 조직개발

변화하는 환경에 능동적으로 대처하고 조직효과성을 높이기 위해서는 조직구조나 관리방식의 변화도 중요하지만, 무엇보다도 중요한 것은 조직구성원 각자의 의식과 태도의 변화이다. 이와 같이 구성원의 의식과 태도의 변화를 위하여 행동과학적으로 접근한 관리기법이 조직개발(organization development)이다. 조직개발이란 조직구성원들이 변화하는 환경에 효과적으로 대처하고, 보다 나은 능력을 발휘할 수 있는 조직 분위기를 통하여 조직효과성을 달성하고자 하는 것이다. 이를 위하여 행동과학의 제 기법과 지식을 활용하여 조직의 목적과 개인의 성장의욕을 결부시켜 인간의 잠재력을 최대한으로 개발함으로써 조직 전체의 변화 발전을 도모하려는 노력이 요구된다. 조직개발은 의식적인 개입을 통해 조직 전체의 임무수행을 효율화하려는 계획적이고 장기적인 변화과정으로서, 최고 경영자의 지원과 전문적인 변화 촉진자의 도움을 필요로 한다.

따라서 이 장에서는 조직개발-조직개발의 도입배경, 조직개발의 특성, 조직개발의 목적, 조직개발의 과정, 조직개발의 기법-조직개발과 지도자의 역할, 조직변화의 저항과 극복방안 등에 대해서 고찰하기로 한다(남정걸, 1998; 이군현, 1999).

제1절 조직개발

1. 조직개발의 도입배경

조직개발을 조직들이 도입하게 된 가장 중요한 배경은 내·외적 환경변화에 따른 환경 적응을 위하여 조직의 상황과 관리전략을 변화에 적응시키는 문제, 조직의 문화적 규범을 변혁시키는 문제, 개인 간의 협력 관계를 개선하는 문제 및 조직구성원의 동기유발 기술을 변혁하는 문제 등 다양한 필요성에 의해서다.

2. 조직개발의 특성

오웬스(R. G. Owens, 1995: 222-229)는 조직개발의 특징과 관련하여 열 가지의 개념을 다음과 같이 제시하고 있다.

첫째, 조직개발의 목적이다. 조직개발의 일차적 목적은 조직 자체의 기능을 향상시키는 데 있다. 조직의 생산성과 효과성의 증대는 구조, 과업, 기술, 구성원, 목적 등에 관해서 얼마나 질 높은 의사결정을 할 수 있느냐의 조직능력에 주로 달려 있다. 이를 위해서는 조직구성원들을 보다 효과적으로 의사결정과정에 참여할 수 있도록 기회를 극대화하는 과업 지향적 문화를 형성해야 한다. 물론 조직개발의 새로운 프로그램이나 교육과정을 채택하고, 조직의 구조를 바꾸며, 새로운 목적을 수용하도록 유도하는 것만으로 일시에 학교 조직효과성이 개선되는 것은 아니다. 조직개발을 통해 특정 프로그램이나 대인관계 기술 등의 분야에서 변화가 일어난다고 해서 이것만으로 규칙, 기대, 전통, 습관과 같은 이미 확립되어 있는 규범을 효과적으로 변화시키기에는 충분하지 않는 것 같다.

둘째, 체제 갱신이다. 조직개발은 조직 내에서 소멸지향성(entropy)이 불가피하다는 개념을 수용하지 않는다. 즉 조직은 자신의 능력을 신장시키고 변화에 적응하며, 목표 성취를 증대시킬 수 있는 자아갱신의 특성을 가지고 있다. 이러한 관점에서 보면 조직은 변화나 위기에 대해서 피동적으로 반응하는 존재가 아니라 변화를 주도하고, 환경에 영향력을 행사하며, 새로운 사태에 적응할 수 있는 능력을 가진 존재인 것이다. 자아갱신은 생명력과 창의력을 증대시킴으로써 체제에 활력을 불어 넣어 준다.

셋째, 체제접근이다. 조직개발은 조직을 복잡한 사회 기술적 체제로 개념화한다. 조직에 대한 이러한 관점은 조직체제의 전체성과 그것을 구성하는 하위체제(인간, 구조, 과업, 기술)의 역동적 상호 관련성을 강조한다. 변화가 장기간 효력을 지속하기 위해서는 체제 전체를 변화시켜야 한다. 하위체제나 부분만의 변화로는 큰 효과를 기대하기 어렵다.

넷째, 인간중시이다. 조직개발은 조직 내의 구조, 과업, 기술 측면보다는 인간에 대해 보다 많은 관심을 둔다. 구체적으로 말하자면, 구성원들의 행동에 영향을 미치는 조직문화가 중점적으로 다루어진다. 태도, 가치, 감정, 그리고 의사소통의 개방성이 조직개발의 주요 관심사이다.

다섯째, 교육을 통한 변화이다. 조직개발은 교육을 통해서 조직구성원들의 행동을 의미 있게 변화시킴으로써 조직의 자아갱신을 촉진시킨다. 여기서의 교육은 전통적인 현직교육, 즉 지식획득에 초점을 맞추고 학습자를 피동적인 지식 습득자로 간주하는 그러한 교육과는 전적으로 다른 것이다. 조직개발 측면의 교육은 조직의 풍토와 문화를 형성하는 데 영향을 미치는 요소에 주요 초점을 맞춘다. 구성원들이 조직 내에서 자신의 역할에 대해서 어떻게 느끼고, 동료에 대해서 가지는 태도와 기대는 어떠하며, 그리고 대인관계의 질에 영향을 미치는 요인은 무엇인가와 관련을 가지는 역동적인 조직 변인이 관심의 대상이 된다. 조직개발은 조직의 규범을 변화시키기 때문에 규범적 및 재교육적 변화전략에 해당한다.

여섯째, 경험을 통한 학습이다. 조직개발에 있어 학습은 경험학습을 토대로 한다. 즉 '행함으로써 배운다'는 원리가 조직개발 과정에서 그대로 적용된다. 학습은 가설적 상황에서가 아니라 실제 경험 속에서 이루어진다. 구성원들은 조직의 기능과 관련해서 거리낌 없이 질문하고, 문제를 제기하도록 요청받는다. 그리고 이러한 경험을 통해서 그들은 직접 통찰을 이끌어 내고 학습을 한다.

일곱째, 실제문제의 처리이다. 조직개발은 현존하는 시급한 문제를 해결하기 위해서 적용된다. 가상적 문제는 조직개발의 대상이 되지 않는다. 지도성의 위기, 조직 효과의 저하, 갈등의 심화, 여건의 급격한 변화 등이 실제적인 문제 상황이 될 수 있다.

여덟째, 계획된 전략이다. 조직개발을 위한 노력은 체계적으로 계획되어야 한다. 조직개발에는 많은 활동과 기술이 광범위하게 사용되지만, 그 자체만으로는 조직개발이 되지 않는다. 조직개발은 계획적인 변화의 한 형태이다. 따라서 목표가 설정되고, 이 목표를 달성하기 위한 계획이 수립되어야 한다. 계획은 대상, 일정, 소요 자원 등을 고려하여 구체적으로 작성되어야 한다. 또한 계획은 조직의 특수한 여건이나 상황에 적합하도록 설계되어야 한다. 그러나 계획의 중요성을 강조한다고 해서 이것이 계획의 경직성을 의미하는 것이 아님을 유의해야 한다.

아홉째, 변화촉진자이다. 조직개발의 과정에 참여해서 중요한 역할을 수행하는 사람이 변화촉진자이다. 변화촉진자는 적어도 초기 단계에서 매우 구체적인 역할을 수행한다. 사실상 조직개발은 유능한 변화촉진자가 없이는 불가능하다. 조직개발 프로그램을 설계하고 수행하는 데 있어 도움을 주는 전문가를 일반적으로 '상담자(consultant)'라고 한다. 상담자의 자질과 능력, 그의 역할과 기능, 구성원들과의 관계가 어떠냐 하는 것은 조직개발의 성패를 좌우하는 매우 중요한 요인들이다. 또한 상담자는 외부에서 초빙될 수도 있다. 아니면 조직 내부에 자체적으로 확보되어 있는 경우도 있다.

열 번째, 최고 관리층의 참여이다. 체제의 다른 부분에 영향을 미치지 않은 채 어느 특정 부분만을 변화시킬 수는 없다. 경영층이 변화의 과정에 참여하지 않는 상태에서 조직 전체를 변화시킬 수는 없다. 심지어 조직의 변화는 교사들에게 영향을 미치는 행정가들과는 무관하다는 잘못된 생각을 가지고 있는 경우도 없지 않다. 조직의 모든 하위체제가 적절하게 연계성을 가질 수 있도록 하기 위해 행정가들은 조직개발 과정에 적극적으로 참여하는 동반자가 되어야 한다. 계획적인 변화에 있어서 핵심인물은 행정가임을 잊어서는 안 된다.

3. 조직개발의 목적

조직개발의 목적은 바람직한 상태로 변화시키는 것으로 조직개발이 추구하는 바람직한 변화란 조직의 효과성을 증진하는 것이다.

조직개발의 목적을 실현하기 위한 하위목적 또는 조작적 목적으로서 흔히 열거되고 있는 것을 보면 다음과 같다(W. L. French, 1969). i) 조직구성원의 신뢰와 지지를 향상시킨다. ii) 집단 내의 문제나 집단 간의 문제를 회피 또는 은폐하지 않고 문제와 정면 대결하여 해결하는 능력을 기른다. iii) 직위에 부여된 권한이 지식과 기술에 기초를 둔 권한에 의하여 보강될 수 있는 분위기를 조장한다. iv) 종적, 횡적 및 사각적 의사전달의 개방성을 제고시킨다. v) 조직구성원의 개인적 만족과 직무수행 의욕을 제고시킨다. vi) 협동적 노력에 의한 공동적 문제해결의 능력을 향상시킨다. vii) 업무의 계획과 실천에 있어서 개인과 집단이 더 많은 책임을 지게 하는 것, 즉 계획수립과 실천에 있어서 자율성을 높인다. viii) 업무의 성격에 따라 구조가 자율 조정될 수 있도록 조직의 융통성을 제고시킨다. ix) 경쟁과 갈등을 정확하게 진단하여 관리할 수 있게 한다. x) 지속적인 개선장치(continuous improvement mechanism)를 조직에 내장시켜 조직의 효율성을 높인다.

결국 조직개발의 목표는 조직효과성을 향상시키고자 하는 것이 기본적 목표이며, 조직 내에서 인간과 조직의 능력을 발휘하는 데 저해가 되는 제 요인을 제거하고 인적 자원의 최고의 능률을 활용하면서 조직구성원이 수행하는 직무가 보다 도전적이고 다양하며, 각 사람들이 자신의 능력을 최대한으로 발휘할 수 있도록 기회를 제공해야 한다. 아울러 조직 전체를 통하여 구성원의 상호 신뢰와 협동심을 증진시키는 것이다.

4. 조직개발의 과정

오웬스와 스테인호프(R. G. Owens & Carl R. Steinhoff, 1976: 148-151)는 조직개발이란 다음과 같은 일련의 순서와 과정을 거쳐 이루어진다고 보았다.

첫째, 문제인지단계이다. 조직이 어떠한 문제를 가지고 있으며, 또 문제해결을 위해서 무엇인가를 해야 한다는 사실을 인지하는 단계이다. 이 단계에서는 문제의 본질에 대해서 충분하게 이해하지 못할 수도 있다.

둘째, 조직의 진단단계이다. 인지된 문제를 규명하고 검토하는 단계이다. 진단은 항상 경험적 자료에 기초한다. 이 단계에서는 흔히 조직개발 전문가에 의해서 구성원과 공식 서류 등을 통한 자료가 수집된다. 조직구성원들의 견해, 감정 및 관심사를 알아보기 위해 관찰, 면담, 질문지 등이 사용된다. 조직개발 전문가의 도움 없이도 조직진단을 할 수 있다.

셋째, 재투입단계이다. 진단자료는 조직문제를 인지하고 진단하며, 계획을 세우는 과정에서 이용된다. 진단과 재투입은 자주 반복되고, 서로 주고받는 상호 교호적 관계를 가진다.

넷째, 변화전략의 개발이다. 현재 조직이 당면하고 있는 문제 사태와 앞으로 개선되어야 할 상태 간에 존재하는 격차를 줄이기 위하여 무엇이 필요한가를 지각하는 데서부터 시작된다. 변화전략의 개발에는 복잡하고도 다양한 변인들이 포함되기 때문에 조직개발 전문가의 도움을 받는 편이 바람직하다.

다섯째, 개입단계이다. 조직의 하위체제, 즉 기술, 구조, 과업, 인간이 모두 포함되도록 설계하는 것이 좋다. 사람이 중요한 역할을 수행하기 때문에 사실상 모든 조직개발 개입은 조직 내의 사회체제 문제를 심도 있게 다룬다. 이것은 주로 신뢰구축, 의사소통 개선, 팀 형성, 집단 문제해결 기술, 협동적 관계형성 등을 강조한다.

여섯째, 측정 및 평가단계이다. 조직개발 과정에 포함되어 있는 평가계획을 수행하는 것을 의미한다. 조직개발에서는 흔히 이 부분에 충분하게 주의를 기울이지 않는다. 개입이 실제적으로 목표를 성취하는데 기여했는가의 여부를 평가할 수 있는 능력을 가지고 있지 못한 경우가 많다. 사전, 사후에 자료 수집을 하여 그 분석결과를 비교해 보는 것이 바람직할 것이다. 이들 6단계의 과정을 모형화하면 [그림 5-1]과 같다.

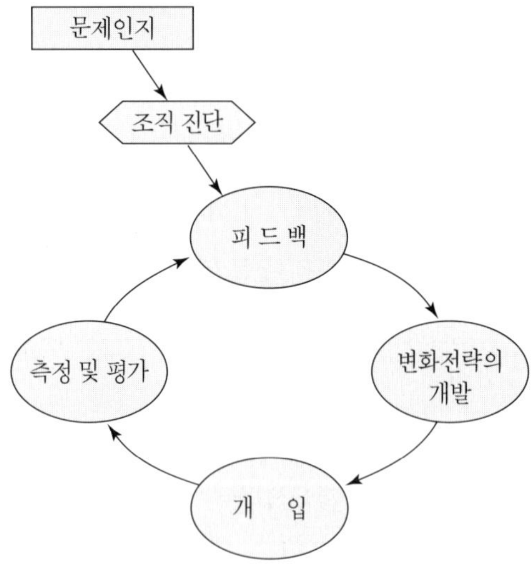

[그림 5-1] 조직개발의 과정 모형

5. 조직개발의 기법

조직개발과 관련된 관리기법으로 감수성 훈련, 그리드 훈련, 과정 자문법, 팀 구축법, 조사연구-피드백 기법 등이 있다. 이를 자세하게 소개하면 다음과 같다.

첫째, 감수성 훈련(sensitivity training)은 T그룹 훈련이라고도 불리는 것으로서 집단역학의 개념에서 도출되어 근래 여러 분야에서 폭넓게 응용되는 OD기법 중의 하나이다. 이 훈련은 자유로운 분위기가 형성된 상황 하에서 대부분의 사람들이 친밀하게 되고 각자가 자기 자신에 대해 더 많은 것을 알 수 있다는 가정에 근거를 두고 있다. 즉 타인에게 알려지지 않은 자기와 자기가 모르는 자기를 알도록 함으로써 자신을 이해하고 자신의 행동을 바꾸도록 하는 것이다. 감수성 훈련에는 보통 8~12명 정도의 소집단 형태로 이루어진다. 이러한 인원이 구성되는 방식에는 세 가지 훈련이 있다. i) 이방인 실험실 훈련(stranger-lab): 참가자들이 여러 조직에서 온 사람들로 구성되기 때문에 서로 간에 안면이 없는 상태에서 이루어지는 훈련이다. ii) 사촌 실험실 훈련(cousin-lab): 같은 조직이기는 하나 부서가 다른 훈련이다. iii) 가족 실험실 훈련(family-lab): 동일한 부서의 사람들로 이루어지는 훈련이다. 감수성 훈련의 기간은 다양하다. 짧은 것은 한 시간 가량 정도도 있으나 어떤 것들은 주말을 다 소비하는 것들도 있다. 인간관계 훈련으로서의 감수성 훈련은 대개 두 주 정도 아침, 오후, 저녁 때 만나는 형태로 취한다. 이 훈련은 훈련자가 자신의 역할에 관해 언급하는 것으로부터 시작된다. 즉 훈련자는 자신이 도와주러 나온 사람에 불과하고, 자기의 공식적인 일정이 없으므로 훈련 집단 스스로가 일정을 통제해야 한다. 그리고 자기는 원칙적으로 지도성을 발휘하지 않을 것이나, 때에 따라서는 지도자로서 혹은 성원으로서 참여하게 될 것이라는 요지의 얘기를 한다. 그 다음 훈련자는 침묵을 지킨다. 따라서 훈련 참가자들은 처음에 당황하게 된다. 그들은 왜 자기들이 이 모임에 와 있는지를 알 수 없으며, 누군가가 자기들이 무엇을 해야 할 것인가를 말해주기 바란다. 그러나 이러한 대화가 성원들에게 아주 값진 경험이 되는 것이다. 왜냐 하면 집단에서 발생하는 것이 학습경험에 자료가 되기 때문이다. 훈련자의 개입은 훈련의 목적과 참여자의 학습상태에 따라 다양하게 이루어진다. 그러나 보통 참여자들로 하여금 타인에 대해 평가를 하게 하기보다는 집단 내에 발생하는 것에 대한 참여자 자신의 감정에 초점을 맞추고 이것을 털어 놓게끔 고취시키는 것이 훈련가의 할 일이다. 이런 식으로 참여자들은 그들 자신의 감정에 대한 통찰력을 얻게 되고 그들의 행위가 타인의 감정에 어떻게 영향을 미치게 되는가를 이해하게 된다.

둘째, 그리드(grid) 훈련은 지도성의 관리망 이론에서 나온 것으로, 이상적인 리더로 생각되는 (9.9형)의 관리자, 즉 과업과 인간관계에 대해 둘 다 높은 관심을 보이는 관리자가 되도록 고무하는 방법이다. 감수성 훈련의 실시 방식이 비교적 유동적이고 그룹의 상황에 따라 상당히 달라지는데 비해서 그리드 훈련은 상당히 구조화, 정형화되어 있다. 그리드 훈련은 실험실 회의 훈련, 팀 개발, 집단 간 개발, 조직목표 설정, 목표 달성, 안정화 등 6단계를 거쳐 실시됨으로써, 관리자 개개인을 관리망상의 (9.9)형의 관리자로 변용시키는 것뿐만 아니라, 팀 전체, 조직 전체를 바람직한 풍토로 혁신함으로써 관리자의 변용을 촉진시키고 전체적 경영능률의 향상을 도모하는 것이다 (R. R. Blake, J. S. Mouton, L. B. Barnes, & L. E. Greiner, 1964).

셋째, 과정 자문법(process consultation)은 P−C 방법이라고 한다. 이는 외부 컨설턴트의 도움을 받아 한 집단이나 집단 간의 상호작용 과정, 즉 의사소통, 집단문제 해결 및 의사결정, 집단 규범, 지도성과 권위 등을 개선하고자 하는 기법이다. 과정 자문법은 현재 조직이 당면하고 있는 제반 문제들을 진단하고 해결하는 데 있어 큰 도움이 될 수 있다는 것이 이 기법의 중요한 가정이다(E. H. Schein, 1969).

넷째, 팀 구축법(team building)이다. 최근에는 감수성 훈련으로 조직풍토의 쇄신을 도모하기보다는 팀 구축법의 기법을 이용하여 조직개혁을 이룩하고자 하는 움직임이 활발하다. 즉 감수성 훈련이란 개인을 문제로 하고 개인을 대상으로 하여 개혁을 시도하는 것이므로 그 개혁을 조직 전체가 받아들이지 않으면 효과가 없었다. 따라서 최근에는 조직 전체 개혁을 목적으로 하는 팀 구축법으로 이행된 것이다. 예를 들면, 팀 구축법은 종래의 개인 건전성보다 조직 전체의 건전성을 발전시키고자 하는 것이다. 이 기법의 목표는 조직 내에 존재하는 다양한 팀들을 개선하고 그 효과성을 증대시키는 데 있다(W. French & C. H. Bell Jr., 1973).

다섯째, 조사연구−피드백 기법이다. 실험실 훈련 외에 조직발전(OD) 발전의 또 하나의 흐름을 형성시키는 것이 조사연구를 통해 얻은 자료를 다시 피드백 시키는 방법이다. 이 조사연구−피드백(survey-research-feedback)은 설문지를 이용하여 분석단위(작업집단, 부서, 혹은 전체 조직)를 조사한 후 여기에서 얻은 자료를 문제의 진단과 문제의 해결을 위한 구체적 행동안을 개발하는 데 사용한다. 설문지는 각 상황마다 만들어서 사용할 수도 있으며 훈련기관이나 연구기관에서 개발된 표준형들을 이용할 수 있다.

여섯째, 대면회합이다. 대면회합(confrontation meeting)이란 백하드(R. Backhard,

1978: 130)에 의해 개발된 것으로서 조직의 여러 계층에서 나온 사람들로 구성된 집단이 조직의 건강도를 신속히 파악하여 빠른 시간 내에 이를 개선할 방향을 마련하는 기법이다. 이 기법은 1일 프로그램으로 실시되는 것이 보통인데, 주로 조직의 약점과 강점 그리고 조직의 문제해결 자원의 동원 능력을 평가한다. 이 기법은 다음과 같은 절차를 통해 시행된다. ⅰ) 분위기 설정: 최고 경영층이나 외부의 컨설턴트가 회합의 목적을 설명한다. ⅱ) 정보수집: 여러 기능 분야의 사람들로 구성된 소집단이 분리되어 나름대로 조직 문제를 확인한다. ⅲ) 정보 공유: 일정 시간 후에 소집단이 다시 모여 그들이 확인한 정보를 보고한다. ⅳ) 우선순위 설정 및 집단행동 계획: 문제된 항목별로 문제해결 집단을 구성하여 문제에 대한 고려사항을 토론한다. ⅴ) 조직행동 계획: 전체 경영층이 모인 가운데 토의 내용을 보고하고 최고 경영층에 의한 순위 결정에 관여를 한다. ⅵ) 최고 팀에 의한 즉각적 사후 조치: 최고 경영층은 회의가 끝난 직후 즉시 모여 첫 번째의 행동계획을 수립한다. ⅶ) 과정검토: 4~6주 후 최고 경영층이 대면회의의 과정 중에 나타났던 반응을 검토한다.

제2절 조직개발과 지도자의 역할

조직개발에서는 지도자의 역할이 매우 중요하다. 여러 가지 지도성 가운데 변혁적 지도성(transformational leadership)이 있는데, 이는 조직구성원의 가치관, 신념, 목적과 조직문화를 변혁시켜 하위자들로 하여금 기대 이상의 과업을 수행하도록 한다. 즉, 동기를 유발시키고 조직구성원의 욕구와 능력을 인정하며, 그들의 잠재력을 상승 및 고양하여 더욱 훌륭한 인물(great man)로 향상시키는 지도성으로 볼 수 있다. 나아가 지도성 과정을 통하여 리더와 하위자 양측이 더 높은 수준의 동기유발과 도덕성을 소유하도록 유도함으로써 지도자와 하위자 모두에게 변혁적 효과(transformational effects)를 가져온다는 것을 말한다. 이러한 변혁적 지도성은 조직개발에 적합한 리더십으로 볼 수 있다(신재흡, 2002: 12).

조직개발단계에서 아이디어 창출은 어디까지나 개인이므로 장기적인 안목에서 조직목표 달성을 위해서 구성원이 창의적 아이디어를 자주 제안할 수 있도록 조직의 분위기를 조성하는 것이 중요하다(김인수, 1990). 이를 위해서 지도자는 구성원들에게 최대한의 자율성을 부여해야 한다. 창의적 아이디어란 구성원이 자율적으로 자기 생각을 펴 나갈 수 있을 때 발휘되기 때문이다. 이에 대응하는 반대의 개념은 타율성이다. 타율에 의해 행동할 때 구성원들에게 '시키는 것'만 하는 소극성이 싹트게 되는 것이다. 하지만 조직이 구성원들에게 자율성을 부여하게 될 때 발생할 수 있는 문제가 있다. 즉 방종이다. 따라서 자율성을 부여하면서는 방종을 예방할 수 있는 방법을 모색해야 하며, 그 좋은 방법이 유효한 조직문화를 창출해 두는 것이다. 조직문화란 한 조직의 구성원들이 경험적으로 공유하는 가치, 신념, 이념, 지식, 전통, 기술, 태도, 행동 규범, 기대 및 인식체계, 상징물 등을 포괄하는 개념으로서 조직구성원들의 생각과 의사결정 및 행동에 방향과 힘을 주는 것이라고 할 수 있다. 즉 자율성이 주어져 있어도 이를 자발적으로 조직의 목표 달성을 위하여 행동하도록 이끄는 조직문화가 존재하면 자율성은 곧 창의성 발휘와 연결되는 것이다. 신재흡(2002)은 "학교 조직문화란 학교를 이끌어 나가는 원동력으로 볼 수 있으며, 학교 전체에 상당한 영향력을 미치면서 학교 조직효과성을 결정하는 필수적인 요소가 된다."라고 했다. 그의 연구결과에 의하면, 학교장이 강한 자신감을 지니면서 학교 조직구성원들에게 강력한 영향력을 행사하는 욕구를 소유하고, 탁월한 의사소통 기술로 자신이 제시한 교육적 사명감을 달성하기 위하여 조직구성원들의 동기와 정서를 불러일으키는 능력을 발휘하도록 카리스마 변인과 지적 자극변인을 적극적으로 활용해야 하며, 아울러 학교 조직문화의 분위기를 진취적 문화 및 친화적 문화로 변화시키는 것이 학교 조직효과성을 극대화할 수 있다고 보았다.

결국 조직개발과 지도성의 측면에서 보면, 변혁적 지도성으로 학교 조직문화를 진취적 문화와 친화적 문화로 변화시키면서 학교 조직효과성을 극대화하는 것이 효과적인 조직개발(OD)을 하는 것으로 볼 수 있다.

제3절 조직변화의 저항과 극복방안

조직변화는 보수성이 강한 조직구성원들에게 불안감과 새로운 불확실성의 잠재적인 원천으로 작용하는 경우가 많다. 특히 새로운 변화가 그들의 이해에 상충되는 경우 자신의 직무나 경력에 상당한 위협을 받게 될 것이며, 위협이 크면 클수록 저항은 강력하게 된다. 이러한 저항은 아무리 좋은 변화라도 그것이 실천될 수 없게 만들뿐만 아니라, 실천된다고 하여도 상당히 많은 비용과 희생을 치루기 때문에 조직에서는 변화의 저항에 대한 대처방안을 모색하지 않을 수 없다. 먼저 조직구성원이 변화에 저항하는 이유를 알아본 후 저항을 극복하는 중요한 전략들을 살펴보기로 한다(이균현, 1999).

첫째, 변화에 저항하는 이유는 ⅰ) 통제의 상실(loss of control): 조직의 변화에 기존에 가지고 있던 자신의 통제권을 상실시킨다고 생각하기 때문에 변화에 저항하게 된다는 것이다. 따라서 조직은 구성원으로 하여금 통제를 받는다고 생각하지 않도록 하며 자신들의 통제하에 변화가 이루어질 것이라는 것을 인식시킬 필요가 있다. ⅱ) 극도의 불확실성(excess uncertainty): 조직의 변화가 앞으로 자신에게 어떤 영향을 미칠 것인가 하는 예측이 불가능하기 때문에 생기는 저항을 말한다. 따라서 조직은 구성원에게 정보와 믿음을 주어 저항을 최소화해야 한다. ⅲ) 차이의 효과(difference effect): 습관은 매 경우마다 의사결정을 해야 하는 피곤함을 없애 주는 역할을 한다. 그런데 변화는 현재 습관처럼 하고 있는 무의식중의 의사결정을 다시 제고해야 하는 부담을 줄 수 있다. 이를 극복하기 위해서 조직은 급진적 변화보다는 점진적 변화 또는 단계적 변화에 초점을 맞추어야 한다. ⅳ) 체면의 상실(loss of face): 변화해야 한다는 것은 과거의 것(예: 과거의 의사결정)이 틀렸다는 것을 암시한다. 따라서 과거의 의사결정을 했던 사람은 체면을 유지하기가 힘들며 변화에 저항하게 된다. 이를 극복하기 위해서는 그들에게 과거의 방법은 그 당시엔 맞았지만 환경이 바뀌어서 지금은 맞지 않기 때문에 변화해야 한다고 합리적으로 설득해야 한다. ⅴ) 더 많은 업무(more work): 조직의 변화는 구성원이 평소보다 많은 일을 해야 한다는 부담을 줄 수 있다. 이를 극복하는 방안으로는 많은 업무에 대한 보상을 적절히 주는 것이 있다. ⅵ) 변화 후 필요한 기술습득에 있어서의 부담: 조직구성원은 조직 변화 후에 필요로 하는 기술을 배워야 하는 부담과 더불어 이러한 기술을 익힐 때 동료나 후배들로부터의 비웃음을 걱정하기도 한다. 이것이 변화에 저항하는 이유라면 조직은 충분한 훈련기회를 제공하고, 배우는 사람이 다른 사람으로부터 판단 받는다는 느낌을 갖지 않도록 조직문화를 갱신해 나가야 한다. ⅶ) 해소되지 못한 불만(past resentment): 새로운 변화를 추진할 때 구성원들이 회의적 반응을 보이면서 저항하는 경우가 많다. 과거에도 그런 변화를 추구했는데 안 되었다든가, 먼저 현재의 불만부터 들어 달라든가

하는 것이 여기에 해당된다. 이에 대처하기 위해서 조직은 먼저 조직구성원이 가지고 있는 과거나 현재의 불만을 열심히 들어주는 태도를 보여주어야 한다. 그런데 이러한 저항 요인들은 교육조직의 계층에 따라 그 분포를 나눌 수 있다. 즉 교육정책 입안자들이나 교육행정가들에게는 통제의 상실, 극도의 불확실성, 체면의 상실 등이 변화에 대한 저항요인으로 크게 나타날 가능성이 높다. 이에 비해 현장교사들은 변화 후 필요한 기술습득에 대한 부담이나 해소되지 못한 불만, 더 많은 업무, 차이의 효과 등이 장애물로 작용할 가능성이 더 크다. 물론 저항 요인이 조직 계층에 따라 명확하게 나누어지는 것은 아니다. 다만 각 계층에 따라 주요 저항 요인이 다를 수 있음을 파악함으로써 교육조직의 개발 노력을 더 효과적으로 수행할 수 있을 것이다.

둘째, 변화에 대한 저항을 극복하는 전략이다. i) 구성원의 목표와 요구의 일치: 저항을 극복하는 가장 최선의 전략은 변화가 그들의 진정한 요구를 대처할 수 있다는 확신을 심어 주는 것이다. 많은 경우 조직구성원 등 새로운 변화와 직접 맞닥뜨리게 되는 당사자들과 별다른 의사소통 없이 혁신자 단독으로 기술적 문제해결 가능성만을 가지고 아이디어를 제안하기 때문에 그들의 요구를 충족시키지 못함으로써 혁신이 실패한다. 조직구성원의 저항이나 반발을 가장 최소화할 수 있는 방법은 변화가 그들의 목표 및 요구가 일치될 경우이며, 이러한 경우에 조직변화가 성공적으로 이루어질 수 있다. ii) 교육과 의사소통: 교육이나 의사소통을 통하여 조직구성원들에게 변화의 당위성을 인정하게 하는 것도 변화에 대한 저항을 감소시킬 수 있는 방법이다. 실제로 저항의 상당한 이유가 부적절한 정보 및 의사소통에 기인되는 경우가 상당히 많이 있다. 만약 저항하려는 사람들이 변화에 대한 충분한 이해를 통하여 오해가 명확히 밝혀지면 저항은 누그러진다. 무엇보다도 가장 효과적으로 구성원을 설득할 수 있는 방법은 공개적인 의사소통이다. 공개적 의사소통은 왜 조직구성원들이 새로운 변화에 대하여 반발하게 되는지에 대하여 충분히 이해를 할 수 있게 되며, 이에 대한 효과적인 대처방안과 설득이 가능하다. iii) 참여: 어떠한 변화라도 자신들의 참여하에 결정한 변화와 그렇지 않는 변화 사이에는 상당한 차이가 있다. 사람들은 자신이 직접 참여하여 결정한 것에 대하여는 저항을 하지 않는다. 그래서 변화를 실행에 옮기기 전에 잠정적인 반대자들을 변화에 대한 의사결정 과정에 불러 들여 참여시키는 것은 변화의 저항을 극복하기 위한 방안이다. 변화에 대한 저항이 반드시 나쁜 것만 아니다. 사실상 조잡하거나 비효율적인 변화도 많으며 변화를 위한 변화도 조직에서는 흔히 볼 수 있다. 이러한 경우 변화에 대한 반대자들이 의사결정과정에 참여를 하게 된다면 그들을 설득하는 것도 용이할 뿐 아니라 예기하지 못했던 문제점을 발견할 수 있게 됨으로써 보다 성공적인 변화로 유도할 수 있다. iv) 강압과 강제: 변화에 대한 저항을 극복하기 위한 최후의 수단으로 강압이나 강제를 사용하는 경우가 있다. 예를 들어 해고나 감봉, 승진 기회 박탈 등이 그러한 방법 중의 하나이다. 사실상 이러한 방법은 구성원들에게 본질적인 문제에 대한 설득 없이 구성원들에게 심리적으로 강한 압박과 불안감을 야기하기 때문에 별로 바람직한 방법은 못된다. 그러나 조직이 위기상황이거나 변화가 빨리 이루어지지 않으면 안 될 경우 이와 같은 방법을 사용하는 것이 빠른 시간에 저항을 극복하는 데에 효과적이다.

셋째, EQ가 조직변화에 주는 시사점은 다음과 같다. 조직변화에서 감성지수(EQ: emotional quotient)라는 개념은 좋은 시사점을 준다. 먼저 EQ에 대해 살펴보자. 감성지수(EQ)는 지능지수(IQ)와 대비되는 개념으로 자신의 감정상태를 인식하고, 자신의 감정을 조절하고, 자신을 동기화하고 타인의 감정을 인식하고, 상대방과 관계를 맺는 능력을 가리킨다. 비유를 하자면, 지능지수(IQ)가 머리의 힘이라면 감성지수(EQ)는 머리의 힘을 창작으로 가져갈 수 있는 지구력, 열정, 자신을 동기화하는 것과 같은 가슴의 힘이라고 할 수 있다. EQ가 높은 사람의 특징을 소개하면 다음과 같다. i) 자신의 감정을 알고 감수할 수 있는 인생의 결정을 내릴 수 있다. ii) 감정에 압도당하지 않고 관리할 수 있다. iii) 좌절에 직면해서도 인내하고 목표를 추구하기 위해 충동을 정화한다. iv) 타인이 자신의 감정을 표현하지 않더라도 그의 감정을 이해하고 공감할 수 있다. v) 인간관계에서 능숙하고 조화롭게 감정을 통제할 수 있다. 따라서 건전한 의사결정은 감정을 배제시키고 이성적으로 판단해서 하는 것이 아니라, 우리의 감정에 잘 맞도록 결정을 내리는 것이라고 본다면 EQ는 IQ 이상으로 매우 중요하다.

그러면 이러한 EQ가 조직변화에 어떠한 영향을 주는가? 조직변화는 여러 가지 면에서 구성원들로 하여금 저항하게 한다. 여기에는 항상 감정이 수반된다. 교육 행정가는 변화과정에서 겉으로 보이는 논리적인 요소들만 다룰 것이 아니라, 드러나지 않으면서도 변화과정에 개입된 사람들 사이에 작용하는 감정적 요인들을 잘 다루어야 한다. 이러한 감정적 요인들의 관리는 매우 어려우나 행정가 자신의 감정을 인식하는 것으로부터 출발하여 사람들의 드러나는 행위에 대한 깊은 통찰로 그러한 행위를 이루는 기본 바탕의 감정을 이해함으로써 변화과정에서의 장애를 극복하고 조직의 효과성을 향상시키도록 해야 한다.

결국 EQ는 구성원들로 하여금 조직변화를 낙관적이고 긍정적으로 받아들이고, 이를 타인과의 공감을 통해서 극복해 나갈 수 있는 힘을 나타내는 좋은 지표가 된다. 교육 행정가가 조직변화 시 이러한 EQ의 중요성을 알고 구성원의 감정을 잘 다스릴 수 있다면 구성원들의 저항을 극복하고 성공적으로 조직변화를 이끌어 낼 수 있을 것이다. 좀 더 장기적으로는 현 조직구성원의 EQ 수준을 파악하고 이를 증진시킬 수 있는 방안도 마련해야 할 것이다. 또한 행정가의 EQ에 대한 관심은 구성원의 학습수준을 제고할 수 있을 것이다.

이상으로 조직개발, 조직개발과 지도자의 역할, 조직변화의 저항과 극복방안 등에 대해서 고찰했다. 학교행정 조직의 주변체제의 변화가 빠르면 빠를수록 교육조직의 낙후성은 더욱 심화되어가고 있는 것 같다. 학교행정 조직에서는 조직의 하위체제인 과업, 구조, 인간, 기술 가운데에서 인간을 가장 중요시해야 할 것이다. 따라서 교육조직의 변화를 가져오려면 변화촉진자로서의 학교행정가와 교원들의 변화가 우선되어야 한다. 학교조직의 낙후성은 학교장과 교사들의 낙후성을, 교사들의 낙후성은 결과적으로 학생들의 낙후성을 의미하며, 그것은 결과적으로 교육의 질적 낙후성을 의미한다. 그러므로 교육조직의 변화와 발전을 촉진하려면 교육조직의 핵심적 요인인 학교행정가와 교원들의 내면적 가치관과 태도 등 의식개혁이 전제되어야 하고 이와 더불어 외면적인 행정행위와 교수행위의 변화가 따라야 한다. 미래지향적이고, 개방적이며, 변화 및 혁신 지향적이면서 창의적으로 변화를 주도하는 적극적인 행동이 필요하다.

참고문헌

김인수(1990). 창의성 발현을 위한 조직설계. 21세기 한국인의 창의적 발현을 위한 포럼. 서울: 한국과학재단.

남정걸(1998). 교육조직행위론. 서울: 교육과학사.

박수연, 박정애(2000). 교육조직론. 서울: 교육과학사.

신재흡(2002). 교사가 지각한 변혁적 지도성이 학교 조직문화 및 학교 조직효과성 간의 관계 연구. 건국대학교대학원 박사학위논문.

이군현(1999). **교육행정 및 경영**. 서울: 형설출판사.

한국교육행정학회(1995). **교육조직론**. 서울: 도서출판 하우.

Backhard, R.(1978). The Confrontation Meeting. In W. L. French, C. H. Bell, Jr., & R. A. Zawachi(Eds.). *Organization Development: Theory, Practice and Research.* Dallas, Texas: Business Publications Inc., 130.

Blake, R. R., Mouton, J. S., Barnes, L. B., & Greiner, L. E.(1964). Breakthrough in Organization Development. *Harvard Business Review.* Nov.-Dec., 134.

French, W. L.(1969). Organization Development: Objectives, Assumption and Strategies. *California Management Review,* Vol. 12, No. 2, 23-34.

French, W., & Bell Jr., C. H.(1973). *Organization Development.* Englewood Cliffs. New Jersey: Prentice-Hall inc.

Owens, R. G., & Steinhoff, Carl R.(1976). *Administrating Change in School.* New Jersey: Prentice-Hall.

Owens, R. G.(1995). *Organizational Behavior in Education*(5th ed.). Boston: Allyn and Bacon.

Schein, E. H.(1969). *Process Consultation: It's Role in Organization Development.* Addison-Wesley, Mass.

제6장 조직갈등과 스트레스

우리는 개인생활이나 사회생활에서 많은 갈등을 느끼고 체험한다. 그것은 개인의 내적 갈등일 수 있고 다른 사람과의 갈등일 수도 있다. 친구와의 사소한 다툼, 부모님과의 의견 차이 등이 일상생활에서 흔히 나타나는 갈등의 실례들이다. 인간은 출생하면서부터 조직생활을 하기 때문에 이러한 갈등으로부터 영원히 해방될 수는 없다. 다시 말하면, 하나의 조직체에서는 다양한 가치관과 개성을 지닌 사람들이 함께 어울려서 생활하다 보면 서로 간의 견해 차이로 말미암아 갈등이 존재할 수밖에 없는 것이다. 이와 마찬가지로 학교에서도 학교장과 교사, 교사와 교사, 교사와 학생, 교사와 학부모 간에는 마찰과 충돌이 빚어지는 모습을 볼 수 있다.

따라서 인간행동의 협동체제로서의 조직은 이와 같은 갈등을 해소시키거나 해결하지 않으면 기능을 제대로 수행하기 힘들다. 조직에서의 변화나 발전 또는 조직건강은 이와 같은 조직 내에 불가피하게 존재하는 갈등을 감소시키거나 해결하려고 노력하는 과정에서 나타나는 산물이라고도 할 수 있다. 6장에서는 갈등의 정의와 갈등관, 학교 조직에서 갈등의 원천, 갈등의 유형, 조직갈등의 원인 및 관리, 조직갈등 해결의 기법, 스트레스의 개념과 특성, 스트레스의 원인과 결과, 학교행정가의 스트레스 관리법 등에 대해서 살펴보고자 한다.

제1절 갈등의 정의와 갈등관

조직 내에서 복잡한 대인관계는 매일매일의 생활 속에서 갈등을 피할 수 없게 만든다. 이와 같이 갈등생성의 불가피성에도 불구하고 우리는 무작정 갈등은 나쁜 것이고, 또 피해야만 된다는 생각을 가지고 있다. 즉 사람들 간에 갈등이 없으면 좋은 관계라고 믿고 있다. 그러나 곰곰 생각해 보면 갈등이 없다는 것이 건강한 관계가 아니라 무관심과 불개입의 징표로 나타날 수도 있음에 유의할 필요가 있다. 사실상 다소 간의 의견 차이는 창의적 사고와 진정한 혁신을 위해서 다소간 필요함을 우리는 일상의 경험을 통해서 알고 있다. 그러므로 갈등은 적절하게 다루어질 수만 있다면 매우 가치있는 발전 요소가 될 수 있기 때문에 갈등을 전적으로 부정적인 현상으로 간주할 필요는 없다. 그러면 구체적으로 갈등이란 무엇인가? 갈등에 대한 제 학자의 견해를 살펴보면 다음과 같다.

햄프톤(David R. Hampton, 1987: 532)은 갈등이란 경쟁, 반대, 모순, 비타협, 불화, 충돌, 싸움, 투쟁 등과 같은 다양한 의미로 사용되는 것이 일반적이라고 했다. 헤리겔(Don Hellriegel et al., 1992: 464) 등은 갈등은 반대성향을 지닌 개인이나 집단 내부 또는 개인 간, 집단 간, 조직 간에 일치하지 않는 목표나 사상, 감정 등이 존재하는 상황이라고 정의했다.

리커트(Rensis Likert et al., 1976: 7-8)는 자신들이 선호하는 결과를 얻기 위해서 타인이 선호하는 것을 방해하거나 희생시키려는 노력이라고 했다. 그리고 더취(Morton Deutsch, 1973: 10)는 모순되는 일이 있을 때에는 언제나 나타나는 것이라고 말했다. 토마스(Kenneth Thomas, 1976: 889)는 갈등이란 어떤 사람이 자기의 관심사를 좌절시켰거나 좌절시키려고 지각함으로써 비로소 나타난다고 하여 갈등에서 양 당사자의 존재와 지각을 강조하고 있다.

로빈스(S. P. Robbins, 1983)는 갈등이란 A가 목적을 달성하고 이익을 계속적으로 추구하기 위해 B에게 좌절을 초래하는 방해 행동을 취하고 이를 극복하고자 하는 B의 노력을 상쇄하기 위해 A에 의해 의도적으로 이루어지고 있는 노력의 과정이라고 정의했다. 로빈스가 제시한 갈등에 대한 정의는 지각, 반대 입장, 자원의 희소성, 방해 등의 개념을 포괄하고 있으며, 더욱이 의도적인 결심에 의해 행해진 내재적 · 외현적 행동을 가정하고 있다.

폰디(Louis R. Pondy, 1982: 360-364)는 하나의 갈등현상은 서로 맞물려 있는 4개의 갈등단계(갈등의 조건, 당사자의 감정상태, 인지상태, 갈등행동)로 구성되어 있다고 전제하면서 갈등은 이 모든 것을 포함하는 개념이어야 한다고 진술하고 있다. 특히 폰디는 갈등의 조건은 잠재적 갈등으로 작용하며, 잠재적 갈등은 다음과 같이 3가지 원천을 가진다고 본다. i) 부족한 자원에 대한 경쟁: 자원에 대한 요구는 많은 데 반해서 가용자원이 부족할 때 자원획득을 위한 경쟁은 갈등을 일으키게 된다. ii) 자율성의 행사: 상대방의 영역에 해당되는 어떤 활동에 대해서 통제를 가하거나, 이러한 통제로부터 그 활동을 격리시키려 할 때 자율성에 대한 요구가 갈등 유발의 기초가 된다. iii) 하위단위목표의 다양성: 서로 협동을 해야 하는 쌍방이 통일된 행동에 대한 합의가 이루어지지 않을 때 목표의 다양성은 갈등의 원천이 된다.

레이츠(H. J. Reitz)는 갈등은 관련된 개인이나 집단이 함께 일하면서 겪는 형태로, 정상적인 활동이 방해되거나 파괴되는 상태라 하였다. 그리고 보울딩(K. B. Boulding)은 잠재적인 모호성을 의식하고 각 당사자가 다른 당사자의 희망과 상반되는 지위를 획득하기를 바라는 경쟁 상태를 갈등이라 정의했다. 마렉(J. G. Marek)은 갈등이란 협력에 대한 위협으로 보는가 하면, 상대방의 뜻에 역행하면서까지 상대방의 권리를 박탈하고 통제하려 한다든가 방해하거나 제어하려는 의도에서 야기되는 교호작용이라고 정의했다(박기동, 1987에서 재인용함).

이 같은 갈등에 대한 제 학자의 견해를 종합하면 다음과 같은 공통점을 도출할 수 있다. i) 갈등이란 대부분 불유쾌한 상황으로 인식된다. ii) 갈등이란 지각되지 않으면 나타나지 않는다. iii) 갈등은 대립, 결핍, 방해의 개념을 포함하며, 당사자, 곧 양자 간에 나타난다. iv) 지각된 갈등은 불안 · 초조 · 긴장감 · 적개심 등과 같은 감정을 유발한다. 결국 갈등이란 희소 자원이나 업무의 불균형 배분 또는 처치, 목표, 가치, 인지 등이 존재할 때 조직 내의 둘 또는 그 이상의 개인적이나 집단 내에 일어나는 대립적인 작용으로 정의할 수 있다.

조직에서 갈등의 역할이나 기능에 대한 견해도 상반되거나 또는 그 자체가 갈등을 일으키고 있는 실정이다. 로빈스(S. P. Robbins, 1976)는 행정적 관점에서 갈등에 대한 견해를 역사적으로 보아 전통적 관점, 행동과학적 관점, 상호 작용적 관점 등으로 정리했다.

첫째, 전통적 관점이다. 1890년에서 1940년에 이르기까지 과학적 관리론과 인간공학은 갈등관리를 합법적 권한과 권한의 위양이라는 개념에 입각하였다. 그리하여 적절한 기능을 소유하고 권한을 수용하려는 사람을 조직에 충원하기 때문에 갈등은 극복할 수 있다고 믿었다. 조직은 명령계통을 분명히 하고 직무기술(job description)을 세밀히 하여 구조화하였으며, 상사의 결정에 따르도록 상벌체제를 이용함으로써 갈등을 야기하는 사태는 피할 수 있다는 것이다. 갈등은 제거되어야 하며, 모든 갈등은 역기능적인 것이므로 조직에서 모든 반대 세력을 제거하는 것이야말로 행정가의 역할이라는 것이 전통적 견해이다.

둘째, 행동과학적 관점이다. 전통적 견해는 1940년대 후기와 1950년대 초에 행동과학적 접근으로 대치되었다. 조직 연구론자들은 모든 조직은 불가피하게 갈등 속에 존재한다는 사실을 인정하게 되었고, 행동과학자들은 갈등을 수락하여야 한다고 생각했다. 갈등관리란 갈등을 해결하는 것이라고 한 점에서 전통론자들과 행동과학자들의 공통적 결함은 기능적 갈등의 필요성이나 조직건강에 대한 가치를 충분히 이해하지 못했다는 점이다. 따라서 제3의 견해, 즉 상호 작용적 접근(interactionist approach)이 출현하게 되었다.

셋째, 상호 작용적 관점이다. 상호 작용적 견해는 갈등이 궁극적으로 사회에 이롭게 작용한다는 것이다. 갈등은 일상적인 것과 싸워서 혁신에 불을 붙이기 때문이다. 실례를 들면, 갈등이 몇 개의 조직을 망하게 할 수도 있으나, 진화론적으로 보면 전체 산업에 유익하고, 더 강하고 새로운 조직을 일으키게 된다는 것이다. 이러한 견해는 다음과 같은 측면에서 행동과학적 입장과는 다르다. i) 기능적 갈등의 절대적 필요성을 인정한다. ii) 기능적 반대를 분명하게 격려한다. iii) 갈등관리에는 갈등의 해결방법뿐만 아니라 갈등을 자극하는 것까지 포함시킨다고 규정한다. iv) 모든 행정가의 주된 책임을 갈등의 관리라고 본다.

이와 같이 갈등에 대한 상호 작용적 관점에서 변화란 불만에서, 개선하려는 욕구에서, 그리고 창의적 대안의 개발에서 온다는 것이다. 곧 갈등에서 변화가 일어나는 것이지 결코 우연하게 이루어지는 것이 아니다. 전통적 관점의 기본적 약점은 갈등의 기능적 형태와 역기능적 형태를 구별하지 못한 것이다. 행동과학적 관점도 별로 다르지 않다. 행동과학자들은 조직 내의 갈등이 불가피하다는 사실을 받아들이지만 갈등해결의 기법 개발에는 무관심했다. 상호 작용적 관점은 조직에서 갈등을 제거할 수 없을 뿐만 아니라 반대 세력이 전혀 없는 조직을 원하지도 않는다. 왜냐하면, 조직이 계속 유지, 존속하는 데 중요한 결정요인이 갈등이기 때문이다. 로빈스(S. P. Robbins, 1983)는 이와 같은 관계를 [그림 6-1]과 같이 제시했다.

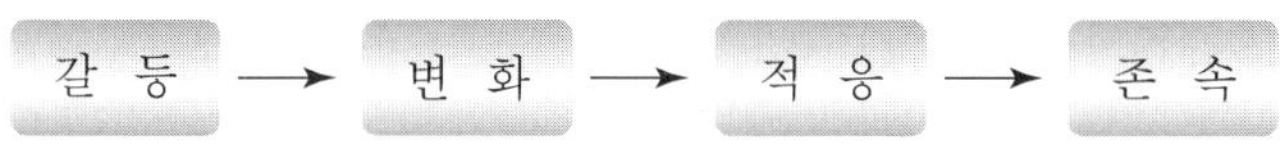

[그림 6-1] 갈등 · 존속 모형

모든 조직의 기본 목표가 존속이라면 조직은 환경 속에서 끊임없는 변화에 적응할 수 있어야 하고, 변화는 갈등에 의해서 자극된다. 즉 갈등은 변화를 유발하고, 변화는 적응을 가져오며, 오직 적응을 통해서만 조직은 살아남는다.

상호 작용론적 관점의 신념은 갈등의 수준이 너무 높게 되면 해결이 요구되고, 너무 낮으면 자극이 필요하다는 것이다. 로빈스(S. P. Robbins, 1983)는 그의 저서 『조직 이론』에서 갈등 수준과 조직 효과의 관계를 [그림 6-2]와 같이 나타내고 있다.

[그림 6-2]에서 살펴본 바와 같이, 갈등 수준이 너무 높거나 낮으면 조직의 효과성이 저하되어 역기능적이다. A에서 B까지의 영역에서는 갈등을 자극하고, B의 오른쪽 영역에서는 갈등 수준을 감소시키는 해결 노력을 통해 갈등을 기능적으로 작용케

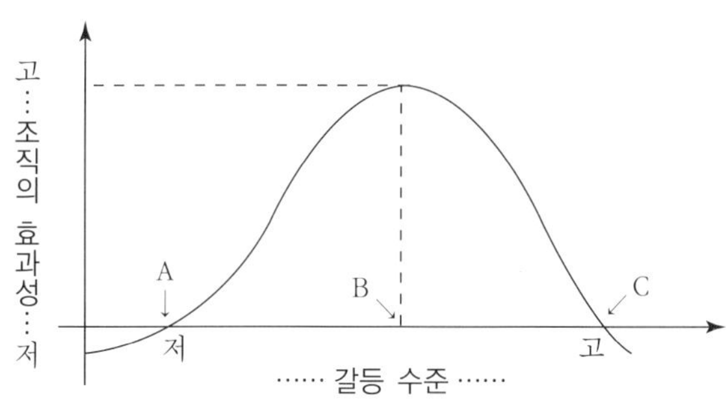

상황	갈등 수준	갈등의 유형	조직의 내부적 특성	조직의 효과성
A	낮거나, 전혀 없음	역기능적	냉담하고 침체적 변화에 무반응 새로운 아이디어의 결여	낮 음
B	적 절	기능적	생동적 · 혁신적 · 자체 비판적	높 음
C	높 음	역기능적	파괴적 · 혼돈 · 비협조적	낮 음

[그림 6-2] 갈등과 조직효과

함으로써 이익을 충분히 얻도록 관리자는 노력해야 될 것이다.

제2절 학교조직에서 갈등의 원천

톰슨(Thompson)은 조직 내의 갈등을 권리체제(권한), 존경체제(신분), 전문화체제(능력의 배분)의 기본적 행위체제 간의 교호작용으로부터 일어난다(주삼환, 1976에서 재인용)고 했는데 이러한 갈등은 학교조직 내에서 발생한다고 본다.

첫째, 권리체제(권한)에서 생기는 갈등이다. 관료제에서는 상부에 권한이 집중되어 있고 하부는 주로 의무만이 주어진다. 학교조직에서 하부에 해당하는 교사는 갈등을 갖게 되는 것이다. 또한 학교장이나 행정가는 위계에 의한 권한을 행사하려는데 반하여 교사는 전문적 권한을 요구하는 데서 갈등이 생긴다. 피바디(Robert L. Peabody, 1962)의 연구에 의하면, 교사, 경찰간부, 복지기관 근무자의 각 집단이 의지하는 권한을 비교하였는데 세 집단 중 초등학교 교사가 가장 심하게 자기들의 권위 근거를 전문성에 돌린다는 것이다.

둘째, 존경체제에서 생기는 갈등이다. 교사는 학교장에 비해 사회 · 경제적 지위가 낮고 불리하며 존경도 받지 못하며, 사회가 금전 지향적이기 때문에 전문가인 평교사로서의 위치에 매력을 느끼지 못하고 갈등은 심하다. 우리의 사회풍토에서 성공했다는 말을 듣기 위해서는 높은 직위를 얻고, 공적으로 인정되는 존경을 받도록 위계적으로 성공해야만 하는데 교사에게는 어려운 일인 것이다.

셋째, 전문화 체제(능력의 배분)에서 생기는 갈등이다. 학교행정가는 행정이나 경영자로서의 전문적 영역이 있고, 교사는 교사로서의 전문적 영역이 있어야 하는데 교사의 전문적 영역까지 관료적 능력이 침범하기 때문에 갈등이 생긴다. 교사들은 자기들의 전문적 영역에 한해서는 무감독 장학을 원하는 반면 워쉬번(Washburne)의 연구결과처럼 행정가는 교사의 전문적 행위를 무시하거나 질책하기 때문에 갈등이 생긴다고 한다.

넷째, 역할기대의 위배로 생기는 갈등이다. 관료적 조직에서는 교사가 하나의 관료적 종업원이 되기를 기대하는데 교사 자신은 전문 지향적일 때 갈등이 야기된다. 다음 〈표 6-1〉은 종업원 지향이기를 기대하는 관료적 학교조직에서 전문 지향적인

〈표 6-1〉 관료지향과 전문지향의 비교

종업원지향	전문지향
• 행정지향	• 고객지향
• 조직에의 지향	• 전문지향, 전문가 동료지향
• 경험, 인사, 작업 표준화에 바탕을 둔 능력	• 독점적 지식에 바탕을 둔 능력
• 규정과 절차	• 의사결정권한
• 공공지향성	• 일에 대한 통제

교사의 갈등 원천을 나타낸 것이다.

〈표 6-1〉에서 관료지향과 전문지향의 비교를 하면, ⅰ) 학교장은 행정 위주이고 행정적이길 기대하는데 반해 교사는 학생 중심적인 데서 갈등이 생긴다. ⅱ) 학교장이 교사가 조직에 충실하길 기대하는 데 반해 교사는 전문성과 동료, 전문가 단체 지향인 데서 갈등이 생긴다. 아지리스(C. Argyris, 1957)는 "개인의 욕구와 조직의 욕구에서 '성숙'한 개인으로서의 독립, 변화, 도전의 욕구와 의존적이고 순종하는 종업원이 되길 바라는 조직의 욕구 사이에 갈등이 예상된다."라고 했다. ⅲ) 행정가가 경험에 의하여 일을 처리하고 인사와 표준화된 작업으로 권능을 나타내려는 데서 갈등이 생긴다. ⅳ) 행정가가 규정과 절차에 얽매이기를 기대하는데 반해 교사는 보다 많은 재량권을 요구하는 데에서 갈등이 일어난다. ⅴ) 행정가가 공공 지향적인데 반해 교사는 업무의 본질에 열중하려는 데서 갈등이 생긴다.

다섯째, 관료조직과 전문조직의 조직특성에 따른 기대의 차에서 생기는 갈등이다. 미스켈(C. G. Miskel)은 전문가와 관료적 조직과의 갈등을 〈표 6-2〉와 같이 설명하고 있다.

〈표 6-2〉 조직-전문가의 갈등

관료적 조직	전문가
• 권한-직위	• 기술-지식
• 분업	• 개인학생
• 구체화된 행위	• 여러 대안을 가진 행위
• 제한된 절차	• 융통성
• 비정적	• 인간 상호 관계
• 능력	• 능력

여섯째, 학교조직 목표의 전도에서 생기는 갈등이다. 학교 조직의 주요목표는 교수-학습을 잘하여 학생의 성장발달을 돕는 것인데 지나친 관료화와 행정우위 현상으로 인해 행사, 사무 등이 목적처럼 전도되는 데서 갈등이 생긴다.

이 외에도 학교조직에 관료주의의 팽배로 인한 관료적 병리 때문에 전문지향 교사의 갈등은 더욱 심해지며, 아울러 관료적 행정가가 전문교사를 평가하고 감독한다는 데서 갈등의 원인을 찾을 수 있다.

제3절 갈등의 유형

조직에서 나타나는 갈등은 조직 수준, 가시화의 정도 및 과업과의 관계의 비중에 따라 여러 가지 유형으로 분류할 수 있다.

첫째, 쿰스(Coombs, 1987)는 개인, 집단, 조직 수준에서 발생하는 갈등은 개인갈등, 개인 간 갈등, 집단 내 갈등, 집단 간 갈등, 조직 내 갈등 및 조직 간 갈등으로 분류하고 있다. ⅰ) 개인갈등(intrapersonal conflict): 이것은 개인이 서로 대립되는 목표 또는 역할 가운데 하나를 선택해야 할 때 내적으로 경험하는 갈등을 의미한다. 개인갈등에는 인지적 갈등(cognitive conflict)과 정의적 갈등(affective conflict)이 있다(J. R. Gordon, 1993). 인지적 갈등은 대립적인 목표에 의해 야기되는 지적인 불안에서 생기며, 긍정적 혹은 부정적인 결과를 가져올 수 있다. 이에 비해 정의적 갈등은 경쟁적인 감정이 대립적인 목표에 수반되어 나타나는 갈등으로서 개인의 불만과 스트레스를 가중시키고 생산성의 저하를 초래할 수 있다. ⅱ) 개인 간 갈등(interpersonal conflict): 이것은 두 사람 간의 문제, 목표 또는 행동에 관하여 의견이 일치되지 않을 때 나타나는 갈등이다. 이것은 관련된 문제를 표면화시키는 동기로 작용하기도 하고, 개인 간의 의사소통을 가로막는 부정적인 구실을 하기도 한다. ⅲ) 집단 내 갈등(intragroup conflict): 이것은 집단 내 개인들 간의 의견이 불일치할 때 발생하는 갈등이다. 집단 내 갈등은 개인갈등에서와 마찬가지로 문제에 관하여 여러 구성원들이 감정적으로나 지적으로 서로 다른 견해를 나타내는 것이다. ⅳ) 집단 간 갈등(intergroup conflict): 이것은 집단과 집단 사이에서 발생하는 갈등이다. 예를 들면, 계획 부서 간에 나타나는 갈등으로서 동일한 문제에 관하여 서로 다른 견해를 나타낼 때 발생한다. ⅴ) 조직 내 갈등(intraorganizational conflict): 이것은 조직 내 모든 활동에서 두루 발생한다. 조직 내 갈등에는 수직적 갈등(vertical conflict), 수평적 갈등(horizontal conflict), 사선적 갈등(diagonal conflict)이 있다. 수직적 갈등은 주로 상관과 부하 사이에서 발생한다. 수평적 갈등은 동일한 계층 또는 수준에서 구성원들 혹은 부서 간에 나타나는 갈등이다. 사선적 갈등은 조직의 상이한 계층 간의 갈등으로서 주로 자원의 배부문제나 계선 결정에 대한 참모의 관여 등에 있어서 발생한다. ⅵ) 조직 간 갈등(interorganizational conflict): 조직과 조직 사이에서 발생하는 갈등이다. 조직 간 갈등은 어떤 조직이 경쟁조직, 공급자, 고객에게 불확실한 상황을 야기하고, 동일한 자원에 대하여 접근 또는 통제하려는 시도를 보일 때 발생한다.

둘째, 갈등은 가시화된 정도에 따라 잠재적 갈등, 지각된 갈등, 느껴진 갈등, 표면적 갈등, 갈등의 결과 등으로 구분하고 있다(Louis R. Pondy, 1967). ⅰ) 잠재적 갈등(latent conflict): 아직 갈등이 사람들에게 지각되지 않은 상태의 갈등을 의미한다. 개인 또는 집단은 희소한 자원, 목표, 역할 등에 있어서 잠재적인 차이를 지니고 있을 수 있다. 이러한 차이는 궁극적으로 갈등을 유발할 소지를 안고 있다. 그러나 이러한 차이가 반드시 갈등으로 지각되고 노출되는 것은 아니다. ⅱ) 지각된 갈등(perceived conflict): 개인 또는 집단이 갈등의 존재를 지각하는 것을 말한다. 다시 말하면, 사람들이 의견의 차이, 대립적인 가치와 목표, 반대되는 행동의 집행 등에 있어서 차이를 지각한다. 지각된 갈등은 갈등에 개입된 개인 또는 집단에게 개인화된다. 즉 개인 혹은 집단은 발생한 갈등에 대하여 자기들을 중심으로 한 반응의 필요성을 느끼게 된다. ⅲ) 느껴진 갈등(felt conflict): 지각된 갈등의 다음 단계로서 갈등 상황에서 적개심이나 분노 등의 감정을 지니고 있다. ⅳ) 표면적 갈등(manifest conflict): 갈등의 존재와 관련된 모든 개인 또는 집단에게 표면화된 갈등이다. 이러한 갈등은 개인 또는 집단이 자신의 목표를 관철하기 위하여 상대방을 공격하는 명백한 형태로 나타난다. 따라서 조직은 명백한 갈등이 존재할 때 갈등의 해결방법을 강구해야 한다. ⅴ) 갈등의 결과(conflict aftermath)는 갈등관리의 결과 잠재적 갈등이 더욱 심각해진 상황 또는 조건을 의미한다.

셋째, 핀클레이(R. L. Pinkley, 1990: 117-126)는 갈등의 유형을 과업의 관계 정도에 의해 과업갈등과 관계갈등으로 분류했다. ⅰ) 과업갈등(task conflict): 집단 또는 조직이 수행하는 과업의 내용에 기초한 갈등이다. 즉 과업의 내용에 관해 구성원들 간에 의견이 불일치가 있을 때 나타나는 갈등이다. 여기에는 관점, 생각, 의견 등의 차이로 인한 갈등이 포함된다. ii) 관계갈등(relationship conflict): 집단 혹은 조직의 상호관계에서 비롯되는 갈등이다. 이러한 갈등은 구성원들 간의 인간관계에 있어서 양립 불가능성이 존재할 때 나타나는 갈등으로서 긴장, 적대감, 성가심 등이 전형적인 예이다.

이처럼 위에서 고찰한 갈등의 제 유형은 조직이라는 상황에서 발생하기 때문에 조직의 갈등 혹은 조직행위의 연구와 분리할 수 없는 것이다. 이제 조직의 갈등, 즉 조직갈등(organizational conflict)을 고찰하기로 하겠다.

루탠스(Fred Luthans, 1981)는 조직갈등의 유형을 다음과 같이 제시하고 있다. ① 계층 갈등(hierarchical conflict): 조직의 계층 간에 일어날 수 있는 갈등으로 중역과 최고 경영자 간에, 중간관리자는 경영자와 근로자 간에 갈등을 겪는다. ② 기능 갈등(functional conflict): 조직의 여러 부서 간의 갈등으로 기업체에서 생산부와 영업부 간의 갈등은 전형적인 예이다. ③ 계선-참모 갈등(line-staff conflict): 계선과 참모 간의 갈등은 흔히 참모직이 계선직에 대한 권한이 없기 때문에 발생한다. ④ 공식 대 비공식적 갈등(formal-informal conflict): 공식조직과 비공식적 조직 간의 갈등으로, 예

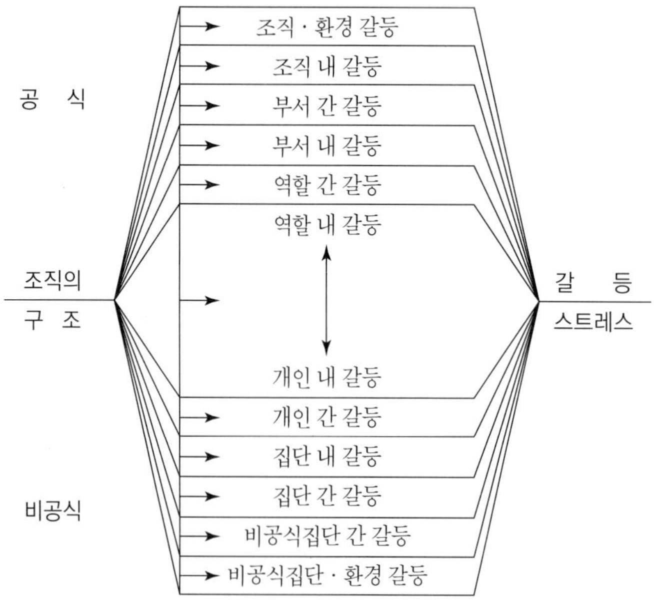

[그림 6-3] 조직 갈등의 제 수준

를 들면 과업수행에 대한 비공식 조직의 규범과 공식조직의 규범이 양립할 수 없을 때 일어난다.

최근에 한슨(E. Mark Hanson, 1991)은 갈등이나 스트레스는 i) 공식조직 수준 내부나 상호 간에, ii) 비공식 조직 수준 내부나 상호 간에, iii) 공식조직과 비공식조직 수준 상호 간에 나타나는 결과를 보고 [그림 6-3]과 같이 12개의 갈등 유형을 제시하고 있다.

한슨이 제시한 12개의 갈등은 우리 교직사회에서는 얼마든지 경험할 수 있는 유형이다. 즉 공식조직에는 조직 · 환경 갈등, 조직 내 갈등, 부서 간 갈등, 부서 내 갈등, 역할 간 갈등, 역할 내 갈등 등이 있으며, 비공식 조직에는 개인 내 갈등, 개인 간 갈등, 집단 내 갈등, 집단 간 갈등, 비공식집단 간 갈등, 비공식집단 · 환경 갈등 등이 존재하며, 이러한 공식 및 비공식 조직의 다양한 갈등들은 스트레스와 조직적 갈등으로 표출된다고 보았다.

제4절 조직갈등의 원인 및 관리

많은 다양한 요인들이 조직의 갈등을 촉진시킬 수 있다. 어떤 요인들은 심리적인 특성들이다. 즉 갈등은 조직구성원들의 개인적 특성에 기인한다. 이러한 개인적 특성이 실제적으로 의미하는 것은 어떤 사람들은 서로 어울려 잘 지내기가 매우 어렵다는 것이다. 이와 같이 우리의 관심사는 조직 구조상에 비롯되는 갈등문제에 있다.

다양한 조직갈등의 원인에 대해서는 학자들에 따라 다양하게 의견을 제시하고 있는 실정이다.

1. 조직갈등의 원인

1) 사이몬과 마치의 견해

사이몬과 마치(Simon & March)는 개인갈등의 원인으로 비수락성(unacceptability), 비비교성(incomparability), 불확실성(uncertainty)을 들었다. i) 비수락성: 의사결정자가 자기가 생각하고 있는 대안들과 그들의 결과가 어떤 것이라는 것을 알고 있으나 자기의 목표에 비추어 만족할 만한 것이 없어서 고민하는 것을 말한다. ii) 비비교성: 의사결정자가 자기가 생각한 대안들의 결과는 알 수 있으나 여러 대안 중에서 어떤 것이 더 좋은 것인지를 알 수 없을 때 발생한다. iii) 불확실성: 의사결정자가 자기가 생각한 대안들의 결과가 무엇인지를 알 수 없을 때 발생한다.

한편 집단 간 갈등의 원인은 다음과 같다. i) 공동 결정의 필요성: 주체 간에 공동 결정을 한다는 것은 각 주체의 입장에서 보면 자율성을 상실하는 것을 의미한다. 따라서 공동 결정은 어쩔 수 없이 하는 것이라고 보아야 하며, 그 주체 간에는 권력 차(power difference)가 없는 상태라야 가능하다. 공동 결정의 필요성은 어떤 전후 의존 관계에 있을 때이다. ii) 주체 간의 목표의 차이: 결정 주체들이 소속한 집단이 상이하고, 그 집단 목표 간의 차이가 있을 때 갈등이 생길 수 있다. 또한 동일한 조직 내에서도 조직 목표가 구체적이지 못하고 해석상의 차이가 많으면 갈등이 생긴다. iii) 현실에 대한 인식의 차이: 각 주체들이 결정을 둘러싸고 현실에 대한 감각이 다른 경우를 말한다. 예를 들면, 조직 내의 의사전달 과정상에서 정보가 왜곡되면, 그 정보를 받은 결정자의 현실감각은 많이 왜곡될 것이다.

2) 폰디의 견해

폰디(Louis R. Pondy, 1967)는 조직의 갈등의 잠재적 원인을 다음과 같이 세 가지 형태로 들고 있다. i) 조직의 각 부서가 과업을 수행하는 데 필요한 자원을 충분히 가지고 있지 못하면 희소한 자원에 대한 경쟁이 일어난다. 예를 들면, 예산배분, 교원의 지위, 공간이나 시설 등을 들 수 있다. ii) 한쪽이 타 부서에 속한 활동을 통제하려고 하면(타 부서가 그런 간섭을 배제하려고 하면) 자율(autonomy)의 문제가 생긴다(예: 자기의 세력을 보호하려는 경우). iii) 조직 내의 양 당사자가 함께 과업을 수행하여야 하나 그 방법에 대하여 합의할 수 없을 때 목표의 상치(goal divergence)가 갈등의 원인이다(예: 학교장과 특수교육 책임자가 통합교육을 어떻게 할 것인가에 대해 관점을 달리할 경우).

3) 로빈스의 견해

로빈스(Stephen P. Robbins, 1983)는 갈등의 구조적 원인(structural sources)을 다음과 같이 설명하고 있다.

① 과업상의 상호 의존성(mutual task dependence): 과업상의 상호 의존성이란 조직 내의 두 단위 부서가 각기 그들의 과업을 효과적으로 완수하기 위하여 협조, 정보교환 및 그 밖의 협동적인 활동에 있어서 서로 의존하고 있는 정도를 가리키는 말이다. 과업상의 상호 의존성과 갈등 간의 결합관계는 직접적인 것은 아니다. 과업상의 상호 의존성이 단위 부서 간의 관계의 강도 내지는 긴장을 높인다. 따라서 두 단위 부서 간에 상호 작용이 반드시 갈등으로 이어지지는 않는다. 단위 부서들 간의 상호 작용은 친절하고 협동적인 관계로 발전할 수도 있는 것이다.

② 과업상의 일방적 의존성(one-way task dependence): 한 단위 부서가 다른 단위 부서에 대하여 일방적으로 의존하고 있을 때 갈등의 가능성은 훨씬 더 커진다. 과업상의 상호 의존성과는 대조적으로 과업상의 일방적 의존관계는 권력의 균형이 한쪽으로 기울어져 있다는 것이다. 그리하여 지배적인 단위 부서가 하위 단위 부서와 협동할 만한 유인을 거의 갖지 못하기 때문에 갈등의 가능성은 결정적으로 더 높아지게 된다.

③ 고도의 수평적 분화(high horizontal differentiation): 단위 부서 간의 차이가 크면 클수록 갈등이 일어날 가능성은 그만큼 커진다. 조직 내의 단위 부서들이 고도로 분화되어 있으면 각 단위 부서가 수행하는 과업 및 각 단위 부서가 관리해야 할 하위환경들이 차이가 나는 경향이 있기 때문이다. 물론 고도의 분화가 자동적으로 갈등으로 이어진다고 할 수 없다. 과업의 상호 의존성 및 보상 등과 같은 다른 요인들이 내재적인 갈등의 잠재성을 지체시키기도 하고 자극하기도 한다.

④ 낮은 공식화(low formalization): 규칙이나 규정은 모호성을 최소화시킴으로써 갈등을 감소시킨다. 고도의 공식화가 이루어져 있는 곳에서는 단위 부서의 구성원들이 다른 부서의 구성원들과 상호 작용하는 방법을 표준화하고 있다. 따라서 역할규정은 명백하며 단위 부서의 구성원들은 다른 부서의 구성원들에게 기대되고 있는 것을 잘 알고 있게 된다. 이와 반대로 공식화의 정도가 낮은 곳에서는 관할권 분쟁의 잠재성이 증대된다.

⑤ 한정된 자원에 대한 상호 의존성(dependence on common scarce resources): 두 개 혹은 그 이상의 단위 부서들이 물리적 공간, 설비, 운영자금, 자본 예산의 배분 등

과 같은 한정된 자원을 공동으로 사용하고 있을 때 갈등의 잠재성은 증대된다.

⑥ 평가기준과 보상체제의 차이(difference in evaluation): 최고관리자가 각 부서들을 통합하여 일괄적으로 평가하여 보상하지 않고 각 부서별로 그 업적을 평가하고 보상하는 데 강조점을 두면 갈등의 가능성은 그만큼 더 커진다.

⑦ 참여적인 의사결정(participative decision making): 의사결정에 의해 영향을 받게 될 사람들이 의사결정기구의 일부분을 형성하고 있는 경우 합동적인 의사결정은 갈등을 촉진한다. 참여적 과정에서는 현존하는 잠재적인 분쟁 가능성이 표출될 수 있는 기회가 더 많아지고 의견의 불일치가 일어날 경우가 많아진다.

⑧ 구성원들의 이질성(heterogeneity): 구성원들이 보다 이질적이면 그들은 순조롭고 협동적으로 함께 일하게 될 가능성이 그만큼 줄어든다. 구성원들 간의 배경, 가치관, 교육 수준, 연령 등과 같은 개인적인 차이점이 단위 부서의 대표자들 간에 대인관계의 친밀성을 저하시키게 되고, 그로 인하여 단위 부서들 간의 협력이 감소된다는 사실이 연구에 의해 발견되었다.

⑨ 지위 신분상의 불일치(status incongruence): 지위 신분상의 불일치와 변화가 일어났을 때 갈등이 촉진된다. 예를 들면, 개인적인 지위신분(자신의 신분에 대한 지각)이 지위신분 차원의 등급에 있어서 차이가 존재할 때 갈등의 증가가 최고조에 이르고 있음이 발견되었다.

⑩ 역할에 대한 불만(role dissatisfaction): 지위 신분상의 불일치와 매우 유사한 것으로서 역할에 대한 불만이 있다. 역할에 대한 불만도 여러 가지 이유에서 오는데 그중의 하나가 지위신분의 불일치이다. 사람들은 자기들의 직위에서 자신들을 어떻게 지각하고 있느냐가 그들의 업적에 중대한 영향을 미친다. 이는 나아가 자신들의 부서와 다른 부서의 동료들과의 잠재적인 갈등관계에도 영향을 미치게 된다.

⑪ 의사소통의 왜곡(communication distortions): 갈등의 원천으로서 빈번하게 인용되고 있는 것 중의 하나가 의사소통의 왜곡 또는 의사소통의 곤란성이다. 이와 같은 의사소통의 왜곡현상은 수직적 의사소통에서 두드러지게 일어난다. 정보가 계층을 따라 위아래로 통과하는 과정에서 정보는 모호성이나 왜곡의 영향을 받기 쉽다. 그러나 그와 같은 왜곡 현상은 수평적인 의사소통에서도 일어나고 있음을 보게 된다.

4) 리스와 브란트의 견해

리스와 브란트(Barry L. Reece & Rhonda Brandt, 1984)가 제시한 몇 가지 중요한 갈등의 근원은 다음과 같다.

① 의사소통의 단절: 조직갈등의 가장 큰 근원은 원활하지 못한 의사소통으로 인하여 자주 발생하는 왜곡과 오해이다.

② 가치관의 대립: 세대, 남녀, 직위, 교육 수준, 종교 등의 차이로 비롯되는 가치관의 상이성이 갈등을 일으키는 요인이 된다.

③ 직무 및 정책의 불명료성: 직무가 명확하게 규정되어 있지 않으면 구성원들은 자신의 권한과 책임의 범위를 잘 모르게 된다. 이와 같은 경우에 권한과 책임의 소재와 관련하여 갈등이 일어나게 된다.

④ 인성의 차이: 인성의 현격한 차이에서 오는 갈등은 미미한 의견 대립에서부터 시작하여 심각한 인간관계의 파괴를 초래하기까지 한다. 부정적 자아개념을 가진 사람은 지나치게 방어적이어서 갈등을 일으키고, 개인적 적대감은 팀워크를 손상시키고, 협동을 어렵게 한다.

⑤ 관리 방법상의 갈등: 전제적 관리체제하에서는 구성원들이 철저하게 감시를 받게 되고, 건설적인 비판이 수용되지 않는다. 관리자들은 규칙과 절차를 엄격하게 적용하려고 하는 데 반해서 구성원들은 더 많은 자유를 향유하려고 하는 데서 갈등이 빚어지게 된다.

⑥ 공정하지 못한 임금과 혜택: 만일 구성원이 같은 일을 하면서도 더 많은 임금과 혜택을 받고 있다는 사실을 알게 될 때 노사갈등이 생겨나게 된다.

⑦ 권위에 대한 불신: 구성원들이 조직 내의 권위에 대해서 가지는 불신은 관리자들에 저항하고, 관리자들의 행태에 대하여 의구심을 가지게 하며, 조직의 정책과 절차에 대하여 비판을 가하도록 한다. 이와 같은 부정적 태도는 집단의 팀워크를 허물어뜨리고 조직을 위태롭게 한다.

⑧ 급격한 변화, 경제적 침체 등과 같은 외적 요인: 새로운 기술의 도입과 경제사정의 악화는 구성원들의 직무안정성을 위협하여 갈등을 일으키는 요인으로 작용한다.

5) 겟젤스의 견해

겟젤스(Jacob W. Getzels)는 교육행정의 사회과정의 기본모형에서 조직에서 발생할 수 있는 갈등상황을 제시했다. 그는 크게 역할갈등, 역할 대 성격갈등, 성격갈등 등의 세 가지 형태를 들고 있다.

첫째, 역할갈등이다. ⅰ) 역할이라는 개념은 다양한 입장에서 정의되고 있다. 겟젤스는 성격발달과 관련하여 우리가 사회화 과정을 말할 때처럼 아동이 나이와 성(sex)과 관련하여 거기에 적절한 어떤 역할의 계속적인 학습을 말할 경우이다. ⅱ) 전반적인 사회와 관련하여 역할은 관찰된 행동유형과 동의어로 쓰인다. 이때는 주어진 자리에서 개인이 실제로 한 행동을 말하며, 타인이 수행해 주기를 기대한 행동과는 구별된다. 역할이란 단지 어떤 사람이 행하는 바를 말한다. 곧 어떤 사람이 상호 작용 상태에서 수행하는 행동이나 일련의 유형화한 학습된 활동이다. ⅲ) 사회체제에서 특정 집단이나 제도와 관련하여 역할이란 체제의 목적을 수행하기 위해서 역할수행자에게 구조적 또는 규범적으로 요구되는 한정된 행동을 말한다(Jacob W. Getzels et al., 1968).

행정행위나 조직행위의 분석에서는 위의 셋째 입장이 가장 유리하므로 여기에서도 이를 따르기로 한다. 역할갈등은 수많은 원인에서 나오기 때문에 관점을 달리하는 이론이나 목적을 달리하는 연구에 따라 각기 다른 정의와 유형을 제시하고 있다. 그러나 공통적인 점은 어떤 역할 담당자가 역할을 수행함에 있어서 느끼는 곤란·곤혹·문제를 지칭하는 것이다. 박용헌(1968)은 외부에서 요구하는 기대에 따라 행동할 수 없는 것으로 지각한 역할을 역할갈등이라 정의하여 역할기대와 역할지각의 상이에서 오는 문제점을 지적하고 있다. 겟젤스는 갈등을 상호방해반응(mutual interference of reaction)이라고 간단히 정의하고, 역할갈등을 역할 담당자가 상반되는 역할기대를 동시에 수행할 때 언제나 생긴다고 보았다. 다음과 같은 세 가지 경우가 발생된다.

① 역할을 규정하는 관계집단 내에서의 기대의 불일치: 곧 교장에 대하여 어떤 교사들은 정기적으로 교실에 들러 자기들의 교수방법에 대하여 건설적인 조언을 기대하는가 하면, 어떤 교사들은 교장이 교실에 들러 감독하는 것보다는 전적으로 신임해 주기를 바란다. 이럴 때 학교장은 달리 행동함으로써 이런 형태의 갈등을 해소하려 할 것이다.

② 동일한 역할에 대하여 관계집단 간의 기대의 불일치: 곧 학교장의 역할은 교사에 의해서만 아니라 교육감, 교육위원, 학부형, 학생, 지역 인사들도 교장의 역할에 대한 기대를 한다. 교사들은 교장이 교실에 들르는 것을 바라지 않으나, 교육감은 교장이 교실에 들러 교사의 수업을 관찰하여 평가회를 열어서 그 결과를 서면으로 보고하기를 기대할 경우이다.

③ 동시에 여러 개의 상치되는 역할이 기대되는 경우: 곧 교장이면서 대학원 학생이며 남편이고 아버지인 경우에, 교사 · 교육위원회 · 교수 · 부인 · 자녀들은 각기 그 교장 개인에 대한 기대가 다르다. 또 결혼한 지 얼마 안 되는 여교사가 방과 후 생활지도를 하고 빨리 귀가해서 남편의 저녁식사 준비를 서둘러 해야 할 경우에 일어난다.

둘째, 역할 대 성격갈등이다. 역할 대 성격의 갈등은 수행해야 할 역할과 그 역할을 수행할 개인의 성격 간의 불일치에서 일어난다. 예를 들면, 지배욕이 강한 성격의 소유자가 하위자로 근무한다거나 내향적인 사람이 해병대 훈련교관인 경우에 볼 수 있을 것이다.

셋째, 성격갈등이다. 이것은 역할 담당자 자신의 성격 내부의 욕구와 성향이 반대되는 경우에 일어난다. 이와 같은 성격의 불균형은 주어진 역할에 대한 안정된 관계를 유지할 수 없거나 그의 자폐적인 성향 때문에 그에게 주어지는 기대를 오인하기 때문에 그 기관과의 원만한 관계를 해치는 결과를 초래한다.

6) 호이와 미스켈의 견해

호이와 미스켈(Wayne K. Hoy & C. G. Miskel, 1987)은 사회체제로서의 공식조직 모형에서 학교에서 경험할 수 있는 갈등의 원인을 체제의 구성요소 상호 간의 불일치에 따라 갈등 유형을 [그림 6-4]와 같이 본다.

[그림 6-4]에서 보면, 호이와 미스켈(1987)은 사회체제의 구성요소를 역할, 규범, 성격 및 목표에 초점을 두고 요소 간의 역할 대 규범, 역할 대 성격, 역할 대 목표, 규범 대 성격, 규범 대 목표, 목표 대 성격 간의 갈등이 존재하는 것으로 보았다. 나아가서 체제요소와 환경 간에도 관료적 역할 기대와 지역사회의 가치구조 간에도 갈등이 야기되는 것으로 보았다. [그림 6-4]에서 기본적으로 네 개의 갈등, 곧 역할 갈등, 성

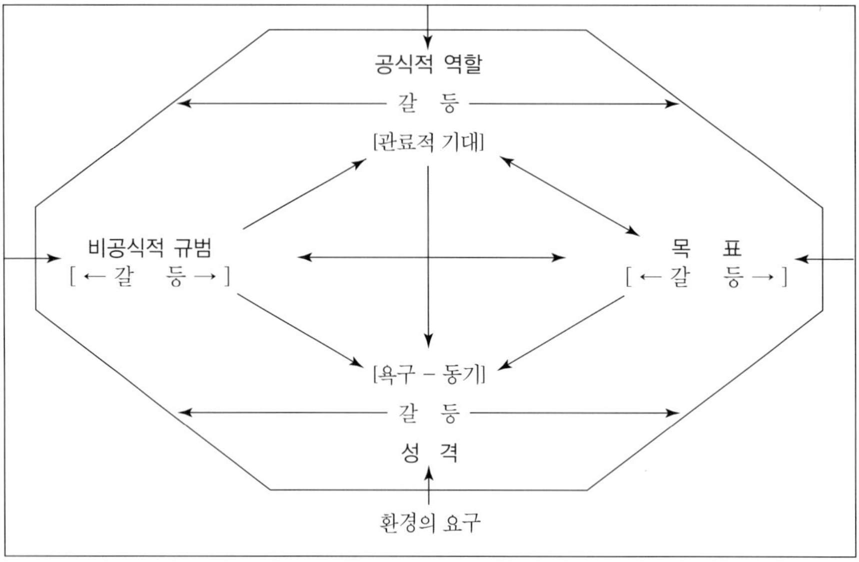

[그림 6-4] 조직갈등의 요인

격갈등, 규범 갈등 및 목표 갈등이 존재하는 것을 알 수 있다.

ⅰ) 역할 갈등: 역할 수행자가 두 개의 역할을 수행해야 하거나 상반되는 기대를 동시에 수행해야 할 때 나타난다. ⅱ) 성격갈등: 개인의 성격상 문제 때문에 야기된다. 예를 들면, 어느 학교장이 안정에 대한 욕구와 모험 감행에 대한 욕구가 강할 때 적절한 행동을 하기가 어렵게 된다. ⅲ) 규범 갈등: 비공식적 규범 간에 불가피하게 나타나는 갈등과 긴장의 결과에서 나온다. ⅳ) 목표 갈등: 기본기능인 교수와 학습자의 사회 정서적 발달처럼 상반되는 복수 목표 때문에 나타난다.

위에서 살펴본 바와 같이, 기본적 갈등 외에 체제 요소 간에 야기되는 갈등이 있다. 공식조직에서의 역할과 비공식조직에서의 규범 간의 긴장 상태에서 나타나는 역할 대 규범 갈등, 관료적 기대와 조직 목표 간의 불일치에서 오는 역할 대 목표 갈등, 성격으로 적합지 않은 역할을 수행하기 때문에 나타나는 역할 대 성격갈등, 개인적 욕구와 비공식 조직의 규범이 일치하지 않는 규범 대 성격갈등, 비공식 조직과 공식 조직 목표 간에 나타나는 규범 대 목표 갈등, 개인적 사정으로 조직의 목표에 동조할 수 없는 경우의 목표 대 성격갈등을 [그림 6-4]에서 도출할 수 있다. 아울러 학교는 환경의 영향을 받는 존재이기 때문에 사회적 가치와 문화는 긴장과 압력의 원인이 된다. 그러므로 지역사회의 지배적 가치는 관료적 역할과 개인의 성격과 비공식 조직의 규범 및 조직 목표와 갈등을 야기할 수 있다. 보수적 교육청과 학교장 간에, 전통적 학교와 진보적 지역사회 간에, 보수적 지역사회와 급진적 교사 간에는 이와 같은 갈등의 가능성이 늘 존재한다.

2. 갈등의 관리

조직에서 발생되는 갈등을 다루는 방법에는 여러 가지가 있다. 이러한 갈등관리 방법에는 상황적응 갈등관리모형과 원리에 기초한 협상 모형 등이 있다(박병량, 주철안, 1999).

1) 상황적응 갈등관리

학교행정가는 조직의 목표달성과 조직구성원의 필요를 충족시키는 것 사이에서 갈등을 느낀다. 학교행정가는 이러한 갈등을 다루는 데 많은 시간을 소모할 수 있다. 토마스(K. Thomas, 1976)는 이와 같은 갈등을 다루는 갈등관리 방식을 다섯 가지로 분류하였다. 그는 갈등이 발생될 수 있는 두 가지 기본적인 차원을 구분하였다. 행정가들이 조직의 필요를 충족시키려는 노력과 조직구성원의 개인적 관심사를 충족하려는 노력으로 구분된다. [그림 6-5]에서 조직의 필요를 충족시키려는 시도는 주장-비주장의 연속선으로 나타냈고, 개인의 필요를 채우려는 시도는 협동-비 협동으로

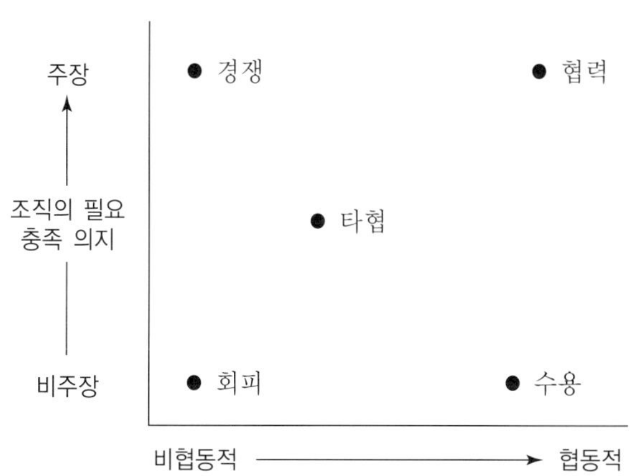

[그림 6-5] 갈등관리 유형

* 자료: 박병량, 주철안(1999). 학교 · 학급경영. 서울: 학지사, p. 158.

나타내었다.

① 경쟁: 행정가는 조직의 목표달성을 강조하며 조직구성원들의 개인적인 필요에 대해서는 협력하지 않는다. 이는 승패의 접근방법이다. 필요하다면 다른 사람을 희생시켜서라도 자신의 관심을 충족하고자 한다.

② 회피: 조직의 목표를 강조하지도 않고 구성원들의 관심사항에 대해 협력하지도 않는다. 행정가는 갈등을 무시함으로써 저절로 해결되기를 바란다. 갈등이 있는 것을 알고 있지만 갈등이 표면화되는 것을 억제하는 방법이다. 조직에 발생된 갈등이 실제 해결되기 어렵거나 해결하기 위해 소요되는 자원이 과다하여 비경제적인 경우에 활용될 수 있다. 그러나 갈등을 유발한 문제가 그대로 남아 있어 더욱 심각한 갈등으로 발전될 수 있다.

③ 수용: 주장하지 않는 대신에 협력하는 방법이다. 행정가는 조직구성원의 필요에 양보한다. 쌍방 간에 관계가 계속 유지되도록 하기 위해 한쪽 당사자가 기꺼이 자기를 희생하는 행동이다.

④ 협력: 주장하면서 협력하는 문제해결 접근방식이다. 갈등 당사자들 각자가 모두 목적을 달성할 수 있도록 하는 행동이다. 승승접근의 사고를 가진 갈등관리 방법이다. 서로의 차이점을 확인하고 정보를 서로 공유한다. 양쪽의 필요를 동시에 만족시키는 통합적인 해결책을 찾으려고 노력한다.

⑤ 타협: 조직의 목표와 개인의 필요 사이에 균형을 찾는 방법이다. 양쪽 모두가 어느 정도 수용할 수 있는 해결책을 찾는다. 조금씩 양보함으로써 절충안을 얻으려는 방법이다. 이 경우에 승자와 패자가 명백하지 않다. 노사 간의 협상 등에서 현실적으로 많이 활용하는 갈등관리 방법이다.

토마스(K. Thomas, 1977)는 다섯 가지 갈등관리 방식은 상황에 따라 효과적이라고 보았다. 그는 다섯 가지 갈등관리 전략이 유용한 상황을 다음과 같이 제시했다.

① 경쟁에 적절한 상황

- 신속한 결정이 요구되는 긴급 상황
- 중요한 사항이지만 인기 없는 조치가 요구되는 경우
- 조직의 성장에 매우 중요한 문제일 때

• 타인을 부당하게 이용하는 사람에게 대항할 때

② 회피에 적절한 상황

• 쟁점이 사소한 것일 때
• 해결책의 비용이 효과보다 훨씬 클 때
• 사태를 진정시키고자 할 때
• 더 많은 정보를 얻는 것이 꼭 필요할 때
• 다른 사람들이 문제해결을 더 효과적으로 해결할 수 있을 때
• 해당 문제가 다른 문제의 해결로부터 자연스럽게 해결될 수 있는 하위갈등일 때

③ 수용에 적절한 상황

• 자기가 잘못한 것을 알았을 경우
• 다른 사람에게 더 중요한 사항일 때
• 보다 중요한 문제를 위해 좋은 관계를 유지해야 할 때
• 패배가 불가피할 때 손실을 극소화하기 위해
• 조화와 안정이 특히 중요할 때

④ 협력에 적절한 상황

• 양자의 관심사가 매우 중요하여 통합적인 해결책만이 수용될 때
• 목표가 학습하는 것일 때
• 다른 관점을 지닌 사람들로부터 통찰력을 통합하기 위해서
• 합의와 헌신이 중요할 때
• 관계증진에 장애가 되는 감정을 다루기 위해서

⑤ 타협에 적절한 상황

• 목표가 중요하지만 잠재적인 문제가 클 때
• 당사자들의 주장이 서로 대치되었을 때
• 복잡한 문제에 대한 일시적인 해결책을 얻기 위해
• 시간 부족으로 신속한 행동이 요구될 때
• 협력이나 경쟁의 방법이 실패할 때

여러 가지 상황에서 발생하는 모든 갈등을 관리할 수 있는 최선의 방법을 찾기는 어렵다. 다양한 갈등 상황에 따라 그 해결책이 달라질 수 있으므로 갈등관리를 잘하기 위해서는 상황에 적합한 갈등관리방법을 활용해야 한다.

2) 협상원리에 기초한 갈등관리

하버드(Harvard)대학에서 협상연구 프로젝트를 수행했던 피셔와 유리(R. Fisher & W. Ury, 1981)는 개인 간 및 집단 간 갈등 상황에서 일반적으로 활용되는 협상방법을 자신의 입장을 옹호하는 협상방법으로 명명하고 이에 대해서 갈등 당사자들의 공동이익을 추구할 수 있는 방법으로서 협상의 원리에 바탕을 둔 협상방법을 제안하였다.

자신의 입장을 옹호하는 협상방법은 먼저 자신의 입장 또는 최소한의 양보선을 결정하고 이를 기준으로 하여 상대방의 양보를 받아 가면서 합의에 이르는 협상방법이다. 이와 같은 전통적인 협상방법은 당사자들이 결정한 입장이 불확실한 상황에서 닻과 같은 안정장치의 기능을 하기 때문에 계약체결에 다소 도움이 되지만 전체적으로 보아 비효율적인 협상결과를 가져온다. ⅰ) 입장을 옹호하는 접근방법은 협상 과정에서 자신들의 입장을 명백하게 제시할 수 있지만 이를 옹호할수록 제시한 입장에 고착되어 현명하지 못한 결과를 낳게 된다. ⅱ) 입장을 옹호하는 접근방법에서는 협상을 지지부진하게 오래 끌게 되어 합의에 도달하는 데 드는 시간과 비용이 많이 소요되며, 협상이 결렬될 위험이 높아진다. ⅲ) 입장을 옹호하는 접근방법은 당사자들 간의 지속적인 관계를 위태롭게 한다. ⅳ) 협상 당사자가 많을수록 더욱 어려워진다.

피셔와 유리(R. Fisher & W. Ury, 1981)는 이상과 같은 문제점이 발생하게 되는 전통적인 협상방법에서 협상에서 준수해야 할 네 가지 원리를 제시하고 이 원리에 따르는 협상방법을 제안하였다.

첫째, 문제를 사람과 분리한다. 협상 당사자들의 감정, 가치, 관점이 서로 다르기 때문에 서로 예측하기 어렵다. 상대방의 감정을 표출할 수 있도록 허용하며, 표출된 감정에 대응하지 않는다. 그리고 의사전달을 명확히 한다. 이를 위해 상대방이 하는 말을 주의해서 듣고 이해하여 서로 간에 감정을 해치지 않기 위해서 협상 대표자들의 체면과 사안을 분리한다.

둘째, 자신들의 입장이 아니라 협상 당사자들의 이해관계에 초점을 둔다. 이를 위해 협상 당사자들의 이해관계와 관심사를 파악하는 것이 중요하다. 당사자들이 왜 특정한 입장을 주장하고, 특정한 입장을 수용하지 않고자 하는지를 파악한다. 다음으로, 당사자들이 다양한 이해관계를 가지고 있음을 인식한다. 당사자들의 관심사항 항목을 만들고, 당사자들의 이해관계에 대해 이야기한다. 또한 자신의 관심사항을 분명하게 전달한다. 그리고 상대방의 이해관계를 풀어야 할 문제의 일부로서 인정한다.

셋째, 협상 당사자들에게 모두 이익이 되는 방안을 찾아낸다. 이를 위해 협상과정에서 당사자들에게 혜택이 될 수 있는 새로운 대안을 끊임없이 모색해야 한다. 새로운 대안을 개발하기 위한 아이디어를 얻기 위해 동료들과 브레인스토밍하는 시간을 갖는다.

넷째, 객관적인 준거에 따라 주장한다. 갈등에 대한 관점은 양측이 이득을 볼 수 있는 승승접근법과 쌍방 중 일방이 손해를 보게 된다는 승패접근법으로 구분된다. 전자는 협상을 통해서 전체 가치를 증진할 수 있는 측면을 강조하고, 후자는 창출된 또는 주어진 가치를 당사자들이 배분하는 측면을 강조한다. 실제로 협상과정에서 협상 대표자들은 이미 창출된 가치 중에서 더 많이 확보하려고 노력한다. 이때 협상 대표자들은 상식과 윤리적인 측면을 고려해야 한다. 이와 마찬가지로 학교경영자들은 교육조직 내에서 발생하는 갈등적인 문제에 임할 때 협상에 관련된 여러 가지 측면들을 이해하고 이를 적절히 다루어야 한다.

제5절 조직갈등 해결의 기법

갈등의 수준이 지나치게 높을 경우에는 조직의 과업수행에 역기능이 초래된다. 따라서 갈등의 강도를 수용될 수 있는 수준으로 낮추는 데 널리 활용되고 있는 다음과 같은 조직의 구조적 기법들(structural techniques)에 관해 살펴보기로 한다(Stephen P. Robbins, 1983).

① 상위목표의 도입(superordinate goals): 상위목표는 두 개 혹은 그 이상의 단위부서에 의해 달성되는 공동목표로서 어느 한 집단의 자원만으로는 달성될 수 없는, 매우 매력적이면서 집단들의 협동이 필요한 목표이다. 상위목표를 도입하는 방법은 공동목표를 규정하여 그 공동목표가 서로 다투고 있는 집단들의 협동

노력 없이는 달성될 수 없다는 것을 인식시키는 것이다. 이와 같은 방법이 효과적이려면 상위목표가 각 단위 부서들이 개별적으로 가지고 있는 목표를 대치할 수 있는 것이어야 한다. 공동적으로 추구하고 있는 목표달성의 과정에서 의견의 불일치는 당사자들의 협동적인 작업을 요구하게 됨으로써 갈등을 감소시킬 수 있게 된다.

② 단위 부서들 간의 상호 의존성 감소(reduce interdependence between units): 상호적인 의존관계나 일방적인 의존관계가 갈등을 야기할 때 의존관계의 감소를 고려해볼 수 있다. 상호 의존관계를 감소시키는 방법으로 완충물(buffer)을 도입하거나 조정 직위(coordination positions)를 신설하는 것이 효과적일 수 있다.

③ 자원의 확충(expending resources): 갈등이 제한된 자원에 기인하고 있을 때, 그와 같은 갈등상태를 해결할 수 있는 가장 쉬우면서도 갈등 당사자 모두에게 만족을 가져다 주는 한 가지 방법은 활용자원을 확충해 주는 방법이다. 그것이 갈등상황 밖에 있는 이들에게는 바람직한 방법이 아닐지라도 갈등 당사자들에게 만족을 줌으로써 가장 강력한 해결방법이 될 수 있다.

④ 문제의 공동해결(mutual problem solving): 문제의 공동해결은 집단 간의 갈등을 해결하기 위한 가장 건전한 방법이다. 이 갈등해결 방법은 갈등 당사자들을 대면시켜 갈등의 원인을 직면하게 하여 해결책을 찾는 책임을 분담하게 하는 것이다. 이와 같은 과정을 통해서 불신의 원인과 갈등 저변의 원인이 외면으로 명백히 드러나게 된다. 이 방법의 목적은 상이한 견해 차를 단순히 조정하는 데 있지 않고 문제를 해결하려는 데 있다.

⑤ 청원체제(appeals systems): 갈등은 공식적인 경로를 만들어 고충사항을 제출하고 청문 및 조치를 취하게 함으로써 처리할 수도 있을 것이다. 만약 종업원이나 종업원 집단이 감독자 및 동료들의 행동에 의해 자기들의 권리가 위태롭게 되었다고 믿게 된다면, 청원체제로 공식적인 구제책 내지는 시정책을 제공받게 된다. 이 경우에 청원은 차상급자, 조직계층상의 높은 직위에 있는 최고경영층 및 제3자인 노동중재인에게 제출될 수 있다.

⑥ 공식적인 권한(formal authority): 조직 내의 개인들은 거의 예외 없이 그들의 상위자들의 권한을 갈등해결을 위해서 사용할 수 있는 하나의 방법으로 인정하고 있다. 비록 갈등 당사자들이 상위자들의 결정에 의견을 같이하고 있지 않을지라

도 그들은 상위자의 결정을 따르는 것이 보통이다. 그래서 공식적인 권한의 행사는 갈등을 해소하는 데 있어 고도로 성공적인 방법이 되는 것이다.

⑦ 상호 작용의 촉진(increasing interaction): 다른 상황이 동일하다면 사람들 간에 상호 작용 기회가 많을수록 협동을 촉진할 수 있는 공동관심사와 유대감이 그만큼 더 많이 발전하게 될 가능성이 높아진다. 분명하게 대립적인 가치관을 가진 집단들로 하여금 정규적으로 상호 작용하도록 강요하는 경우, 갈등이 발생할 가능성은 그만큼 높아지겠지만 계속적인 상호 작용은 갈등을 감소시킬 것이다. 비록 갈등이 관리자가 바라는 수준만큼 낮아질 수는 없을지라도, 방향은 갈등수준이 낮아지는 쪽으로 나아가게 될 것이다.

⑧ 조직 전체에 걸친 평가기준과 보상체제(organization wide evaluation criteria and reward systems): 평가와 보상을 결합시키지 않고 있는 것이 갈등을 야기한다면, 관리자는 협동이 촉진되도록 각 부서를 평가하고 보상할 수 있는 업적평가기준의 설정을 고려해야 한다. 그리고 평가기준을 어떤 결점이나 결함을 찾아내는데 성공하였느냐 보다는 오류를 얼마나 예방하였느냐에 두게 되면 갈등을 많이 감소시킬 수 있다. 그리고 조직 전체에 대해 이익분배 및 상여금 지급계획을 수립 및 실시하게 되면, 조직의 기본적인 관심사는 전체 체제의 효과성에 있는 것이지 어떤 단일 부서의 효과성에 있는 것이 아니라는 것을 모든 구성원이 깨닫게 될 것이다.

⑨ 갈등하고 있는 부서들의 합병(merging conflicting units): 갈등 해결을 위해 마지막으로 제안할 수 있는 것은 갈등하고 있는 단위 부서들 중의 하나가 경계영역을 확장하여 갈등의 자극요인이 되고 있는 상대방의 단위 부서를 흡수하는 방법이다.

제6절 스트레스의 개념과 특성

스트레스를 이해하고 관리하는 것은 조직구성원의 복리와 조직 자체의 효율성을 향상하는 데 매우 중요하다. 여기에서 스트레스의 개념과 특성에 대해서 살펴보기로 한다.

1. 스트레스의 개념

최근 스트레스에 대한 관심이 과거 어느 때보다 고조되고 있으며, 특히 스트레스가 신체적 · 심리적 건강에 심각한 영향을 미친다는 인식이 확산되면서 이에 대한 과학적 연구도 많이 증가하고 있다.

스트레스에 대한 많은 연구 결과 스트레스에 대한 정의도 학자들마다 다양하게 입장을 표명하고 있다. 한슨(E. Mark Hanson, 1991)은 스트레스를 작업자와 작업환경과의 조화의 부족이라고 정의했다. 루탠스(Fred Luthans, 1995)는 스트레스를 외부적 행동 및 상황 등이 육체적 · 정신적 한계를 초래할 때 나타나는 개인의 적응적 반응이라고 정의했다. 헬리겔(Don Hellriegel et al., 1992) 등은 스트레스를 작업자와 환경과의 상호 작용의 개념으로 파악하고 환경으로부터의 반응의 결과라고 보았다. 그리고 리트와 터크(Mark Litt & Dennis Turk, 1985)는 교원 스트레스를 교사들이 당면하는 문제가 그들의 안녕을 위협하고 이 문제를 해결할 능력을 초월할 때 나타나는 불쾌하고 부정적인 감정과 근심에 대한 경험이라고 하였다.

이 같은 제 학자들의 견해를 종합하면, 스트레스(stress)란 일을 하는 사람과 작업환경 사이에서 조화가 안 되는 심리적 상태를 의미하며, 교사의 스트레스는 그가 당면하는 문제가 자기의 안녕을 위협하고 그것을 자기가 해결할 수 없을 때 나타나는 불쾌하고 부정적인 감정과 근심에 대한 경험을 말한다. 갈등이 조직 내부에서 당사자 상호 간, 양자 간에 일어나는 것인데 비하여, 스트레스는 개인의 내부에서 일어난다는 것이 다르다. 결국 스트레스는 갈등과 마찬가지로 개인의 행동 및 조직의 효과성에 부정적으로 나타나기도 하고 긍정적으로 작용할 수도 있다.

2. 스트레스의 특성

스트레스는 단순한 걱정과 다르다. 걱정이 감정과 심리적인 측면에 영향을 주는 반면에 스트레스는 생리적인 측면에도 영향을 미치고 있다. 스트레스는 신경의 긴장과는 다르다. 신경의 긴장은 스트레스 때문에 발생하나, 스트레스는 신경의 긴장으로 나타나지 않기도 한다. 스트레스는 파괴적이어서 꼭 피하여야 하는 경우와 부딪혀서 극복하면 좋은 결과를 가져오는 경우로 나누어 볼 수 있다. 조지와 존스(J. M.

George & G. R. Jones, 1999)는 스트레스를 개개인 조직구성원에게 새로운 기술이나 일들이 이익을 줄 수 있는 기회로 경험되는 경우와, 새로운 기술이나 일들이 잘 해낼 수 없는 위협으로 다가와 조직구성원에게 스트레스가 되는 경우로 설명한다. 기회의 경우와 위협이 되는 경우 모두 조직구성원에게 중요하면서도 불확실한 경우에만 스트레스의 원인이 된다. 스트레스의 원인들은 인지되어야 스트레스가 될 수 있다. 중요하고 불확실한 기회이며 동시에 위협이 되는 상황이 조직구성원에 의하여 인지되는 경우에 스트레스로서 조직구성원에게 작용한다. 중요하고 불확실한 기회이며 동시에 위협이 되는 상황이 조직구성원에 의하여 인지되지 않는 경우에 조직구성원은 스트레스를 전혀 받지 않는다.

조직구성원들이 동일한 스트레스의 잠재적인 요인을 가지고 있다고 하더라도, 개인적으로는 각각 다르게 반응을 한다. 스트레스를 관리하는 방법에 따라 스트레스를 겪는 정도가 다르기 때문이다.

조직구성원의 개성 및 능력에 관련하여 스트레스의 특성을 살펴보고자 한다.

첫째, 조직구성원의 개성과 스트레스 측면이다. 신경질적이고 부정적인 정서를 가지고 있는 사람은 자기 자신, 조직, 과업 및 동료들로부터 스트레스를 받는 경향이 크다. 이에 반하여 외향적이고 긍정적인 사람들은 타인과의 사회화가 되고, 상호 작용을 즐기는 경향이 있으며, 스트레스를 적게 느낀다. 개방적인 성격의 조직구성원은 스트레스를 적게 받으며, 개방성이 적은 사람은 스트레스를 많이 받는다. 자아 효능감이나 자아 존중감이 높은 사람들은 스트레스를 덜 받으며, 스트레스 관리를 잘 한다.

프레드맨과 로즈맨(Friedman & Roseman, 1974)은 Type A 개성을 '단기간 내에 더 많은 것을 달성하기 위하여 다른 사건이나 사람의 노력에 대항하여 장기적이고 그칠 줄 모르고 공격적으로 노력하는 행동과 감정의 복합체'라고 정의한다.

Type A 유형과 Type B 유형에 대한 개성의 차이를 비교하면 다음 〈표 6-3〉과 같다.

〈표 6-3〉에서 보듯 성취 욕구가 높고, 경쟁적이며, 성급하고, 단시간에 많은 성과를 기대하고 적대적인 성향을 갖는 Type A 유형의 조직구성원은 스트레스를 많이 받는 경향이 있으며, 특히 적대적인 성격을 갖는 Type A 유형들은 더 큰 스트레스를 겪는 것으로 나타났다. 지도자의 60%가 Type A의 개성을 가지며 지도자의 12%에 해당하는 사람들은 Type B의 개성을 가지고 있다. Type A의 개성을 갖는 지도자는

〈표 6-3〉 Type A 유형과 Type B 유형의 개성의 차이

Type A 유형	Type B 유형
• 항상 움직인다.	• 시간에 관심을 갖지 않는다.
• 신속하게 걷고, 먹고, 말하고, 활동한다.	• 휴식을 하면서 여유를 갖는다.
• 두 가지 일을 동시에 한다.	• 승부보다 일을 즐긴다.
• 시간의 압박을 계속적으로 느낀다.	• 직무 마감시간에 대한 관심이 없다.
• 참을성이 없다.	• 참을성이 있다.
• 공격적이고 경쟁적이다.	• 태도가 온유하며 서두르지 않는다.

Type B의 개성을 가지는 사람보다 더 많은 스트레스를 받는다.

내적 지위통제력을 갖는 조직구성원들은 상황을 잘 통제하기 때문에 스트레스를 덜 받으나, 스트레스 요인이 너무 크면 역시 스트레스를 받는다. 작업을 수행하는 능력이 부족할 때에도 스트레스가 발생한다. 컴퓨터를 사용하는 사무자동화는 조직구성원들이 스트레스를 경험하게 만들고, 사용 훈련은 조직구성원에게 부여되는 또 다른 과업이 되기 때문에 다른 스트레스의 요인이 된다.

둘째, 조직구성원의 능력과 스트레스 측면이다. 조직구성원이 직무를 수행할 능력이 부족할 때 스트레스를 받는다. 조직구성원이 직무수행을 위하여 필요한 능력을 소유하도록 하기 위하여 교육조직에서는 교육과 훈련을 실시한다. 교장 자격연수, 교감 자격연수, 1급 정교사 연수 등을 실시함으로써 교사가 지위의 상승을 취득함에 따라 필요한 교육을 실시한다.

제7절 스트레스의 원인과 결과

7절에서는 스트레스의 원인과 결과에 대해서 고찰하기로 한다.

1. 스트레스의 원인

스트레스의 원인은 개인적 생활, 직무상의 책임감, 조직 내의 구성원의 유대감, 과업과 사생활의 연계 등 네 가지를 들고 있다. 잠재적인 스트레스가 실제 스트레스

가 되고, 스트레스가 직무를 성취하는 데 긍정적인 영향력이 되는가 아니면 부정적인 영향력이 되는가는 개개인이 스트레스를 어떻게 인지하느냐에 달려 있다(박수연, 박정애, 2000).

1) 개인적 스트레스의 원인

조직구성원의 사생활에서 일어나는 일들은 조직구성원의 태도, 행동, 직무 수행, 복지에 영향을 줄 수 있으며, 개인 및 가족의 문제는 이직을 하게 하는 원인이 되고 있다(S. Shellenbarger, 1994). 개인적인 스트레스의 원인은 조직구성원 개개인에게 발생하는 정신적 · 신체적 위협, 초상, 이혼, 질병 등의 부정적으로 중요한 사건들과 결혼, 집 장만, 아기의 출생, 이사 등 긍정적인 사건들이 모두 스트레스의 원인이 된다. 과속에 의한 교통 위반증, 주차 위반증, 친척과의 관계, 자식의 문제, 부모의 문제, 휴가 등도 스트레스의 원인이 된다.

2) 직무와 관련된 스트레스의 원인

직무를 수행하는 것 그 자체가 스트레스의 원인이 된다. 조직구성원은 조직 내부에서 차지하고 있는 지위 때문에 수행하도록 기대되는 행동이나 과업이 부여되는 역할이 있다. 직무상 수행하여야 할 역할 자체에 갈등이 생기거나 역할이 모호하거나, 과다 업무 또는 과소 업무가 부여될 때 스트레스가 발생한다.

첫째, 역할갈등이다. 역할갈등은 수행해야 할 행위나 과업이 부적절할 때 일어나는 갈등이다. 작업환경에 존재하는 소음, 부적절한 온도, 노후화된 장비나 설비 등은 조직구성원에게 스트레스의 요인으로 작용한다. 독성화학물이나 위험한 기계를 다루거나, 핵발전소에서의 근무하거나 폐결핵 환자와 동일 환경에서 작업을 하는 경우, AIDS 환자와 동일한 작업장에서 근무하는 경우에는 조직구성원에게 스트레스로 작용한다.

둘째, 역할의 모호성이다. 조직이 직무 환경변화를 위하여 직무 책임을 바꾸는 경우와 신입사원의 경우에는 조직구성원들의 역할의 모호성으로 인하여 스트레스를 겪는다.

셋째, 과다업무이다. 특히 과다업무를 수행하는 중간계층 부장교사는 부정적인 스트레스를 받으며, 과로사가 발생할 수도 있다. 많은 업무를 수행하는 조직구성원들은 스트레스를 겪을 수밖에 없다.

넷째, 과소업무이다. 조직구성원들은 다양한 기술을 사용하여 가치 있는 일을 한다는 느낌을 갖고 싶어 한다. 조직구성원이 과소업무를 수행하는 상태에 있으면 작업시간이 너무나 지루하고 길게 느껴지며 이는 스트레스의 요인이 된다.

다섯째, 정리해고 및 실직이다. 조직에서 정리해고를 당하는 경우와 실직을 한 경우 발생하는 스트레스는 본인과 가족에게 경제적 불안감과 신체적 · 정신적인 피해를 준다. 실직을 면하고 조직에 남아 있는 사람의 경우에도 죄책감, 분노, 불행감, 외로움, 두려움 등으로 스트레스를 겪으며, 신체적인 질병이 유발되기도 한다.

여섯째, 임금의 상승이다. 조직구성원은 임금의 상승에 해당하는 기대치를 수행하지 못할까봐 스트레스를 받는다.

3) 집단 및 조직관련 스트레스의 원인

조직구성원과 집단, 작업집단과 작업집단 사이의 갈등에서 스트레스의 원인이 발생한다.

첫째, 집단 내 지지의 부족이다. 조직구성원이 집단 내 지지를 받지 못하는 경우 스트레스를 받는다. 조직구성원은 집단 내의 다른 조직구성원과 문제를 공유하기를 원하고, 즐기기를 추구함으로서 벗어날 수 있다(Michael R. Manning, C. N. Jackson, & M. R. Fusilier, 1995).

둘째, 집단 응집력의 부족이다. 조직구성원은 집단 응집력 또는 동일체감을 갖기를 원한다. 조직구성원의 집단 응집력이 거부되는 경우 스트레스를 받게 된다.

셋째, 오해와 갈등이다. 조직구성원 상호 간 혹은 작업집단 차원에서 발생하는 오해, 갈등, 상호 간의 의견 불일치 등은 부정적인 스트레스의 원인이 된다. 학교경영자는 조직구성원이 스트레스에 대하여 의사소통을 하게 하고, 편안한 작업환경을 갖게 하며 동시에 작업을 하는 도중에 위협에 노출되지 않도록 주의를 함으로써 스트레스를 발생하는 요인이 강화되지 않도록 통제하여야 한다.

4) 직업과 개인생활의 연계에서 발생하는 스트레스 원인

조직구성원들은 개인생활을 영위하는 데 있어서 부모의 역할, 자식의 역할, 배우자의 역할, 지역사회 봉사자의 역할 등을 수행하고 있다. 이러한 개인적인 생활과 직업적인 역할의 갈등이 생기면 스트레스가 된다. 과잉업무는 그 자체로 큰 스트레스이며, 자신의 가치관과 다른 일을 할 때, 이혼을 한 경우, 갓난아이가 있는 경우, 자녀 양육문제, 자선단체의 장을 맡은 경우에는 극도의 스트레스를 겪는다(박수연, 박정애, 2000).

2. 스트레스의 결과

스트레스는 개인마다 다르며, 동일한 스트레스를 경험하였다고 하더라도 그 결과는 개인마다 다르다. 스트레스의 결과를 생리적 측면, 심리적 측면, 행동적인 측면 등으로 나누어 살펴보기로 한다.

첫째, 생리적 결과 측면은 다음과 같다. 스트레스에 의하여 발생하는 생리적인 결과는 손에 땀이 나고, 홍조가 되며, 심장 박동수가 증가하며, 혈압이 상승하며, 두통, 현기증, 구토증, 복통, 머리통증, 심장마비, 면역기능의 저하 등이 발생하고 심한 경우에는 중풍에 걸리게 된다. 상당히 높은 수준의 스트레스를 장기간 경험하는 경우에는 고혈압, 심장관련 질환 및 심장마비 등이 발생하기도 한다. 스트레스와 생리적인 결과의 관계는 많은 연구의 대상이 되고 있다.

둘째, 심리적 결과 측면이다. 우울한 분위기, 걱정, 분노, 적대감, 경멸 등의 스트레스적인 기분이나 감정을 경험하는 경우에는 조직구성원의 복지가 감소된다(D. Watson & A. Tellegen, 1985). 조직구성원이 부정적 태도를 갖는 경우에는 조직에 대한 만족감이 낮고, 일에 대한 만족감도 낮다. 심리적으로 소진된 경우에는 해야 할 일을 모두 성취하지 못함으로 인해 개인적인 성취감이 낮고, 필요의 충족을 요구하는 사람들을 상대할 때 받는 정서적인 고갈, 도움을 받는 사람을 사람이기보다는 하나의 목적물로 보는 비인간화 현상이 일어난다. 심리적 결과의 한 종류인 소진(burnout)은 심리적, 정신적 및 감정적으로 고갈되는 상태이다. 의사, 간호사, 변호사, 교사, 사회사업가, 경찰 등 남을 보조하고 보호하며 보살피는 책임을 맡은 직업의 경우에 소진이 발생하기 쉽다. 장기간에 걸쳐서 어려운 문제를 가진 학생과 상담을 한 교사의 경우에 소진이 발생한 경우를 쉽게 볼 수 있다. 극도로 부정적인 심리적인 결과를 겪는 조직구성원들은 조직 내에서 폭력적인 행동을 저지르기까지 하는 경우도 있다.

셋째, 행동적 결과 측면이다. 스트레스와 수행과의 관계는 알파벳 U를 뒤집은 포물선의 모양으로 요약할 수 있다. 이를 나타내면 [그림 6-6]과 같다.

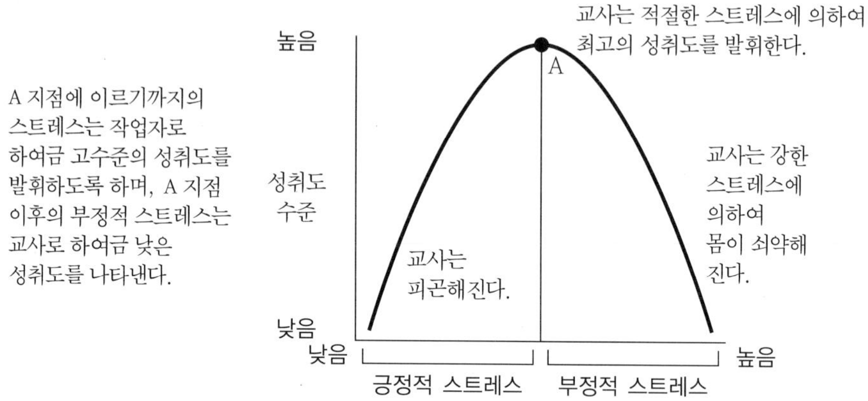

[그림 6-6] 스트레스와 성취도 사이의 관계

[그림 6-6]에서 본 바와 같이, 일정한 선까지는 스트레스가 수행을 강화하며, 그 후로는 스트레스가 수행을 감소시킨다. 조직구성원에게 동기를 부여하는 경우에는 스트레스가 긍정적으로 반응하도록 하며, 조직구성원이 목표를 달성하도록 촉진제의 역할을 하고, 높은 성취도를 보이도록 한다. 동기부여가 지나친 경우에는 스트레스의 수준을 높이도록 한다.

조직구성원의 개인적인 차이는 스트레스와 수행과의 관계에 영향을 준다. 어떤 직무자는 높은 스트레스를 잘 견디어 높은 수행을 추진한다. 긍정적인 스트레스가 부정적인 스트레스로 전환하는 정점은 조직구성원 각자의 개성과 능력에 따라 다르다. 스트레스의 결과는 긴장된 대인관계, 결근 및 이직 등이 있다. 스트레스는 다음과 같은 결과를 초래한다. i) 동료, 부하직원, 상사, 고객 등 타인과의 관계가 어려워진다. 조직 규모의 축소, 상사, 부하직원, 가족의 관계가 긴장된다. ii) 많은 과업의 성취도가 스트레스에 의하여 영향을 받는다. 스트레스가 매우 높은 수준으로 발생하면 성취도는 매우 급격하게 하락한다. iii) 다른 조직에서의 작업제안을 하는 등 직업 선택권이 생기면 결근 및 이직이 생긴다.

제8절 학교행정가의 스트레스 관리법

조직구성원의 스트레스를 해소하기 위하여 학교행정가는 개인적인 문제까지 조직구성원의 사생활을 이해하고, 사생활이 조직구성원의 태도와 행동에 영향을 주는 것을 인지하여야 한다. 스트레스를 관리하기 위하여 많은 프로그램들이 개발되고 있으며, 스트레스가 부정적인가 아니면 긍정적인가는 스트레스 요인에 어떻게 대처하는가에 달려있다. 다시 말하면, 조직구성원의 행동통제에 따른 스트레스 대처전략, 조직구성원의 감정중심에 따른 스트레스 대처전략, 조직 수준에서의 스트레스 대처전략 등으로 구분해서 살펴보기로 한다.

첫째, 조직구성원의 행동통제에 따른 스트레스 대처전략이다. 조직구성원을 위한 문제중심적 대처전략은 스트레스 요인을 직접 관리하는 방안이다. 문제 중심 대처 전략방법으로 시간관리, 조업자로부터의 도움, 역할 협상 등이 있다. ⅰ) 시간관리: 조직구성원들이 스스로의 시간을 잘 관리하도록 일에 우선순위를 두고, 시간을 추정하도록 함으로써 과다업무와 사생활과의 갈등관계를 해소하도록 하는 전략이다. 하루 동안에 수행해야 할 과업의 리스트를 작성하고, 가장 중요한 순서대로 일을 수행하도록 하며, 각각의 작업을 수행하는 데 걸리는 시간을 추정한 후에 하루의 시간 계획을 수립한다. 교육행정가는 조직구성원의 시간관리를 함으로서 조직구성원 개개인의 효과성을 높이는 동시에 조직 전체의 효과성을 향상할 수 있다. ⅱ) 조언자로부터의 도움: 경험이 부족한 직원은 경험이 많은 동료로부터 역할 갈등, 역할의 모호성, 과다업무, 난이한 과제 및 승진으로부터 받는 스트레스를 관리하는 데 도움을 받을 수 있다. ⅲ) 역할의 협상: 역할의 갈등을 감소하기 위하여 조직구성원의 역할을 활발하게 바꾸려고 노력하는 과정을 의미한다. 일과 사생활의 연계문제로 인하여 스트레스를 받는 조직구성원에게 효과적인 대처방안이다.

둘째, 조직구성원의 감정중심에 따른 스트레스 대처전략이다. 조직구성원들은 운동, 명상 또는 주위의 도움을 받음으로써 감정과 정서를 관리하는 기회를 갖고 스트레스를 해소하도록 한다. ⅰ) 운동: 스트레스를 해소하는 데 있어서 운동은 정서 중심 대처전략으로 효과적인 전략이다. 규칙적인 운동은 스트레스를 감소하고, 신체의 심혈관 기능을 향상시키며 복지를 향상한다. ⅱ) 명상 또는 기도: 명상은 하루에

30분 정도 조용한 환경에서 편안한 자세로 앉아서 문장이나 시각적인 이미지에 정신을 집중하는 방법을 의미한다. iii) 임상 상담자 또는 주위의 도움: 훈련된 심리학자 또는 정신과 의사 등 전문가의 도움을 받거나 임상상담을 받음으로써 스트레스를 해소한다. 친구, 친척 또는 동료 등의 도움을 받아 상의하고 충고를 주고받으며, 함께 있어 주는 것은 효과적인 정서 대처방안이다. 주위에서 도움을 주는 사람의 수와 관계의 질은 스트레스를 완화한다. 이상에서 언급한 운동, 명상, 기도, 주위의 도움, 임상상담은 매우 유용한 스트레스의 관리전략이며, 과식, 과음, 약물복용 등은 장기적으로 스트레스를 악화하는 스트레스 해소방법이다.

셋째, 조직 수준의 스트레스 대처전략은 다음과 같다(J. M. George & G. R. Jones, 1999). i) 직무의 재설계: 조직구성원에게 책임감, 인정, 성취를 위한 기회 제공 등의 직무 풍요화를 실시하고, 직무의 다양성, 과업의 확인성, 자율성 및 환류 등의 직무 특성을 향상함으로써 조직구성원을 동기화하며, 동시에 직무 성취도를 향상한다(David Bunce & Michael A. West, 1996). 직무의 재설계를 함으로써 역할갈등, 모호성, 과다업무, 과소업무 등의 부정적 스트레스를 줄이고, 작업환경을 향상시킬 수 있다. ii) 조직구성원의 역할 분명화: 조직구성원은 역할갈등이나 역할이 모호함으로써 조직이 자신에게 원하는 바를 확실하게 알지 못한다고 느낄 때 스트레스를 느낀다. 불확실성을 조직에서 줄이는 방법은 역할 수행자가 상사가 기대하는 바를 알도록 하고, 의사결정과정에 조직구성원을 참여하도록 하는 것이며, 조직의 변화에 대하여 많은 정보를 가짐으로서 권위와 책임감을 갖도록 한다(J. R. French & R. D. Caplan, 1970). iii) 직업안정성: 직장을 제공하면 경제적 이유 때문에 발생하는 스트레스가 감소한다. 해고를 해야 하는 경우에는 회사 사정에 대한 정확한 정보를 제공하고, 퇴직자에게 준비를 할 시간을 갖게 하고, 재취직에 대한 알선, 상담 및 퇴직 수당을 제공하는 단계를 밟는다. iv) 직장 내 유아원: 조직구성원의 자녀 양육문제 등에 의하여 발생하는 스트레스를 제거하기 위하여 직장 내 탁아시설 및 소아과 의원을 구비한 특별 양호실(보건실) 등을 마련한다. v) 융통성 있는 직무 스케줄과 작업의 공유: 일과 사생활의 스트레스에 대처하기 위하여 융통성 있는 직무 스케줄을 마련한다. vi) 구조조정 후 조직구성원 관리: 구조조정을 실시하는 조직은 부정적인 영향이 없도록 구조조정에 의하여 퇴직이 된 대상자로 하여금 가능한 한 적극적인 태도를 갖도록 돕는다. 조직에 생존하게 된 조직구성원은 구조조정 증후군을 앓지 않도록 한다. 교육 분야에서도 구조조정을 실시하여 많은 조직구성원들이 명예퇴직을 하였다. 조직에 남아 있는 조직구성원들은 활발한 의사소통과 역할분담을 통하여 좌절감을 극복하고 성장의 기회를 갖도록 한다(Janina C. Lakein, Angelo J. Kinicki, & Gregory E. Prussia, 1995). vii) 조직 내에 운동시설이나 운동부를 개설: 방과 후 또는 점심시간을 이용하여 운동을 하도록 권장한다. viii) 조직의 지지(organizational support): 조직이 조직구성원의 복지를 배려하거나 문제가 생겼을 때 도와주려고 노력하고, 조직구성원을 공정하게 다루는 것을 조직의 지지라고 한다. 조직적 지지를 느끼거나 알게 되면 스트레스적인 감정이 해소된다. ix) 구성원 지지 프로그램(employee assistance programs): 조직구성원이 통제를 할 수 없는 문제(약물중독, 약물 남용, 가족 문제 등)에 처하였을 때 전문가의 도움과 상담을 제공하는 조직이 후원하는 프로그램이 있다. 효과적으로 조직구성원의 스트레스적인 문제를 해결하기 위해서는 조직구성원의 비밀을 보장하고, 문제를 해결함으로써 발생하는 미래의 일에 대하여 두려워하지 말아야 한다. x) 개인적인 휴가 또는 안식기간: 조직구성원은 개인적인 휴가를 가지고, 지위가 높은 조직구성원은 안식년을 가짐으로써 스트레스를 해소한다.

이상과 같이 조직갈등과 스트레스에 대하여 언급하였다. 21세기 지식 및 정보기반 사회에서 우리는 자율화 · 민주화 · 개방화 시대를 맞이하여 학교행정체제도 이러한 추세에 적응하지 않으면 안 될 것이다. 지금까지는 부정되고 잠재되었던 갈등이 점차 표면화되면서 교직사회에 혼돈을 가져오고 있는 현실이다. 이와 같은 현상은 우연이 아니라 갈등을 부정하고 은폐하여 이에 대해 적극적으로 대처하지 못한 교육계의 전통적이고 보수적인 문화의 결과로 보는 것이 당연하다.

이러한 학교행정 측면에서 갈등관리의 과제를 제시하면 다음과 같다. i) 교육행정요원이나 교직사회를 구성하고 있는 학교행정가와 교원의 갈등을 부정적 시각으로 보는 것이 문제이다. 따라서 갈등을 교직사회에 불가피하게 나타나는 정상적인 상황으로 인지하는 시각을 변화시켜야 한다. ii) 갈등은 은폐나 회피의 대상이 아니라 공개되어야 하고 이를 개방적, 민주적, 협력적 풍토에서 정확하게 확인하고 긍정적으로 다루려는 적극적 태도의 개발이 필요하다. iii) 갈등에 대한 긍정적 태도는 역기능적 측면을 최소화하고 기능적 측면을 극대화하는 구체적인 갈등관리 행동으로 나아가야 한다. iv) 갈등관리에 대한 전문적 지식과 이해에 입각한 여러 기법이나 전략을 학습할 수 있는 기회가 체계적으로 수립 및 실천되어야 한다. v) 교직사회에 보편화되어 있는 갈등을 교육의 혁신과 학교조직의 발전 및 건강을 가져올 수 있는 적정 수준으로 유지해야 한다. 그러기 위하여 갈등의 원인을 정확히 진단하여 처방하는 체계적인 노력이 중앙과 지방행정체제로부터 일선 단위학교에 이르기까지 보편화되어야 한다. vi) 교육조직의 갈등에 관한 이론적 · 실증적 연구가 새로운 탐구영역으로 활성화되어야 한다(남정걸, 1998).

참고문헌

남정걸(1998). **교육조직행위론**. 서울: 교육과학사.

박기동(1987). **조직행동론**. 서울: 박영사.

박병량, 주철안(1999). **학교 · 학급경영**. 서울: 학지사.

박성식(1998). **교육행정관리론**. 서울: 학지사.

박수연, 박정애(2000). **교육조직론**. 서울: 교육과학사.

박용헌(1968). **학교사회**. 서울: 배영사.

이군현(1999). **교육행정 및 경영**. 서울: 형설출판사.

이상기, 옥장흠(2000). **교육행정 및 교육경영**. 서울: 형설출판사.

주삼환(1976). 관료적 학교조직에서의 전문지향 교사의 갈등. **교육학연구 14권 3호**, 161.

한국교육행정학회(1995). **교육조직론**. 서울: 도서출판 하우.

Bunce, David & West, Michael A.(1996). Stress Management and Innovation Interventions at Work. *Human Relations*, Vol. 49. No. 2., 209-232.

Deutsch, Morton(1973). *Resolution of Conflict: Constructive and Destructive Processes*. New York: Yale University Press.

Fisher, R., & Ury, W.(1981). *Getting to Yes*. Boston: Houghton Mifflin.

French, J. R., & Caplan, R. D.(1970). Psychological Factators in Coronary Heart Disease. *Industrial Medicine*, Vol. 39, 383-397.

George, J. M., & Jones, G. R.(1999). *Understanding and Managing Organizational Behavior*(2nd.). Addision-Wesley. Reading Massachusetts.

Gordon, J. R.(1993). *A Diagnostic Approach to Organizational Behavior*(3rd ed.). Boston: Allyn and Bacon.

Hampton, David R.(1987). *Management*(3rd ed.). New York: McGraw-Hill.

Hanson, E. Mark(1991). *Educational Administration and Organizational Behavior*(3rd ed.). Boston: Allyn and Bacon.

Hellriegel, Don et al.(1992). *Organizational Behavior.* New York: West York: West Publishing Company.

Getzels, Jacob W. et al.(1968). *Educational Administration as a Social Process: Theory, Research, Practice.* New York: Harper & Row.

Lakein, Janina C., Kinicki, Angelo J., & Prussia, Gregory E.(1995). An Integrative Process Model of Coping with Job Loss. *Academy of Management Review.* April, 311-342.

Likert, Rensis et al.(1976). *New Ways of Managing Conflict.* New York: McGraw-Hill.

Litt, Mark, & Turk, Dennis(1985). Sources of Stress and Dissatisfaction in Experienced High School Teacher. *Journal of Educational Research*, 178-185.

Luthans, Fred(1981). *Organizational Behavior*(3rd ed.). New York: McGraw-Hill.

Manning, Michael R., Jackson, C. N., & Fusilier, M. R.(1995). Occupational Stress, Social Support, and the Costs of Health Care. *Academy of Management Journal*, June, 738-750.

Peabody, Robert L.(1962). Perceptions of Organizational Authority. *Administrtive Science Quarterly*, Vol. 1. March, 463-483.

Pinkley, R. L.(1990). Dimension of Conflict Frame: Disputant Interpretation of Conflict. *Journal of Applied Psychology, 75*, 117-126.

Pondy, Louis R.(1967). Organizational Conflict: Concept and Models. *Administrative Science Quarterly*, Vol. 12, 296-320.

Pondy, Louis R.(1982). Organizational Conflict: Concepts and Models. In Henry L. Tos*i and W. Clay Hammer, Organizational Behavior and Management: a Contingency Approach.* New York: John Wiley & Sons.

Reece, Barry L., & Brandt, Rhonda(1984). *Effectiveness Human Relations in Organization.* Boston: Houghton Mifflin Co.

Robbins, Stephen P.(1976). *The Administrative Process: Integrating Theory and Practice.* Englewood Cliffs. New Jersey: Prentice-Hall.

Robbins, Stephen P.(1983). *Organization Theory: The Structure and Design of Organizations.* Englewood Cliffs. New Jersey: Prentice-Hall Inc.

Shellenbarger, S.(1994). Keeping workers by reaching out to them. *Wall Street*

Journal, June 1.

Thomas, K.(1976). Conflict and Conflict Management. In M. D. Dunnette(ed.). *Handbook of Industrial and Organizational Psychology*. Chicago: Rand McNally.

Thomas, K.(1977). Toward Multi-Dimensional Values in Teaching: The Example of Conflict Behavior. In *Academy of Management Review, 20*.

Watson, D., & Tellegen, A.(1985). Toward a Consensual Structure of Mood. *Psychological Bulletin, 98*, 219-235.

제7장 학교조직의 역할분담

학교 교육활동의 효과성은 학교조직의 운영 형태에 따라 좌우된다. 따라서 학교조직에서는 그 조직을 어떻게 구성하느냐, 아울러 그것을 어떻게 운영하며 그리고 구성원으로 하여금 그 조직에 어떻게 참여하게 할 것인가가 학교 조직 운영의 중요한 과제일 것이다. 교육에 대한 책무성이 강조됨에 따라 학교가 사회의 기대에 부응하기 위하여 학교조직의 효과적인 운영을 고려하지 않을 수 없다.

따라서 7장에서는 학교조직과 역할분담에 대해서 살펴보고자 한다. 즉 학교조직의 특성 및 발전 방향, 학교조직에서의 인간관계, 학교조직의 효율적 관리, 교육행정가의 역할, 학부모의 역할 · 지원 · 참여활동 및 참여의 유의점 등이다.

제1절 학교조직의 특성 및 발전 방향

1. 학교조직의 특성

학교조직의 독자성은 여러 측면에서 찾아볼 수 있다. 교육의 목표, 교육의 과정, 교육의 성과 등의 측면에서도 찾아볼 수 있고, 조직구성원들의 특성을 중심으로 살펴볼 수 있다.

부쉬(Tony Bush et al., 1980: 15-16) 등은 학교 또는 교육조직이 일반 행정이나 기업체 등과 다음과 같은 차이를 보인다고 지적한다. i) 학교의 교육목적은 다른 산업체들에서와 같이 분명하게 설정하기가 용이하지 않다. 기업체 같은 곳에서는 산출의 극대화, 시장 점유율의 확대, 생산의 다양화 등으로 명확하게 규정할 수 있다. 그러나 학교는 개인의 능력개발이라든지 다음 세대, 또는 일의 세계에 대한 준비 등으로 어떻게 보면 막연해 보이는 목표를 설정할 수밖에 없다. ii) 학교는 아이들과 청소년으로 구성된 인적 자원인 것이다. 젊은 학생들은 철광이나 컴퓨터 소프트웨어 또는 원유처럼 어떤 과정을 통과한다거나 짜여지거나 조작될 수 있는 구성체가 아니다. '산출'과정이란 다른 사람들과 공통되지 않는 그 사람 특유의 정신적 또는 행동적인 특징, 불가 예측성과 함께 개인적인 관계성 위에서 나타나는 것이다. iii) 학교경영자와 대부분의 교직원들은 다양한 가치관과 훈련, 그리고 경험에 있어서 유사한 전문적 배경을 가지고 있다. 학교는 공장이나 사무실을 관리하는 것과 같은 방식으로 운영될 수 없는 것이다. 말하자면, 교수-학습과정이나 관련 업무를 수행하는 데 있어 고도의 자율성을 가지게 된다. 따라서 학교에서의 의사결정은 단순히 위계적인 질서 위에서만 이루어지는 것은 아니다. 학교는 다른 어떤 조직에서보다도 어떤 결정이 내려지기 전에 교직원의 의견을 최대한 수렴하여야 하는데, 이것은 효과적으로 교육의 목표를 달성하기 위함이다. iv) 학교에서의 산출물은 산업체에서와 같은 방식으로 측정될 수는 없다. 중등학교에서의 시험결과는 평가과정에 공헌하지만 이것이 모든 것을 설명해 주지는 못하며, 더욱이 초등학교에서의 시험결과를 평가에 적용하기는 적절하지 못하다. 오히려 아동의 신체적 · 정신적 · 감정적 발달은 산출의 핵심이며, 그 성패 여부는 이러한 결정적인, 그러나 포착하기 어려운 기준에 비추어 평가되어야 한다.

한편 캠벨(Ronald F. Campbell et al., 1983) 등은 학교조직의 독특한 측면을 다음 네 가지로 설명하고 있다. ① 학교는 전문적 관료제(professional bureaucracy)라는 것이다. 학교는 관료조직이지만 고도의 전문적인 교육을 받은 교사들로 구성되어 있다는 점에서 다른 관료제와는 다르다. 이러한 전문적 집단으로서의 교사들에 대한 감독이나 직무수행의 표준을 찾기 힘들고, 상당한 재량권이 교사들에게 주어지며, 학교에서의 의사결정은 다른 조직에서보다 훨씬 더 많이 교사들의 참여에 의하여 이루어져, 흔히 관료적 가치와 전문적 가치 사이에 갈등을 유발하기도 한다. 학교조직에서의 관료적 경향과 전문적 경향을 나타내면 〈표 7-1〉과 같다.

〈표 7-1〉 학교조직의 관료적 경향과 전문적 경향

구 분	구체적 내용
관료적 경향	*교사들은 교장에게 순종하고 존경하며, 충성해야 한다. *학교를 위한 최선의 것이 교육을 위한 최선의 것이다. *봉급은 경험과 관련되어야 한다. *같은 과목을 담당하는 교사들은 같은 수업계획에 따라야 한다. *교사들의 출퇴근 시간이 엄격하게 지켜지도록 요청된다. *유능한 교사는 지역사회의 기준에 일치하는 사람이다.
전문적 경향	*학생을 위해서 가장 좋은 것으로 판단되지 않는 한 교사에게 명령한 것을 하지 않을 수 있다. *교사는 전문적인 잡지를 열심히 구독한다. *교사는 주로 자신이 담당하고 있는 교과목에 대한 지식과 그 전달능력으로 평가되어야 한다. *주요한 교육적 결정에 대한 궁극적 권위는 전문적인 교사들에 의해 행사되어야 한다.

*자료: Hoy, W. K. & Miskel, C. G.(1978). *Educational Administration*. New York: Random House, p. 78.

② 조직화된 무질서(organized anarchy) 경향을 들 수 있다. 이러한 특성은 불분명한 목표, 불확실한 기술, 유동적인 참여 등에서 찾아볼 수 있다. 따라서 의사결정이 모호할 수 있고, 목표를 명세화하거나 이들 목표의 실천을 가져오게 하는 기술이 무엇인가를 확인하기 어렵다. 목표와 기술이 불확실하기 때문에 행정의 성공 여부도 모호하다. 말하자면, 조직이 효율적으로 운영되고 있는지 확인하기가 쉽지 않다.

③ 순치적 조직(domesticated organizations)의 특징을 지닌다. 순치적인 조직은 조직에 들어오는 사람들을 통제하지 못하고, 또 조직의 고객도 그 조직에의 참여에 대한 선택의 여지를 갖지 못한다. 따라서 이러한 조직은 고객의 유치를 위해서 경쟁할 필요가 없다.

④ 이완조직(loosely coupled system)으로서의 성격을 갖고 있다. 이완조직은 전체를 이루고 있는 각 부분들이 느슨하게 연결 또는 결합되어 있어 각 부분들은 정체성과 독립성을 보유하고 있다. 이완조직에 대해 구체적으로 언급하면 다음과 같다. i) 환경변화에 당면하여 생존하기 위해서는 한 조직에서 근본적으로 이

질적인 요소들이 공존하는 것을 허용한다. ii) 광범위한 환경변화에 대한 민감성을 허용한다. iii) 지역적인 적응을 허용한다. iv) 기발한 해결책의 개발과 유지를 고무한다. v) 다른 부분에 영향을 주지 않는 한 체제의 한 부분이 분리되는 것을 용납한다. vi) 그 체제 내의 활동자에게 보다 많은 자유재량과 자기 결정권을 제공한다. vii) 부분 간의 조정을 위하여 비교적 소액의 경비를 요구한다.

그리고 비드웰(C. E. Bidwell, 1974: 972-1022)은 학교조직의 관료제로서의 성격을 다음과 같이 정리하고 있다.

① 업무의 기능적 분업: 수업배당과 행정업무의 조정
② 공식적 직무로서의 직원역할의 정의: 실적과 능력에 따른 충원, 성과의 기능적 상세화, 학생과 보편적 애정을 가지고 상호 작용하는 것
③ 직위의 계층적 질서: 법적으로 규정된 재직상의 권력과 규정된 통로를 통한 의사소통에 기초를 둔 권위구조
④ 절차 규정에 따른 운영: 공식적 행위의 목적과 형태를 상술함으로써 교사의 재량에 제한을 두는 절차

이와 같이 학교조직은 관료제적 성격을 가지고 있으나 그 특징은 순수한 관료적 모형의 변형을 나타내고 있다고 비드웰은 지적하고 있다. 자세한 내용은 다음과 같다. i) 교사의 충원과 훈련이 다른 전문직과는 다르며, ii) 애정적으로 중립적이거나 비정의적 관계와 같은 관료적 상호작용은 유치원이나 초등학교 교실에서 반드시 나타나는 특징이며, iii) 다수의 교사들이 교실 내에서 이상적이고 전형적인 관료적 환경보다는 더 많은 자유재량과 절차의 다양성을 필요로 한다는 것이다. iv) 경험적 연구의 결과 관료적 모형에 집착하는 정도에서는 학교들 간에 상당한 차이를 나타냈다.

이상 여러 학자들의 견해를 종합하면, 학교조직의 특성을 다음과 같이 정리할 수 있다. 첫째, 학교조직은 교육목적을 달성하는 것을 주목적으로 한다. 학교조직은 다른 기업체나 공장처럼 생산품을 많이 만들어 이윤의 극대화를 추구하는 조직과는 그 성격을 달리한다. 교사와 학생의 교육내용이 상호작용하는 교육활동의 장이다. 둘째, 교사와 학생, 사무직원의 세 개 집단이 공존하는 사회집단이다. 교사문화와 학생문화뿐 아니라 행정직원의 문화가 병존하는 곳이다. 여기서 그 주체는 교사와 학생이

다. 성격상 학생은 미숙한 학습자로서 학부모 및 지역사회의 배경을 업고 있는 집단이고, 교사는 고도의 전문성을 추구하는 집단이며, 사무직원은 행정적 능률성을 추구하는 지원–관리업무를 주로 담당하는 집단이다. 셋째, 고도의 자율성과 창의적인 분위기와 여건 조성의 필요성이 강조되는 집단이다. 교육활동은 고도의 전문적인 지식과 기술을 지닌 교사가 주체가 되어 주도적으로 추진된다. 따라서 전문인으로서의 교직에 종사하는 교사는 교육활동을 전개하는 데 있어 요구되는 자율성과 창의성이 유감없이 발휘될 수 있는 여건 조성을 원한다. 이는 전문직의 생리적인 특성이기도 하다. 넷째, 학교조직의 규범성 내지 도덕적 가치나 규범 등이 적용되고 활용되는 집단이다. 그래서 질서유지를 위한 권력의 행사나 이에 순응하는 구성원의 참여도 이러한 맥락에서 규정되고 시행된다.

결국 학교 행정조직은 교육조직으로서의 공공성, 전문성, 자율성뿐만 아니라 일반조직으로서의 합리성, 효율성, 생산성을 동시에 추구해야 하는 양면성을 띠고 있다고 할 수 있다. 하지만 학교의 본질적인 기능이 일차적으로 교육기능을 수행하는 데 있다고 할 때, 학교 행정조직은 교육목표의 다양성을 최대한 보장하고 조장하는 전문적 조직의 특성을 구비해야 할 것이다.

2. 학교조직의 문제점

학교조직의 문제점들은 학교경영의 과정에서나 경영의 여러 영역에 걸쳐 다양하게 노출되고 있다. 이러한 학교 행정조직의 문제점들을 분석하는 일은 바람직한 학교경영의 지표를 설정하고, 그 운영체계를 합리화하는 데 필요한 시발점을 제공해 준다.

학교조직의 문제점들이 많지만, 그 가운데 몇 가지를 지적하면 다음과 같다(정태범, 2002b: 235-237; 서정화 외, 2002: 55-56).

첫째, 학교의 경영 전문성을 고려한 경영자의 자질 측면이다. 교직이 전문직이고 교사가 전문가라고 한다면, 학교 경영 측면에 있어서 전문성의 중요성은 언급할 필요가 없다. 그럼에도 불구하고 오늘날 학교경영자로서의 교장의 전문적 자질에 대한 비판이 없지 않다. 그것은 현재 연공서열을 중시하는 현행의 승진제도와 경력, 연수성적, 근무성적, 가산점의 다점자 순으로 결정하는 선발 방식의 불합리성에도 부분적으로 문제가 있다. 하지만 학교경영자의 전문성을 초래하는 보다 큰 원인은 교장 임용 후보자들이 전문적 자질을 갖출 수 있도록 하는 교육제도가 갖추어져 있지 못한 것에 기인한다.

현행 제도하에서 교장 임용후보자들이 교장이 되려면 단 1차례 180시간의 교장자격연수를 받으면 된다. 학교조직이 전문적 조직이고 학교경영의 전문성을 인정한다면 단지 약 1개월간 180시간의 한 차례의 자격연수를 통해서 과연 어느 정도의 전문성을 획득할 수 있을 것인지 심각한 의문과 회의를 가지지 않을 수 없다. 그리고 일단 교장으로 임용된 후에는 전문성 신장을 위한 현직 교육의 기회가 거의 주어지지 않아 정년퇴임 시까지 관행적이고 주먹구구식인 학교경영을 계속할 수도 있다. 전문직으로 분류되는 의사가 되기 위해 얼마나 오랜 기간 동안 전문적 수련 과정을 밟고 있는가를 상대적으로 비교해 본다면, 학교경영자로서 교장의 전문성 훈련은 크게 부족하다는 것을 알 수 있다.

둘째, 관료적인 학교경영구조를 들 수 있다. 그 동안 우리의 교육행정은 교육정책 중심의 행정으로 인하여 단위 학교의 교육활동을 효율적으로 지원하는 데 크게 미진했다. 즉 교육행정은 그것이 국가 수준이든 지역 수준이거나 단위 학교와 구체적인 교육의 장을 지원하고 조장하는 것이 본질임에도 불구하고, 실제로는 학교와 교사들에게 지시 · 명령 · 감독 · 확인하는 극히 사무적이며 관리적이고 권위적인 행정으로 운영되어 왔다. 이것은 우리의 학교들을 탈개성화 · 획일화하는 주요 요인으로 작용해 왔다. 이러한 교육행정의 영향을 받아 학교경영도 학교교육 풍토를 자율적 · 전문적이기보다는 획일적인 경영방식과 지시전달 위주의 경직되고 관료화된 분위기, 그리고 학부모와 지역사회 등과의 폐쇄된 풍토로 형성해 왔다.

셋째, 교무분장 중심 조직구조이다. 우리나라의 교육인적자원부의 조직, 시도 및 지역교육청 조직, 단위학교의 경영조직 등 각급 단계의 교육행정 체제는 외형적인 인사, 재정, 시설 등의 행정관리 위주로 조직되고 업무가 수행되어 왔으며, 교육목표, 내용, 방법, 평가, 교육자료 등에 관한 것들은 거의 소홀히 취급하여 왔다. 또한 전문적이고 기술적인 교육 내용을 담당할 기구와 조직이 제대로 확립되어 있지 않으며, 이에 종사할 전문가도 제대로 양성, 훈련하여 배치하지 못하고 있다. 이러한 행정관리 위주의 상부 행정조직구조의 영향으로 인해 지금까지 학교의 조직 역시 교육지도조직, 교무분장조직, 운영협의조직을 포함하여 하나의 교무분장조직으로 제시되어 왔다. 이러한 사실은 학교에서 가르치는 조직인 교육지도조직보다 사무처리 중심의 교무분장조직이 더 중시된 것을 봐도 알 수 있다. 이로 인해 교사의 가장 중요한 의무인 교수과정에서의 잘못은 문제가 되지 않는데 비해, 사무처리를 잘못하는 것은 문제가 되는 수단과 목적이 전도되는 현상이 일반화되어 있다. 즉 교과를 연구하고 가르치는 데는 소홀해도 되지만 사무를 철저히 처리하지 않으면 그에 대한 책임이 돌아오는 기형적인 구조적 문제를 내포하고 있다.

넷째, 권위적인 의사결정 과정의 구조이다. 조직이 계속적인 발전을 위해서는 서로 다른 의견을 가진 다양한 집단에 의해 견제와 균형이 적절히 이루어져야 하며, 이렇게 될 때 조직의 건강성도 유지될 수 있다. 학교조직도 계속적인 발전을 위해서는 학교 운영의 전반에 걸쳐 교장뿐만 아니라, 교육활동을 직접 수행하는 교사, 자녀의 교육권을 가지고 있으면서 교육비 부담의 주체로서의 지위에 있는 학부모, 교육의 직접적 수혜자인 학생들이 각자의 의견을 표출하고 자신들의 의견을 적절히 반영할 수 있도록 영향력을 발휘하는 기회를 가질 수 있어야 한다. 학교운영위원회가 설치되기 이전까지는 실제적으로 학교장 이외의 다른 학교 구성원들은 그러한 기회를 가질 수가 없었다. 즉 학교장은 단위학교의 유일한 의사결정권자이며, 이러한 교장의 지위는 교장이 교무를 통괄하고, 교사에게 명령을 내리며, 교사는 교장의 명을 받아 교육하도록 규정하고 있는 교육법에 의해 확고하게 정당화되었다. 이로 인하여 학교장들은 학교 행정조직을 권위주의적이고 관료주의적으로 통제해 왔으며, 결과적으로 교사의 전문적 자율성을 침해하여 학교조직의 비효율성을 가져오게 하는 많은 원인을 제공해 왔다.

다섯째, 투입요소의 취약성을 들 수 있다. 교사의 부족, 시설의 낙후 및 부족, 교육재정의 부족 등을 포함한 교육조건은 아직도 미흡한 상태에 있으며, 각종 자원을 효율적으로 활용하지 못하고 있다. 투입요소들의 부족도 문제이지만 확보되어 있는 인적 및 물적 자원도 충분히 활용되고 있지 못하다.

3. 학교조직의 발전 방향

지금까지 학교조직의 특성과 현행 학교 행정조직의 문제점들에 대한 고찰을 했다. 여기에서 이러한 문제점들을 중심으로 우리의 교육의 질적 제고를 위한 학교조직의 효율화를 위한 발전 방향을 제시하고자 한다(정태범, 2002b).

첫째, 학교경영자의 전문적 경영 자질의 구비이다. 현재의 연공서열 중심의 교장 후보자 선발방식을 가지고서는 고도의 전문조직으로서의 학교를 경영하기에는 그 자질 측면에서 많은 문제점을 내포하고 있다. 따라서 교장후보자를 선발할 때 다면적 종합평가를 통해서 분석력, 의사소통능력, 결단력, 인간관계 능력, 교육에 대한 열정 등과 같은 자질과 특성을 갖춘 사람을 선발할 수 있도록 연공서열 중심의 현행 승진제도를 개정해야 할 것이다. 아울러 학교경영의 전문성을 확보하기 위하여 현재 180시간의 연수 후에 교장자격을 수여하는 제도를 전면적으로 재검토해서 전문행정대학원에서 교장 후보생들을 본격적으로 양성하는 체제로 전환시킬 필요가 있다. 또한 교장의 전문성을 지속적으로 육성 · 개발하기 위해서 질 높은 연수 프로그램이 계속적으로 제공되어야 한다.

둘째, 교육과정 중심의 교육행정 조직운영이다. 현재 관리행정 중심 교육조직이 교육과정 중심 교육행정 조직체제로 전환되어야 한다. 이를 위해서 상부 교육행정기관의 부서와 인적 구성이 달라져야 한다. 즉 현재의 교육행정기관에 교육과정 편성, 운영 지침을 마련하고 교육내용과 자료개발 및 자료선택을 선도하고 지도하며, 아울러 교육방법을 지도할 수 있는 전문 인력으로 구성되는 교육과정 전담 부서의 설치가 절대적으로 필요하다. 또한 단위학교도 교과중심, 학년 중심의 협의체가 강화되고 이들 협의체의 활동이 학교조직 활동의 중심이 될 수 있도록 활성화되어야 한다.

셋째, 교육지도조직 중심의 학교운영이다. 교무분장조직 중심의 학교경영은 교육의 지원적 및 수단적 기능을 하는 학사업무의 효율적 수행에는 기여하였으나, 교육의 본질적인 기능인 학생들의 교육을 위한 교육과정의 효율적 운영에는 많은 비효율성의 문제를 가져와 목적과 수단이 전도되는 결과를 초래하였다. 따라서 학교조직의 목적을 효율적으로 달성하기 위해서는 학사업무를 위주로 하는 현행의 교무분장중심의 직무체계를 학교조직의 본질적 특성에 맞도록 교육지도조직의 중심의 전문조직으로 개편하여야 할 것이다.

넷째, 학교조직 의사결정과정의 민주화이다. 학교장은 그동안 관리자로서의 소극적인 역할 수행에서 벗어나 변화를 선도하고 추진하는 지도자로서의 변신을 적극적으로 꾀해야 할 것이다. 그러기 위해서는 획일적인 지시와 통제, 관리행정 위주의 학교경영 구조 등이 지양되어야 하겠고 무엇보다도 특히 구성원의 상호이해를 통한 자유로운 의사소통 관계가 수립되어야 한다. 이를 위해서는 학교경영의 중요 의사결정 과정에 관련 인사를 가급적 많이 참여시켜, 이들의 의견이 의사결정에 절대적인 영향력을 미치도록 하는 의사결정 과정의 민주화가 중요하다. 그리고 교직원, 학생, 학부모, 지역사회인사의 참여 기회를 확대하기 위하여 각종 위원회의 기능을 활성화시켜야 할 것이다. 특히 학교장은 학교운영위원회를 학교 의사결정과정의 중요 기관이라는 점을 적극 인정하여 단위 학교의 의사결정체제가 새롭게 재구조화될 수 있도록 적극적인 역할을 담당하여야 할 것이다.

제2절 학교조직의 인간관계

학교사회의 특수성의 하나는 어느 사회 못지않게 얽히고 설킨 인간관계의 망을 형성하고 있다는 점이다. 교육활동이란 인간이 인간을 다루는 것이기 때문에 학교생활의 모든 과정이 인간 집약적이라고 할 수 있다. 인간관계구조는 인간관계가 어떠한 형태로 맺어지느냐를 의미한다. 이를 인간관계의 유형이나 형태라고 해도 무방하다.

학교조직에 있어서 교사의 경우는 학생을 대상으로 교육하며, 또 그들의 보호자로서의 학부모와 상호 관련을 맺고 있다. 그리고 학교장은 직무시간의 많은 부분을 교사, 학생, 학부모 등 주로 사람들과 관련된 일을 수행하는 데 소비하고 있다. 학교조직구성원들은 이러한 상호 역동적인 인간관계 속에서 다양한 갈등과 만족감을 경험하며 조직의 목표를 추구하고 있는 실정이다.

따라서 교육조직에서의 인간관계를 학교의 경우에 적용하여 살펴보면, 학교장과 교사관계, 교사 상호 간의 관계, 교사와 학생과의 관계, 학생 상호 간의 관계, 교사와 학부모와의 관계 등을 중심으로 고찰하기로 한다.

첫째, 학교장과 교사관계이다. 인간관계론적 견해에 따르면 학교행정가인 교장은 중재자(mediator) 또는 중간자(middle man)의 지위에 있다고 볼 수 있다. 브루코버 등(W. B. Brookover & D. Gottlieb, 1964: 253-255)은 학교경영자의 지위를 교직원과 교육청 사이의 중간자로서 다음과 같은 세 가지 측면에서 언급하고 있다. ⅰ) 경영자는 계선 공무원(line official)으로서 기능한다. 그는 교육청의 정책을 해석해 주고 명령을 시달하는가 하면 교사의 요구를 교육청에 전달하는 의사소통의 통로가 된다.

ii) 참모나 상담자로서의 기능이다. 교장은 교사보다 더 우월한 전문적 지식과 기능의 소유자로 간주되기 때문에 교육청의 정책 결정에 자문을 하고 학교의 교육목표를 설정하여 교육청의 승인을 얻으며 교육과정 운영에 대한 제언을 한다. 한편 교사들은 교장의 식견과 영향력이 우월하기 때문에 자문을 구한다. 교사들은 학생이나 학부형 관계 또는 지역사회나 교육청과의 관계에 있어서 문제가 제기되면 교장이 교사의 편을 들어주고 완충적인 역할이나 보호자가 되어 주기를 기대한다. iii) 지도자로서의 기능이다. 교장은 교육청과 교사들의 상반되는 역할 기대의 중간적 위치에서 갈등을 겪으면서 공정한 민주적 정책 결정을 하여야 한다.

그리고 학교장은 비단 교육청과 교직원의 중간에 위치할 뿐만 아니라 지역사회의 각종 유관단체나 기관 또는 개인들과의 관계에서도 중간관리자로서 지도성을 발휘하고 조화를 이루도록 노력하여야 한다. 이와 같은 입장에서 학교장을 중심으로 한 인간관계의 구조를 나타내면 [그림 7-1]과 같다.

학교경영을 효과적으로 하려면 교장은 교내에서의 인간관계만이 아니라 학교를 둘러싸고 있는 외부의 여러 관련 인사나 단체 및 기관과의 인간관계를 원만하게 유지하지 않으면 안 된다. 아울러 다면성을 띠게 되고 중재자 · 중간자로서의 조정력과 지도성을 발휘해야 한다.

한편 학교장은 학교조직에서 최고 위치에 있는 사람이다. 교장은 학교를 경영하는

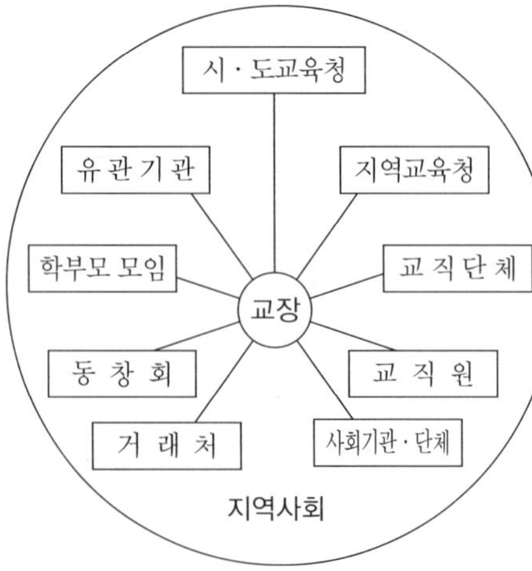

[그림 7-1] 중간자로서의 교장

* 자료: 남정걸(2004). 교육행정 및 교육경영. 교육과학사, p. 260

최고 책임자이므로 합리적인 사고방식과 포용력을 갖추고, 교사들의 학교조직 운영에 대한 합리적이고 건설적인 의견과 제안을 적극 수용하고, 교직원들의 고충에 대한 이해를 바탕으로 개개인의 능력과 특성을 고려하여 교직원을 적재적소에 교무분장을 위임 및 배치하여 업무를 균등하게 배분하고, 교사의 사기를 진작시키며 업무의 효율성을 제고한다. 아울러 교사들 각자는 사명감과 올바른 교육관을 가지고 스스로 올바른 교사상을 정립하고, 자기가 맡은 교직을 성실한 자세로 수행하며, 학교 경영자로서의 교장의 업무를 이해하고 협조하며 참여적 자세로 임해야 한다.

둘째, 교사 상호 간의 관계이다. 교사들의 인간관계는 학교의 공식적 조직표상에 나타나는 직무나 역할에 따라 나타나는 측면과 비공식적 집단인 소집단의 형성으로 나타나는 측면으로 나누어 볼 수 있다. 학교에서 가장 중요한 경영조직은 교무분장조직과 학교운영조직을 들 수 있다. 우리나라의 경우 중학교와 고등학교는 교무기획부, 교육연구부, 학생지도부, 독서교육부라는 4대 교무 영역을 중심으로 하고, 지역사회부, 자연과학부, 예 · 체능부, 교육정보부, 학년부 등 학교에 따라 부서조직이 다양하다. 각 부서에는 여러 계가 있는데 각 교사들은 계의 업무를 맡고 있어 복잡다기한 공식적 인간관계가 형성된다. 학교조직을 학습조직의 측면에서 파악하면, 학년조직과 교과조직이 있다. 그리하여 동 학년 교사간, 동 교과 교사 간이 인간관계가 기본이 되면서 학년 상호 간, 교과 상호 간의 인간관계가 형성됨은 물론이다. 경영자인 교장 및 교감과 교사와의 인간관계가 수직적 인간관계 또는 종적 인간관계라고 한다면 교사 상호 간의 인간관계는 수평적 · 횡적 인간관계라 할 수 있다. 물론 교사 상호 간의 인간관계에서도 보직교사들은 교장 및 교감과 교사와의 중간적 위치에서 교장 및 교감의 의사결정과 학교의 정책을 교사들에게 전달하고 교사들의 의사와 요구를 교장 및 교감에게 전달해야 하는 중간자, 중재자의 지위에 있는 중간 관리층(middle management)의 성격을 갖기 때문에 교내에서의 이들의 역할은 매우 중요하다.

한편 교사들의 비공식적 조직 또는 소집단을 둘러싼 수많은 인간관계가 형성된다. 성별, 연령별 또는 세대별, 취미와 적성에 따라 교사 간에 여러 인간관계가 형성된다. 또한 학력 수준이나 출신학교에 따라, 학교 외의 집단이나 단체의 가입에 따라, 출신지역에 따라 갖가지 인간관계 유형이 존재한다.

학교경영의 효율화는 상기와 같은 교사들의 공식적 및 비공식적 인간관계의 원만한 형성에 의해 좌우되며 교사 상호 간의 원만한 인간관계의 유지는 교사의 사기 진작을 촉진하며 학교 조직의 건강과 생산성에 기여하는 결정적인 변인이 된다.

셋째, 교사와 학생과의 관계이다. 교사와 학생 간의 관계는 교육의 장에서 만들어 내는 인격적 교호관계 상황이다. 교사는 학생에 대한 편견이나 편애가 없는 공정한 대우와 학생에 대한 사랑과 기대가 필요하고, 학생의 개성과 특성에 대한 이해와 아울러 그 잠재적 가능성을 끌어내기 위한 대화가 필요하다. 또 교사의 학생에 대한 너그럽고 자상한 태도와 배려 등이 필요하며, 무엇보다도 학생에 대한 교사의 긍정적 관심과 미래 발전 지향적인 자성예언이 요구된다. 그러기 위해서는 교사 자신이 교직에 대한 자부심과 긍지를 가지고 학생을 지도하며 훌륭한 교사가 되기 위하여 노력하는 모습을 보여줄 때 그러한 교사에게서 학생들은 스스로 훌륭한 인간이 되고자 노력할 것이다.

그리고 교사와 학생 간의 좋은 인간관계를 형성하여 학생의 학습효과를 증진하고 건전한 학습풍토를 조성하는 데 유의해야 할 사항은 다음과 같다(남정걸, 2004). ① 교사는 가능한 한 많은 학생들을 참여시켜 공동적 · 협동적으로 과업을 수행하도록 하여 소속감과 안정감을 갖도록 하여야 한다. ② 교사는 학생들의 가능성을 신뢰하고 격려하여 자신감을 갖고 자율적인 행동을 할 수 있도록 하여야 한다. ③ 교사는 학생들에 대한 공식적 · 집단적 관심과 더불어 사적 · 개별적 관심을 보여야 한다. 여기에서 유의할 점은 특정 학생을 편애하거나 소외시켜서는 안 되고 모든 학생을 공정하게 대해야 한다. ④ 교사와 학생 간에 존재하는 세대 차, 성숙한 기성세대와 미성년인 청소년 세대와의 문화의 차이를 이해하고 이를 조화하도록 하여야 한다. ⑤ 학생들의 발달 정도에 따라 교사에 대한 이미지가 변한다는 사실을 인식해야 한다. 교사를 우상처럼 여기고 신뢰, 존경과 외경으로 대하는 단계에서 교사의 권위에 도전하고 비판하며 반항하는 단계에 이르기까지 학생들의 교사에 대한 인식과 태도가 변하며, 개인차에 따라서도 다양하다는 사실을 파악해야 한다.

넷째, 학생 상호 간의 관계이다. 학생 상호 간의 인간관계 역시 공식적 인간관계와 사적인 비공식적 인간관계로 파악할 수 있다. 공식적 관계는 상 · 하급 학생 간의 관계, 동급학년 상호 간의 관계, 과외 활동이나 특기적성 및 특별활동 부서에서의 관계 등 다양하다. 이와 같은 관계를 다시 개인 대 개인과의 관계, 개인 대 집단과의 관계, 집단 대 집단의 관계로 분석할 수도 있다. 학생 상호 간의 비공식적 인간관계를 파악하기 위하여 흔히 사용하는 기법이 사회측정법(sociometry)이다. 학생들에게 질문지를 이용하여 가장 좋아하는 학생과 싫어하는 학생을 쓰도록 하여, 그 결과를 그림으로 나타내거나 지수화하여 처리하는 방법이다. 최근 학생중심의 협동학습, 학생중심의 토의학습, 또래 교사제(peer tutoring) 등 학습의 형태 변화에 따라 학생 상호 간의 인간관계는 학업 성취도 측면이나 정서적 측면에서 더욱 중요시되고 있다. 학생 상호 간의 인간관계는 학교를 졸업한 후 거의 평생 동안 지속되는 관계임을 고려한다면, 교육자로서 학생 상호 간의 좋은 인간관계를 맺도록 지도하는 것은 매우 중요하다.

다섯째, 교사와 학부모와의 관계이다. 교사와 학부모는 교사와 학생의 관계에서처럼 상호존중과 신뢰를 바탕으로 자녀교육에 대한 책임을 함께 책임지는 자세가 필요하다. 따라서 교사는 교육활동에 대한 학부모가 올바른 이해를 갖도록 해야 하며, 학생의 문제해결을 위한 상호 협의, 지역사회 활동에 대한 학교의 적극적인 참여 등을 고려해야 하고, 필요한 경우 가정방문도 있어야 할 것이다. 학부모의 입장에서는 교사에게 모든 교육을 일임하려는 방관자적 태도나 지나치게 교육권을 침해함이 없이 자녀의 교육문제에 대해 교사와 상담하고 양질의 교육을 위한 학교의 노력에 신뢰감을 갖고 학교교육활동에 적극적으로 동참해야 할 것이다.

이상 교장과 교사관계, 교사 상호 간의 관계, 교사와 학생과의 관계, 학생 상호 간의 관계, 교사와 학부모와의 관계 등을 중심으로 살펴보았다. 학교조직에서의 인간관계는 권위, 명령, 지시, 강제, 획일화, 독선, 학연 및 지연에 의한 파벌 등의 비생산적인 요소가 그대로 잔재해 있는 경우가 많아 학교의 교육기능을 저해하고 있었다. 이러한 학교조직의 행태는 조직 목표를 효율적으로 달성하는 데 있어 인간관계의 중요성에 대한 인식의 부족으로부터 비롯되며 인간관계 원리에 대한 잘못된 이해와 관계 개선을 위한 기술의 미숙 등에서 그 원인을 찾을 수 있다. 따라서 학교조직의 목표를 효율적으로 달성하기 위해서는 인적 요인의 원만한 관계 유지가 필수적이라 할 수 있다. 학교 교육의 성과를 높일 수 있도록 학교 조직에 있어서의 협력적인 인간관계를 조성하기 위하여 앞으로 인간관계의 이론적인 연구와 더불어 실제적인 측면에서의 개선을 위한 노력이 부단히 요청되고 있다.

제3절 학교조직의 효율적 관리

학교 내 · 외에서 학교조직의 개선과 학교조직의 효율화를 요구하는 주장은 많지만 과연 무엇을 어떻게 하는 것이 효율적으로 학교를 관리하는 것인지에 대한 해답을 제시하기는 어려운 실정이다. 학교조직의 효율화를 위한 논의는 다양한 각도에서 고찰할 수 있으나, 학교 경영의 민주화라는 맥락에서 그 방안을 모색해보는 것은 의미가 있을 것이다. 정태범(2002)은 바람직한 학교조직운영체제를 교수-학습 중심체제, 교사-학생 중심체제, 상황 중심체제 등을 제시하고 있으며, 아울러 그는 학습자의 학업 성취도를 극대화하는 것이 학교조직의 목표라고 볼 때 이를 달성하기 위해서 우리의 학교조직은 어떻게 운영되어야 하는가가 문제가 될 수 있다고 했다. 즉 학교조직 관리의 발전에 대한 요인으로-장학기능 확대, 학교경영의 민주화, 교원연수의 활성화-등을 제시하고 있다.

1. 바람직한 학교조직운영체제

1) 교수-학습 중심체제

학교란 교육하는 곳이다. 교육은 가르치는 일과 배우는 일인 교수-학습을 통해서 이루어진다. 따라서 학교경영은 학교의 가장 중요한 기능인 교수와 학습의 효율화를 기하기 위하여 필요한 제반 조건을 조성하고 정비하며 지원하는 지원중심체제가 되어야 한다. 그러므로 교수-학습이 주가 되고, 그 외의 학교의 조직은 이러한 활동을 지원하는 역할을 한다. 학교경영자는 교단중심, 학생중심, 교사중심의 학교조직 운영을 하여야 하고, 교육인적자원부나 교육청은 이러한 제반 활동이 원활히 이루어지도록 지원하는 위치에 있다.

결국 학교경영은 법치행정의 원리에 입각하여 교육법과 동시행령, 교육공무원법과 동시행령 등 교육관계법규의 테두리 안에서 행해져야 하는 것이 당연하지만, 이를 기계적으로 준수 및 집행하는 것이 주가 되고 있다. 학교경영자의 학교조직 관리는 교사와 학생 사이에서 이루어지는 교수-학습활동을 어떤 관점에서 어느 정도로 보장하고 있느냐에 따라 그 효과성도 달라질 수 있을 것이다.

2) 교사-학생 중심체제

학교조직 관리는 학교경영자 홀로 하는 것은 아니다. 경영이란 경영자가 타인을 통하여 또는 타인과 더불어서 어떤 조직의 공동목표를 성취하기 위해 협력 및 협동하는 과정이다. 학교경영자가 학교조직관리를 효과적으로 수행하기 위해서 상부기관의 눈치만 보는 상부 지향적 자세로부터 교사나 학생을 그 중심에 두는 자세로 탈바꿈하는 것이 중요하다. 따라서 학교경영자는 교직원이나 학생 각자의 권위 가치에 대한 존경과 신념을 토대로 하여 학교조직을 운영해야 한다.

이러한 교사-학생 중심체제가 되기 위해서 학교경영자는 다음과 같은 조치가 필요하다.

① 인간의 인격과 소질에 대한 긍정적이고 확고한 신뢰와 신념을 가져야 한다. 인간소외의 극복이 시대적 과제이며, 인간성 함양이 학교교육의 궁극적 과제라고 볼 때, 학교경영자의 인간애 · 인간성에 대한 신념은 실로 중요한 것이다. ② 교직원 각자가 책임을 지고 일을 완수토록 하고, 그 결과를 인정하고 격려하여야 한다. ③ 조직 운영의 최종 책임은 학교경영자에게 있다 하더라도 합리적으로 자기 책임 하에 일을 할 수 있도록 업무를 맡긴 다음에는 지나친 간섭과 지시 및 명령을 삼가도록 하여야 한다. 근접감독, 미시적 감독을 피하고, 경우에 따라서는 알고도 모르는 척, 보고도 못 본 척하는 식의 대범하고 관용적인 원격감독, 거시적 감독이 필요하다. ④ 교직원 각자가 자신의 능력을 스스로 평가할 수 있도록 한다. 교사들이 자기가 맡은 일의 목표를 설정하고, 그 결과를 적절한 시기에 스스로 평가 및 반성하도록 하여 책임감을 높인다. 결과에 대한 책무성과 바람직하지 않은 결과에 대해서도 타인에게 책임을 전가하는 일 없이 스스로 깨닫게 함으로써 계속적인 자기성장과 발전을 꾀하도록 격려한다. ⑤ 적절한 시기와 조건하에서 학교조직 운영의 계획수립과 학교경영자의 의사결정에 교직원을 참여시켜야 한다. 계획이란 앞으로의 과업에 대한 목표의 설정과 그 달성 방법에 대한 지적 준비과정이다. 그것을 구체화하는 것은 교직원이므로 계획 초기단계부터 관련 인사들을 참여시켜 그들의 의견을 적극적으로 수용한다면 참여자들은 스스로 인정을 받고 있다는 만족감으로 인하여 조직에 대한 충성심과 사기가 강화되어 조직의 효과성은 한층 더 증진될 수 있다. 학교경영자가 주요 결정과 계획을 돌발적으로 하여 그 집행만을 강요한다면 교직원의 수동적인 복종적 습관이 타성화되며, 스스로의 능력을 신장하고 인정받을 기회를 박탈당하여 불평 및 불만이 많아진

다. 그러다보면 배타적이며 비협조적인 감정으로 마지못해 일을 하는 척만 하게 되기 때문에 학교경영자와 교사 간의 심리적 갈등과 긴장이 고조되어 그 효과가 절감되고 만다. 계획이나 의사결정은 일이 시작되기 전에 미리 준비하는 과정이므로 모두의 의견을 모은 참여에 의한 합의가 조직 운영에서는 무엇보다도 중요하다.

3) 상황 중심체제

학교경영자는 자기가 선 자리가 어디인가에 대한 정확한 인식이 필요하고, 그 자리를 둘러싸고 있는 상황에 대한 정확한 판단이 필요하다. 학교경영자의 위치는 학교에서만 보면 조직경영의 최고 위치에 있으나 국가적 차원의 교육행정 체계상으로 보면 대통령을 정점으로 교육인적자원부장관 → 교육감 → 교육장 → 학교경영자(학교장)라는 관료제적 계층상의 최하위의 말단에 존재한다. 지역 사회적 입장에서 파악하면 교육청, 관련 기관과 단체, 육성회, 동창회 그리고 교내 교사집단과 학생집단에 의해서 둘러싸인 중간자이면서, 이들 상호 간에 이해가 상반될 경우 학교를 대표하여 중재 및 조정해야 하는 중재자의 위치에 있다.

학교경영자가 조직에서 자기의 역할과 기능을 충실히 이행한다는 것은 이와 같이 복잡한 관계 기관과 집단 및 인사 등 상호 간의 복잡다기한 조직 속에서 그들의 기대에 어긋나지 않게 행동한다는 것을 의미한다. 그러나 동시에 충족할 수 없는 상충된 기대를 만족시킬 수 없는 것이 현실이므로 학교조직 관리에는 항상 갈등이 상존한다. 학교경영자 스스로도 이상적으로 생각하면 교사들의 기대대로 행동하는 것이 옳으나, 현실적으로는 불가피하게 상부의 지시에 동조하지 않을 수 없는 경우가 있다. 이 경우는 이상적 역할과 실제적 역할 간의 불일치이며 교사들의 기대에 불일치한 역할 때문에 양자 사이에 갈등이 당연히 일어나는 것이다. 그러므로 건전한 의식에 입각한 균형적 판단이 필요하다.

한 학교의 교사 집단에도 다 동일한 교사로 구성된 것이 아님을 알아야 한다. 고령교사도 있고, 관록 있는 중견교사도 있으며 항상 연구하고 노력하는 참신한 젊은 교사도 있다. 고령교사라 하더라도 정년만 무사히 넘기려는 무사안일주의 교사도 있고, 젊은 교사 못지않은 열의를 가진 교사도 있다. 여교사만 하더라도 기혼교사와 독신교사가 있고, 여권신장과 여성의 사회 참여에 적극적인 교사도 있다.

따라서 학교장이 지도성을 발휘함에 있어서도 민주적 지도성만을 선호하여 어느 상황에서나 획일적으로 적용해서는 안 된다. 교사집단의 성숙도와 책임 수행능력, 과업의 성격과 시한, 현실적 제반 여건을 고려하여 경우에 따라서는 독재적 지도성을 발휘하기도 하고, 경우에 따라서는 지도성의 포기로 보일 수 있을 정도의 자유방임에 맡기기도 함으로써 궁극적으로는 학교조직 관리의 효율성과 교육목표 달성도에 크게 기여할 수 있다. 상황에 적절히 대응하는 탄력성과 유연성 및 적극성과 융통성이 학교조직관리자 직무수행의 요체라 하겠다.

2. 학교조직 관리의 발전

이상 살펴본 바와 같이 학생의 학업성취도를 극대화하는 것이 학교조직의 목표라고 볼 때 이를 달성하기 위해서 우리의 학교조직은 어떻게 운영되어야 하는가가 문제의 핵심이다. 이를 위해서 몇 가지 안을 제시하면 다음과 같다.

첫째, 장학기능 확대이다. i) 교과별 장학의 활성화: 교과별로 모임을 자주 갖도록 교과별 협의회를 적극 권장하고 이를 활성화하여야 할 것이다. 동 교과 교사들끼리 상호 의사소통을 강화하게 되면 새로운 정보라든지 좋은 수업기술을 서로 상호 교환하게 될 것이다. ii) 동료장학의 확대: 원로교사, 중견교사들이 신규교사들을 위하여 지도 및 조언을 할 수 있고, 신규교사는 교육활동 개선을 위해 새로운 아이디어나 새로운 수업기술, 새로운 교수매체를 사용하는 방법을 제시할 수 있을 것이다. iii) 연구 및 시범수업을 통한 장학의 확대: 학교 내의 연구 및 시범 수업이나 지역별로 연구 및 시범 수업에 많은 교사들이 참가하여 그들의 전문성을 향상시키고 새로운 정보를 교환할 수 있도록 하는 것이 중요하다.

둘째, 학교경영의 민주화이다. 학교의 모든 행정력은 학업성취의 향상이라는 목표에 두어져야 할 것이다. 이를 위해서 권위적인 학교경영에서 교단중심의 지원체제로 변화되어야 한다. 즉 통제위주, 지시위주의 경영에서 교단우위 및 수업위주의 경영을 펴 나가는 것이 중요하다. 아울러 교육에 필요한 교구, 기자재, 설비의 현대화도 시급한 과제이다. 또한 학교운영의 합리화 및 민주화를 지향하는 것이 조직관리에 있어서 중요한 과제이다. 교직원회의가 상부관청의 공문을 전달하는 통로로 간주되어서는 곤란하다. 학교의 모든 교육활동에는 많은 교사와 가능하면 학부모까지 참여하게 될 때에 교사나 학부모들은 민주적인 운영에 대해 찬사를 보내고 기꺼이 자기가 결정한 일에 책임을 다하려고 할 것이다. 교무회의에서 교사들이 자기의 주장과 논리를 펼 수 있고 그리고 이를 학교의 목표로 통합 조정해 나가는 것이 중요하다. 현재 각급 학교에서 이루어지는 교직원회의는 기능적인 측면에서 다소 미흡한 실정이다. 따라서 교직원회의를 보다 활성화하여 학교교육의 효과성을 높이는 것이 중요한 과제임에 틀림없다.

셋째, 교원연수의 활성화이다. 21세기 지식 및 정보기반사회에서는 교육목표의 강조점이 변하고, 교육내용의 선정과 조직이 달라지고, 교육방법 및 공학이 발전되고, 교육운영 방식이 변화하여서, 교원연수의 활성화 없이는 이러한 교육청의 요청을 수렴하기 어렵게 되었다. 장차 지방교육자치제가 정착이 되면 단위학교의 책임과 역할을 더욱 강조될 전망이다. 따라서 일선학교의 경영책임자는 학교조직을 효율적으로 관리하고 교육의 효과성을 높이기 위해서는 교원연수의 활성화가 꼭 선결되어야 할 것이다.

제4절 교육행정가의 역할

교육행정가의 역할은 크게 지도성 측면과 행정적 측면으로 구별된다. 그 양측면의 행동은 그 지향성에 있어서 상이한 것인 데도 불구하고 양자는 모두 교육행정가의 역할의 중핵을 이루는 것이다. ⅰ) 지도성 측면: 제도의 제 목표를 수행하거나 변경을 위하여 조직의 구조를 새롭게 하며 그 절차를 구안할 때 나타나는 행동으로서, 그 역할에 있어서 개혁자의 기능을 발휘하는 것이다. ⅱ) 행정적 측면: 제도의 목표를 달성하기 위하여 기존의 구조와 절차를 이용하여 나가는 행동으로서, 이 경우는 조직 내의 이미 있는 제 기구를 변경하기 보다는 그것을 더욱 강화하는 방향으로 노력을 경주하며, 일종의 안정력, 혹은 전통주의자 · 동조주의자로서의 기능을 발휘하는 것이다.

학교가 개방된 체제로서 사회와 상호관계를 유지하며 경영되는 이상, 이 두 가지 측면은 불가피한 것이므로 이중적 역할이라고 하겠다. 그것은 사회기관의 하나로서의 사회유지 · 통합의 역할과, 교육을 매개로 하여 사회의 개혁 · 개조를 시도하는 기관으로서의 두 가지 측면을 학교가 동시에 가지고 있기 때문이다. 교육행정가는 그 속에서 사회와 학교를 연결하는 결절점에 위치하고 있다.

이 두 가지 역할 행동을 거시적으로 관찰하면, 교육위원회의 학교의 관리권과 학교장의 학교내재관리권의 상호관계를 어떻게 파악하느냐에 따라 크게 나누어진다. 다시 말하면, 학교가 교육조직체로서 상대적 독자성을 어떠한 의미에서 어느 정도 보장되는가에 따라 교육행정가의 역할은 크게 달라지게 된다.

그런데 이론적으로 그리피스(Francis Griffith, 1979)는 역할을 다음과 같이 분류하여 그 개념을 명백하게 제시하고 있다.

첫째, 규정된 역할(a prescribed role)이다. 이것은 상호 보완적인 직위를 가진 사람들이 역할 수임자에게 거는 기대들로 구성된다. 따라서 규정된 역할이란 상호 보완적인 직위를 가진 사람들이 역할수임자의 역할을 어떻게 보느냐 하는 것이다.

둘째, 주관적 역할(a subjective role)이다. 이는 역할 수임자가 상호 보완적인 직위를 가진 사람들과 상호작용을 할 때, 그가 자기 자신의 행위에 대해서 가지고 있는 기대들로 구성된다. 그러므로 주관적 역할이란 역할 수임자가 자기 자신의 역할을 어떻게 인식하고 있느냐 하는 것이다.

셋째, 시행된 역할(an enacted role)이다. 이것은 역할 수임자가 상호 보완적인 직위를 가진 사람들과 상호 작용을 할 때, 그 자신이 수행한 행동으로 구성된다. 즉 시행된 역할이란 역할 수임자가 실제로 수행한 역할을 말하는 것이다.

그리하여 교육행정가의 역할이론에 있어서 그 중심은 역할기대에 대한 것으로서 교육행정가 자신이 실제로 수행하고 있는 역할과 교육행정가로서 수행할 바람직한 역할과의 차이에 주목하여 그 개선의 방안을 탐색하는 것이 중요하다.

따라서 본 절에서는 교육감의 역할, 교육장의 역할, 교장의 역할과 자질, 교감의 역할과 자질, 부장교사의 역할과 자질, 교직원의 역할과 자질 등에 대해서 고찰하기로 한다.

1. 교육감의 역할

1) 지방화 시대의 교육감

1991년부터 「지방교육자치에 의한 법률」에 의하여 형식적으로는 지방교육자치를 실시하게 되었으나 실질적으로는 아직도 교육인적자원부의 감독에 의한 획일교육을 하고 있다. 우리나라의 다른 모든 부분이 민주화되어 있다고 하더라도 교육에 관한 한은 아직도 세계에서 그 유례를 찾기 힘들 정도로 독재이고 획일적인 것이다. 독재와 획일을 민주와 평등으로 착각하고 또 오도되고 있는 것이다. 선택의 자유가 없고 통제된 하나만이 강요되는 것을 평등으로 호도하고 있다.

하지만 지방화와 다양화가 세계적 경향이고 또 시대적 요청이라면 우리의 교육도 그 방향으로 가지 않을 수 없다. 그러한 경우 지방교육감은 지방교육에 관한 한 실질적인 교육인적자원부장관의 역할을 해야 하는 것이다. 교육감은 지방의 공교육에 관한 지방장관이 되기 때문에 교육감직은 아주 중요하다. 미국의 경우 미헌법에 의하면 교육은 주정부의 책임이라고 규정해 놓아 중앙정부는 교육에 대한 권한과 책임이 없는 상태이다.

교육이 지방화되는 것은 바람직한 현상이라고 할 수 있겠으나 동시에 교육계가 정치화되면서 교육감직은 더욱 어려워지고 또 그만큼 중요해지고 있다. 학교도 더 이상 낭만적인 전원의 농촌사회에 머물 수 없다. 무대가 대도시 사회로 바뀐 것이다. 따라서 교육감직도 명예나 얻고 자리나 지키고 있는 조용한 교육자의 자리가 아니라 경쟁사회에서 살아남아야 하는 자리가 되었다.

요약하자면, 교육이 지방화되면서 교육감의 역할은 더욱 중요하게 되었다. 또 교육이 정치의 영향하에서 교육의 목적을 동시에 달성해야 하기 때문에 책임있는 교육감직의 수행이 더욱 요구되고 있다.

2) 교육감에게 기대하는 역할

지방교육자치가 원칙대로 실행된다면 교육감은 지방교육부장관이 된다. 지금도 교육감은 법적으로 시 · 도 교육 · 학예에 관한 (최고)집행기관이다. 그래서 우리나라에서는 최고의결기관으로서 교육위원회를 두고 이와 분리하여 독립기관으로 집행기관인 교육감을 따로 두고 있다. 교육위원회가 결정해 준 정책을 교육감이 행정으로 집행해야 하는 형식으로 되어 있어 의결기관과 집행기관의 두 개의 독립된 지방 교육기관을 두고 있는 셈이다.

교육감이 해야 할 일은 ① 조례안의 작성, ② 예산안 및 결산서의 작성, ③ 교육 규칙의 제정, ④ 학교 기타 교육기관의 설치 · 이전 및 폐지에 관한 사항, ⑤ 교육과정 운영에 관한 사항, ⑥ 과학 · 기술교육의 진흥에 관한 사항, ⑦ 사회교육 기타 교육 · 학예진흥에 관한 사항, ⑧ 학교체육 · 보건 및 학교 환경정화에 관한 사항, ⑨ 학생 통학구역에 관한 사항, ⑩ 교육 · 학예의 시설 · 설비 및 교구에 관한 사항, ⑪ 재산의 취득 · 처분에 관한 사항, ⑫ 기채 · 차입금 또는 예산 외의 의무부담에 관한 사항, ⑬ 기금의 설치 · 운용에 관한 사항, ⑭ 소속 국가공무원 및 지방공무원 인사관리에 관한 사항, ⑮ 기타 당해 시 · 도의 교육 · 학예에 관한 사항과 위임된 사항이라고 「지방교육자치에 의한 법률」에 명시되어 있다.

교육감직에 부과된 이런 일을 하기 위해서 교육감은 무슨 역할을 해야 하는가? 교육감에게 기대되는 주요 역할은 무엇인가? 교육감에게 기대되는 역할은 너무나 많고 다양할 것이다.

칼라한(Raymond Callahan, 1966)은 미국에서 교육감직이 ① 학자적 지도자로서의 교육감(superintendent as scholarly leader), ② 사업 · 사무(서무)적 관리자로서의 교육감(superintendent as business manager), ③ 민주적 학교에서 교육지도자로서의(superintendent as educational leader in democratic schools), ④ 응용사회 과학자로서의 교육감(superintendent as applied social scientist)의 4단계로 발전해 왔다고 하였다.

쿠반(Larry Cuban, 1976)도 칼라한(Raymond Callahan)과 비슷하게 교육감 역할의 주요 세 측면을 강조했다. ① 교원-학자(예: 전문가, 수업 지도자), ② 행정 수장(administrative chief, 예: 권위주의적 관리자, 과학적 관리 전문가), ③ 협상가-정치가(예: 갈등을 해결하는 다양한 집단으로부터 지원을 이끌어 내는 사람)를 제시했다. 칼라한의 것에서 마지막 사회과학자로서의 교육감을 뺀 것 이외는 두 견해가 서로 동일하다.

코왈스키(Theodore J. Kowalski, 1999)는 『교육감론』(the school superintendent: theory, practice and cases)이란 저서에서 교육감직(superintendency)에 따른 역할기대를 칼라한(Raymond Callahan)의 제안에 따라 ① 교사들의 교사(the teacher of teachers, professional educators 또는 scholarly leader), ② 사업관리자(the superintendent as business manager 또는 chief executive officer), ③ 민주적 지도자(the superintendent as democratic schools), ④ 응용과학자(the superintendent as applied social scientist)로 설명하고 있다.

물론 우리나라 교육감의 역할은 지방자치와 민주주의가 발전한 미국의 교육감의 역할과 다를 것이다. 그리고 미국의 교육감은 우리나라의 시 · 군 · 구 교육장까지 포함하고 있기 때문에 더욱 차이가 있을 수 있다. 그러나 앞에서 말한 네 가지 개념과 역할은 기본적인 것이므로 우리나라의 교육감직에도 해당되는 것으로 봐야 한다. 이를 중심으로 좀더 구체적으로 살펴보면 다음과 같다(주삼환, 2002).

(1) 교육전문가로서의 교육감

미국에서 1800년대 중반 교육감직이 생겨나면서부터 1910년경까지, 그리고 우리나라에서는 초창기부터 교육감의 주된 이미지와 주요 역할은 교육전문가이다. 그야말로 교육경험이 많고 학식과 덕망이 많은 원로 교육자로서의 이미지와 역할로 교육감직이 비춰졌던 것이다. 학교를 질서정연하게 유지하고, 교사들을 장학하고, 획일적인(우리나라에서는 전국적으로 획일적인) 교육과정을 잘 실행하는 것이 교육감의 주 역할이고 교육감의 주개념이었다. 따라서 교육감은 교육과 수업의 지도자로서만 인식되어 왔다. 교육감은 교사의 교사이고 또 장학사의 장학자(관)로 생각하기 때문에 교육감이라는 superintendent는 장학관으로도 번역되는 것이다. 만일 교육감에게 이런 교육의 전문성이 인정되지 않았더라면 아마 미국에서는 비전문적인 교육위원회 의장이 직접 교육감의 역할까지 맡았을지도 모른다. 교육위원은 교육의 전문성보다 주민의 대표성이 더 강조되기 때문에 비전문인(lay)인 것이다. 지금도 비전문적인 교육위원이 주민이 원하는 주요 정책을 결정하고 교육전문가인 교육감이 그것을(주민이 원하는 정책을) 집행 및 실행(execute)하는 것이다. 그래서 지방교육자치는 비전문인(교육위원회) 통제(lay control)－전문인 집행관리(professional executive management)의 형식으로 이루어져 있는 것이다.

학교는 역시 학생을 교육하는 기관이고 교사는 학생교육 때문에 존재하는 사람들이다. 때문에 이들 학교와 교사를 책임지고 있는 교육감이 교육에 대하여 전문성이 없어서는 안될 것이다. 그리고 교육감의 행정직원들이나 학부모, 교사, 학생, 심지어는 일반인들에게 하는 말 한마디와 행동 하나하나가 곧 교육이 되는 것이기 때문에 교육감은 기본적으로 참교육자이어야 한다. 만일에 교육감이나 교육인적자원부장관이 "나는 학교(대학)에서 하나도 배운 것이 없고 감옥에서 인생의 모든 것을 다 배웠다"고 공공연히 말을 한다면 어떻게 되겠는가? 그러면 학생들 보고 학교에 가지 말고 모두 감옥에 가란 말인가? 국민 기초교육을 받아야 할 학생들에게 교육의 최고 책임자가 무시험으로 대학에 갈 수 있다든가, 한 가지만 잘해도 대학 간다든가, 학벌 없는 세상을 만들겠다는 식의 선동적인 말을 한다면 어떻게 되겠는가?

물론 현대의 교육감은 이제 순수한 교육자 역할만으로는 충분하지 않은 세상으로 변했다. 교육의 철학과 역사, 교수법, 교사 장학만 수행하면 되던 고요한 교육의 세상은 결코 아닌 것이다. 교육을 할래도 사람과 돈, 시설이 필요하고 이들을 관리해야 하는 일도 중요하게 인식되기 시작했다. 또 교육도 대도시화하면서 이해집단 간의 갈등 속에서 교육을 해내야 하는 또 다른 역할이 교육감에게 부여되기 시작하여 다음에 다룰 역할들이 또 강조되는 것이다.

그렇더라도 교육자로서의 교육감의 역할은 여전히 강조되지 않을 수 없다. 특히 지식 및 정보기반사회가 되면서 교육의 질을 높여 국제적인 경쟁을 하게 되는 이 때 교육감의 교육적(수업적) 지도력은 아무리 강조해도 오히려 부족한 실정이다. 그래서 미국이나 영국 등 선진국에서는 교육의 수준과 표준을 높여 놓고 거기에 도달하기 위해서 힘을 집중하는 방향으로 기울어지고 있다. 여기에서 교육감이 주도적인 역할을 하는 것이다. 수업지도력을 다시 부활하여 강조하는 교육개혁의 주요 시도와 그 예를 찾아보기는 그리 어렵지 않다.

구체적 예를 들면, 학생의 수행에 대한 높은 기대로 정기적인 시험과 최종 시험을 실시하여 교육감은 그 결과로 지역사회에 말을 해야 하는 것이다. 이것이 교육감의 책무성이다. 국민의 세금을 써서 교육한 결과를 가지고 국민에게 말을 하라는 것이다. 학생의 최종 수행을 위해서 이에 알맞은 교육과정을 제공하고 필요하다면 보충 프로그램도 제공해야 하는 것이다. 학생의 최종 성적(인지 · 정의 · 신체적 모든 성적)의 결과가 형편없다면 교육감의 일차적 직무는 일단 유기된 것이라는 냉혹한 현실을 인식해야 한다.

다음으로 교사의 직무수행에 대한 높은 기대로 교사에 대한 직무수행 평가와 교사의 전문적 발달을 위한 연수에서 교육감이 지도력을 발휘하려는 개혁 노력이다. 앞에서 말한 학생들의 높은 학습성취를 위해서는 교사들의 높은 성취동기와 성장 노력이 있어야 한다. 교육감 혼자서 직접 학업성취도를 높일 수는 없는 것이다. 특히 유능한 사람들이 교육 이외의 다른 분야로 빠져나가는 세태에서 교사를 사기충전하게 만들어 높은 직무수행을 이끌어 낸다는 것은 교육감의 만만치 않은 책무이고 시대적 도전이다.

더구나 그동안 제도적으로 억눌려 있었다고 생각하던 교사들이 점점 더 과격한 요구를 해오는 상황에서 교육감이 교육적 · 수업적 지도력을 발휘하기는 쉽지 않을 것이다. 임시로 자기 임기나 마치려고 단체교섭에 서명해 놓고 그것을 협상과 타협이라고 한다면 이 나라의 어린이, 청소년 교육은 어디로 갈 것인가? 그 내용이 합리적인 것이라면 교사들이 요구하기 전에 교육감이 미리 알아서 해결 및 처리해 주어야 할 것이다. 하지만 시기상조이거나 학생과 학부모, 국민에게 손해가 가는 요구와 주장에는 결코 서명해줘선 안 된다. 교육감은 교사의 편과 지역주민 및 국민의 편 양쪽을 고루 배려해야 한다.

교육개혁의 세계적인 경향의 또 하나는 분권화에 의한 학교단위자율책임경영제이다. 여기서 교육감이 학교 간에 어떻게 균형을 유지하고 조정하느냐가 중요한 과제가 된다. 그러나 이는 학교단위책임경영제가 되었을 때의 문제이고 우리나라에서는 오히려 학교단위자율책임경영제로 가는 과정에 교육감이 교육적 지도력을 발휘하는 데 더 신경을 써야 할 문제이다.

서로 대립되고 논쟁을 일으키는 패러다임 상황에서 교육감이 어떻게 지역사회의 가치를 지키고 수업적 결정을 하느냐도 중요한 문제이다. 예를 들면, 앞에서 언급한 것처럼 결과를 말하는 것으로 산출근거교육(outcome-based education)에 대한 논란이다. 지금 미국, 영국에서는 교수와 평가측면에서 산출근거교육, 결과지향교육(result-oriented education)의 주장이 많이 나오는데 동시에 이에 대한 반대도 만만치 않다. 이런 때 교육감은 어떤 방향을 제시해야 할 것인가? 교육감이 연구를 하지 않고는 섣불리 어떤 편에 서기 어려울 것이다.

또 하나의 예를 들면, 공립학교 간 경쟁체제의 도입으로 세금지불보증제(vouchers), 헌장에 의한 자율학교(charter schools), 학교 선택제, 우리나라의 자립형사립학교 등의 교육개혁에 대하여 어떤 교육감은 반대 입장에 서고 어떤 교육감은 지지 입장에 서고 있다. 그리고 이런 입장들이 자신의 교육철학에서 나온 것인지 아니면 상황적 입장 때문인지 냉정하게 자문할 필요가 있다.

교육감은 교육자로서 높은 교육적 전문성을 갖고 있어야 한다. 교육감이 전문적 표준에 도달했는지 알아보기 위한 표준으로 ① 지도력과 지역사회문화, ② 정책과 최고 의사결정, ③ 의사소통과 지역사회와의 관계, ④ 조직관리, ⑤ 교육과정 계획과 개발, ⑥ 수업관리, ⑦ 인력 자원관리, ⑧ 지도력의 가치와 윤리 등으로 확인할 것을 제안한 연구가 있다.

(2) 사무적 관리자, 최고 행정집행자로서의 교육감

미국에서는 20세기 초, 우리나라에서는 1960년대부터 산업화에 의한 영향으로 인사관리, 재무관리, 시설관리의 중요성이 대두되면서 교육감을 더 이상 교사의 교사, 교육 전문가, 학식과 덕망에만 머물게 둘 수 없게 되었다. 교육감직뿐만 아니라 순수한 교육에서 행정과 관리가 분리되는 경향을 띠게 되었다. 교육에서도 효율성의 개념이 도입되게 되었는데 특히 미국에서는 과학적 관리운동의 영향으로 교육의 효율화 개념의 파고가 높았다.

하지만 우리나라의 경우는 교육이 너무나 열악한 실정이어서 효율성과 경제성을 따질 엄두를 내지 못하다가 1990년대 이후 최근에야 이러한 주장들이 나오고 있다.

교육감의 역할에서 경영자 · 관리자의 역할이 중요하냐, 지도자의 역할이 중요하냐를 따지기는 어려울지 모른다. 하지만 관리자나 경영자가 일을 어떻게 해야 하느냐(How thing should be done)에 관심을 더 기울이는지 아니면 지도자는 무엇을 해야 하느냐(What should be done)에 관심을 기울이는지를 보면 어느 정도 구별될 것이다. 옳은 일을 하느냐(지도자, do right thing), 일을 올바르게 하느냐(관리자, do thing rightly)의 차이이다. 목적과 내용이 더 강조되느냐 수단과 방법이 더 강조되느냐의 차이라고 할 수 있다. 말할 것도 없이 옳은 일을 옳게 처리해야 할 것이다. 그래서 교육감에게 관리자의 역할과 마인드가 강조된다. 이런 마인드를 갖추는 데서 멈추지 말고 관리자 → 행정가 → 지도자의 수준으로 올라가야 한다. 최근에 교장 및 교육감을 일반인 전문경영인이니 CEO니 하면서 누구라도 교장 및 교육감을 할 수 있는 것처럼 말하는 것은 아주 위험한 일이다.

미국에서 교육감직이 전문 교육자로 그치지 않고 사무관리자의 개념이 도입되면서 교육감 전문 양성 및 준비과정이 생겨나고 이에 따라 자격증 및 면허증이 요구된 것은 교육행정 발전에 많은 기여를 했다고 봐야 할 것이다.

반대로 우리나라에서 교육감을 '집행'의 역할에 무게를 두어 관리적 냄새만 풍기게 해놓은 것은 문제점이라고 할 수 있다. 지방교육자치에 관한 법률에서 '교육 · 학예에 관한 사무의 집행'으로 축소 표현해 놓은 것도 문제이다. 어쨌든 교육감이 사무적 관리에만 머물러 있지 않다는 것은 의문의 여지가 없다.

교육감의 관리적 역할로서 ① 재정관리, ② 시설관리, ③ 인사관리, ④ 특수교육과 학생인사 봉사, ⑤ 교육청과 학교 변호사와의 관계, ⑥ 지원 봉사의 영역으로 나누어 볼 수 있다.

재정관리로서는 예산편성, 결산과 회계감사, 채무관리, 위기관리, 구매와 제고관리, 보수와 임금관리로 나누어 볼 수 있다. 시설관리로서는 시설계획, 건설, 보수 관리유지, 폐지 및 폐기 등의 순서로 관리적 측면을 고려해야 할 것이다. 인사관리는 ① 임용의 실제, ② 인력자원개발, ③ 임용관리(기록, 봉급, 부가급, 법적문제, 환경통제, 직원해직), ④ 직원과의 관계(직원사기, 단체교섭, 고충관리) 등의 요소를 생각해 봐야 할 것이다.

특수교육관리는 프로그램 조직, 특수교육 서비스 장학, 인사관리, 특수교육 관련 분쟁관리 등으로 나누어 생각하고, 학생인사 서비스는 출석문제, 경제적으로 불리한 사람들에 대한 서비스, 상담서비스, 학생 행동관리, 학생보건, 사회사업 등으로 나누어 챙겨 봐야 할 것이다.

학교 교육관련 법적 분쟁과 소송, 판례 등이 많아지면서 변호사의 도움을 받아야 하므로 앞으로 이 분야의 관리가 중요해지게 될 것이다.

교육감의 행정 지원에서 중요한 것은 버스와 교통문제와 급식문제 등이다. 소극적으로 이 부분에서의 사고 방지만 생각할 것이 아니라 적극적인 서비스의 질 향상을 위해서 노력해야 할 것이다.

(3) 민주적 지도자, 교육적 정치가로서의 교육감

관리자로서의 교육감의 역할이 강조되면서 독재적 행정, 권위주의적 행정, 집권적 권한과 권위가 생겨나기 시작하였다. 이렇게 되자 또 이에 대한 반발 또한 거세지게 되었다. 효율성 못지 않게 선택의 자유에 대한 요구가 높아지게 된 것이다.

다양한 이해집단들이 자기들의 이익을 지키기 위해서 권력투쟁을 하게 되었다. 이들의 요구를 조정하고 지역사회의 가치를 지키기 위해서는 교육감에게 정치력이 요구된다. 학부모 집단, 교사 집단, 시민단체, 정치 집단, 일반직 집단들의 틈바구니에서 교육감은 어떻게 합리적으로 조정하여 교육적 가치를 지키고 성과를 올리느냐가 문제이다. 다양한 집단의 참여 속에서 교육감은 민주적 지도력을 발휘해야 한다.

또 지방정부에는 교육에 관한 정부만 있는 것이 아니기 때문에 부족한 재정자원을 가지고 정부의 다른 부문들과 심각하게 경쟁을 해야 한다. 한마디로 예산 따내기 경쟁을 해야 하는데 그러자면 교육감은 자연히 정치적이지 않을 수 없다.

최근에 교원단체들이 몇 개로 갈라지고 또 그 중 일부는 과격해지고 단체교섭도 하게 되면서 교육감은 지혜로운 정치력을 발휘해야 한다.

교육인적자원부와의 관계, 국회와의 관계, 지방자치단체, 즉 시장 · 도지사와의 관계, 지방의회, 교육위원회와의 관계, 학교운영위원회와의 관계에서 교육감은 정치적 역할을 하지 않을 수 없다. 교육감이 정치력을 갖지 못하고 또 교육의 전문성을 갖지 못하면 이들 기관과 단체에 끌려 다니게 되고 마침내 교육의 가치가 우선순위에서 밀려나게 되는 것이다. 그러면 수많은 교원과 학생들에게 돌아갈 혜택이 줄어드는 것이다. 미국에서도 유능한 교육감은 교육위원회(비전문인)에 좋은 자문을 하고 설득을 하여(정치력을 발휘하여) 이들을 교육적으로 이끌고 가지만 무능한 교육감은 이들에 끌려 다니게 되어 교육이 우선순위에서 항상 밀려나게 된다는 연구가 보고되고 있다. 교장도 마찬가지이어서 유능한 교장은 학교운영위원회를 교육적으로 리드해 나가지만 무능한 교장은 학교운영위원회에 끌려 다니게 되어 학교가 교육이 아니라 정치적으로 움직이게 된다는 것이다.

교육감이 교육위원과 긍정적인 관계를 형성하고 유지하기 위해서는 우선 ① 자아의식과 정직 → ② 지식과 조력의 제공 → ③ 양방향 의사소통 → ④ 상호 존중 → ⑤ 협동 → ⑥ 신뢰의 과정을 거쳐 최종적으로 신뢰를 달성해야 한다.

교육과 학교가 이제 더 이상 외로운 섬으로만 존재할 수 없고 어쩔 수 없이 정치와의 조화 속에서 교육목적을 달성해야 하기 때문에 교육감의 정치적 역할은 중요시된다. 정치가로서의 교육감은 여러 집단 간의 갈등을 해소하고 조정하는 일을 해야 한다.

(4) 응용사회과학자로서의 교육감

선진국에서는 교육감이 이런 다양한 역할을 수행해야 하다 보니 교육감을 전문가로 양성(교육)하게 되었다. 대학원에서 박사학위 과정이나 전문가 자격(certification, licensure) 프로그램을 필수로 요구하게 되었다. 그래서 행정가의 행위에 필요한 분석을 하여 이에 필요한 심리학, 인류학, 사회학, 체제분석 등 다양한 사회과학 과목들을 교육행정 과정에 넣게 되었다. 그래서 교육감은 사회과학 종합 학문적 응용사회과학자가 되어야 한다고 했던 것이다. 즉 교육감에게는 지혜와 직관력, 재능, 예술성이 겸비되어야 한다.

하지만 현재의 우리나라 교육감에게 응용사회과학의 종합과학을 공부했는지 요청

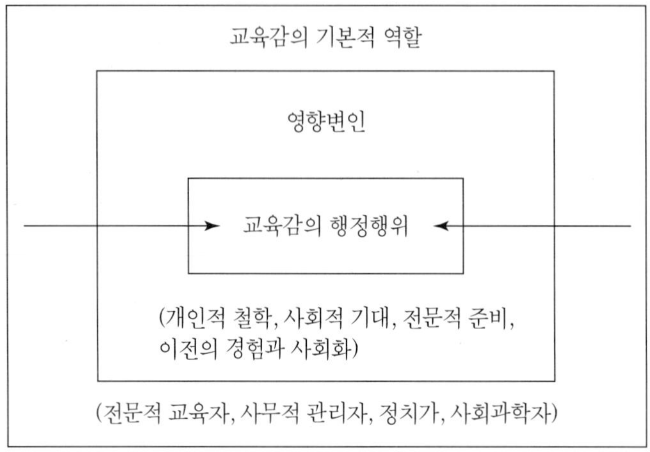

[그림 7-2] 교육감의 역할기대의 통합과 이에 영향을 주는 주요 변인들

＊자료: 주삼환(2002). **한국교육의 위기**. 서울: 동문사, p. 231

하기는 어려운 실정이다. 그러나 언젠가는 우리나라에서는 교육행정대학원에서 교육감 양성과정을 두어 자격증이나 학위를 부여하고 이들 중에서 교육감을 선출하게 하거나 임명하게 되어야 할 것이다. 그리고 교육감뿐만 아니라 모든 교육행정가를 발탁이 아니라 전문적으로 양성해야 할 것이다.

지금까지 교육감의 주요 역할로 ① 전문 교육자, ② 관리자, ③ 정치가, ④ 사회과학자 등 네 가지를 제시하고 이에 대해 설명했다. 이들 역할은 따로따로 독립된 것이 아니라 종합적이고 통합적이며 또 균형과 조화를 이뤄야 하는 것이다. 그리고 이들 네 가지 역할은 기본적이고 일차적인 것이고 여기에 ① 개인적 철학, ② 사회적 기대, ③ 전문적 준비(양성) 노력, ④ 이전의 경험과 사회화 과정과 같은 상황적 영향변인을 고려하여 교육감 행정행위를 해야 하는 것이다. 그런데 이런 상황변인 외에 교육과정, 수업적 접근, 교육철학과 같은 본질적 변인은 더 중요하다. 이들 역할 기대와 영향변인을 나타내면 [그림 7-2]와 같다.

3) 교육감에게 요구되는 지도력

지도력이란 조직의 목적과 그 달성을 위한 전략을 결정하고, 그 목적달성을 위한 합의를 도출해내고, 다른 사람들로 하여금 목적달성을 위한 합의를 도출해내고, 다른 사람들로 하여금 목적달성을 위해 노력하도록 영향을 주는 것이라고 할 수 있다.

이에 비하여 관리(management)는 조직목적 달성을 위한 노력에서 전략을 실행하고 자원을 통제하는 과정이라고 할 수 있다. 행정(administration)은 관리와 지도력의 중간 수준에 위치하는 것으로 보면 된다. 그래서 미국 쪽에서는 교장이나 교육감에게 관리자 수준을 뛰어 넘어 행정가가 되고, 행정가 수준에 머무르지 말고 지도자가 되라는 의미에서 지도자, 지도력을 높은 수준으로 본다. 그러나 때로는 관리와 행정, 지도성을 동의어로 생각하여 서로 바꾸어 쓰기도 한다.

(1) 지도력의 근원과 고차원적 지도력

서지오바니(T. J. Sergiovanni, 1992)는 지도력이 나오는 근원으로 ① 기술적 기능, ② 인간적 기술, ③ 교육적 능력, ④ 상징성, ⑤ 문화적 능력 · 도덕적 능력 등 다섯 가지를 들고 있는데, 기술적 · 인간적 수준까지를 관리, 조직의 본질에 해당하는 교육을 다루는 수준까지를 행정, 이보다 높은 상징성, 문화, 도덕적 능력까지 포함하는 것을 지도력이라고 하고 있다. 기술과 인간을 다루는 일은 일을 해나가는 과정에 해당하며, 교육조직에서 교육의 전문성을 갖는 것은 조직의 사명과 본질에 해당되며, 조직과 일에서 의의와 의미를 심어주기 위해서는 상징성과 문화적 지도력과 도덕적 지도력을 발휘해야 한다는 것이다. 그리고 이해타산에 의하여 주고 받기식의 교환적 · 거래적 시도력(transactional leadership)의 낮은 수준을 뛰어 넘어 마음에서 우러나 일을 하도록 영향력을 행사하는 변혁적 지도성(transformational leadership)을 발휘해야 한다는 것이다. 이를 요약하면 [그림 7-3]과 같다.

최근에 기업문화, 조직문화, 학교문화가 중시되면서 좋은 문화를 형성, 유지하는 데 지도자는 능력을 발휘해야 하는데 이것이 바로 높은 수준의 문화 지도력이다. 교육감은 지방교육장관으로서 이러한 문화지도력을 발휘해야 한다.

그리고 교육감은 자유, 정의, 평등, 인간주의와 같은 고등이상과 도덕적 가치(G. A. Yukl, 1989: 210)에 호소하는 도덕적 지도력, 곧 변혁적 지도력을 발휘해야 한다. 일과 직장, 조직에서 의미와 의의를 찾고 이를 추구하도록 영향력을 행사하는 것이 보다 높은 수준의 지도력인 것이다. 높은 수준의 변혁적 지도성은 지도자 및 추종자 모두의 공통의 목표에 대한 헌신, 높은 수준의 도덕성 추구, 높은 수준의 욕구에의 동기유발에 발동을 걸어주는 것이라고 할 수 있다(J. M. Burns, 1978).

이와 비슷하게 베니스(W. Bennis, 1984)도 변혁적 행동에 의한 근본적 지도력 능력

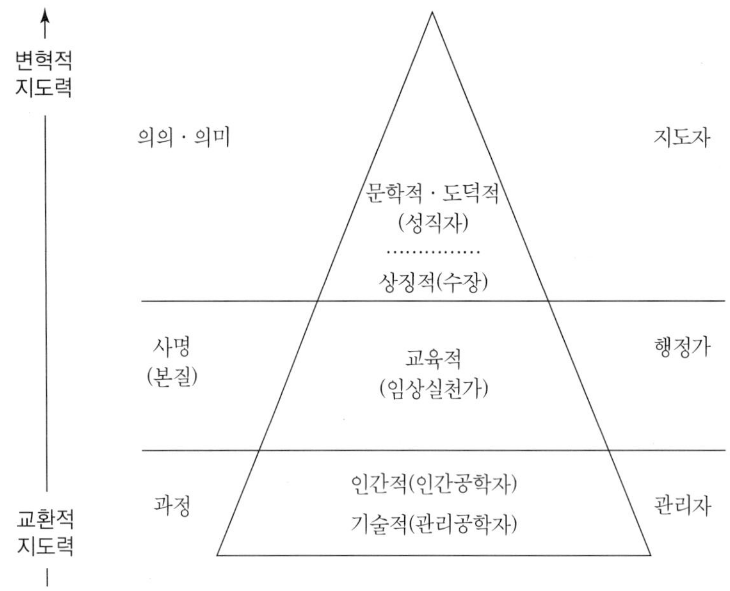

[그림 7-3] 지도력의 근원과 차원

*자료: 주삼환(2002). **한국 교육의 위기**. 서울: 동문사, p. 233.

으로 ① 목적과 비전을 위해 헌신하게 하는 주의 집중(attention), ② 이 비전을 내 것으로 삼거나 또는 공통의 것으로 삼게 하도록 의사소통하는 의미(meaning), ③ 사람을 믿고 계속 초점을 갖도록 하는 신뢰(trust), ④ 자신의 기술을 알고 이 기술을 계속 개발하도록 노력하게 하는 자아(self)의 네 가지를 들고 있는데, 이것은 지도자로서 가져야 하는 높은 수준의 지도력이라 할 수 있다.

교육감은 교육개혁 지도자로서 지도력을 발휘하지 않으면 안 된다. 이러한 변화 지도자로서 지도력이 없다면 진정한 의미의 개혁은 일어나기 어렵다. 변화를 위해서는 우선 ① 지방조직 문화를 이해하고, ② 지도해 나가야 할 교원을 귀하게 여기고 교원의 전문적 성장을 촉진하고, ③ 교육감이 무엇에 가치를 두는지를 밝히고, ④ 협동을 이끌어 내고, ⑤ 강요하기 보다는 자발적, 민주적 참여와 헌신을 이끌어 낼 수 있어야 변화와 혁신 및 개혁은 가능해진다.

(2) 변화하는 시대에 맞는 지도력

변화하는 시대에 맞게 교육감의 전문적 지도성도 변해야 한다.

첫째, 태도, 가치, 신념에 초점을 맞추도록 해야 한다. 지도력에 있어서 조직변인인 조직의 구조에 의한 전적인 의존보다 더 중요한 것은 인적 변인인 지도자와 추종자의 철학과 태도, 가치, 신념의 일치가 중요하다. 지도자와 추종자 사이에 이런 철학, 태도, 가치, 신념이 일치되지 않을 때 지도성이 먹혀들기 어렵다. 그런데 이러한 신념체제를 바꾸기는 극히 어려운 일이다. 그래서 교육감이 이런 측면에서 지도력을 발휘하기가 심히 어려운 것이다. 예를 들면, 교육감의 신념과 전교조의 신념이 다를 때 교육감의 지도력이 발휘될 수 있겠는가?

둘째, 집권화냐 분권화냐 양자택일식의 편도가 아니라 '방향감 속의 자율(directed autonomy)'에의 초점이다. 현대 행정이나 기업경영에서까지 전적인 집권화나 전적인 분권화, 전적인 통제나 전적인 자율은 있을 수 없다고 보고 있다. 큰 정책이나 방향에서는 합의를 보고 그 범위 내에서 전문가의 전문적 자율을 부여해야 한다는 것이다. 분권화의 방향으로 가고, 또 권한부여의 방향으로 가야 하지만 무조건적인 분권화나 자율화는 존재할 수 없다. 여기서 교육감이 어떻게 지도력을 발휘하느냐가 중요하다.

셋째, 교육감의 윤리적 실천, 도덕적 실천에 있어서 지도력을 발휘하는 일이 중요하다. 교육기관과 학교는 도덕적 성격이 강하기 때문에 교육감은 도덕성과 윤리성으로 지도력을 발휘해야 한다. 윤리적, 도덕적 지도성이라고 하면 부정부패하지 않는 것만 생각하기 쉬운데 여기서 윤리적, 도덕적 지도성은 이를 포함하여 무엇을 어떻게 하여 목표를 달성하고 교육을 개선하느냐 하는 적극적 측면이 더 강조되는 것이다. 서지오바니(T. J. Sergiovanni, 1992)는 3H(Heart, Head, Hand)에서 Heart(뜨거운 가슴, 감성, 윤리, 도덕)에서 출발하여 Head(이성, 합리성, 찬 머리)로 생각하여 Hand(날랜 손발, 기교, 기능, 기법)로 행정을 하는 3H의 조화를 강조한다. 그리고 과거의 행정은 지나치게 Hand를 강조하거나 Head에 치우쳤던 점이 있다.

넷째, 지식 및 정보기반사회의 도래와 함께 교육감은 기술공학, 정보의 측면에서도 지도력을 발휘해야 한다. 이 분야에 대하여 잘 알아야 할 뿐만 아니라 교육위원, 지역주민과 정보를 공유하기 위한 노력이 있어야 한다. 그리고 지도자는 미래 사회에 대한 전망을 정확하게 하고 이에 대비해야 한다.

4) 교육감의 역할과 지도력 종합

결국 교육감은 i) 비전과 목적, 방향감을 정확하게 세우고 이를 달성하기 위한 알맞은 계획을 세워야 한다(visioning과 planning). ii) 학생교육을 위한 교육과 수업에서 지도력을 발휘해야 한다. iii) 교육조직은 사람을 움직여 사람을 교육하는 것이 본질이고 핵심이므로 교직원과 함께 일하는 속에서 지도력을 발휘해야 한다. iv) 행정의 과정에서는 행정의 핵이라 할 수 있는 '의사결정'을 민주적으로 올바르게 집행하고 '의사결정'을 잘하도록 지도력을 발휘해야 한다. v) 교육감은 외로운 섬에서 행정을 하는 것이 아니므로 지역사회와 여러 이해집단과 어떻게 동반자 의식(partnership)을 형성하기 위한 지도성을 발휘하느냐가 중요하다.

교육감의 기본적 역할로는 i) 전문교육자, ii) 집행관리자, iii) 정치가, iv) 사회과학자 등 네 개의 역할을 제시하고 각각의 역할수행을 위해서 요구되는 교육감의 지도력을 종합적으로 제시했다. 지도력의 근원으로 i) 기술적, ii) 인간적, iii) 교육적, iv) 상징적, v) 문화적 · 도덕적 차원을 들었다. 이들 모두 중요하지만 낮은 수준에 머무르지 말고 고차원의 지도력인 문화적 지도성, 도덕적 지도성, 즉 변혁적 지도성까지 발휘할 수 있어야 한다는 점을 강조하였다. 이것을 다른 측면에서 보면 목표에서 주의집중, 의미의 발견, 신뢰의 구축, 자아의 발견과 실현에 초점을 맞추도록 지도성을 발휘해야 한다는 말이 된다.

교육감의 지도성도 시대에 맞게 변해야 한다. 특히 철학, 태도, 가치, 신념의 일치 형성, 방향감 속의 자율, 윤리 및 도덕 실천, 정보 및 기술공학에서의 지도성을 강조했다.

2. 교육장의 역할

여기에서는 교육장의 법적 지위와 자격, 교육장의 전문적 자질, 교육장의 역할 수행, 교육장의 통합적 지도성 등에 대해서 고찰하기로 한다(두상언, 2005).

1) 교육장의 법적 지위와 자격

지방자치단체는 일반 사무를 집행하는 기관인 시 · 도지사, 시장 · 군수와 지방자치 단체의 교육 · 학예에 관한 특정한 사무를 집행하는 시 · 도 교육감과 지역교육청의 교육장으로 구분한다. 교육장은 교육감으로부터 위임받은 사무를 그 범위 내에서 처리하는 시 · 도 교육청 하급기관의 장으로서 시 · 군 · 구의 교육 · 학예 등 교육관련

사무를 집행하는 자이다. 따라서 교육장은 교육 · 행정에 대한 전문적인 학식과 경험이 있는 일정한 자격자이어야 한다.

이와 같이 시 · 도의 교육 · 학예에 관한 사무 중 교육감으로부터 위임받은 사무를 분장하는 교육장의 법적 자격은 '지방교육자치에 관한 법률' 제43조 ③항, 즉 '교육청에는 교육장을 두되 장학관으로 보하고, 그 임용에 관하여 필요한 사항은 대통령으로 정한다'에 의거 교육장의 법적 자격이 되는 장학관 등의 임용은 '교육공무원법' 제29조 ①, ②, ③, ④항, 즉 교육인적자원부와 그 소속 기관에 근무하는 장학관 및 교육연구관 중 교육행정기관에 근무하는 시 · 도교육청 과장급 이상의 직위에 해당하는 자를 당해 교육감의 추천을 받아 교육인적자원부장관이 임용한다.

따라서 현행법상 지역교육청 교육장이 될 수 있는 자격기준은 교육공무원법 제9조에 의거 장학관 · 교육연구관의 자격기준으로 되어 있다. 또한 교육장은 이와 같은 법적 지위와 자격으로 직무를 수행함에 있어 국가공무원법 제56조와 지방공무원법 제48조에 의거, 성실 · 친절 · 공정 · 기밀 엄수 · 청렴 · 품위 유지의 의미 등을 지켜야 한다.

미국에서의 교육장의 자격 요건은 미국 내 각 주마다 다양한 기준을 가지고 있으나 대체적으로 다음과 같은 유사한 자격 기준을 가지고 있다. 미주리 주의 경우 교육장의 자격 요건(1986. 9. 1~현재)은 교육장의 최초 자격증은 발행일로부터 10년간 유효하되 다음과 같은 자격 요건을 가져야 한다(두상언, 2005 재인용).

i) 영구적이고 전문적인 미주리 주 교사 자격을 소지한 자, ii) 미주리 주 교육구에서 승인된 초 · 중 · 고에서 4년간 교수, 감독 또는 행정경험 소지자, iii) 학교구 단위의 행정평가 센터에서 성공적으로 수료한 자, iv) 재능아에 대한 심리 또는 교육학 과정을 이수한 자(1학기당 2시간), v) 교육장 임용을 위하여 미주리 주 교육국에서 인정된 2년의 대학과정을 수료하되, 동 과정에는 교육행정기초, 도시학교 행정, 학교감독, 교육과정 구성, 연구 및 평가, 학교재정, 학교법, 교직원 인사행정, 학교 및 지역사회관계, 학교시설관리 및 운영에 대한 과정이 포함되어야 한다.

단 10년 유효기간이 경과한 후에는 자격 재갱신 제도를 두어 교육장의 자격요건을 강화하고 있다.

2) 교육장의 전문적 자질

미래사회의 훌륭한 교육장은 철학만 가지고 있는 것으로는 충분할 수 없다. 교육행정가로서의 자질을 갖추어야 한다. 여기서 자질이라 함은 '직무수행에 요구되는 질(a desired quality of job performance)' (Groff & Street, 1956)을 말하며, 타고난 소질은 물론 후천적인 교육과 훈련에 의하여 습득되는 특성, 능력, 질을 총칭한다. 그렇다면 훌륭한 교육장이 되려면 일반적으로 어떠한 자질을 구비하여야 할 것인가? 이 자질을 나타내는데 어떤 특성을 항목으로 열거하여 나타내기도 하고 어떤 공식으로 나타내기도 하고 신념, 이해, 경험, 지식, 기술, 태도의 집단으로 나타내기도 한다(주삼환, 1992). 성공적인 교육장의 자질 문제를 고찰함에 있어서 두 가지의 대조되는 입장이 있다. 하나는 교육장의 개인적인 속성, 즉 인성의 특성을 분리 고찰하는 방법으로 특성분석 방법이라고 말할 수 있다(김종철, 1985). 이와 대조되는 방법은 종합관찰 방법이라고 부를 수 있는 것으로서 인간행동을 유기체의 환경에 대한 종합적인 반응이라고 보는 견지에서 종합적 관찰을 강조하는 입장이다.

특성분석방법에 의한 종래의 결과를 종합하면, 교육장의 자질에 영향을 미치는 개인적 특성은 지능과 지식, 신체적 특성 및 사회적 특성의 세 가지 범주로 나누어진다. 그리고 현행 교육행정이 점점 복잡해지고 기능이 분화되면서 교육장에 대하여 보다 높은 자질과 교양 및 훈련을 요구하게 된 것은 교육장의 직무가 점점 전문화되어가고 있다는 것을 의미한다. 전문화 또는 전문직화의 현상은 높은 기준의 자질과 교양을 요하는 직업에서 볼 수 있는 것으로서, 현대사회에 있어서는 의사, 변호사, 목사, 장학관(연구관) 등의 직업은 정도의 차이는 있겠으나 전문직으로 간주되고 있다. 지역교육청을 책임지고 있는 교육장을 교육전문직이라고 호칭하고 있다.

그러면 이와 같은 전문직의 특성은 무엇인가에 대하여 리버만(M. Lieberman, 1970)은 다음과 같이 말한다. ⅰ) 독특하고, 결정적이며, 본질적인 사회봉사, ⅱ) 봉사에 필요한 지성적 기술, ⅲ) 장기간의 특수훈련, ⅳ) 광범한 자율성, ⅴ) 전문적 자율성에 따른 책임, ⅵ) 실천가에 대한 강조, ⅶ) 자율적인 전문직 단체, ⅷ) 엄격한 윤리강령의 준수를 전문직의 특성으로 지적하고 있다.

현재의 지역교육청 조직에 따르면 교육장제도는 '지방교육자치제에 관한 법률' 제43조 ①항, ②항, ③항, ④항에 의하여 시 · 도교육청의 하급 교육행정기관(지역교육청)을 두고 있다. 즉 ①항의 시 · 도의 교육 · 학예에 관한 사무를 분장하기 위하여

1개 또는 2개 이상의 시 · 군 및 자치구를 관할구역으로 하는 하급교육행정기관(이하 '교육청'이라 한다)을 둠, ②항의 교육청의 관할구역과 명칭은 대통령령으로 정함, ③항의 교육청에 교육장을 두되 장학관으로 보하고, 그 임용에 관하여 필요한 사항은 대통령령으로 정함, 그리고 ④항의 교육청 조직과 운영 등에 관하여 필요한 사항은 대통령령으로 정한다고 하여 2005년 6월 현재 우리나라 전체 183개 지역교육청에 교육장을 두고 있다.

3) 교육장의 역할 수행

교육장의 역할수행은 교육감으로부터 위임받은 내용에 대하여 권한을 수행할 수 있는데 이는 '지방교육자치에 관한 법률' 제44조 '지방교육자치에 관한 법률 시행령' 제22조, '학교시설산업 촉진법 시행령' 제21조 제2항, '학원의 설립 · 운영에 관한 법률 시행령' 제20조 제1항~3항, '학교보건법 시행령' 제14조 제1항, 제2항, '시 · 도교육감 행정권한의 위임에 관한 조례', '시 · 도교육감 행정권한의 위임에 관한 규칙' 등 일곱 개 법령으로 이루어져 있다. 일곱 개 법령 중 가장 많은 권한 위임 사항을 규정하고 있는 법령은 각 시 · 도의 교육감 행정권한의 위임에 관한 조례와 규칙이다.

따라서 여기에서는 교육장의 역할과 교양, 역할과 기능에 대해서 살펴보기로 한다.

(1) 교육장의 역할과 교양

교육장의 역할수행을 위한 교양을 조성일 외(2004)는 ⅰ) 국가사회의 지도층에 속하는 사람으로서의 일반적, 시민적 교양이라고 했다. 그것은 곧 개인의 행복과 사회의 복지를 증진시키는데 필요한 교양의 교육 측면을 말한다고 볼 수 있다. ⅱ) 교육이라는 하나의 전문직에 필요한 교양을 습득해야 한다고 했다. 이와 같이 교직 전문교육의 목표는, 교직에 대한 참다운 이해, 건전한 태도, 올바른 가치관을 얻게 하는데 있다고 할 것이다. ⅲ) 행정 또는 관리에 관한 전문적 교양이다. 인사, 재무, 시설 등의 관리와 지도, 감독에 관한 전문적인 지식과 기술을 습득하고, 지도자로서의 도리를 연마하여야 한다는 것을 강조하였다.

위에서 교육장의 자질에 대해서 언급하였지만, 교육장은 유 · 초 · 중학교교육과 지역사회 교육에 중요한 지도자적 역할을 수행하여야 한다. 역할수행에 앞서 다음과 같은 접근법의 지도성의 자질을 갖추어야 한다고 김종철(1986)은 주장했다. ⅰ) 자기

신조 · 가치관 · 인생관 등을 조합하여 자아에 대한 인식을 확고히 정립할 필요가 있다. ii) 타인에 대한 이해와 협동의 기술이 필요하다. iii) 행정업무의 수행상 조직구성원의 신체적 · 정신적 · 사회 심리적 · 성격적 제 특성을 활용할 수 있는 능력이 있어야 한다. iv) 변화하는 사회의 요구에 따라서 교육의 제도와 운영방식도 계속 변화하고 있으므로 이에 적응하여야 한다. v) 교육과 교육행정을 에워싸고 있는 사회환경 · 지역사회 · 국민공동사회 · 인류사회의 동태에 대하여 깊은 이해와 관심을 가질 필요가 있다. vi) 교육장은 자기민족의 타파와 부단한 향상의 의욕을 견지하고, 자기갱신 연한을 계속함으로써 평생교육을 몸소 실천하는 자세를 가져야 한다.

(2) 교육장의 역할과 기능

교육장의 역할을 시 · 도 조례에 의한 교육감의 위임사무와 지역교육청 교육장의 역할 실태를 좀더 일선 교육현장의 측면에서 역할수행을 강조한 교육정책 기능, 교육과정 운영기능, 인사관리 기능, 장학관리 기능, 관리 기능, 재정관리 기능, 조직관리 기능, 시설관리 기능, 대외활동 기능, 평가관리 기능 등으로 분류할 수 있다(두상언, 2005).

첫째, 교육정책기능이다. 정책이나 계획을 수립함에 있어 내용 및 과정의 양 측면에서 합리성 내지 민주성이 강조되고 있는 경향이다. 내용 측면에서는 자율과 복지 · 평등을 실현하기 위한 정책들이 중요시되고 있으며, 과정 측면에서는 수립절차의 공개 및 합리화, 광범한 참여 등이 제도화되고 있다. 행정절차의 제도와 각종 심의회 설치가 그 대표적인 예라 할 수 있다.

둘째, 교육과정운영 기능이다. 교육장의 역할 기능 중 다루어야 하는 과제들은 매우 다양하지만, 그 가운데 가장 중요한 과제는 교육의 질적 수준을 높일 수 있는 교육과정의 관리라 하겠다.

셋째, 인사관리기능이다. 교육청의 교육 인사행정은 우수한 능력을 가진 교직원을 확보하고 그들로 하여금 동기를 유발하고 사기를 드높일 수 있는 근무조건을 마련하여 그들의 능력을 발휘시키는 것을 주요 목표로 삼아야 할 것이다. 따라서 인사행정은 교직원의 수급, 자격, 임용, 승진, 복무, 보수, 인간관계, 사기, 신분보장, 연수, 징계, 퇴직 등의 영역을 포함하는 인사행정이어야 한다.

넷째, 장학관리기능이다. 장학의 제 기능이 시 · 도교육청이나 지역교육청의 틀 안에서 교육장의 지휘 감독에 의해서만 작용한다면 장학의 형태는 관료화되고 권위 중심의 장학문화가 조성될 것이다. 현대 학교교육에서의 장학기능을 외부로부터 강압에서가 아니라 자발적으로 참여하게 하는 자율적인 조직 풍토 속에서 장학활동이 전개되어야 한다. 다시 말하면, 교육청 중심의 종합장학이나 일반장학 중심에서 탈피하여 교원 스스로 전문성과 자율성, 창의를 바탕으로 하여 스스로 장학활동을 할 수 있는 교내자율장학 풍토를 조성케 하여야 한다.

다섯째, 사업관리기능이다. 지역교육장은 교육·학예에 관한 사항, 학교경영에 관한 사항, 학교시설, 교육재정, 사회체육에 관한 사항 등을 관장하도록 되어 있다. 이와 같이 부여된 사업을 효율적으로 추진하기 위해서는 교육장 자신의 역할이 무엇인지를 이해할 필요가 있다.

여섯째, 재정관리기능이다. 교육장이 담당하는 교육재정관리 기능은 예산, 결산, 예산의 집행 및 회계감사 등의 영역은 물론 비품과 소모품의 구매와 관리업무도 포함한다. 교육장은 초등학교(유치원 포함)와 중학교 예산 편성과 배정에 관한 권한을 가지고 있다.

일곱째, 조직관리기능이다. 교육장의 조직 및 정원에 관한 조직관리는 다른 사무에 비해 권한이 적고 비탄력적이라 할 수 있다. 조직을 새로 만들고 변경하여 조정하는 일은 엄격한 법적 절차와 통제를 받는다. 규칙 제14조 제3항에는 교육인적자원부장관은 시·도교육청별 총 정원을 조정할 필요가 있다고 판단되는 경우에는 당해 교육감의 협의를 거쳐 시·도교육청 간의 정원을 조정할 수 있다고 하였다.

여덟째, 교육시설관리기능이다. 교육장이 관리하고 있는 유치원과 초·중학교의 교육시설 사업을 시설계획에서부터 준공 후 시설물 인계에 이르기까지 효율적으로 활용할 수 있도록 하는 데 관리의 기능이 있다고 했다. 집행계획은 중·장기 종합건설 계획에 의거 학교별 시설사업 집행계획을 수립하고, 시설공사의 설계도를 작성하여, 시설사업을 집행한 후 공사의 시행 및 현장감독을 실시한다. 현장감독관은 설계도, 시방서에 의해 업무를 수행하도록 하며, 정부의 재정, 건축, 토목, 전기, 기계공사, 표준시방서에 의해 공사를 추진하도록 한다.

아홉째, 대외활동기능이다. 오늘날 교육행정이 직면하고 있는 주요 문제들은 그 원인이 교육 내부에 있는 것도 많지만 오히려 더 큰 문제가 교육 외부에 있는 경우가 허다하다. 따라서 외부 환경요인에 의하여 작용하지 않고서는 그 해결이 어려운 경우가 많다. 지역교육청 교육활동을 지역 사회에 좀 더 이해시키고 사회의 요구를 교육에 반영시키며 교육과 사회 사이에 유대를 강화하고 교육에 대한 사회의 이해와 지원을 증진시키는 것은 지역교육청을 추진함에 있어서 개선해야 할 새로운 문제라고 생각한다.

마지막으로 평가관리기능이다. 평가관리란 효과적인 학교 교육활동을 수행하기 위해서 제반 여건을 조성하고 그 과정과 교육의 성과를 점검하는 기능이다. 이러한 평가관리는 학교 교육의 문제점을 확인하고 이를 개선하는데 필요한 자료 및 정보를 확보하여 의사결정에 도움이 되는 자료를 제공하는 데 있다고 하겠다.

위에서 교육장의 역할 수행 기능에 대해서 언급한 바와 같이, 지역교육장은 교육의 기회를 확대하도록 노력하고, 교육의 질을 높이도록 힘쓰며 교원을 확보하고 발전시키는 일, 그리고 제반 자료와 시설을 공급하고 유지하는 일과 지역사회와 효과적인 유대관계를 유지하여 지역사회 특성에 맞는 교육행정을 선도하는 일이 교육장의 역할 수행상 주요한 기능으로 볼 수 있다.

4) 교육장의 통합적 지도성

학교 및 교육경영을 위한 조직 발전의 능률을 꾀하는 데는 교육장의 지도성이 거의 결정적임을 부인할 수 없는 사실이며, 발전과 개혁차원에서도 지도성은 절대 중요한 요인이 된다고 본다. 이러한 맥락에서 학교경영 측면에서도 새로운 지도성에 관한 연구가 활발히 이루어져 오고 있다.

따라서 교육지도자인 교육장은 조직에서 주어지는 직책과 사회체제에서 부딪히는 조직구성원 및 외부인사들에 의하여 역할이 형성된다. 교육장 자신이 가진 동기, 자질, 특기, 능력, 훈련 및 필요에 의하여 지도성 역할을 수행한다. 교육장의 지도성에 각 역할에 상호 관련시켜 업무를 설계하고 역할을 수행하는 데 필요한 지도성을 제시하면 다음과 같다(두상언, 2005).

첫째, 문제해결 및 지적 자극의 지도성이다. 모든 교직원들에게 자신의 교직생활을 반성하고 개선하는 측면에서 변화에 대한 새로운 아이디어를 얻는 데 노력의 계기를 만들어주는 지도성이다.

둘째, 자아욕구 및 인간존중이다. 대인관계에서 개인적 문제에 관심을 갖고 부하의 노고를 인정하고 부하들 문제에 관심을 갖고 해결해 주려는 노력의 계기를 만들어

주는 지도성이다.

셋째, 변화촉진 및 저항운동이다. 모든 업무에 자유재량권으로 자신이 책임지는 책무성과 각자 전문성을 최대한 발휘하여 매사를 변화시키려고 노력하며 비능력적인 측면에 저항정신이 강한 사람을 이끌어가는 지도성이다.

넷째, 미래비전 및 개발공유이다. 추구해야 할 21세기 발전 방향과 도달해야 할 목표를 설정하고 일선 학교에 실천하려는 계기를 부여할 때 주로 적용하는 지도성이다.

다섯째, 솔선수범 및 모범봉사이다. 세워진 목표와 가치는 말보다 행동으로 모범을 보이며 매사 헌신적이며, 먼저 일을 처리하면서 자신을 아끼지 않고 이웃과 남을 위해 일하는 계기를 부여할 때 주로 적용하는 지도성이다.

여섯째, 목표달성 및 수용이다. 매사에 높은 수준의 공동목표를 향하여 상호협력하며 협동으로 일하는 온갖 힘을 쏟게 할 때 부여되는 지도성이다.

일곱째, 자아지도 및 학교문화 실천이다. 자신의 일을 알아서 미리 처리하면서 교육청 및 학교의 규범에 대하여 신념의 가치 그리고 기본자세를 확립하여 행동이 먼저 앞서게 하려는 지도성의 동기가 필요할 때 부여되는 지도성이다.

이상에서 교육장의 지도성에 역할과 상호 관련시켜 업무를 설계하고 역할을 수행하는 데 필요한 지도성을 제시했다. 결국 교육장의 지도성은 각 단위학교의 문제를 해결하고, 하위자들에게 지적 자극을 하며, 그리고 자아욕구 및 인간존중, 교육적 환경을 변화 · 촉진하며, 미래비전을 제시하고, 몸소 솔선수범하며, 매사에 높은 수준의 공동목표를 향하여 상호협력해서 교육장의 역할을 수행하는 것을 의미한다.

3. 교장의 역할

학교장의 학교경영상 지위와 직능은 교육지도 측면에서 중핵적인 위치를 차지하고 있다. 이는 학교장이 학교교육의 중심이며 교육활동의 중심이며 기본이 되기 때문이다. 학교장은 학교교육의 중심이 되어 학교 내 · 외의 교육활동을 조직화하고 지도하며 조정 · 통제함으로써 교육의 효과를 최대한 발휘할 수 있도록 한다. 따라서 학교장은 안으로는 학교경영의 최고 책임자이며 총괄 주재자로서 전반적인 교육활동을 이끌어 가고, 외부로는 내부의 의지를 대표하고 교육적인 책임에 임하는 막중한 임무를 지니고 있다. 초 · 중등교육법 제20조 1항에 "교장은 교무를 통할하고, 소속 교직원을 지도 · 감독하며, 학생을 교육한다"라고 규정되어 있다. 이는 교장의 교무통할권과 교직원 감독권 및 학생 교육권을 규정하는 것이다. 따라서 교장은 학교의 인적 · 물적 조건을 적절히 정비 활용하고, 교원들이 학생교육에 최선을 다할 수 있도록 지도하고 관리하는 기능을 효과적으로 수행해야 한다. 특히 학생의 교육을 직접 담당하고 있는 교사들로 하여금 충실하게 교육활동에 임하도록 하여 학생들의 성장을 돕도록 지원해야 하는 책임을 갖고 있다.

조성일(2004)은 학교장의 역할에 대해서 다음과 같이 제시하고 있다. i) 학교경영 전문가로서의 역할, ii) 의사 결정자로서의 역할, iii) 인화조성자로서의 역할, iv) 관리 · 기획 · 평가자로서의 역할, v) 대외적 역할, vi) 교육개혁 선구자로서의 역할을 수행해야 한다고 제시했으며, 바람직한 학교장상에 대해서 다음과 같이 제시했다. i) 철저한 교육행정철학을 가져야 한다. ii) 건실하고 원만한 대인관을 가져야 한다. iii) 명석한 판단력과 과감한 결단력이 있어야 한다. iv) 지속적인 연구자세와 이론적 배경이 풍부해야 한다. v) 미래지향적이고 거시적 안목이 필요하다.

그리고 노종희(1992)는 학교장의 역할이란 i) 의사 결정자로서의 역할, ii) 교수지도자로서의 역할, iii) 학교관리자로서의 역할, iv) 인화조성자로서의 역할, v) 기획 · 평가로서의 역할, vi) 기관의 대표자로서의 역할, vii) 갈등해소 관리자로서의 역할, viii) 변화촉진자로서의 역할 등에 대해서 제시했다. 이러한 역할을 성공적으로 수행하는 학교장이 되기 위해서 다음과 같은 폭넓은 자질이 요구된다고 했다. i) 청렴결백, 공정성, 책임감, 협동성, 희생정신, 자신감, 판단력, 진취성, 통솔력, 사교성, 정서적 안정성, 언어 유창성 등 사회 심리적 특성이 요구된다. ii) 확고한 자기신념과 올바른 교육가치관을 소유해야 한다. iii) 조직구성원의 제 능력과 특성을 동원하고 활용할 수 있는 지도성이 필요하다. iv) 교육혁신을 주도하고 새로운 변화를 수용할 수 있어야 한다. v) 아동들에 대한 사랑과 교육애를 가지고 있어야 한다. vi) 교육과 교육행정의 본질 그리고 학교, 학생, 교사의 제 특성에 대한 깊은 이해가 있어야 한다. vii) 평생학습자로서 자기개발과 자아혁신에 진력해야 한다.

김종철(1987)은 2000년대의 학교장은 다음과 같은 역할이 증대될 것으로 보았다. i) 자율화 시대의 결정자로서의 역할이다. 자율화 시대에 학교가 보다 폭넓은 결정권을 행사함에 따라 교장은 결정자로서의 역할이 증대된다. ii) 다원화 사회의 대표 · 통합자로서의 역할이다. 이는 다원화된 가치를 존중하는 사회 속에서 교장은 학교를 대표하고 통합하며 나아가 지역사회의 통합에도 기여하는 역할이 증대된다. iii) 전문화 조직의 관리자로서의 역할이다. 학교가 교원들의 전문화 조직으로서 성격이 커지면서 교장은 전문화 조직의 본질을 이해하고 그 효율적인 관리 · 운영을 위해서 전문적 지도성을 발휘해야 한다. iv) 화합을 지향하는 갈등의 조정자로서의 역할이다. 학교장은 조직구성원들 사이에 갈등을 극소화하고 그들이 화합과 안정의 기반 위에 공동의 목표를 추구하도록 조정해 주는 역할을 해야 한다. v) 국제화 시대의 선도자로서의 역할이다. 국제화의 추세에 적절히 부응하고 능동적으로 대응할 수 있도록 새로운 한국인상을 정립하고 교육해 나가는데 선도자의 역할을 담당해야 한다. vi) 창의적 학교조직 발전의 촉진자로서의 역할이다. 창의를 앞세우는 학교경영, 학교수준에서의 조직발전, 학교경영에 있어서 기획 및 평가활동 등을 강조하고 촉진해 나가는 교장의 역할이 증대된다.

그리고 주삼환(1999)은 "효과적인 학교는 효과적인 교장의 활동 결과라고 할 만큼 교장은 학교조직의 중심적 인물(key person)이다"라고 표현하고 있다. 효과적인 교장의 행동특성을 다음과 같이 제시하고 있다. i) 올바른 철학에 바탕을 둔 비전(vision)을 제시해야 한다. 이는 목적의식, 방향감, 미래에 대한 청사진이라고 할 수 있다. ii) 교직원의 참여를 끌어내야 한다. 참여는 민주주의의 요체이다. 혹자는 교사와 학생을 위해서, 이들의 욕구를 충족시키기 위해서 참여시키는 것을 착각하고 있으나 지도자 자신을 위해서, 지도자의 결정에 도움을 받기 위해서 조직구성원의 참여를 유도 및 요청하는 것이다. 여러 사람이 참여하여 결정하면 의사결정의 질이 높아져서 좋은 결정을 할 수 있고, 구성원의 참여 욕구도 채워 주고, 또 참여에 의해 결정한 일에 대하여는 협조를 받을 수 있어 목적달성이 용이하다. iii) 효과적인 교장은 지원적(supportive) 행동 양식을 취한다. 교직원들이 하는 일을 지원해 주고 격려해 주며, 금지보다는 시도를, 끌고 가기보다는 밀어 주기 행동을 취한다. 교사들로 하여금 신바람나서 일하게 하는 방안을 생각한다. iv) 성취에 대한 애착과 관심을 갖는다. 비전을 제시했으면 이에 애착을 갖고 이를 계획적으로 확인하고 평가하는 노력이 필요하다. v) 교장은 스스로 교사에게 유용한 자원(resourceful)이 되어야 한다. 교사들이 필요하거나 도움을 요청할 때뿐만 아니라 스스로 교사들에게 교장을 이용할 수 있도록 교장 스스로의 전문성을 갖추는 노력이 필요하다. 나이나 경력만 채운다고 저절로 전문성을 겸비한 지도자가 되는 것은 아니다.

이상 조성일(2004), 노종희(1992), 김종철(1992), 주삼환(1999) 등이 학교장의 역할에 대한 견해를 종합하면, 학교장의 역할이란 i) 의사결정자로서의 역할, ii) 인화조성자로서의 역할, iii) 변화촉진자로서의 역할, iv) 대외적 역할자로서의 역할, v) 교육개혁 선구자로서의 역할 등으로 귀결되고 있다. 학교장의 자질은 i) 도덕적 품성과 건전한 교육관을 가지고 사리를 정확하게 판단할 줄 알아야 한다. ii) 심신이 건강하고 폭 넓은 교양과 올바른 예절로 우수한 지적 능력과 고도의 창조성을 지녀야 한다. iii) 공정 무사하게 모든 일을 처리하는 능력을 지녀야 한다. iv) 교직원과 인간

〈표 7-2〉 교장의 법적 자격기준(초 · 중등교육법[별표 1])

자격 학교별	교 장
중등학교	1. 중등학교의 교감자격증을 가지고 3년 이상의 교육경력과 소정의 재교육을 받은 자. 2. 학식 · 덕망이 높은 자로서 교원자격검정위원회의 추천에 의하여 교육인적자원부장관의 인가를 받은 자. 3. 교육대학학교별전문대학의 학장으로 근무한 경력이 있는 자. 4. 특수학교의 교장자격증을 가진 자.
초등학교	1. 초등학교의 교감자격증을 가지고 3년 이상의 교육경력과 소정의 재교육을 받은 자. 2. 학식 · 덕망이 높은 자로서 교원자격검정위원회의 추천에 의하여 교육인적자원부 장관의 인가를 받은 자. 3. 특수학교의 교장자격증을 가진 자.
고등기술 학 교	1. 중등학교의 교장자격증을 가진 자. 2. 실기교사 자격증을 가지고 9년 이상의 교육경력과 소정의 재교육을 받은 자.
특수학교	1. 특수학교의 교감자격증을 가지고 3년 이상의 교육경력이 있는 자로서 소정의 재교육을 받은 자. 2. 초등학교 또는 중등학교의 교장자격증을 가지고 필요한 보수교육을 받은 자. 이 경우 특수학교 교원자격증을 가졌거나 특수학교(특수학급을 포함한다)에서 교원으로 근무한 경력이 있는 때에는 보수교육을 면제한다. 3. 학식 및 덕망이 높은 자로서 교원자격검정위원회의 추천에 의하여 교육인적자원부장관의 인가를 받은 자.
유 치 원	1. 유치원의 원감자격증을 가지고 3년 이상의 교육경력과 소정의 재교육을 받은 자. 2. 학식 및 덕망이 높은 자로서 교원자격검정위원회의 추천에 의하여 교육인적자원부장관의 인가를 받은 자.

관계가 밀접하게 지내며 사적 생활까지도 관심을 가져야 한다. v) 학교 경영계획을 입안할 때 일부 부장교사에게만 맡기지 말고 전교직원이 참여한 가운데 집단적 사고에 의하여 처리하도록 해야 한다. vi) 하달하는 모든 사항은 일관성을 유지해야 한다. vii) 교직원의 복지를 위해서 노력하고 인사업무를 공정하게 처리해야 한다. viii) 교직원들의 인격을 존중하고 공식석상에서 특정교사를 지나치게 칭찬하거나 질책 또는 약점을 지적하지 않으며, 교직원들의 노력과 업적에 대하여 깊은 통찰력으로 높은 평가를 해 주어야 한다. ix) 교직원들의 건의사항이 교육적으로 부당하다고 생각되는 경우에는 그들이 이해할 수 있는 처리방안을 강구하여야 한다. 결국 학교장은 전문적인 면에서의 지식과 능력에 있어서나 인간적 면에서의 인격과 품위에 있어 존경받을 수 있는 지도자가 되도록 배전의 노력을 기울여야 될 것이다.

그리고 학교장은 법적 자격기준에 해당하는 자로서 대통령이 정하는 바에 의하여 교육인적자원부 장관이 검정 · 수여하는 자격증을 받은 자이어야 한다(초 · 중등교육법 제21조). 교장의 법적 자격기준은 초 · 중등교육법 [별표 1]에 명시되어 있다.

4. 교감의 역할

우리나라 교감제도는 학교경영관리의 합리화를 기하기 위하여 1949년 12월 31일 교육법 제정 당시부터 행정관리체계의 일종으로 "교감은 교장의 명을 받아 교무를 장리하며 학생을 교육하고 교장 유고 시에는 교장을 대리한다"(교육법 제75조)라고 규정하고 있을 뿐 그밖에 법령상 교감의 지위나 직무에 관하여 특별한 규정이 없다. 그러나 여기에서 '교장의 명을 받아'라는 말은 교감이 교장의 보조 기관이라는 뜻으로 해석할 수 있다.

따라서 교감은 학교교육의 책임을 맡은 교장의 차위의 행정가로서 권한을 가지나, 그 지위는 법 제도상 모호하기 때문에 안정성이 없을 뿐만 아니라 학교장의 명에 따라 교무를 장리해야 함으로 단위 학교장의 아량이나 재량과 함수관계에 있게 된다고 할 수 있다. 즉 교감으로서 담당할 직무의 한계가 불분명하여 교감의 직무 수행실태가 단위학교장에 따라 많은 차이를 나타내고 있기 때문에, 교감직 자체로서 고유한 업무를 수행하기 보다는 교장이 교감에게 무슨 업무를 어떻게 부여하고 있느냐에 따라서 교감의 역할과 활동 양상 및 존재 가치가 달라져 교육목표달성을 위한 창의적이고 독립적 전문직으로서 교감직무의 표준성이 확립되지 못한 상태이다.

하지만 교감은 단위학교에서 교장을 보좌하며, 유사시에는 교장을 대리하는 중요한 위치에서 교무를 처리한다. 교감은 교장과 교사들 간에 교량적 역할을 하며, 교사들과 교사들 간에, 교사들과 행정직원들 간에서도 교량적 역할을 담당하게 된다. 실질적으로 학교계획 실행 측면에서 실무운영자의 입장에 있는 교감의 역할은 대단히 중요하다. 교장을 보좌하는 교감이 교육활동, 학교경영, 장학활동에 관련하여 자신의 직무와 역할을 어떻게 인식하고 수행하느냐 하는 것은 학교 경영과 학교 조직효과성에 큰 영향을 미친다.

초 · 중등교육법 제20조 2항에 "교감은 교장을 보좌하고 교무를 관리하고, 학생을 교육하며, 교장이 부득이한 사유로 직무를 수행할 수 없을 때에는 그 직무를 대행한다"라고 규정되어 있다. 이 규정에 의하면, 교감은 교장의 보조기관으로 제2인자의 위치에 있으면서 교무 · 학생교육 · 교장 직무대리 등 3가지 영역의 직무를 수행하는 것이다(이윤식, 1999).

첫째, 교감은 교장의 지시와 정해진 규정 또는 관례에 따라서 교무를 관리해 나가야 한다. 교무란 학교사무 전반을 의미하는 것으로 학교의 존립 목적인 교육에 관계되는 모든 업무와 일반사무를 포함한다.

둘째, 교감은 교원의 일원으로서 필요 시 학생교육을 위해 교육과정 운영을 관장하고 교사를 지도 및 조언하며, 교사들의 업무수행을 위한 지원을 제공해야 한다.

셋째, 교감은 교장 유고 시 학교의 모든 교육활동 및 교직원에 대한 감독권을 행사해야 된다. 여기에는 두 가지 경우가 있는데, 하나는 교장이 일시적으로 출장, 여행, 병가 등으로 출근할 수 없는 경우이며, 다른 하나는 교장이 사망, 퇴직 등으로 후임자 보충 전까지 결원이 되는 경우이다. 이러한 때에는 교감이 직무를 대행하게 되는데, 전자의 경우는 전결규정의 원칙에 따라 대행하고, 후자의 경우는 후임자 보충 시까지 자신의 명의로 권한행사를 하게 된다.

조병효(1981)는 교감의 역할을 다음과 같이 제시하고 있다.

첫째, 교장을 보좌하는 일이다. 즉, 교직원 지도, 기획관리, 교장보좌, 사무관리, 교무의 조정 및 관리, 교육과정 관리, 인사관리, 연수지도, 시설관리, 교장, 교직원 간 조정 등이다.

둘째, 조정하는 일이다. 학교조직에 있어 분업화 및 전문화된 각 구성원의 개별적 노력을 조직의 공동목적을 달성하는데 공헌하도록 행동의 통일과 질서를 확보하는 일이 조정이다. 교감이 조정해야 할 영역은 ⅰ) 기획 · 예산단계에서의 조정, ⅱ) 조직 · 편성단계에서의 조정, ⅲ) 실천 · 평가단계에서의 조정, ⅳ) 교무분장 상의 조정, ⅴ) 사무관리 상의 조정 등이 있다.

셋째, 지도 및 조언하는 일이다. 교직원들이 학생에 대한 교육활동을 더욱 효과적으로 하도록 도와주기 위해서 교감은 부장교사들과 교사들에 대하여 지도 및 조언활동을 하여야 한다. 교감의 지도 및 조언활동은 학교교육 전 영역에 걸쳐서 이루어진다.

넷째, 교직원에 대한 자원인사가 되는 일이다. 교사들이 교과지도 · 생활지도 · 진로지도 · 사무관리 등의 여러 분야에서 문제점이나 의문에 부딪칠 때 교감은 손쉬운 상담자이며 문제 해결자가 되어야 한다. 특히 신임교사, 저 경력교사, 교육실습생에게는 좋은 자원인사가 되어야 한다.

그리고 정태범(2002 b)은 교감의 역할에 대하여 다음과 같이 제시하고 있다.

첫째, 조정자로서의 역할이다. 교감은 교장과 교사들의 의견을 적절히 조정하며, 교사 상호 간의 업무와 의견을 수렴하여 조정한다. 또한 일반직원과 교사 사이에서 각자 맡은 업무가 효율적으로 운용되도록 함으로써 원활한 학교경영이 가능하도록 해야 한다.

둘째, 학습지도자로서의 역할이다. 교육의 목적, 내용 및 방법에 대한 폭넓은 지식과 정보를 획득하여 교사들을 적극 지원하고 지도함으로써 교수-학습활동이 효과적으로 이루어지게 해야 한다.

셋째, 학생지도자로서의 역할이다. 교감은 학생에 대한 관심을 통해 학생들의 교육활동 상황을 파악하고, 학생 자치활동의 지원은 물론 학생생활지도에 적극 참여해야 한다. 또한 교사를 통해 간접적으로 학생지도를 함으로써 역할의 폭을 넓혀야 한다.

넷째, 관리자로서의 역할이다. 학교 내의 각종 교육조직이 효율적으로 운용되도록 교사와 협의하여 의견을 수렴하고, 교육활동의 핵심인 교육과정의 정상적인 운영이 가능하도록 수시로 평가 및 보완을 통해 학교교육관리자로서의 역할을 수행해야 한다.

다섯째, 경영자로서의 역할이다. 학교경영의 책임자인 교장과 더불어 교감은 학교의 전반적인 활동을 지원 및 조정함으로써 학교경영자로서의 역할을 수행해야 한다. 이러한 경영은 학교의 교육목표에 비추어 최선의 교육적 활동이 가능하도록 해야 하는데, 학교경영은 합목적성, 민주성, 전문성, 효율성 등을 고려해야 할 것이다.

여섯째, 대외관계자로서의 역할이다. 교감은 교장과 같은 위치에서 지역사회의 여론을 청취함으로써 학교의 교육활동에 반영해야 한다. 아울러 지역사회 유관단체의 활성화를 통해 학교와 사회를 긴밀하게 협력하게 함으로써 학교교육이 지역사회 활동에 기여하도록 하는데 힘써야 한다.

이상에서 교감의 역할에 대해서 고찰했다. 사실 교감이란 교장의 역할과 별 차이가 없다. 단지 학교경영에 대한 결정권이 없고 책임에 대한 최종적인 법적 근거가 주어지지 않으나 이차적 책임을 지니고 있다. 따라서 교감은 교직원들로부터 전문적인 측면에서의 지식과 능력에 있어서나 인간적인 측면에서의 인격이나 품위에 있어 존경받을 수 있는 지도자가 되도록 최선의 노력을 해야 할 것이다. 교감은 교내장학에 있어서 교장의 장학기능을 전문적으로 보좌하는 위치에 있다. 교내장학의 계획 · 시행 · 평가에 있어 교장의 장학기능을 보좌하고, 적절한 지도성을 발휘하기 위하여 장학담당자에게 요구되는 인화적 기술, 경영적 기술, 실무적 기술을 갖추도록 노력해야 할 것이다.

5. 부장교사의 역할

현재 부장교사 제도의 전신인 주임교사 제도가 법제화된 것은 교육경영의 효율화와 민주화를 기하고 교원의 사기를 앙양하기 위하여 1970년 2월에 교육법 시행령을 개정한 데서 출발되었다. 이어 같은 해 12월에 문교부 훈령으로 주임교사임용규정을 제정 · 공포하여, 1971년부터 주임교사제도가 전국적으로 실시되었다. 이후 주임교사임용규정은 수차례 개정되어 오다가, 1998년 3월부터 초 · 중등교육법시행령 시행되면서, 주임교사임용규정은 폐지되었다. 주임교사라는 명칭은 보직교사로 변경되었고, 보직교사의 명칭은 관할청이, 학교별 보직교사의 종류 및 그 업무분장은 학교의 장이 정하도록 하였다(초 · 중등교육법 시행령 제33조 제5항).

부장교사의 일반적 임무는 종전의 주임교사에 관한 문교부 지침(1971. 7)에 따르면 대체로 다음과 같다. 즉 i) 교장 · 교감을 보좌하여 업무를 수행하며 소속 직원과 협의 · 조언한다. ii) 소속 직무상의 문제점과 해결안을 교장 · 교감에게 건의하고 타 주임 또는 관계자와 연락 · 조정의 업무를 담당한다. iii) 교장 · 교감으로부터 위임받는 업무를 수행한다(이윤식, 1999: 573 재인용).

부장교사의 종류는 크게 계선조직 상에 있는 학년부장, 참모조직 상에 교과부장, 교무부장, 학생지도부장, 교육연구부장, 독서교육부장, 자연과학부장, 특별활동부장, 윤리사회부장, 교육정보부장, 예체능부장 등으로 구분된다. 학년부장은 계선조직(교장 → 교감 → 학년부장 → 교사) 상에 있으면서 학년경영을 위하여 장학기능을 발휘한다. 참모조직 상에 있는 교과부장들은 교과교육의 효율화를 위하여 교과교사들에 대한 지도 및 조언과 교육정보 제공 및 연락 · 조정 활동을 한다. 교무 · 학생 · 교육연구 · 독서교육 · 자연과학 · 특별활동 등 직능 조직에 해당하는 부장교사들은 관련 직무내용에 따라 교사들을 지도 및 조언하고 있다. 부장교사들이 발휘하는 장학은 명령 · 감독권이 지배하는 장학활동이 아니라 동료장학의 성격이 강하다.

부장교사의 역할에 대하여 경기도 교육연구원은 다음과 같이 제시하고 있다(1997).

첫째, 분야별 활동의 거점 역할이다. 학교에는 학교운영을 통할하는 교장 · 교감의 지도력 하에 각기 다른 기능을 수행하는 여러 하위 조직들이 있는데, 부장교사는 그러한 하위 조직들로 편제된 분야별 활동의 거점 역할을 수행해야 한다.

둘째, 전문 활동의 조력 및 주도 역할이다. 교과 조직별로 교사들의 좋은 수업을 위한 교재연구와 교수기술 개발과 교사연찬 등의 전문 활동을 조력하고 주도하는 역할을 수행해야 한다.

셋째, 조직 내 상하 연결 및 완충 역할이다. 부장교사는 학교 조직 내의 상층부와 하층부, 즉 교장 · 교감과 교사집단 사이의 연결고리 내지 연결 통로 역할을 하며, 양자 간의 역학적 완충역할을 해야 한다.

넷째, 일반교사의 대의 역할이다. 부장교사는 교사들의 의중과 요구를 정확히 파악하여 자신이 참여하는 각종 회의나 교장 · 교감에 대한 자문 활동에서 이를 적절히 반영하여야 한다.

다섯째, 인화조성의 역할이다. 부장교사는 교사들간의 인화조성에 필요한 태도를 모범으로 보이는 가운데 교사 상호 간의 닫혀진 마음을 열게 하고 상호 간에 우호적 이해와 인간관계가 형성되도록 조력하여야 한다.

여섯째, 학교현장 혁신 촉진자의 역할이다. 변화와 혁신의 시대를 맞아 부장교사는 스스로 발전적인 아이디어를 찾아보며, 교사들의 아이디어 개발을 적극 조장하고 그것들을 수집 · 분석 · 종합함으로써 학교현장을 실질적으로 변화시킬 수 있는 방안을 만들어 가야 한다.

일곱째, 학교 개혁과제 실무추진 주도자의 역할이다. 학교의 전문적 교육활동에서부터 학교 사무 혹은 관리 업무에 이르기까지 제반 사항에 관한 개혁과제 추진시 실무 주도자로서의 역할을 수행해야 한다.

여덟째, 교내 교사문화 쇄신자의 역할이다. 교육의 도덕성 추구, 연구와 연찬의 중시, 책임 있는 자율의식과 실천의지, 교직에 대한 헌신감, 상호 협동적 태도 등 바람직한 교사문화를 회복·쇄신하는데 능동적으로 기여해야 한다.

이윤식(1999)은 부장교사의 자질에 대하여 다음과 같이 제시하고 있다. i) 다른 교사들에 대하여 군림하기보다는 동료적인 위치에서 솔선수범하는 자세로 리더십을 발휘하도록 노력한다. ii) 다른 교사들에 비하여 담당하는 업무와 지도하는 교과에 대하여 높은 지식과 기술 및 능력과 자질을 구비하도록 노력한다. iii) 다른 교사들과 우호적인 인간관계를 맺도록 하며 교사들 간의 인화조성에 노력한다. iv) 다른 교사들에게 성실하며 긍정적이고 적극적인 자세를 보이도록 노력한다. v) 교장·교감, 타 부장교사 그리고 교사들과의 상하좌우 의사소통이 원활하게 이루어지도록 노력한다. vi) 다른 교사들의 능력을 발견하여 그것을 키워주고 활용하도록 노력한다. vii) 중간관리자의 역할을 한다는 측면에서 행정활동에 대해서도 적절한 소양을 쌓도록 노력한다.

따라서 부장교사들은 학교 조직체계상 교장을 보좌하는 중간 관리층으로서 행정상의 관리적 역할과 학교교육의 질적 향상을 위한 참모적 역할을 동시에 담당해야 하는 입장에 있다. 다시 말하면, 학교조직의 수직적 계열과 수평적 계열이 교차하는 위치에서 두 가지 측면의 조화와 통일을 기하면서 업무를 수행해 나가야 한다. 학교조직의 구조를 상부의 관리조직과 하부의 관리조직으로 나눈다면 부장교사들은 후자의 조직에 속한다고 볼 수 있다. 그러면서 부장교사는 실무조직의 역할을 학교 전체 조직 상의 중간에 위치하여 수행하게 된다. 즉, 부장교사의 위상은 실무적 중간 지도자라고 규정할 수 있다.

6. 교직원의 역할

학교의 어떠한 지위에 있어서도 그 역할에 대한 규정이나 역할기대는 그 학교의 형식적 규칙과 비형식적 집단의 규범 및 동료의 요구 등을 반영하기 마련이다. 따라서 그것은 개인의 행위에 근본적인 영향을 미치게 된다. 역할규정이나 역할기대는 학교에 따라 크게 차이가 있다.

교직원의 역할에 대해서는 교장, 교감, 부장교사 등에 대해 이미 살펴보았다. 여기에서는 평교사(학급담임교사), 상담교사, 행정실 직원 등에 대해서 고찰하기로 한다.

첫째, 담임교사의 학급경영 방침이 학급의 집단생활에 중요한 지침이 되며 학생들의 규칙 준수와 태도 형성에 결정적 역할을 한다. 이러한 학급에는 규칙의 준수와 아울러 협동 활동이 이루어진다. 따라서 담임교사는 학급경영에 대한 경영철학과 아울러 경영 마인드를 갖고 체계적으로 학급을 관리해야 한다. 그리고 교사의 학급운영에 대한 지도성 발휘가 학생들의 학급활동에 결정적인 역할을 한다. 여기서 또한 담임교사의 학생들에 대한 사랑과 신뢰 및 인내가 수반되어야 한다. 여기서 평교사(학급담임교사)의 역할을 살펴보면 다음과 같다(정태범, 2002a). i) 학급의 교육목표는 합리적으로 설정되어야 한다. 교사의 일반적인 결정이 아니라 학생들과 상호 협의하여 결정하는 것이 학급운영에 효율적이다. ii) 학급의 조직은 다양하게 만들어져야 한다. 학급 구성원의 요구와 실태를 파악하여 학급의 교육목표에 따른 다양한 활동을 할 수 있도록 조직해야 한다. 그리하여 학생들이 학급생활에 필요한 공간을 마련하고 그에 따라 인간관계가 원활히 이루어질 수 있도록 하고 학습에 도움이 되도록 조직이 되어야 한다. iii) 학급의 환경은 학습뿐만 아니라 학교생활에 유익하도록 구성되어야 한다. 학생들의 참여의욕을 자극하고 창의성을 발휘할 수 있는 기회를 제공하여 유익하고 정서적인 학급을 조성해야 할 것이다. iv) 학생들의 학급활동을 위하여 그들의 자율능력을 함양해야 한다. 학급에서 학생들의 자율능력을 기를 수 있는 프로그램을 체계적으로 제공해야 한다. v) 학급을 재미있고 유익한 장소로 만들어야 한다. 학급에서는 학생들의 지적 욕망을 자극할 수 있는 여러 기회를 마련해야 할 것이다.

둘째, 상담교사의 역할이다(J. E. Rosenbaum, 1980: 74-88). 상담교사는 흔히 학생들의 정서적 문제와 행동상의 문제를 해결하는 임무를 가진다. i) 상담교사는 모든 학생들을 위해서 학문적인 기회가 최대화되어야 한다는 점을 분명히 할 의무가 있다. 상담교사는 학생들을 학문적 · 직업적 집단으로 분류하고 선택하는 것이 아니라 사회에서 필요로 하는 자질을 지니는 학생들의 수를 최대화시키는 점에서 보상이 되어야 한다. ii) 학생과 학부모와의 대화, 학생과 학부모에게 대학이나 기타 직업 등에 관한 장래의 가능성에 대해서 충분한 정보를 제공하는 것이 중요하다.

셋째, 행정실 직원의 역할이다. 학교는 조직체로서의 기본적인 활동을 용이하게 하기 위한 몇 가지 지원 업무를 필요로 한다. 통학버스 운행, 급식, 시설, 보수 그리고 행정적인 업무 따위의 일과 작성은 소홀히 넘길 수 없는 것이다. 하지만 이러한 일과는 모든 학생들의 높은 학업성취도를 촉진시키도록 계획되고 작성되어야 할 것이다. 그리고 행정실 직원이 해야 할 일을 살펴보면 다음과 같다. i) 행정직원, 수위, 기타 교직원들은 대체로 예의바르며 효율적인 태도로 각자의 역할을 수행해야 한다. 만일 어떤 특별한 활동이 수업에 관계된 시간에서 할애될 때(예: 점심시간, 통학 중의 훈육문제) 교장이나 다른 교직원들은 다른 문제가 일어나지 않게 새로운 일과를 작성해야 한다. ii) 지원 담당교직원은 학교의 수업기능을 지원하는 것이 자기들의 역할임을 분명히 이해해야 할 것이다. 그러한 역할이 효율적으로 수행될 때 비로소 학교는 원활하게 운영될 수 있으며, 결국 행정실 직원들의 행동에 있어 핵심은 목표지향이라는 개념과 일치한다는 것이다. 다시 말하면, 행정실 직원들의 일상적인 과업이 그 자체로서 끝나는 것이 아니라 오히려 모든 학생들의 높은 학업성취를 위한 수단으로서 이루어져야 한다는 것이다.

제5절 학부모의 역할 · 지원 · 참여활동 및 참여의 유의점

전통적으로 학교에 학부모 참여는 주로 관리 혹은 조직의 관심사에 집중되어 왔다. 이러한 맥락에서 볼 때, 학부모는 학교의 운영인 장학, 유지, 조정, 봉사와 같은 활동 또는 문제를 다루는 조력자라고 볼 수 있다. 특히 우리나라에서는 교육자치제의 활성화와 열린 교육체제의 구현을 위한 교육개혁이라는 시대상황의 변화에 따라 교육정책이나 의사결정 및 학교경영에 주민이나 학부모의 참여가 점차 활발해지고 있다.

따라서 5절에서는 학부모의 역할 · 지원 · 참여활동 및 참여의 유의점 등에 대해서 살펴보기로 한다.

1. 학부모의 역할

학교에서 학부모의 참여는 지역사회학교에서 할 수 없는 '특수한' 봉사를 제공한다. 학부모는 다양하고 많은 일-학생 돕기, 간단한 음식 제공하기, 학급 파티 운영, 정규 교육과정 외의 활동의 관리 등-을 수행하기 위하여 학교에 초대된다. 또한 학교운영위원회, 부모-교사회의, 학교의 각종 행사에 참석하도록 요청받기도 한다. 부모들은 휴식시간 및 등하교 시간에 학생생활지도를 돕기 위하여 학교에서 봉사해 달라는 요청을 받기도 한다. 부모들은 도서관, 교수매체센터, 학생, 교사, 부모를 위한 그 외의 봉사업무에 요청되기도 한다.

그리고 교육인적자원부 및 교육청의 계획에 의하여 요구되는 것으로 자문위원회에서 봉사할 것을 요청받는다. 예를 들면, 전통적인 학부모의 참여는 학교-학업성취도의 주요한 업무와는 직접적으로 관계되지 않는 일을 도와주는 데 맞춰져 있다.

학부모의 참여 취지가 학교에서 이루어지고 있는 일을 알리고 도움을 보충하는 것임에도 불구하고 그 결과는 결국 부모들이 학교를 좋게 생각하고 학급지도를 잘 수행하는 조직이라는 이미지를 창출하는 것과 같은 학교에 대한 홍보적 역할이 중요하였다. 이러한 것들이 부적절한 목표라는 것은 제외하더라도, 부모의 참여활동을 촉진하는 데에 교사진이 들이는 시간과 노력은 미미하며 학생의 성취도 개선에 미친 영향력은 의심스럽다.

우리나라의 경우 학부모 참여가 활성화되지 못하고 있는 것은 여러 가지 이유가 있을 것이다. 구체적 실례를 들면, ⅰ) 학부모 참여의 제도적 장치가 희박하거나 있다고 하더라도 형식적인 것이 많고, ⅱ) 행정당국이나 관료들이 학부모 참여 자체를 소극적 · 부정적으로 보는 경향이 있고, ⅲ) 개인 참여의 경우는 반항자나 문제 인물시하는 경향이 있으며, ⅳ) 학부모의 참여에 대한 훈련 부족과 미숙 등이다.

2. 학부모의 지원

학업성취도를 높이는 데 있어서 부모가 가장 잘 도울 수 있는 방법은 교장과 교사들이 토론하여 부모의 도움을 위한 학교의 간결한 계획으로 귀결되어야 한다. 특히 부모의 참여와 도움과의 구별을 이해해야 한다.

여기에서 사용되는 '부모의 참여'라는 용어는 부모가 학교에 참여 혹은 후원 행동으로써 수업 중 혹은 학교 내에서 도움을 주는 방식을 가리킨다. 이런 의미에서 부모의 참여는 규칙적인 가족생활 또는 가정생활 이외에 학교에 와서 학교의 계획 또는 관심사를 돕는 것을 의미한다. 부모의 참여활동은 부모-교사회의 참석, 자발적인 개인지도자로서의 행위, 교실에서의 교사에 대한 도움 등과 같은 것을 포함한다. 일반적으로 참여는 부모와 학교 사이의 직접적인 접촉이다.

반면에 '부모의 도움'이라는 용어는 어떤 방식으로든지 학교의 학문적 프로그램을 집에서 북돋우는 부모의 행위 혹은 태도를 가리킨다. 예를 들면, 부모는 교사 혹은 교장의 요청 혹은 지시를 따라서 집에서 학교를 위하여 도울 수 있다. 또는 아동이 결석하였을 때 학교에 연락하거나 가치롭다고 인정된 학구적 행위(현명한 시간의 사용, 최선을 다하는 것, 책임감을 보이는 일)의 모범을 보이고 북돋움으로써 학교를 도울 수 있다. 부모의 도움은 모든 부모를 작업계획 또는 가족의 책임 때문에 학교를 방문하기 어려워하는 사람들끼리 포함하여 가능하다. 어떤 경우에는 부모의 도움이 현저한 것이 아니더라도 학교의 주요한 지주이며, 학교의 순조로운 운영 및 궁극적인 성공에 필수불가결한 것이다.

도움과 참여행동의 구별의 중요성은 그 활동이 어디서 이루어지느냐에 있다. 참여활동은 부모가 학교에 올 것을 필요로 한다. 도움은 가정에서도 행해질 수 있다. 우리의 목적은 부모의 참여활동이 도움보다 더 좋을 것인가 아닌가에 대한 가치판단을 하려는 것이 아니다. 그렇지만 학교에 올 수 있거나 오는 부모의 수는 직장이나 가족의 의무 때문에 제한적이다. 예를 들어, 많은 부모들은 학교에 아예 올 수 없거나 기껏해야 어쩌다 한번 올 수 있다. 학교가 "당신은 학교에 와야만 합니다"라고 부모에게 말한다고 해도 그것은 결국 제한적이고 좋지 못한 결과밖에 낳지 못할 것이다. 부모의 학교 참여가 육성되어야 한다고 해도 학생의 성취도 향상을 위한 힘의 원천은 가정에 있다. 부모는 교사 혹은 학교가 취할 수 없는 방식으로 자녀에게 영향을 줄 수 있다. 가족관계는 학생의 태도와 습관을 형성하는 데 있어서 독특하고도 가장 영향력 있는 힘이다. 학교가 해야 할 일은 학생의 성취를 돕기 위하여 가족관계를 활용할 중요한 방법을 결정하는 것이다.

이 점에 있어서 한 가지 명백히 해야 할 것이 있다. 다시 말하면, 부모의 도움을 학교가 강조한다고 해서 학생의 성취를 만들어내는 데 대한 학교의 책임이 없어지는 것은 아니다. 부모와 가정의 조건이 좋든 나쁘든 그것은 학생의 성취에 있어서 결정적인 요인이 아니다. 겉으로 드러나는 부모의 도움이 있든 없든 교장과 교사들은 여전히 성취도를 높이고 또 그렇게 해야 한다. 그렇지만, 만일 가정에서의 강력한 부모의 도움이 있다면 성취도의 고양은 더 빨리 그리고 보다 쉽게 이루어질 수 있을 것이다.

3. 학부모의 참여활동

학부모의 참여활동은 보통 학교에서 일어난다. 그러나 한정된 수의 부모들만 포함된다. 학교는 부모의 지원에 강조점을 두면서 부모의 지원과 참여의 조화에 관심을 기울여야 한다. 그렇지만 상당수의 부모들이 시간적 여유가 있으므로 학교에 참여하기를 바라고 있다. 부모들의 자발적인 봉사가 매우 도움이 되고, 그 구체적인 존재는 가정과 학교 사이의 명백하고도 직접적인 연결이기 때문에 이것은 중요한 집단이다. 또한 학부모들은 개인지도자, 후원자, 학교운영위원회와 같은 특별한 기능을 담당하는 가치 있는 자원이 될 수 있다.

학교에 대한 학부모 참여의 정도는 매우 다양하다. 현실적으로 학부모의 참여 정도를 조사해 보면, 학부모들은 학교가 반응하도록 요구하는 방식에 따라 반응한다. 만일 학부모들에게 학교가 요구하는 바가 명확하지 않고 부당하고 좋지 않다면, 학부모들은 요청을 무시할 수 있다. 아울러 학부모들이 일반적인 초대가 아니라 학교에 와서 어떤 일에 도와 달라는 상세한 요청을 받는다면 보다 더 자발적이 될 것이다. 구체적 예를 들면, "신 선생님의 학급에서 학생들에게 읽기를 개인지도 하는데, 하루에 두 시간씩 일주일에 세 번 두 학부모님이 필요합니다." 라는 말이 더 명백하고 구체적이다.

학부모들은 학교가 그들에게 무엇을 원하고 있으며 자기들의 봉사가 어떻게 잘 이용될 것인가를 알고 싶어 한다. 학부모들이 학교의 요청을 진지하고 중요하다고 인식하면 그것을 충족시켜 주려고 더 노력할 것이다. 그렇지 않으면 부모들은 요청을 무시하거나 기껏해야 짧은 기간 동안 참여하게 될 것이다. 간단히 말하면 학교교사, 행정가의 태도와 행동이 부모의 참여를 주장할 수도 있고 저지할 수도 있다. 학교 교사진의 부모참여에 대한 태도야말로 어떤 종류의 참여가 있을 수 있는가와 그것이 얼마나 중요하며 성공적일 수 있는가를 결정하는 요인이다.

그리고 수많은 학교에서 교사진이 학부모의 참여를 높이 평가하지 않기 때문에 참여 정도는 낮은 상태이다. 이러한 학교에서는 부모에 대한 신뢰가 부족하다. 교사는 부모의 반작용과 효율성을 종종 인식하지 못한다. 다른 경우에 있어서 교사와 교장은 부모의 개입을 지원하는 것처럼 말하지만 조건을 상세화하는데 실패하여 단지 편리하고 위협이 없는 참여를 받아들이기도 한다.

학부모들이 다양한 방면에서 학교에 적극적일 수 있다고 하더라도 교장과 교사들은 수업에 직접 관련된 영역에서의 참여를 북돋아야 한다. 학부모의 참여 노력은 무엇보다도 교수–학습 과정을 용이하게 해야 한다. 그렇지만 이런 식으로 참여하고 있는 부모가 성공적이기 위하여 교사의 계획과 방침이 필요하다. 부모가 교사이기를 기대해서는 안 된다. 학부모들은 교사로서 훈련을 받지 않았다. 따라서 교사는 그가 수업을 하는 데 도움을 주는 학부모들의 적절하고 현실적인 기능을 규정해야 한다. 대부분의 경우에 있어서 학교는 부모들에게 무엇을 해야 할 것인가를 세심하게 훈련시키고 그들의 노력을 수용해야 한다. 적절한 훈련이 없으면 부모는 교사에게 이익이라기보다는 부담이 될 수 있으며, 교육적 효과는 별로 없이 교사의 걱정과 책임만 더할 수도 있는 것이다. 구체적으로 부모가 수행하도록 요청해야 하는 중요한 일들은 다음과 같다.

첫째, 수업자료 조작의 보조(복사, 정리, 자료배치, 수선 등): 최신의 교수 자료철을 개발 및 보관하여 교사 혹은 학교를 돕는 일은 시간이 많이 드는 일이므로 그러한 도움을 얻을 수 있다면 무한한 가치가 있다.

둘째, 학생들이 스스로 학습할 수 있도록 지도하는 일: '학습에 투여된 시간'이라는 단원에서 지적한 바와 같이 어른의 지도가 없으면 학생의 학습에 투여되는 시간이 줄어들 수 있다.

셋째, 개인지도: 기능의 결손을 시정하도록 개인지도를 통하여 학생을 도와주는 것이 적절하게 행해지면 효과적일 수 있다. 특히 최근의 연구들은 잘 계획되고 구조화된 개인지도는 높은 효과가 있고, 비형식적인 개인지도는 반대의 효과가 있음을 보여준다.

필요한 훈련과 지도가 주어지면 이런 접근방법은 자발적인 부모들에 의해서 많은 부분이 수행될 수 있다. 부모 참여의 기회가 많고도 다양하다는 것은 명백하다. 학교의 교사진은 부모들이 해주기를 원하는 바를 결정해야 하며 부모의 반응을 위하여 몇 가지 선택권을 제공해야 한다(C. Barletta, R. Boger, L. Lezotte & B. Hull, 1978).

4. 학부모 참여의 유의점

학부모의 참여 형태도 공식적 · 조직적 · 집단적인 것과 비공식적 · 개인적인 것으로 분류할 수 있다. 학부모회나 학교운영위원회와 같은 공식조직을 통한 참여와 학교 도서관이나 급식, 특별활동이나 과외활동, 담임교사의 업무보조 등에 자원해서 개인적으로 참여하는 비공식적 참여가 다양하게 이루어지고 있다. 공식적 참여의 경우 학교운영위원회의 심의사항을 보면 알 수 있는 바와 같이 학교경영에 영향력을 행사하려는 의도와 목적이 있는 경우가 많다. 하지만 자원적 · 개인적 · 비공식적 참여는 학교에 대한 지원에 목적이 있고, 학교시책이나 교육과정 운영에 직접 영향력을 행사할 목적으로 참여하는 의도는 없다고 보인다.

그러나 학교경영자 입장에서 학부모 참여에 대한 유의점을 소개하면 다음과 같다(남정걸, 2004).

첫째, 학부모 참여는 문제를 해결하기보다는 참여 자체가 오히려 학교 교육과 경영에 문제가 되는 수가 있기 때문에 이들의 참여를 어느 정도 제한할 필요가 있다.

둘째, 많은 경우 학부모가 관심을 갖는 것은 자기 자녀에 대한 문제이지 학교의 입장이나 교사의 입장을 이해하는 것은 아니다. 이러한 학부모의 참여는 학교를 무시하거나 교사에 대한 적대감을 가질 수 있다.

셋째, 대부분의 학부모가 학교나 교사에 대해 알고 있는 것은 그들의 자녀를 통해서이다. 이러한 제한된 정보를 가지고 오직 자기 자녀의 문제만을 개선하려고 할 뿐, 학교의 경영과 전체 학생의 복지를 개선하는 데 기여하려고 하지는 않는다.

넷째, 학부모는 일반적으로 거론되는 교육적 문제가 그렇게 쉽게 단기적으로 해결될 수 있는 단순한 것이 아니라는 사실에 대해 전문적이고 다차원적으로 이해할 만한 식견이나 경륜을 가진 사람들이 아니다. 학교경영자나 교사와 대등한 인식을 바탕으로 참여할 입장이 아니다.

그러나 어떤 형태로나 학부모가 학교경영이나 교육문제에 참여함으로써 학교에 대한 이해와 전문성과 문제해결의 능력을 알게 되고, 그럼으로써 상호 이해의 폭을 점차 넓혀 가는 계기가 된다는 사실을 인식해야 한다. 여기에는 장기적이고도 참을성 있게, 이들의 참여 기회를 회피할 것이 아니라 교육에 지장이 없는 한 참여를 격려하는 관용이 필요하다. 평생교육 차원에서 그런 참여기회를 학부모나 성인교육의 기회로 생각해서 교육문제를 공동으로 대처할 수 있는 이해와 태도, 능력을 함양하는 데 기여해야 할 것이다. 학교경영자는 기관 내에서보다는 대외적인 주민과 학부모 및 지역사회 관계에서 지도력을 발휘할 수 있는 지도자가 되어야 할 것이다.

참고문헌

기순신(2002). **교사론**. 서울: 학지사.

김병성(1995). **효과적인 학교 학습풍토의 이론과 실제**. 서울: 학지사.

남정걸(2004). **교육행정 및 교육경영**. 서울: 교육과학사.

김종철(1985). 교육행정학의 학문적 성격. **교육행정의 연구와 과제**. 서울: 한국교육행정학회.

두상언(2005). 교육행정가들이 지각한 교육장의 지도성과 역할 수행상의 갈등연구. 건국대학교대학원 박사학위논문, 5-40.

서정화, 서성옥, 김동희, 이수임(2002). **교장학의 이론과 실제**. 서울: 교육과학사.

정범모, 이시형, 현동화, 이원영, 임승룡, 정영수 외(1999). **21세기를 향한 교육개혁**. 서울: 민음사.

정태범(2002a). **학교경영론**. 서울: 교육과학사.

정태범(2002b). **학교경영의 발전과 과제**. 서울: 양서원.

조성일, 신재흡(2004). **21C 지식 및 정보기반사회에서의 장학행정 이론과 실제**. 서울: 도서출판 학이당.

주삼환(1992). **새로운 세기의 교장과 장학**. 서울: 도서출판 성원사.

주삼환(2002). **한국교육의 위기**. 서울: 동문사.

Barletta, C., Boger, R., Lezotte L., & Hull, B.(1978). *Planning and Implementing Parent/Community Involement into the Instructional delivery System*. East Lansing, Mich.: Midwest Teacher Crops Network.

Bennis, W. G.(1984). The Four Competencies of Leadersship. *Training and Development Journal*, 38(8), 14-19.

Bidwell, C. E.(1974). "The School as a Formal Organization". in *Handbook of Organizations*. J. G. March(Ed), Chicago: McNally.

Brookover, W. B., & Gottlieb, D.(1964). *A Sociology of Education* 2nd ed. New York: Van Nostrand Reinhold.

Burns, J. M.(1978). *Leadership.* New York: Harper and Row.

Bush, T. et al.(1980). *Approaches to School Management.* Harper & Row Publishers, 15-16.

Callaham, R. E.(1966). *The Superintendent of School: A Historical Analysis*(ERIC Document Reproduction Service No. ED 0104 410).

Campbell, Ronald F., Corbally, John E., & Nystrand, Raphael O.(1983). *Introduction to Educational Administration.* Boston: Allyn and Bacon Inc.

Cuban, L.(1976). *Urban School Chiefs under Fire.* Chicago: Univ. of Chicago Press.

Griffith, Francis(1979). *Administrative theory in Education.* Midland, Mich.: Pendell Publishing Co.

Hoy, W. K., & Miskel, C. G.(1978). *Educational Administration.* New York: Random House.

Kowalski, T. J.(1999). *The School Superintendent: Theory, Practice, and Cases.* Columbus, Ohio: Prentice-Hall.

Lieberman, M.(1970). *Education as a Profession.* Englewood Cliffs. New Jersey: Prentice-Hall, Inc.

Rosenbaum, J. E.(1980). Track Misperceptions and Frustrated College Plans: An Analysis of the Effects of Tracks and Track Perceptions in the National Longitudinal Survey. *Sociology of Education*, 74-78.

Sergiovanni, T. J.(1992). *Moral Leadership: Getting to the Heart of School Improvement.* San Francisco: Jossey-Bass.

Yukl, G. A.(1989). *Leadership in Organization*(2nd ed.). Upper Saddle River, New Jersey: Prentice-Hall.

제2부

학교경영의 실제

제8장 교장직의 기능과 직무

이 장에서는 학교장의 경영영역에 대한 기능과 직무, 즉 교장직 기능(교육과정 운영, 교내자율장학, 인사관리, 학생관리, 시설관리, 재무관리, 지역사회관리) 및 교장직의 직무에 대해서 고찰하기로 한다.

제1절 교장직의 기능

교장직의 기능은 교육과정 운영, 교내자율장학, 인사관리, 학생관리, 시설관리, 재무관리, 지역사회관리 등에 대해서 살펴보기로 한다.

1. 교육과정 운영

학교경영의 주요영역은 학생관리, 교직원 관리, 교육시설 및 환경관리, 교육재정 관리, 교육과정 관리 등을 들 수 있다. 이 가운데 교육과정 관리는 가장 핵심적인 교육활동으로 볼 수 있다. 그리고 교육과정 이외의 활동은 지원 요소로 볼 수 있다.

따라서 본 절에서는 교육과정 운영의 중요성, 교육과정 편성과 운영의 기본설계 등에 대해서 알아보고자 한다.

1) 교육과정 운영의 중요성

학교장의 임무는 초·중등교육법 제20조 ①항에 「교장은 교무를 통할하고 소속 교직원을 지도·감독하며, 학생을 교육한다」라고 규정하고 있다. 교장의 임무 가운데 교무를 통할하는 것이나 소속 교직원 지도·감독하는 일이 관리적인 기능이라면, 학생을 교육하는 일은 교육적인 기능이며 이것이 학교의 주된 기능이며 본질적인 기능이라 할 수 있다. 따라서 학교장의 임무 가운데 교육과정관리는 매우 중요한 것임에 틀림없다.

교육과정 운영의 핵심은 학교에서 어떤 내용을 어떻게 교수할 것인가 또는 교육내용을 적절하게 선정해서 학생들에게 양질의 교육을 제공하는 데 있다. 아울러 학습하게 될 학생의 능력, 개성, 흥미, 경험, 적성, 개인간 차, 개인내 차 등을 고려하여 운영해야 될 것이다. 학교장은 이러한 교육과정 운영에 최우선 순위에 두어야 할 것이다.

교육과정은 학습자에게 학습경험을 선정하고 조직하여 교육경험의 질을 구체적으로 관리하는 기본 설계도이며, 또한 학교 교육과정은 학교 교육목표를 어떤 교육내용과 교수방법 및 공학적인 측면을 활용하여 학생들에게 학업성취도를 달성하는 데 있다. 다시 말하면 학교 교육과정은 학교 교육목표의 설정, 교육내용의 선정과 조직, 교수-학습활동, 교육평가의 순환적 관계로 이해할 수 있으며, 이러한 4대 요소가 상호작용하면서 타당성과 적합성을 지향하는 체제를 이루고 있다고 할 수 있다. 결국 학교장은 학교 교육과정 편성을 위하여 학교실정과 지역사회 여건에 알맞은 교육목표와 내용의 설정, 다양하고 역동적인 활동을 할 수 있는 교수-학습 방법의 선택 등에 유의해야 한다.

2) 교육과정 편성과 운영의 기본 설계

학교 교육과정을 편성하려면 국가 수준의 교육과정의 내용을 확인하고 시·도 교육과정 편성 운영지침을 분석하여 국가적 목표, 학교 및 지역사회의 특성, 전문성, 집단적 사고, 학교장의 교육적 신념과 철학이 반영될 수 있도록 편성 및 운영되어야 한다. 일반적으로 다음과 같은 절차가 필요하며, 학교장이 특별히 관리해야할 사항은 〈표 8-1〉과 같다.

〈표 8-1〉에서 학교 교육과정 편성절차 및 관리사항을 살펴본 바와 같이, 준비단계에서는 학교 교육과정 편성 및 운영위원회를 조직해서 국가수준 및 시·도 교육청

〈표 8-1〉 학교 교육과정 편성절차 및 관리사항

단 계	절 차	관리사항
1단계: 준비	* 학교 교육과정 편성 · 운영위원회 조직 * 국가수준의 교육과정 분석 * 시 · 도 교육과정 편성 · 운영 지침 분석 * 기초조사 실시-시사점 추출	* 전문성 고려 * 집단사고의 중시 * 학교장의 교육철학 반영
2단계: 편성	* 학교 교육과정 편성방향 및 편성기준 결정 * 학교 교육목표 및 구현방안 결정 * 학교 교육과정 시안 작성 * 학교 교육과정 시안 분석 · 검토 * 학교 교육과정 시안 확정	* 효율성, 경제성, 편의성, 미래지향성 고려 * 전문가의 조언
3단계: 운영	* 학교 교육과정 운영	* 자체 점검 평가 * 타 학교와의 분석 * 교육청과의 장학협의 * 협력 연구체제의 구축
4단계: 평가	* 학생의 교육목표 달성도 조사	* 환류할 사항 추출

* 자료: 서정화 외(2002). 교장학의 이론과 실제. 서울: 교육과학사, p. 131을 참조하여 수정 · 작성함.

교육과정을 분석해서 기초조사를 실시해서 시사점을 추출해야 하며, 1단계에서는 반드시 학교장의 교육철학이 반영되어야 한다. 편성단계는 학교 교육과정 편성방향 및 편성기준을 결정해서 학교 교육목표를 선정해서 학교 교육과정의 시안을 확정해야 된다. 이 단계에서는 반드시 전문가의 조언이 필요하다. 3단계에서는 자체 점검 평가를 실시함과 동시에 타 학교 및 교육청과의 협력 연구체제를 구축해야 된다. 4단계에서는 학습자들의 교육목표의 달성도를 조사해서 반드시 차기년도에 피드백이 되어야 할 것이다.

학교 교육과정 편성절차 및 관리사항에 대하여 구체적으로 설명하면 다음과 같다.

첫째, 학교 교육과정 편성 · 운영 위원회를 조직해야 한다. 이 위원회에서는 교육과정 편성의 기획 및 조정분과(편성 및 운영 업무 총괄, 기초조사, 문헌연구, 편성원칙 수립, 운영모형 구안, 연수계획 수립, 학교 교육과정 자문위원 섭외, 요구분석, 학교교육과정 시안작성), 교과분과(문헌연구 및 자료개발, 교과교육 중점 과제 추출, 교과별 교육수준별 교육, 수준별 교수-학습자료 개발), 재량활동분과(문헌연구 및 자료개발, 재량활동 중점과제 추출, 재량활동 교육과정 편성, 재량활동 영역별 운영계획 수립, 재량활동 평가계획, 영역별 교육과정안 작성), 특별활동분과(문헌연구 및 자료개발, 특별활동 중점과제 추출, 특별활동 교육과정 편성, 특별활동 영역별 운영계획 수립, 특별활동 평가계획, 영역별 교육과정안 작성), 평가분과(학교교육과정 투입, 과정, 산출 평가 척도 개발 및 적용, 학교교육과정 개선과제 및 대안제시, 질 관리 자료) 등의 역할을 단계적으로 수행할 수 있도록 인력을 조직하고 교사의 전문성 신장과 지역사회의 협력을 목표로 적극적인 참여를 유도하는 방안을 마련해야 한다.

둘째, 학교 교육목표의 설정이다. 이는 국가 사회적 요구, 교육철학, 지역사회의 모든 자원, 교육 수요자들의 요구 등을 분석하여 그 결과를 면밀히 검토하고 여기에서 추출된 시사점이 교육목표에 반영되도록 해야 한다. 즉 i) 국가수준의 교육과정과 시·도 편성 운영지침 분석과 시사점 추출, ii) 추출된 시사점의 학교 교육목표에 반영, iii) 교육목표와 내용을 구체적이고 명료한 행동적 용어로 진술, iv) 설정된 목표 사이의 철학적인 일관성, v) 학습자, 교사, 교육수요자들의 충분한 요구 수용 등을 검토해야 한다.

셋째, 각종 기초조사를 실시해야 한다. ① 지역의 특수성 조사는 면담이나 설문지, 문헌연구를 통하여 이루어지며, 자연환경(위치, 지형, 기후, 면적, 도시개발 계획), 사회환경(인구, 취락구조, 인구이동, 행정구역, 재정자립도, 산업), 인문 환경(교통, 통신, 보건환경, 생활모습, 역사, 풍습) 등에 대해서 이루어진다. ② 학생, 교원, 주민의 교육운영에 관한 요구 조사이다. 우선 조사할 내용으로는 교육목표 설정과 강조점, 교육적 요구와 교육과정 운영, 노력중점, 교과지도와 평가, 특별활동 운영, 학교재량시간, 지역 실정과 학교 특수성을 살릴 수 있는 교육 등이 있다. ③ 학교실태 분석이다. 교원실태 측면은 학력, 전공교과, 연령, 성별, 특기지도 영역, 각종 연구실적, 질병과 건강, 출산예정, 교과연구 써클 희망, 기타 사항 등이 있으며, 시설교구의 실태 측면은 시설설비 현황, 교구설비 현황 등이 있다. ④ 학생의 실태분석이다. 여기에는 학업성취도, 학습태도 상황, 흥미 관심의 경향, 학생 지능 및 성취도, 학생의 장래 희망, 기본생활 습관의 실태, 생활태도 상황, 신체적 발달 상황, 체력운동 기능의 정도, 학력실태 등이 있다. 학생실태분석의 참고자료는 학력검사 결과, 체력검사 결과, 신체검사 결과, 양호일지, 각종 표준화검사 결과, 관찰 면담자료 등이 포함된다. ⑤ 전년도 교육과정 운영평가 결과분석이다. 이것은 교과활동에 대한 성과분석, 학생 생활습관에 대한 성장도 분석, 학생체력 향상도 분석, 학생들의 학습능력 및 태도 변화 분석, 특별활동에 대한 참여도 및 향상도 분석, 예능 성장도 분석, 애교심·애향심·애국심 등의 성장도 분석, 학생들의 사회성과 협동성 성장분석 등이 있다. ⑥ 실태분석 및 평가 시 유의할 사항은 다음과 같다. i) 조사항목과 대상을 정선하여 분석한다. ii) 전체적인 경향과 개별적인 경향을 명확히 하도록 한다. iii) 객관적인 방법을 주로 하되 주관적인 해석을 적절히 활용 분석한다. iv) 실태 분석 이면에 숨은 원인을 면밀히 분석한다. v) 정적 실태만이 아닌 동적 실태를 고루 파악하도록 한다.

넷째, 학교 교육과정의 편성과 수업시간이다. ① 편성의 기본 원칙 설정이다. i) 이는 국가수준 교육과정, 시 · 도 교육청 교육과정 편성지침과 지역교육청 교육과정 편성 운영 지침에 근거하여 학교의 실정에 맞게 교육과정을 편성한다. ii) 교육내용의 양과 수준을 적정화하고, 심도 있는 학습이 이루어지도록 수준별 교육과정을 운영한다. iii) 교과와 재량활동 및 특별활동에 배정된 시간은 국민공통 기본 교육과정의 시간 배당기준에 준하여 운영한다. iv) 학생에 관한 각종 기초조사 결과를 활용하여 학생의 개성과 능력, 요구 등을 고려하여 수준별 교육과정을 다양하게 편성 및 운영한다. ② 수업일수 책정이다. 수업일수는 초 · 중등교육법 시행령 제45조 제2항의 규정에 따라 초 · 중 · 고교와 고등기술학교 및 특수학교는 매 학년 220일 이상의 수업일수를 채워야 하며, 천재지변, 연구학교의 운영 등으로 불가피할 때는 관할청의 승인을 얻어 1/10의 범위 내에서 수업일수를 감축할 수 있음을 알고 이를 기준으로 학교장은 수업일수를 책정하여야 한다. 특히 수업일수 책정은 다음과 같은 사항에 유의하여 정할 수 있다.

* 1년(365일) − 연간 수업일수(220일) = 145일(방학, 공휴일, 휴일 등)
* 연간 수업일수(220일) − 교육과정 시간 배당 주수(34주, 204일) = 16일
• 이 16일은 융통성 있는 운영: 특별활동 영역에 따라 학교에서 별도로 확보하는 시간

특히 중학교 수준에서 교과 및 재량활동, 특별활동에 배당된 시간은 연간 수업일수 216(1 · 2학년), 215일(3학년)과 교육과정 배당 기준 34주(204일)간에 생기는 10~11일을 확보하여 특별활동 시간으로 운영한다. 중학교 수업시수 확보계획에 대한 실례는 〈표 8-2〉와 같다.

이 수업일수의 책정은 월별 공휴일, 행사 및 기타 수업일수와 관계된 날짜를 하루하루 확인하여 수립한다. 그리고 월별로 일요일, 경축일, 기타 공휴일수를 계산하여

〈표 8-2〉 수업시수 확보계획

구분	1학년	2학년	3학년
연간 수업일수	216	216	215
실제 수업일수	192	192	193
학교행사 일수	8	8	6
고사실시 일수	16일	16일	16일
비 고	*학교행사-현장체험 수련회:1학년, 현장체험 수학여행: 2학년, 현장체험학습: 3학년, 신체검사: 1일, 교내체육대회: 1일, 체격 및 체질검사: 1일, 졸업식: 1일, 종업식: 1일, 정기고사: 16일.		

1년 간의 수업일수를 정확하게 산출하되, 여름방학과 겨울방학, 학년말 방학일수를 고려하여 220일 이상이 되도록 수업일수를 책정한다. 수업일수가 책정된 후에 학급별 시간표를 작성하고 이것을 기초로 하여 교육과정 연간 시간 운영계획을 수립한다. 중학교 수준의 교육과정 연간 시간 운영계획은 〈표 8-3〉과 같다.

〈표 8-3〉에서 중학교 수준의 교육과정 연간 시간 운영계획을 살펴본 바와 같이, 학교행사 계획을 수립하고 구체적인 날짜와 시간을 배당한다. 그리고 학교행사의 시간배당 때는 사전 사후 지도계획도 함께 세운다. 그리고 연간 수업시수 배당표의 작성을 해야 한다. ⅰ) 월별, 주별 수업일수를 확정하고 요일별 배당 기본시수를 결정한다. ⅱ) 요일별 수업 가능일수와 요일별 배당 기본시수를 곱하여 학년별, 교과 및 특별활동 학교 재량시간의 수업시수 배당표를 작성한다. ⅲ) 본 지침의 시간 배당기준에 따른 연간 배당 시간을 확보할 수 있도록 배당한다.

다섯째, 교과별 교육과정 운영이다. ① 교과별 교육활동 계획수립이다. 학교의 교육목표를 기초로 하여 교과별 지도목표 및 지도방침을 설정하며, 그리고 구체적이고 실천 가능한 학년별 및 교과별 지도중점을 설정한다. 아울러 교과별로 교육내용 및 시간배당을 증배하거나 감축하는 조정계획을 세운다. 교과별로 대단원별 목표와 소단원 제제별 학습목표를 상세화한다. 그리고 계절을 고려한 지도시기의 조정 등 각종 계획을 수립한다. ② 교과별 교육활동의 전개 및 평가이고, 모든 교원이 전문성을 발휘하여 활발한 교육활동을 전개하며, 동 학년 모임이나 교과별 모임을 통하여 교육활동을 협의하고 개선해 나간다. 그리고 범 교과 학습활동을 유의하여 인성교육을 통합적으로 이루게 하는 등 관련 교과활동을 전개(특히 초등 저학년)한다. 또한 학급 내 학

〈표 8-3〉 교육과정 연간 시간 운영계획

1학기					2학기				
월	주	기간	수업일수	행사	월	주	기간	수업일수	행사
3	1	1-5	4	*3.1절(1)	8	22	29-3	6	*2학기 개학식(29)
	2	7-12	6	*입학식(2)					
	3	14-19	6	*1학기 학급 정 · 부반장 선거(14)	9	23	5-10	6	
						24	12-18	5	*영어듣기평가(21-23)
	4	21-26	5	*학부모 총회(18)		25	19-24	4	*체력검사(16)
	5	28-2	6	*기초학습부진아평가(22) *1학기 환경미화심사(25) *주5일제 휴업일(26)		26	26-1	6	*추석 연휴(17-19) *주5일제 휴업일(24)
4	6	4-9	5	*식목일(5)	10	27	3-8	5	*개천절(3)
	7	11-16	6	*수학여행 및 수련회(4-6)		28	10-15	6	*중간고사(4-7)
	8	18-23	5	*현장체험학습(7)		29	17-22	5	*영어듣기평가(19-21)
	9	25-30	6	*영어듣기평가(13-15) *과학경진대회(16) *표준화 검사(19) *주5일제 휴업일(23)		30	25-29	6	*제2회 학업성취도 평가(14) *주5일제 휴업일(22) *현장체험학습(27) *교내 체육대회(28)
5	10	2-7	4	*중간고사(29-3)	11	31	31-5	6	
	11	9-14	6	*신체검사(4)		32	7-12	6	*봉사활동 시범학교 권역별 보고회(11)
	12	16-21	6	*어린이날(5)		33	14-19	6	
	13	23-28	5	*개교기념일(6) *스승 찾아뵙기(14) *주5일제 휴업일(28)		34	21-26	5	*주5일제 휴업일(26)
						35	28-3	6	*기말고사(2-6)
6	14	30-4	6	*호국보훈의 달 행사(3)	12	36	5-10	6	*고입선발고사(9)
	15	6-11	5	*현충일(6)		37	12-17	6	*주5일제 휴업일(24)
	16	13-18	6	*영어듣기평가(15-17)		38	19-24	5	*성탄절(25)
	17	20-25	5	*영어말하기 대회(13)		39	26-31	3	*학년말 종합 사정회(23) *방학식(28) *2005년도 교육활동실적 평가회(28-29)
	18	27-2	6	*학업성취도 평가(21) *학부모의 날(24) *주5일제 휴업일(25) *기말고사(28-1)					
7	19	4-9	6	*4대 학생회장 선거(7)	2	40	6-11	6(5)	*개학식(6) *졸업식(10) *종업식(11) *신입생 반 편성고사(21)
	20	11-16	6	*과학탐구축제(9)					
	21	18-23	2	*2학기 학급 정 · 부반장 선거(11) *1학기 성적 사정회(13) *방학식(19)					
소 계			112		소 계			104(103)	
수업일수 총계					216(215)				

*자료: 와부중학교(2005). 2005학년도 교육과정 운영계획서. 남양주, 경기도: 와부중학교, p. 25.

습 집단 편성을 다양성 있게 조절하여 운영한다. 그리고 다양한 교수-학습방법을 활용하여 생동감 있는 교육운영을 기하며, 각 교과의 기초와 기본요소가 체계적으로 학습될 수 있도록 유의해야 하며, 아울러 공동 문제해결 경험을 확대하고 축적하며 탐구적인 활동을 권장한다. 또한 교과별 적절하고 능률적인 학습 자료를 투입 활용해야 하며, 교과별 평가계획을 수립하여 학습과정, 문제해결 태도, 학습 성과 등을 평가하며 평가결과에 따라 보완 및 지도해야 한다.

여섯째, 특별활동 운영에 대해서 알아보기로 한다. ① 특별활동의 조직편성은 다음과 같다. 7차교육과정에서는 특별활동이 자치활동, 적응활동, 계발활동, 봉사활동, 행사활동 등 다섯 가지 영역으로 구성되어 있으며, 학생의 요구와 지역 및 학교의 특성을 고려하여 융통성 있게 시간을 배정 및 운영할 수 있다. 특별활동의 편성 및 운영의 기본 방향은 〈표 8-4〉와 같다.

② 특별활동의 운영에 대해서 살펴보면 다음과 같다. i) 특별활동의 제반 활동은 교육적인 면을 고려하여 구체적이고 상세한 계획을 세워 학교장의 결재를 얻은 후에 실천한다. ii) 학교시설과 자원을 총 동원하여 특별활동 운영에 활용하며 지역사회의 시설과 자원까지 활용하도록 확대한다. iii) 학생의 요구와 흥미, 능력에 따라 활동을

〈표 8-4〉 특별활동의 편성 및 운영의 기본 방향

편성의 기본 방향	운영의 기본 방향
*특별활동은 5대 영역(자치, 적응, 계발, 봉사, 행사)으로 나누어 편성한다.	*특별활동의 연간 계획에 의거 각 영역별로 연간 지도 계획을 수립하여 운영한다.
*구체적인 활동과 내용은 지역 및 학교의 특색과 학생, 학부모, 교사의 요구를 수렴하고, 학생의 발달 단계를 고려하여 목표달성에 적합한 활동을 선정한다.	*활동 내용이 학생중심으로 계획, 운영, 평가될 수 있도록 하여 교사 위주의 고정적, 획일적 활동이 되지 않게 한다.
*교과와 상호 보완을 위하여 교육 과정과 교과서를 분석한 후 관련된 내용은 교과와 연계하여 지도한다.	*특별활동 교육과정 시간은 다양한 시간 운영으로 융통성 있게 운영한다.
*특별활동은 연간 68시간을 확보하여 운영한다.	*특별활동의 조직 단위는 학습의 내용, 양, 장소를 고려하여 소집단, 학급, 학년, 학교, 지역사회 등 다양한 형태의 단위로 조직한다.
*학교의 노력중점 영역을 설정하여 육성함으로써 학교의 전통과 특색을 가꾸도록 한다.	*지역사회의 인적, 물적 자원을 최대한 확보하여 학습 활동에 활용한다.

〈표 8-5〉 특별활동 연간 운영계획

월	주	활동 시간	영역별 배당 시간					활동주제	주관 부서
			자치 활동	적응 활동	계발 활동	봉사 활동	행사 활동		
3	1						1	입학식	
	2		1	2				계발활동부서 조직, 수업분위기 조성	특별활동부, 학생지도부
	3		1		4			각 부서별 활동,1학기 학급회조직	특별활동부, 학생지도부
	4					1		봉사교육	특별활동부
4	1					1		봉사교육 특별활동부	
	2				4	1		환경정화활동	특별활동부
	3						1(3)	학생조회, 과학의 날 행사	학생지도부, 자연과학부
	4		1				(20)	수련회, 수학여행, 범죄예방교육	학년부, 학생지도부
	5			1				학교폭력에 관한 설문조사	학생지도부
5	1						(6)	신체검사	예체능부
	2			1				안전교육	학생지도부
	3				4		1	학생조회	학생지도부, 특별활동부
	4					1		교내 일손 돕기	특별활동부
6	1			1				약물오·남용교육	학생지도부
	2								
	3				4		1	학생조회	학생지도부, 특별활동부
	4					1		교통안전캠페인	특별활동부
	5	1						문화재보호	특별활동부
7	1		1				(8)	학생회장 선거, 과학탐구축제	학생지도부, 자연과학부
	2		1						학생지도부
	3			1			1	용의 검사 및 지도, 방학식	학생지도부, 교무기획부
8	4						1	개학식	
9	1			1	4			교통안전 홍보 교육	특별활동부, 학생지도부
	2		1					준법정신함양	학생지도부
	3						(4)	체력검사	예체능부
	4					1		불우이웃돕기	특별활동부
10	1								
	2		1		4			학교폭력 설문조사	특별활동부, 학생지도부
	3	1						학생조회	학생지도부
	4		1				(8)	체육대회, 학급부서활동	예체능부, 학생지도부
11	1					1		불우이웃돕기	특별활동부
	2			1				민주시민교육	학생지도부
	3				4		1	학생조회	학생지도부
	4					1		자연보호	특별활동부
12	1			1				진로탐색활동	학생지도부
	2				1			계발활동평가	특별활동부
	3			1				소방교육	학생지도부
	4		1					동계방학세우기	학생지도부
	5					1	1	방학식, 교내 일손 돕기	특별활동부
2	3						1	개학식	
누 계		68(51)	8	9	31	10	10(51)		

*자료: 와부중학교(2005). 2005학년도 교육과정 운영계획서. 남양주, 경기도: 와부중학교, p. 298.

더 활발히 하며 창의적이고 융통성 있게 운영한다. iv) 학생 스스로 활동계획을 수립하고 역할을 분담하여 자율적으로 실천하며 학생 자신의 활동성과를 스스로 평가할 수 있도록 지도한다. 그리고 때때로 활동결과를 전시회, 발표회 등으로 반성하고 발표한다.

특별활동 연간 운영계획을 제시하면 〈표 8-5〉와 같다.

그리고 특별활동의 평가 특징은 i) 학생들의 태도 및 행동의 변화를 주된 대상으로 삼는다. ii) 개인적인 진보뿐만 아니라 집단 활동의 변화도 중요한 평가의 대상으로 삼는다. iii) 활동 결과에 대한 평가보다는 활동 과정에 대한 평가를 더 중요시한다. iv) 매우 다양한 방법으로 평가한다. 아울러 특별활동의 평가 담당은 특별활동은 영역별로 담임 또는 담당 교사가 수시로 평가하되, 담임교사가 이를 종합하여 기록한다.

한편 특별활동의 평가 결과의 기록과 활용은 종합적이고 계속적으로 이루어져야 한다. 또한 그 결과는 누가 기록하였더라도 학생을 지도하고 개선하는 데 유용하게 활용되어야 할 것이다. 구체적으로 제시하면 다음과 같다. i) 교사의 관찰 기록부는 특별활동 평가를 위해 필수적이다. ii) 평가의 결과는 점수화보다는 행동 특성을 문장으로 기술한다. iii) 평가의 결과를 문장으로 서술할 때에는 학생의 장점 또는 우수한 점을 기록한다. iv) 최종적으로 학교생활 기록부는 주로 잘하거나 특별히 지도가 필요한 영역을 중심으로 기록한다. v) 평가 결과가 특별 활동의 운영 개선에 반영되도록 한다. vi) 특별활동의 평가 결과는 학생 지도를 위한 학부모와의 협의 자료로 활용한다.

일곱째, 재량활동 운영이다. 재량활동 교육과정의 편성 · 운영을 살펴보면 다음과 같다. i) 교과재량활동은 선택교과와 기본교과의 심화 · 보충학습(예: 학교 실정에 따라 7학년-영어, 8학년-국어, 9학년-수학)으로 편성 · 운영한다. ii) 창의적 재량활동은 본교의 독특한 교육적 필요와 학생의 요구 등에 따라 범 교과 학습과 자기 주도적 학습으로 편성 · 운영한다. iii) 시간 배정은 연간 136시간(주당 4시간)을 배정한다. 그리고 배당 시간은 교과 재량활동에 102시간, 창의적 재량활동에 34시간을 배정한다. iv) 재량활동 운영의 편성표는 〈표 8-6〉과 같다.

학교 재량활동 시간은 당해 시 · 도 교육과정 편성 및 운영지침에 의거하여 운영하되 시간이나 편제에 제시된 교과의 보충 · 심화 시간, 특별활동의 보충 · 심화시간, 지역 특성, 학교 실정, 학생 요구에 알맞은 교육내용과 활동을 실천하는데 활용할 수 있는 특색 있는 교육활동 시간으로 볼 수 있다. 재량활동 시간은 자기 주도적 학습능

〈표 8-6〉 재량활동 편성표

<table>
<tr><th colspan="2" rowspan="2">영 역</th><th rowspan="2">개설
과목</th><th colspan="3">시간배당</th><th rowspan="2">선택
방법</th><th rowspan="2">학습
편성</th><th rowspan="2">운영
형태</th><th rowspan="2">학습
교재</th><th rowspan="2">지도
교사</th></tr>
<tr><th>7(1)학년</th><th>8(2)학년</th><th>9(3)학년</th></tr>
<tr><td rowspan="5">교 과
재 량
활 동
(102시간)</td><td rowspan="2">선택과목
(68시간)</td><td>한 문
컴퓨터</td><td>68</td><td>68</td><td></td><td rowspan="2">학생
선택</td><td rowspan="2">행 정
학급별</td><td rowspan="2">정시제</td><td rowspan="2">교과서</td><td rowspan="2">교 과
담 당</td></tr>
<tr><td>중국어
일 어</td><td></td><td></td><td>68</td></tr>
<tr><td rowspan="3">심 화
보 충
(34시간)</td><td>영 어</td><td>34</td><td></td><td></td><td rowspan="3">학교
지정</td><td rowspan="3">행 정
학급별</td><td rowspan="3">정시제</td><td rowspan="3">자체
개발</td><td rowspan="3">교 과
담 당</td></tr>
<tr><td>국 어</td><td></td><td>34</td><td></td></tr>
<tr><td>수 학</td><td></td><td></td><td>34</td></tr>
<tr><td rowspan="2">창 의 적
재량활동
(34시간)</td><td>범 교과
학 습
(23시간)</td><td>심성수련
성 교 육
환경교육
경제교육
진로교육</td><td>23</td><td>23</td><td>23</td><td>학교
지정</td><td>행 정
학급별</td><td>정시제</td><td>남양주
교육청
자 료</td><td>자 체
교 사</td></tr>
<tr><td>자기주도적
학 습
(11시간)</td><td>독서활동
지역사회
탐구</td><td>11</td><td>11</td><td>11</td><td>학교
지정</td><td>행 정
학급별</td><td>시제 및
전일제</td><td>남양주
교육청
자 료</td><td>자 체
교 사</td></tr>
</table>

*자료: 와부중학교(2005). 2005학년도 교육과정 운영계획서. 남양주, 경기도: 와부중학교, p. 19.

력을 촉진시키기 위한 '창의적 재량활동'에 중점을 두고, '주제탐구', '소집단 공동연구', '학습하는 방법의 학습', '범 교과학습' 등 다양한 교육프로그램을 학교와 교사, 학생의 요구와 필요에 따라 편성하여 선택적으로 운영할 수 있다. 그리고 통합적인 범 교과학습으로는 창의적 재량활동으로 인성교육, 환경교육, 성교육, 세계 이해교육, 통일교육, 진로교육, 보건교육, 안전교육, 경제교육, 근로정신 함양교육, 민주시민 교육 등이 활동 주제에 따라 다양한 형태로 운영될 수 있다. 한편 초등학교 재량활동은 1학년부터 6학년까지 전 학년에 걸쳐 주당 2시간 이상 이수하도록 시간이 배당되어 있다. 중학교 재량활동은 1 · 2 · 3학년 전 학년에 걸쳐 주당 4시간 이상을 이수하도록 하였는데 교과 재량활동에 3시간, 창의적 재량활동인 범 교과학습에 1시간 이상 배정하도록 하였다. 그리고 고등학교의 재량활동은 10학년의 경우 12단위(주당 6시간) 중 교과 재량활동에 연간 10단위, 창의적 재량활동에 2단위 이상 이수하도록 하고 교과 재량활동은 국민 공통 기본교과의 심화 보충에 4~6단위, 선택 중심 교육과정의 선택과목을 4~6단위 이수하도록 되어 있다.

여덟째, 학교장의 교육과정 운영 지원관리 측면은 다음과 같다(서정화 외, 2002).

① 교육과정 중심 학교운영체제의 확립이다. 업무분장을 교육과정 중심으로 전환하여 학교운영체제가 교육과정 운영에 초점이 맞춰지고 성과가 높아지게 하며, 행정관리 기능보다 교육과 연구기능이 대폭 중시되도록 한다. ② 교육과정 연구실과 학년별 또는 교과별 협의실 확보문제이다. 교육과정 운영문제를 항상 협의하고 논의할 수 있는 교과별 협의실 또는 교육과정 연구실을 설치한다. 아울러 학년별로 교육과정과 학급운영, 학년운영을 협의할 수 있는 동 학년 협의실을 둔다. ③ 학교 교육과정의 통합 운영이다. 각종 시책과 사업 또는 각종 협조요청이나 행사관계 운영의 교육적 의미를 검토하여 학생의 교육성과를 높이도록 추진한다. 그리고 교육적 필요에 따라 교육과정을 체계적으로 편성 운영한다. 한편 전시적 운영을 지양하고 실질적 운영방향으로 전환한다. ④ 학교 교육과정 운영에 직결된 예산 지원이다. 학교예산을 교육과정 운영과 교육자료 구입 쪽으로 중점적으로 편성 운영하며, 부장교사들이나 교과 부장교사들의 교육과정 및 교과운영 상 필요 예산을 수시로 접수하여 최대한 지원한다. ⑤ 교육활동을 위한 자원(인사, 재원, 시설설비, 자료 등)개발과 최대 활용이다. 교육과정 운영의 성과를 높이는 인적 자원, 물적 자원, 각종 자료 등을 찾아 지원하며 도와준다. 또한 지역사회와 연계하여 학생의 학습 성과를 높이는 일을 논의하고 지원방법을 강구하며, 도서관, 정보관, 사료관, 실험실, 체육관 등의 각종 교육시설을 마련하여 자유롭게 활용할 수 있도록 운영한다. ⑥ 교사의 개선 의욕과 실천의지 촉구이다. 교사들이 자율적으로 연구하고 개선하며 실천하려는 의지를 고양시켜 준다. 그리고 교사들이 교수활동에 성실하며 창의적으로 교수하고 사랑으로 학습자를 지도할 수 있도록 연수 활동을 조장하고 격려한다. 교사는 항상 학생들을 파악하고 학생들의 능력과 요구를 살펴 적절한 교수를 하고 과제를 주어 스스로 학습하도록 지도한다. ⑦ 교육과정 운영 및 교수활동에 대한 정확한 평가이다. 모든 학생들에게 실시하고 있는 교육과정 또는 교과내용이 적절한가를 수시로 평가한다. 그리고 교육과정 편성과 운영 및 지원의 적합성, 타당성, 효과성 등이 평가되고 문제점과 개선점을 분석 및 추출하여 반드시 개선되도록 한다. 그리고 교육과정 평가는 학교장이나 교감, 교무기획부장 등 관리자나 지도층이 전담할 것이 아니라 전 직원의 참여가 필요하고 집단적 사고가 활용될 수 있도록 한다. 아울러 교육과정 운영 평가결과를 반드시 서류와 자료로 남겨 차기년도의 계획과 지도에 활용되도록 한다.

2. 교내자율장학

교내자율장학이란 학교의 계획 하에 교사의 교수기술 향상과 전문직적 성장을 위하여 학교 자체로 또는 교육청과의 협동적 노력으로 학교수준에서 실시하는 장학이라고 할 수 있다. 학교 수준에서의 장학이기 때문에 교장의 지도력이 중요하다. '교내자율장학'이라고 하여 '자율'이란 말을 자주 붙이는 것을 보면 지금까지의 학교 수준에서의 장학은 다분히 '타율' 장학이었음을 알 수 있다. 교사 개인 수준에서 스스로 실시하는 장학은 교사 수준에서의 자율장학이라고 할 수 있는데 이것도 타율에 대한 반작용으로 나온 말이다. 여기서는 교내자율장학의 여건조성, 교내자율장학을 위한 준비와 계획, 교내자율장학의 모형, 교내자율장학 실시, 교내자율장학기술, 교내자율장학의 제도화, 교내자율장학을 위한 지도력 등에 대해서 고찰하기로 한다(주삼환, 1997; 조성일, 신재흡, 2004).

1) 교내자율장학의 여건조성

교내자율장학의 여건조성은 다음과 같다.

첫째, 학교장의 교내자율장학 실시의 필요성과 중요성, 그 효과 가능성에 대한 확고하고 강력한 신념이 있어야 한다. 교내자율장학이 교장직무의 최우선 순위이며 교장직을 걸 만큼 가치 있는 일이라는 신념을 가져야 한다. 그리고 교내자율장학의 효과성을 믿고 반드시 성공할 수 있다는 확신을 가져야 한다. 교감이 교내자율장학을 주도하려면 교장이 하여금 이러한 신념을 갖도록 움직이는 일이 선행되어야 한다.

둘째, 이러한 신념이 섰으면 다음에는 장학담당자 자신들이 먼저 장학에 대한 지식, 방법, 기술, 능력을 갖춰야 한다. 장학에 대하여 잘 알아야 자신감을 갖고 시작할 수 있다. 장학연수, 독서, 사례수집 · 자료수집, 타 기관 방문, 자문자(단)를 활용하는 것도 한 방안이 될 것이다.

셋째, 교내자율장학의 학교문화를 먼저 형성해야 한다. 서로 믿고 신뢰하고, 수직 · 수평으로 협동하고, 자발적으로 참여하고, 무엇인가 배우고자 하는 학교문화가 형성되어야 한다. ⅰ) 수직적인 팀 정신, ⅱ) 결점 보충에의 초점이 아닌 명확한 비전에의 확신, ⅲ) 동료관계 의식, ⅳ) 신뢰와 지원, ⅴ) 공통의 가치와 흥미의 소유, ⅵ) 광범한 참여, ⅶ) 평생을 통한 성장 의욕, ⅷ) 현재 생활에의 충실과 동시에 장기

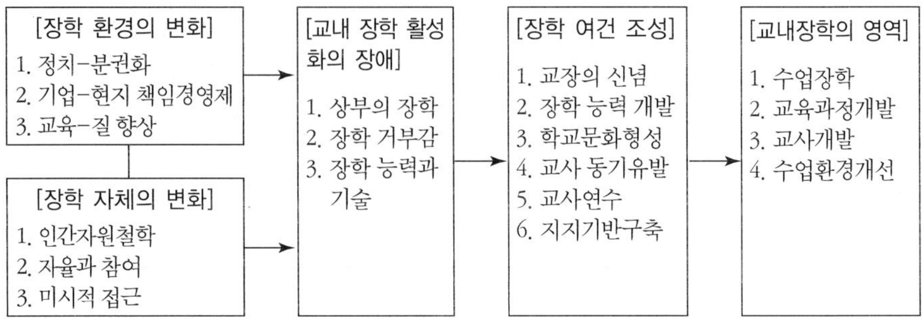

[그림 8-1] 교내자율장학 여건 조성

* 자료: 주삼환(1997). **변화하는 시대의 장학**. 서울: 원미사, p. 150.

적 전망, ix) 양질의 정보에의 접근 노력과 계속적이고 지속적인 질 개선, x) 개별교사의 자율성 확대 등의 학교문화가 권장된다. 이러한 학교문화 형성에 교장이 문화지도력을 발휘해야 한다. 이러한 밑바탕의 학교문화가 형성된 후, 또는 형성되면서(무르익어야) 교내자율장학이라는 송곳이 부드럽게 뚫고 들어갈 수 있는 것이다.

넷째, 학교문화와도 관련되지만 그 중에서도 특히 교사의 동기유발, 자발성과 자율성, 능력 동기에 교내장학이라는 발동의 불꽃을 붙여 줘야 한다. 교사의 장학 참여가 교내장학 성패의 관건이 된다.

다섯째, 교사도 교내자율장학에 대한 지식, 이해, 기술을 갖고 있어야 장학파트너로서 기능과 역할을 수행할 수 있게 된다. 교내장학이 장학담당자의 독무가 되어서는 실패할 수밖에 없다. 교사도 교내자율장학의 필요성과 중요성, 자신을 위한 것이라는 점, 장학방법에 대하여 알아야 교내자율장학에 협조하고 참여할 수 있게 된다. 이를 위해서는 장학에 관한 교사연수가 꾸준히 실시되어야 한다.

여섯째, 교내자율장학의 지지기반, 거점을 구축해야 한다. 교내자율장학을 수용하고 지지한 교사집단을 발판으로 하여 교내자율장학을 시작한다는 뜻이다. 교사 전원이 일시에 교내자율장학을 환영하며 찬성하고 나오지 않더라도 지지집단부터 먼저 시행하기 시작하여 이들에게 보상을 해주면서 확대해 나가는 방안도 고려할 수 있다.

상기에서 교내자율장학의 여건조성에 대한 내용을 정리하면 [그림 8-1]과 같다.

2) 교내자율장학을 위한 준비와 계획

교내자율장학의 여건이 조성이 되면, 교내자율장학 실시를 위한 철저한 준비와 계획을 다음과 같이 세워야 한다.

첫째, 교내자율장학(기획)위원회의 구성을 권고한다. 교장 · 교감, 교무기획부장 · 교육연구부장 · 독서교육부장 · 특활부장 · 학년부장 · 교사를 참여시켜 연간 장학계획을 세우고 이를 추진하고, 평가하기 위하여 장학위원회를 구성하여 교내자율장학을 추진해 나가면 일방적인 장학이라는 거부반응을 줄일 수 있고, 또 교사의 입장에서 교사에 필요한 장학을 해 나가는 데 도움이 될 것이다. 학교가 소규모이거나 위원회의 종류가 너무 많아 별도로 장학위원회의 구성이 비현실적이라면 이미 구성된 다른 위원회를 활용해도 좋을 것이다. 장학위원회의 구성을 통해 교내자율장학에 대한 교사의 참여와 지지를 이끌어내는 데 도움이 되길 기대한다.

둘째, 학교교육계획서에 장학계획이 반영되도록 해야 한다. 장학계획을 교육계획서와 따로 작성하거나 장학계획도 없이 장학을 하겠다고 하면 장학은 수용되기 어렵고 교장의 지도력은 신뢰를 받기 어렵다. 장학위원회의 계획과 교사와의 협의와 약속에 의하여 학기 간, 학년 간 장학계획을 학교교육 계획서에 일괄적으로 포함시키고 이를 실천으로 옮겨가는 것이 여러 가지로 유리할 것이다. 장학계획 속에서 여러 장학프로그램별로 담당자, 일정, 목적 · 내용과 방법, 평가, 예산 등이 드러나도록 해야 할 것이다. 예를 들면 임상장학, 동료장학, 자기장학의 대상자와 담당자 등이 계획서에 나타나면 좋을 것이다. 또 수업연구, 공개수업, 교사연수, 현장방문, 교재 · 교구 · 학습 환경 개선에 관한 계획은 교내자율장학계획의 중요한 부분으로 포함되어야 할 것이다. 교내순시나 전통적 장학도 개선하여 교사에게 도움이 되는 방향으로 운영될 수 있도록 계획되어 교사들의 수용을 유도해 내야 할 것이다.

셋째, 장학에 관한 정보제공도 중시해야 한다. 장학에 대한 오해를 불식시키기 위한 장학자료, 장학이론 · 방법 · 기술에 관한 정보, 장학에 관한 자원인사 등을 충분히 확보하여 제공해 주면 도움이 될 것이다.

넷째, 지원과 자원의 출처를 준비하는 일을 해야 한다. 교내자율장학에 필요한 인적 · 물적 · 재정적 지원과 자원에 대한 계획이 있어야 한다. 또 장학에서는 장학할 수 있는 시간도 귀중한 자원이 된다. 장학협의 시간, 수업관찰 시간, 연수와 현지방문 시간을 어떻게 확보할 것인가를 계획해야 한다. 교사들이 다른 반 수업을 관찰하기 위하여 자신의 반 수업을 포기하거나 자습을 하게 할 수는 없다.

다섯째, 무엇보다도 교내자율장학에 대한 명확한 비전을 제시하고 장학의 목표를 분명하게 설정하는 일이 중요하다. 비전과 목표가 분명할 때 교사들은 동기유발이 되고 어려움도 잘 참아낼 수 있다. 그리고 협동과 동료의식의 공동가치, 중핵가치가 형성되어 장학이 잘 수용되고 발전할 수 있게 된다.

여섯째, 다양한 장학대안을 마련해야 한다. 학교 형편이 허용하는 범위 내에서 가능한 한 다양한 장학프로그램을 마련하여 각 교사에게 맞는 장학을 해줄 수 있어야 한다. 장학의 개별화로 접근해야 효과성도 높아질 수 있기 때문이다.

일곱째, 교육청의 협조와 지원을 끌어내야 한다. 교내자율장학계획이 잘되면 교육청의 장학을 면제받을 수 있게 한다든지, 재정적 · 기술적 · 행정적 지원을 받아야 교내자율장학 계획이 잘 추진될 수 있을 것이다.

결국 교내자율장학은 각 학교 실정에 맞게 장학계획을 세워 학교교육계획에 포함시킬 것을 권고하는 데 교사의 참여와 협조를 바탕에 깔아야 한다는 점을 강조한다.

3) 교내자율장학의 모형

교내자율장학을 위한 계획과 준비의 하나로 여섯 번째로 언급한 다양한 장학대안의 마련과 관련하여 교내자율장학의 모형을 제시하면 [그림 8-2]와 같다.

[그림 8-2]를 구체적으로 설명하면 다음과 같다.

첫째, 장학목표의 설정이다. 교사로 하여금 다음의 각 영역에서 표준 이상의 수월성을 향상시키고 이를 유지하려는 목표를 생각할 수 있다. 이는 학교 전체의 장학목표도 될 수 있지만 여기서는 장학의 개별화 접근이므로 각 교사별 장학목표라고도 볼 수 있다. 주요장학의 영역은 ⅰ) 학급환경, ⅱ) 수업 준비, ⅲ) 학생과의 상호작용, ⅳ) 학급관리(경영), ⅴ) 전문직적 노력, ⅵ) 학부모/지역사회와의 상호작용 등이 될 것이다. 이 중에서 교사가 특히 원하는 영역이 있으면 그 영역을 우선시할 필요가 있다. 특별히 요구하는 영역이 없으면 전반적으로 다루거나 한 영역씩 다루어 나가면 될 것이다.

둘째, 진단단계이다. 장학이란 교사의 장학적 필요에 맞추려는 모형이기 때문에 각 교사에게 알맞은 장학대안을 찾기 위하여 진단을 해야 한다. 과거의 장학이 교사에 대한 개인적 배려 없이 획일적, 일방적, 형식적 장학을 했었기 때문에 교사들이 장학을 배척하거나 거부하는 반응을 보였고, 그래서 장학의 효과도 적었을지 모른다. 교사의 장학적 필요를 진단하는 방법은 ⅰ) 교사와의 탐색적 협의회, ⅱ) 교사의 각종

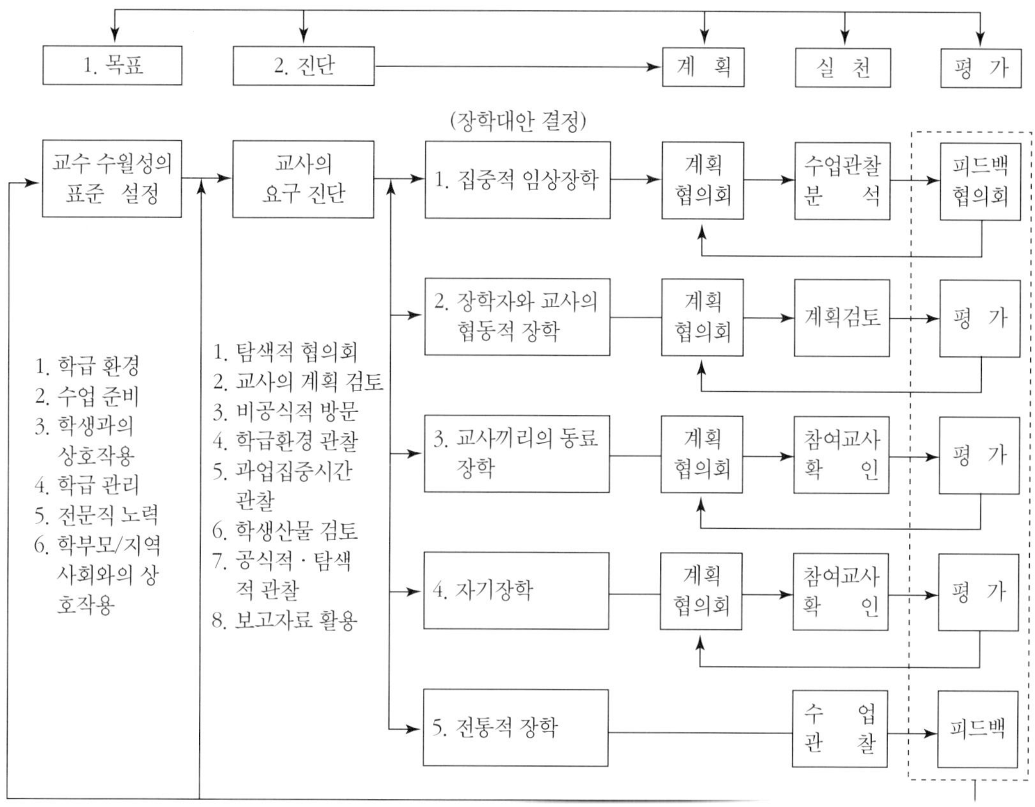

[그림 8-2] 교사의 필요에 의한 교내자율장학모형

계획검토, iii) 비공식적 교실방문(또는 비공식적 수업관찰), iv) 학급환경 관찰, v) (수업 중) 과업집중 시간 관찰, vi) 공식적 탐색적 관찰, vii) (각종) 교사의 보고 자료의 활용 등이 될 것이다. 이러한 진단자료를 검토해 보면 각 교사에게 어떤 장학을 실시해야 알맞을 것인지 판단하여 결정할 수 있을 것이다. 하지만 교사가 특별히 어떤 장학을 해주기를 요청할 경우는 진단을 간단히 하고 교사가 요구하는 측면과 장학방법을 선택하도록 해야 할 것이다.

셋째, 장학대안의 결정이다. 교사의 개인적 요구와 장학적 대안을 찾기 위한 진단, 학교의 사정을 고려하여 학교가 제공할 수 있는 장학대안 중에서 각 교사에게 맞는 장학방법을 교사와 협의 · 선택하여 결정한다. 각 장학대안은 임상장학이 기반이 되는데 이를 얼마나 철저하게 적용하느냐, 느슨하게 적용하느냐에 달려있다. 그리고 장학력을 누구에게, 얼마나 분산시키느냐의 정도의 차이라고 볼 수 있다. 그리고 모든 교사에게 공통적으로 적용하는 것도 있을 수 있고, 개별적으로 특별히 적용하는 장학대안이 있을 수 있다. 우선 교사의 희망을 존중하고, 앞선 진단결과에 의하여 교사와 협의하여 조정하는 것이 좋을 것이다. 장학대안은 학교의 사정에 따라 다양하게 마련할 수 있으나 일반적으로 i) 주로 교장 · 교감에 의한 집중적인 임상장학 방법, ii) 임상장학보다 좀 느슨하고 수평적인 교장 · 교감에 의한 교사와의 협동적(동료 의식적) 장학, iii) 학년부장, 또는 교과부장교사의 지도력에 의한 동료장학 또는 동료코치, 2~3명의 동료교사끼리의 동료장학(코치), iv) 교사 자신의 자기 주도적인 자기장학, v) 교장 · 교감에 의한 전통적 장학(수업개선에 초점을 맞춘 개선된 전통적 장학) 등을 생각할 수 있다. 이러한 장학적 대안 외에 i) 수업연구, ii) 공개수업, iii) 교사연수, iv) 현장(타교)방문, v) 실험 · 실연, vi) 현장연구(교사), vii) 교사와의 상담, viii) 신임교사 오리엔테이션, ix) 마이크로티칭 등을 교내 자율장학의 프로그램으로 선정해서 포함시키면 좋을 것이다. 결국 장학대안은 적용하기 쉬운 것, 교사들이 잘 수용할 수 있는 것, 성공 가능성이 높은 것 등을 우선적으로 고려하여 학교 형편에 맞게 조합하여 마련하고, 중요한 것은 철저한 실천으로 장학적 효과를 거둬야 한다는 점을 강조하지 않을 수 없다.

넷째, 장학대안별 계획 · 실천 · 평가이다. 교사 개인별 또는 집단별로 적용할 장학대안이 결정되었으면 이를 실천하고, 평가하고, 피드백 해주어 교사의 교수기술을 개선하고, 전문성을 신장시키고, 또 장학방법도 발전시켜 나가는 것이다. 수업장학은 대부분이 임상장학에 기반을 두기 때문에 계획협의회-수업관찰-피드백협의회의 과정을 간단하게라도 거치게 된다. 이렇게 해서 장학목표의 한 영역에서 만족할만한 표준 이상의 수준에 도달했다고 판단되면 그 해, 그 학기 동안은 그 교사는 개인적으로 노력하게 하고 다른 교사로 옮겨가서 장학을 하게 되는 것이다. 교사의 필요에 의한 교내자율장학모형은 과거에 소개되었던 선택적 장학체제와 발전 장학과 마찬가지 논리로 장학의 개별화 · 차별화에 의한 장학 수용성과 장학효과성 제고 방안이라고 할 수 있다. 교사의 요구와 수준에 장학의 수준을 맞추려는 것이다. 어려운 여건에서 교내자율장학을 하려면 그만큼 철저한 계획과 준비하에 학교 형편에 맞는 장학모형을 적용해야 효과를 볼 수 있게 된다. 지금 우리는 교육의 질에 국가의 운명을 걸어야 할 형편이고, 교육의 질 향상을 위해서는 교내자율장학에 거의 모든 기대를 걸어야 할 형편이라는 점을 이해해야 한다.

4) 교내자율장학 실시

교내자율장학을 위한 준비와 계획을 철저히 해서 교내장학 모형에 의해서 교내자율장학을 실시해야 하는데 그 과정에서도 다음과 같은 몇 가지 지속적인 노력을 해야 한다. ⅰ) 교내자율장학의 훈련과 연수는 실시과정에서도 지속적으로 계속되어야 한다. 교장·교감, 부장교사, 평교사들에게도 장학에 관한 연수가 실시과정에서도 계속되어야 한다. 장학이론을 제공해 주고, 시범을 보여주고, 실제로 실습을 하고(예를 들면 수업관찰 방법, 장학협의회 방법 등), 실시과정에서 피드백을 제공해 주는 방법을 알게 하고, 장학자와 피 장학자의 역할을 서로 바꾸어 가면서 역할극을 하게 한다. 그래서 장학능력과 기술을 서로 익히고, 모두가 교내자율장학에서 자신감을 갖게 하기 위한 연수와 훈련이 계속되어야 한다. ⅱ) 다양한 추수 지원과 서비스가 제공되어야 한다. 교내자율장학 실시과정에서 중간 피드백을 받을 수 있다면 교내자율장학은 올바른 방향을 찾아가게 되고 교내자율장학은 활력을 갖게 될 것이다. ⅲ) 사고와 행위에 영향을 주게 되는 여러 요인에 관한 연수도 따라야 하고, 특히 교내자율장학에서 실제 사용해야 할 장학기술을 계획적으로 제공해 줘야 한다. ⅳ) 교사로 하여금 실험하고 연습할 수 있는 시간과 기회를 마련해 주어야 한다. ⅴ) 교내자율장학에 관하여 복습하고 정련할 수 있는 연수회를 잊지 말아야 한다. ⅵ) 지지집단, 연구집단에게 충분한 시간과 기회를 제공해 주어야 한다. 그들에게 부닥친 곤란점이 무엇인지 확인하고, 교내자율장학 실시 중의 문제점에 관하여 공개토론을 할 수 있는 시간도 주어야 한다. ⅶ) 교내자율장학의 실시 활동에 관하여 검토하고, 필요하다면 수정을 가해야 하고, 이를 위해서 교내자율장학 실시 중 자체평가를 해야 한다. ⅷ) 교내자율장학의 실시 중 작은 성공이 이루어졌으면 축하 의식을 제공해 주고, 공개토론회를 하고, 필요하다면 언론매체를 활용하여 실시 중의 성공을 알림으로써 교직원의 사기를 진작시키고 교내자율장학을 더욱 가속시키고 자신감을 갖게 한다.

5) 교내자율장학의 기술

교내자율장학을 실시하려면 장학에 대한 지식과 이론, 방법을 알아야 할 뿐만 아니라 실지로 장학을 할 수 있는 기술과 능력이 있어야 한다. 그런데 우리나라는 장학지도자에게 하여금 장학기술을 갖출 수 있는 기회를 제공하지 못하는 제도적 모순을 갖고 있다. 교장·교감 자격연수, 직무연수 시 충분히 장학기술을 기를 수 있는 기회가 주어지지 않고 있다. 할 수 없이 장학자가 된 이후에 개인적 노력에 의존할 수밖에 없다.

장학기술에 대해서 다음과 같이 제시하고자 한다. i) 교사의 자발성을 불러일으키는 동기유발 기술이 있어야 한다. 교사들이 스스로 성장하고자 하지 않으면 장학의 효과는 줄어들 수밖에 없다. ii) 구체적으로 수업관찰 기술이 있어야 한다. 교사에게 필요한 정보를 제공해 주려면 정확한 수업관찰을 하여 자료를 수정해야 한다. 표준화된 수업관찰 기록 방법을 개발해 내야 한다. iii) 장학은 곧 교사와 장학담당자 사이의 의사소통이라 할 수 있다. 교사와 학생 사이의 의사소통이 안 되면 교육이 이루어질 수 없는 것과 마찬가지로 장학은 곧 의사소통이라고 할 수 있을 만큼 장학에 있어서 의사소통 기술은 중요하다. 계획협의회, 피드백협의회 등 장학협의회를 많이 해야 하기 때문에 정확한 의사소통 기술이 요구된다. 특히 비지시적 협의회 기술이 중요시된다. iv) 교육과정 개발의 기술과 능력이 요구된다. 교내자율장학에서도 점점 더 교육과정에 관한 기술이 필요하다. 주어진 교육과정을 운영만 하는 것이 아니라 만들어 내는 교육과정의 시대가 되었기 때문이다. v) 포괄적으로 말하여 인간관계 기술, 인간적 기술이 필요하다. 장학은 사람을 다루는 것이고, 사람을 통해서 학교조직의 목적을 달성하려는 것이기 때문에 인간적 기술이 중요하다. vi) 넓게 보아 조직관리의 관리적 기술이 요구되는 것은 더 이상 말할 필요가 없다. 기획, 인사, 조직, 통제, 의사결정과 관련된 기술을 말하는데 이들과 분리해서 장학을 생각하기는 어렵다. vii) 수업과 관련된 전문적 기술은 수업관찰기술 외에도 많이 필요하다. 수업장학을 하려면 수업기술이 있어야 할 것은 너무나 당연하다. 장학담당자도 교사와 마찬가지로 수업을 떠나서는 더 이상 존재할 수 없다는 것을 알아야 한다.

6) 교내자율장학의 제도화

교내자율장학이 장학의 핵심이 되고 교사의 교수기술을 향상시켜 교육의 질을 올려야 한다고 생각하여 교장·교감이 중심, 또는 교육연구부장이 중심이 되어 교내자율장학을 준비하여 실시하였다고 해도 일시적인 것으로 그치고 말면 그 동안 교내자율장학을 위해 쏟은 정성과 공이 모두 수포로 돌아가기 쉽다. 지속적으로 교내자율장학을 활성화하고, 하나의 제도로 굳혀 교내자율장학을 하나의 학교조직문화로 정착시켜야 한다. 그리고 교내자율장학의 계획·준비·실시·평가의 과정에서 교장·교감은 주도적으로 지도력을 발휘해야 한다.

첫째, 교내자율장학 방법 가운데 각 학교에서 실시 가능한 것, 꼭 실시하고 싶은 것만을 먼저 선택하여 학교교육계획 속에 포함시키고, 교육계획대로 실천하고, 평가·반성하는 기회를 가지라고 권고하고 싶다. 교육계획에 빠진 것을 나중에 별도로 집어넣어, 끼워 넣어 실천하기는 훨씬 어렵다. 교장은 학교교육계획에 의하여 학교경영을 하고, 장학을 한다는 이미지를 심어줄 필요가 있다. 임상장학, 동료장학, 자기장학, 전통적 장학, 수업연구, 공개수업, 교사연수, 현장(타교, 타 교실) 방문, 실험·시험·실연, 현장연구, 교사상담, 신임교사 오리엔테이션, 마이크로티칭, 교과서클, 연구집단, 동 학년(동 교과)회, 직원회, 각종위원회 가운데 선택하여 또는 몇 가지를 결합하여 실천할 것을 학교교육계획서에 반영시켜 제도화시키는 것이 좋겠다.

둘째, 교내자율장학을 제도화하기 위해서는 장학에 대한 계속적인 교내 교사연수를 실시해야 한다. 물론 교내 교사연수 자체가 장학의 한 부분이기도 하지만, 장학 자체의 정착과 제도화를 위해서도 계속적인 교사연수가 요구되는 것이다. 교내자율장학은 교장·교감의 장학에 대한 의욕만으로 성공할 수 있는 것은 아니다. 교사도 장학에 관해서 알아야 하고, 알아야 장학에 대하여 협조하게 되고, 장학에 대하여 교사들의 동기가 유발되어 스스로 교내장학에 참여하여 제도화로 이어지게 된다. 장학에 대한 교사연수는 교내자율장학을 위한 준비과정에서도 필요하고, 실시과정에서도 중요하며, 제도화를 위해서도 반드시 계속되어야 한다.

셋째, 교내자율장학에서 성공적이었거나 협조적이었던 교사에 대하여는 지속적으로 격려와 축하, 보상과 지원을 해 주고 또 홍보도 해 줄 것을 권고한다. 노력한 사람과 노력하지 않은 사람을 구별해 주고 인정해 주는 세심한 배려가 있어야 한다. 지도자가 지속적으로 관심을 보이지 않으면 다시 원점으로 돌아가고 허물어지게 된다.

넷째, 교내자율장학의 제도화를 위해서는 교장·교감의 계속적인 지원이 있어야 한다. 우선 교사들이 연수하고, 협의하고, 장학할 수 있는 시간을 확보해 주어야 한다. 교장·교감 자신에게도 시간이 있어야 하지만 교사들에게도 장학에 쓸 수 있는 시간을 제공해 주어야 한다. 또한 교사들에게도 장학과 관련된 정보를 제공해 주고 지원해 주어야 계속적인 발전을 할 수 있다. 재정·시설·도구의 지원도 필요하다. 학교에 돈 쓸 곳이 많겠지만 교육의 본질에 가까운 장학을 위해서 쓰는 것만큼 가치 있는 일도 드물 것이다.

다섯째, 교내자율장학의 제도화를 위해서는 무엇보다도 교육청의 지원이 절대적이다. 교장이 교내자율장학을 할 수 있도록 교육청은 우선 교장에게 권위를 실어주고 기술 지원, 재정적 지원을 해야 한다. 교장 · 교감에게 장학에 관한 연수의 기회도 제공해야 할 것이다. 장학 연구학교, 시범학교도 지정하여 이를 보급하는 일도 생각해 볼 수 있다. 이제 교육청은 교사를 대상으로 직접 장학하기보다는 교장 · 교감으로 하여금 교내자율장학을 잘 하도록 지도하는데 더 힘을 써야 할 것이다. 때로는 교장 · 교감과 협동하여 교내자율장학을 하는 모형도 개발할 필요가 있다. 구체적 실례를 들면, 교장과 교사와의 수업 관찰 전 협의 → (교육청) 장학자와 교장의 관찰 전 협의 → 장학자와 교장 둘다 교사의 수업관찰 → 교장과 장학자 따로 각자 수업분석 → 교장과 교사의 관찰 후 협의회, 장학자는 이를 관찰 → 장학자는 교장 및 교사의 관찰 후 협의회 분석 → 장학자와 교장의 보고협의회로 교육청 장학자와 교장의 협동적 장학을 마치는 것이다.

결국 교내자율장학의 제도화와 관련하여 하나 더 첨가하고 싶은 것이 있다면 새로운 것을 제도화시키는 노력도 해야겠지만, 이미 있었던 제도를 유지하고 지키는 일도 중요하다는 점이다. 예를 들면, 학습지도안 작성이나 수업연구 제도는 교내자율장학을 위한 좋은 제도였는데 이런 것이 허물어진다면 복구하기 힘들게 된다. 따라서 교내자율장학의 제도화를 위해서 우선 i) 장학 프로그램의 학교교육계획에의 반영, ii) 장학에 대한 계속적 교사연수, iii) 계속적 격려와 축하의식, 보상과 지원, 홍보, iv) 시간 · 정보 · 재정의 지원, v) 교육청의 지원 등 다섯 가지를 제안하고자 한다.

7) 교내자율장학을 위한 지도력

모든 일에서 리더의 지도력이 중요하다. 교내자율장학에서 있어서도 교장 및 교감의 지도력이 절대적이다. 우선 교장 및 교감의 수업적 지도성(instructional leadership)의 중요성을 강조한다. 교장도 학생을 잘 가르치기 위해서 존재한다. 수업에서 지도력을 발휘하지 못한다면 교장의 존재 이유는 사라지게 된다. 그런데 과거에 우리나라에는 교감 및 교장이 되면 수업과는 결별하는 것으로 생각하는 사람들이 있었던 것은 큰 잘못이다.

특히 중 · 고등학교에서 과거 교사시절에 교과전공이 있었다는 이유로 교과전공이 다르면 장학을 못하고, 교사의 수업에 관해서도 지도력을 발휘하지 못하는 것으로 착각하였던 것은 잘못이다. 교장 · 교감은 교육행정가, 장학지도자가 되는 순간부터 더 이상 교사의 신분이 아니다. 모든 학년, 모든 교과교사를 장학하고 지도해 나가야 하는 장학자이고 지도자인 것이다.

그래서 교장 · 교감은 모든 교과, 모든 학년에서 수업적 지도력을 발휘해야 하기 때문에 교육과 수업에 대하여 더 많이 공부하고 연구해야 한다. 수업지도자로서 i) 자원제공자(resource provider) 역할을 하고, ii) 스스로 수업적 자원(instructional resource)이 되어야 하며, iii) 원활한 의사 소통자가 되어야 하고, iv) 가시적인 존재(visible presence)가 되어야 한다. 학교의 모습은 전적으로 교장에 의하여 좌우되고, 효과적인 학교, 좋은 학교의 공통점은 교장의 강력한 지도력이 뒷받침된다는 것이다. 지도자는 교사의 욕구를 파악하고, 욕구충족으로 동기유발을 시켜야 한다. 교사의 욕구수준을 높이고 높은 수준의 욕구에 발동을 걸어줘야 한다. 교사가 하는 일에 의미를 심어주고, 의미 있는 교직 생활, 의미 있는 인생을 영위할 수 있도록 해주어야 한다. 지도자가 되려면 힘이 있어야 한다. 그 힘은 행정가, 지도자로서의 기술과 능력을 의미하며, 사람을 다룰 줄 알고, 교육에 대하여 알아야 하고, 상징성을 갖고, 또 교사에게 상징성을 심어줄 수 있어야 하고, 새로운 역사와 전통, 문화를 창조하고, 또 이미 형성된 문화에도 맞출 수 있어야 하고, 도덕적 · 윤리적으로 흠이 없고, 존경을 받을 수 있어야 한다. 한마디로 상징적 지도자, 문화적 지도자, 도덕적 지도자가 강한 지도력을 갖는다.

교내자율장학의 학교문화를 형성할 수 있고, 윤리적 · 도덕적으로 강력한 지도력을 발휘해야 교내자율장학에도 잘 먹혀 들어갈 수 있다. 교장은 관료주의적 권위, 심리적 권위 수준을 넘어, 기술 및 합리적 권위를 거쳐, 교육행정 전문가적 권위, 도덕적 권위를 인정받을 수 있어야 한다. 권위 없이 지도력이 나올 수 없고, 낮은 수준의 권위에 의존하면 지도력은 약해질 수밖에 없다. 빠타제(battering)의 수준을 넘어, 형성해 주는 지도자(building), 접착시키고(bonding), 결합시키는(binding) 지도자가 되어야 한다. 그러면 교사들은 자발적인 내적 동기에서 교장을 따르게 된다. 지금 교사들은 가지고 있는 능력을 최대한 발휘하지 않고 있다. 교사에게 원래 능력이 없었다고 하더라도 능력을 더 끄집어내기 위해 노력해야 할 입장인데 문제는 교사들이 가지고 있는 능력, 있는 능력마저도 사용하려 하지 않는 데 있다. 무엇에 호소해서 교사의 내적 동기를 유발하고 도덕적 참여를 이끌어 내느냐는 교장의 지도력에 달려 있다.

ⅰ) 과거에 교육행정가 양성과정에서는 주로 행정가의 손 기술, 발 기술에 해당되는 행정기술을 가르쳐 주기에 노력했고 행정가들도 행정기술에 주로 의존하려 했었다. ⅱ) 이제 행정가들도 머리를 써서(head) 행정을 해야 한다. 행정이론, 교육이론, 장학이론, 지식이 있어야 한다. 손과 머리만 가지고 훌륭한 지도자는 될 수 없다. ⅲ) 따뜻한 가슴이 있어야 한다. 인격과 인품, 윤리성, 도덕성, 양심에서 우러나오는 훈훈한 마음으로 교사들을 지도해 나가야 한다. 하지만 손발(hand), 머리(head), 가슴(heart)이 따로 놀 수 없다. 찬 머리에서 나온 번뜩이는 아이디어를 뜨거운 가슴으로 받아 걸러 내서 날랜 손발로 뛰는 행정과 장학을 할 때 훌륭한 지도자, 존경받는 교장이 될 수 있다. 학생, 교사에게만 지 · 덕 · 체 조화가 요구되는 것이 아니라 교장의 지 · 덕 · 체 교육행정 지도력도 요구된다. 즉, 낮은 수준의 거래적 지도성(transactional leadership)도 필요하고 중요하지만 이 수준을 뛰어 넘어 더 높은 수준의 변혁적 지도력(transformational leadership)으로 승화시켜 나가야 한다. 거래적 지도성의 형태만 바꾸는 것이 물리적 변화에 비유된다면, 변혁적 지도성은 성질까지 바꿔놓는 화학적 변화에 비유된다. 우리 학교문화에 화학적 변화를 일으켜야 한다.

단위학교의 교육활동은 전적으로 학교장에 달려 있다. 우리의 교육여건이 어렵지만 교장의 수준이 높아지고, 교장에게 권한이 충분히 위임된다면 우리의 교육은 한 단계 더 도약할 수 있다고 믿는다. 결국 권위주의는 배격하는 대신에 오히려 정당한 권위로 교장에게 무게를 실어 주어야 교사장학을 하고 학생교육을 효과적으로 할 수 있게 된다. 교장과 교사는 권위를 상호 존중해 주어야 할 것이다.

3. 인사관리

교육에서 가장 중요한 변인 가운데 하나는 교사이다. 교사의 인성, 자질, 의욕, 근무태도 등은 교육의 성과에 직접적으로 영향을 주는 가장 중요한 변인이며 교육시설 등의 다른 조건으로 대신할 수도 없다. 따라서 우수한 교사를 확보하여 그들이 자부심과 보람, 의욕을 갖고 교직에 근무할 수 있도록 여러 여건들을 조성하며, 아울러 그들의 전문적 자질을 향상시킬 수 있도록 제도를 마련하는 일은 매우 중요하다. 교육계의 인사관리 측면은 교육활동에 필요한 교사와 교육전문직 종사자(장학관 · 장학사 · 연구사) 및 일반직원을 포함하는 교육직원을 확보하고, 이들을 적재적소에 배정하여 그들이 능력을 발휘할 수 있도록 하며, 안심하고 교직에 전념할 수 있도록 제반 근무 조건을 마련하는 등의 일련의 경영행위를 말한다.

교육인사관리 측면의 주된 대상 영역은 교육직원의 신분과 자격, 수급, 선발, 신규 임용, 연수, 평정, 승진, 전보, 보수 등 대단히 복잡하다. 여기서는 교육의 인사관리 영역을 총괄하여 ⅰ) 교원의 임용, ⅱ) 교원의 복무관리, ⅲ) 교원의 근무조건 등으로 분류하여 고찰하기로 한다(정태범, 1996).

첫째, 교원의 임용이다. 교원의 충원은 교원의 수급계획에 따라 매년 교사 자격증을 취득한 자를 대상으로 '교육공무원 임용후보자 선정 경쟁시험'을 실시하여 교원의 부족 인원수만큼 임용하고 있다. 과거에는 국·공립 사범대학, 교육대학 졸업자를 교직에 우선 임용하였으나 헌법재판소가 그러한 우선 임용규정에 대하여 위헌판결을 내림으로써, 1991년부터 국·공립과 사립사범계 대학을 졸업하고 교사자격증을 취득한 자를 대상으로 시험을 실시하고 있다. 본 시험의 시행규칙에서는 일정한 범위의 지원자에 대하여 제1차 시험을 치르고, 통과된 자에 한하여 제2차 면접을 치르고 그 후에 합격자를 발표하도록 되어 있다. 시·도교육청에서는 제1차 시험에서 성적의 15% 범위 안에서 가산점을 부여할 수 있는 규정을 두고 있다(교육공무원 임용후보자 선정 경쟁시험시행규칙, 제8조 3항)

둘째, 교원의 복무관리를 살펴보면 다음과 같다. 교원의 복무는 충원된 인원의 전문적 능력과 자질을 고려하여 교원을 채용함은 물론 그들을 적재적소에 배치해야 한다. 특히 채용된 교원은 그 인격과 능력이 존중되어야 함은 물론 그 전문성이 인정되어야 한다. 그리고 교원은 교육조직에서 주어진 과업을 제대로 수행해야 함은 물론 인화를 조성하여 근무에 사기가 높아야 한다. 따라서 신규임용 후에 초임자로서 적응사항이나, 전보 및 전직에 있어서 적법한 기준의 적용, 승진에 있어서 공평한 기회의 부여 등은 교원의 복무에 중요한 사항들이다. 아울러 교원은 전문직이기 때문에 그 자질이나 전문성 향상을 위한 연수제도가 필요하다. 특히 유의할 일은 교육행정에서 통제 위주의 관리행정 구조는 교원의 근무조건에 악영향을 미쳐 그 의욕을 저하시키는 요인이 될 수도 있다는 것이다.

셋째, 교원의 근무조건이다. 근무조건으로서는 교원의 신분보장, 근무부담, 보수, 후생, 복지 등을 들 수 있다. 이것들은 교원이 안심하고 교직에 전념할 수 있도록 하는 근무조건이 됨과 동시에 교직에의 유인체제로서 작용한다. 학교에서 이런 근무조건의 불비(不備)는 교원의 사기를 저하시키고 근무의욕을 약화시키는 결과를 초래하게 된다.

4. 학생관리

학생관리의 궁극적인 목적은 학생들이 주어진 환경 속에서 자신을 올바로 인식하며 자신의 개성, 능력, 흥미를 이해하고 이를 계발하여 성숙된 전인으로서 원만하고 보람된 생활을 영위하도록 하며, 더 나아가 국가사회에 이바지할 수 있는 바람직한 민주사회의 성원이 될 수 있도록 학생들을 돕는 것이다. 따라서 학생생활지도 관리는 현대교육이 지향하는 민주교육의 이념에 비추어서 필수적인 교육활동을 볼 수 있다. 생활지도는 교과지도 및 특별활동과 더불어 교육의 3대 영역에 포함되는 중요한 교육활동으로서, 교육의 다른 모든 활동과 마찬가지로 학생 개개인의 성장 발달을 극대화시키고 잠재능력을 개발해서 장차 어떤 난관에 부딪쳐도 그것을 자신의 힘으로 해결해 나가도록 힘을 길러 주는 일이다. 학교에서 생활지도는 학생을 잘 이해하고 있으며 학생과 친밀감을 가지고 있는 학교의 교사를 중심으로 학부형 또는 학교관계자의 협조를 받아 이루어지게 된다(조성일, 신재흡, 2004).

결국 학생관리는 생활지도를 통하여 학생들이 바람직한 인격체로 성장해 나가도록 교육하는데 그 목적이 있다. 생활지도의 활동은 학습지도와 함께 학교 내 교육활동의 한 축을 형성하는 것으로 학교운영에 핵심적인 범주에 해당된다. 아울러 생활지도를 효과적으로 수행하기 위해서는 교직원들의 헌신적 노력이 수반되어야 한다. 이를 위해 얼마나 효과적인 교무조직을 갖추느냐 하는 것은 생활지도의 성공을 위한 관건이 되는 것이다.

따라서 여기서는 학생생활지도 활동의 효과적인 수행을 위한 학교장의 역할과 임무, 학교생활지도의 조직과 운영, 생활지도 활동계획수립, 가정 · 학교 · 사회의 상호 협조체제의 기반 조성 등에 대해서 고찰하기로 한다(서정화 외, 2002; 조성일, 신재흡, 2004; 와부중학교, 2005 a, b).

1) 생활지도에서 학교장의 역할과 임무

각급 학교에서는 생활지도 활동을 포함하는 모든 교육적 활동의 최종적인 책임은 학교장에게 있다. 학교장의 지도성은 생활지도 활동의 실제에 그대로 반영되는 것이므로, 학교장은 생활지도의 개념에 대한 깊은 이해를 바탕으로 생활지도의 가치를 분명히 인식하고, 생활지도의 목적을 구현하도록 노력해야 한다. 이를 위해 교직원들의 전문적 지식을 최대한으로 활용하여 그 학교의 생활지도 프로그램의 성격을 결정해야 한다. 결국 학교 내의 생활지도의 성패는 학교장의 책임과 지도성 여하에 좌우된다. 이러한 사실을 염두에 두고 생활지도 활동과 관련된 학교장의 임무와 역할에 대해서 살펴보면 다음과 같다(정희경, 1975).

첫째, 분명한 생활지도관과 철학적 근거에 대한 이해이다. 생활지도관과 철학적 근거의 이해는 생활지도에 대한 행정의 방향을 결정해 준다. 학교장이 권위주의적 · 전체주의적 · 획일주의적인 학생지도관을 가졌을 경우, 그 학교는 아무리 유능한 교사와 효과적인 조직체를 구비했더라도 학생중심의 생활지도는 불가능하기 때문이다.

둘째, 생활지도 활동의 조직이 잘 이루어졌는가에 대한 확인이다. 우리나라와 같이 전체 학생집단의 규율을 중시하는 교육풍토에서는 획일성이 강조되고 교사 중심의 생활지도가 이루어지기 쉽다. 이를 고려하여 학생 중심의 생활지도가 가능한 조직인지에 대한 확인이 필요하다.

셋째, 생활지도 활동을 위한 행정 상의 지도체계를 마련해야 한다. 학교생활지도 활동이란 연속적으로 이루어져야 하는 활동으로 잠시도 소홀히 할 수 없는 활동이다. 따라서 확고한 행정 상의 지도체계가 마련되어야 일관성 있고 지속적인 지도 활동이 원만하게 수행될 수 있다.

넷째, 생활지도 활동에 필요한 행정적 지원 배려 측면이다. 학교장은 생활지도 활동에 도움이 되도록 학교 시설이나 사무 · 행정적 지원, 교사의 업무량, 생활지도를 위한 시간의 배정 등에 적절한 배려를 해야 한다.

다섯째, 생활지도 활동의 효율적 운영을 위한 협의체를 구성 및 운영해야 한다. 생활지도 활동의 향상을 위하여 학교교육의 한 부분으로서, 학생 생활지도의 효율적인 운영 등에 관한 협의체의 구성 · 운영이라든지, 단위 학교 학생들의 중요한 문제에 관한 교직원연구회, 학생선도위원회를 구성하며, 특수한 문제를 지닌 학생의 문제해결을 위해 사례협의회(case conference)를 갖도록 함으로써 생활지도 활동의 효율성을 높일 수 있다.

여섯째, 교육과 관련된 사회현상과 학생들의 변화 양상에 대한 부단한 관심이 필요하다. 사회변동은 학생들의 생활태도에 직·간접적인 영향을 미친다는 사실을 인식하고, 사회변동의 추세와 더불어 학생 생활지도에 미치는 영향을 파악하여 예방적이며 능동적인 생활지도가 되도록 노력해야 한다.

2) 학교 생활지도의 조직과 운영

(1) 학교 생활지도의 조직

학교 내외의 조직 유형에는 여러 가지가 있을 수 있다. 학교가 처한 지리적·경제적·사회적 환경에 따라 적절한 생활지도가 이루어질 수 있는 조직을 갖추어야 효율적인 생활지도가 이루어질 수 있는 것이다. 아울러 학급 수와 학급당 학생 수에 따라 효율적인 조직이 다를 수 있다. 유럽 및 미국의 학교에서 볼 수 있는 생활지도의 조직은 카운슬러를 중심으로 이루어진 조직임에 비해 우리나라 도시의 학교는 학급 수가 많고, 학급당 학생 수가 많은 조직의 특색을 지니고 있다. 또한 전문 교육을 받은 카운슬러는 학교당 1~2명 정도 있을까 말까 하는 것이 우리나라 학교의 실정이다. 이로 인해 생활지도를 하는 데 많은 어려움을 지니고 있다. 이와 같은 점들이 생활지도와 관련한 우리나라 학교가 지닌 생활지도의 조직상의 특색이라고 할 수 있다.

우리나라의 각급 학교에서는 실제로 교무분장을 바탕으로 한 조직을 이루고 있는데 우리나라는 교육현장의 실태를 반영한 것으로 그 나름의 특색을 지니고 있다. 우리나라 중등학교의 직원 조직표를 살펴보면, 학생들의 생활지도를 이원적으로 분담하고 있다. 그래서 운영상의 문제점들도 많이 노출시키고 있다. 우리나라 중등학교의 생활지도 조직의 유형을 소개하면 [그림 8-3]과 같다.

[그림 8-3]에서 살펴본 바와 같이, 우리나라 생활지도 조직은 생활지도부와 진로상담부로 이원화되어 있음을 알 수 있다. 이로 인해 운영상의 문제점들이 있다. 생활

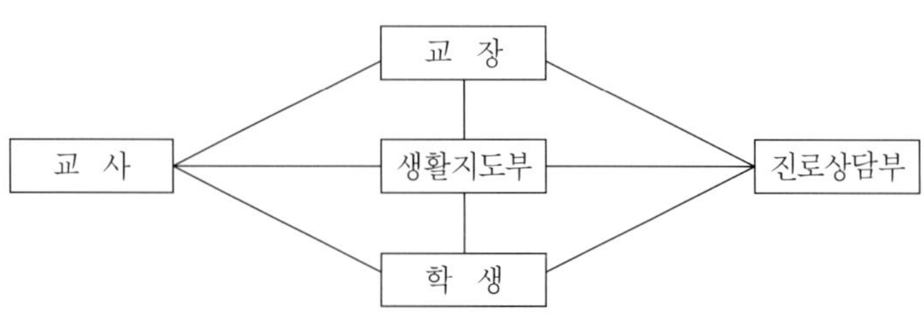

[그림 8-3] 우리나라 생활지도 조직의 유형

지도부에서는 생활지도 기획계, 교내생활 지도계, 교외생활 지도계, 학생회계, 봉사계 등을 두고 있다. 진로상담부에서는 기획 상담계, 진로 지도계, 집단 및 추수 지도계, 조사 통계계 등을 두고 있다. 물론 학교의 여건에 따라 계를 증감 또는 통합 및 확장하여 그에 부합하는 명칭을 붙여 운영하기도 한다.

한편 학교에 따라 학생선도위원회, 학생지도위원회, 지역선도위원회 등의 방계조직을 통해 학생 생활지도의 일익을 담당하게 하기도 한다. 이상과 같은 생활지도 조직만으로 변화하는 사회에 대처하기 어려우므로 학생들의 다양한 특성을 고려한 창조적인 조직 체계를 구축하고 교사들이 학생 생활지도에 능동적으로 대처하도록 지혜를 모아야 한다.

(2) 생활지도 조직의 운영

생활지도 조직의 운영 측면에서 학교장이 교사를 감독하거나 통제하면 교사는 생활지도 문제를 오히려 회피할 수도 있다. 그러므로 학교장은 학교에서의 생활지도가 잘 이루어질 수 있도록 조장하는 역할을 해야 한다.

생활지도 조직 운영은 그 절차에 따라 나누어 보면, 계획단계의 장학, 실천단계의 장학, 평가단계의 장학으로 나누어 볼 수 있는데, 각각의 단계에는 [그림 8-4]와 같은 활동이 포함된다. 생활지도 조직 운영이 성공적으로 이루어지기 위해서는 교사들에게 생활지도 능력이 있어야 하고, 학교와 지역의 실정에 맞는 생활지도 문제의 선정이 이루어져야 한다. 학교장은 생활지도 기술의 연수기회를 충분히 마련하여, 현장 교사들의 생활지도 기능이 향상되도록 노력하여야 한다. 생활지도를 하기 전에 교사는 학생 개개인에 대한 상세한 실태를 정확하게 파악하고 있어야 한다. 이를 위해서는 이해방법의 습득과 이해자료의 작성과 이용, 각종 심리검사의 활용 등 여러 가지 과학적인 방법이 필요하다. 이러한 생활지도의 기능은 교사에 대한 사전연수를 통

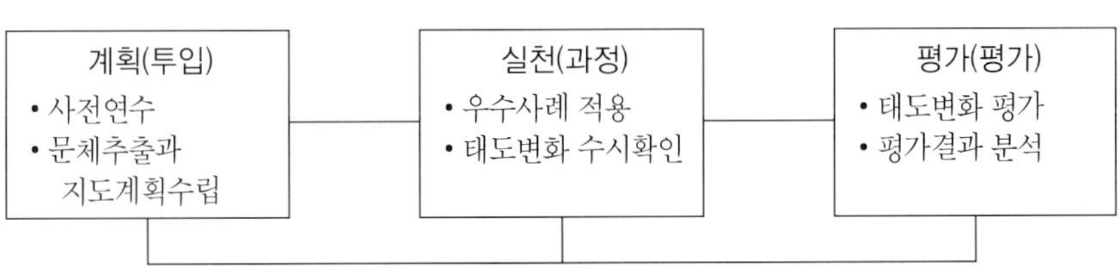

[그림 8-4] 생활지도 조직 운영의 절차

하여 체계적으로 습득될 수 있다. 그리고 교사들로 하여금 각 학교에서 필요로 하는 문제를 조사하게 하고, 장학담당자와 협의하여 교육청 단위에서 생활지도 문제를 선정한다. 문제가 선정되면 교육청에서는 문제를 분석하고 각 학교와 협의하여 지역의 실정에 맞도록 연간, 월간, 지도계획을 개략적으로 수립하고, 각 학교에서는 학교와 지역사회의 특수성을 감안하여 세부적인 지도계획을 수립한다. 생활지도는 각 학교에서 교사들에 의해서 이루어지므로 학교장은 교사들의 생활지도 활동이 성공적으로 이루어지도록 조장하는 역할을 하도록 하여야 한다. 또한 방과 후의 생활지도는 필요한 경우 인접한 학교와 협동으로 이루어질 수 있도록 지도 및 감독해야 할 것이다. 생활지도 우수사례를 모아서 책으로 편찬하여 교사들이 참고자료로 이용하거나, 예절교실의 운영, 학생 수련활동 등을 실시하며, 교육청 단위에서 생활지도 활동을 주관할 수도 있을 것이다. 생활지도의 평가는 학교별로 매월 또는 일정한 기간마다 갖는 것이 좋다. 평가는 관찰결과 및 질문지와 학생의 자기평가 등을 병용할 수 있으나 학교의 사정에 따라서 적절한 방법을 사용한다. 생활지도 교사는 학교의 평가결과를 취합하고 분석하여야 한다. 교육청에서는 학기별 또는 일정한 기간마다 각 학교의 생활지도 활동에 관한 협의회를 갖도록 한다. 교육청의 장학담당자와 각 학교의 생활지도 교사가 참석하여 정보를 교환하고 평가결과를 취합 및 분석하여 그 결과를 일반화할 수 있도록 노력한다.

3) 생활지도 활동계획수립

(1) 생활지도 계획 작성의 기본원칙

생활지도 계획에는 학교장의 학생관이 반영되어야 한다. 학교의 특성에 맞는 운영지침을 세워 이를 생활지도 계획에 반영될 수 있도록 해야 하는 데 다음과 같은 원칙을 점검해야 한다(서정화 외, 2002).

첫째, 학교의 전체적 교육계획에 반영되어야 한다. 생활지도 계획은 학교의 전체적인 교육 계획의 일환으로 이루어지는 것이므로 양자 간에는 반드시 균형과 조화가 요청된다. 생활지도 계획은 전체적인 교육목표와 계획을 토대로 해서 보다 구체적으로 실천에 옮길 수 있도록 작성되어야 한다.

둘째, 학생들의 발달 단계에 합당한 계획이어야 한다. 생활지도 계획은 학생들의 발달단계에 맞게 합리적으로 작성되어야 한다. 이를 위해 해당 학교 학생들이 처한 발달단계 상의 특성에 대한 전체적인 파악이 우선되어야 한다.

셋째, 교직원의 임무 수행에 적합한 계획이어야 한다. 생활지도 활동을 전개함에 있어서 학교 교직원이 지닌 각 개인의 능력과 특성에 합당한 임무를 부여하고 책임감 있게 자신의 임무를 충실히 수행할 수 있도록 계획을 작성하도록 해야 한다.

넷째, 학생 · 학부모 · 지역사회의 요청에 부응하는 계획이어야 한다. 생활지도 계획은 학생들의 요구, 학부모의 희망, 지역사회의 요청, 사회 정세의 변동 등에 부응하여 탄력성 있고 역동적인 성격을 지니도록 작성되어야 한다. 학생들이 최근 당면한 문제를 파악하고, 학부모들이 학교의 생활지도 활동에 대해 어느 정도 이해하고 협력하고 있느냐를 파악하고, 사회와 국가가 요청하는 바를 염두에 두고 생활지도 계획을 세워야 한다.

다섯째, 생활지도의 여러 활동을 유기적으로 연결하는 계획이어야 한다. 생활지도 계획은 생활지도 분야에 속한 여러 활동, 예를 들면, 학생조사활동 · 상담활동 · 진로지도활동 · 추수지도활동 등이 상호 유기적 관계를 지닌 것이므로 균형과 조화가 이루어지도록 작성되어야 한다.

여섯째, 학교의 인적자원 · 시설 · 재정에 합당한 계획이어야 한다. 생활지도 계획은 학교의 인적자원 · 시설조건 · 재정 형편 등을 감안하여 무리가 생기지 않도록 수립되어야 한다. 각급 학교가 처한 인적 자원과 시설 조건, 그리고 학교에서 확보할 수 있는 재정 형편을 고려하여 적정한 수준에서 계획을 작성하여야 한다.

(2) 생활지도 계획의 실제

우리나라 중소도시 중학교의 생활지도 계획의 실제를 소개하면 다음과 같다(와부중학교, 2005 b).

〈운영의 목표〉

① 정직을 바탕으로 한 「친절 · 질서 · 청결 · 예절」의 생활화 교육을 통하여 기본이 바로 선 학생상을 정립한다.

② 「사랑 · 믿음 · 즐거움」이 있는 「가정처럼 좋은 학교」를 만들어 학생들이 편하고 안정된 생활을 할 수 있는 학교 분위기를 조성한다.

③ 자치활동 및 토론문화의 활성화를 통하여 민주적 기본 절차를 존중하는 학생생

활지도 문화를 정착시킨다.

④ 전교사의 상담 교사화를 위해 직무연수를 통하여 학교의 폭력 예방 등 학생 생활지도의 효율성을 기한다.

⑤ 전인적 발달을 지향하는 조화로운 인간 교육으로 잠재 능력과 기능을 발전시켜 장래 자기 진로를 결정하도록 돕는다.

⑥ 상담 기능의 활성화로 학생들이 안고 있는 심리적 갈등, 고충 등을 해소함으로써 학교생활의 부적응, 비행 등을 사전에 예방한다.

⑦ 환경 친화적 가치관을 가지고 환경보호와 개선에 능동적으로 참여하게 한다.

⑧ 화장실 문화의 정착으로 민주시민의식을 고취하고 애향심을 길러 준다.

〈운영 방침〉

① 사제 간 · 학생 간의 사랑을 실천하고 친절 · 공경 · 봉사를 생활화 하며 집단 괴롭힘 등 학교 폭력 예방 · 근절에 힘쓴다.

② 자율 · 준법 · 책임 풍토 조성과 학부모, 지역사회 협조체제를 강화한다.

③ 학생 존중 풍토를 조성하고, 학생 축제 문화의 활성화와 체험학습 위주의 학생 활동을 강화한다.

④ 올바른 자아를 인식하고, 자신에 대한 이해를 심화하여 학교생활에 잘 적응하도록 조력한다.

⑤ 개별 · 집단 상담을 활성화하여 자신의 감정, 행동 등을 탐색하여 보다 성숙하게 한다.

⑥ 담임은 학급 학생을 지도하되 전교사가 1교사 1학생 결연을 맺어 상담활동을 전개한다.

⑦ 환경에 관한 기초지식을 습득하고, 환경오염의 원인과 과정 등 환경과 관련된 문제에 대한 다양한 경험과 기본적인 이해를 갖게 한다.

⑧ 환경교육은 전인교육인 동시에 평생교육으로 전 생애를 통해 전 국민에게 지속적으로 실시해야 함을 인지하고 가정 · 사회교육도 병행하도록 한다.

〈영역 별 세부 추진〉

① 생활지도

〈표 8-7〉 생활지도 주요 업무 실천계획

영역	교육활동내용	목표	시기	대상
학생 지도 전반	*학생증 발급	1회	3월	전교생
	*학생비상연락망 작성	2회	3, 9월	〃
	*교내 · 외 생활지도	수시	연중	전교사
	*분실물 신고 및 습득물 접수	수시	연중	〃
학생회 운영	*학생회규정의 제정	1회	3월	전교사
	*자율적 학생회 조직	1회	3월	전교생
	*학생 대의원회 개최	4회 이상	연중	학생회
	*간부 학생 수련활동	1회	7월	해당자
	*각종 간담회 개최	수시	연중	〃
	*학급회의(HR) 주관	수시	연중	〃
	*학생 선도위원회 운영	수시	연중	〃
학교 주변 유해환경정화	*학교 주변 유해환경 정화활동	수시	연중	전교사
	*학교 주변 순회지도	수시	연중	학부모
자율적인 학생활동	*부모님과 은사님께 편지쓰기	1회	5월	전교생
	*스승의 날 행사	1회	5월	〃
	*모범상 표창	2회	5, 11월	〃
	*무결석 학급 표창	8회	3-12월	〃
	*학생의 날 기념행사	1회	11월	〃
	*청소년 단체 활동	수시	연중	〃
	*학교 건의함 운영	수시	연중	〃
생활지도	*3본 생활의 습관화 지도	수시	연중	전교생
	*학생폭력, 집단 따돌림 예방 대책 수립	〃	〃	〃
	*교통 · 안전지도(횡단보도)	〃	〃	〃
	*건전 교외생활 사전지도	〃	〃	〃
	*불우이웃 및 학우 돕기	2회	7, 11월	〃
	*학교폭력 신고함 운영	수시	연중	〃
	*언어 순화지도	〃	〃	〃
	*용의복장 및 소지품 검사	〃	〃	〃
	*교내 · 외 생활지도	〃	〃	〃
	*교문지도	〃	〃	〃
	*안전지도 예방 지도	〃	〃	〃
	*학교 폭력 설문지 조사	〃	〃	〃
	*친절 질서 청결 예절의 생활화	〃	〃	〃

② 교내환경관리

〈표 8-8〉 교내환경관리 주요 업무 실천계획

영역	교육활동내용	목표	시기	대상
환경관리	*청결한 환경 조성	수시	연중	전교생
	*주번근무 규정의 주지	1회	3월	전교사
	*주번활동의 강화	수시	연중	전교생
	*청소용품 관리 및 청소지도	수시	연중	〃
	*특별구역 청결지도	수시	연중	〃
	*교내외 환경조성 및 심사	2회	3, 9월	〃
화 장 실 문화 개선	*청결한 환경 조성	수시	연중	〃
	*음악이 흐르는 쾌적한 환경 조성	수시	연중	〃
	*방향제, 탈취제, 비누, 화장지 비치	수시	연중	〃
	*조화, 액자 설치	수시	연중	〃
	*교내 으뜸 화장실 콘테스트 실시	1회	9월	〃
	*학생 정서 순화 게시물 부착(시, 명언)	수시	연중	〃

각급 학교의 생활지도 목표는 해당 학교의 생활지도위원회가 중심이 되어 설정해야 하지만, 국가의 시책, 학교장의 중점 지도목표, 교직원 · 학부모 · 학생들의 요청이 모두 반영되도록 해야 한다. 상기에 제시한 생활지도 계획은 어디까지나 예시에 불과하므로 각급학교의 실정에 따라 가감이나 수정 및 보완해야 한다.

4) 가정 · 학교 · 사회의 상호협조체제의 기반 조성

(1) 학교와 가정의 협조

가정은 자녀들과 신체 발달과 인성의 형성에 중요한 영향을 미친다는 점에서 생활지도 분야에서는 무엇보다도 가정과 학교, 학부모와 교사와의 관계를 중요시하는 되는 것이다. 만일 생활지도를 담당하는 교사가 학생의 가정환경에 무관심하다면 학생에 대한 올바른 이해가 불가능하며 아울러 생활지도를 기대할 수 없다. 생활지도에 있어서 가정과 학교와의 협조가 중시되어야 하는 이유는 무엇보다 학생들의 본성에 대한 상호 이해를 증진시킬 뿐만 아니라 자녀를 위하여 어떤 교육을 시켜야 하는가를 함께 생각해 보자는 데 있다. 학교나 교사는 성공적인 생활지도를 추진함에 있어 가정이나 학부모와의 유대 강화를 위하여 어디에 역점을 두어야 하겠는가를 생각하지 않을 수 없다. 학교와 가정의 협조에 대해 몇 가지 유의점을 소개하면 다음과 같다. i) 학교의 생활지도를 추진함에 있어서 부모의 자녀에 대한 보호자로서의 권리를 무시하거나 부모의 의견을 경시해서는 안 된다. ii) 학교는 공식적 또는 정기적인 학부모 모임을 최대한으로 활용함은 물론 자발적인 학교 방문 기회를 제공하여 교사와 학부모 간의 대화의 기회를 확대시켜 주어야 한다. iii) 학교는 학부모로 하여금 교육의 기능을 전적으로 학교에 맡기겠다는 생각을 갖지 않도록 해야 한다.

특히 교육의 방향이 수요자 중심의 교육이 수행되어야 한다는 오늘의 교육 현실을 고려할 때 학부모의 의견과 요구에 대한 적극적인 수용이 고려되어야 한다. 그런데 부모와 교사가 상호 간의 기능을 발휘함에 있어 가장 중요한 것은 부모의 참여와 교사의 수용이 하나의 통합적인 체제로 구조화될 때 소기의 성과를 거둘 수 있다는 것이다.

(2) 학교와 사회의 유대

학교는 결코 독립적으로 존재하는 것은 아니다. 가정과의 긴밀한 유대를 가져야 함은 물론 지역사회와의 긴밀한 협조 체제를 구축할 필요가 있다. 더욱이 학교 생활지도라는 관점에서 보면 학교와 가정, 학교와 사회 간의 유대와 협조가 더욱 절실한 것이다.

어떤 측면에서 보면 학교는 지역사회로부터 다양한 지원을 받는 수혜기관으로 그에 대한 반대급부가 없어서는 안 되는 것이다. 어떠한 교육목표를 학교가 설정하든, 어떤 교육활동을 전개하든 그것이 지역사회의 기대에 어긋나는 경우에는 학교의 교육기능이 쓸모없이 되어 버리기 쉽다. 학교는 지역사회의 요구 및 문제를 항상 사전에 감지하여 보다 나은 지역사회의 발전에 기여해야 하는 것이다. 학교의 지역사회 관련 목표는 학교가 얼마만큼 지역사회의 발전을 위하여 건설적인 계획을 수립하고 있느냐에 달려 있는 것이다. 이와 같이 학교와 지역사회가 원만한 관계를 갖도록 유도하고 조정하는 역할을 학교장이 담당해야 한다.

학생관리란 학습지도 관리와 생활지도 관리로 분류할 수 있다. 대부분 학교에서는 학습 측면에 중점을 두어 교육활동을 전개하고 있다. 하지만 학생들의 학습효과란 정상적이고 바람직한 생활태도에 바탕을 두지 않고는 이루어질 수 없다는 점을 고려할 때, 학생 생활지도는 학교를 관리하는 학교장의 입장에서는 결코 소홀하게 다룰 수 없는 것이다. 더구나 변화의 시대를 맞이하여 학생들의 개성이 더욱 두드러지게 나타나는 현실을 볼 때 생활지도를 통한 학생관리는 더욱 강조되어야 한다.

생활지도의 성패는 학교장의 학생관 및 생활지도에 대한 의지와 역할 수행에 달려 있다. 따라서 학교장은 변화하는 시대의 흐름에 맞는 생활지도 방법의 개발과 교사들의 지도 자세의 변화를 유도해야 한다. 지식 및 정보기반사회에 적응할 수 있는 자발적이며 개성적인 인간을 육성해야 한다는 점을 고려하여 과거와 같은 일률적이고 통제적인 생활지도가 되지 않도록 학교장으로서의 지도와 관리가 소홀하게 다루어서는 안 될 것이다.

이를 위해 교사들이 학생 생활지도에 적극적으로 임할 수 있는 효율적인 조직을 갖추도록 해야 하며, 교사들이 자발적으로 창의성을 발휘하여 인간적인 자세로 학생 생활지도에 임할 수 있는 여건을 조성해 주어야 한다. 그리고 생활지도에 대한 계획의 수립, 생활지도의 수행과정과 평가에 이르기까지 학교장의 관심과 배려가 있어야 한다.

또한 학생들의 생활태도는 학교에서만 형성되는 것이 아니라는 점, 교육의 장이 점차 학교 밖으로 확대되고 있다는 점, 수요자 중심의 교육을 지향해야 한다는 점 등을 고려하여 학교와 가정과 지역사회와 연계되는 생활지도가 될 수 있도록 노력해야 한다. 이럴 때에 생활지도와 관련한 학생관리가 원만히 이루어질 수 있는 것이다.

5. 시설관리

학교 교육시설은 교육의 성과를 좌우하는 교육환경 중 가장 중요하고 기본적인 요인이다. 좋은 교육계획과 교육과정이 있다고 하더라도 이를 수용하고 지원할 시설과 설비를 동시에 구비하지 않으면 우리가 바라는 교육의 목표를 달성할 수 없을 것이다.

여기에서는 학교 교육시설의 중요성과 특수성, 학교시설의 기획과 운영 단계, 학교시설 계획의 준거와 발전방향, 학교 교육시설 계획과 투자 등에 대해서 알아보기로 한다.

1) 학교 교육시설의 중요성과 특수성

흔히 학교 구성의 3대 요소로서 교사, 학생, 시설을 든다. 이는 그만큼 학교 교육시설이 학생교육에 필수적인 환경조건이라는 말이다. 더구나 학교의 교육시설은 20세기의 학교 건물과 교실 수준이 아니라, 지금은 지식 및 정보기반사회의 흐름 속에 컴퓨터 시설과 인터넷 시설이 반드시 구비되어야 하고 최신의 현대 교육시설이 마련되어야 하기 때문에 이 분야의 시설과 관리는 더욱 중요한 의미를 갖는다.

따라서 교육환경 개선을 위한 학교 시설의 현대화가 이루어져야 하며 학교 시설 관리 측면도 단순한 관리가 아니라 적극적이고 내구성을 증대시키는 방향으로 시설관리를 해야 할 것이다.

한편 학교 교육시설은 기업체나 연구기관, 관공서 등 여타의 시설과 공통점을 가지면서도 전혀 다른 특수성을 가지고 있다고 본다(남정걸, 2004).

첫째, 교육시설은 교육이라는 목적을 달성하기 위한 기본 환경이다. 교육이란 학교라는 환경에서 교사가 교육과정에 담긴 내용을 학생들이 경험하고 학습하도록 지도하는 과정이다. 따라서 교육내용은 학생들의 구체적인 경험을 통하지 않고는 학습되지 못한다. 하지만 학습자의 경험이나 행동은 환경과의 상호 작용의 결과로 나타나기 때문에 학습자를 둘러싼 인적 · 심리적 환경과 더불어 물적 환경이자 공간으로서의 시설이 조직 못지않게 중요한 의미를 지닌다. 즉, 교육시설은 교육내용과 학생들의 학습경험과 행동에 긍정적인 영향은 물론 자칫하면 부정적인 영향도 줄 수 있다. 교육시설의 중요성은 교육내용과 학습경험의 수단적 기능뿐만 아니라 교육내용과 학습의 성격까지도 좌우한다. 흔히 전달매체가 전달내용이라는 말처럼 학교 또는 교육시설이라는 매체 자체가 교육내용과 마찬가지로 중요하다.

둘째, 교육시설은 학생들의 행동에 대해 현재만이 아니라 미래까지도 중요한 영향을 미친다. 그 어떠한 시설도 학교처럼 그 점유자들에 일생동안 커다란 영향을 주지는 못한다. 직장은 한번 떠나면 그만이고, 초등학교 시절 가르치시던 선생님이나 학습한 내용은 잊어도 그 당시의 교사(校舍)나 운동장, 주변의 나무나 구조물 등은 졸업 후에도 평생 잊혀지지 않고 마음의 고향처럼 아름다운 추억으로 남는다.

셋째, 다른 시설과 달리 학교의 시설은 규모가 거대하다. 우리나라 초 · 중 · 고등학교의 개황은 〈표 8–9〉와 같다.

〈표 8–9〉에서 나타난 바와 같이, 우리나라 교육시설은 1만여 개가 넘는 초 · 중 · 고등학교와 780만 명에 가까운 학생을 수용할 만큼 방대하다. 농장이나 실습지 등 부속 토지를 제외하고 교사 대지와 운동장의 넓이만도 2억 8268만여m^2이다. 건물 수는 6만 7700여 개이며, 그 면적은 5,887만 7천m^2를 초과한다. 이처럼 방대한 시설을 가

〈표 8-9〉 초 · 중 · 고등학교의 개황(2002)

구 분	학교수	학생수	교지(m^2)	건물동 수	건물면적(m^2)
초 등 학 교	5,385	4,138,511	97,903,598	37,500	26,336,811
중 학 교	2,824	1,845,672	70,280,469	14,562	13,918,629
일반계고교	1,254	1,220,146	56,276,695	8,140	10,921,929
실업계고교	741	575,363	58,223,510	7,511	7,700,031
계	10,204	7,779,692	282,684,272	67,713	58,877,400

* 자료: 교육인적자원부 · 한국교육개발원(2002). 『교육통계연보』에서 재구성함.

진 기관은 교육기관을 제외하고는 없을 것이다.

넷째, 교육시설의 형태가 다양한 것도 타의 시설과 다른 특수성이다. 건물만 하더라도 여러 형태가 있다. 교수-학습 공간, 관리시설, 지원시설, 체육관, 강당, 보건실, 급식시설 등이 있다. 교수-학습 공간의 주가 되는 교실도 각 교과별로 크기가 대 · 중 · 소로 나누어지며, 기능이 각기 다르다. 지원 시설의 경우는 도서관 · 컴퓨터실 · 어학실 · 시청각실 · 멀티미디어실 등 다양하며, 관리시설도 교장실, 회의실, 상담실, 행정실, 방송실, 생활지도실 등이 있다. 건물은 구조별로 보면 철근 콘크리트조, 철골조, 벽돌 및 블록조, 석조, 목조 등 다양하다. 이처럼 한 기관 안에 형태나 종류가 다양한 시설은 교육시설을 제외하고는 보기 힘들 것이다.

다섯째, 교육시설은 그 점유자의 수가 많다는 특징도 있지만, 그 점유자인 교직원이나 학생들만의 전유물이 아니다. 여타의 시설은 그 조직이나 기관의 구성원 외에는 별로 사용이 허락되지 않으나 교육시설은 학교의 구성원 외의 지역주민이나 관련 인사들에게도 수업에 지장이 없는 한 개방되어 활용되도록 하고 있다는 특수성이 있다. 즉 지역의 교육, 문화, 스포츠 활동의 장으로 두루 쓰이고 있다.

2) 학교시설의 기획과 운영 단계

학교장이 학교에서 어떤 시설이든지 설치하고 운영하려면 그 기획과 설계를 잘해야 하고, 시공을 견고하고 정확하게 하며 능률적이고 안전하게 운영해야 한다. 학교시설의 기획과 운영의 단계를 알아보면 다음과 같다(서정화 외, 2002).

첫째, 시설의 기획단계이다. 이 단계는 학교시설을 만들었을 때 그 시설을 주로 사용할 학생과 교사의 의견과 요구를 충분히 들어야 할 것이며, 시설을 설치할 공간의 문제, 시설의 현대화와 능률에 관한 문제, 시설을 운영할 사람과 시설에 드는 비용의 문제 등을 미리 생각해 두어야 한다.

시설의 기획단계는 다음의 몇 가지를 중점적으로 계획하여야 한다. i) 학교교육을 위해 어떤 시설을 우선 계획해야 할 것인가? ii) 학교의 규모와 학생의 이용량을 보아 적절한 것인가? iii) 교과과정 및 교육방법 운영에 얼마나 도움이 되는가? iv) 학교 운영방식으로 보아 이용가치가 큰 것인가? v) 학교구성원의 요구사항 및 운영기능은 어떤가? vi) 향후의 학교운영과 교육발전에 큰 도움이 되는가?

둘째, 설계단계이다. 이 단계는 기획단계에서 분석 및 검토한 제반 조건들을 학교 건물 및 공간으로 구성하는 과정이다. 그러므로 기획단계와 설계단계는 매끄럽게 연결되어야 하며 마련된 부지와 주변 환경을 최대한 활용해서 설계해야 한다. 설계할 때 유의할 사항은 다음과 같다. i) 토지이용 및 공간계획으로 적절한가? ii) 배치계획은 어떻게 해야 하나? iii) 학생이용과 교통운반 등 동선계획이 적절한가? iv) 토목 및 건축 상의 문제는 없으며 어떤 건축계획이 있어야 하나? v) 전기 기계설비 계획, 냉난방 계획 등의 설계가 제대로 되었나? 이와 같이 설계단계에서는 학교 기능에 맞도록 하고 시설 유지관리 차원에서 효율적인 운영이 되도록 유의해야 한다.

셋째, 시공단계이다. 아무리 좋은 기획과 설계가 되었다고 해도 시설을 형상화시키려면 시공이라는 단계를 거쳐야 하며 그 시공이 제대로 되어야 하고 견고하고 능률적인 활용이 될 수 있다. 시공은 계약제도, 시공회사의 질적 수준, 시공자재의 품질, 시공기술자 및 기능공의 자질, 시공여건 등 여러 가지 요소가 복합적으로 이루어지는 종합예술품이기 때문에 어느 한 부분이 불량하면 전체에 미치는 영향은 대단히 크다.

따라서 시공상 유의사항을 몇 가지 제시하면 다음과 같다. i) 양심적인 시공자를 선정해야 한다. ii) 감독자가 내 집 짓듯 관심을 가져야 한다. iii) 부실자재의 사용, 기술이 낮은 업자의 시공 등 부실원인이 없어야 한다. iv) 단기간 내 급하게 학교 개교 등 부실시공 원인을 제공하는 일이 없어야 한다. v) 시설시공자는 어느 한 부분도 소홀히 해서는 안 된다. vi) 시공을 관리하고 감독하는 이가 철저히 감독해야 한다.

넷째, 운용단계이다. 학교시설이 완성되어 사용자에게 인계되면 교육목적에 유용하게 활용하도록 하며 그 시설을 효율적으로 관리해야 한다. 학교시설은 수많은 학생들이 계속 사용하는 것이므로 조금만 그 관리를 소홀히 해도 시설이 빨리 훼손되고 노후되어 제 기능을 다하지 못할 뿐만 아니라 내구연한이 줄어들어 사용할 수 없게 된다. 따라서 학교시설을 운용할 때는 사용자(학생)에게 시설사용법과 유의사항을 철저히 주지시키고 교육시켜야 하며 학교시설의 주인이 자기라는 의식을 넣어주어야 한다. 다음의 시설운용상 유의점을 참고로 제시하면 다음과 같다. i) 학교시설이 온전하고 튼튼하게 관리되도록 해야 한다. ii) 시설유지에 머물지 않고 활발하게 활용하면서 관리하도록 해야 한다. iii) 학교시설의 안전과 사용상의 안전에 특히 유의해야 한다. iv) 시설이 주는 교육적 효과를 검토해 가면서 개선해 나간다.

다섯째, 재개발단계이다. 학교시설이 노후되거나 기능이 떨어지면 빨리 새로운 시설로 바꾸어야 한다. 학교시설의 재개발은 교육과정이 바뀌거나 시설이 현대화될 때 발전하는 시설로 바꾸어 주어야 되는데 과거에는 교사와 교실 등 건물시설이 30년 이상 건전하게 유지 관리되어 왔지만 지금은 20년 이상 되면 그 기능이 달라지기 때문에 재개발되어야 한다. 즉 시설의 물리적 수명이 다해서 재개발하는 경우보다 시설의 기능적 수명이 다해서 재개발해야 하는 경우가 더 많을 수 있으며 앞으로 사회의 발전 속도가 점점 가속화될 것이므로 기능적 수명에 의한 재개발 수요가 대부분이 된다는 것이다.

따라서 재개발 단계에서는 시설수명에 의해 재개발 부분과 시설기능에 의해 재개발 부분을 나누어 시설 개선 및 재개발에 효율화를 기해야 할 것이다.

3) 학교시설 계획의 준거와 발전방향

(1) 학교시설 계획의 준거

교육시설의 계획에서 일반적으로 충족해야 할 조건이나 준거를 여러 학자들은 제시하고 있다. 교육시설은 학교교육에서 학습기능과 생활기능을 원활히 수행할 수 있어야 한다는 전제에서 i) 학습의 기능을 위해서 학교시설은 융통성이 있어야 하며, ii) 생활의 기능을 위해서 건강성 · 안정성이 구비되어야 하고, iii) 시공, 유지, 관리를 위해서는 경제성이 있어야 한다. 그러나 학교시설의 현황을 진단 및 분석하기 위해서는 이들을 좀더 세분화하여 다음과 같이 아홉 가지의 준거가 필요하다고 본다. 즉 학교의 대내적인 측면에서 학습기능을 수행하기 위하여 교육시설은 충분성 · 융통성 · 적절성 · 효율성을 지녀야 하며, 생활기능을 수행하기 위해서는 건강성 · 안정성 · 미관성을 구비해야 하고, 대외적인 측면에서는 개방성을 고려하지 않으면 안

될 것이다. 물론, 이들 상호 간에는 밀접한 관련성이 있기 때문에 엄격히 구분하기 어렵고, 대부분의 시설은 동시에 여러 개의 준거를 충족시켜야 할 것이다(남정걸, 2004). ① 충분성(adequacy): 교육공간이나 시설의 규모와 수가 학생 및 교육 활동을 수용하고 지원하기에 충분하고 적절하여야 한다. ② 융통성(flexibility): 교육의 변화 추세에 따라 교육시설의 변화 및 대응할 수 있어야 한다. ③ 효율성(efficiency): 교육시설은 그 안에서 전개될 교육의 목표를 최대한으로 달성할 수 있어야 한다. ④ 적절성(suitability): 교육시설의 구조나 배치가 교육활동을 전개하거나 이용하는데 불편함이 없이 적합하여야 한다. ⑤ 건강성(healthfulness): 조명, 난방, 환기, 급수, 화장실 등이 학생들의 건강에 지장이 없도록 확보되고 위생적이라야 한다. ⑥ 안정성(safety): 교육시설의 구조나 자재가 견고하고, 풍우나 화재 등 재난을 막을 수 있어서 학생들의 안전을 보호할 수 있어야 한다. ⑦ 미관성(beauty): 교육시설은 외관이 멋있고 아름다워서 학생들의 정서를 함양하고 심미감을 기를 수 있도록 영향을 주어야 한다. ⑧ 경제성(economy): 최소의 비용으로 최대의 효과를 올릴 수 있도록 교육시설은 계획 · 시공 · 유지 · 관리되어야 한다. ⑨ 개방성(openness): 학교시설은 교육에 지장이 없는 한 지역 사회에 개방되어야 한다.

(2) 지식 및 정보기반사회의 교육시설 계획의 원칙

학교 건축계획이라는 구체적 수준에서 맹준호(2002)는 지식 및 정보기반사회에서의 교육의 방향에 나타난 특징들을 종합하여 교육시설 계획의 여섯 가지 원칙을 제시하고 있다.

① 개성화: 개별 학생들의 다양한 욕구를 충족하기 위한 개별화된 교육프로그램으로 자기 주도적 학습을 할 수 있는 기회를 제공하도록 학교마다 개성적인 계획을 하여야 한다. ② 다양성: 개별화 프로그램에 의한 다양한 유형의 교수-학습 형태와 수준별 교육, 사이버 학습 등에 대응하는 다양한 공간이 계획되어야 한다. ③ 선택권: 수요자의 능력수준과 적성 및 진로에 적합한 교과목의 선택권 부여, 학교나 학생의 요구에 의한 재량활동의 강화와 과목 선택권의 확대를 방영하기 위한 유기적인 계획이 되어야 한다. ④ 정보화: 정보화를 위한 인프라 구축이 신속히 확대되면서 멀티미디어 학습 및 네트워킹 학습이 강화됨에 따라 이를 수용할 수 있는 계획이 이루어져야 한다. ⑤ 첨단화: 고차원적 추리와 문제해결 능력을 갖추고 지식을 창출할 교육을

위해 각 교실, 지원 공간 및 관리 공간 등이 첨단화 되어야 한다. ⑥ 공공성: 학교교육이 사회변화에 적응하기 용이하고, 평생교육 차원에서 교육이 이루어지기 위해서는 학교가 지역사회의 공공장소로서 주민들과 공동으로 활용될 수 있도록 계획이 되어야 한다.

(3) 미래 교육시설의 발전방향

미래의 학교시설은 발전하는 시대에 걸맞은 현대적인 시설로 개선해야 할 것이다. 특히 지식 및 정보기반사회의 교육정보화를 위한 시설과 미래교육을 수용해갈 수 있는 현대화 시설로 바꾸어 나가야 한다. 교육개혁에 따른 새로운 교육시설 수요에 대비하기 위한 학교시설은 양적 위주의 시설에서 질적 수요 창출의 시설로 발전해야 할 것이며 미래를 내다보면서 더욱 과학화되고 풍성해질 수 있도록 해야 할 것이다.

이러한 지식 및 정보기반사회의 교육 동향과 교육시설의 준거나 원칙을 전제로 미래 교육시설의 발전방향에 대해서 살펴보면 다음과 같다(서정화 외, 2002; 남정걸, 2004).

첫째, 사용자 중심의 교육시설이다. 학교시설은 교사와 학생이 함께 생활하는 생활장이요, 교육 연출장이므로 학생과 교사가 사용하기에 편리해야 한다. 그러므로 교육활동을 면밀히 검토하여 그에 알맞게 시설해야 하고 교육성과가 오를 수 있도록 능률적인 시설이 필요하다.

둘째, 학교시설의 다양성 및 융통성이다. 학교시설이 너무 정형화되고 고착화되면 안 된다. 학교시설이 주는 구성의 조형미를 중시하되 교수-학습의 활용도에서 다양한 응용을 기할 수 있는 융통성이 제고될 수 있어야 한다. 한편, 시설의 사용과 관리 측면에서 공간조정이 가능하고 특별활동이나 행사활동에서 다목적으로 활용할 수 있는 다양성이 주어져야 하며 언제라도 필요할 때에는 첨단 교육기자재의 시설이 가능하도록 기반 설비를 갖추도록 설치되는 것이 좋다.

셋째, 학교시설의 현대화이다. 학교시설은 가정시설이나 사회시설보다 더 앞서나가야 하고 발전된 곳이어야 한다. 따라서 학교시설을 확충할 때에는 현재 상황에 머물지 않고 미래를 바라보면서 현대적이고 첨단적인 시설과 교육기자재를 마련해야 한다. 그리고 앞으로 학교시설은 학생들에게 희망과 꿈을 심어줄 수 있는 시설, 창의력이 솟아날 수 있는 시설, 싫증이 나지 않고 생동감을 불러일으키는 시설이 생겨나야 한다. 특히 학교시설에서 좀 더 밝고 따뜻하며 신선미가 살아날 수 있는 냉·난방,

위생환경설비, 조명설비 등의 교육환경 개선이 필요하다.

넷째, 열린 공간과 공간과의 연계성이 있어야 한다. 학교시설은 전체적으로 개방적이면서 나름대로 독자적 기능을 수행할 수 있는 독립성을 보장하는 상호 연계성이 확보되어야 한다. 이와 같은 열린 환경에서는 교사의 수업방식, 교재 작성과 사용방법, 교사의 개성이 그대로 공개되고, 교재의 공동 사용과 정보의 교환이 촉진되어 팀티칭이나 동료장학의 분위기가 형성된다. 결국 각 교실이나 공간은 상호 연계성을 고려하여 어디에서나 최단 거리로 접근할 수 있도록 동선(動線)을 짧게 한다. 학교의 중심 부분에는 모든 학생이 공동으로 사용하는 학습 센터나 도서관, 멀티미디어실을 배치하여 자유롭게 이용이 가능하도록 하여 학생들의 학습의욕을 촉진하고 동기를 자극한다.

다섯째, 가르치는 학교에서 배우는 환경으로서의 학교가 되어야 한다. 학생이 자발적으로 학습하고 자기의 관심과 능력에 따라 학습의 속도를 스스로 조절하고 심화시킬 수 있도록 학습시설을 멀티미디어화 하여야 한다. 종래의 환등기, OHP, TV 등 시청각 매체정도가 아닌 초고속 정보통신 기술을 이용하여 음성과 문자와 데이터 및 영상이 통합된 멀티미디어를 수업에 적절히 도입할 수 있는 공간과 환경을 마련하도록 한다. 그리하여 시간적 · 물리적 한계를 초월하여 가상 공간에서 전 세계의 데이터를 자기의 관심과 적성에 따라 창의적으로 처리할 수 있도록 하여야 한다. 단순한 정보의 소비자가 아니라 주체적인 정보의 생산자로, 일방향적인 사고(one-way thinking)와 행동으로부터 다면적인 사고와 행위자로 전환시켜 지식 및 정보기반사회의 주역이 되도록 학습여건을 마련한다.

여섯째, 생활환경으로서의 학교가 되어야 한다. 학교는 학생과 교직원들이 일상생활을 영위하기에 불편과 부족함이 없는 주거로서의 시설과 설비, 비품을 적정한 장소에 적절한 정도로 구비하여야 한다. 아울러 교실의 냉난방, 조명, 공기, 소음 등이 기준에 적합하여야 한다. 학생과 교직원의 건강과 복지를 위한 쾌적한 생활공간이 조성되어야 한다.

일곱째, 학교의 공간은 기능별로 구획(zoning)하여 유기적 관련성을 유지하도록 한다. 인문사회 교과(국어 · 외국어 · 사회 등)와 실험실습 교과(과학 · 가정 및 실업 교과, 예체능 교과 등)와 같은 교과는 성격이 유사한 교과 간의 연계성을 고려하여 교실을 클러스터형으로 배치하여 상호 유기적인 관계를 가지고 활동할 수 있도록 배려한다. 각 교과교실은 그 교과의 특성에 적합한 교구와 기자재, 미디어를 충실히 갖추고, 교실군의 중심에 열린 공간과 교사 연구실이나 교과 연구실을 두어 자족적인 학습센터가 되도록 해야 한다. 학생들은 수업시간마다 교과교실로 이동하여 수업을 받을 수 있도록 한다. 이때 이동수업이 용이하도록 학년별 홈베이스나 락카 룸을 설치한다. 그리고 시청각실, 컴퓨터실, 도서관, 자료 검색실과 같은 지원시설과 행정 및 관리실도 기능을 고려하여 클러스터를 형성하도록 배치한다.

여덟째, 학교는 지역사회의 문화센터나 평생교육의 장이 되어야 한다. 학교를 둘러싸고 있는 사회교육시설이나 공공시설과의 상호 유기적인 관계와 공동 이용을 통해 교육의 효과가 극대화될 뿐 아니라 지역사회의 요구를 학교가 수용하지 않으면 안 된다. 더구나 평생교육 · 평생학습의 차원에서도 학교의 예체능 시설, 체육관, 강당, 식당, 기술 · 가정실, 컴퓨터실 등 지역사회 주민이 공용 가능한, 복합시설이 되도록 한다. 여기에는 학생들의 정규 수업에 지장이 없도록 하고, 학교와 지역사회의 중복 투자가 없도록 자치단체와의 사전협의와 계획이 필요함은 물론이다. 그리고 이들 공용시설은 학생과 지역주민이 별도로 접근이 가능한 곳에 배치하여야 한다.

아홉째, 교육시설을 자연 친화적이며 생태환경을 체험할 수 있는 공간이 되어야 한다. 학교는 지역사회의 중심적 공공시설로서 지역적 · 지구적 차원의 이런 생태 문제를 해결할 수 있고, 체험학습(experiential learning)을 하는 거점이 되어야 한다. 학교가 위치한 지리적 · 기후적인 자연환경과 조화되는 생태계의 일부로서의 학교일 뿐만 아니라 학교 안에 생태계를 체험할 수 있는 다양한 학습공간을 조성하고, 태양열을 이용하여 냉난방이나 조명, 온수를 대피하는데 에너지화하고, 옥상에 떨어지는 빗물을 받아 청소나 화장실, 연못이나 도랑물로 재활용할 수 있는 시설, 설비, 건축이 되도록 하여야 한다.

이처럼 지구 및 자연환경과 공생하고, 이런 것을 학생이 자연스럽게 알게 하는 학교건축의 모습을 생태학교(eco-school)라고 한다. 좀 더 구체적으로 생태학교에 대해서 언급하면 다음과 같다(김현수, 2002: 20). ⅰ) 에너지와 자원의 절약 및 순환활용, 자연과의 유기적 연계 및 건강한 건축을 실현한 학교, ⅱ) 학생과 지역사회 주민이 함께 할 수 있는 생태 체험학습장으로서의 기능을 가지는 학교, ⅲ) 자연생태의 토양 및 물 순환 기능으로 도시 생태환경의 거점 기능을 하는 학교, ⅳ) 학생, 교사, 지역주민의 여가, 휴식 등의 생활공간을 제공하는 학교, ⅴ) 지역주민 간의 교류와 참여 및 사회교육을 위한 중심 문화시설로서의 역할을 하는 학교 등을 의미한다.

4) 학교 교육시설 관리와 투자

학교시설의 관리는 유지관리와 활용관리로 나눌 수 있다. 학교시설 유지관리는 학교시설을 오래도록 사용할 수 있도록 최선의 유지관리를 하는 것으로 노후 및 고장에 대비하여 사전 점검하여 그 대책을 수립하여 개선함으로써 내구연한을 더 연장해 가는 것이다. 학교시설 활용관리는 학교시설을 주어진 용도에 맞게 최대한 사용하고 시설기능이 떨어져서 활용이 쉽지 않을 때 기능을 높여주거나 개선해 주는 것이다. 활용율이 높도록 이용방법을 가르쳐주고 이용시간을 늘려주기도 한다. 더구나 근래 학교시설 활용에서 안전문제가 등장되기도 하는데 사고를 예방하는 관리도 매우 중요하다.

여기에서는 학교 교육시설 관리와 교육시설의 투자에 대해서 살펴보기로 한다.

첫째, 학교시설 유지관리이다. 학교시설을 효과적으로 유지관리하려면 관리자의 세심한 주의와 돌봄이 있어야 한다. 녹이 슬어 상한 부분, 기둥이 썩거나 벌레 먹은 부분, 시멘트가 떨어져 나간 부분, 비가 새는 부분, 도장이 벗겨져 속살이 드러난 부분, 물이 빠지지 않고 고여 있는 부분, 기계가 고장이 나서 돌아가지 않는 부분 등 유지 관리해야 할 부분들을 늘 돌보면서 손댈 필요가 있을 때 즉시 손질을 해야만 한다. 한편 유지관리의 체계화도 필요하며 특히 다음 관리사항을 유의해야 한다(서정화 외, 2002). ① 시설 유지관리에서는 교사나 학생이 모두 학교시설의 주인이라는 생각을 갖게 한다. ② 시설 유지관리를 체계를 세워 돌보는 시기와 담당자를 맡겨 철저하게 관리한다. ③ 문제가 발생하기 전에 예방적 차원의 시설 유지관리를 하여야 한다. ④ 시설 유지보수를 위해 정기적으로 점검하고 보수한다. ⑤ 시설 유지를 위해 항상 예산을 확보하여 둔다. ⑥ 시설 사용자인 교사, 학생들의 시설 유지관리 교육을 실시한다. ⑦ 시설 유지관리를 위한 카드와 점검표를 비치 활용한다.

둘째, 학교시설 활용관리이다. 막대한 재산을 들여 만든 학교시설을 그만큼 값있게 활용해야 하며 활용도를 한껏 높여야 할 것이다. 시설 활용도를 높인다는 것은 시설활용의 수량을 높이는 것도 되지만 이용의 질을 높이는 것도 된다. ① 학교시설의 활용율을 최대한 높인다. ② 시설을 만든 목적과 기능에 알맞게 사용 지도한다. ③ 시설이 유휴되지 않도록 활용대책을 수립하여 운영한다. ④ 시설이 더 잘 활용되도록 부가시설의 보완 및 프로그램을 연구한다.

셋째, 학교시설의 안전관리이다. 학교시설을 이용할 때 가끔 안전사고가 발생하여 학부모와 시민을 놀라게 한다. 학교시설에서 일어나는 사고는 많은 학생들의 안전을 위협하기 때문이다. 따라서 학교시설 관리에서 안전 문제는 매우 중요하며 학교장은 이 안전문제에 특히 관심을 가지고 관리해야 한다. 학교장은 시설을 계획하고 설계 시공할 단계부터 안전관리에 크게 유의하였을 것이나 시설을 오래두고 사용하는 과정에서 더욱 주의를 기울여야 할 것이다. 특히 다음 내용들을 관심 있게 점검할 필요가 있다. ① 노후 건물에 대한 구조 안전점검이다. 이는 무너지거나 부분 건축물이 부서지거나 화재의 위험이 없는가를 살피는 일이다. ② 안전관리체계 수립 시행이다. 안전 담당자를 정하여 각종 시설관리의 책임을 부여하고 확인한다. ③ 정기 및 수시 안전 점검한다. 매일 시설관리를 위해 순시를 계속하고 주요 관리 포인트를 확인한다. ④ 위험 및 취약시설에 대한 정확한 파악과 점검을 한다. 위험 및 취약시설 카드를 만들어 집중 관리하며 조속히 개선한다. ⑤ 냉 · 난방기기, 전기 및 기계시설에 대해 점검한다. 보일러, 냉동기, 상하수도관 및 전기배선과 전기시설, 기계시설 등을 정기 점검하여 안전이상 유무를 판정한다. ⑥ 안전관리 교육 철저와 민방위 훈련을 시행한다. 교사와 학생 모두에게 안전관리 교육을 철저히 시킨다.

(1) 교육시설의 투자

아무리 훌륭한 교육계획과 이에 따른 시설계획을 합리적이고 이상적으로 수립하였다 하더라도 이를 실현할 투자를 하지 않는다면 전혀 그 효과를 기대할 수 없다. 해마다 학년 초가 되면 '학교는 공사 중'이라는 언론의 보도가 되풀이되는 것은 투자의 미비나 지연으로 학교를 짓지 못해 학생들이 등교를 못하고 기존 학교에 더부살이하거나 완공되지 않은 학교에 등교하는 상황을 말해 준다. 교육목적을 달성하기 위해 영위되는 모든 교육활동은 교육계획과 시설계획 및 이를 구체적으로 실현시킬 수 있는 재정 투자가 일치되어야 비로소 그 효과를 극대화할 수 있다. 이들 삼자 관계는 [그림 8-5]와 같이 나타낼 수 있다.

[그림 8-5]와 같이, 정삼각형의 세 변과 같은 관계에 있고, 그 밑변이 바로 투자인 것이다(남정걸, 1989: 165). 삼각형의 넓이는 밑변과 높이의 관계로 결정되므로 투자의 대소가 그대로 교육계획과 시설계획을, 따라서 교육활동의 질적 고저를 결정하는

[그림 8-5] 교육계획 · 시설계획 · 투자의 삼각 관계

변인이 된다.

정부는 2001년 7월 20일 '지식 및 정보기반사회에 부응하는 교육 여건 개선 계획'을 추진하기로 하여 진행 중이다(이를 '7.20 조치'라고 흔히 약칭하고 있다). 우리가 흔히 자조적으로 말해 온 '19세기 교실에서 20세기의 교사가 21세기의 학생을 가르친다'는 말은 우리나라의 교육여건을 탈피하고, 21세기로 끌어올린다는 계획이다. 즉 우리나라의 교육여건을 OECD 수준으로 개선한다는 것이다.

우리나라 초 · 중 · 고등학교의 학급당 평균 학생 수는 〈표 8-10〉에 나타난 바와 같이 OECD 국가 중 가장 많은 37명(2001년도)으로 이는 일본의 31명, 프랑스의 25명, 미국의 23명, 영국의 22명(1995년도)을 크게 상회하는 수준이다(김평수, 2001: 66). 35명 이하의 학급은 전체 21만여 학급의 20.6%에 불과하며 나머지 70% 이상의 학급이 36명 이상인 과밀학급이다.

7.20 조치에 의하면 지식 및 정보기반사회가 요구하는 창의력 있는 인재 양성을 위한 수준별 학습과 선택중심의 다양한 교수-학습 방법을 도입하기 위해 고등학교는 2002년까지, 초등학교와 중학교는 2003년까지 OECD 국가수준인 학급당 35명으로 감축하는 것이 목표이다. 이와 동시에 교원의 적정 배치를 위해 23,600명의 교원을

〈표 8-10〉 초 · 중 · 고 학급당 학생 수(2001)

구분	학급수 계	30명 이하	31~35명	36명 이상
초등학교	115,016	21,343	14,798	78,875(68.6%)
중 학 교	49,120	5,089	10,875	33,156(67.5%)
고등학교	48,157	4,708	6,111	37,338(77.5%)
합 계	212,293	31,140	31,784	149,369(70.4%)

* 자료: 교육인적자원부(2001). 교육마당 21(2001년 9월호), p. 66.

〈표 8-11〉 학급당 학생 수 감축을 위한 소요예산

구분	계	2001년	2002년	2003년	2004년	비고
학교신설	112,512	32,943	27,029	27,542	24,998	1,201교
• 기 존	99,200	24,734	24,734	24,734	24,998	1,099교
• 추 가	13,312	8,209	2,295	2,808	–	103교
학급증설	12,210	4,791	7,419	–	–	15,260실
합 계	124,722	37,734	34,448	27,542	24,998	
• 기 존	99,200	24,734	24,734	24,734	24,998	
• 추 가	25,522	13,000	9,714	2,808	–	

* 자 료: 교육인적자원부(2001). 교육마당 21(2001년 9월호), p. 68.

증원해 나간다. 이에 따른 소요 재원은 재정경제부, 기획예산처, 행정자치부 등 관련 부처의 합의를 보아 12조 4,722억 원을 투자하게 되어 있는데, 연도별 소요 예산은 〈표 8-11〉과 같다.

6. 재무관리

교육활동을 정상적으로 수행하며 교육의 질을 높이기 위해서는 이를 지원하고 촉진하는 데 필요한 교육재정이 확보되고 이를 합리적으로 편성 및 운영하는 것이 매우 중요하다. 재무관리란 돈을 관리하는 것이므로 적재적소에 교육재정을 정확하게 사용하기 때문에 예산과 집행, 결산 등을 예산 또는 회계 관계 법령과 규정에 따라 운영해야 한다.

따라서 여기서는 교육재원의 기본 이해, 교육재정의 구조 해설, 단위학교의 재정 구조, 학교예산 편성과 운영, 학교재정 관리의 효율화 등에 대해 고찰하기로 한다(한국교원대학교종합교원연수원 편, 1999; 윤정일, 2000; 서정화 외, 2002).

1) 교육재원의 기본 이해

교육재정은 국가나 지방공공단체가 공교육을 수행하기 위하여 그에 필요한 교육경비를 획득하고 관리 · 지출하는 공경제 활동이다. 아울러 교육재정은 일반재정과 같이 그 자체가 목적이 아니라 교육활동의 지원을 목적으로 하는 수단으로 작용한다.

교육재원의 구조는 [그림 8-6]과 나타낼 수 있다.

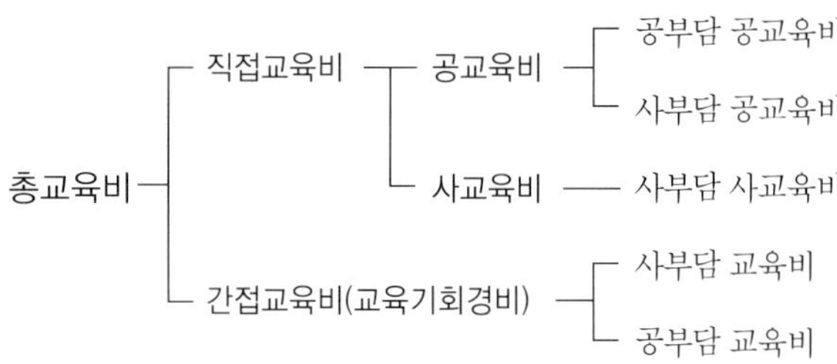

[그림 8-6] 교육재원의 분류체계

총교육비 가운데 교육재정은 직접교육비 중 공교육비만을 포함한다. 공교육비는 정부에서 부담하는 국고, 지방교육 재정교부금, 지방교육양여금, 교육환경 개선 특별회계, 지방자치단체 전입금 등과 학교법인에서 부담하는 법인전입금, 재산조성비와 학부모가 부담하는 입학금, 학교운영비를 그 재원으로 한다.

그리고 교육재정을 합리적 및 효율적으로 배분 활용하면 그만큼 경비의 지출효과는 증대될 수 있다. 따라서 교육재정의 배분 기준을 제시하면 다음과 같다. ① 교육재정의 평등성이다. ⅰ) 소득 계층별 교육기회의 평등 분배이다. ⅱ) 지역 간의 평등성이다. ⅲ) 교육프로그램 간의 교육비 차이도 반영이다. ⅳ) 표준 교육비의 보장이다. ② 교육재정의 공평성이다. ⅰ) 개인의 능력에 따른 재정 배분이다. ⅱ) 교육환경의 차이에 의한 재정 배분이다. ⅲ) 학교급별에 따른 재정 배분이다. ⅳ) 교육정책 목표의 우선순위에 따른 배분이다. ③ 교육의 효율성이다. ⅰ) 수업내용과 방법에 대한 고려이다. ⅱ) 교육재정의 적절성과 시간성의 고려이다. ⅲ) 단위 교육비의 산출결과 적용이다. ⅳ) 교육재정 배분의 효율성에 관한 효과 고려이다.

2) 교육재정의 구조 해설

교육재정의 구조는 크게 중앙정부 교육재정과 지방 교육재정으로 구분할 수 있다.

첫째, 중앙정부 교육재정은 국가가 공경제 활동의 주체가 되는 교육재정을 의미하나 통상적으로 지방자치단체의 교육재정도 포함된다. 일반회계와 특별회계로 구성되며, 국가는 재정자립도가 취약한 지방을 위하여 지방재정 조정제도(교부금+양여금+보조금)를 통해 지원한다.

둘째, 지방 교육재정은 국가 지원금, 지방자치단체 전입금, 자체 수입 등으로 구성된다.

먼저 ① 국가 지원금은 지방교육 재정교부금과 지방교육 양여금 및 국고보조금으로 구성되어 있다. 즉, i) 지방교육 재정교부금은 보통교부금(내국세 총액의 13%의 10/11 → 의무교육기관의 교원 봉급액〈본봉+p개 수당〉)과 특별교부금(내국세 총액의 13%의 1/11 → 교육시설 신 · 증 · 개축 등)이 있다. ii) 지방교육 양여금(교육세 재원)의 설치 목적은 국세 중 특정 세목 수입의 일부 또는 전부를 일정한 기준에 따라 자치단체에 양여하여 지방 교육재정의 확충에 충당함으로써 열악한 교육여건 및 교원처우를 개선하고 교육의 질을 제고하기 위한 경비이며, 1991년부터 국세에 부가징수하고 있다. 이는 금융 및 보험업자수입금액(0.5%), 주세액(10%/30%)에 징수하고 있다. iii) 국고보조금은 국가 시책 상 필요하다고 인정할 때 또는 지방자치단체의 재정 사정 상 특히 필요하다고 인정할 때, 예산의 범위 안에서 지방자치단체에 보조하는 경비를 말한다. 그리고 구체적이고 개발사업에 대하여 교육부 일반회계에서 별도 지원한다.

② 지방자치단체 전입금은 다음과 같이 구성되고 있다. i) 중등교원 봉급 전입금은 의무교육기관을 제외한 공립 각급학교 교원의 봉급에 대하여 서울 100%, 부산 50%, 기타 광역시 및 경기도 10%를 부담하고 있다. ii) 시 · 도세 전입금은 광역자치단체의 시 · 도세(목적세 제외) 총액의 3.6% 해당금액이며, iii) 담배소비세 전입금은 서울특별시 및 광역시는 담배소비세의 45%('89~'93: 30%) 해당 금액이다. iv) 지방교육세 전입금은 당해 시도의 지방교육세분 교육세(7개 세목) 전액이며, 이는 2001년부터 「지방교육양여금」에서 분리되었다. 지방교육세 세목으로 등록세액(20%), 균등할 주민세액(10%/25%), 재산세액(20%), 종합토지세액(20%), 자동차세액(30%), 담배소비세액(50%) 등으로 구성되어 있다. v) 시 · 군 및 자치구의 교육경비 보조이다. 이는 관할구역 안에 있는 고등학교 이하 각급학교의 교육에 소요되는 경비의 일부를 보조할 수 있다. 여기서 대상사업은 학교 급식시설 · 설비, 학교의 교육정보화 사업, 지역사회와 관련한 교육과정 자체 개발사업, 체육 · 문화 공간 설치사업, 기타 학교교육여건 개선사업 등도 포함된다. 그리고 보조신청 및 관리는 다음 절차를 따른다. 자세하게 말하면, 시장 · 군수 및 자치구의 장은 광역자치단체장의 승인을 얻어 시행하며, 각급학교장에게 보조대상사업 및 예산액을 통지 → 보조신청서 제출

→ 보조결정 통지교부(별도 계정관리) → 보고서 제출(사업개시, 매분기의 경리보고, 사업종료) → 검사 등의 절차를 거친다. vi) 기타 전입금이다. 이는 공공도서관 운영비, 학생 중식비, 청소년 활동 시설비, 컴퓨터 교육비, 학교용지 부담금 등이 있다.

③ 자체 수입은 다음과 같이 구성되어 있다. i) 납입금(수업료, 입학금)이다. 납입금의 징수액 결정권자는 다음과 같다. 국립학교(중 · 고등학교–학교의 장: 공립과 동액, 대학–교육인적자원부장관), 공립학교(교육감–유치원은 시 · 도 교육규칙에 의거 교육장이 조정 가능), 사립학교(중 · 고등학교–교육감, 대학 · 초등학교–학교의 장: 유치원은 교육감의 승인을 얻어 조정), 그리고 감면 범위는 국립학교는 현원의 20%(대학은 30%), 공립학교는 현원의 15%(읍 · 면 지역 및 도서 · 벽지 소재학교는 30%)이다. ii) 가타 자체 수입이다. 이는 재산임차료 및 매각대, 사용료 및 수수료, 예금이자 수입, 이월금 등을 말한다.

3) 단위학교의 재정구조

단위학교의 재정구조는 학교예산회계의 구조와 학교발전기금 제도로 분류할 수 있다.

(1) 학교예산회계의 구조

첫째, 세입이다. 이것은 한 회계연도에 있어서 단위학교의 운영에 필요한 사업을 추진하기 위한 지출의 재원이 되는 일체의 수입을 말하는데, 여기에는 교육청 전입금, 학부모 부담비, 학교발전기금 전입금, 학교자체 수입, 국가 또는 지방자치단체 보조금 등으로 구분할 수 있다. ① 교육청 전입금이다. 이는 단위학교운영(교과학습활동비, 공공요금, 시설유지비 등)을 위해 목적을 지정하지 않고 총액으로 배정되는 학교운영비와 특정사업 수행을 위하여 개별학교를 대상으로 지원하는 목적사업비로 나눌 수 있다. 쓰고 남은 경비는 학교에서 다음해 이월하여 사용할 수 있다. 다만, 목적사업비에 대해서는 교육청에서 정산을 요구할 수 있다. ② 학부모 부담비 및 학교발전기금 전입금이다. i) 학부모 부담비이다. 대표적인 것이 학교운영지원비이다. 학교운영지원비는 학부모 자진협찬 경비로서 학교운영위원회의 심의를 거쳐 징수되고 징수된 금액은 교육청 금고로 납부하지 않고 학교에서 직접 사용한다. 이외에 수학여행비, 급식비, 보충수업비, 자율학습비 등이 있다. ii) 학교발전기금 전입금이다. 학교

운영위원회가 주체가 되어 학교 교육시설의 보충 및 확충, 교육용 기자재 및 도서의 구입, 학교체육활동, 기타 학예활동의 지원 등을 위하여 조성한 기금으로 원래는 학교운영위원장이 집행하도록 되어 있다. 그러나 학교운영위원회에서 학교회계로 전출하여 집행하기로 결정하면 학교회계로 편입하여 학교장이 집행하게 된다. ③ 학교 자체 수입이다. 교육활동에 지장이 없는 범위 내에서 교실 및 체육관, 매점, 식당 등을 외부에 임대 및 사용케 한 후 징수하는 임대료 · 사용료 수입과 졸업생 및 재학생들로부터 제증명 등을 발급하고 징수하는 제증명수수료 수입이 있다. 기타 한 해 동안 지출하고 남은 금액을 다음 회계연도로 넘기는 이월금 수입과 예금이자, 불용 결정한 물품의 매각대금 등이 있다. ④ 국가 또는 지방자치단체 보조금이다. 국립학교의 경우 국가보조금 사업, 공립학교의 시 · 군 및 자치구의 교육경비보조에 관한 법률에 따라 지원하는 경비(급식시설 · 설비, 교육정보화, 지역사회 관련 자체교육과정개발, 지역주민을 위한 교육과정운영, 지역주민 및 청소년활용 체육 · 문화 공간 등의 사업)를 말하며, 보조기관의 원칙에 따라 정산한다.

둘째, 세출이다. 세출이란 한 회계연도에 있어서 학교가 교육과정 운영 등 그 목적을 수행하기 위한 일체의 지출을 말한다. 아울러 예비비로 상당액을 계상할 수 있다. 세출은 세입과 달리 예산의 범위 내에서만 지출이 가능하며, 세출예산과목으로 인건비, 학교 운영비, 수익자 부담비, 예비비 등으로 구분되어진다. ① 인건비이다. 교원 및 일반직 · 기능직 공무원과 학교회계 직원의 인건비 및 교원연구비, 관리수당 등을 계상한다. 다만, 학교 운영지원비에서 지급되는 인건비를 제외한 교육비특별회계에서 지원되는 공무원 인건비에 대해서는 학교회계 제도가 정착될 때까지는 학교예산에 편성하지 않고 교육비특별회계의 일상경비로 지급하고 잔액은 반납하여야 한다. ② 학교 운영비이다. 학교 운영비는 학생복리비, 교수-학습활동비, 일반 운영비로 세분된다. 학생 복리비는 학교 안전공제회비, 보건 체육비, 학생 자치활동 지원비를 말하며, 교수-학습활동비에는 학습 준비물 구입비, 실험실습기자재 구입비, 교구 및 설비비, 독서교육 진흥비, 교육행사 등 교육과정 운영과 관련된 경비가 포함된다. 일반운영비는 공공요금, 연료비, 여비, 자산 취득비, 업무추진비, 학교시설의 유지 및 보수비 등이 있다. ③ 수익자부담 교육비이다. 이는 학교급식이나 특기 · 적성교육, 졸업앨범과 같이 교육활동이나 관련 사업에 학생이나 학부모가 부담하는 경비로 지출되는 교육비를 말한다. 이 경비는 반드시 사업별로 예산을 편성한 후 정산을 필요로 한다. ④ 예비비이다. 이는 예측할 수 없는 예산 외의 지출이나 세출예산보다 필요경비가 많아질 경우에 대비하여 이를 충당하기 위해 용도를 결정하지 않고 미리 예산에 계상해 두는 지출항목을 말한다. 예비비는 업무추진비로 지출할 수 없으며 예비비를 사용한 경우에는 예비비사용 명세서를 작성하여야 한다.

(2) 학교발전기금제도

첫째, 발전기금이란 학교의 시청각 기계기구의 확충과 도서 확장, 정보화 교육시설, 학생 복지를 위한 불가피한 시설설비 등을 위하여 학부모나 지역주민의 기부금을 학교 발전기금으로 묶어 접수하고 있다. 이와 같이 학교발전을 위하여 기부 또는 모금된 금품을 발전기금이라 하며 대개 다음과 같은 내용들이 포함된다.

① 기부금품: 반대급부 없이 자유의사에 따라 기부하는 금전, 물품, 재산 등이다.
② 자발적 각출금품: 일정한 목적을 위하여 학부모 등 조직 · 단체의 구성원이 자발적으로 내는 금전, 도서, 물품 등이다.
③ 모금금품: 학부모 외의 자로부터 모금한 금전, 도서, 물품, 시설, 재산 등이다.

둘째, 발전기금 조성대상이다. 학교운영위원회가 설치한 초 · 중 · 고등학교에 조성할 수 있다. 학교운영위원회 미설치 학교는 '각급 학교 기부금품 관리요령'에 의거하여 자발적 기부금품만 접수가 가능하다.

셋째, 발전기금 계획수립 및 조성이다. ① 운영위원회 위원장은 기금운용 계획수립을 해야 한다. 여기에는 사업목적, 조성방법, 수입 및 지출계획 등이 들어가야 한다. ② 학교운영위원회에서 심의한다. ③ 계획 확정 및 공고를 한다. 교직원에게는 기금운용계획서 사본을 공개하며, 학부모에게는 기금운용계획 요약서를 학교게시판에 게시 또는 가정통신으로 전달한다. ④ 위원장 명의로 기금을 조성한다. 기부금품의 접수는 발전기금 운용계획 수립 여부에 관계없이 언제든지 접수가 가능하다. 그리고 동창회 · 지역사회 등으로부터는 적극적인 모금가능, 학부모 대상 시에는 자발적인 모금만 가능하다. 학부모 대상으로 일정액 할당, 사전납부 희망액 조사 등 직 · 간접 요구 및 강요방법을 제한해야 한다. 또한 3년 이내 기간을 정하여 기금을 조성할 수 있다. 기금조성 방법으로는 학부모에게 일방적 지로용지를 배부하는 것은 불허하며, 또한 차량, 건물과 같이 유지관리비가 과다 소요되는 기부행위와 선거 및 선출에 영향을 미칠 수 있는 기부는 제한한다. 발전기금 회계 출납원 및 금융기관 지로를 통해서 접수한다. 아울러 발전기금 기탁자 요구 시 명의를 공개한다. ⑤ 발전기금 운용이다. i) 회계연도: 3. 1~차기년도 2. 28, ii) 회계직: 출납명령기관-위원장, 출납원-서무책임자(행정직원이 없는 경우는 학교운영위원회에서 정한 자), iii) 기금의 처리는 금전이나 유가증권은 수납 즉시 발전기금 회계에 수입 조치를 하며, 도서, 물품, 재산은 접수 즉시 관계법령에 의거하여 물품 및 재산대장에 등재해야 한다. iv) 용도: 학교교육시설, 기자재, 도서, 학생체육활동, 학생자치활동 등에 지원하나 교직원 회식비 등 소요성 경비로 집행하는 것은 안 된다. v) 발전기금의 관리 및 집행 등을 당해 학교의 장에게 위탁 가능하다. vi) 기금의 결산서는 운영위원회의 심의를 거쳐 관할청에 보고 및 학부모에게 통지한다.

4) 학교예산 편성과 운영

(1) 학교예산

학교예산에는 예산의 과정과 예산의 기능으로 분류해서 살펴보기로 한다.

첫째, 학교예산은 세입과 세출을 판단하여 예산을 편성하고 편성된 예산을 학교운영위원회의 심의를 거쳐 예산을 확정하고 확정된 예산은 회계절차에 의해 집행되며 그 결과를 결산하는 절차를 거치게 되는데 이러한 예산의 편성, 심의, 집행 및 결산의 일련의 과정을 예산과정이라 한다.

둘째, 예산은 학교 교육활동의 수행을 위한 우선순위, 정책, 목표 등을 달성하기 위해 재원을 각각의 사업에 배분한다. 예산지출을 조달하기 위한 세입방안을 강구한다. 재원을 낭비하지 못하도록 하고 재원을 능률적이고 생산적으로 지출하도록 한다. 또한 예산은 학교 구성원의 의사를 수렴하여 학교교육이 원활하게 이루어지도록 예산의 지출을 통제한다. 예산은 미리 계획된 학교 교육목표를 달성하는 데 활용된다.

(2) 학교예산의 편성

학교예산의 편성은 학교가 수행할 교육활동 계획을 금액으로 표시한 계획을 작성하는 과정으로 법령, 조례, 규칙 및 교육청의 예산편성지침 등에 의하여 합법적이고 합리적으로 편성되어야 한다. 또한 학교예산의 편성은 대체로 국가에서 주는 교육비 특별회계 예산이 대부분이지만, 그 운영은 학교운영에 가장 효과적으로 사용되어야

〈표 8-12〉 학교예산의 편성 절차

구 분	편성차례	주요활동	주관부서
지침과 기준	(1) 예산편성 지침시달	*학교운영비 배부 계획 *학교운영비 예산 · 결산운영 요령 *각종 방침 등	교육청
	(2) 예산편성 기준 작성	*예산 주무부서에서 각종 지침, 학교장 방침을 근거로 학교예산 편성기준 수립	행정실
	(3) 예산편성 기준 통보	*예산편성기준을 각 부서 및 교직원에게 통보	행정실
예산 편성	(4) 소요예산 판단	*학교교육계획서 검토 및 연계 *사업별 소요예산 판단 *학년별, 부서별로 교직원이 참여하여 예산 논의 의견 반영	행정실 각부서
	(5) 예산편성 자료 제출	*각 부서에서는 사업계획 및 예산 요구서 제출	행정실 각부서
	(6) 예산편성 자료 검토	*각 부서에서 들어온 예산 요구서 검토 *학교교육과의 연계성, 예산편성 기준과의 부합성	행정실 각부서
	(7) 조정 및 협의 (1차 예산안)	*관련 부서와의 협의 및 교내 심의 -정확한 세입판단 -사업계획의 적정성 -사업추진의 효율성	행정실 (교내 예결산위원)
	(8) 학교장 확인	*1차 예산안을 정리하여 학교장이 확인 *학교운영위원회에 상정 준비	학교장
예산 심의 확 정	(9) 학교운영위원회에 예산안 상정	*학교에서 1차 편성한 예산안을 운영위원회에 상정	행정실
	(10) 예 · 결산 소위원회 구성 및 심의	*제안 설명 *예결산 소위원회 구성 및 심의	운영위원회 (행정실)
	(11) 학교운영위원회 심의 예산 확정	*학교운영위원회 심의, 예결산안 확정	운영위원회 (행정실)
	(12) 학부모, 교사에게 예 · 결산 공개	*운영위원회에서 확정한 예결산을 학부모와 교직원에게 공개	운영위원회 (행정실)
예산 집행	(13) 예산집행 요구	*각 부서에서 요구	각 부서
	(14) 학교장 승인하에 예산 집행	*학교장의 승인 결재하여 예산집행	행정실
	(15) 예비비 사용	*예비비 사용 필요시 운영위원회 결정으로 사용	행정실
	(16) 추경예산 편성	*예산사용 변경 필요시 추경예산 편성 사용	행정실
결 산	(17) 결산	*예산회계 연도말에 결산서 작성 학교운영위원회 회부 심의	행정실

하는 것이므로 꼭 써야 할 부분과 사용할 금액, 쓰는 방법 등을 충분히 계획하고 검토하여 최선의 성과를 거두도록 편성되어야 한다.

첫째, 학교예산의 편성절차는 〈표 8-12〉와 같다.

둘째, 예산편성 시 평가 기준이다. 예산을 편성할 때 각 부서나 행정실에서는 다음 평가 기준을 참조하여 사업의 내용과 소요예산 등을 충분히 평가하고 검토하여야 한다.

① 효과성의 평가는 ⅰ) 이 사업이 효과를 거둘 만한 것인가? ⅱ) 학생 성장발달에 도움을 줄 만한 것인가? ⅲ) 다른 사업보다 효과가 더 나올 만한 것인가? 등이다.
② 능률성의 평가이다. ⅰ) 이 사업에 예산이 얼마나 투입되어야 하나? ⅱ) 투입된 돈 만큼 효과가 나올 만한 것인가? 경제성이 있는가?
③ 형평성 평가이다. ⅰ) 부서별, 교과별, 학년별로 차이가 심하지 않은가? ⅱ) 어느 쪽에 몰아주거나 심한 편차가 있어 물의를 일으키지 않겠는가?
④ 실행 가능성이다. ⅰ) 이 사업은 현재 상태에서 추진이 가능한가? ⅱ) 이 사업에 드는 돈을 뒷받침할 만한 부서 책임자의 준비와 능력이 갖추어져 있나?
⑤ 계획성이다. ⅰ) 이 사업을 계속적으로 추진할 만한 계획이 세워져 있는가? ⅱ) 부실한 계획에 예산을 낭비하는 것이 아닌가?
⑥ 사업추진의 타당성이다. ⅰ) 이 사업추진을 위한 여러 가지 여건이 고려되어 있는가? ⅱ) 종합적으로 볼 때 개선, 폐지, 수정의 여지가 없는가?

(3) 학교예산의 심의

학교장이 편성한 예산은 학교운영위원회의 심의를 거쳐야 한다. 대체로 다음과 같은 과정을 거쳐 심의 결정되므로 학교장은 이 과정이 잘 추진되도록 준비와 추진을 지도하여야 한다.

첫째, 제안 설명이다. 학교장(구체적인 사항에 대하여는 행정실장이 대행)이 제안 설명을 하게 되는데, 제안 설명에 포함될 사항으로서는 예산의 규모(금액), 예산편성 중점, 주요사업에 대한 예산 반영내역 등을 들 수 있다.

둘째, 학교운영위원회 심의 및 결정이다. 학교운영위원회는 학교장이 제출할 예산안에 대해 심의하게 되는데, 예결산 소위원회를 조직하여 심의 제출할 수 있으며 그대로 심의 결정할 수도 있다.

셋째, 예산안의 송부이다. 학교운영위원장은 심의 확정되면 학교장에게 송부하여야 한다.

넷째, 학교 예산안의 확정 및 공개이다. 학교장은 학교운영위원회로부터 송부된 예산안을 검토하여 이의가 없을 때는 이를 확정하고 교직원 및 학부모에게 공개해야 한다.

(4) 학교예산의 집행 및 결산

첫째, 학교예산을 집행할 때 고려해야 할 일은 다음과 같다. 회계관계 법령 및 예산 집행 지침을 준수해야 하며, 성과관리 방식의 재정 운용을 해야 한다. 즉 예산집행의 효율성을 제고하기 위해 성과관리 방식의 재정을 운영해야 하며, 직접 교육비 투자를 제고해야 한다. 그리고 예산집행 절차를 준수해야 한다.

둘째, 지출절차이다. 일반구매 사무처리 절차의 예시를 들면 다음과 같다. ① 요구단계이다. i) 담당 교직원이 물품명, 규격, 소요수량, 추정단가, 용도, 수요 기일 등을 정확하게 기재를 해서 구매요구를 하며, ii) 소관부서 부장과 교감이 결재를 하며, 아울러 예산, 물품수급 관리계획 등 필요사항을 검토해서 최종적으로 학교장이 결재를 한다.

② 구입단계이다. 이 단계는 i) 시장조사 및 가격정보지를 이용해서 가격조사를 한다. ii) 구입 및 계약방법을 결정하며, iii) 입찰 및 견적 집행 또는 조달 요청을 한다. iv) 납품은 요구자 및 회계직원이 검수하며, 아울러 출납부에 등기한다. v) 지출이다. 납품업자는 청구하며, 행정실에서는 지출확인 및 지출을 한 후 채권자에게 계좌입금을 한다.

셋째, 학교예산의 결산이다. 회계연도가 완료되면 집행 결과를 결산하게 되는데, 교육비 특별회계는 익년 1월이고, 학교운영지원회계는 익년 3월이다.

(5) 예산요구 및 세입 및 세출 예산서 양식

첫째, 예산편성을 할 때는 학교내 각 부서의 소요예산안과 우선순위가 나와야 한다. 특히 교육과정 운영을 위해 필요로 하는 예산을 우선적으로 세우려면 교육과정 담당 부서와 교과별 부서에서 필요한 예산을 구체적으로 편성해서 요구해야 하며 예산 조정을 하려면 예산의 우선순위를 기입하도록 하면 조정이 쉬워진다.

경기도 남양주시 소재 W중학교 독서교육부의 소요예산 요구서의 예를 제시하면

〈표 8-13〉과 같다.

〈표 8-13〉 독서교육부의 소요예산 요구서(2005)

구분	사업명	시기	예산 내역 및 산출기초	비고
	*도서관 구축 및 운영			
	-모둠학습 공간 컴퓨터 설치		1,500,000×7대=10,500,000원	
	• 양면 액정 모니터		1,050,000×7대=7,390,600원	
	• 학생용 컴퓨터		80,000×7대= 560,000원	
	• 학생용 컴퓨터 본체		1,200,000×1대= 1,200,000원	
	• 대출 반납용 컴퓨터		5,000,000×1명=5,000,000원	
	-사서 지원		6,000,000원	
	-교육자료 및 도서 구입비			
	-도서관 운영비			
	• 도서관기기 소모품 구입비		500,000원	
	• 멀티미디어장(1대)		500,000원×1대=500,000원	
	• 도서전산화 용품 구입비		250,000원	
	• 도서보수 용품 구입비		100,000원	
	• 학생도서도우미 운영비		300,000원(연 2회)	
	• 학부모도서도우미 운영비	연중	100,000원(연 1회)	
	• 다독왕 및 열람왕 시상비		200,000원(매달)	
	-독서 및 문예부문			
	• 학교신문 발간 2회		2,000,000원(연 2회)	
	• 학교소식지 기자 연수비		200,000원(연 2회)	
	• 독서록 제작비(전교생)		1,300×1,000원=1,300,000원	
	• 문예인력풀 운영비		500,000원(연 4회)	
	• 다산문화제 참가비		250,000원	
	• 청소년백일장 참가비		250,000원	
	• 새마을문고주최문예대회회비		250,000원	
	• 기타 문예대회 참가비		250,000원	
	• 독서경시대회 시상		110,000원	
	• 교내백일장 시상		110,000원	
	• 독서록시상		110,000원	
	• 예비비		2,000,000원	
	합 계		39,690,600원	

〈표 8-13〉에서 독서교육부의 소요예산 요구서를 살펴본 바와 같이 크게 도서관 구축 및 운영 부분과 독서 및 문예 부분으로 나누어진다. 도서관 구축 및 운영 부분에서 보면, 도서관 시설 측면과 사서 인건비가 크게 차지하기 때문에 전체 독서교육부 예산측면에서 직접적인 교수-학습 활동비는 다소 미비한 실정이다. 독서교육부의 특성에 맞게 다양한 행사활동과 더불어 예산을 적절하게 편성되어야 할 것이다.

둘째, 세입 및 세출 예산서 양식이다. 일반적으로 세입 및 세출 예산서의 양식은 비슷하다. 다만 교육비 특별회계의 예산과 학교운영 지원회계의 예산을 통합해서 나타낼 것인가, 분리하여 별도로 편성 운영할 것인가를 미리 정하여 나타내야 할 것이다. 통합하면 전체 예산규모를 명확히 파악할 수 있는 장점이 있고 동일한 사업에 대하여 재원 출처가 이중으로 되는 문제를 막을 수 있다. 과학적 재정관리형의 예산편성은 그 편성과 집행을 교육목표 달성에 중점을 두고 관리하며 예산이 공개되고 심사되며 예산을 사용하는 이들이 책임 있게 쓰도록 관리되는 것이라고 본다. 참고로 세입예산서 〈표 8-14〉와 세출예산서 〈표 8-15〉의 양식을 제시하면 다음과 같다.

〈표 8-14〉 세입예산서 (단위: 천원)

과목			예산액	전년도 예산책	비교증감	산출기조	비고
관	항	목					
1. 교육비특별회계전입금							
	1. 교육비특별회계전입금						
		1. 학교교육비				‘예시참조’	
		2. 목적사업비				‘예시참조’	
2. 학부모 부담비							
		1.학교운영지원비				○원×○명×○월×○회=○원	
	2. 수익자부담 경비						
		1.현장학습비				○원×○명=○원	
		2. 학생수련활동비				○원×○명=○원	
		3. 학교급식비				○원×○명=○원	
		4. 특기적성교육활동비				○원×○명=○원	
		5. 졸업앨범비				○원×○명=○원	
		6. 청소년단체활동비				○원×○명=○원	
		7. 기타수익자부담경비				○원×○명=○원	

과 목			예산액	전년도 예산책	비교증감	산출기초	비고
관	항	목					
3. 자체수입							
	1. 사용료 및 수수료						
		1. 사용료					
		2. 수수료					
	2. 잡수입						
		1. 잡수입					
4. 과년도수입							
	1. 과년도수입						
		1. 과년도수입					
5. 학교발전기금전입금							
	1. 학교발전기금전입금						
		1. 학교발전기금전입금					
6.보조금 및 지원금							
	1. 보조금 및 지원금						
		1. 보조금					
		2. 지원금					
7. 이월금							
	1. 이월금						
		1. 이월금					
		세입합계					

〈표 8-15〉 세출예산서 (단위: 천원)

과 목			예산액	전년도 예산책	비교증감	산출기초	비고
관	항	목					
1. 인건비							
	1. 교직원 인건비						
		1. 교원 연구비					
		2. 제 수당					
	2. 기타 직원 인건비						
		1. 학교회계 직원 보수					
		2. 비정규직 보수					
		3. 퇴직 적립금					

과목 관	항	목	예산액	전년도 예산책	비교증감	산출기초	비고
2. 학교운영비							
	1. 학생 복리비						
		1. 학생 복리비					
	2. 교수-학습활동비						
		1. 교수-학습활동비					
	3. 일반 운영비						
		1. 공통 운영비					
		2. 업무 추진비					
		3. 시설비					
3. 수익자부담 교육비							
	1. 수익자부담 경비						
		1. 현장학습비					
		2. 학생수련활동비					
		3. 학교급식비					
		4. 특기적성교육활동비					
		5. 졸업앨범비					
		6. 청소년단체활동비					
		7. 기타 수익자부담 경비					
4. 예비비							
	1. 예비비						
		1. 예비					
		세출합계					

*수익자부담 경비에서 지출되는 일용직 등의 인건비는 해당 수익자 부담경비 목에 계상

5) 학교재정 관리의 효율화

학교재정 관리와 예산운영을 위해 학교장은 그 효율화 방안을 생각하고 연구하며 개선해 나가야 한다. 다음의 몇 가지에서 문제점을 살펴 개선해 나가야 할 것이다(서정화 외, 2002). ⅰ) 공개주의 예산을 기초로 예산에 대한 교원과 학부모의 관심을 높여야 한다. 예산편성과 집행 및 평가의 과정에 교원과 학부모의 참여가 저조하므로 앞으로 학교운영위원회를 비롯하여 교원과 학부모의 관심을 높여 나가야 한다. 예산에 대한 연수와 안내를 실시해야 한다. ⅱ) 학교 재정관리를 용이하게 할 수 있는 전산화 체제 구축이 빨리 이루어져야 한다. 월별, 분기별로 재정의 집행상황을 파악하고 점검할 수 있는 전산화 체제가 구축되면 정확하고 능률적인 운영이 될 수 있다.

iii) 교육예산편성의 체제를 새롭게 구축해야 한다. 현재의 관 · 항 · 목의 예산편성으로 전체의 예산집행 상황을 알 수 있기는 하나 부서별, 과정별 예산집행 상황을 알기는 불충분하므로 예산편성 체제를 새롭게 개편할 필요가 있다. 즉 부서별, 목적별, 사업별 예산편성 관리가 이루어져야 한다. iv) 예산편성 기준과 작성 기준을 분명하게 제시해야 한다. 예산은 들어올 돈이 있어야 나갈 돈이 결정되므로 어디에서 무슨 돈이 어떻게 들어오며, 나가는 돈은 어떤 곳에 어떻게 쓸 수 있는지, 교육청의 예산 지원계획과 방침, 교육과정운영비에 중점 배분, 소모성 경비의 절감, 교직원의 합리적인 요구사항 등이 분명해야 한다. v) 예산편성 시 예산요구서를 합리적으로 요구해야 한다. 예산의 요구조사를 합리적으로 실시하며 사업의 우선순위가 제대로 매겨져서 예산낭비가 없도록 처음부터 알차게 짜여져야 한다. vi) 예산운영자는 법령과 양심에 따라 엄정한 관리를 해야 한다. 돈을 다루는 사람은 깨끗하고 정확하게 관리해야 한다. 꼭 필요한 곳이지만 아껴 쓰는 태도를 가져야 한다. 물품의 구입, 대금의 지불, 예산운영의 정확성 등에서 오해받지 않도록 하는 것이 매우 중요하다. vii) 예산공개를 주기적으로 실시하여 예산의 계획과 집행이 잘 되고 있는지 점검하게 한다. 주기적으로 예산을 공개함으로써 부서별로 계획된 예산의 집행상황이 제시됨에 따라 책임 있는 재정관리가 이루어질 수 있다. 공개가 되면 교육 수요자의 교육에 대한 신뢰성이 확보될 것이다. viii) 결산심의는 항목별로 집행 내용의 심의와 더불어 교육목표 달성도를 알아보려는 노력도 함께 되어야 한다. 교육목표 달성도 측정이 쉽지는 않으나 예산과 관련지어 어느 정도는 점검이 될 수 있으므로 항상 평가해 가며 차기 년도 예산에 참고해야 한다.

7. 지역사회관리

학교는 지역사회 내에 있고 학생은 그 지역사회 안에서 살고 있으며, 학부모는 그 지역사회를 터로 삼아 삶을 영위한다. 이와 같이 학교는 지역사회와는 긴밀한 관계를 유지하고 있다.

따라서 여기서는 지역사회의 교육적 의의를 알아보고 학교운영에 영향을 미치는 지역사회의 다양한 조직을 살펴보며, 학교와 지역사회 조직과의 활동을 유지 발전시키는 방법에 대해서 고찰하기로 한다(서정화 외, 2002).

1) 지역사회의 교육적 의의

지역사회의 교육적 의의는 크게 세 가지로 나누어 볼 수 있다. 즉 학생의 인성 형성의 장, 사회적 적응의 장, 교육계획의 장 등으로 분류해서 제시하고자 한다.

첫째, 학생의 인성 형성의 장이다. 초 · 중 · 고등학생의 인성 형성에 큰 영향력을 가지고 있는 곳이 지역사회이다. 여러 가지 사회적 요인이 일정한 공간적 넓이를 가진 지역사회 속에서 일정계열을 가지고 배치되어 간다고 할 수 있다. 특히 지역사회가 품고 있는 가족과 이웃, 동네친구들 같은 일차 집단은 유년기나 소년기의 인간성 형성과 인격형성에 큰 영향력을 주고 있는 것이다.

둘째, 사회적 적응의 장이다. 교육은 새로운 세대에 그 지역사회에 쉽고 바르게 적응해 가는 준비과정이라고 볼 때 바로 그 지역사회가 교육을 통하여 접근하고 적응해 가는 목표가 될 수 있다. 그리고 그 지역사회 속에 사는 사람들의 생활이 적응해 나갈 생활의 모습이 될 수 있다. 아울러 지역이나 지방의 환경과 산업과 생활이 서로 다르기 때문에 그 지역의 특색을 이해하고 적응해 나갈 뿐만 아니라 더욱 더 발전시켜야 할 과제임이 틀림없다.

셋째, 교육계획의 장이다. 지역사회는 구체적인 교육의 계획과 실천의 장이 된다. 즉 지역사회의 요구와 필요에 따라 교육의 계획이 결정되고 운영될 수 있어야 한다. 특히 인구이동이나 직업이동은 학교 교육계획에 크게 영향을 주며 지역사회의 여러 교육 관련기관과 교육자원들을 효과 있게 연계 활용하는 것은 학교운영에 크게 도움이 될 것이다.

2) 학교 교육에 영향을 주는 제 조직

지역사회에는 학교 교육에 영향을 주는 여러 시설과 조직이 있다. 이러한 시설을 학생들이 이용하게 되고 기관의 도움을 받게 되며 단체에 들어가 활동을 하기도 한다. 평상시에는 별로 관계가 없는 것처럼 보이는 조직들이 때로는 크게 이용되기도 한다. 따라서 학교장은 지역사회에 있는 다양한 조직들과의 긴밀한 협력 체제를 구축할 필요가 있다.

첫째, 학부모를 회원으로 하는 학교 내외의 조직이다. 학교 교육이나 학교운영과 가장 가깝고 움직여지는 모임이 학교 내외에 있다. 이러한 조직은 지역사회와 연관된 조직이라기보다는 학교운영과 관련된 학교 안의 모임이라고 할 수도 있으나 학교운영위원회처럼 법적인 기구가 아니기 때문에 학교 내 조직에 포함시킬 수 없기에 지역사회 조직의 범주에 포함시킨 것이다. ① 학부모회: 학교에 가장 쉽게 조직이 되고 비교적 활발하게 운영될 수 있는 조직이다. 학부모회는 다음과 같은 조직과 활동 범위를 갖는다. i) 학부모들의 자율적인 요구와 참여를 원칙으로 모임이 시작된다. ii) 학교에서 요구를 받아 조직이나 운영을 도와줄 수 있다. iii) 회장, 총무 등 모임과 운영의 책임적인 일을 맡을 사람을 정한다. iv) 학교 교육에 대하여 관심을 가지고 수업참관, 교육자료 지원, 학교행사 협조, 학생지도 등을 할 수 있다. v) 학교장과 교사들과의 교육 간담, 교육 상담을 수시로 할 수 있다. vi) 체육발표회, 학예발표회, 전시회, 연구보고회 등 학교행사를 공동으로 계획하거나 지원할 수 있다. ② 녹색어머니회 및 교통지도반: i) 학생들의 등 · 하교를 돕고 교통지도를 하는 모임이다. ii) 교문 앞, 사거리, 건널목 등에서 교통지도와 건너기 도우미 역할을 한다. iii) 일정한 복장을 착용하고 매일 정한 시간에 계속 활동한다. ③ 명예교사회 및 자원강사모임: i) 학교 학생들의 특별 활동반 지도교사로서 특기지도를 한다. ii) 주지 교과나 외국어 예체능 교과 등의 특수한 내용의 지도를 도와준다. iii) 학부모 또는 지역사회인 가운데 학교 교육활동의 특수 분야를 지도할 만한 자원 강사들을 위촉하여 모임이 결성될 수 있다. iv) 명예교사, 자원강사의 자부심과 사명감을 가지고 열심히 활동한다. v) 이러한 명예교사와 자원강사들이 모임을 가지고 연수활동, 친교활동, 학교 지원활동을 한다. ④ 학부모 보람교사(와부중학교, 2005 b): 학부모 보람교사는 생활지도 지원부, 교수-학습 지원부, 교원업무 지원부 등으로 구성되며, 이들의 역할은 다음과 같다. i) 집단 괴롭힘, 가출 등을 예방지도한다. ii) 등하교 시 교통 안전지도를 한다. iii) 학교 및 학급행사 지원 및 질서지도를 한다. iv) 예절생활 실천지도를 한다. v) 쉬는 시간, 점심시간 생활지도를 한다. 그리고 vi) 문제 학생에 대한 개인상담을 실시하고 있다. ⑤ 특별교실 운영 지도자 모임: 학교도서관 운영을 돕는 학부모 도서도우미, 미술실 운영, 음악실 운영을 돕는 예체능 지도회, 예절실 운영을 돕는 예절지도회 등 특별교실 운영지도를 하는 학부모들이 특별실별로 모임을 가질 수 있다. ⑥ 평생교육 및 취미교육반: 학교 내외에서 학부모들이 영어, 일어, 중국어 등 외국어나 미술, 합창, 도예, 컴퓨터, 서예, 종이접기 등 특별기능 향상을 위한 평생 교육반, 취미 교육반을 만들어 모임을 갖고 운영을 계속할 수 있다.

둘째, 청소년 단체와 청소년 지도 모임이다. 우리나라의 청소년단체들은 대부분

학교 안에서 조직 운영되는 경우가 많은데 앞으로는 학교 밖으로 나가 지역사회를 활동의 무대로 하는 단체로 바뀌어 나갈 것으로 보인다. 이러한 청소년 단체의 성격 및 활동을 구체적으로 알아보고 학생교육과 관련된 지도를 해야 할 필요가 있다.

① 보이스카우트(한국스카우트연맹, 2003): 1907년 영국의 베이든 포우엘 경이 브라운시 섬에서 20명의 소년들과 함께 시험 야영한 것이 스카우트 운동의 시작이었다. 이 운동의 목적은 청소년에게 책임 있는 민주시민으로서의 자질을 향상시키고 국가 사회발전과 세계평화, 인류복지에 기여할 수 있는 잠재능력을 기르도록 그들의 발달을 돕는 데 있다. 이 운동의 특징은 국제단체로서 각국으로부터 청소년 운동의 보편성과 역사성을 인정받고 있다. 그리고 자신의 능력과 흥미에 따라 기록에 도전하는 진보제도와 협력정신과 책임감, 지도성을 기를 수 있는 반제도 등 스카우트 방법으로 활동한다. 아울러 청소년 활동에 대한 다양한 프로그램 연구를 통하여 청소년 프로그램 공급기지로서의 역할을 충실히 하고 있다. 스카우트의 주요 활동은 국제행사로는 세계잼버리, 아태잼버리, 세계 무선 잼버리, 한국역사 탐방 등이 있으며, 야영활동으로는 한국 잼버리, 청소년 가족캠프, 연맹 캠버리, 뒤뜰야영, 벤처스카우트 야영대회 등이 있다. 또한 환경 되살리기 운동으로 수자원 보호활동, 환경 스카우트 활동, 환경보전대회 등을 실시한다. 일반 활동으로는 하이킹, 호국수련활동이 있다. 이들의 주요 사업으로는 1단위대 1봉사활동 갖기 운동, 청소년 금연운동, 사랑해요, 선생님! 캠페인, 장학사업, 각종 포상, 범스카우트 진급 캠프, 평생회원 가족 캠프, Young Leader Camp, 스카우트·벤처스카우트 기능경기대회, 제12회 로버무트, 청소년 환경문화축제, 재난재해 구조봉사대 교육·훈련 및 봉사활동, 사랑의 봉사캠프, 스카우트 연구논문 공모전, 평화통일 체험활동, 사이버 문화대전, 인터넷 방송국개설 등이 있다. 이러한 활동을 통하여 호연지기를 기르고 창의적인 기능을 높이며 서로 친교하며 우애와 사랑을 다져가는 청소년단체로서의 역할을 수행하고 있다.

② 걸스카우트(한국걸스카우트, 2005): 이 운동은 스카우트 창시자인 베이든 포엘 경이 1910년에 걸 가이드(Girl guide)를 창설하여 소녀들에게도 스카우트 활동을 할 수 있는 기회를 주게 되었다. 장차 가정에서 어머니가 될 소녀들에게 훌륭

한 시민교육을 함으로써 그의 자녀들에게도 바람직한 가정교육을 기대하기 위해서였다. 소녀들 스스로 어려운 일을 이겨내며 다른 사람을 도울 수 있는 훌륭한 안내자가 되어야 한다는 의미에서 걸스카우트라는 이름을 붙였던 것이다. 영국에서 시작된 이 운동은 1912년 미국으로 건너가 걸스카우트라 불리게 되었고 해방과 더불어 1946년에 우리나라에도 이 운동이 시작되었다. 걸스카우트 운동이란 여러 가지 흥미 있는 활동을 통하여 소녀들을 올바른 민주시민으로 훈련시키며 그들이 정신적으로나 신체적으로 바로 성장해 갈 수 있도록 도와주는 모든 활동을 말한다. 걸스카우트 운동의 사명을 살펴보면 다음과 같다. 소녀와 젊은 여성이 책임 있는 세계시민으로서 그들의 잠재력을 최대한 개발하는 데 있으며, 이 운동의 목적은 소녀와 젊은 여성들이 스스로 자신의 잠재력을 개발하고 책임 있는 민주시민으로 성장하며 자신들이 소속되어 있는 가정, 지역사회, 국가 나아가 세계를 위해 봉사하는 성인이 되도록 그 기회를 제공하고 국제교류활동을 전개함으로써 국제이해와 우의를 증진함에 있다. 걸스카우트에는 여러 가지 기능, 즉 자전거 타기, 컴퓨터 사용, 밥 짓기, 매듭, 사진촬영, 기계다루기 등이 있어 기능을 하나하나 습득할 때마다 기능장이 늘어가면서 능력 있는 대원으로 성장해 가는 것이다. 대장, 부대장, 지도위원, 훈육위원 등 지도자가 있어서 항상 교육과 활동을 도와주며 훈련 지도를 한다.

③ 청소년 연맹(한국청소년경기도북부연맹, 2003): 청소년 연맹은 청소년들에게 한국인이라는 조국의식을 더 넣어주고 우리 민족의 뿌리를 확실히 알게 하며 나라사랑의 정신과 애국심을 고취시키기 위해 조직된 청소년 단체로서 전국적으로 조직되어 있다. 남녀 학생이 자유롭게 가입하여 나라사랑의 정신교육과 국토순례, 모험개척 활동, 문화감성 활동, 사회봉사 활동, 국제교류 활동, 역사유적지 탐방, 독립열사 탐구, 박물관 견학, 친교와 야영 활동 등 다양한 프로그램을 진행하고 있다. 학교 내 이외의 지도자 및 후원자들의 지원을 받아가며 활발하게 활동하고 있다.

④ 해양소년단(한국해양소년단연맹, 2002): 삼면이 바다인 우리나라의 청소년들이 해양소년단의 이념 아래 대자연 속에서 심신을 단련하여 슬기롭고 건강하게 자라며, 특히 해양에 관한 취미생활과 기능을 연마하여 사회가 바라는 새 청소년상을 정립하고 자기 개발과 수련을 통하여 국가에 봉사하는 사회 교육 단체이

다. 해양소년단의 주요 활동은 다음과 같다. 훈육사업(단원훈련활동, 탐사활동, 전국해양제전), 문화사업(해양사상고취행사, 해양스포츠 강습회, 해양 스포츠대회, 사회봉사활동), 국제교류사업, 기타활동 등이다. 이와 같이 해양소년단은 청소년들에게 바다에 대한 애정을 기르고 바다를 개척해 가는 개척정신을 길러주는 데 있다. 그리고 바다에서 생산되는 해산물이 우리 생활에 주는 도움을 알아보고 바다를 더 잘 이용하는 방법을 찾아보며 바다를 향해 힘차게 개척적인 기상을 길러주는 활동을 한다. 수영 배우기, 고무보트 타기, 양식장 견학, 바다 환경 가꾸기 등을 하면서 국토방위 정신과 바다사랑의 태도를 이어 간다.

⑤ 우주소년단: 우주에 대한 신비함을 풀어보기 위해 우주과학에 대한 공부와 연구와 실험을 하면서 꿈과 과학정신을 키워가는 청소년 단체이다. 해와 달과 별자리에 대한 공부, 일식, 월식, 밤하늘의 별자리 등을 관찰하며 우주를 향해 발사하는 인공위성에 대하여 비디오를 보고 연구를 한다. 물로켓을 발사하고 별똥별을 관찰하고 컴퓨터를 가지고 게임을 하며 우주와 정보의 비밀을 캐나간다. 우주소년단은 꿈을 키워가는 청소년 단체로서 갈수록 활동이 활발해지고 있다.

⑥ 청소년 적십자 활동(청소년적십자사경기도본부, 2005): 적십자 운동은 1859년 6월 이탈리아의 통일 전쟁의 대격전지 였던 솔페리노 전쟁터에서 보여준 스위스 제네바의 청년 사업가 장 앙리 뒤낭(Jean Henry Dunant, 1828~1910)의 인도적 활동에 그 운동의 기원을 두고 있다. 청소년 적십자 활동은 제1차세계대전(1914~1918) 중에 캐나다, 미국, 호주 등의 청소년들이 전쟁의 피해를 입은 유럽의 청소년들에게 학용품과 구호품을 모아 보낸 것이 그 시초가 되었다. 이에 1919년 국제적십자회의에서는 청소년들이 어렸을 때부터 사랑과 봉사의 적십자 정신을 배울 수 있도록 세계 각국에서 청소년 적십자 활동을 전개할 것을 결의하였다. 오늘날 181개국 약 1억 명의 청소년들이 적십자 인도주의 활동에 참여 함으로써 세계에서 가장 큰 청소년 조직으로 인정받고 있다. 우리나라의 청소년 적십자 운동은 1952년 부산 시내 중 · 고등학교 200명에게 적십자에 대한 지식과 청소년 적십자 운동의 취지를 설명하였고, 이듬해 3월에 문화교육부의 승인과 대통령의 재가를 받아 우리나라 청소년 적십자가 비로소 탄생하게 되었다. 2005년 3월말 현재 청소년 적십자는 전국적으로 4,200여 조직 200,000여 명의 단원들이 사랑과 봉사의 적십자 인도주의 정신의 수호자로서 활동하고 있다.

청소년 적십자 활동의 목표는 i) 건강과 생명보호, ii) 지역사회 봉사, iii) 국제친선과 이해, iv) 적십자정신의 보급 등이 있다. 결국 청소년 적십자 활동은 인도적 활동을 위한 일련의 기본지식과 기술을 배워 그들 자신과 이웃을 위해 봉사할 것을 요구하며, 단원들에게 국제적 연대감과 결속을 형성함으로써 서로 간의 생각과 경험을 공유하도록 인도하는 데 있다.

셋째, 학교운영과 관계된 행정기관 및 공공기관이다. 지역사회에는 학생교육에 영향을 주는 여러 행정기관과 공공기관이 있다. 학교운영을 담당한 학교장은 이런 행정기관은 물론 공공기관과 밀접한 관계를 가지고 학교운영을 해야 한다. 결국 지역과 학교가 부단한 연계를 가지고 더 좋은 교육을 이루어가게 되며 이렇게 될 때 학교장이나 교사의 학교가 아니라 학생과 학부모의 학교, 그 지역주민의 학교가 되는 것이다. ① 지역 살림을 맡고 있는 기관으로는 행정기관(구청, 군청, 동사무소, 면사무소), 치안기관(경찰서, 파출소, 소방서, 소방파출소), 의회기관(구의회, 군의회) 등이 있으며, ② 지역민의 생활을 돕는 공공기관들은 통신기관(우체국, 정보통신), 금융기관(은행, 농업협동조합, 새마을금고, 신용금고), 의료기관(보건소, 약국, 병원, 한의원), 언론기관(신문사, 방송국), 교통기관(버스회사, 자동차회사, 기차역, 주유소), 유통시설(슈퍼마켓, 시장, 백화점, 학용품점) 등이 있다.

넷째, 지역사회의 교육협의회이다. 지역사회 교육운동 단체로서 한국 지역사회 교육협의회가 있는데, 이 단체는 중앙에 한국지역사회 교육협의회가 있고 전국 시·군별로 지역별 지역사회 교육협의회가 있으며 가입을 희망하는 초·중학교에 학교 지역사회 협의회가 있다. 지역사회 교육운동은 교원·학부모·지역인사가 협력하여 학교의 역할과 기능이 확대된 좋은 학교를 만들어 나감으로써 자녀의 바른 성장을 도와주는 운동이다. 지역사회 교육협의회는 학부모가 자율적으로 가입하여 활동하는데 학생교육을 돕고 진로지도, 대화지도, 상담지도, EQ지도, 성교육지도, 방과 후 지도, 소그룹 지도 등으로 학교학습뿐만 아니라 개인지도, 능력신장 교육을 도와주는 활동을 하고 있다. 특히 좋은 자원지도자와 부모교육 지도자, 프로그램 지도자들이 육성되어 학교를 돕기 때문에 쉽게 도움을 받을 수 있다.

3) 지역사회의 각종 행사

지역사회에서 벌이는 각종행사는 지역 안에 사는 사람들의 사이를 더욱 가깝게 해주고 서로 사랑하고 의지하게 하며 한 가족처럼 끈끈한 정을 솟아나게 할 수가 있다. 따라서 학교장은 지역사회에서 개최되는 각종행사에 적극적으로 참여하며 그 행사가 학교 교육과정에 반영되도록 해야 할 것이다. 대체로 다음과 같은 행사가 예상된다.

첫째, 지역축제이다. 지역축제는 ○○예술제, ○○잔치 등으로 전개되는데 지역민이 마음을 모으고 지역문화에 관심을 높이며 지역발전을 위한 다짐을 하는 좋은 기회가 된다. 특히 그 지역의 역사와 전통과 풍습을 재현하고 확인하는 프로그램을 통하여 뿌리의식과 일체감을 높일 수 있다. 학교 학생들도 학교수업을 마친 뒤에 같이 참여하여 뜻을 새기고 함께 즐기게 하는 것도 바람직하다. 강릉 단오제, 진주 논개제, 경주 개천예술제, 제주 한라문화제, 강화 고인돌 축제 등 전국적으로 알려진 축제만도 수십여 개가 있다. 크든 작든 지역별로 축제를 마련하는 것은 매우 뜻있는 일이며 학교운영과 가깝게 연관을 맺어 어려서부터 고향의 멋과 추억의 꿈을 가꾸어 주는 것도 바람직하다.

둘째, 운동회 및 체육대회이다. 운동회나 체육대회 프로그램 중 다수는 학생 중심이 되지만 상당수의 프로그램에 졸업생과 지역 청년들, 학부모와 지역민들이 달리고 출전하는 것이 좋다. 학교운동회가 함께 기획 운영되기 어려울 때는 지역민이 주최하는 체육대회에 학교에서 참여를 하고 협력하는 것이 좋을 것이다.

셋째, 전시회나 음악회 등의 문화행사이다. 다양한 문화행사에 학교는 반드시 참가할 필요가 있다. 즉 전시회에 작품을 내고, 음악회나 연극무대에 출연하며 문화행사의 기획과 운영에 주요 요원으로 참여해야 한다. 학교 강당이나 교내 시설을 이런 지역문화 행사의 장소로 제공하는 것도 좋을 것이다. 근래에는 지역별로 합창단이나 연극단을 만들어 공연을 하면서 지역문화 발전에 더욱 큰 공헌을 하기도 하며 학교 교사들이 구성원으로 참여하기도 한다.

4) 학교장의 지역사회 관련 활동

학교는 지역사회 속에서 지역민들의 자녀를 맡아 교육하는 곳이므로 학교장은 그 지역사회의 요구를 받아들여 교육해야 하며 그 지역사회의 제 시설과 기관들을 활용하고 협력해가면서 학교운영의 능률과 효과를 높여야 한다.

첫째, 학생들을 보호하고 돌보는 기구와의 협력이다. 학생들의 안전을 돌봐주는 녹색어머니회나 교통경찰 등과 가깝게 협력하며 학생보호에 만전을 기해야 한다. 아울러 청소년 보호위원회 등과 협력해 가면서 탈선학생과 문제학생이 생기지 않도록 좋은 환경과 프로그램의 제공, 따뜻한 교육상담의 진행, 취약지구의 순시지도 등을 계속함으로써 예방적 지도를 지휘한다.

둘째, 지역 내의 종교기관과의 협력이다. 학교 가까이 있는 교회나 성당, 사찰 등과 서로 협력하여 학생교육을 발전시켜 나가며, 지역 내의 교회나 사찰 등의 시설을 학교가 필요한 때 이용하고 학교의 운동장이나 교실 등을 종교기관이 교육목적으로 사용 요청할 때 가급적 협력한다. 또한 학생들의 정신교육이나 윤리교육 등에 목사님, 스님을 초대하여 교육 강사로 활용한다.

셋째, 청소년 단체와의 협력이다. ⅰ) 지역 안의 청소년 단체와 밀접한 관계를 갖고 학생의 희망에 따라 청소년 단체에 가입 활동하도록 권장한다. ⅱ) 청소년 단체에서 주최하는 특별행사에 초청을 받을 때 참여하여 격려하고 도와준다. ⅲ) 청소년 단체 활동의 지도자로 학교 교사를 추천하여 지도력을 발휘하도록 협력한다. ⅳ) 지역의 축제나 행사에 청소년 단체에서 활동하는 학생들이 프로그램과 질서유지 등에 기쁘게 참여하고 봉사하도록 격려한다.

넷째, 지역기관과의 협력이다. ⅰ) 지역 기관장 회의에 낼 협의자료를 만들어 보낸다. ⅱ) 학교장은 지역 기관장 회의에 참석하여 교육에 관한 현황을 설명하고 협력을 요청한다. ⅲ) 지역기관별로 협력 받아야 할 내용이 있을 때 수시로 요구를 하고 연락 지원을 받는다.

다섯째, 지역의 공공시설 이용교육이다. ⅰ) 학생들에게 지역의 우체국, 전화국, 병원, 보건소, 은행 등 우리생활을 편리하게 돕는 기관과 거기서 일하는 이들의 고마움을 알게 한다. ⅱ) 서로 연계를 가지고 협력하며 시설 사용, 명예교사 활동, 운동장 개방 · 사용 등 수시로 상호 교류하게 한다.

여섯째, 지역 내 각종 학원과 협력지도이다. ⅰ) 지역 안에 있는 각종 학원에서 지도하는 내용과 특별기능을 알아보고 학교 교육과 관련지어 지도할 부분이 있는가를 살핀다. ⅱ) 미술, 음악, 체육, 컴퓨터, 영어 등 예체능 학원이나 특기지도 학원과 적절한 관계를 가지고 학생의 기능향상을 위해 노력한다. ⅲ) 하지만 정규적인 학교 교육의 중요성을 이해시켜 학생들이 과중한 학원과외 때문에 심신의 부담이 커지지 않게 지도한다.

일곱째, 지역의 각종행사 참여협력이다. 학교는 지역에서 개최되는 각종행사 프로그램 출연, 학생참여 등 교육과 관련지어 참여하도록 한다. 다만 행사참여 때문에 학생교육에 지장을 초래하지 않도록 유의한다. 그리고 행사참여에 있어 학생이동이나 프로그램 출연 과정에서 위험이나 사고가 없도록 안전유지, 질서유지에 특별히 유의한다.

여덟째, 불우시설 위문과 위로회이다. 학교장은 학교운영 및 교육지도의 일환으로 학생들이 지역 내 불우시설을 수시로 방문하고 위로할 수 있도록 계획을 세우고 기회를 제공한다. 그리고 지역 내의 노인들을 학교 또는 음식점에 모시고 경로잔치를 열거나 노인정 방문행사를 정기적으로 연다.

제2절 교장직의 직무

교장의 역할이 교장이라는 직책에 대하여 가지게 되는 일체의 기대로서 규범적이고 일반적인 광의의 개념이라 한다면, 교장의 직무는 교장이 수행해야 하는 보다 구체적인 업무로서 기능적인 개념에 보다 가깝다고 볼 수 있다. 교장의 직무에 대한 이해는 교장의 실제 활동을 분석하거나 교장 직무의 역사적 변천과정을 고찰하는 등 다양한 방식으로 접근이 가능하다.

따라서 본 절에서는 학교장직의 중요성, 학교장 직무규정을 위한 제 접근, 학교장에게 요구되는 자질, 외국의 학교장제도 등에 대해서 고찰하기로 한다.

1. 학교장직의 중요성

학교장은 무엇을 하는 사람인가? 교장이 하는 일이 무엇이라고 규정하느냐에 따라 교장의 양성교육이나 연수교육의 내용, 자격 조건, 선발과 임용의 모든 정책이 달라질 수 있다. 학교교육은 교장의 책임 하에 있다. 다른 나라와 마찬가지로 우리나라에서도 교장은 학생을 교육하게 되어 있고, 교감과 교사는 교장의 명을 받아 학생을 교육하게 되어 있다. 그리고 학생교육을 지원하는 행정의 책임도 교장에게 있다. 그래서 교장이 어떤 사람이냐, 자신의 직무를 어떻게 파악하느냐는 그 학교의 성공 여부와 학생의 학업성취도에 많은 영향을 준다. 그래서 학교장을 'Key Person'이라고 한다.

따라서 교장의 직무를 규정하기 위하여 그동안 법적인 측면, 역사적인 접근, 업무, 과업적인 접근이 있었는데, 최근에 미국에서 직무수행 기준 접근이 널리 적용되고 있다. 교장의 전문성은 바로 교장의 직무수행에서 전문성이라고 할 수 있다. 교장의 직무를 얼마나 잘 수행할 수 있느냐가 바로 교장의 전문성이라고 할 수 있다.

우리의 교육여건은 여러 측면에서 부족한 점이 많지만 현재와 같은 조건 하에서 교장의 능력에 따라서는 더 높은 교육효과를 가져올 수 있다고 본다. 학생을 직접 지도하는 교사를 변화시키면 좋겠지만 교사는 숫자적으로도 너무나 많아 교사 한 사람 한 사람을 변화시키기는 어렵다. 양성과정에 많은 투입을 요구하며 기성교사에 대한 변화도 그 범위로 보아 엄청난 투자를 필요로 한다. 근본적으로 훌륭한 교사를 만드는 것이 우리나라 교육을 성공적으로 이끄는 길이지만, 적은 투입으로 짧은 기간에 성과를 올리려는 전략으로는 학교장을 변화시키는 일이 보다 효과적이다.

교장을 변화시켜 교육의 효과를 올리려는 전략을 세우기 위해서는 교장의 직무가 명확하게 밝혀져야 한다. 그래서 그 직무를 잘 수행하게 하고, 잘 수행하는지 평가해야 할 것이다. 따라서 여러 접근을 통해서 학교장의 직무를 규정하려는 시도를 하는 것은 의의가 있는 것이다.

2. 학교장 직무규정을 위한 제 접근

학교장의 직무가 무엇인지 밝히려는 접근에는 여러 가지가 있을 수 있다. 교장의 직무를 규정하기 위한 제 접근에 대하여 언급하기 전에 우선 용어에 대한 약간의 설명이 필요하리라 본다. 직무란 조직이나 기관의 목적달성을 위하여 정해진 각 자리에 부과된 구체적인 활동이라 할 수 있다. 학교장의 직무란 학교장이라는 자리에 따른 임무라고 할 수 있다. 이는 역할이라는 측면에서 살펴볼 수 있고, 또 책임, 업무, 과업과 엄격히 구별하기도 어렵고 또 기능과도 서로 중복되는 개념이라고 본다. 여기서는 교장직과 지위에 대하여 기대되는 행위에 해당하는 역할과는 약간 구별하여 사용하고 과업영역과 기능은 거의 같은 개념으로 사용하여, 이들 역할과 과업과 기능의 양쪽을 살펴봄으로써 교장의 직무를 파악하려고 한다. 그러면 교장의 직무규정을 위한 몇 가지 접근에 대하여 살펴보기로 한다(주삼환, 2005: 31-36).

첫째, 법적인 접근은 특히 성문법을 강조하는 동양 쪽에서 교장의 직무를 법률로 명시하는 것이다. 우리나라에서 초·중등교육법에 '교장은 교무를 통할하고 소속 교직원을 지도 및 감독하며, 학생을 교육한다.' 고 규정해 놓은 것이 법적인 접근의 한 예이다. 여기서 '교무를 통할' 한다는 것은 학교의 모든 업무를 교장이 책임지고 수행한다는 의미로 가르치는 업무뿐만 아니라 학교경영 모든 업무를 책임져야 하므로 가르치는 업무만 훈련 받은 교사가 특별한 훈련과 교육 없이 이 일을 담당하기는 어렵다고 본다. 현재 우리나라의 교장들도 가르치는 일 이외의 경영과 관리에 더 어려움을 느끼고 여기에 더 많은 시간을 빼앗기고 있는 것이다. '소속 교직원을 지도·감독' 하는 직무에는 교사뿐만 아니라 일반 행정직원도 포함되며, 또 지도 및 감독에는 수업과 교사에 대한 '장학' 이 대부분의 비중을 차지하는데 이 '장학' 도 전문적 교육과 훈련을 요하는 것으로 일반인이나 교사가 교육과 훈련 없이 곧바로 하기 어려운 직무에 속한다. '학생교육' 의 직무는 교장도 교사와 똑 같이 학생교육의 직무를 수행한다는 의미이다. 직접 수업을 안 하더라도 교장의 한 마디 한 마디 말과 행동 하나하나가 다 학생에게는 직접적인 교육이 된다. 모든 교사에게 교사자격증을 필수로 요구하고 있는 우리나라에서는 교사자격증이 없는 일반인은 교장이 될 수 없다는 조건이 된다. 교사자격증 없이 자립형 사립고등학교 교장을 하게 되어 있는 현 제도는 법률적으로 모순을 일으키고 있는 셈이다. 우리나라 교장의 직무를 명확히 밝혀 직무 수행의 정도를 확인하고 책임도 분명하게 밝혀 놓을 필요가 있다.

둘째, 역사적 접근으로 볼 때 교장의 이미지는 변해 왔다. 우리나라에서 교장의 이미지가 어떻게 변해 왔는지 시대별로 자세히 연구된 것은 없으나 권위적 교장에서 민주적 교장으로 변해오고 있는 것만큼은 분명한 사실인 것이다. 최근에는 민주적 교장 시대라기 보다는 오히려 교장 수난시대라는 표현이 더 적절할지도 모른다. 하지만 미국에서는 시대에 따라 약간씩 교장의 이미지가 바뀌어 온 기록이 있다. 처음으로 학년제 학교가 설립되면서부터 전임 교장이 생기게 되었는데 이 당시 교장이 하는 일은 학생의 출석 기록, 학생 수 보고, 학교 재정, 회계 등 교장의 직무는 서기적인 일이었다. 차츰 학교가 커짐에 따라 학년제가 되고 분과제가 됨에 따라 교장의 직무 중 관리적 측면이 강조되었다. 이어서 19세기 말에 와서 교장은 장학의 책임과 수업 개선의 책임이 주어지게 되었다. 그리고 20세기에 진입하면서 교장직은 급성장하게 되었다.

교장의 직무를 ① Mr. Chips(소설 속의 교장 이름을 따서)의 이미지, ② 수석 교사의 이미지, ③ 행정가로서의 이미지, ④ 변화 촉진자로서의 이미지, ⑤ 지도자로서의 이미지로 분류하여 볼 수 있다. i) Mr. Chips의 이미지란 앞에서 잠깐 언급된 것처럼 교장이 학생 개개인에 대하여 잘 알고 개인적 관심을 갖는 친절하고 이해심 많고 체계적인 교장의 이미지로 조그마한 규모의 안정된 학교 상황에 알맞다. 미국에서도 오늘날 교장에게는 이러한 이미지를 찾기 어렵다. ii) 수석교사(principal teacher)의 이미지는 교육과정이 단순하고 교사교육이 엉성하여 교장이 수업 및 장학만 했던 시절로 교장이 모든 과목에 대하여 더 잘 알고 다른 교사보다 더 잘 가르치는 교사라는 데서 나온 이미지이다. 지식의 폭발과 교수 전문가로서의 교사 양성교육이 이루어짐에 따라 이런 개념은 시대에 뒤떨어지게 되었다. 수석교사가 곧 교장인데 교장의 'Principal Teacher'에서 'Teacher'가 떨어져 나가 교장을 그냥 'Principal'이라고만 불러도 된다. 교장이 아닌 수석교사를 두자는 안이 나오고 있으나 한 학교에 두 수석이 있을 수 없다고 보기 때문에 수석교사의 이미지는 반대하는 입장이다. iii) 행정가로서의 이미지는 20세기 초 도시가 커지고 교육구가 점점 커짐에 따라 학생과 교사, 재정 공급 등에 관하여 많은 자료를 수집 및 처리하고, 통계 자료를 교육청과 교육위원회에 보고해야 했으므로 교장은 많은 시간을 행정적인 일로 보내야 했었다. 오늘날도 행정업무를 교장의 본업으로 아는 교장이 대다수이다. iv) 변화촉진자로서의 이미지는 1960년대 미국에서 교육혁신과 개혁이 강조된 이래 중요한 개념이다. 교장이 새로운 아이디어를 소개하고 실제 운영하기 위하여 전문 인력을 채용하고, 기존 직원을 재훈련하고, 충분한 자원을 공급하며, 시설을 고치고 예산을 마련하며, 적절한 평가절차를 마련해야 했는데 이 개념이 더 계속되어야 할 것인지는 아직 미지수이다. 우리나라에서 교육개혁이 강조되고 있으나 교장은 변화촉진자는 고사하고 변화에 끌려가기도 바쁜 실정이라고 봐야 할 것이다. v) 지도자로서의 이미지는 교장의 지도성 역할에 관하여 지난 50년 동안 계속되었으며 앞으로도 최소한 50년은 더 계속될 것이라지만 지도자로서의 교장의 개념을 어떻게 분명히 하느냐가 문제시되고 있다. 역사적으로 교장의 직무를 고찰해 볼 때 교장직은 더욱 더 전문성을 요구하고 전문화의 방향으로 가게 되지 전문성 없이 일반인이나 교사가 담당하는 쪽으로 퇴보하는 방향으로 갈 수는 없다는 것을 알 수 있다.

셋째, 학교장의 직무가 무엇인가를 명확히 밝히려는 접근으로 교장이 실제로 하는 업무와 과업이 무엇인지 알아보려는 것으로 과거에 여러 학자가 교장론(principalship)의 교재에 담고 있는 내용을 종합해 보면 〈표 8-16〉과 같다.

〈표 8-16〉에서 살펴본 바와 같이, 교장의 직무영역에 대하여 여러 학자가 공통적으로 다루고 있는 내용을 정리하면, ⅰ) 수업과 교육과정, ⅱ) 교직원 인사, ⅲ) 학생 인사, ⅳ) 재정과 사무관리, ⅴ) 시설과 건물관리, ⅵ) 지역사회와 대외관계라고 할 수 있다. ⅳ)와 ⅴ)를 합쳐 '재정 · 시설 · 사무관리'로 묶을 수 있다. ⅰ)은 수업과 교육과정이 교육의 본질이고 핵심에 해당하는 것으로 일반인이 하기 어려운 영역이고, ⅱ), ⅲ), ⅵ)이 교육본질과 행정을 모두 알아야 할 영역으로 훈련을 요하는 영역이고, ⅳ)와 ⅴ)가 지원체제로 역시 교사에게는 교육과 훈련을 요하는 영역이다. 교장의 과업영역 접근으로 볼 때도 교장직을 잘 수행하려면 교장 자격을 위한 교육이나 훈련 없이 일반인이나 교사가 직접 교장직을 담당하기는 어렵다는 것을 인정하지 않을 수 없을 것이다.

넷째, 최근에 미국에서 열을 올리고 있는 교장의 직무수행을 위한 기준과 표준을 정해 놓고 이를 중심으로 교장 양성을 하고, 능력개발을 하고, 직무수행을 평가하려는 직무수행 기준(standards) 접근이라고 할 수 있다. 지금 미국은 모든 면에서 쥐어

〈표 8-16〉 교장의 과업 영역 분류

Griffiths	Otto & Sanders	Gorton	Lipham & Hoeh	Hughes & Ubben	Roe & Drake
1. 수업과 교육과정 개발	1. 교수	1. 수업과 교육과정 개발	1. 교육 프로그램	1. 교육 프로그램	1. 수업 2. 교육과정
2. 교직원 인사	2. 교직원 인사	2. 교직원 인사	2. 교직원 인사	2. 교직원 인사개발	3. 교직원
3. 학생인사	3. 학생관리	3. 학생 인사	3. 학생 인사	3. 학생 인사	4. 학생
4. 재정과 사무관리 5. 학교시설 건물과 봉사	4. 학교시설 5. 재정관리	4. 학교재정과 사무 관리 5.학교시설 건물 6.일반적 과업	4. 재정과 시설	4. 사무와 건물 시설 관리	5. 재정 6. 공간
6. 학교와 지역사회 관계	6. 지역사회 7. 조직 구조	7. 지역사회와 학교 관계의 지도성	5. 학교와 지역사회 관계	5. 학교와 지역사회	7. 지역사회

*자료: 주삼환(2005). 교육선진화를 위한 교원의 전문성 제고방안. 국회좋은교육연구회 · 한국교원교육학회 교원정책포럼(2005. 5). 서울: 국회좋은교육연구회 · 한국교원교육학회, p. 33.

짜는 standard가 강조되고 있는 셈이다. 기준을 정해 놓고 학생이건 교사이건 교장이건 학교이건 모두 그 기준에 도달하라는 것이다. 기준에 도달하지 못하면 책임지고 물러나라는 정책이라고 할 수 있다. 이렇게 숨통을 조이고 있어 이에 대한 반발도 심하다. 1994년부터 시작하여 2년여에 걸쳐 미국 24개 주가 참여하고 여러 교육전문단체가 참여하여 'Interstate School Leaders Licensure Consortium(ISLLC) Standards'를 개발하여 1996년부터 사용하던 것을 다시 미국교사교육평가인정협의회(National Council for the Accreditation of Teacher Education: NCATE)와 협동 노력에 의하여 ISLLC 기준을 약간 수정하여 'Educational Leadership Constituent Council (ELCC) Standards'를 정해 놓고 교장 양성교육과 연수, 평가의 기준으로 삼게된 것이다. 그래서 이제는 교장론의 교재도 이 기준에 맞춰 쓰여지고(Seifert, Edward H., & Vornberg, James A., 2002; Wilmore, Elaine L., 2002), 각 대학원의 교장 양성코스도 이 기준에 맞춰 제정되고 심지어는 교수의 강의계획서에 교수요목이 어느 기준과 관련되는지 명시하고 있으며, 기성 교장의 연수도 이 기준에 맞추고, 교장 평가기준, 교장 교육기관 평가 기준도 이 기준에 맞춰가고 있는 실정이다. 이 직무수행 기준은 일곱 개 영역으로 되어 있는데, 일곱 개 영역에 공통되는 문장은 "학교행정가는 모든 학생의 성공을 증진시키는 교육지도자이다(A school administrator is an educational leader who promotes the success of all students by)"이고 그 뒤의 문장은 방법을 제시함으로써 기준을 정하고 있다. 그리고 구체적으로는 교장의 기준을 나누어 제시하고 있다.

① 첫째 기준은 비전에 관한 것으로 '학교 지역사회와 공유하고 지역사회의 지지를 받는 학교의 학습비전을 개발하고, 상세화하고, 실행하고, 봉사(stewardship)하는 것을 촉진한다'고 하여, i) 비전 개발, ii) 비전 상세화, iii) 비전의 실행, iv) 비전을 위한 봉사, v) 지역사회의 참여 촉진의 관점에서 교장 양성교육을 하고, 평가하게 되어 있다.

② 둘째 기준은 학교문화와 수업 프로그램에 관한 것인데, '학생의 학습과 교직원의 전문적 성장에 도움이 되는 학교문화와 수업 프로그램을 신봉하고, 북돋우고, 유지한다'고 해놓고, i) 긍정적인 학교문화의 증진, ii) 효과적인 수업 프로그램의 제공, iii) 학생의 학습에 최선의 실천 적용, iv) 종합적인 전문적 성장

을 위한 계획의 설계로 나누어 평가한다.

③ 셋째 기준은 관리에 관한 것인데, '안전하고 효율적이며, 효과적인 학습 환경을 위한 조직과 운영, 자원의 관리를 보장한다'고 해놓고, ⅰ) 조직관리, ⅱ) 운영관리, ⅲ) 자원관리의 구체적인 관점에서 평가한다.

④ 넷째 기준은 학부모와 지역사회 관계인데 '다양한 지역사회의 이익과 욕구를 반영하고 지역사회의 자원을 활용하기 위하여 교육가족과 지역사회의 구성원과 협동한다'로 되어 있는데, ⅰ) 교육가족과 지역사회 구성원과의 협동, ⅱ) 지역사회의 이익과 욕구반영, ⅲ) 지역사회 자원의 활용의 세 관점에서 교육하고 평가한다.

⑤ 다섯째 기준은 행정가의 윤리에 관한 기준인데, '성실 및 정직하고, 공정하고, 윤리적으로 행동한다'로 되어 있다. ⅰ) 성실 및 정직한 행동, ⅱ) 공정한 행동, ⅲ) 윤리적 행동이 구체적 기준이다.

⑥ 여섯째 기준은 정치, 사회, 경제, 법, 상황 인식에 관한 것으로 '보다 광범한 정치, 사회, 경제, 법, 상황적 맥락을 이해하고, 이에 알맞게 반응하고, 영향력을 행사해야 한다'는 기준인데, 구체적으로는 ⅰ) 광범한 상황의 인식, ⅱ) 광범한 상황에 대한 반응, ⅲ) 광범한 상황에 대한 영향으로 나누어 보게 된다.

⑦ 마지막으로 행정가 양성을 위한 인턴훈련에 관한 것인데, '대학원 학점을 위하여 대학과 교육청 인사담당이 협동적으로 계획하고 지도하는 실제 상황에서의 본질적이고, 지속적이고, 기준에 근거한 경험을 한다'로 되어 있는데 행정가를 위한 인턴과정을 ⅰ) 본질성, ⅱ) 지속성, ⅲ) 기준 근거성, ⅳ) 실제 상황성, ⅴ) 협동적인 계획과 지도, ⅵ) 학점 등 여섯 가지 기준으로 평가하게 되었다.

이러한 기준을 보면, 비전, 학교문화와 수업 프로그램, 관리, 학부모와 지역사회 관계, 행정가의 윤리, 광범한 상황적 맥락, 인턴과정의 7개 영역에 걸쳐 교장은 무엇을 알아야 하고(knowledge), 무슨 기술을 가져야 하고(skills), 무엇을 할 수 있어야 하며(ability), 어떤 특성(disposition)과 자질과 능력을 갖춰야 하고(competences, proficiencies), 무엇을 어떻게 직무수행으로 보여줘야 하는지를(job performance, acting ethically) 분명히 밝혀 놓고 있다. 이런 기준을 보면 상당한 훈련과 교육 없이는 일반인이나 교사의 교장 지원이 어려워져서 지원자가 부족할 수도 있는 상황이 문제가 되고 있다. 앞으로 우리나라에서도 적당히 자리나 차지할 교장이 아닌, 21세기 경쟁력 있는 한국교육을 이끌 능력 있는 지도자 교장을 확보하기는 그리 쉽지 않을 것으로 본다.

이 외에도 미국 장학교육과정개발학회(ASCD, 1989)는 교장의 중요한 지도력의 기능으로 ① 학교에 비전감(sense of vision) 제시, ② 실질적 의사결정으로 참여적 경영을 하게 하는 것, ③ 수업에 지원을 하는 것, ④ 수업에 개인적 지도를 하는 것(mentor), ⑤ 자원제공자가 되는 것을 들고 있다. 원칙중심의 지도자(principle-centered leaders)는 ① 계속적으로 배우고, ② 봉사 중심적이고, ③ 긍정적 정열을 발산하고, ④ 다른 사람을 신뢰하고, ⑤ 균형 잡힌 삶을 유도하고, ⑥ 모험적이고 개척적인 삶을 추구하고, ⑦ 통합적이고, ⑧ 자아 혁신적이다. 미국에서 이러한 교장을 기대하고 있는 것이 우리에게 참고가 될 수 있다. 베니스와 나누스(Bennis & Nanus, 1985)는 지도자에게 중요하게 요구되는 것은 ① 비전을 통한 주의집중의 형성, ② 의사소통에 의한 의미감 부여, ③ 자리매김에 의한 신뢰 부여, ④ 긍정적이고 계속적인 자아관심을 통한 자아의 개발의 네 가지 관리능력, 즉 주의집중의 관리, 의미의 관리, 신뢰의 관리, 자아 관리능력을 지도자의 중요한 관리능력으로 들고 있다. 이러한 관리 능력 없이 지도자가 된다면 그 피해는 돈으로 계산하기 어려울 정도로 막심하다 하지 않을 수 없다.

다시 정리하면, 교장이란 ① 교육자이고, ② 최고집행자이고, ③ 전문적 자문자라고 할 수 있다. 교장은 우선 교육자이고 학생교육의 책임자이다. 그래서 교장은 교육지도자이고, 장학지도자이며, 수업지도자이다. 그래서 학생교육이 잘못되고 성적이 기준에 미달될 때 교장은 책임을 져야 하는 것이다. 학부모와 국민은 교사 이전에 교장을 믿고 학생을 학교에 보내는 것이다. 학생교육에 책임을 지지 못하는 교장직을 둘 필요는 없다고 본다. 그래서 관리와 경영을 강조하는 미국에서도 교장에게 최소한의 교사경력을 필수로 하고 있고 미국교장의 평균 교사경력은 14년 이상이다. 교장은 교육자이기 때문에 일반인은 교장이 될 수 없다.

교장은 최고 책임자이다. 학교운영위원회와 교육위원회가 결정한 사항을 책임지고 집행해야 하는 것이다. 물론 대부분의 교직원의 손과 발을 통해서 집행되어야 하나 어디까지나 책임은 교장에게 있다. 집행력이 없는 지도자에게는 책임도 없다. 지도자는 집행할 수 있고 또 무거운 책임도 질 수 있어야 한다. 교장은 자신의 집행에 대하여 학교운영위원회와 임명권자, 학부모와 교육위원회, 세금을 내는 국민에게 책임을 져야 한다. 교사는 학교 전체의 집행에 대하여 교육과 훈련을 받지 않았고 책임을 질 수 있는 입장에 있지 않다. 교장은 교사에 비하여 Specialist이기보다는 Generalist이다. 교사는 Specialist이기 때문에 특정 부분에 대하여만 책임을 지지만 교장은 Generalist로서 학교 전체에 대하여 일반적인 책임을 져야 한다.

교장은 전문적 자문자이어야 한다. 특히 학교운영위원회가 교육적으로 올바른 결정을 할 수 있도록 교육적으로 전문적인 자문을 해야 한다. 학교운영위원이 모두 항상 교육전문가일 수는 없기 때문에 교육전문가인 교장이 충분한 자료와 정보를 가지고 최고 의사결정기구에 자문을 해야 정치적이 아니라 교육적으로 학생들에게 유익한 결정을 할 수 있고, 결국 교장도 그 결정을 교육적으로 집행할 수 있는 것이다. 물론 교장이 전문적 자문을 잘 해야 학교운영위원회도 교장의 전문성을 존중하는 결정을 하게 된다.

우리나라에서 제일 먼저 해야 할 일은 교장의 직무를 명료화하는 작업이라고 본다. 교장의 직무가 분명해야 이 직무를 충실히 해낼 수 있는 전문성 높은 교장을 길러내기 위한 정책을 수립할 수 있는 것이다. 교장의 직무가 분명히 밝혀지지 않고 합의가 이루어지지 않은 상태에서 이해집단에 따라 각각 다른 주장을 하고 충돌하는 것은 비생산적이라고 본다.

3. 학교장에게 요구되는 자질

앞에서 언급한 교장의 역할이나 책임, 과업이나 기능을 수행하기 위해서는 이에 해당하는 자질(competence)과 기술(skill)이 요구된다. 하지만 교장의 직무가 명확하게 밝혀지지 않은 상태에서 이에 필요한 자질과 기술을 분명히 하기는 어렵다. 그래서 여기서는 외국의 행정가나 교장에게 요구되는 자질이라고 제시된 것 몇 가지를 소개하고자 한다(주삼환, 1990).

자질이란 바람직한 직무수행의 질(a desired quality of job performance)이라고 했다(O. B. Graff & C. M. Street, 1956: 10). 질이란 그만큼 모호하고 추상적이어서 표현하기 어려운 개념이다. 1950년대에 행정가의 Competence 접근을 활발히 하였다가, 행동주의의 물결로 주춤하다가 최근 다시 논의가 활발해지고 있는 실정이다.

행정가에게 요구되는 기술로 카츠와 칸(Katz & Khan)은 ① 계획, 조직, 정책결정 등에 주로 필요한 통합적 기술(conceptual skill)과, ② 시설, 재정, 사무 등의 관리에 필요한 전문적 기술(technical skill), ③ 인간을 다루는 인간적 기술(human skill)을 들고 있는데, 이는 이 분야의 고전으로서 지금도 많은 사람들이 인용하고 있다.

서지오바니(T. J. Sergiovanni, 1984)는 장학적 역할에 해당하는 자질을 네 가지의 영역으로 나누어 제시하고 있는데, 대부분 항목이 교장에게도 해당된다.

첫째, 교육지도성이다. ① 수업목표 설계, ② 수업단원의 설정, ③ 교육과정의 개발과 수정, ④ 학습 자료의 평가와 선정, ⑤ 학습자원의 평가와 활용, 학습 자료의 제작, ⑥ 임상장학 등이다. 둘째, 장학지도성이다. ① 건전한 풍토의 조성, ② 팀의 형성, ③ 갈등해소, ④ 의사결정, ⑤ 회합의 계획과 조직, ⑥ 인사의 모집과 선발, ⑦ 인사배치, ⑧ 변화유도 등이다. 셋째, 조직적 지도성이다. ① 현존 구조의 개조, ② 프로그램의 수정, ③ 새로운 배치에 대한 청취, ④ 직원조직 계획의 개발, ⑤ 공중에 대한 공표, ⑥ 학생기강, ⑦ 정책과 절차 등이다. 넷째, 행정적 지도성이다. 미국중등교장회(NASSP, 1984)는 성공적인 교장에게 요구되는 12개의 중요한 행정기술(administrative skills)을 개발해냈는데, ① 문제 분석력, ② 판단력, ③ 조직능력, ④ 결단성, ⑤ 지도성, ⑥ 민감성, ⑦ 스트레스 감내력, ⑧ 구두 의사소통능력, ⑨ 서면 의사소통능력, ⑩ 관심의 범위, ⑪ 개인적 동기, ⑫ 교육적 가치이다.

그리고 리팸과 호에(J. M. Lipham & J. A. Hoeh, Jr. 1974)는 교장의 과업영역에 따라 요구되는 자질을 제시했다. 이 자료는 교장의 자격과 훈련 및 평가에 상당히 좋은 자료가 될 것으로 본다.

① 수업개선에 요구되는 자질이다.

• 단계 1: 프로그램 적절성 평가

자질 i) 교장은 교육과정의 변화를 요구하는 사회내의 추세를 연구하고 해석한다.

ii) 수업 프로그램의 기초인 학습자의 일반적 욕구의 윤곽을 파악한다.

iii) 당해 학교와 지역사회에 독특한 학습자의 요구사정을 지휘한다.

iv) 학습자의 요구와 학교의 목적과 목표를 통합된다.

v) 학습자의 요구와 목적을 맞추기 위하여 현 프로그램의 적절성에 대하

여 공식적인 평가 를 한다.

• 단계 2: 프로그램 개선 계획

자질 ⅰ) 교장은 수업 프로그램 개선을 위한 대안적 프로그램과 절차 구조를 검토 및 해석한다.

ⅱ) 변화 가능성 있는 대안 형성을 위하여 연구와 정보를 활용한다.

ⅲ) 수업 대안의 개발에 다른 사람을 참여시킨다.

• 단계 3: 프로그램 개선의 실천

자질 ⅰ) 수업목표 달성을 위하여 직원을 배정한다.

ⅱ) 수업목표 달성을 위하여 자료와 교구 및 시설을 조사하고 획득하고 할당한다.

ⅲ) 학부모와 지역사회에게 수업변화를 설명한다.

• 단계 4: 프로그램 변화의 평가

자질 ⅰ) 프로그램 과정과 산출을 평가하기 위한 도구를 검토하고 권고한다.

ⅱ) 과거의 성취와 현재의 성취를 비교해 주는 자료를 수집, 조직, 해석한다.

ⅲ) 프로그램의 가능성을 보증하거나 새 수업 프로그램의 후속적인 변화를 주도한다.

② 직원인사 개선에 요구되는 자질이다.

• 단계 1: 새 직원의 확인

자질 ⅰ), ⅱ)는 우리나라와 인사제도가 다르기 때문에 생략함

• 단계 2: 직원의 오리엔테이션

자질 ⅰ) 교장은 신임직원을 교육청, 직원, 학생회, 지역사회에 오리엔테이션을 하도록 조정한다.

• 단계 3: 직원배정

자질 ⅰ) 교장은 역할기대와 개인의 욕구성향 간의 일치도를 평가한다.

ⅱ) 조직목표와 개인목표를 동시에 달성하도록 신임직원을 배치한다.

ⅲ) 경험 있는 직원을, 조직목표와 개인목표를 달성할 수 있는 지위와 역할을 맡도록 재배치한다.

ⅴ) 개인과 하부단위 조직의 목표와 프로그램을 학교와 교육청의 목표와

프로그램과 일치하도록 조정한다.

• 단계 4: 직원발전

자질 i) 교장은 교육적 및 행정적 과정과 관련된 전문지식과 기술을 새롭게 하기 위한 발전활동에 종사한다.

ii) 교실관찰과 협의회를 통해서 직원 발전의 체계적 프로그램을 실시한다.

iii) 학교 방문, 전문적 활동, 전문 도서관, 교육실습 프로그램, 연수활동과 직원발전 활동을 조직한다.

iv) 직원으로 하여금 직원발전 활동 중에서 선택하여 참여하도록 안내한다.

v) 집단과 개인의 연수활동을 평가하고 이를 개선하기 위한 방법을 권고한다.

• 단계 5: 직원평가

i) 교장은 평가목적과 활동 절차에 합의하도록 직원을 참여시킨다.

ii) 교수의 과정과 산물에 관한 자료를 수집, 조직, 분석한다.

iii) 구체적 평가 자료에 근거하여 결정을 한다.

③ 학생인사 개선에 요구되는 자질이다.

• 영역 1: 학생의 가치

자질 i) 교장은 학교의 가치 지향성을 분석, 평가, 기술한다.

ii) 하나의 기관으로서의 학교의 목적과 목표를 검토하고 설명한다.

iii) 자신과 직원의 가치 지향성을 분석하고 이해한다.

• 영역 2: 학생 참여

자질 i) 교장은 학교 프로그램에 관한 결정에 학생을 의미 있게 참여시키는 조치를 한다.

ii) 교내에 가능성 있는 교육과정의 계획, 직원조직, 재정지원, 평가를 조정한다.

iii) 교내의 효과적인 학생회를 위한 운영방침의 개발을 지원하고 자원을 제공한다.

• 영역 3: 학생지도

자질 i) 학생에게 또 학생에 대하여 정보를 제공하는 활동을 개발한다.

ii) 학생, 교사, 학부모에게 개인적으로 또 집단적으로 상담하는데 우선순위를 둔다.

iii) 교내 방침 설정과 절차개발에 참여하며, 학생의 진로지도에 참여한다.

iv) 학생지도와 전체 교육 프로그램 개선을 위한 기초로 전학생과 현재의 학생으로부터 나온 자료를 활용하고 연구를 주도한다.

v) 학생, 교사, 카운슬러, 기타 학생 전문가들 사이의 상호작용과 이해를 증진시키는 활동을 조직한다.

vi) 학교행정에 시사점을 주는 최근의 입법조치와 법원의 판결을 연구하고 이해한다.

vii) 학교의 목적과 목표, 절차와 조직구성원의 가치, 역할, 행동에 대한 효과적인 변화를 위한 근거로 법적 자료를 활용한다.

④ 재정 시설 개선에 요구되는 자질이다.

• 영역 1: 재정자원

자질 i) 교장은 학교의 요구, 목적, 목표를 규명하고 업적으로 측정될 수 있는 수업과 지원적 산출로 바꿔 놓을 수 있다.

ii) 측정 가능한 목적과 일치하는 프로그램 구조와 형식을 개발하도록 지원을 이끈다.

iii) 각 목적달성을 위한 대안을 확인, 분석, 비용을 계산한다.

iv) 적정 수업대안을 선정하고 채택하도록 권고한다.

v) 목적달성에 필요한 적절한 교구와 소모품, 자료를 확보 및 유지한다.

vi) 교내 각 프로그램에 대한 요구의 우선순위를 정하는 예산을 마련한다.

vii) 구입해야 할 교구, 소모품, 자료의 요구를 평가하고 승인한다.

viii) 학교에서 장기간 필요한 자원을 추정한다.

• 영역 2: 학교시설자원

자질 i) 교육청의 교육시설에 대한 장기계획에 교사, 학생, 시민이 기여하도록 조정한다.

ii) 새로운 수업 공간의 양적 및 질적 요구조건을 결정하도록 직원을 이끌어 나간다.

iii) 학교를 설계할 때 특별실과 시설의 성격과 배치를 결정하고 기술한다.

iv) 건축가가 새로운 시설을 계획하는데 사용할 수 있도록 완전한 교육시방서를 개발하고 전해준다.

v) 수업을 위한 활용성과 융통성을 제공하기 위하여 필요한 변화의 관점에서 계획과 건설을 평가한다.

vi) 수업을 향상시킬 수 있는 물리적 환경을 제공하기 위하여 관리인들을 면접하고, 배치하며, 감독한다.

⑤ 학교와 지역사회 관계 개선에 요구되는 자질

• 영역 1: 지역사회 분석

자질 i) 교장은 학교의 목적, 목표, 프로그램, 절차의 분류를 위하여 지역의 비전문 자문위원회 나 다른 시민대표들의 일을 조정한다.

ii) 학교의 요구와 기대에 대한 시민의 지각을 체계적으로 평가한다.

• 영역 2: 지역사회와의 관계분석

자질 i) 지역사회 집단 활동에 광범위하게 참여하고, 지역사회 조직에 선택적으로 가입한다.

ii) 교사와 학생, 직원들에게 공공과의 관계에 대한 역할을 강조한다.

iii) 사친회 조직의 지도자와 구성원에게 효과를 높이기 위하여 자문한다.

iv) 학교 내 준전공인들의 정보적 요구를 분석하고 그 요구충족을 위하여 의사소통을 한다.

v) 의사소통에서 나온 피드백을 체계적으로 받아내고 분석한다.

vi) 학교의 진행과정과 산출의 평가를 위하여 시민이 사용한 양적 및 질적 기준을 명확히 한다.

• 영역 3: 지역사회 자원의 활용

자질 i) 지역사회 전체 자원에 대한 협동적 활용을 위한 혁신적 프로그램과 계획을 개발한다.

ii) 학습실험실로서의 지역사회를 활용하는 교육실습을 격려한다.

4. 외국의 학교장제도

최근에 우리나라에서 교사에 의한 교장선출 보직제 주장이 나오고 있기 때문에 주로 교장 자격과 임용에 초점을 맞춰 외국의 교장제도에 대하여 고찰하기로 한다. 하지만 외국에서는 한나라 안에서도 똑같은 획일적인 제도가 아니라 지역과 지방에 따라 아주 독특하고 다양하기 때문에 어느 한 가지로 말하기 어렵다.

그리고 외국의 사례에 대하여 알아볼 때 항상 그 나라의 역사와 전통, 기후풍토의 독특성을 인정해야지 무조건 우리나라에 차용하려는 태도는 위험하다는 경고와 더불어 외국의 교장제도에 대해 살펴보기로 한다(박덕규, 1992; 주삼환, 2002).

1) 외국의 학교장제도의 사례

(1) 미국의 교장

유럽의 교장들은 수석교사의 이미지, 제일 잘 가르치는 교사, 교사대표의 이미지, 수업 쪽에 기울여진 이미지를 갖고 있는데 반해 미국의 교장은 경영 및 관리 측면을 강조하는 비즈니스적 이미지를 많이 가지고 있다. 하지만 1980년대부터는 주로 수업지도자, 장학지도자의 이미지를 강조하는 경향으로 옮겨가고 있다고 할 수 있다. 그리고 미국은 경험을 중시하는 나라임에도 교장의 경우는 교사를 오래 하다보면 교장이 된다는 생각보다는 교장직을 전공으로 공부하고 연구하고, 실제 경험해야 젊어서도 교장을 할 수 있다는 생각이 짙다. 즉 교사로부터 발탁 및 연수가 아니라 별도 교장양성 교육과 훈련에 의한 교장제라고 보아야 한다.

그래서 미국 대부분의 주에서는 대학원의 교장과정, 교육행정전문가과정, 교육행정박사과정을 거쳐야 교장이 될 수 있는 자격을 갖추게 된다는 것이다. 교직경력은 최소 3~5년이 요구되는데, 초등교장에는 의외로 운동 코치(감독) 경력자가 많은 것을 보면 반드시 classroom teacher 경력자로 제한되어 있지는 않은 것으로 보인다. 대학원 교육행정과에서 교육 행정가를 양성하더라도 첫째, 유능한 교육행정가 후보자를 대학원에 유치, 선발하는 절차로부터 출발해야 한다. 둘째, 양성프로그램이 단계적으로 잘 짜여져야 하는데 ⅰ) 교육조직과 그 조직에서 일하는 사람들에 대한 이해, ⅱ) 학교와 교육구의 주변 사회와의 관계에 대한 이해, ⅲ) 교육과정과 수업에 대한 이해, ⅳ) 학교경영에 대한 이해를 돕는 내용이 포함되어야 한다는 것이다. 셋째, 예비 교육행정가(교장)는 많은 임상적 경험을 갖도록 하는데 학과목에서도 많은 관찰과 실험의 경험을 갖도록 하고, 의사들처럼 실습과 인턴과정을 필수로 요구하고 있다.

미국 미네소타 대학교의 경우 교육행정가 양성프로그램을 보면 i) 교육행정 기초 12학점 이상, ii) 학교행정 전문기술 영역 12학점 이상, iii) 교육행정 특수 분야 12학점 이상, iv) 교육과정, 수업, 장학영역 12학점 이상, v) 인간행위 심리학, 검사와 측정, 교육철학, 특수아 교육 및 상담 중에서 12학점 이상을 이수하고, 대개 1년의 인턴을 마쳐야 했었다. 그래서 미국에서 교육행정가의 길로 들어서려면 최소한 석사를 마치고 박사에 준하는(석사와 박사의 중간) 정도의 과정을 이수해야 하는 것으로 봐야 한다.

이렇게 해서 빠르면 30대 초반에 교장이 되어 평생을 교장과 교육행정가로 바칠 수 있게 된다. 일반적으로 교장직은 계약제의 성격이기 때문에 유리한 조건으로 스카우트되어 발전해 나갈 수 있다. 어느 학교에 교장 자리가 비게 되면 자격과 책임, 조건, 직무 기술서 등을 제시하고 전국에 초빙 광고를 하여 가능한 한 많은 사람으로부터 지원서류를 받게 된다. 이 때 우수한 교장을 초빙하기 위해서 학교 단위, 또는 교육청 단위에 교장 Searching Committee를 구성해서 이 일을 하게 하는 경우가 많다. 여기까지가 모집(recruit)단계이다.

다음은 선발단계로 여러 차례의 서류심사를 통하여 부적격자, 불리한 자를 걸러가면서 선발후보자를 줄여가게 된다. 그래서 최종적으로 4~5명 또는 7~8명의 면접 대상자를 선정하고 면접에 들어가게 된다. 면접은 주로 학교운영위원회가 중심이 되어 진행된다. 미국의 학교운영위원회는 학교운영위원회가 학교운영의 책임도 지고 있다는 것이 우리나라와 다르다. 그리고 학교는 학부모만의 것이 아니라 지역사회의 것, 주민의 것이라는 주인의식이 분명하다. 그래서 면접위원으로 학부모 대표, 지역사회 대표, 교사 대표가 참여하고 교육청의 인사담당, 주민대표인 교육위원 중에서 인사담당 위원이 참여하게 된다. 여기서 교사대표가 참여하는 것은 미국에서는 교사와 교장 모두 한 학교로 임용되기 때문에 어쩌면 평생을 한 팀으로 한 학교에서 근무해야 할지도 모르기 때문이다. 최적격자가 선발되면 대개 4~5년 계약으로 교육위원회가 임용하게 되고 평가에 의하여 성공적으로 첫 계약기간을 마치게 되면 대개 정년까지 임용을 보장받는다.

이러한 선발과정은 교사에게도 적용되는데 교사 임용 시에는 반대로 교장의 추천과 면접의 영향의 비중이 상대적으로 높아지게 된다. 이것은 교장이 그 교사와 팀으로 한 학교에서 호흡을 맞춰 학생교육을 해야 하기 때문이다.

교장은 학교에서 민주적이고 수평적이면서도 절대적인 권한을 갖는다. 자신의 교육철학과 교육이론에 의해 학교를 이끌어가고 학생교육을 하는 데서 보람을 느끼는 사람들이 교장직을 전공하여 교장이 되고자 한다.

미국교장은 배의 'Captain' 에 비유되기도 하지만 'Key boy' 라는 별명을 가질 정도로 학교의 열쇠(master key)를 가지고 다니면서 학교의 모든 살림을 실질적으로 한다. 그래서 미국 교장은 몹시 바쁘다. 교사를 채용하고 평가하는 교사에 대한 인사권을 가지지만 그렇다고 권위주의적이거나 군림하는 일은 없다고 봐야 한다. 미국 교사의 경우 1년 12개월 중 대개 9~10개월 근무이지만(봉급 지불) 교장의 경우는 대개 10~11개월 근무이기 때문에 봉급이 약간 많은 대신 무거운 책임이 따른다. 어려운 일을 하고 책임이 무거운 사람일수록 보수가 많아질 수밖에 없다.

미국 교장의 경우 학생 하나하나를 파악하고, 성적을 확인하고, 부모에게 편지를 쓴다. 전교생 학생 이름을 최소 2/3는 외우고 기억할 정도이다.

그런데 안타깝게도 지금 미국에는 교장과 교육행정가 희망자가 급격히 줄고 있어서 문제이다. 어려운 만큼 보상과 보람이 따르지 못하기 때문에 젊은이들이 교장과 교육행정직에 도전하지 않고 어려운 교육행정을 전공하려 하지 않는다는 것이다.

(2) 영국의 교장

미국의 교장이 경영자 및 행정가의 이미지가 강한데 비하여 영국의 교장은 교사의 'Head' 라는 이미지와 수업에 대한 책임이 강조되는 경향이 있다. 영국도 미국과 마찬가지로 대학교의 대학원에 교육행정가 자격과정이 있으나 미국처럼 반드시 대학원에서만 교육행정가 자격을 취득하는 것은 아니다. 우리나라에서 얼마 전에 시작한 '학점은행제' 처럼 필요한 학점을 1일 과정, 2일 과정, 20일 단기 과정, 1학기 과정에서 이수하고 이를 은행에 저금하듯이 축적했다가 1996년부터 시행된 '학교행정가 자격인증위원회' 에 제출하여 자격을 인증받을 수 있다.

참고로 런던대학교 교육대학원의 학교행정가 과정을 보면, ⅰ) 학교행정 입문, 학교행정과 조직, 학교와 공공정책, 변화의 과정 각 15시간씩 60시간, ⅱ) 교육행정의 과정, 조직의 형성, 학교경영계획, 학교장의 지도성 각 15시간씩 60시간, iii) 교육과 경제, 인사와 평정, 연구방법론, 논문지도 60시간 계 180시간 6학점을 이수하게 되어 있다(정태범, 2000). 우리나라 대학원에서 15시간을 1학점으로 하고 있는데 시간 수로 치면 1년 과정이 12학점으로 되어 있는 셈이다.

교장임용과정은 미국과 비슷하다고 하겠으나 영국에서는 학교운영위원회에서 주로 결정권을 갖다시피 하는 것으로 봐야 한다. 물론 형식상으로는 지방교육당국(LEA)과의 협동과정이라 할 수 있으나 점점 더 학교단위책임경영제(영국에서는 school-based management 대신에 local management라는 용어를 주로 사용)로 가면서 학교운영위원회의 역할 비중이 무거워지고 있다. 그래서 필자가 런던대학교 교육행정학 교수를 만나 영국에서는 교장을 누가 선발하느냐고 물었더니 두말하지 않고 'School Governor'라고 했었다. 이는 우리나라의 학교운영위원회에 해당된다. 운영위원회와의 면접 초점은 과거의 '수업'에서 '기업가적 정신', '조직관리자', '교육경영', '의사소통 능력' 쪽으로 옮겨가는 경향이다.

영국도 미국처럼 학교는 전적으로 교장에게 맡겨져 있다고 봐도 과언이 아니다. 학교의 주인으로서의 권한과 책임을 지게 된다. 그래서 학교 문패와 함께 교장의 문패가 나란히 붙여 있고 거처와 교장실이 학교의 한 건물에 있기도 한다고 한다. 미국에서는 교감 자격증이 따로 없고 교감(assistant principal; associate principal 등이 있는 경우도 있고, administrative assistant만 있는 경우도 있음)을 안 거치고 교장이 되기도 하지만 영국의 경우는 대개 부장교사, 교감을 거쳐 교장이 되는 것이 보통이다. 그러나 30대 초반에 교장이 되어 평생을 한 학교에서 교장을 하기도 한다. 이것이 'Goodbye Mr. Chips' 형의 교장이다. 영국 교장의 권위는 임금님 앞에서 모자를 쓰고 학교에 들어가도록 임금님의 양해를 구했다는 일화를 통해서 그 상징성을 짐작할 수 있을 것이다.

물론 교사와 학부모를 학교경영에 끌여 들이고 참여시키지 않으면 교장으로서 학교를 이끌어 가기 어려운 것은 영국도 예외가 아니다.

전통적이고 보수적 성향이 짙었던 영국에서도 개혁바람과 체벌금지 등으로 아이들을 가르치는 것이 어렵게 되자 교사들이 자꾸 교직을 떠나고, 교장도 영국교육기준청(OFSTED, 과거의 HMI)이 실시하는 학교평가에서 나쁜 평가를 받게 되면 책임을 져야 하기 때문에 교장직을 기피하여 '교장 구인난'을 겪고 있다. 이래저래 어느 나라나 교육과 교직, 교육행정직의 수난시대를 맞고 있는 것이다. 우리나라에도 교장 기피 시대가 머지 않아 찾아올 것에 대비해야 한다.

(3) 독일의 교장

독일의 초 · 중등교장은 수석교사의 이미지가 강한 교사의 한 사람에 속한다. 그래서 교사라야 교장이 될 수 있다. 그리고 교장도 수업을 담당한다. 그리고 독일은 철저히 연방제를 택하기 때문에 연방에 따라 교장제가 다르다.

교장이 되기 위한 자격은 특별히 정해져 있지 않고 주정부나 학교에 따라 다르다고 할 수 있다. 초등학교의 경우는 교장 자리가 공석이 되면 그 학교 교사협의회에서 대개 그 학교 교사 중에서 선출하여 주교육부에 보고하면 교장으로 임명되고 나서 교장에 필요한 보수교육을 받는다. 중등학교 교장의 경우는 결원이 생기게 되면 반드시 교장 자격요건들을 명시하여 신문에 공고하여 공개 채용하는 것이 16개 주 공통이라고 할 수 있다. 이 때 어떤 주에서는 주교육부가 전적으로 책임지고 선발하여 일방적으로 해당학교에 임명하기도 하고, 어떤 다른 주에서는 해당학교의 교사들로 구성된 교장선출위원회가 공고에서 선발까지 모든 책임을 지고 선발하고 보고하면 주교육부가 임명해 주는 형식을 취하기도 한다. 여기서도 교사들이 같은 학교에서 계속 근무한다는 점에 유의해야 한다. 그 외의 다른 주에서는 절충형으로 해당학교 교사협의회 의견과 교육청 또는 주교육부의 검토를 거쳐 확정하기도 한다. 예를 들면, 베를린주의 경우 해당학교 교사협의회가 공모하여 최우수후보자 2명을 선발하여 서류심사를 요청하면 시 교육청에서 심사 후 심사결과를 학교에 보내면 학교에서는 전체 교사회에서 투표로 1순위자를 뽑아 교육청에 보고하면 이의가 없는 경우 교육청이 3개월간의 시보시간으로 임명하고 성공적으로 마치면 65세 정년을 보장해 주게 된다는 것이다. 반드시 시보 또는 수습시간이 있고 8~10년의 기간을 정하여 임용한다는 것이 각 주의 공통점인 것 같다.

학교가 되었든 아니면 교육청이나 교육부가 되었든 선발과정이나 면접과정에서 중시하는 것은 i) 수업능력, ii) 교직원회의 관리능력, iii) 학교법과 학교행정 및 조직관리 능력, iv) 지도자로서의 능력 등이라고 한다.

학교장은 i) 수업을 맡고, ii) 교사회의를 주관하고, iii) 대외적으로 학교를 대표하고, iv) 대내적으로 학교를 정상적으로 기능을 하도록 보살피고, v) 교사에 대하여 인사권을 행사하고, vi) 재정관을 두어 재정을 운영한다. 독일 학교법에 나타난 교장의 임무는 i) 조언 및 상담활동, ii) 조정과 협동, iii) 학부모, 학생, 각종 단체의 보호와 지원, iv) 직무의 위임 수행, v) 학교 질서 유지, vi) 안전관계 활동, vii) 교사를 위한 계속 교육 등이다(박덕규, 1992).

독일에서 교장 선발에 비교적 교사의 입김이 센 주가 있긴 하나 학교 내 교사 가운데서 교사들이 인기 교사를 뽑는 형식은 아니며 교사와 교장이 한 학교에서 고정 근무한다는 점이 우리나라의 상황과 다르다는 것을 알아야 한다.

(4) 프랑스의 교장

프랑스의 교장은 학생들에게 아주 자상한 부모나 조부모의 이미지라고 할 수 있다. 프랑스의 교장은 학생들의 대화 상대자이고, 고민을 털어놓는 상대자이기도 하다. 독일의 교장과 마찬가지로 프랑스의 교장도 또 하나의 교사일 뿐이다.

프랑스의 초등교장은 3년 이상의 교사경력이라면 주 교육청에 교장지원을 할 수 있다. 주 장학관이 임명한 심사위원들이 개별 면접을 하여 선발하는데 전체 심사위원회에 의하여 최종합격자가 결정된다.

면접 시 주요 관심사는 i) 교육문제 분석력, ii) 학교의 실질적인 문제, iii) 의사소통 능력 등이 된다.

중등학교 교장의 경우는 프랑스 최고 권위의 교사자격증에 해당하는 아그레가제 소지자에게 별도의 연수과정을 부과하여 양성한다. 이 아그레가제는 아그레가시옹이라는 국가시험 합격자에게 수여되는 것인데 이 시험은 40세 미만자로 문과 또는 경제학박사 학위소지자, 중등교사 자격증 소지자, 기술교사 자격증 소지자 등만이 지원할 수 있다고 한다. 아그레가시옹 시험은 예비시험, 최종시험으로 나누어지고, 합격자 수가 제한되어 있어 누구나 인정하는 자랑스럽고, 권위 있는 시험이고 자격증이다.

교장으로 선발되면 4~5주간 연수를 받고 임명된 뒤에도 계속 2년간 연수를 받는다고 한다. 일단 교장으로 임명되면 특별한 잘못이 없는 한 정년을 보장받게 된다. 프랑스의 교장도 전적으로 학교에 대하여 책임을 지며 교사들의 의견을 존중하여 학교를 운영하고, 대외관계를 잘 하여야 학교를 잘 이끌어 갈 수 있다.

프랑스도 역시 교장의 일은 많고 어려운 데 반하여 이에 상응하는 보상이 따르지 못하여 교장 지원자가 부족한 상태이다.

(5) 기타 다른 나라의 교장

일본의 교장제도는 우리나라의 그것과 흡사하다고 할 수 있다. 그것은 우리나라가 계속 일본의 것을 모방하고 법체계까지 똑같이 해왔기 때문이다. 다만 일본의 것은 지방교육자치제를 제대로 하고 있기 때문에 지방에 따라 조금씩 다르다는 점이 우리나라와 다르다.

그리고 일본에는 교장에게는 면허장이 요구되지 않고 교두(교감)에게만 면허장이 요구되는데 ⅰ) 학교 교유(교사) 일급 보통면허장을 갖고, ⅱ) 5년 이상의 교육경력이 있으면 교장이나 교두가 될 수 있는 기본적인 자격을 갖추는 것으로 본다. 교장은 교두가 될 수 있는 기본적인 자격을 갖추는 것으로 본다. 교장은 교감경력 4년이면 지원할 수 있다. 이들 기본자격자 중에서 반드시 공개시험이나 선고(選考)에 의하여 임명하게 되어 있다. 그리고 우리나라와 달리 중학교의 면허장과 고등학교의 면허장이 별도로 나누어져 있어 구별이 되어 있다.

소학교와 중학교의 경우 교육경력 15년 이상, 38세 이상이라야 지원이 가능하며, 교두 시험 평균 경쟁률은 현재 약 15 대 1 정도 된다. 현립고등학교의 경우 10년 이상 교육경력, 40세 이상자가 관리직 선고시험에 의하여 교두가 될 수 있고, 교두 5년이면 교장이 될 수 있는 기본자격을 갖게 된다. 그런데 이런 기준도 지방에 따라 달라지고, 또 최근에는 개혁 바람에 의하여 전혀 교직 경험이 없는 경영인이 임명되기도 하였다. 그리고 교장에 한하여 초등, 중등의 칸막이를 엄격히 하지 않게 되었다. 예를 들면, 돗도리시 나가노고소학교 교장의 경우 중등 음악교사 출신이었다.

중국은 공산주의 국가로서 비교적 교사의 영향이 크다고 할 수 있는데 그래도 교원대표, 학술전문가, 교육 관료로 구성되는 교원자격심사위원회에서 교장을 임명하는 것으로 되어 있다. 내몽고 자치주의 경우 교장 자리가 빌 경우 교원들이 교내에서 한 사람당 3명씩 추천하게 되어 있으나 이것은 형식적이고 실질적으로는 시교육구에서 공산당원 교원 중에서 임명한다는 것이다.

태국의 경우는 교직경력 5년 이상이면 누구나 국가시험에 의하여 교장이 될 수 있는데, 35학급 이상의 학교에서는 영어로 'director'라고 부르고 그 이하는 'principal'이라고 불렀는데 최근엔 이러한 전통도 변하고 있다. 작은 학교에서는 교장도 수업을 하고 있으며 교장실이 별도로 있지 않은 경우도 있다.

스위스의 경우 마을 사람들이 마을 사람 중에서 교장을 선발하는 곳도 있었다. 마을 이장을 뽑듯이 농부가 교장으로 뽑혀 가끔씩 학교에 들려 교사들이 가르치는 일을 지원해 주고 마을 사람들의 요구를 교사들에게 전달하여 관철시키기도 하였다. 가르치는 대부분의 일은 전적으로 전문 교사들에게 맡겨 주는 것이다.

이렇게 외국의 교장은 그 나라의 역사와 전통, 시대 상황에 따라 다른 자격과 임무, 책임을 수행하게 된다. 그러나 교사가 하는 일과 교장이 하는 일과 역할은 다르고 또 교사를 팀으로 하여 학생을 교육해야 하기 때문에 교사보다는 한 수준 높은 자격과 자질을 요구받게 된다는 것을 알 수 있다.

2) 외국의 교장제도에서 얻을 수 있는 시사점

교장제도뿐만 아니라 외국의 모든 교육제도는 모두 그 나라의 역사와 전통 또 시대적 상황 속에서 나온 것이기 때문에 좋은 제도, 나쁜 제도가 있는 것이 아니다. 그러므로 각 나라의 제도는 모두 존중되어야 한다. 그리고 아무리 선진국의 것이라도 자기 나라로 들여오려고 할 때는 반드시 위험과 모험이 따른다는 점을 알고 주의해야 한다.

이처럼 외국 몇 나라의 교장제도에 대하여 살펴보면서 우리나라에 시사 받을 수 있는 몇 가지 공통점을 발견할 수 있다.

첫째, 가르치는 교사의 전문성과 행정을 담당하는 교장직의 전문성은 서로 다르다는 점을 인정한다. 교장직의 전문성은 다르다는 점을 인정하고 그것을 강조하고 그것을 강화한다는 것을 알 수 있다. 그래서 교장 등 교육행정직으로 나갈 사람을 선별하여 연수가 아니라 양성교육을 하여 교육 행정가를 길러내는 것이다.

둘째, 교장직의 전문성을 인정하기 때문에 교장직을 장기적으로 맡고 또 한 학교에서 오래 근무한다는 것을 알 수 있다. 교장을 몇 년 하고 말거나 이 학교 저 학교로 무책임하게 옮겨다니는 것이 아니라는 점도 발견할 수 있었을 것이다. 앞으로는 책임지는 교장이 되어야 할 것이다.

셋째, 교장이 될 수 있는 자격을 분명히 하고 대체로 공개 채용하는 경향이라는 것을 알 수 있다. 대개 특정한 학교의 교장으로 근무하는 것도 알 수 있다.

넷째, 외국에서는 지방교육자치제를 하여 지방마다 교장제가 다르고 또 학교마다 다른 것을 알 수 있다. 특히 학교단위자율책임경영제가 강조되면서 교장의 권위가 중시되고 또 존중된다. 따라서 우리나라에 비하여 역할과 기능, 책임도 분명하다.

나눠먹기식 인사가 교육의 본질이나 목적일 수는 없다. 어떻게 하면 학생교육을 잘하고 학교경영을 잘 하느냐가 중요한 것이다. 비현실적인 주장이나 논쟁으로 국가적 에너지를 분산시켜 낭비시키지 말고 교육의 질 향상에 국가적 에너지를 결집시켜야 한다.

참고문헌

교육인적자원부(2001). **교육마당 21**, 2001년 9월호.

국회좋은교육연구회 · 한국교원교육학회(2005). 교육선진화를 위한 교원의 전문성 제고 방안. 교원정책포럼. 서울: 국회좋은교육연구회 · 한국교원교육학회.

김평수(2001). '학급당 학생 수 감축을 통한 교육여건 개선'. 교육인적자원부. 교육마당 21, 2001년 9월호.

김현수(2002). 자연생태와 학교건축의 계획방향. 생태 및 에너지를 활용한 학교건축의 계획방향. 한국교육환경연구원 제5회 심포지움. 서울: 한국교육환경연구원, 20.

남정결(2004). **교육행정 및 교육경영**. 서울: 교육과학사.

맹준호(2002). 지식정보화 사회에 대응하는 중등학교 건축계획에 관한 연구. 건국대학교대학원 박사학위논문, 53.

박덕규(1992). **우리나라의 학교에는 어떤 교장이 필요한가**. 서울: 대한교과서주식회사.

박종렬, 김순남(2001). **학교단위책임경영의 이론과 실제**. 서울: 원미사.

서정화, 서성옥, 김동희, 이수임(2002). **교장학의 이론과 실제**. 서울: 교육과학사.

송화섭 역(1994). **학교장의 역할 - 학교장의 상황별 지도와 조치-**. 서울: 양서원.

송화섭(1997). **교장론**. 서울: 학문사.

와부중학교(2005a). **2005학년도 교육과정 운영계획서**. 남양주, 경기도: 와부중학교.

와부중학교(2005b). **2005학년도 학교교육계획서**. 남양주, 경기도: 와부중학교.

윤정일(2000). **교육재정의 이론과 실제**. 서울: 세영사.

정태범(1996). **장학론**. 서울: 교육과학사.

정태범(2000). 교장의 양성체제. **한국교사교육 제17권** 제3호. 서울: 한국교원교육학회.

정희경(1975). **교직원의 역할**. 서울특별시교육위원회 편. 서울: 서울특별시 교육위원회.

조성일, 신재흡(2004). 21C 지식 및 정보기반사회에서의 장학행정 이론과 실제. 서울: 도서출판 학이당.

주삼환(1990). 장학 · 교장론: 교육의 질 관리. 서울: 성원사.

주삼환(1997). 변화하는 시대의 장학. 서울: 원미사.

주삼환(2002). 한국교육의 위기. 서울: 동문사.

청소년적십자사(RCY) 경기도본부(2005). 조직과 운영 안내. 수원, 경기도: 청소년적십자사(RCY) 경기도본부.

한국교원대학교종합교원연수원 편(1999). 신교장학 II. 청원: 한국교원대학교종합연수원.

한국걸스카우트(2005). 걸스카우트 지도자 기본강습. 서울: 한국걸스카우트연맹.

한국스카우트연맹(2003). 2003 지도자 핸드북. 서울: 한국스카우트연맹.

한국청소년경기도북부연맹(2003). 2003년도 활동계획(아람단 · 누리단 · 한별단). 의정부, 경기도: 한국청소년경기도북부연맹.

한국해양소년단연맹(2002). 우리는 자랑스런 해양소년단. 서울: 한국해양소년단연맹.

Graff, O. B., & Street, C. M.(1956). *Improving Competence in Educational Administration*. New York: Harper & Brothers.

Lipham, J. M., & Hoeh, J. A. Jr.(1974). *The Principalship: Foundations and Functions*. New York: Harper & Row.

Seifert, Edward H., & Vornberg, James A.(2002). *The New School Leader for the 21st Century: The Principal*. Lanham, Maryland: The Scarecrow Press, Inc.

Sergiovanni, T. J.(1984). *Handbook for Effective Department Leadership*, 2nd ed. Boston: Allyn & Bacon.

Wilmore, Elaine L.(2002). *Principal Leadership: Applying the New Educational Leadership Constituents Council(ELCC) Standards*. Thousand Oaks, CA: Corwin Press, Inc.

제9장 학교경영기법

모든 조직은 목적을 효율적으로 달성하기 위하여 경영의 합리화를 위한 노력을 지속적으로 하고 있다. 학교도 교육목표의 달성이라는 측면에서 보면 학교경영의 합리화 및 과학화에 노력해야 될 것이다. 시대가 변함에 따라 학교의 주변 상황이 변하고 있으며, 이러한 변화가 가속화됨에 따라 학교 교육의 제반 문제들은 더욱더 복잡하고 다양한 양상으로 변모되어 가는 실정이다. 학교경영은 학교 내 · 외적인 변화에 능동적으로 대응하지 않으면 안 되며, 아울러 학교 자체에서 발생하는 제 문제들을 합리적으로 해결하고 교육목표달성을 극대화하기 위해 능률적인 운영을 도모하기 위한 경영기법이 필요하다.

이제까지 개발 및 활용되고 있는 경영기법들을 편의상 최적화기법, 추정기법, 그리고 계획 · 통제기법 등 3개 군으로 구분하면서 교육문제에의 적용을 나타내면 〈표 9-1〉과 같다.

〈표 9-1〉에서 살펴본 바와 같이, 첫째, 최적화(optimization)기법에는 선형계획법(linear programming), 재고이론(inventory control), 게임이론(game theory), 동적 계획(dynamic programming), 대기행렬(waiting line; queue), 모의상황(simulation) 등이 있으며, 둘째, 추정기법(forecasting)기법은 델파이(delphi)방법, 규범적 방법(Normative Methods), 계량경제적 모형(Econometric Model), 성장곡선(Growth Curve), 생존군기법(Cohort Survival), 회기분석(Regression Analysis) 등이 있다. 그리

〈표 9-1〉 경영기법과 교육문제에의 활용

기법	교육문제에의 응용
1. 최적화기법	
LP	* 학생 수 추정, 학교버스 운영, 예산추정 결정, 교원배치, 학교시간표 작성, 학교급식, 자원배정
Inventory	* 적량의 교수-학습자료 준비, 학교급식 수송계획
Simulation	* 모의상황 하에서의 교육행정가 훈련 프로그램/교원봉급 추정 및 학교 신설, 재정 추정
Game theory	* 교수-교육 프로그램의 효과측정 및 전략탐색
DP	* 교수-학습 효과의 극대화를 위한 자원활용의 최적화 발견/학교 재배치 및 통학군 조정
Queue	* 학교급식
2. 추정기법	
Delphi	* 학교경영 목표설정, 교육과정의 편제, 목표설정, 내용조직 등
Normative Methods	* 목적설정, 교육체제의 분석, 교육훈련 프로그램 개발
Econometric Model	* 중 · 장기 교육계획 수립
Growth Curve	* 학생 수, 재정 추정
Cohort Survival	* 학생 수 추정
Regression Analysis	* 학업성취도와 행정 및 제도적 측면 상관
3. 계획 · 통제기법	
MBO	* 학교경영 계획수립
PPBS	* 공업고등학교 예산계획
PERT	* 교육계획 수립, 각종 연구수행, 학교운동회, 소풍 등 행사계획, 학교신설, 교실증설, 교육방송국 설립
Cost Analysis	* 교육 프로그램의 비교 및 분석
MIS	* 교실배정, 학생성적관리, 학생등록, 교원인사
Input/Output	* 학교체제의 생산성 평가, 교육자원의 효율적 배분

* 자료: 서정화 외(2002). 교장학의 이론과 실제. 서울: 교육과학사, p. 423.

고 셋째, 계획 및 통제기법에는 목표관리(MBO), 기획예산제도(PPBS), 과업평가계획기법(PERT), 비용분석(Cost Analysis), 경영정보체제(MIS), 투입-산출 분석(Input/Output Analysis) 등이 있다.

따라서 9장에서는 최근 학교경영기법의 현대화와 관련하여 목표관리기법(MBO), 경영정보체제(MIS), 과업평가계획기법(PERT), 기획예산제도(PPBS), 교육비 분석(Cost Analysis), 델파이 방법(Delphi Technique) 등에 대해서 고찰하기로 한다(박병량, 주철안, 1999; 권기욱 외, 2000; 이상기, 옥장흠, 2000; 윤정일 외, 2001; 서정화 외, 2002; 정태범, 2002; 한공우, 2003; 이순형, 2004).

제1절 목표관리기법(MBO)

조직의 목적은 효과적인 목표달성에 있다. 조직이 그 임무를 수행하기 위해서는 전 구성원의 참여를 통한 목표를 설정하고 합리적인 조직의 운영으로 목표를 달성하여야 한다. 목표관리는 조직의 목표를 관리 기술적인 측면에서 다루려고 하는 고도의 과학적인 기법이다.

여기서는 목표관리의 개념과 발전, 목표관리의 요소와 실시 조건, 목표관리의 과정, 목표관리의 학교경영에의 적용, 목표관리의 장점과 문제점 등에 대해서 살펴보고자 한다.

1. 목표관리의 개념과 발전

행정학이나 경영학에서 목표의 중요성은 일찍부터 강조되어 왔다. 특히 오늘날 어떠한 조직이든지 간에 모든 조직구성원의 참여의 과정을 통하여 조직의 목표를 설정하고, 효과적인 관리를 통하여 그 목표를 달성하려고 한다. 이러한 목표달성의 문제를 관리적 측면에서 다루려는 하나의 관리전략으로서 1970년대에 접어들면서부터 많은 주목을 끌고 있는 것이 바로 목표관리기법(management by objectives: MBO)이다.

목표관리에 대한 여러 학자들의 견해를 소개하면 다음과 같다. i) 드러커(P. F. Drucker, 1954: 121-131)는 현대의 경영자가 갖추어야 할 자질은 목표를 설정하고 그 목표에 따른 경영관리 방법을 숙달하여 개인의 권한과 책임의 범위를 최대한 확대시키고 공동작업을 통하여 각 개인의 목적과 공동의 이익을 조화시키는 것이라고 하면서 목표에 의한 관리와 자기통제 방식이야말로 경영활동의 효율성을 높이는 첩경이라고 하여 목표에 의한 관리와 자기통제를 중요시하였다. ii) 오디온(George S. Odiorne, 1965: 55-56)은 목표관리란 '조직의 상위관리자와 하위관리자가 조직의 공동목표를 함께 규정하고, 기대되는 결과의 측면에서 각 개인의 주요 책임경영을 설정하고, 거기서 정해진 기준에 따라 부서의 활동과 각 구성원의 기여도를 측정하고 평가하는 총체적인 과정'으로 정의했다. 이는 조직구성원들의 목표 참여를 통해 구성원 각자의 목표를 공동목표와 일치시키고 이를 내면화하는 일련의 과정을 의미하고 있다. 다시 말하면, 기업의 관리에 있어서 가장 중요한 일은 구성원들에게 권한과 책임을 최대한 주고 공동목표 설정에 직접 참여케 함으로써 공동의 목표달성이 곧 자신의 복리와 직결된다는 인식을 갖게 하는 일임을 강조하고 있는 것이다. iii) 험블(J. W. Humble, 1968: 3)은 기업의 계획에 중점을 두고서 기업의 요구와 관리자의 요구를 통합하는 과정으로서 목표관리를 정의했다. iv) 가렛트와 워커(J. Garrett & S. D. Walker, 1969: 3-4)는 목표관리란 관리자를 위해 체계적인 목표를 설정하고 설정된 목표와 실제적 결과를 장기적으로 비교 및 통제하는 관리체제라 하여 조직 운영 상의 핵심적인 기준으로 구체화했다. v) 말리(Paul Mali, 1972: 2)는 목표관리를 하나의 경영전략으로 보고 경영과정을 단순화하고 명료화하는 것이 기업경영전략의 최우선 목적이라고 하면서 목표관리의 개념에는 목표, 시간전략, 총괄적 관리, 개인의 동기유발의 네 가지 요소가 있다고 했다. vi) 잭슨과 매티스(John A. Jackson & Robert L. Mathis, 1976: 169)는 적정한 기간(통상 1년) 동안의 목적을 설정하고 그 목표를 관리하고 평가하는 한 접근방법으로 개념화하고 조직관리의 핵심적인 표준으로 체계화하고 있다. vii) 윤정일 외(2001: 336)는 목표관리를 구성원들을 참여시켜 조직과 구성원 각자의 목표를 체계적으로 설정하고, 그 목표를 달성하기 위한 세부적인 전략과 절차를 공유함으로써 보다 효과적이고 효율적으로 목표를 달성하고자 하는 관리체제라고 정의했다. viii) 정태범(2002)은 조직의 효율적인 목표 달성을 위하여 상하 구성원들이 공동으로 목표를 설정하고, 자기통제의 원칙에 입각하여 과업을 수행하며 업적을 측정 및 평가하는 문제해결을 위한 도구 또는 과정으로 규정하고 있다.

위 학자들의 견해를 종합하면, 목표관리란 분명한 목표를 설정하고 책임한계를 규정하며, 조직구성원의 참여와 협조를 얻어서 조직원들의 업적을 평가하고 피드백을 통하여 관리계획을 개선하고 구성원의 동기를 유발하며 나아가 조직체의 효율성을 증진시키려는 일련의 과정으로 볼 수 있다. 결국 학교경영에서의 목표관리는 학교경영목표의 설정에 교장과 교감은 물론 전 교직원이 공동으로 참여하여 목표를 명확하게 설정하고, 경영목표를 효과적으로 달성하기 위하여 사무분장에 따른 책임을 정하며, 각 담당부서는 이러한 기준에 입각하여 업무를 공동으로 협력하여 추진하고 그 결과를 평가하여 공헌도에 따라 보상하며, 개인 교사들은 자기통제의 원칙 아래 자신의 임무를 수행하는 과정이라고 할 수 있겠다.

이어서 목표관리의 발전과정을 살펴보면 다음과 같다.

목표관리는 1950년대에 대두되어 처음에는 산업조직의 성과측면에서만 적용되었다. 1960년대 중반에 이르러 종합적인 체제를 갖추기 시작하여 1970년대에 진입하면서 교육 분야에 도입되었다. 목표관리는 목표의 표명과 목표를 달성하기 위한 과정에 관심을 기울인 테일러(F. W. Taylor)의 정신을 계승한 것이라고 볼 수 있다. 1954년 드러커(P. F. Drucker)가 『경영의 실제』(The Practice of Management)라는 그의 저서에서 '목표와 자기통제에 의한 관리(management by objectives and self-control)'라는 용어를 처음 사용함으로써 주목을 받기 시작했다. 슐레(E. C. Schleh)는 『성과에 의한 경영』(management by results)에서 효과적인 경영관리의 중요한 수단으로서 목표를 상정하고, 그 목표를 정량적으로 파악하는 것이 효과적이라고 생각하여, 효과적인 목표설정의 조건을 구체적으로 검토하였다(김세기, 1985: 73에서 재인용). 이러한 생각은 모리시(G. I. Morrisey)에 의하여 '목표 및 성과에 따른 관리(management by objectives and results: MBO/R)'로 발전하였다.

맥그리거(D. McGregor)는 행동과학적 입장에서 목표관리의 개념을 더욱 발전시켰으며, 1960년대 중반에 들어오면서 오디온(G. S. Odiorne)과 험블(J. W. Humble)은 목표관리를 하나의 종합적인 관리체제로서 체계화했다.

목표관리가 교육기관에 도입된 것은 1970년대 중반이다. 크네츠비히(Stephen J. Knezevich, 1975)가 『공교육행정』(Administration of Public Education)이라는 저서에서 이를 설명하고 있고, 스케티와 칼리슬레(Y. K. Sketty & H. M. Carlisle, 1974: 65-81)가 대학에서의 MBO를 연구했으며, 호이와 미스켈(W. K. Hoy & C. G. Miskel, 1982: 174-178)이 『교육행정』(Educational Administration)에서 이를 제시했다. 한국의 경우 김세기(1985: 73)가 교육행정학회에서나 저서에 이의 생활기법에 대하여 설명하고 있다. 이와 같이 MBO가 교육경영에 적용되기에는 그렇게 긴 역사를 가졌다고 볼 수는 없으며, 아직 초기 단계라고 하겠다.

2. 목표관리의 요소와 실시조건

목표관리의 요소는 목표의 설정, 참여, 환류(feedback)라는 3가지 요소로 이루어져 있다. 이를 구체적으로 언급하면 다음과 같다(오석홍, 1990: 172-174).

첫째, 목표의 설정이다. 효과적인 관리는 장기적이고 일반적인 조직목적과 연관된 특정의 단기적이고 구체적인 목표의 설정이 요구된다. 목표관리는 조직과 개인이 무엇을 해야 하는가(목표)를 잘 알고 있으면 있을수록 달성할 가능성은 커진다는 것을 기본전제로 하기 때문에 명확하게 구체적인 목표의 설정은 필수불가결한 요소이다. 따라서 1년 혹은 그보다 단기간의 구체적인 목표를 명확하게 설정하고 목표달성에 대한 책임을 규정함으로써 목표달성의 효율성과 관리자의 재량권과 자율성을 확대할 수 있다.

둘째, 참여이다. 목표관리는 참여를 통한 목표설정을 매우 강조하기 때문에 참여관리라고도 한다. 하급관리자가 달성해야 할 목표는 상급관리자와 하급관리자의 협의를 통해 결정된다. 참여와 협의과정을 거쳐 설정된 목표는 보다 타당하고 실현가능성이 높으며, 결국 참여자들의 적극적인 협조를 이끌어낼 수 있음으로 해서 구성원의 직무만족을 높이고 생산성에 긍정적인 영향을 미칠 수 있는 것이다.

셋째, 환류이다. 목표관리는 목표 자체뿐만 아니라 활동의 과정과 결과를 평가하고 이를 환류하는 것을 매우 중요한 과정으로 취급하고 있다. 이는 명확한 환류가 조직의 문제해결 능력을 증진시키고 개인의 직무수행 능력을 향상시킨다고 보기 때문이다. 목표설정과 활동과정에의 참여를 통해 구성원은 조직 목표를 자신의 목표로 인식함으로써 평가와 환류가 객관적이고 지원적인 것이라는 생각을 갖게 되고, 이에 따라 환류가 보완과 개선을 위한 중요 자료로 활용될 수 있는 것이다.

한편 목표관리는 특정한 문제 해결과 관련된 한정된 기법이라기보다 조직 전반을 관리운영하기 위한 총체적 관리체제이기 때문에 조직 전반에 걸쳐 실시에 필요한 요건들이 제대로 갖추어져 있지 않으면 효과를 거둘 수 없다. 목표관리를 위한 필요조건들을 살펴보면 다음과 같다(오석홍, 1990: 174-177).

i) 최고관리층이 목표관리라는 새로운 제도의 도입에 따르는 위험부담을 감수하고, 이를 적극적으로 추진하려는 의지를 가지고 있어야 한다. ii) 조직의 구조와 과정이 목표관리를 수용할 수 있도록 재량권의 확대, 권한의 위양, 분권화, 자율성, 관리절차 등이 정비되어 있어야 한다. iii) 조직 내에서 정보의 교환이 원활하게 이루어질 수 있도록 합리적인 의사소통 및 환류체제가 마련되어 있어야 한다. iv) 거시적이고 총체적인 조직발전 차원에서 조직의 다른 기능, 즉 예산, 기획, 인사, 교육

등을 통합하는 방식으로 추진되어야 한다. v) 현황 파악과 미래 예측의 정확성을 담보할 수 있도록 조직 내의 연구조사 활동이 활성화되어야 한다. vi) 목표관리의 기본절차가 적정하게 입안되어야 하며, 조직의 체제가 어느 정도 안정성을 가지고 있어야 한다.

3. 목표관리의 과정

목표관리의 과정은 크게 목표 설정, 목표 달성을 위한 과정관리, 성과의 측정과 평가라는 세 가지 차원으로 구분된다. 목표 설정에서는 보다 구체적이고 분명한 목표의 설정을 추구하며, 과정관리에서는 참여를 통한 목표 설정과 추진을 강조하기 때문에 참여관리라는 특성을 보인다. 성과 측정과 평가는 중간평가와 최종평가 등으로 이루어지는데, 환류를 가장 중요한 과정으로 취급하고 있다. 이러한 3차원으로 이루어지는 목표관리의 구체적인 과정은 학자들의 관점과 적용되는 조직의 특성에 따라 상당히 다르다. 여기서는 모리세이(G. L. Morrisey, 1970) 목표관리의 과정을 제시하면 다음과 같다.

① 조직목표 설정과 구성원의 역할 규정이다. 조직이 추구하는 목표를 명확히 제시하고 그것을 달성하기 위해 수행해야 할 내용과 범위를 규정한다. 아울러 구성원과의 협의를 통해 조직목표에 근거를 두고 각 부서의 역할과 개인의 업무영역을 규정한다.

② 미래예측이다. 조직목표의 달성에 직·간접적으로 영향을 미치는 요인, 즉 인력, 기간, 기술, 시설 등을 예측하여 목표 설정을 위한 기초 자료로 제공한다.

③ 구체적 목표 설정이다. 앞의 1, 2단계의 결과에 기초하여 각 부서 및 개인의 구체적인 목표를 설정한다.

④ 목표 성취계획표 작성이다. 목표성취를 위한 세부적인 활동과정을 계획하여 목표성취계획표를 작성한다.

⑤ 일정표 작성이다. 각 활동단계에 소요되는 기간 및 목표달성에 필요한 총시간을 계산하여 일정표로 작성한다.

⑥ 자원배분이다. 각 활동단계에 필요한 인적 및 물적 자원을 배분한다.

⑦ 성과 평가기준의 설정이다. 목표 달성 후에 이루어질 성과의 측정과 평가를 위한 기준을 설정한다.

⑧ 성과 측정 및 평가이다. 목표 달성 정도를 측정하고 평가한다.

⑨ 행동계획 수정이다. 성과평가를 통해 발견된 문제의 원인을 진단하고 그 해결을 위해 행동계획을 수정한다.

⑩ 목표달성이다. 목표 수행결과를 보고하고 차기 목표 설정에 반영한다.

4. 목표관리의 학교경영에 적용

학교경영에서 목표관리는 교육목표에 의하여 인력과 재정을 기반으로 교육활동을 관리하여 소기의 목표를 달성함을 의미한다. 이러한 목표관리에는 ① 목표설정, ② 대안탐색, ③ 대안선정, ④ 실천, ⑤ 성과평가 등의 과정을 통하여 조직의 목표 달성을 위한 활동을 하게 된다. 이러한 전체 과정을 바로 의사결정 과정이라고도 볼 수 있다.

학교경영을 위한 목표관리기법의 활용은 학교관리의 두 가지 핵심적인 활동체제, 즉 교육목표를 세우고 교수-학습을 통해 실현하는 수업체제와 인사, 재무, 사무, 시설 및 설비, 학생, 연구, 환경 등을 관리하는 체제에 중점적으로 적용될 수 있다. 이는 EBO = MBO + IBO, 즉 목표에 의한 교육(학교에서의 목표관리)은 목표에 의한 관리(관리체제)에다가 목표에 의한 수업(수업체제)을 합한 것이라는 의미를 포함하고 있다. 따라서 학교경영에 있어서 목표관리의 적용은 다른 조직과는 달리 수업이라는 독특한 측면에 영향을 받는, 다소간 변형된 형태를 띨 수밖에 없다(윤정일 외, 2001: 338; P. A. Montello & Charles A. Wimberly, 1988).

물론 학교경영에서의 목표관리는 교장과 교감 그리고 교직원의 공동 참여를 통해 교육목표를 수립하고 이를 달성해 나가는 학교경영 방식의 하나로 활용될 수 있다. 즉 교육목표 설정에의 공동 참여, 목표 달성의 노력과 성과에 대한 평가와 보상, 그리고 교직원 각자의 자기 통제를 통한 목표 도달이라는 순환적 과정을 거치는 학교경영기법으로 활용될 수 있다.

이 경우 그 구체적인 과정은 일반적인 목표관리 절차를 따라 다음과 같은 절차를 거치게 될 것이다(김세기, 1982: 161-162).

① 학교경영목표와 경영방침의 설정

② 조직의 정비, 과업과 책임 분담

③ 교직원의 구체적인 자기목표 설정

④ 세부목표의 점검 및 목표 달성을 위한 자기 통제

⑤ 교육성과의 정리 및 평가

⑥ 성과 및 문제에 대한 자기반성 및 보고

⑦ 종합정리 및 평가, 환류

⑧ 목표 달성도에 따른 시상과 격려

이러한 학교경영에서의 목표관리 절차를 순환적 과정으로 도표화하면 다음과 같이 나타낼 수 있다.

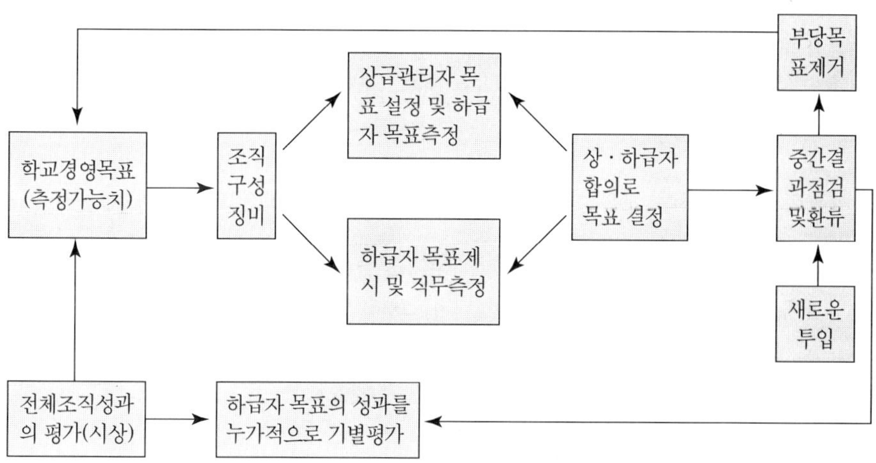

[그림 9-1] 학교경영에서의 목표관리의 절차

* 자료: Odiorne, G. S.(1965). *Management by Objectives*. New York: Pitman Publishing Co., p. 78.

5. 목표관리의 장점과 문제점

목표관리는 목표를 명확히 제시하여 조직의 방향을 결정하고, 전 직원의 공동참여를 통한 의사결정으로 직원들간의 갈등해소에 기여한다. 또 상사와 부하 직원간의 협력을 촉진함으로써 조직의 효과를 극대화할 수 있으며, 자기통제의 원리는 구성원들의 직무활동에 융통성을 부여하여 조직의 목표달성과 개인의 발전을 동시에 도모하도록 도와준다.

최희선(1988: 219-220)은 목표관리 체제가 주는 장점을 하부직원, 관리자의 경우, 조직의 입장에서 다음과 같이 제시했다.

첫째, 하부직원의 경우에 i) 업무의 목표가 명확해서 역할 갈등을 느끼지 않는다. ii) 성과를 객관적으로 측정, 평가할 수 있기 때문에 자신의 노력을 최대로 발휘할 수 있다. iii) 권한과 책임이 명확해진다. iv) 직무만족의 극대화, 즉 직무를 통해서 자신의 욕구를 충족시킬 수 있다.

둘째, 관리자의 경우는 i) 부하 직원의 업무의욕을 불러일으킬 수 있다. ii) 상사와 부하 사이의 관계를 원활히 할 수 있다. iii) 부하 직원의 지도 및 감독을 능률적으로 할 수 있다. iv) 성과 평가를 객관적으로 할 수 있다.

셋째, 조직의 경우는 i) 관리의 능률성을 중점적으로 유발해 냄으로써 조직 전체의 효율을 높인다. ii) 협력 체제를 통해 구성원들 간의 상호 협력적 노력을 용이하게 한다. iii) 객관적 보상기준을 제공한다. iv) 조직개발을 위한 전략적 부문이 무엇인가를 제시한다. v) 조직혁신을 가능케 한다.

이처럼 목표관리는 매우 가치 있고 유용한 기법이다. 하지만 목표관리를 잘못 적용하면 부작용을 유발할 수도 있다. 목표관리의 문제점으로 지적되는 것들을 제시하면 다음과 같다(윤정일 외, 2001: 340; 정태범, 2002: 550).

첫째, 목표에 대한 지나친 중시와 단기적이고 구체적인 목표에 대한 강조 때문에 과정을 중시하고 장기적이고 전인적인 목표를 내세우는 학교 교육 활동에는 부적합한 측면이 있다.

둘째, 목표 설정과 성과보고 등은 많은 노력과 시간을 필요로 하기 때문에 교직원들의 잡무부담 가중과 불만의 원인이 되기 쉽다.

셋째, 측정 가능하고 계량적인 교육목표의 설정과 평가로 인해 학교교육을 오도할 가능성이 있다.

넷째, 학교는 기본적으로 다른 여러 세력들의 영향력이 큰 개방체제이기 때문에 다른 관리기능을 통합하는 방식으로 추진되기가 어렵고 따라서 그 효율성과 성과를 기대하기가 어려운 측면이 있다.

다섯째, 명확한 목표제시가 어려우며, 목표와 성과의 측정 또한 쉽지 않다. 특히 학교 조직의 목표는 가치 지향적이거나 지적 및 정서적인 것이므로 그 달성도를 양적으로 측정하기가 어렵다.

마지막으로 업적 평가 결과를 인사 자료로 활용할 때에는 조직원들이 목표를 낮춰 잡거나 형식적 목표량 달성에 급급할 우려가 있으며, 협동과 화합을 강조하면서도 오히려 대립과 갈등을 조장하고 정보 유통을 의도적으로 꺼리는 풍토를 조성하는 등의 부작용을 유발할 가능성이 있다.

제2절 경영정보체제(MIS)

경영정보체제(management information system: MIS)는 학자들에 따라 정보관리법, 정보관리체제라고 불리고 있다. 이것의 기원은 1938년 버나드(C. I. Barnard)의 '행정가의 기능'(The Function of the Executives)이라는 저서에서 비롯되었으며, 경영정보체제(MIS)는 제2차세계대전 이후 사이몬(Herbert A. Simon)과 그의 동료들에 의한 일련의 연구에서 체계화되어 그 개념 형성에 큰 영향을 받았으며 1960년대 중반 이후 널리 쓰이게 되었다.

여기에서는 경영정보체제의 개념 및 기능, 경영정보체제의 설계절차, 경영정보체제의 기본 모형, 경영정보체제의 문제점, 학교경영에서 경영정보체제의 적용 등에 대해서 고찰하기로 한다.

1. 경영정보체제의 개념 및 기능

경영정보체제(MIS)는 의사결정자가 합리적인 결정을 내릴 수 있도록 필요한 정보를 적시에 신속하고 정확하게 제공하는 체제를 의미한다(R. McLeod, Jr., 1979: 13). 다시 말하면, 사업의 수행 시 야기되는 의사결정 필요에 직면해서 의사결정자가 대안들을 검토하여 합리적인 결정을 내릴 수 있도록 관련된 경영정보나 회계자료 등을 수집, 처리, 보관, 평가하였다가 적시에 효율적으로 제공하는 종합적인 정보관리의 체제인 것이다.

이 기법은 규모가 크고 구조가 복잡한 현대 조직에 있어서는 운영 상 필수적인 것으로 인식되고 있다. 현대의 모든 조직은 처리하고 활용하고 이해해야 할 수많은 정보들을 가지고 있다. 따라서 조직은 매일 매일의 의사결정을 위해 그러한 관련 정보를 체계화하여 필요할 때 수시로 활용하는 일이 절대적으로 필요하다. 정보경영체제는 그러한 의사결정의 효율화를 위한 자료와 정보흐름의 조직형태라 할 수 있는 것이다. 또한 이 기법은 사무량의 증대, 신속한 사무처리의 필요, 행정관리의 고도화 요구 등에 부응하여 발달된 개념으로서, 주로 사무관리와 관련된 자료 처리의 도구와 방법체제를 의미하였다. 그러나 오늘날 컴퓨터의 발달로 이 기법은 단순한 사무관리 차원을 넘어 정보의 수집, 저장, 처리, 전달 등과 관련된 인간, 도구, 방법의 통합적인 관리망을 의미하게 되었다. 특히 최근에는 컴퓨터를 활용한 정보관리체제(CMS) 등에서 볼 수 있듯이, 스스로 의사결정자의 역할을 할 수 있는 정보체제로까지 확장되고 있다.

또한 경영정보체제(MIS)의 주요 처리기능(processing functions)은 다음과 같다(Gordon B. Davis, 1974: 194-197).

첫째, 거래 처리기능(process transactions)이다. 어떤 거래의 수행에 있어서 거래의 지시, 결과의 보고 · 확인 · 설명, 참고 자료로서의 거래 기록의 유지를 필요로 한다.

둘째, 원본 서류의 유지 기능(maintain history files)이다. 비교적 영구적이고 역사적인 자료로서의 원본 서류의 생성 유지가 필요하다. 원본 서류는 가장 최신의 정보를 반영할 수 있도록 갱신되어야 한다.

셋째, 보고서 작성 기능(produce reports and output)이다. 각종 거래의 처리 결과는 적절한 수준의 관리자에게 보고되어야 하는데, 정기보고서와 특별보고서가 있다.

넷째, 상호 지원 기능(interact with human user)이다. 여러 가지 계획모형, 의사결정 모형을 기초로 하여 지원 기능을 하는데 이 지원 시스템은 사용자와 컴퓨터 사이에 상호작용한다.

2. 경영정보체제의 설계절차

정보관리체제의 핵심적 과제는 필요한 자료들을 정보화하는 일이다. 자료는 단순한 사실로서 평가나 처리과정을 거치지 않은, 환경에 존재하는 사실과 메시지일 뿐이다. 이러한 자료 중에서 당면한 문제의 관점에서 선택하고 시의적절하고 정확하게 제시된 것이 바로 정보이며(K. M. Hussain, 1973), 그러한 과정을 자료의 정보화라고 한다. 따라서 자료가 실제로 유용성을 갖기 위해서는 반드시 정보화하는 과정이 필요하다.

자료를 정보화하는 과정은 체제의 요구조건을 확인하는 과정과 본격적으로 경영정보체제를 설계하는 과정으로 구분된다. 먼저 체제의 요구조건을 확인하는 과정은 다음과 같은 질문을 통해 이루어진다(D. I. Cleland & W. R. King, 1972).

① 알아야 할 것은 무엇인가?
② 자료는 어디에서 얻을 수 있는가?
③ 누가 자료를 수집할 것인가?
④ 자료는 어떻게 수집할 것인가?
⑤ 누가 자료를 분석하고 해석할 것인가?
⑥ 어떻게 자료를 저장할 것인가?
⑦ 어떻게 전달할 것인가?
⑧ 어떠한 보호 및 안전조치가 필요한가?

체제의 요구조건을 확인하면 본격적으로 경영정보체제를 설계한다. 이를 구체적으로 제시하면 다음과 같다(D. I. Cleland & W. R. King, 1972).

① 목적과 목표의 분석이다. 체제의 목적과 목표가 무엇인지를 분석한다.
② 의사결정목록의 개발이다. 조직 내에서 이루어져야 할 의사결정들이 어떤 것인가를 밝혀내고 이를 체계적으로 목록화한다.
③ 필요한 정보의 분석이다. 의사결정을 위해 필요한 특정한 정보들에는 어떤 것들이 있는지를 분석하여 진술한다.
④ 자료수집체제의 구안이다. 필요한 정보를 충족시킬 수 있는 자료들을 수집하기 위한 체제를 구안한다.
⑤ 소프트웨어의 개발이다. 경영정보체제 구축을 위한 프로그램을 개발한다.
⑥ 하드웨어의 요구조건 설계이다. 개발된 프로그램을 실행시키는 데 필요한 하드웨어와 환경조건에 대해 진술한다.

3. 경영정보체제의 기본 모형

경영정보체제(MIS)는 i) 의사결정 하위체제, ii) 저장 및 검색 기능을 포함한 처리 하위체제, iii) 정보의 소재가 되는 자료원, iv) 이들 모든 하위체제의 통신을 수행하는 하위체제, v) 이들 모든 하위체제들을 구성 조정하는 체제설계 하위체제들로 구성되어 있다. [그림 9-2]는 경영정보체제의 기본모형을 제시한 것이다.

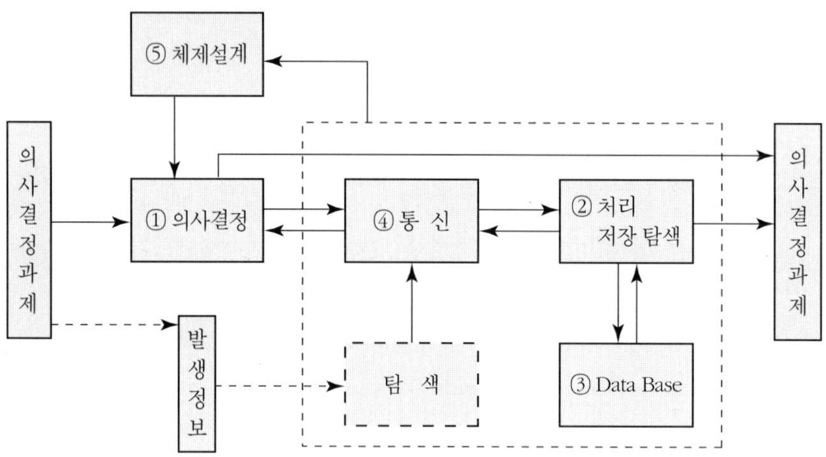

[그림 9-2] MIS의 기본 모형: 교육경영정보체제(MIS/E)

* 자료: 정진환(1990). 교육경영정보체제. 교육행정 · 교육경영. 배종근, 정태범 편. 서울: 정민사, p. 537 재인용.

정진환(1990)은 교육경영정보체제(management information systems for education: MIS/E)를 '교육행정가 및 교육 경영자의 이해를 돕고 그들의 행동을 자극하는 형태로, 그들이 정보를 필요할 때, 그들의 의사결정을 위해서 필요로 하는 모든 정보를 적기에 그들에게 제공하기 위한 체제'라고 했다.

학교는 환경으로부터의 변화 요구에 부응하여 적응해 가야 한다. 그러므로 학교의 변화를 위해서는 학교 체제 내외에서 일어나는 것에 관한 정보를 이용할 수 있어야 한다. 이런 정보는 의사 결정자가 산출의 특성을 변화시켜 사회의 요구에 부응할 수 있게 해야 한다. MIS가 필요한 것은 조직과 사회의 변화하는 요구 사이에 지속적인 긴밀한 관계를 용이하게 해주는 데 있다(E. Mark Hanson, 1985).

그리고 교육경영에 필요한 정보는 다음과 같은 경우에 획득된다. i) 비공식적 환류로 교육행정가가 자기 자신에게 자문자답해 보는 경우이다. 또는 관찰을 통하거나 교직원과의 비공식적인 접촉을 통해서이다. ii) 공식적 환류로 교육경영자가 교직원에게 정보의 수집 처리의 책임을 배정하는 것이다(정진환, 1990).

이상과 같은 교육경영정보체제의 하위 시스템(sub-system)은 다음과 같은 내용이 있을 수 있다(김명환, 박병량, 박종렬 외, 1988: 395-396).

첫째, 정보요소의 분류사전(data element dictionary)이다. 학생, 교사 및 사무직원, 프로그램, 재정, 시설에 관련된 각종 정보 산출에 필요한 자료의 요소를 분류 및 규정하기 위한 포괄적이고 체계적인 분류표이다.

둘째, 자원요소 추정체제(resources requirement system)이다. 주어진 목표를 달성하기 위하여 필요한 각 활동별로 소요자원, 즉 교사, 시설, 경비 등을 추정하고 활동·수행하는 방안에 따라 상이한 자원요소를 산출하기 위한 것이다.

셋째, 시설활용도 분석체제(facilities utility analysis system)이다. 각 시설별로 활용의 정도를 분석하기 위한 것이다.

넷째, 교사활동 분석체제(teacher activity analysis system)이다. 교사의 교수, 연구 및 봉사활동 등의 과업을 분석하고 각 교육 프로그램에 따른 인적 자원의 배분을 위해서 중요한 정보를 산출하기 위한 것이다.

다섯째, 학생동태 분석체제(student flow analysis system)이다. 학생의 입학에서 졸업에 이르기까지 학생의 동태를 분석하고 더 나아가 예측하기 위한 것이다.

여섯째, 비용-효과 분석체제(cost effectiveness analysis system)이다. 교육 프로그램별로 투입비용과 산출효과 간의 관계를 분석하여 가장 효율적인 프로그램을 선택하거나 프로그램 운영 및 방안 간의 효율성에 대한 분석정보를 선출하기 위한 것이다.

4. 경영정보체제의 문제점

경영정보체제를 실시하는데 발생하는 문제점은 다음과 같다(정태범, 2002: 556-557).

i) 새로운 체제의 도입 및 발전이 행정 책임자의 지지를 얻지 못하고, 정보를 사용할 사람들이 어떤 정보가 그들에게 정확히 필요한지를 모른다는 점이다. ii) 구성원 간의 불협화음이나 주도권 다툼에서 일어난다. iii) 실천할 수 있는 시간이 부족하거나, 전문가 집단도 적당하지 않을 때 발생한다. iv) 장기적인 지원이 없을 때 발생

한다.

따라서 경영정보체제를 도입 및 발전시키기 위해서는 이용자가 적극적으로 참여하고, 최고 수준의 경영자가 적극 지지해 주어야 하며, 체제 전문가와 이용자 사이에 명백한 의사소통이 있어야 하고, 적절한 재원이 확보되어야 한다. 그리고 경영정보체제의 확보를 위해 참여하는 사람들 간의 상호관계를 중시해야 한다(강영삼, 1985: 194-199).

5. 학교경영에서 경영정보체제의 적용

학교에서 경영정보체제는 주로 대학경영을 혁신하기 위한 기법으로 발전했다. 즉 대학교육의 계획, 운영, 통제, 평가 등을 수행함에 있어 관련 정보의 수집, 처리, 저장, 전달 등을 효율화하기 위한 대학행정지원체제로서 발전되었던 것이다. 하지만 오늘날 이 교육 정보관리체제는 대학뿐만 아니라 모든 학교조직에서 정보처리의 효율화를 위한 체제로 도입되어 그 효과성을 인정받고 있다.

정보처리의 효율화를 위한 정보경영체제는 초 · 중 · 고등교육기관 및 교육행정기관에서 다양하게 활용될 수 있다. 우선 경영평가를 위한 예산과 경비의 내역, 학생자료철, 교과목 일람 및 시간표, 급여, 시설목록, 학생성적 등 초보적인 자료철로 활용될 수 있다. 아울러 이러한 기초적인 자료를 토대로 경비분석, 교사부담 분석, 학생의 성향 분석, 성적 사정, 교육의 산출 등을 분석하여 학교경영에 활용할 수 있으며, 나아가 이러한 분석 자료를 토대로 학교경영목표의 우선순위 결정, 인사관리, 진학사정, 사업별 재정 및 인력소요 판단 등 예측과 통제를 위한 정보를 제공받을 수 있다. 특히 학교경영에 있어서 경영정보체제는 교육활동 분석, 자원소요 추정, 시설활용도 분석, 비용-효과 분석을 위한 체제와 관련된 요소들의 데이터베이스 자료 등으로 나누어 하위체제로 구성하고 이들을 체계화할 경우 그 효과가 배증될 수 있다.

현재 우리나라의 경우 경영정보체제는 대학을 중심으로 수강신청, 등록금 관리, 성적 관리, 급여 관리, 입시사정, 기타 강의나 연구자료 처리 등 초보적인 활용에 머물고 있다. 그러나 최근 일부 초 · 중등학교에서도 컴퓨터를 활용하여 수업계획, 재정회계 관리, 시설 및 물자관리, 학생의 성적과 기록관리 등을 전산화함으로써 자원활용을 극대화하고 의사결정을 효율화하고 있다. 정보통신기술의 비약적인 발달과 국가 교육전산망의 구축 등을 통해 우리나라도 본격적인 지식 및 정보기반사회를 맞이하고 있기 때문에 앞으로 이러한 추세는 가속화될 것으로 보인다. 이에 따라 조만간 교육계에서도 단순한 정보관리의 수단으로써가 아니라 학교교육계획과 의사결정을 포함한 모든 영역에서 획기적인 정보 활용을 위한 경영정보체제가 도입 및 활용될 것으로 전망된다.

제3절 과업평가계획기법(PERT)

과업평가계획기법(program evaluation and review technique: PERT)은 학자에 따라서 사업진도 평가기법, 운영관리기법, 과업평가검토기법 등으로 불리고 있다. 여기서는 과업평가계획기법의 개념, 과업평가계획기법의 원칙, 과업평가계획기법의 절차, 과업평가계획기법의 이점, 학교경영에서 과업평가계획기법의 적용 등에 대해서 고찰하기로 한다.

1. 과업평가계획기법의 개념

과업평가계획기법은 신규사업 및 비 반복계획 등의 성공적인 달성을 위한 과학적 종합계획의 관리 방법을 말한다. 다시 말하면, 어떤 사업 수행에 필요한 다수의 세부 과업들을 활동과 수행단계 등으로 세분하고 이들의 선후관계와 인과관계를 따져 과업추진 공정을 수립하고 이를 도표화함으로써 과업을 보다 합리적이고 체계적으로 수행하도록 하는 방법이다(김영식, 1974: 214).

제2차세계대전을 계기로 현대의 급속한 기술발달로 분업 및 기계관리 등이 복잡해짐에 따라 종래의 계획방법으로는 도저히 효과적인 관리가 불가능하게 되었다. 즉 사회가 발전하면 할수록 되풀이되는 업무가 아닌 신규사업이나 비 반복계획에 많이 부딪치게 된다. 이럴 때에는 경쟁조건에서 이기며, 과학적인 해결방법으로써 조금이라도 싸고(PERT/Cost) · 빠르고(PERT/Time) · 믿을 수 있는(PERT/Reliability) 기술이 필요할 것이며, 이러한 필요성은 결국 현대 과업평가계획기법(PERT)의 발전계기가 된 것이다.

과업평가계획기법은 1957~1958년간에 미 해군 특수사업부의 중거리 탄도미사일 계획의 일환으로 추진된 연구에 의해 개발되었다. 당시 미 해군에서는 함대 탄도미사일에 관한 종합적인 계획과 통제체제를 확립하기 위해 3,000여 개의 개별회사와 연구진들에게 연구를 의뢰했는데, 폴라리스(Polaris) 연구팀이 체제기법을 활용한 네트워크 개념과 수학적 기법을 통해 이 기법을 창안하고 그를 통해 프로젝트를 성공적으로 수행할 수 있는 데서 유래한 것이다(B. M. Radcliff, D. E. Kawal, & R. J. Stephenson, 1967: 7-8). 이후에 이 기법은 미 국방성을 비롯하여 민간회사의 체제관리법으로 널리 사용되었으며, 1970년대부터는 각종 연구기관과 학교 등의 행정관리법으로 적용되고 있다.

2. 과업평가계획기법의 원칙

과업평가계획기법(PERT)은 다음 세 가지 원칙을 가지고 있다(한공우, 2003).

첫째, 계획의 세련화이다. 계획은 수립할 때에 몇 번이고 수정하여 결과적으로는 시간을 단축시키는 PERT/Time의 이론이 적용되어야 한다. 이러한 방법들로는 요소를 계통적으로 조직하여 재조정함으로써 여러 번 수정하는 것도 한 가지 방법으로, 처음부터 여러 가지 대체되는 계획을 세워 그중에 가장 알맞은 계획을 선택하는 것도 한 가지 방법이다.

둘째, 전원 참가의 원칙이다. 종전의 계획기법과 같이 계획담당자 내지 경영자에 의하여 일방적으로 계획이 수립되는 것이 아니라, 같은 조직체 내에서의 경영자의 일선 기술자가 하나의 협력체로 전환되는 전원 참가의 원칙인 것이다. 따라서 이러한 협력체는 종전보다 많은 의사소통을 필요로 하게 되며, 또 많은 의사소통의 교류 때문에 계획이나 실천 상에서 일어날 문제점도 제한될 수 있는 것이다.

셋째, 상하의 공동책임의 원칙이다. 하부에서 일어난 문제점은 즉시 보고되어야 하며, 상부에서는 이러한 문제점을 즉시 해결하거나 해결할 방안을 연구하여야 될 것이다. 이러한 원칙은 처음 계획수립 때부터 일선 담당자에게 여유시간을 주지 않고 경영자가 집중적으로 관리를 하도록 되어 있기 때문이다. 따라서 상부는 하부에 부진된 이유의 책임추궁이나 강압감을 주어서는 안 될 것이다. 이러한 주의점은 PERT가 지니는 Bottom-Up형의 책임체제 및 해결방법의 기법에도 준하게 되는 것이다.

3. 과업평가계획기법의 절차

과업평가계획은 두 가지 중심적인 요소로 구성되어 있다. 과업을 수행하는데 필요한 구체적 작업 활동인 '활동(activity)'과 특정한 활동과 다른 활동을 구별해주는 시점인 '단계(event)'가 그것이다.

이 기법의 주요한 특징은 활동과 단계를 명료하게 도표화한다는 것이다. 일반적으로 단계는 둥근 원으로 표시하고, 활동은 화살표(명목상의 활동은 점선으로 된 화살표)로 표시한다. 과업평가계획기법의 기본모형 [그림 9-3]에서 볼 수 있는 것처럼, 원안의 1, 2, 3, 4는 단계 1, 단계 2, 단계 3, 단계 4를 나타내며, 화살표는 구체적인 작업 활동을 나타낸다. 단계 1은 어떤 과업이 시작되는 착수단계이며, 단계 2(혹은 단계 3)는 단계 1과 단계 2(단계 3) 사이의 활동과 단계 2(단계 3)와 단계 4 사이의 활동을 구분 짓는 시점을 의미하고, 단계 4는 과업이 종결되는 완료단계이다.

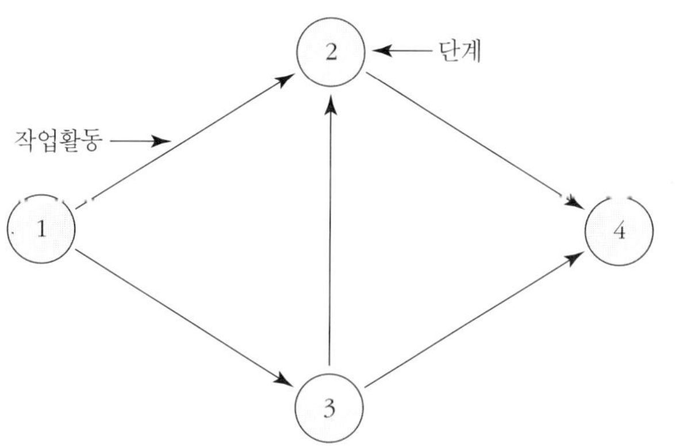

[그림 9-3] 과업평가계획기법 기본모형

*자료: 윤정일, 송기창, 조동섭, 김병주(2001). 교육행정학원론. 서울: 학지사, p. 343.

이렇게 활동과 단계들 간의 관계를 도표화한 것이 과업공정도이다. 이를 일반적으로 플로차트(flow chart)라고 하는데, 이는 과업을 완수하기 위해 수행해야 할 활동과 단계를 선후-인과관계의 선망으로 나타낸 도표를 말한다. 과업평가계획기법의 절차는 그러한 플로차트를 작성한 후, 각 작업 활동의 시간과 전체 과제수행시간을 산출하여 그 플로차트를 작성한 후, 체계적으로 기입하고 단계와 활동내용별로 시간을 산출하는 과정을 거친다.

첫째, 플로차트 작성이다. 플로차트에는 작업분석, 활동과 단계의 구분, 네트워크화된 작업과정을 포함하고 있다. 플로차트 작성 요령은 다음과 같다. i) 과업의 달성에 필요한 활동들을 선정한다. ii) 단계와 활동을 작업 순으로 표시한 활동 목록표를 작성한다. iii) 활동 목록표에 의해 단계와 활동을 서로 관련 있는 것끼리 연결한 네트워크를 작성한다. iv) 네트워크가 완성되면 단계와 활동의 명칭을 구체적으로 기입하고 각 단계에 번호를 기입함으로써 네트워크 모형을 완성한다.

둘째, 각 작업 활동의 소요시간 추정이다. 플로차트가 작성되면 단계와 단계 사이의 구체적인 활동에 대하여 소요시간을 추정해야 한다. 소요시간은 최단시간(optimistic time: to), 최장시간(pessimistic time: tp), 최적시간(most likely time: tm) 등으로 구분하여 추정한다. 여기에서 최단시간은 일이 가장 순조롭게 진행되리라고 가정했을 때 걸리는 가장 적은 시간의 추정치이며, 최장시간은 가장 악조건 하에서 걸린다고 생각되는 가장 긴 시간의 추정치이다. 또한 최적시간은 정상적 여건 하에서 걸린다고 생각되는, 확률이 가장 높은 시간의 추정치를 의미한다. 과업평가계획기법에는 이러한 세 가지 시간을 중심으로 각 작업 활동에 필요한 기대시간(expected elasped time: te)을 계산하게 된다. 이 기대시간은 특정한 활동을 여러 번 반복할 때 기대되는 평균 활동시간을 의미하는데, 그 구체적인 계산공식은 아래와 같다.

$$te = \frac{to + 4tm + tp}{6} \qquad \sigma^2 = \left(\frac{tp - to}{6}\right)^2$$

셋째, 전체 과제수행시간 추정이다. 특정한 활동들에 대한 기대시간이 추정되면 다음은 전체 활동과 단계들을 수행하는데 필요한 과제수행시간을 추정하게 된다. 시간추정 방법은 다음과 같다. i) 최단 기대시간(earliest expected time: TE)이다. 이는 어떤 과제를 시작해서 그 작업 활동 또는 단계가 완료될 때까지 가장 빨리 일을 끝낼 수 있는 시간이다. 이 시간은 네트워크를 구성하고 있는 경로를 따라 모든 작업 활동의 시간을 차례로 누가시킨 것, 즉 각 기대시간(te)의 합이다. 따라서 TE는 각 단계 간의 기대시간의 합에 의해 산출되며, 두 개 이상의 경로를 거칠 때에는 그 중 가장 오래 걸리는 경로를 따라 더해 가면 된다. ii) 최장 허용시간(latest allowable time: TL)이다. 이는 과업수행을 위한 계획과 관련해서 그 시간까지 늦추어도 괜찮다고 생각되는 가장 긴 시간이다. 만약 늦추어도 지장이 없는 경로가 있다면 거기에 필요한 인력과 자원을 다른 경로에 활용할 수 있고 그렇게 함으로써 과업달성의 시간을 단축할 수도 있다. TL은 그 단계까지의 최단 기대시간(TE)에서 선행단계간의 기대시간을 감하여 산출한다. iii) 여유시간(slack)이다. 이는 한 단계를 끝내는데 늦추어도 되는 시간과 실제로 소요되는 시간과의 차이, 즉 이론적인 의미에서의 여유시간을 말한다. 따라서 여유시간이 있는 경로는 시간적 여유가 있다는 말이며, 그렇지 못한 과업수행 경로는 시간적 여유가 없다는 것을 의미한다. 특히 여유시간이 전혀 없는 경로, 즉 늦추어도 되는 시간과 실제로 걸리는 시간과의 차이가 전혀 없는 경로를 임계경로(최중요공정: Critical path)라고 하는데, 이는 이 경로 상의 어떤 활동을 완료하는데 시간이 지연되면 전체 과업 달성에 막대한 차질을 초래하는, 과업에 중점을 두어야 할 경로를 말한다.

소요시간 추정을 완료한 후에는 과업을 제때에 완성할 수 있는지 없는지를 예측한다. 이때 과업완성 시간계획은 Z점수를 구해서 예측하게 되는데 Z점수의 확률값이 65% 정도면 시간계획이 적절하다고 판단할 수 있으나, 그보다 크거나 작으면 자원배분과 시간계획을 재점검해야 한다. 너무 큰 경우는 인적 및 물적 자원의 낭비를 초래할 수 있으며, 적으면 너무 빡빡하여 문제를 발생시킬 소지가 많기 때문이다.

$$Z = \frac{TS - TE}{\sqrt{\sum \sigma^2}}$$

TS: 계획된 시간

TE: 마지막 단계의 최단 기대시간

4. 과업평가계획기법의 이점

과업평가계획기법을 도입 및 활용함으로써 어떤 사업의 추진 상황을 일목요연하게 파악할 수 있다. 아울러 예상되는 어려움을 파악하여 여기에 대처할 수 있도록 해준다. 그리고 각 작업 간의 유기적인 관계 내지 상호관련성을 분명하게 알려 줌으로써 경영위계 간 또는 조직구성원 간의 의사소통의 수단이 된다. 아울러 조직구성원 모두가 하나의 팀이 되어 전원 참가의 경영이 이루어질 수 있도록 해준다. 그리고 무엇보다도 예산절감을 기할 수 있고, 사업추진의 공기를 단축할 수 있도록 도와준다(서정화 외, 2002: 451).

그리고 과업평가계획기법 활용의 이점으로서 다음 몇 가지를 들고 있다(이순요,

1981: 18-19).

첫째, 플로차트를 작성하여 분석함으로써 상세한 계획을 수립하기 쉽고 변화나 변경에 대하여 대처할 수 있다.

둘째, 작업 착수 전에 플로차트상의 문제점을 명확하고 종합적으로 파악할 수 있으며 중점관리가 가능하다.

셋째, 주공정과 활동여유를 명확히 구별할 수 있어 총 소요 시간의 정밀도가 높아진다.

넷째, 인원 및 특수시설 등 제한성이 있는 제 자원을 주 공정으로 우선순위를 주거나, 시점이 가까운 작업들을 병행함으로써 제 자원의 효율화를 기할 수 있다.

다섯째, 주공정이 들어간 플로차트는 상대방에게 설명하는 데 유력한 자료가 될 뿐만 아니라 관계자 전원이 참가하게 되므로 의사소통이나 정보교환이 용이하며, 자기 활동의 위치와 중요성을 인식하게 됨으로써 요원들의 참여의식이 높아진다.

여섯째, 세부계획단계의 순위와 상호관계를 유기적으로 파악할 수 있어 정확한 계획분석이 가능하다.

일곱째, 시간을 단축하고 비용을 절감할 수 있다.

여덟째, 경험이 적은 사람들에 대하여 플로차트는 계획내용을 표시하여 교육적 효과에 기여하는 바가 크다.

5. 학교경영에서 과업평가계획기법의 적용

학교경영활동에서 과업평가계획기법을 활용하여 여러 가지 과업계획을 과학적이고 합리적으로 수립할 수 있다. 즉 학교교육을 계획함에 있어서 과업평가계획을 활용하면 활동계획을 체계화할 수 있을 뿐만 아니라 인력, 시설, 재원 등 자원배분을 효율화할 수 있는 효과를 거둘 수 있다.

이 기법의 기본원리는 조직구성원의 참여와 협력, 그리고 공동책임이라는 기본적인 조직원리에 추가하여, 계획의 정교화, 소요시간, 경비추정, 그리고 가능성에 대한 최대한의 검토 등을 통해 비용과 시간의 절감을 도모한다는 것이다. 실제로 이 기법을 활용할 경우 소요 공기의 20%, 소요경비의 15% 정도를 절약할 수 있다는 분석도 나오고 있다(윤정일 외, 2001).

학교교육계획이나 학교행사계획을 수립하고 추진하는 과정에서 이 기법은 매우 효과적인 도구가 될 수 있다. 우선 이 기법을 활용하게 되면 특정한 과업을 추진하기 위한 세부 작업 활동의 순서와 상호관계를 유기적으로 파악할 수 있기 때문에 계획을 보다 신중하고 체계적으로 수립할 수 있고, 계획에 대한 분석과 평가를 신속하고 정확하게 할 수 있다. 또한 작업과정의 전모를 파악할 수 있기 때문에 작업추진에 앞서 애로사항 등을 파악할 수 있고, 어려운 작업과 쉬운 작업을 구별할 수 있기 때문에 인적 및 물적 자원을 효과적으로 활용할 수 있다. 그리고 작업과정에 대한 구체적인 계획과 정밀한 분석에 기초하여 작업계획을 수시로 수정할 수도 있고, 상황의 변화에 쉽게 대처할 수 있다. 아울러 작업과정의 작성에 관계자 전원이 참여하게 되므로 의사소통과 정보교환이 보다 쉬워져 구성원들의 참여의식과 자발적인 협조를 이끌어 낼 수 있는 장점을 가지고 있다.

이러한 유용성 때문에 학교경영에서는 최근 교육계획이나 행사계획을 수립 및 추진할 때 이 기법을 자주 활용하고 있다. 과거에는 교장실에 갠트 도표나 간단한 플로차트 위주의 계획표가 주로 전시되었으나 최근에 PERT를 활용하여 활동 간의 선후-인과관계가 표시되고, 단계별 및 활동별 소요시간이 나타나 있는 PERT 활용 도표들이 눈에 띄게 많아지고 있다. 아울러 PERT와 유사한 계획통제기법인 CPM(Critical Path Method)이나 PDM(Procedence Diagramming Method) 기법 등을 통해 학교교육계획을 보다 체계화하는 사례가 점차 증가하고 있다.

제4절 기획예산제도(PPBS)

1. 기획예산제도의 개념

1930년대 이후 선진국들은 예산제도에 대한 여러 가지 개혁안을 강구하여 왔다. 그것은 재정수지균형을 도모하기 위한 예산원칙에서 벗어나 행정운영의 적극적인 정책수단으로 새로운 예산원칙을 제시하는 것이었다. 재정운영을 각 년도에 국한시키는 것에서 탈피하여 장기적으로 예산을 계획화 및 자동화시키고자 하였다.

종래의 예산은 품목별예산(line-item budget)이라고 하여 구입하는 예산을 품목별로 나열한 후 이에 소요되는 경비를 산출하였다. 따라서 이 품목별 예산제도 하에서는 그것을 왜 구입해야 하는지의 목표를 분명히 밝힐 수도 없었고, 그 예산으로써 이룩한 성과도 제대로 측정할 수 없었다. 또한 예산관리 면에서 상부의 통제가 용이하므로 국가정책 수행 상 강력한 중앙집권화를 기할 수는 있으나, 학교 교육목표 내지 경영목표 달성에 필요한 경비를 측정할 수 없고, 목표 달성의 효과를 고려할 수 없으므로, 조직 목적의 효율화를 강조하는 오늘날에는 적합하지 못하다.

따라서 목표달성에 기초를 둔 자원배분의 합리적 배열을 강조하는 기획예산제도를 도입 및 적용하려는 시도가 점차 고조되고 있는 것이다(배종근, 정태범, 1989: 509-510). 기획예산제도는 미국의 랜드 코퍼레이션(Rand Corporation: 이 단체는 독립적이며 비영리적인 연구개발기관으로서 국가의 제반 문제를 연구하기 위해 설립된 세계적인 연구기관임) 연구 기관에서 개발되어 1961년 미국 국방성에 도입되고 그 효과와 타당성이 인정된 후, 1965년 존슨 대통령이 연방정부의 모든 행정부서가 예산을 요구할 때 이를 채택함으로써 적용되기 시작했다. 기획예산제도는 제한된 자원을 효율적으로 배분하여 의사결정의 합리성을 추구하는 예산편성방법이다. 즉 예산편성과 목표를 연관시킴으로써 합리적인 자원배분을 가져오려는 것이다. 이 예산편성방식은 어떤 조직체계 속에 들어오는 자금을 분류하고 배분하는 전통적 예산과는 달리 프로그램의 여러 가지 산출비용을 결정하고, 비용 수익 분석에 근거하여 목표달성을 위한 여러 대안들의 타당성을 검토하는데 도움을 준다. 그리고 기획예산제도는 조직의 각 부서에서 활동을 위한 목표를 설정하고 여러 대안들을 비용과 관련시켜 그 효과를 분석하며, 재원을 적절하게 사용함으로써 조직의 목표달성을 극대화할 수 있는 자금계획서를 작성하는 일로부터 시작된다(서정화 외, 2002).

2. 기획예산제도의 절차

기획예산제도의 절차는 조직의 종류나 성격에 따라 다를 수밖에 없기 때문에 일반적이고 표준적인 방식을 제시하기는 어렵다. 하지만 이 제도를 실시함에 있어서 특별히 고려해야 할 중요한 요소와 절차들이 있다. 기획예산제도의 기본적인 절차를 제시하면 다음과 같다(김윤태, 1982; 윤정일 외, 2002).

첫째, 기획이다. 조직과 그를 둘러싼 주위환경의 제 조건에 대한 철저한 분석을 토대로 조직의 기본적인 목적과 목표, 기본 사업항목 등을 구체적으로 설정한다. 그리고 그러한 목표들을 달성하기 위한 대안적 프로그램들을 구안하고, 비용-효과 혹은 투입-산출 분석에 의해 최선의 프로그램을 선정한다. 교육에 적용할 때에는 교육의 효과가 계량적인 지표를 통해 나타날 수 있지만, 많은 경우 비계량적인 것으로 나타나기 때문에 신중한 판단을 필요로 한다.

둘째, 실행계획의 수립이다. 목표 달성을 위한 최선의 프로그램이 선정되면 이를 구체적인 실행계획으로 작성한다. 이는 추상적이고 아이디어 수준의 기획안을 누가-무엇을-누구에게-언제-어디에서-어떻게 할 것인가 등으로 체계화하는 일로서 조직의 목표와 산출, 단계별 프로그램, 인적 및 물적 자원, 조직의 전략적 사명과 활동 등을 포함시킨 실행 프로그램이다. 구체적인 프로그램이 체계화되면 분류를 위해 프로그램 수준에 따라 파일로 정리해 두거나 컴퓨터 프로그램으로 처리해 두는 일이 필요하다.

셋째, 중 · 단기 실천계획의 수립이다. 기획예산제도는 장기계획의 성격을 띠고 있기 때문에 프로그램의 목표에 따라 연도별 프로그램과 중장기 예산계획을 작성해야 한다. 즉 장기적 안목으로 향후 일정 기간(보통 5년)의 필요성을 추정하고 이에 따라 프로그램과 예산계획을 구분하여 작성한다. 예산계획은 프로그램별로 장기 자원요소와 세입을 포함한 가용자원을 추정하고 이들을 절충하여 자원을 배분하는 것이다. 이때 예산계획은 의사결정자에게 비용에 대한 정보뿐만 아니라 프로그램의 실효성과 자원에 대한 정보를 제공하기 때문에 별도로 구분해 두는 것이 매우 필요하다.

넷째, 예산편성이다. 이는 연도별 프로그램과 예산계획을 기초로 목표 달성을 위한 활동에 대한 필요한 자원들을 자세하게 조사하고 그것을 짜는 과정이다. 즉 각 활동에 필요한 자원들을 자세하게 조사하고 그것을 가격으로 환산하여 조직이 첫 해에 부담하지 않으면 안 되는 자금의 총액을 계산하고 이를 체계화하는 일이다. 이러한 예산편성과 집행을 통해 조직은 필요한 활동을 수행할 수 있으며, 그 집행결과는 추후 심사분석을 통해 환류되어 계획을 수정 및 보완하는 자료로 활용된다.

다섯째, 분석 및 평가이다. 이는 프로그램의 목표 달성도를 통해 프로그램의 가치를 평가하는 과정이다. 즉 예상한 성과와 실제의 성과를 비교하여 프로그램을 평가하고 문제점과 개선점을 발견하는 과정이다. 이 과정은 1년 내내 순환과정을 거치게 되며, 이 과정을 통해 프로그램의 목표, 성과, 비용 등이 평가된다. 아울러 평가결과는 프로그램에 환류되어 프로그램 자체를 수정 및 보완하며, 후속 프로그램 계획수립과 작성에 활용된다.

3. 기획예산제도의 실시지침

기획예산제도의 실효를 거두기 위하여 다음과 같은 사항에 유의해야 한다(정태범, 2002: 571-572). i) 학교 조직에 맞는 기획예산제도를 개발해야 한다. 학교 조직을 위해서 PPBS의 일반적 접근방식과 그 구성요소의 내용을 평가하고 학교조직의 특수성을 잘 충족시키도록 개발되어야 한다. ii) 프로그램 체계는 신중히 개발해야 한다. PPBS에서 가장 중요한 측면은 프로그램 체계이다. 이 체계를 개발하는 데에 많은 시간과 우선권이 주어져야 한다. iii) 직원의 광범위한 참여가 필요하다. 설계하고 개발하는 초기단계에서부터 직원이 광범위하게 참여해야 한다. 그러기 위해서는 현재 직원의 능력을 먼저 파악해야 한다. iv) PPBS를 설계하고 실시하는 데 있어서 전문가의 도움을 받는 것이 좋다. 체제전문가, 분석전문가, 비용분석전문가, 기타 이 접근을 사용하는데 필요한 부분적 기법이나 절차를 잘 아는 사람의 도움을 받는 것이 좋다. v) PPBS에 적합한 조직체계를 개발해야 한다. 대부분 교육행정조직은 고전적 계선조직을 형성하고 있다. 따라서 PPBS 실시자는 PPBS가 요하는 역할, 조직, 관련성에 유의하면서 그들의 조직관리를 재체계화해야 한다. vi) PPBS를 위하여 직원연수를 실시해야 한다. PPBS가 개발되면 직원을 연수시키는 것은 필수적이다. 또한 PPBS가 수정 및 개선됨에 따라 직원의 재연수가 필요하다. vii) PPBS활동은 가능한 한 실무부서에 밀착되어야 한다. 프로그램의 기획, 비용-이익분석 및 재정 확정은 실무진에서 시작되어 조직의 상충부로 상향되어야 효과가 극대화된다. 따라서 자원수요의 확인을 포함하여 프로그램 분석과 장래 계획에 전 교직원이 참여한다면 조직활동의 효과는 분명히 향상될 수 있을 것이다. viii) PPBS는 신축성 있게 설계되어야 한다. 너무나 개정된 PPBS는 조직으로 하여금 새롭게 혁신적인 생각을 이용하지 못하게 한다든가 또는 변화하거나 긴급한 사태에 적응할 수 있게 하지 못한다. 과정과 절차에서 약간의 융통성을 주는 것은 조직을 활성화하는데 필요하다.

4. 학교경영에서의 기획예산제도의 적용

기획예산제도(PPBS)는 계획의 실질적 측면(목표와 활동)과 재정적 측면(예산편성)을 결합시키는 것이다. 구체적으로 말하면, 계획과 예산편성을 유기적으로 연관시킴으로써 자원배분에 관한 의사결정을 합리적으로 일관성 있게 행하려는 제도이다. 따라서 이 제도는 계획의 합리성을 증진시킴으로써 예산의 절약과 지출의 효율화를 도모할 수 있다는 점에서 학교경영체제를 효율화하는 중요한 기법으로 활용될 수 있다.

학교경영에서 기획예산제도를 활용할 경우, 그 절차는 다음과 같다(윤정일 외, 2001). ⅰ) 학교교육 기본계획 수립이다. 학교교육체제의 경영목표를 반영하는 기본계획을 수립한다. ⅱ) 구체적인 교육계획의 수립이다. 기본계획을 토대로 목표를 달성하기 위한 학년별 · 학급별 · 교과별 프로그램을 구체적으로 설계한다. ⅲ) 최적의 프로그램의 선정이다. 프로그램을 가용자원, 특히 예산과 관련하여 검토하여 최적의 프로그램을 선정한다. ⅳ) 예산계획의 수립이다. 추진계획에 따른 장단기의 예산기획 및 연도별 예산을 편성하고 자금조달계획을 수립한다. ⅴ) 분석 및 평가이다. 완성된 프로그램을 분석하여 계획의 성공여부를 평가한다.

이 제도를 도입 및 활용할 경우 학교경영에 다음과 같은 긍정적인 효과를 거둘 수 있다(윤정일 외, 2001). ⅰ) 학교체제를 통합적으로 관리 및 운영할 수 있으며, 학교의 목표와 프로그램과 예산을 체계화할 수 있다. ⅱ) 연도별 교육목표와 그를 달성하기 위한 교육 프로그램의 소요자원들을 확인할 수 있다. ⅲ) 목표나 과목, 시간에 따라 자원을 적정하게 배분할 수 있고, 특히 교육목표의 우선순위에 따라 자원을 합리적으로 조정할 수 있기 때문에 예산을 절약할 수 있다. ⅳ) 연간 기준으로 목표를 재검토하고 교육 프로그램을 효과적으로 분석할 수 있다.

하지만 학교체제는 목표나 활동에서 이윤의 극대화를 추구하는 기업과는 다르기 때문에 실제 적용에서 여러 문제점을 유발할 수 있다(하인호, 1989: 201). ⅰ) 정서적이고 심리적인 교수-학습체제를 단순화할 가능성이 있다. ⅱ) 대부분의 교육활동은 복합적이고 장기적인 효과를 나타내기 때문에 중간단계의 단기적 실적을 평가하기가 어렵다. ⅲ) 중앙집권화를 조성하여 교수-학습활동을 위축시킬 가능성이 있다. ⅳ) 정보관리체제의 미비로 효과의 측정이 곤란하다.

제5절 교육비 분석(Cost Analysis)

1. 교육비의 개념 및 분류

교육비의 개념을 명백하게 규정하기는 어렵다. 일반적으로 교육비라 하면 교육기관의 설립자나 개인이 교육을 영위하기 위하여 지출하는 비용을 의미한다. 교육 행정비, 교직원의 급여, 교재 교구의 구입비, 교사 건축비 등의 모든 경비와 개인이 교육을 받기 위하여 지출하는 수업료, 육성회비, 학용품비, 과외활동비 등의 지출을 총괄하여 교육비라 할 수 있다.

보다 넓은 의미에서는 교육목적의 달성을 위하여 학교나 가정으로부터 교육활동에 직접적으로 투입되는 경비와 교육을 받음으로 인해서 교육기간 중에 돈을 벌 기회를 상실함으로써 갖는 포기 소득인 기회비용(opportunity cost)까지를 포함하는 개념이다. 여기에는 교육부 산하의 각급 학교는 물론 교육부 이외의 타 부처 산하 교육기관 및 공무원 교육원, 일반 기업체가 설치하고 있는 교육 및 직업훈련기관을 비롯하여 사설학원 등에서 지출하는 경비까지도 넓은 의미로서의 교육비에 포함된다.

이러한 교육비도 공공재정의 경비인 이상 근본적인 면에 있어서는 일반 재정 상의 경비와 같은 성격을 가지고 있지만, 교육비는 일반재정에서 볼 수 없는 i) 고도의 공공성, ii) 비긴요성, iii) 비생산성이라는 특수한 성격을 가지고 있다(백현기, 1962).

따라서 교육비란 교육활동에 관련되는 인적 및 물적 자원의 동원에 요구되는 경비 및 피 교육 중에 발생하는 기회비용까지를 함의하는 것으로 볼 수 있다.

그리고 교육비의 유형을 살펴보면 다음과 같다(정태범, 2001; 서정화 외, 2002; 한공우, 2003; 이순형, 2004).

첫째, 공교육비와 사교육비이다. 교육경비를 운영형태에 따라 분류한 것으로 합리적인 공공단체의 예산회계절차를 거쳐 교육활동에 투입되는 경비를 공교육비라 하고, 교육활동에 투입은 되지만 예산회계절차를 거치지 않는 경비를 사교육비라 한다. 다시 말하면, 공교육비에는 국가, 지방자치단체, 학교법인 등이 부담하는 모든 교육비와 학부모가 부담하는 입학금, 수업료, 기성회비 등이 포함된다. 하지만 사교육비는 공교육비와는 별도로 학부모가 부담하는 모든 비용이 포함되며, 여기에는 교재비,

부교재비, 학용품비, 과외활동비, 학교지정용품비, 단체 활동비, 교통비, 급식비, 하숙비, 기타 학교 위생비, 방과 후 활동비 등이 포함된다.

둘째, 공부담교육비와 사부담교육비이다. 교육경비는 그 재원의 조달자 또는 부담자에 따라 공부담 교육비와 사부담 교육비로 구분된다. 전자는 국가, 지방자치단체, 학교법인 등의 공공단체가 부담하게 되는 교육비를 말하며, 후자는 학부모가 부담하는 경비로서 여기에는 수업료 등의 공교육비와 교재비, 학용품비 등의 사교육비가 포함된 개념이다.

셋째, 직접교육비와 간접교육비이다. 교육경비는 교육목적과의 관련성 정도에 따라 직접 교육비(direct cost)와 간접 교육비(indirect cost)로 분류된다. 전자는 교육목적을 달성하기 위한 교육활동에 지변되는 모든 공·사 교육비를 뜻하며, 후자는 교육을 받음으로 인해 교육기간 중에 취업을 할 수 없기 때문에 유실된 소득(foregone earings)을 뜻한다. 이는 교육기회 때문에 간접적으로 유실된 소득이므로 기회비용이라고도 한다(일반적으로 교육비라 할 때에는 직접 교육비만을 의미하는 경우가 많지만 교육투자 수익률을 산출할 때의 교육비에는 기회비용까지 포함시키고 있다).

넷째, 인건비, 운영비, 시설비이다. 교육비는 지출 시 사용 목적에 따라 인건비, 운영비, 시설비 등으로 구분된다. 인건비는 교육활동을 수행 및 지원하기 위해 필요한 용역을 구입하기 위한 경비로 학교경비 중에서 교직원의 봉급, 정액수당, 연구수당 및 기타수당이 여기에 포함된다. 운영비는 교육활동을 수행하거나 지원하는데 소요되는 제반 경비로 학교경비 중에서 여비, 수용비, 실험 및 실습비, 학생들의 후생복지비 등이 포함된다. 시설비는 교육활동을 수행 및 지원하기 위한 목적으로 장기간 사용이 가능한 자본 형성을 위해 투입된 시설의 신축 및 개축, 보수 등의 경비가 포함된다.

2. 학교 교육비의 결정요인

정상적인 교육활동에는 충분한 교육비의 확보 및 지원이 필수적이다. 넓은 의미에서 보면 학교 교육비의 규모는 학생 수, 교육 유형, 교육 기간, 학생 수의 지역별 분포 및 교육의 질 등에 따라서 좌우된다고 할 수 있다. 하지만 협의적으로 학교 교육비란 학생 1인당 교육비를 의미하고, 교원, 교육과정, 시설 및 설비 등의 요인으로 결정된다. 학생 1인당 교육비란 총 학교 교육비를 총학생 수로 나누어 산출될 수 있는 것이기 때문에 단위학교의 총교육비 규모를 결정하는 요인들을 파악하면 결국 1인당 교육비 규모의 결정 요인을 알 수 있게 된다.

전미교육협회(NEA)에서는 학교 교육의 질과 교육경비와의 상관관계를 조사 분석한 내용을 소개하면 다음과 같다(Committee on Tax Education and School Finance of National Education Association, 1959).

첫째, 질적으로 수준이 높은 교육을 실시하는 학교는 일반적으로 학생 당 교육경비가 많고 반대로 학생 당 교육경비가 적은 학교는 질적으로 낮은 교육을 실시하고 있다.

둘째, 한 지역사회가 질적으로 교육을 실시하려고 할 때 경비만 많이 지출된다고 되는 것은 아니다. 왜냐하면 교육경비 자체가 좋은 학교를 만들 수는 없기 때문이다.

셋째, 연구자들이 조사 측정한 것에 의하면 일반적으로 학생 당 경비가 증가하면 학교교육의 질도 향상된다.

넷째, 지역사회가 학교에 많은 경비를 보상할 때에 그 학교는 우수한 교사의 채용, 보다 좋은 교육 자료의 제공, 좋은 교수학습의 실천, 비교적 긴 학기의 유지, 많은 수업시간의 확보 등이 가능하며, 이러한 결과로 학교 교육계획, 교수방법 등 모든 측면이 관찰자로부터 좋은 평가를 받는다.

다섯째, 고도의 질적인 교육을 실시하기 위하여 질적인 교육에 기여하는 요인을 개발하여야 한다.

여섯째, 교육의 좋은 성과를 기대하려면 교육경비를 포함한 질적인 교육 현실에 영향을 줄 요인을 분석하고 시정하려고 노력할 때 그 결과는 성공적인 것이 되며, 교육이 발전하게 된다.

그리고 리유(John Riew, 1966)는 학생 1인당 교육비와 학교 규모와의 관계를 파악하기 위하여 학생 1인당 교육비에 영향을 미치는 변인으로 총학생 수, 교원 평균 봉급, 교원당 평균 담당 과목 수, 개설된 학점 단위 수는 교육과정의 폭을, 교원당 평균 담당 과목 수는 수업에 있어서 세분화의 정도를 나타내는 것으로 이 네 가지 변인이 모두 학생 1인당 교육비를 결정하는 변인 중에서 교육의 질에 관련된다고 가정하고 있다.

위에서 전미교육협회(NEA)와 리유(John Riew, 1966)의 학교 교육비의 결정요인에 대해서 살펴보았다. 결국 학교 교육비의 투자에 따라서 교육의 질이 영향을 받으므로 교육비의 결정에는 신중을 기해야 될 것이다.

3. 교육비 분석방법

어떤 계획이나 실천 및 산출 등과 관련된 대안을 평가할 때 비용분석 기법을 활용할 수 있다. 이 분석방법은 목표달성을 위한 대안을 창출하고 비용과 산출효과를 비교 및 검토하여 최적안을 유출하는 기법으로써 의사결정과정에 도움을 주는 도구이다. 즉 투입된 비용에 대한 효과의 비율을 계산함으로써 각 대안을 평가하되, 어떤 목적을 평가하는 데 비용이 적게 들거나, 같은 비용을 들여 가장 높은 또는 좋은 성과를 가져올 수 있는 대안을 찾는 것이다. 여기서 성과를 수익, 효과 또는 효용으로 보는 데 따라 비용-수익분석, 비용-효과분석, 비용-효용분석 등으로 구분하고자 한다 (서정화 외, 2002; 정태범, 2002).

첫째, 비용-수익분석이다. 비용-수익분석(cost-benefit analysis)은 투입비용과 산출효과를 모두 시장가격으로 환산할 수 있는 경우에 적용되는 것으로서, 장래에 기대되는 수익의 현재 할인가치를 그때까지의 투입비용의 현재 할인가치로 나누어 얻은 비(ratio)로써 분석하는 것이다. 흔히 사용되는 공식은 다음과 같다.

$$B/C = \frac{\sum_{t=1}^{n} \frac{F_t}{(1+r)^t}}{\sum_{t=1}^{n} \left(\frac{C_t}{(1+r)^t} \right)}$$

B: 수익
C: 비용
F: 장래의 지급(수익)
t: 연도
r: 이자율

또는 $\sum_{t=1}^{n} \frac{F_t}{(1+r)^t} = \sum_{t=1}^{n} \frac{C_t}{(1+r)^t}$ 즉, $\sum_{t=1}^{n} \frac{F_t - C_t}{(1+r)^t} = 0$

Psacharopoulos는 대학교육의 수익률을 산출하기 위한 예를 다음과 같이 설명하고 있다.

$$\sum_{t=-3}^{0} (C_h + W_3)_t (1+r)^{-t} = \sum_{t=1}^{43} (W_h - W_3)_t (1+r)^{-t}$$

여기서, C_h: 대학 4년간의 직접 비용(직접 교육비)
W_3: 좌변의 경우는 대학 4년간의 기회경비(간접교육비)
우변의 경우는 중등교육 이수자의 소득
W_h: 대학 졸업자의 소득
r: 내적 수익율

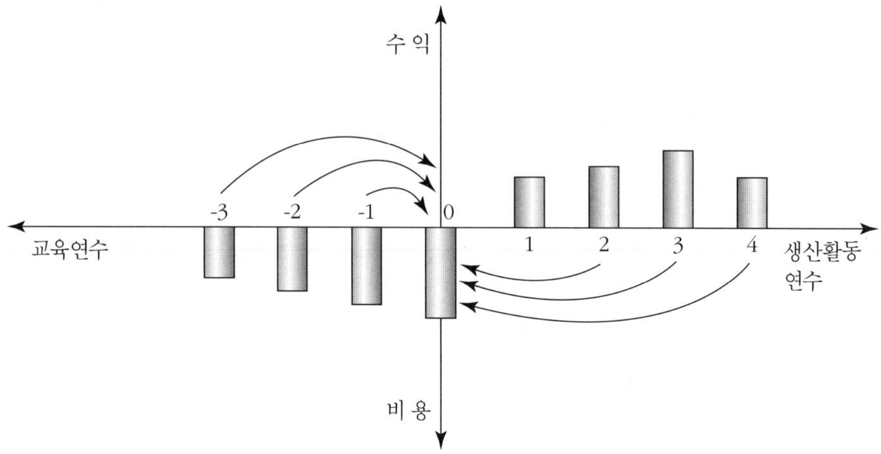

[그림 9-4] 대졸자의 교육투자비용과 수익비교(MIS/E)

*자료: 서정화 외(2002). 교장학의 이론과 실제. 서울: 교육과학사, p. 469.

이때 비용(좌변)은 대학생의 직 · 간접 교육비이고, 수익(우변)은 대졸자가 고졸자보다 추가로 더 벌어들일 수 있는 소득의 차이다. 여기서 좌변과 우변을 같게 하는 수익률 r을 산출하는 것인데, r이 높게 나올수록 수익성이 높은 것을 보여 준다. 이 공식에서는 대학생의 졸업 시점을 기준 연도로 가정하여 비용과 수익을 현재 가치화시키고 있다. 즉 졸업시점을 기준으로 할 때 대학생의 비용은 43년 동안 생산 활동을 하여 얻는 것으로 보고 그 소득을 합산하고 있다. [그림 9-4]는 대학 졸업 시점을 기준으로 4년간의 비용이 할증되고, 43년간의 소득이 모두 할인되어 현재 가치화되고 있음을 볼 수 있다.

둘째, 비용-효과분석이다. 비용-효과분석(cost-effectiveness analysis)에서 투입이란 시장가격으로 환산 가능하지만 성과는 그렇지 못할 경우에 활용된다. 여기서도 성과가 어떤 방식으로든 계획화될 경우에 그 비를 계산하여 각 대안의 비교가 가능하다. 이때 효과란 어떤 목표가 성취된 정도로서, 예를 들면, 학업성취도, 졸업자 수, 취업자 또는 중퇴자 수 등과 같은 영역이다. 윤정일 등(1978)은 학업성취도의 증가율을 교육투자의 증가율로 나누어 그 계수를 구함으로써 교육투자의 효과를 측정하였다. 그의 연구 결과를 보면, 학교급별이 낮을수록 교육투자효과가 높았다. 그리고 지역별로 보면, 초 · 중학교의 경우 농촌이, 고등학교의 경우 대도시에서 교육투자 효과가 높은 것으로 나타났다.

셋째, 비용–효용분석이다. 비용–효용분석(cost-utility analysis) 방법은 주관적 선호(subjective preference)를 나타내는 효용을 비용으로 나눈 비를 산출하여 대안을 비교하는 방법이다. 다시 말하면, 금전적 기대가치보다 효용성을 극대화할 수 있는 의사결정을 내리는 데 사용된다. 여기서 효용은 총 효용과 한계 효용으로 구분할 수 있고, 총 효용은 재화나 용역을 얻는 데서 나오는 전체적 · 심리적 효용을 말하며, 한계 효용은 일정 수준의 재화나 용역을 초과하여 1단위 더 추가함으로써 얻게 되는 초과 효용을 말한다(김윤태, 1986).

비용–효용방법은 의사결정자가 투입에 대한 효용을 고려하여 선호의 등급을 매겨 어떤 대안이 최적의 것인가를 결정할 수 있고, 목적 또는 준거의 중요도에 따라 가중치(weighting factor)를 주고 최적 대안을 설정할 수 있다. 이 분석에 대한 실례를 들면 〈표 9–2〉와 같다.

〈표 9–2〉 대안의 선택

구분	A_1	A_2	A_3	A_4
O_1	4	1	3	2
O_2	1	4	4	3
O_3	4	3	5	4
O_4	2	5	4	1
계	11	13	16	10

〈표 9–2〉에서 나타난 바와 같이, 어떤 목표를 달성하기 위한 대안들이 여러 가지 있을 수 있다. 그리고 목표도 여러 가지가 복합된 것일 수 있다. 이때, 의사결정 담당자는 목표달성과 관련하여 볼 때 각 대안이 갖는 중요성 또는 기여도 등에 대한 주관적 선호(판단)를 계량화할 수 있다. 결국 A3가 최적의 대안으로 볼 수 있다.

4. 학교 교육비의 효율적 운영

학교경영의 효율적 운영에 학교교육의 질이 달려 있다. 학교교육비의 운영은 다른 경영체제에 비하여 몇 가지 특수성 내지 혹은 교육비의 효율화를 저해하는 요인이 있다(김세기, 1977: 268-270).

첫째, 학교경영체제는 자원 결정을 경영담당자가 하지 못하고 상급기관으로부터 배분되거나 설립자로부터 지급된다. 따라서 한정된 여건하에서 경영을 하게 되므로 자원의 장기 예측이 불가능하다.

둘째, 학교경비의 영세성 때문에 경영자의 재무권한이 너무나 제한되어 있다. 교육비 특별회계 재무회계 규칙에 의하면 학교장은 징수관, 분임 경리관, 물품관리관으로 되어 있으나 그 재량권은 협소한 편이다.

셋째, 교육비 효율화를 위한 유인이 약하다. 학교는 기업 경영체제와 달라서 이윤 취득이라는 측면이 경영에서 취약하고, 경제적 경쟁의식이 경영자에게 부족하다. 보수제도는 학력과 연공 위주의 체제로 되어 있어 교육의 효율화를 위한 노력과 그 기여도에 부응하는 유인체제가 없기 때문에 이러한 교육비의 효율적 운용에 대한 노력이 적다.

이러한 체제 환경이나 내부의 어려운 사정을 극복하고, 경영학적 방법이나 절차를 도입하여 교육비의 효율적 운영을 도모해야 한다. 경비의 효율적 운영이 학교교육의 질을 결정한다는 관점에서 경영분석이나 체제분석을 하여야 한다.

배종근(1973)은 학교교육의 효과를 반소비 및 반투자로 분류하여 ⅰ) 초등교육은 본질적으로 소비나 부차적으로 투자된 교육활동으로, ⅱ) 중등교육은 투자와 소비가 반반인 교육활동으로, ⅲ) 대학교육은 본질적으로 투자이나 부차적인 것으로는 소비적인 것으로 분류하고 있다. 아울러 교육의 궁극적인 목적은 인간의 부의 증식과 행복의 증진에 있는 것이라고 지적하고 이를 다시 ⅰ) 개인적 부의 증식, ⅱ) 사회적 부의 증식, ⅲ) 사회복지의 증진, ⅳ) 개인행복의 추구 등 네 가지 영역으로 나누어 교육투자의 개인적인 효과와 사회적인 효과를 논하고 있다.

이와 같이 투자이면서 소비인 교육비의 비용-수익, 비용-효과, 비용-효용의 분석은 일시적으로 가시적인 측면으로서만 논의되는 대상이 될 수 없다. 왜냐하면 교육이란 장기적이고 미래지향적인 과업이기 때문이다.

오늘날 학교 교육비가 증가하는 추세에도 불구하고 교육비 구성 요인은 상대적으로 변화되지 못하고 있는 실정이다. 학교 교육비는 교육목표 달성에 중요한 수단과 한계를 결정짓는 역할을 하고 있다. 따라서 학교경영자는 어떤 목표를 수립하고 어떤 사업을 선택하여 어느 정도의 교육활동을 수행할 것인가라는 문제의식이 있어야 한다. 교육목표 지향적인 학교 교육비의 배분과 효율적인 운영이 반드시 이루어지도록 교육에 종사하는 학교의 전 직원이 관심을 가져야 한다. 학교 교육비는 학교 경영목표를 달성하는 데 가장 최적의 배분과 운영을 통하여서만 그 효과와 가치를 최대한으로 발휘할 수 있다.

제6절 델파이 방법(Delphi Technique)

델파이 방법(Delphi Technique)은 여러 전문가들의 의견을 수합하는 방법이다. 여기서는 델파이 방법의 의의와 특성, 절차, 장점 및 단점, 학교경영에서의 델파이 방법의 적용 등에 대해 고찰하기로 한다(서정화 외, 2002).

1. 델파이 방법의 의의 및 특성

델파이 방법은 전문가의 의견을 체계적으로 수렴하는 수단(systematic use of expert opinion)이다. 즉 어떤 문제를 예측, 진단, 해결하기 위해 전문가들의 의견을 조직적으로 통합하여 합리적인 결론에 도달해 나가는 하나의 집단사고 도출방법이라 할 수 있다(델파이는 고대 희랍신화 중에서 아폴로 신이 미래를 예측하고 신탁(神託)을 하였다는 신전인 Delphi를 따라 명명되었음).

집단의 의견을 수합하는 전형적인 형태는 집단 구성원이 얼굴을 맞대고 토론과 논의를 해나가는 협의회, 세미나 등과 같은 방식을 많이 활용하고 있다. 그러나 이와 같은 의사결정 방법은 다음과 같은 몇 가지 문제점을 내포하고 있다(James E. Bruno, 1976).

첫째, 지배적인 개인의 영향을 받게 된다는 것이다. 많은 경우에 집단회의의 결과는 목소리가 큰 사람이나, 지배적인 성격의 소유자, 상위 직급자가 주장하는 방향으로 의견의 일치를 보는 수가 많다.

둘째, 집단 내에서 토의되는 상당히 많은 양의 내용은 근본적인 문제해결과는 무관한 것들이며, 경우에 따라서는 개인적인 편견이나 집단적인 관심을 다루고 있다.

셋째, 어떤 집단에서나 회의의 결과는 집단의 압력이나 전문가라고 생각되는 개인의 의견에 따라 좌우되는 경향이 있기 때문에 개인적인 판단이나 의견은 집단 압력과 일부 전문가에 의하여 왜곡될 수 있다.

넷째, 집단회의에서 개인은 자기의 의견발표를 주저하거나 혹은 발표한 내용에 대하여 수정하기를 원치 않는 경우가 많다.

따라서 델파이 방법은 조직구성원 간의 직접적인 토의를 구체적으로 구성된 일련의 질문지를 통하여 정보와 의견을 교환할 수 있도록 대치한다. 이때 질문은 대체로 3~4회(단계) 정도 동일 대상자에게 지속적으로 실시하는데, 각 질문은 개별 응답자로부터 도출된 정보와 함께 배포 및 실시된다. 각각의 연속적인 질문은 전 단계의 질문 결과에 대한 정보와 함께 실시되므로 질문의 횟수가 거듭될수록 예측이 압축되거나 서로 접근하게 된다. 그리하여 참여자가 개인적인 논쟁 없이 타인의 아이디어에 대응할 수 있도록 허용되고, 모든 의견이 동등하게 취급되도록 한다.

그리고 델파이 방법은 다음과 같은 특성을 지니고 있다(Joseph P. Martino, 1972).

첫째, 익명성(anonymity)이다. 델파이 절차가 진행되는 동안 전문가들끼리 서로 알 수 없도록 질문지와 같은 도구를 활용한다. 이는 지배적인 사람에 의해 영향을 받지 않은 순수한 판단을 유도하기 위함이다.

둘째, 반복과 통제된 환류(iteration and controlled feedback)이다. 핵심적인 문제로부터의 이탈을 방지하기 위해 전 단계의 응답결과를 요약하여 참여자에게 전달한다. 이때 특수한 의견에 대해서는 그 이유를 묻도록 한다.

셋째, 통계적인 집단반응(statistical group response)이다. 전문가집단의 반응을 통계적으로 처리하여 분석 및 제시한다. 이때 정상분포곡선의 중앙치를 중심으로 양쪽 25%를 선택하고, 나머지를 삭제함으로써 점차적으로 의견 수합이 이루어지도록 해 나간다.

델파이 방법의 특징은 연구 주제에 대한 전문적 식견과 소양을 구비한 전문가 집단을 대상으로 하며, 익명으로 나타난 각 전문가들의 직관적 판단을 반복적으로 환류함으로써 협의방식에서 흔히 나타나는 불필요한 잡음을 제거하면서 적절한 연구 진행상의 통제를 통하여 통합적인 합의점을 구현해 나간다는 점이다.

이와 같은 델파이 방법과 일반적인 의사결정 방법의 가장 큰 차이점은 델파이 방법에 있어서는 집단과의 상호 작용이 참여자의 편리에 따라 이루어지고, 대집단으로부터 의견을 청취하여, 의사소통의 방법이 체계적 및 구조적이라는 점이다. 특히 델파이 방법은 참여자들에게 개성을 최대한으로 보장하고 자신의 표현에 대한 제약으로부터 자유를 보장한다는 것이다.

2. 델파이 방법의 절차

델파이 방법은 대체로 3~4단계를 거친다. 먼저 전문가집단을 선정하여 이들에게 연구자가 개발한 체계적인 질문을 주어 응답하도록 한다. 그 다음 제1단계 질문의 결과를 분석하여 참여자들에게 제시하면서 그들의 반응을 재평가하도록 요청한다. 그리고 이와 같은 단계를 반복하되, 만일 어떤 전문가의 반응이 중앙 4분 편차의 범위를 벗어나 극단적으로 치우쳐 있다면 그 이유를 제시하도록 함은 물론, 처음의 응답을 수정할 때는 그 이유를 제시하도록 한다.

델파이 방법의 과정을 소개하면 다음과 같다(김란수, 1984).

첫째, 전문가 집단의 선정이다. 연구 주제에 관련된 그 분야의 전문가들을 선정한다. 이때 참가자의 대표성, 전문적 지식 능력, 참여의 성실성, 참가자 수 등을 신중하게 고려하여야 한다. 아울러 참가자의 특성이 반응양태에 어떤 영향을 미칠 가능성이 있는가에 대한 고려도 아울러 있어야 한다.

둘째, 제1차 질문지 조사 실시(first round)이다. 제1차 질문지는 그 형식에 있어서 기술식 또는 구조화된 제한 응답식의 방식을 통해 작성할 수 있다.

셋째, 제2차 질문지 조사 실시(second round)이다. 제1차 질문지 조사가 완료되면 이를 통계적으로 우선 처리하여야 한다. 대체로 중앙치와 4분 점간범위 등을 구하여, 이를 제2차 질문지와 함께 표시하여 송부한다. 이때 소수 의견을 함께 보내 주는 것이 좋다. 그리고 그 통계적인 결과를 참고하여 제1차 질문지 조사실시에 응답했던 각자의 의견에 대한 재고와 의사변경이 필요하다면 그 이유를 밝혀 주기를 요청한다. 이때 절차 상 또 한 가지 유의해야 할 점은 각 조사기간의 시간적 지체가 불필요하게 오래 가지 않도록 하는 것이 좋다.

넷째, 제3차 질문지 실시(third round)이다. 필요하다면 계속 질문지를 보내어 최후 수정기회를 준 다음 의견을 수렴한다. 대체로 의견이 수렴되면 응답자들의 4분위간 점수 범위는 좁아지게 된다.

이와 같은 질문지 조사과정을 거치면서 유의해야 할 사항을 몇 가지 제시하면 다음과 같다. i) 다루어질 문제를 너무 세분화하거나 연구자의 선입견이 개입되면 응답자의 반응이 줄어들어 문제해결의 범위를 축소시킬 수 있다. ii) 응답자가 동일하지 않을 경우 이를 완전히 무시해 버리면 인위적인 합의가 증가되므로 이러한 부동의를 심각하게 검토해야 한다. iii) 집단 반응을 요약하고 제시하며, 해석하는 기술이 부족하면 예기치 않았던 결과를 초래할 가능성이 있다. iv) 너무 구조화된 질문지를 제시함으로써 다른 의견을 제시할 수 없도록 하지 말고, 전문가들의 순수한 의견을 통합하도록 노력해야 한다. v) 의견조사과정에 참여하는 사람들은 고도의 교육을 받고 경험을 지닌 전문가들(highly educated experienced specialist)이어야 하며, 편견을 가지고 참여자들을 선정해서는 안 된다.

3. 델파이 방법의 장단점

델파이 방법의 장단점에 대해서 기술하고자 한다(김란수, 1984).

첫째, 델파이 방법의 장점은 다음과 같다. i) 델파이 방법은 여러 전문가들의 의미 있는 상호작용을 촉진시킨다. 흔히 전문가들의 의견을 수렴하는 방법으로 협의회, 회의 또는 세미나 방식을 사용하고 있다. 그러나 얼굴을 맞댄 토의에서 자칫 잘못하면 회의가 원래의 초점에서 벗어나거나 초점의 주변을 맴도는데 많은 시간이 낭비될 수 있다. 또는 친밀감(rapport) 수립을 위해서도 다소나마 주어진 주제에서 벗어나기도 한다. 그러나 이 방법은 몇 차례의 반복되는 질문을 중심으로 이루어지기 때문에 초점에서 벗어나게 되는 경우가 없다. ii) 지리적으로 산재해 있는 여러 다양한 분야의 전문가들 간의 의견교환을 가능하게 해준다. 협의회 등을 통한 토의 방식은 참여하는 전문가들의 주거 위치가 회의 장소로부터 지리적으로 멀게 될 경우 대체로 제외되는 경우가 많다. iii) 시간적으로, 그리고 경비 측면에서 상당히 경제적인 방법이다. 즉 참여 전문가로부터 개인의 시간을 덜 빼앗게 되어 비교적 비용이 적게 든다. 그러나 전문가의 참여 규모에 있어서 비교적 큰 집단까지에도 실시할 수 있기 때문에 어느 특정한 주제에 관련된 많은 수의 전문가들을 포함시킬 수 있게 된다. iv) 협의회 방식은 경비나 시간, 위치 등의 제 요인 때문에 참여 전문가들의 수가 제한되기 쉽다. v) 참여 전문가들 상호 간의 의견교환을 통한 상호작용의 시간이나 빈도에 있어서 협의회 방식보다 제약을 덜 받는다. 협의회 방식에서는 제한된 회의시간 속에서 상호 의견교환이 이루지고, 따라서 그 빈도도 제한받게 된다. 그러나 이 방법은 일련의 반복적 질문과 응답을 통하여, 각 개인별로 타전문가들의 반응에 대한 정보를 면밀히 검토하여 각자의 의견을 형성 및 재고할 수 있는 기회를 제공하여 준다. vi) 여러 전문가들의 의견을 통계적인 방법으로 과학적인 자료를 수합하여 피드백할 수 있다. 이러한 통계적 정보는 각 전문가들이 보다 정확한 근거에 기초하여 자기들의 의견을 수립해 나갈 수 있도록 한다. vii) 비교적 각 전문가들의 독립적이며 자유롭고 솔직한 의견형성을 가능하게 한다. 집단협의 방식에서 흔히 나타날 수 있는 지도적 · 상위적 인물의 의견에 대한 무의식중의 맹목적 순종이나 지배적 분위기 형성에 말려들 위험이 없다. 또는 회의석상에서는 자신의 체면이나 외형적 위신 문제 때문에 자신의 생각을 표현하기 주저하거나, 또는 일단 표현한 의견을 수정하기 꺼려하는 일 등이 있기 쉽지만, 이 방법은 익명으로 각자가 자기들의 편리한 시간에 자유롭게 작성하여 응답할 수 있다. viii) 여러 가지 폭넓은 문제, 주제 또는 영역에 적용이 가능하다.

둘째, 델파이 방법의 단점은 다음과 같다. i) 질문 또는 진술문의 모호한 작성은 각 전문가에게 달리 해석될 수 있다. 따라서 동일한 진술문에 대한 각기 다른 자의적 해석이 일어나지 않도록 분명하고도 명쾌한 진술문의 작성이 필요하다. ii) 익명으로 전문가들의 응답이 나타나기 때문에 그것이 신뢰할 수 있는 것인가의 문제가 남게 된다. 협의회 방식으로 의견을 수렴할 때는 쉽게 참가자들의 자세와 성실도를 피부로 느낄 수 있지만, 익명으로 하기 때문에 각 참가자들의 양식에 맡길 수밖에 없다. iii) 전문가의 선정에 있어서 대표성(representativeness)의 문제가 있다. 또한 참가자의 능력과 분야의 적절성에 따른 참가자 수를 어느 정도로 할 것인가도 문제다. 대체로 몇 명이 적절한 수라고는 말할 수 없지만, 참여하는 전문가의 수를 충분히 확보할 필요가 있다. iv) 회수율이 그리 높지 않다는 것이 통례로 되어 있다. 더욱이 조사가 1차, 2차, 3차로 반복되어 감에 따라 그 회수율이 점차 낮아지게 되는 경우가 많다. v) 계속되는 반복적 질문조사를 통하기 때문에 비교적 전체 조사과정을 끝내는데 많은 시간이 걸린다. 델베크(A. L. Delbecq et al., 1975) 등은 3회의 반복 조사과정으로 이루어진 델파이 방법에 필요한 최소한의 추정된 일수를 44~45일간으로 보고 있다. 따라서 단기간에 걸쳐 어떤 합의를 구하고 미래예측을 하고자 할 때는 적합하지 않다. 또한 각 회 조사 간의 긴 시간적 간격이 오히려 사고의 연속적 흐름을 차단시키거나 피상적으로 하게 할 가능성도 없지 않다. vi) 협의회 등에서와 같은 직접적인 상호자극을 주고받을 수 없다. 여기서는 직접 토의를 통하여 상호자극을 주고 받게 되며, 그러는 가운데 전혀 예기하지 못했던 아이디어가 창출되고, 특유한 의견을 형성하게 되는 순발적 계기가 있을 수 있지만 델파이 방법에서는 그렇지 못하다. 경우에 따라서는 이러한 현상이 피드백되어 주어지는 통계적 처리 결과에 무의식적으로 야합하는 요인이 될 수도 있다. vii) 델파이 방법은 자칫 의견의 조작을 가능하게 할 수도 있다. 그러나 이는 기본적으로 연구의 윤리적 문제로서 연구 진행자와 참여자 모두의 양식과 자세에 의존할 수밖에 없는 일이다.

4. 학교경영에서의 델파이 방법의 적용

델파이 방법은 정치, 경제, 사회, 과학, 교육 등 여러 영역에서 미래를 예측하는 데는 물론 과거와 현재의 사실을 설명하고, 새로운 모델을 개발하는 데까지 광범위하게 활용될 수 있다. 린스톤과 트로프(H. A. Linstone & M. Turoff, 1975)는 델파이 방법을 적용할 수 있는 영역을 다음 아홉 가지로 제시하고 있다. i) 예산배정 가능성의 평가, ii) 특정 지역이나 도시계획의 의견 탐색, iii) 캠퍼스 및 교육과정 개발계획, iv) 체제모형 구조의 통합, v) 잠정적인 정책대안에 대한 찬반 의견 파악, vi) 실제 동기와 지각된 동기간의 차이 규명, vii) 복합적인 사회적 및 경제적 현상의 인과관계 탐색, viii) 개인의 가치와 목표의 우선순위 탐색 등으로 제시했다.

웨더맨과 스웬슨(R. Weatherman & K. Swenson, 1974: 99-102)도 활용범위를 다음과 같이 밝혀 주고 있다.

첫째, 예측조사이다. 현재 추세에 의해서 내다볼 수 있는 미래의 여러 가지 발전 추세를 예측하는 데 유용하다. 예컨대, 기대되는 사회적 및 기술적 혁신 대안의 구명과 각 대안의 발생 확률 및 발생시기의 예측에 활용할 수 있다. 특히 현재 주어진 상황이 복잡하거나 시간이 제한되어 전문가 의견에 의존할 수밖에 없을 때 더욱 유용하다.

둘째, 전략조사이다. 교육 등 여러 분야에서 프로그램을 계획하는 데 적용될 수 있다. 여러 가지 대안 중에서 주어진 일련의 목적 성취를 위한 가장 합당한 전략을 선정하는 자료수집 방법으로서 그 활용도가 높다. 예를 들면, 비용, 실천 가능성, 성공확률 등 제 요인에 비추어 어떠한 프로그램이 가장 유효한가를 전문적으로 판단하는 데 바람직한 방법이다.

셋째, 미래에 '어떠한 일이 일어날 것이다.' 보다는 '어떠한 일이 일어나야만 한다.' 또는 '어떻게 되어야만 한다.'는 측면에서 미래에 대한 선호를 측정하는데 바람직한 방법이다. 예컨대 교육목적을 설정하거나 교육의 행정적 및 조직적 우선순위를 결정한다든가 한 일은 곧 미래의 당위적 소망에 대한 전문가들의 선호를 필요로 하는 일이다. 델파이 방법은 요구분석(need analysis)의 한 가지 도구로서 그 가치를 갖는다.

넷째, 현재 상황에 대한 지각조사이다. 현존하는 상황에 대한 전문가들의 지각을 조사하는데 있다.

다섯째, 교육적 도구로서의 활용이다. 예를 들면, 학생들에게 여러 개의 분절된 정보를 수합하여 여기서부터 어떠한 합리적인 결정을 내리게 하는 하나의 사고 틀을 제공할 수 있다는 점에서 또 다른 가치를 찾을 수 있다. 또 학생들에게 생각하는 방법을 가르쳐 줄 수 있는 매우 힘 있는 적절한 도구가 될 수 있다.

그리고 헬머(Olaf Helmer, 1966)는 교육영역에서, 특히 다음과 같은 문제 상황에 델파이 방법을 사용할 것을 제안하고 있다. i) 교육구에서 교육과정 개선을 위하여 선정된 행정가와 교사들로부터 의견 추출할 때, ii) 주의 교육청에서 지방 교육감의 필요를 상담하고 결정한 후에 건축계획을 결정할 때, iii) 대학의 장기 발전계획에서 여러 학과의 견해를 받아들여 우선순위 수집을 할 때, iv) 교육구에서 각계각층의 도움을 받아 교육혁신에 관한 종합계획을 수립할 때 델파이 방법을 사용할 것을 제안하고 있다.

델파이 방법은 미래에 관한 사고절차를 연구하는 방법으로써 커다란 가능성을 가진다. 교육에서 델파이를 활용함으로써 변화에 대한 적응력을 향상시킬 수 있고, 교육자들로부터 하여금 보다 합리적으로 미래에 관하여 사고할 수 있도록 하며, 교육의 과정과 방향설정에 있어서 우선순위를 결정하는 일을 도와주는 하나의 도구가 될 수 있다(James Edward Bruno, 1976). 그리고 목표를 설정하고 기준을 정하며, 서열을 매기고 장래를 예측하는 등의 여러 학교경영의 문제들을 해결하는 데 도움을 주는 유용한 도구가 될 수 있다. 그러나 델파이 방식을 교육문제에 적용함에 있어서 일부 전문가들을 참여시킴으로 편파적인 의견이 수렴된다든지, 연구자의 선입견을 가지고 참여자들의 의견을 의도적으로 유도하는 일이 없도록 유의해야 한다.

참고문헌

강영삼(1985). 교육경영정보체제. **현대교육행정이론**. 한국교육행정학연구회 편. 서울: 형설출판사.

권기욱, 조남두, 유현숙, 오영재, 조남근, 최창섭 외(2000). **교육행정의 이해**. 서울: 원미사.

김란수(1984). **교육연구의 방법**. 서울: 종각출판사.

김명환, 박병량, 박종렬 외(1988). **교육행정 및 경영**. 서울: 형설출판사.

김세기(1977). **학교-학년-학급경영**. 서울: 배영사.

김세기(1982). 학교경영과 목표관리. **현대교육행정이론**. 한국교육행정학연구회 편. 서울: 형설츨판사.

김세기(1985). **학교경영의 현대화**. 서울: 교육출판사.

김영식(1974). **교육경영과 체제분석**. 서울: 교육출판사.

김윤태(1982). 교육계획과 기획예산제도. **현대교육행정이론**. 한국교육행정학연구회 편. 서울: 형성출판사.

김윤태(1986). **교육행정 및 경영신론**. 서울: 배영사.

배종근(1973). **교육경제학**. 새교육 통권 322호. 서울: 대한교육연합회.

배종근, 정태범(1989). **교육행정 · 교육경영**. 서울: 정민사.

백현기(1962). **교육행정학**. 서울: 을유문화사.

서정화, 서성옥, 김동희, 이수임(2002). **교장학의 이론과 실제**. 서울: 교육과학사.

오석홍(1990). **조직이론**. 서울: 박영사.

윤정일 외(1978). **교육투자효과분석**. 서울: 한국교육개발원.

윤정일, 송기창, 조동섭, 김병주(2001). **교육행정학원론**. 서울: 학지사.

이순요(1981). **PERT. CPM 실무**. 서울: 박영사.

이순형(2004). **학교경영개혁론**. 서울: 동문사.

정진환(1990). 교육경영정보체제. **교육행정 · 교육경영**. 배종근, 정태범 편. 서울: 정민사.

정태범(2002). **학교경영론**. 서울: 교육과학사.

한공우(2003). **교육행정 및 교육경영**. 서울: 동문사.

박병량, 주철안(1999). **학교 · 학급경영**. 서울: 학지사.

최희선(1988). **학교학급경영: 이론과 실제**. 서울: 형설출판사.

하인호(1989). **교육정책과 기획**. 서울: 문우사.

Bruno, James E. (1976). *Educational Policy Analysis: A Quantitative Approach*. New York: Crane & Russak Co. Inc.

Cleland, D. I., & King, W. R. (1972). *Management: A System Approach*. New York: McGraw-Hill.

Committee on Tax Education and School Finance of National Education Association (1959). *Does Better Education Costmore?*, Washington D.C., 41-43.

Davis, Gordon B. (1974). *Management Information Systems: Conceptional Foundations, Structure and Development*. Tokyo: McGraw-Hill Kogakusha, LTD.

Delbecq, A. L. et al. (1975). *Group Technique for Program Planning*. Glenview Ⅲ: Scott & Foresman Co.

Drucker, P. F. (1954). *The Practice of Management*. New York: Harper & Row.

Hanson, E. Mark (1985). *Educational Administration and Organizational Behavior* (2nd ed.). Boston: Allyn and Bacon, Inc.

Hoy, W. K., & Miskel, C. G. (1982). *Educational Administration: Theory, Research and Practice*(2nd ed.). New York: Random House.

Humble, J. W. (1968). *Management by Objectives*. London: McGraw-Hill.

Hussain, K. M. (1973). *Development of Information Systems for Education*. Englewood Cliffs, N.J.: Prentice-Hill.

Garrett, John & Walker, S. D. (1969). Management by Objectives in the Civil Service. *Civil Service. Department, CAS Occasional Paper No. 10*. London: Her Majesty's Stationery Office, 3-4.

Jackson, J. A., & Mathis, R. L. (1976). "Management by Objectives: Promises, Pitfalls and Possibilities", in R. A. Zawacki and D. D. Warrick(eds.), *Organization Development: Managing Change in the Public Secter*. International Personnel Management Association, 169.

Knezevich, S, J. (1975). *Administration of Public Education*. New York: Harper & Row Publishers.

Linstone, H. A., & Turoff, M. (1975). *The Delphi Method: Techniques and Applications*. Reading, Mass: Addison-Wesley Pub. Co.

McLeod, R. Jr. (1979). *Management Information Systems*. Chicago: Science Research Associates, Inc.

Mali, P. (1972). *Management by Objectives: An Operating Guide to Faster and More Profitable Results*. New York: John Willey & Sons, Inc.

Martino, Joseph P. (1972). *Technological Forecasting for Decision Making*. Elsevier Policy Sciences Book Series.

Morrisey, G. L. (1970). *Management by Objectives and Results*. Cambridge, Mass.: Addison-Wesley.

Odiorne, G. S. (1965). *Management by Objectives*. New York: Pitman Publishing Corporation.

____________.(1970). *Training by Objectives*. New York: Macmilian Publishing Company.

Radcliff, B. M., Kawal, D. E., & Stephenson, R. J. (1967). *Critical Path Method*. Chicago: Cahners.

Riew, John(1966). "Economic of Scale in High School Operation", *Review of Economics and Statistics* 48(August, 1966), 280-287.

Sketty, Y. K., & Carlisle, H. M.(1974). "Application of Management by Objectives in a University Setting : An Exploratory Study of Faculty Reactions", *Educational Administration Quarterly, 10*, 65-81.

Weatherman, R., & Swenson, K.(1974). "Delphi Technique", In S. P. Hencley & J. R. Yates(Eds.). *Futurism in Education: Methodologies*, Berkey, Califo.: McCutchan Pub. Co.

제10장 학교경영의 실천

지금 한국교육은 전환기에 놓여 있다. 학교에서는 교육시책 수행을 위주로 하는 관료적 운영 측면에서 학생의 능력과 적성 함양을 위주로 하는 자율적 경영으로 그 운영 방식을 변화시키려는 노력이 일고 있다. 교육개혁은 과거 반세기를 통하여 제도적, 시책적 개혁이 주류를 이루었다. 따라서 현장을 중심으로 하는 교육개혁은 일어나지 않았다. 하지만 교육 주변 여건이 변화되었다. 세계가 지구촌화되었으며, 한국사회는 급격한 변화를 겪고 있다. 또한 교육사회가 변하였고 학생이 변하였다. 이제 정부 주도의 관료적 접근보다는 현장을 중심으로 경영적 및 실천적 개혁이 이루어져야 하는 현실에 직면한 것이다.

따라서 본 장에서는 학교경영의 과정에서 중점적으로 관심을 기울여야 할 학교경영 실천 사례들을 언급하고자 한다. 이를 위해 학교운영위원회, 직원회와 기획위원회, 학부모회, 교원단체활동 관리, 학교환경 조성·관리 및 정화, 수련회와 현장체험학습, 학교 자체연수, 학교교육계획 수립과 학교평가 등에 대해서 고찰하기로 한다.

제1절 학교운영위원회

학교운영위원회는 학교운영의 자율성을 보장하고 학부모의 학교 참여를 활성화하자는 취지에서 교육개혁의 일환으로 설치 및 운영되고 있다. 1996년부터 국 · 공립학교에서는 의무사항으로, 사립학교에서는 권장사항으로 구성되기 시작한 이 위원회는 현재 모든 학교에서 구성 운영되고 있다. 그 동안의 시행착오를 거치면서 학교운영위원회는 학부모, 교원, 지역인사가 학교운영에 관한 의사결정에 참여함으로써 학교정책을 민주적이고 합리적으로 수립하여 학교 교육목표를 효율적으로 달성하기 위한 집단적 의사결정 기구로 점차 정착되고 있는 실정이다.

본 절에서는 학교운영위원회의 법적 근거, 학교운영위원회의 구성, 학교운영위원회의 기능, 학교운영위원회의 자세와 의무, 학교운영위원회 정착을 위한 과제와 전망 등에 대해서 알아보기로 한다.

1. 학교운영위원회의 법적 근거

학교운영위원회는 교육의 주민자치 정신을 구현하고 학교의 자율성 확대를 통한 학교교육의 효과를 극대화하기 위하여 학부모와 교원, 지역인사 등이 참여하는 심의기구이다. 학교운영위원회의 기능에 대하여 종래에는 대통령령 또는 조례에 위임하였으나 현재는 각종 법률로 규정하여 그 위상을 강화하였다. 즉, 초 · 중등교육법(법률 제5438호 1997. 12. 13) 및 동법시행령(대통령령 제15664호, 1998. 2. 24)의 제정으로 학교운영위원회 심의의 폭이 확대되었다.

학교운영위원회와 관련된 법적 근거는 다음과 같다. i) 초 · 중등교육법에서 초 · 중 · 고등학교 및 특수학교에 학교운영위원회 설치(제31조), 학교운영위원회의 기능 및 심의사항(제32조), 그리고 학교발전기금 조성(제33조) 등에 관한 사항을 규정하고 있다. ii) 초 · 중등교육법시행령에서는 학교운영위원회의 구성원칙(제58조), 위원의 선출방법(제59조), 운영위원회 심의(제60조), 시정명령(제61조), 조례 등에의 위임(제62조), 사립학교운영위원회(제63조), 학교발전기금 조성방법 및 사용범위(제64조) 등에 관한 사항을 규정하고 있다. iii) 각 시 · 도 학교운영위원회 설치 운영에 관한 조례에는 소규모 학교 학교운영위원회의 설치 여부, 병설학교 학교운영위원회 분리 및 통합 운영 여부, 운영위원회 심의사항, 위원의 임기, 학교운영위원회의 운영방법 등에 관한 사항이 규정되어 있다. iv) 각 학교의 학교운영위원회 규정에는 위원의 수, 자생조직과의 관계, 소위원회의 운영방법 및 절차, 기타 학교운영위원회의 구성 및 운영에 필요한 사항 등이 규정되어 있다.

이렇듯 학교운영위원회의 구성 · 운영에 관한 사항을 규정하고 있던 지방교육자치에 관한 법률 시행령은 학교의 장이 학교운영위원회의 심의를 거친 사항을 시행하기 곤란할 때 재심의를 요구할 수 있도록 규정함으로써 학교운영위원회의 성격에 대한 쟁점의 여지를 갖고 있었다. 그러나 개정된 초 · 중등교육법시행령 제60조 제1항 “국 · 공립학교의 장은 운영위원회의 심의결과를 최대한 존중해야 하며, 그 심의 결과와 다르게 시행하고자 하는 경우에는 이를 운영위원회와 관할청에 서면으로 보고하여야 한다.”라는 규정에 따라 학교운영위원회가 심의기구임을 분명히 밝히고 있다. 그리고 초 · 중등교육법시행령 제60조 제3항 “국 · 공립학교의 장은 제2항의 규정에 의하여 운영위원회의 심의를 거치지 아니하고 시행한 때에는 관련사항과 그 사유를 지체 없이 운영위원회와 관할청에 서면으로 보고하여야 한다.”라는 조항에 의거, 학교장은 가능한 한 학교운영위원회의 심의 및 절차를 거치도록 하였다.

2. 학교운영위원회의 구성

학교운영의 자율성을 높이고 지역의 실정과 특성에 맞는 다양한 교육을 창의적으로 실시할 수 있도록 하기 위하여 국 · 공립 및 사립의 초등학교 · 중학교 · 고등학교 · 특수학교에 학교운영위원회를 구성 · 운영하여야 한다(초 · 중등교육법 제31조 제1항, 개정 1999. 8. 31). 이에 따라 국립학교에 두는 학교운영위원회의 구성 · 운영에 관하여 필요한 사항은 대통령령으로 정하고, 공립학교에 두는 학교운영위원회의 구성 · 운영에 관하여 필요한 사항은 대통령령이 정하는 범위 안에서 시 · 도의 조례로 정한다(동법 제34호 제1항). 2000년부터 사립의 초등학교 · 중학교 · 고등학교 및 특수학교에도 학교운영위원회 설치가 의무화되었으며(제31조), 사립학교에 설치되는 학교운영위원회는 교육과정의 운영방법, 교과용 도서선정, 학교급식 등 학교운영 전반에 대한 자문기구이다. 다만 학교 발전기금의 조성 및 운영에 관한 사항은 심의 · 의결할 수 있도록 하였다. 이렇듯 국 · 공립학교에 설치된 학교운영위원회는 심의기구이나 사립학교에 설치되는 학교운영위원회는 자문기구로 규정하고 있다.

한편 학교운영위원회는 소위원회 및 산하단체를 둘 수 있다. 소위원회란 안건에 대한 사전조사, 자료수집 및 검토 등을 통하여 운영위원회 안건 심사의 전문성과 효율성을 제고하기 위해 운영위원회 위원들로 구성된다. 소위원회 설치는 각 시 · 도의 조례 및 학교운영위원회 위원들로 구성된다. 소위원회는 심사 사항별로 예산 · 결산 소위원회, 방과 후 교육활동 소위원회 등과 같이 다양한 종류를 설치할 수 있다. 그리고 학부모 등으로 구성되는 학교 내의 각종 자생조직인 학부모회, 녹색어머니회, 후원회, 명예교사회 등을 산하단체로 둘 수 있다. 이러한 자생조직은 학교운영위원회와 유기적으로 협력하여야 하며, 그 대표자는 운영위원회의 허가를 얻어 운영위원회에 출석하여 발언할 수 있다.

학교운영위원회의 위원정수 및 구성에 대하여 살펴보기로 한다. 학교운영위원회는 당해 학교의 교원 대표, 학부모 대표, 지역사회 대표로 구성된다(제31조 제3항). 법 제31조의 규정에 의한 학교운영위원회 위원의 정수는 5인 이상 15인 이내의 범위에서 학교의 규모 등을 고려하여 대통령령으로 정한다. 그 구성비율은 학부모 40~50%, 교원 30~40%, 지역위원(당해 학교가 소재하는 지역을 생활 근거지로 하는 자 중에서 교육행정에 관한 업무를 수행하는 공무원, 사업가, 당해 학교를 졸업한 자, 기타 학교운영에 이바지하고자 하는 자) 10~30%로 한다. 그리고 국 · 공립 실업계 고등학교 운영위원회 위원의 구성비율은 학부모 위원 30~40%, 교원위원 20~30%, 지역위원 30~50%의 범위 안에서 정할 수 있다(동법시행령 제58조). 그러나 학생 수가 60명 미만인 학교에 두는 운영위원회의 위원 정수 및 위원의 구성비율은 시 · 도의 조례가 정하는 바에 의한다. 학교운영위원회의 위원 정수를 살펴보면 〈표 10-1〉과 같다.

이어서 학교운영위원회의 위원의 선출이다. 국 · 공립학교의 장은 운영위원회의

〈표 10-1〉 학교운영위원회의 위원 정수

학 생	학운위 정원	학부모위원	교원위원	지역위원
200명 미만	5~8명	2~4명	교사 1~2명/교장 1명	1명
200~1,000명	9~12명	4~6명	교사 1~2명/교장 1명	1~3명
1,000 이상	13~15명	6~7명	교사 3~5명/교장 1명	2~4명

*자료: 초 · 중등교육법 제58조.

당연직 교원위원이 된다. 학부모위원은 민주적 대의절차에 따라 학부모 가운데 선출한다. 학부모 위원의 선출은 직접투표, 서신 또는 우편투표, 직접투표 · 서신 · 우편투표의 병행투표, 대의원에 의한 투표 등 위원을 선출하는 방법에는 네 가지가 있다. 이 중에서 학교 사정에 따라 적합한 방법을 선택하여 활용할 수 있다. 당연직 교원위원을 제외한 교원위원은 교원 중에서 선출하되, 교원전체회의에서 무기명 투표로 선출하며, 지역위원은 학부모위원 또는 교원위원의 추천을 받아 학부모위원 및 교원위원이 무기명 투표로 선출한다. 그리고 운영위원회에는 위원장 및 부위원장 각 1인을 두되, 교원위원이 아닌 위원 중에서 무기명 투표로 선출한다(제59조). 위원장은 운영위원회의 대표이자 의사정리 및 질서유지 책임자로서 임기는 각 시 · 도의 조례로 정한다. 위원장은 정기회 · 임시회 소집 공고, 의사결정의 작성 · 변경, 의안의 담당소위원회 심의회부, 집행부서로 심의 안 이송, 건의사항 처리결과 통보 등의 권한을 갖는다. 부위원장은 위원장의 유고시 직무를 대행하는 위원장의 직무대리자이다.

3. 학교운영위원회의 기능

초 · 중등교육법 제32조에 의거 국 · 공립의 초등학교 · 중학교 · 고등학교 및 특수학교에 두는 학교운영위원회는 다음과 같은 기능이 있다.

첫째, 교육위원 및 교육감 선출이다. 학교운영위원은 학교가 소속된 지역의 교육위원과 교육감을 선출한다.

둘째, 학교운영위원회에서는 학교운영과 관련된 주요 사항을 심의하는데 그 안건은 다음과 같다. ① 학교헌장 · 학칙 및 규정의 제정 또는 개정에 관한 사항, ② 학교의 예산안 및 결산에 관한 사항, ③ 학교 교육과정의 운영방법에 관한 사항, ④ 교과용도서 및 교육자료의 선정에 관한 사항, ⑤ 정규 학습시간 종료 후 또는 방학기간 중의 교육활동 및 수련활동에 관한 사항, ⑥ 초빙교원의 추천에 관한 사항, ⑦ 학교운영지원비와 학교발전기금 조성 · 운용 및 사용에 관한 사항, ⑧ 학교급식에 관한 사항, ⑨ 대학입학 특별 전형 중 학교장 추천에 관한 사항, ⑩ 학교운동부의 구성 · 운영에 관한 사항, ⑪ 학교운영에 대한 제안 및 건의사항, ⑫ 기타 대통령령, 특별시 · 광역시 또는 도의 조례로 정하는 사항 등이 있다(초 · 중등교육법 제32조).

셋째, 기타 심의사항의 예시는 다음과 같다. 학교운영위원회의 심의가 필요한 기타 제안사항은 학교급별, 지역별로 다양하지만 일반적으로 다음의 사항들을 예로 들 수 있다. ① 학부모들의 공과금 납부의 편리를 위한 자동이체의 방법인 school banking 문제, ② 특기 · 적성 교육 실시에 따른 부담금의 결정, ③ 학생들의 학교에서의 청소 부담을 덜기 위한 청소 용역 의뢰, ④ 지역의 노인정, 고아원, 재활원과의 자매결연을 통한 봉사활동 운영, ⑤ 학교 주변 폭력 방지를 위한 순회지도, ⑥ 각종 대외 장학금 유치, ⑦ 국제화를 위한 외국학교와의 자매결연, ⑧ 지역의 기업체와의 자매결연, 지역사회 교육에 대한 사항과 학부모 및 일반인을 대상으로 한 평생교육 프로그램의 설치 및 운영 등이 있다.

넷째, 심의 내용 처리이다. ① 학교장의 심의 사항 시행은 심의 후 하되, 긴급사항은 시행 후 위원회에 통지한다. ② 학교장은 심의된 사항 중 시행함에 현저히 곤란한 사유가 있는 경우 통보받는 날로부터 7일 이내에 그 사유를 첨부하여 재심을 요구한다. ③ 학교장은 운영위원회 심의결과를 최대한 존중해야 하며, 다르게 시행하고자 할 경우 이를 운영위원회와 관할청에 서면으로 보고하여야 한다. ④ 학교장은 운영위원회의 심의를 거치는 경우 교육활동 및 학교운영에 중대한 차질이 발생할 우려가 있을 경우, 법 32조 각호의 사항에 대해 운영위원회 심의를 거치지 아니하고 이를 시행할 수 있으며, 이때 그 사유를 지체없이 운영위원회와 관할청에 서면으로 보고해야 한다.

다섯째, 건의 사항의 처리는 다음과 같다. ① 위원장은 건의서 접수 시 이를 운영위원회에 회부하여 심사한다. ② 위원회 요구 시 건의를 소개한 위원이 건의 취지를 설명한다. ③ 심의 채택한 건의 중 학교장의 권한에 관한 사항은 의견서를 첨부하여 학교장에게 이송하며, 학교장은 그 처리 결과를 위원회에 보고한다. ④ 위원장은 건의인에게 처리 결과를 통지한다.

4. 학교운영위원회의 자세와 의무

학교운영위원은 운영위원회를 통하여 학교의 운영에 참여할 권리가 있다. 하지만 학교운영위원회의 참여는 개인적 지위에서가 아니라 각 분야의 대표라는 공적 지위에 근거한 것이므로 반드시 학교운영위원회를 통하여 이루어져야 한다는 점에 유의하여야 한다.

여기서는 학교운영위원회의 자세와 의무에 대해서 살펴보기로 한다(서정화 외, 2002).

첫째, 학교장의 학교경영에 대한 적극적인 동반자이다. 운영위원은 학교발전을 위하여 학교장에 대한 동반자 의식을 갖추어야 한다. 운영위원은 학교장이 학교발전을 위한 학교운영과 관련한 어려움을 학부모, 교직원, 지역사회와 함께 해결하는 데에 실질적인 역할을 할 수 있도록 뒷받침해 주는 역할을 수행하도록 한다.

둘째, 학교교육에 대한 애정과 이해 그리고 적극적인 참여 자세이다. 운영위원의 일원으로 참여하는 데에는 무엇보다도 자발적이고 적극적인 자세가 중요하다. 운영위원은 학교교육에 대한 애정과 올바른 이해를 가져야 하며, 내 자녀를 위한 이기적인 동기가 아니라 우리 모두의 자녀를 위한 공동체 의식에서 우러나는 관심을 가져야 한다.

셋째, 학교발전을 위해 봉사하는 자세이다. 학교운영위원회는 영리를 목적으로 하는 조직이 아니다. 따라서 운영위원은 학교와 영리를 목적으로 하는 거래를 하거나 그 지위를 남용하여 재산상의 권리 또는 이익을 얻거나 알선해서는 안 된다.

넷째, 위원의 의무이다. 위원은 무보수 봉사직으로 수당을 받지 않는다. 연수 시 교통비 지급, 회의 및 간담회 경비 등은 학교운영지원비 회계에서 책정, 지급할 수 있다. 위원 가운데 학부모위원에게는 중 · 고 · 특수학교의 경우 일반 학부모가 부담하는 학교운영지원비 외에는 일체의 비용을 부담지어서는 안 된다.

다섯째, 운영위원이 하지 말아야 할 사항은 다음과 같다. 학교운영위원회는 어떠한 특정 집단의 이익이나 이해관계에 의해 운영되는 기구가 아니라 우리 주변의 학교를 지역사회의 한 공동체로 발전시키고, 내 자녀만이 아닌 우리 모두의 자녀교육을 위한 기구이다. 따라서 학교운영위원은 특정 집단 또는 개인의 이익이나 이해관계에 관여할 수 없다. 아울러 학교운영위원회 위원은 국가공무원법 제33조의 공무원 결석사유에 해당되지 아니하여야 하고, 정당의 당원이 아니어야 하며 또한 다른 학교의 운영위원을 겸할 수 없다.

여섯째, 민주적인 토론문화에 의한 회의 진행이다. 학교운영위원회 운영결과 민주적인 토론문화에 의한 회의진행 자세가 미흡하므로 운영위원은 민주적인 회의진행 요령을 숙지할 필요가 있다. 그리고 회의 발언 시 일방적인 의견보다는 소수의 의견이 발표될 수 있도록 회의 분위기를 조성해야 한다.

5. 학교운영위원회 정착을 위한 과제와 전망

학부모들이 학교운영위원회를 통하여 교육활동에 참여할 수 있게 되어 수요자 중심의 교육이 강화되고 열린 학교운영을 하게 되었다. 교복의 색상, 디자인, 가격 등에 대한 결정과정 등 제반 교육활동의 민주적 의사결정과정에 대하여 학생, 학부모들은 대체로 만족하고 있으며, 이를 통하여 학교에 대한 학부모의 신뢰감을 높이는 계기가 되었다.

이에 비해 학교운영위원회의 문제점은 다음과 같다. 학교운영 활동에 대한 교사, 학부모들의 능동적 · 자발적인 참여 및 의사 개진이 미진한 편이었다. 그리고 학부모 위원들이 학교행정, 교육과정, 학사일정 등에 대한 기본적인 이해가 부족하여, 심의 안건에 따라서는 심의에 많은 시간을 필요로 하거나 심도 있는 심의가 이루어지지 못했다. 또한 학교운영과 관련된 학부모들의 다양한 의견을 지나치게 수렴하다 보면, 창의적이고 전문적인 교육활동이 위축될 우려가 있다(서정화 외, 2002).

이 같은 학교운영위원회의 운영 결과 나타난 문제점들을 해결하기 위한 방안을 제시하면 다음과 같다. i) 학교에서 발의된 의견뿐만 아니라 학교소식지를 통해 학부모들의 다양한 의견을 수렴하여 학교 발전에 이바지하도록 한다. ii) 모든 위원들이 모여서 전체가 협의하는 형태 외에 다양한 형태의 소위원회를 두어 업무를 신속하고 효과적으로 처리할 수 있도록 한다. iii) 학부모위원들에게 학교운영과 관련한 업무를 분담시키면 운영위원회가 학부모들에게 뿌리를 내릴 수 있으며, 담당교사들의 업무도 경감될 수 있다. 참고로 학부모들이 맡을 수 있는 업무는 학부모회가 열릴 때 운영위원회의 회의 내용을 학부모들에게 알리는 소식지 작성 및 배부, 학부모위원들에게 협의 안건 및 회의 일정 알리기 등을 들 수 있다. iv) 학교 각종 현안 문제에 대하여 회의를 개최하기 전에 세부내용을 학부모위원들에게 미리 알려서 시간을 두고 충분히 생각하여 좋은 문제 해결 방안이 나올 수 있도록 한다. v) 학부모위원들의 전문성을 강화하기 위하여 각종 학교운영위원회 관련 연수를 받을 수 있도록 권장하고, 관련 자료집 등을 충분히 접할 수 있도록 한다.

제2절 직원회와 기획위원회

직원회란 교장의 자문기관 또는 보조기관이지 의결기관은 아니다. 학교운영의 책임자인 교장은 학교경영의 방침을 결정하며, 교육목표를 설정하고 기타 중요사항을 결정함에 있어서 교직원의 통합된 의견에 따라 민주적으로 운영하기 위해 설치한 것이다. 학교경영의 원활화를 도모하기 위해 관례적으로 설치한 것으로 교육 법규상 반드시 설치해야 할 규정은 없다. 직원회를 통해 교직원은 학교경영에 참여하는 기회를 갖고 진지한 의견을 진술하고 토론을 거치는 집단과정을 통해 중지를 모아 민주적 학교경영을 실현하는 것이다. 직원회의 성격은 교장의 자문기관 및 보조기관이므로 교장이 직원회의 결정이 부당하다거나 법에 저촉된다면 이를 거부할 수가 있다. 그렇다고 직원회의 결정을 무시한 독선적 운영은 잘못이다. 일단 직원회의 심의를 거쳐 의결된 것은 교장의 권한의 일부를 직원들에게 위임한 것이고, 따라서 의사결정권도 배분한 것으로 보아 교장은 이에 충실히 따라야 할 것이다.

직원회의 소집 · 주재 · 최종 결정권은 교장의 권한이므로 직원회에 앞서 교장은 자기 전결사항과 자문을 받을 사항을 사전에 뷰명히 하여 주지시킬 필요가 있다. 학교의 교육목표와 방침, 교육과정의 운영, 아동 · 학생의 진급과 징계 또는 생활지도 방침, 교직원 연수, 학교행사, 기타 학교 교육의 주요 사항에 관한 합의기관으로서 직원회의는 학교에서 가장 중요하고 최고의 기관이기 때문에 비록 의결기관은 아니라 하더라도 교직원은 직원회에 적극 참여하여 의견을 표명하는 것을 교원의 권리와 의무라고 생각해야 한다.

이상에서 직원의 성격을 살펴보았다. 직원회의 기능은 다음과 같다. i) 필요사항의 조정이다. 통일적이고 일관성 있는 교육을 하기 위하여 생활지도나 예절교육 등 학교 전반에 걸친 공통적 사항에 대한 상이한 의견을 수렴하고 조정 및 통합한다. ii) 상부의 지시나 유관기관의 협조사항 또는 교장의 입장 전달이다. 교육인적자원부 · 교육감 · 교육장 등 상급기관으로부터의 지시나 명령, 기타 일반 행정기관이나 교직단체, 지역사회로부터의 협조사항 등을 교장이 중간적 입장에서 전달하고 교장으로서 필요한 지시 · 명령을 전달하기도 한다. iii) 정보의 교환이다. 학생의 일상생활, 학부형의 요망사항이나 의견, 특별활동, 다른 학교의 상황 등에 관한 정보를 교환하는 데

직원회는 좋은 기회가 된다. iv) 연락 및 보고이다. 교육과정이나 학교행사의 구체적인 실천방법을 연락하든가 타교 참관이나 각종 연구회나 교장 · 교감회의의 보고, 학교운영위원회의 심의사항의 보고 등 학교운영에 필요한 사항을 전체 직원에게 연락하고 보고한다. v) 문제의 해결이다. 학교의 사무처리나 학교운영, 기타 교육상의 문제가 발생했을 경우 이를 직원회에 상정하여 결정함으로써 교원의 사기를 돕고 학교경영의 민주화를 기한다. vi) 장학 또는 현직연수이다. 교원이 현직에서의 계속적인 연수와 전문적 성장을 위해 새로운 수업기술과 이론, 학습 환경의 개선 등을 직원회를 통하여 습득함으로써 교원의 자아혁신과 학교교육의 목표달성도를 높일 수 있다. vii) 팀워크의 형성이다. 경력교사와 신입교사 간의 오리엔테이션, 남녀 교사 간, 학교관리자와 교사 간의 이해를 증진시키고 친목을 도모함으로써 학교에 대한 일체감이나 집단사기를 앙양하고 팀워크를 다지는 것도 직원회의 기능이다. viii) 그리고 일상적인 학교운영이나 교육활동 등 학교운영 전반에 대한 전체 직원의 협의를 필요로 하는 사항은 직원회에서 논의한다.

이에 반해 기획위원회는 학교운영의 기본적인 주요 사항에 대한 사전 협의와 연구, 직원회의에서 논의할 사항의 사전입안, 학교교육의 전반적 계획의 수립 등의 기능을 수행하는 교장의 자문기구이다. 기획위원회는 흔히 간부회의라고 통칭되듯이 교장 · 교감과 부장교사들로 구성되는 것이 일반적이다. 직원회는 전체 직원으로 구성되는 것이기 때문에 제한된 시간 내에 충분한 토의와 결론이 어렵다. 그리하여 학교운영의 기본적 사항을 사전에 조사 · 연구 · 계획하여 직원회에 회부하고 직원회에서 결론 없이 논의된 사항을 위임받아 사후에 결정하는데 교무분장 상의 각 부서를 대표하는 실무 책임자이며 학교의 중간 관리층인 부장교사들을 주축으로 구성된 기획위원회의 기능은 매우 중요하다.

제3절 학부모회

학교 단위에서의 학부모회는 전체 학부모회, 학년별 학부모회, 학급별 학부모회로 나누어 조직될 수 있다. 하지만 전체 학부모회는 실제적으로 전체가 모임을 갖기가 어렵기 때문에 사실상 임원 중심으로 형식적으로 조직될 가능성이 높다. 따라서 실제적이고 현실적인 방안으로는 학년별 학부모회나 학급별 학부모회를 조직해 활동하는 것이 바람직하다. 특히 학급별 학부모회는 자녀의 학업 문제나 생활지도에 관해 담임교사와 직접적으로 대화하고 상담할 수 있기 때문에 앞으로 더욱 활성화될 필요가 있다.

첫째, 학부모회의 역할은 교육의 여러 현안 문제해결을 위해 학부모가 교육의 주체로서 추진해 나갈 수 있도록 하는 것이다. 또한 학부모 자신의 기본적인 자질과 자세를 정립할 수 있도록 도와주는 것이다. 이러한 측면에서 학부모회가 수행해야 할 역할은 다음과 같다.

ⅰ) 학부모회는 앞으로 정부가 펼쳐 나갈 교육개혁의 방향을 감시하고 비판 및 협력할 수 있는 기능을 수행해야 한다. 이를 위해서는 교육문제에 대한 학부모들의 연구가 필요하다. ⅱ) 학부모회는 보다 다양한 단체와 네트워크를 형성하며 교육개혁의 과제를 수행할 수 있어야 한다. ⅲ) 학부모회는 학부모들이 학교운영에 대하여 적극적인 관심을 갖고 참여하려는 의욕을 가지도록 노력해야 한다. 즉 학교 교육활동에 적극적으로 참여하고 도움을 줄 수 있도록 해야 한다. ⅳ) 지역사회의 교육환경 개선에 관심을 가져야 한다. 예를 들어 청소년 유해업소, 등하교 시 안전문제, 자연환경의 훼손 문제 등의 문제해결을 위해 노력해야 한다. ⅴ) 학부모 활동을 조직적이고 효과적으로 할 수 있도록 학부모 교육에 관심을 가져야 한다.

둘째, 학부모회의 조직이다. 학부모회는 대부분 학년 초에 조직되는 것이 일반적이다. 앞에서 언급한 것처럼 전체 학부모회, 학년별 학부모회, 학급별 학부모회를 조직한다. 먼저 학년 초에 학년별로 학부모회를 갖고 여기서 학부모회를 이끌어갈 임원을 선출하는 것이 바람직하다. 아울러 학교에서도 학부모회와의 긴밀한 의사소통을 위해 담당교사 1명을 두는 것이 바람직하다. 담당교사는 학년별로 경험이 많은 중견교사가 맡는 것이 효율적이다.

셋째, 학부모회의 운영이다. 학부모회는 학교 교육 계획에 의한 공식적 모임과 자체 모임을 가질 수 있다. 학교에서는 학부모의 날, 주간 등을 설정하여 학부모들이 학교 교육활동을 직접 볼 수 있도록 배려하는 것이 필요하며, 기타 학교 교육활동을 도울 수 있는 방안을 수립해야 한다. 또한 학부모 프로그램을 마련하여 학부모들의 자질향상을 위해 도움을 줄 수 있도록 노력할 필요가 있다. 또한 학년별 학부모회는 자체로 모임을 갖고 자녀들의 문제나 학교 교육활동에 대한 폭넓은 의견 교환과 여론수렴활동을 위해 노력할 필요가 있으며, 학급별 학부모회는 담임교사와 정례적으로 모임을 갖는 것이 바람직하나, 아직 우리의 교육현실에서는 이러한 시도가 많지 않은 것이 사실이다.

넷째, 학부모의 날 운영 실천사례는 다음과 같다. 학부모의 날 운영 실천 사례를 제시하면 〈표 10-2〉와 같다.

〈표 10-2〉 학부모의 날 운영 실천사례

학부모의 날 운영사례

경기도 남양주시 K중학교

Ⅰ. 일시: 3학년; 2005. 6. 17(금), 2학년; 6. 20(월), 1학년; 6. 21(화)
Ⅱ. 장소: 학교 시청각실 및 각 교실
Ⅲ. 대상: 전교생 희망 학부모
Ⅳ. 운영 배경 및 목적
학부모의 학교 교육에 대한 관심 유도와 참여 기회 확대를 통하여 교사와의 유대를 공고히 하고 학교의 교육활동에 대한 이해도를 높이며, 아울러 학교 토론문화의 형성과 학생의 학업성취에 대한 의욕을 고취시킨다.

Ⅴ. 운영 방법 및 내용

1. 방침
학년별로 학부모의 날을 설정하여 오후 수업을 공개하며, 학년별 학부모 회의를 개최하여 학교 교육활동 전반에 대한 안내를 실시하고, 학급별로 담임교사와 상담을 실시한다.
2. 일정
3학년; 2005. 6. 17(금), 2학년; 6. 20(월), 1학년; 6. 21(화)
3. 준비물
각 학년별 학부모회의 자료, 담임 상담자료.
4. 세부 추진계획
가. 수업공개
(1) 일시: 2005. 6. 17(금), 2학년; 6. 20(월), 1학년; 6. 21(화)
(2) 수업 공개 시간: 5, 6교시
(3) 수업 공개방법: 정규 시간표에 의해 각 수업 담당교사는 수업을 진행하고, 학부모는 자유롭게 수업을 참관한다.
나. 학년별 학부모회
(1) 일시: 2005. 6. 17(금), 2학년; 6. 20(월), 1학년; 6. 21(화)
(2) 장소: 학교 시청각실(5층)
(3) 회의 순서
① 개회사, ② 학교장 인사, ③ 학부모회의 자료 설명: 학년부장, ④ 질의 및 응답

학부모의 날 운영사례

(4) 학부모회의 자료내용

① 정규수업의 운영, ② 방과 후 교과활동 운영, ③ 학업성취도의 평가, ④ 진로상담활동, ⑤ 생활지도, ⑥ 가정학습지도, ⑦ 특기 및 적성 교육, ⑧ 자기주도 학습, ⑨ 2005학년도 주요 학사일정

다. 학급별 학부모회의

(1) 장소: 각 교실

(2) 회의내용: 학급담임의 학급운영 방침 설명 및 학부모와의 상담

Ⅵ. 운영성과

1. **기대효과**: 학부모 수업참관으로 교사와 학부모, 학생간의 유대가 돈독해짐/학부모회의를 통해 학교교육 활동에 대한 이해가 증진되고 학교에 대한 신뢰감이 확립됨/ 학급회의를 통해 담임교사의 유대감이 형성되고, 학생에 대한 보다 폭넓은 이해와 공감대가 형성됨.
2. **유의점**: 수업 공개에 보다 많은 학부모가 참여할 수 있는 방안이 탐색될 필요가 있음/ 학부모의 날외에 담임 상담의 날을 운영할 필요가 있음.

다섯째, 지역사회 센터로서의 학교 역할 제고를 위한 프로그램 운영이다. 학부모회는 지역사회 센터로서의 학교 역할 제고를 위한 프로그램에 참여하는 방안을 강구해 볼 필요가 있다. 이러한 프로그램에는 다음과 같은 것들이 있다. ① 각종 교육프로그램이다. 신입생 학부모 강좌, 주부대학, 교양강좌, 아버지 교실, 어학교실, 컴퓨터 교실 등이 있다. ② 지역사회 봉사프로그램이다. 마을 청소, 지역사회 시설방문, 결식아동 돌보기, 급식실 봉사, 이발 봉사, 도서관 운영, 보람교사 및 명예교사제 운영, 학교 시설 지원 등이 있다. ③ 취미 및 여가 선용 프로그램이다. 각종 공예 등 부업 장려 교실, 사진, 꽃꽂이, 합창, 서예, 지점토, 바둑, 분재, 탈춤, 탁구, 아트 플라워, 풍란탐구반 등 여가 선용프로그램 등이 있다. ④ 공동체 형성 및 기금 마련 프로그램이다. 가족 운동회, 작품 전시회, 알뜰 구판장, 공동구매, 캠프, 주민잔치, 부부동반 모임 등이 있다.

여섯째, 학부모회의 운영에 있어서 발견되는 문제점은 다음과 같다(서정화 외, 2002). ① 학부모들의 학부모회에 대한 참여도가 낮다는 점이다. 대부분의 학부모회는 학급 임원 중심으로 소수만이 참여하고 있으며 대부분의 학부모들은 소외되어 있다. ② 학부모회의 활동 내용이 빈약하다는 점이다. 이는 학부모회의 역할이 학교 교육을 위한 재정적 지원에만 주로 머물러 있기 때문이라고 여겨진다. ③ 학부모회의 활성화를 위한 학교의 지원활동과 교육프로그램이 부족하다는 점이다. 대부분 학교

가 1년에 한두 번 전체 학부모회를 개최하는 정도이고 주로 학생들의 학업성취에 관한 내용으로 교사와의 대화가 이루어지고 있는 실정이다. ④ 학급별 학부모회의 운영이 활발하지 못하다는 점이다. 학급별 학부모회는 학부모들의 참여도를 높일 수 있고, 자녀의 학습지도나 생활지도를 위해 실제적으로 유용한 모임이라고 볼 수 있는데 잘 이루어지지 않고 있다.

일곱째, 이러한 문제점을 중심으로 학부모회의 활성화를 위한 몇 가지 방안을 제시하면 다음과 같다. ① 학교와 교사들 입장에서 학부모들을 교육의 파트너로서 인정하려는 자세가 요구된다. 학부모는 더 이상 학교의 재정적 후원자로서만의 역할에 만족하지 않고 교육의 동반자로서 참여하기를 원한다. 따라서 교사와 학부모가 서로에게 도움이 되고 결국 상호 간의 협력에 의해 학교교육 발전이 촉진될 수 있다는 인식의 공유가 필요하다. ② 학부모를 위한 교육프로그램의 개발과 실행이 필요하다. 앞서 살펴보았듯이 학교는 학부모를 위한 여러 가지 교육프로그램을 제공할 수 있다. 이러한 프로그램을 통하여 학부모들의 자질향상을 기할 수 있고, 학교 교육활동에 대한 참여를 높일 수 있다. ③ 학교와 별도로 학부모회가 활성화될 수 있도록 학부모들 자신들이 여러 가지로 노력하는 자세가 필요하다. 다시 말하면, 학부모회의 역할에 대한 인식의 전환이 선행되어야 하고, 아울러 교육 문제에 대한 관심과 문제의식을 가질 수 있도록 부단히 노력하는 자세가 필요하다. ④ 학부모회의 운영 성공사례를 발굴하여 널리 홍보하는 곳이 필요하다. 학부모회 성공 전략, 사례, 성공 요인, 프로그램 등을 널리 알리는 것이 필요하다. ⑤ 현실적으로는 학교장의 지원과 지도성이 중요하다. 학교장의 학부모회에 대한 인식의 전환이 필요하고 이를 활성화할 수 있는 전략을 수립하고 실행할 수 있는 의지와 지원이 필요하다.

제4절 교원단체활동 관리

학교장은 교원들의 교원단체에 대하여 그 조직과 성격 및 운영에 대하여 상세히 알고 있어야 한다. 교원단체는 그 설립과 활동에 대하여 법률로서 보장을 받고 있기 때문에 당해 학교의 교원들이 자유롭게 교원단체에 가입하고 있으며 그 단체를 통하여 많은 이익과 편의를 제공받고 있다.

결국 학교장은 다양한 교원단체들의 성격과 운영에 따라 적절한 지원과 대응을 해 나가야 할 것이며, 어떤 단체이든 학생교육에 도움이 되도록 운영 및 지도해야 할 것이다.

본 절에서는 교원단체의 필요성, 교원단체의 역할과 기능, 교원단체의 종류 등에 대해서 고찰하기로 한다.

1. 교원단체의 필요성

교직을 전문직으로 하는 교원들은 교원단체를 조직하여 그들의 공동 목표를 추구하고자 한다. 즉 한 개인의 힘으로 달성하기 어려운 목표를 조직과 집단의 힘으로 성취하고자 하는 것이다. 교원들이 교원단체를 조직하는 목적은 ⅰ) 교육전문가로서의 자질과 능력을 향상하고 전문성을 신장시키고자 하는 것이다. ⅱ) 교원의 사회 · 경제적 지위의 향상과 복지증진을 위하여 단결하려는 것으로서 교원입장에서 보면 이것이 단체결성의 가장 중요한 목적이라고 할 수 있다. ⅲ) 교원의 주된 관심과 활동영역인 교육의 발전과 쇄신을 위한 교육정책에 참여하기 위하여 교원단체를 조직하고, 교원들의 대변단체로서 활용하고자 하는 데 있다(한국교원단체총연합회, 1991).

오늘날 교원단체의 존재가치 및 이유는 보는 각도에 따라 다소 차이가 날 수 있으나, 다음 3가지 관점에서 설명할 수 있다. ⅰ) 교직에 있어서 전문성 신장의 불가피성에서 비롯된다. 교원들이 고도의 전문적 이론과 기능, 정보와 지혜를 공유하고 교류함으로써 교육의 질을 높일 수 있다. ⅱ) 교원단체는 교육권의 보장을 위해서 없어서는 안 되는 조직이다. 헌법과 교육관계법에 명문화되어 있다 하더라도 교육의 원칙적 기능은 현실적으로 정치적 · 행정적 또는 교육을 충분히 알지 못하는 일반 여론에 좌우될 여지가 있으므로 교육의 내용을 잘 아는 교원들이 자율단체를 구성하여 현장에서 이를 보호해야 하는 것이다. ⅲ) 교원단체의 결성은 교직의 전문직적 문화 창조의 불가피성에서 기인한다. 전문성 신장이나 교육권의 보장도 그 전제가 되는 동료애적 결속과 전문직적 문화를 기반으로 하는 자율조직의 발전이 없이는 그 달성이 불가능하다. 교원단체의 존재이유는 적어도 헌법에 규정되어 있는 근로 3권(단결권, 단체교섭권, 단체행동권)의 차원을 초월하는 것으로 고도의 공공성, 윤리성, 책무성을 수반하는 교육 입국적 차원의 사명 완수 정신에 일치하는 것이다(한국교원단체총연합회, 1994).

2. 교원단체의 역할과 기능

교원단체의 조직 목적과 성격에 따라 그 역할이 다소 다르지만 대체로 다음과 같은 일을 주로 하게 된다(기순신, 2002).

첫째, 조직의 유지관리 및 발전사업이다. 교원단체는 일종의 조직이다. 조직의 사업이 활성화되기 위해서는 조직의 유기적인 기능들이 잘 이루어져야 한다. 그래야 단체의 역할도 가능한 것인데, 단체의 기능과 역할이 확실할 때 사업으로 추진될 수 있다. 또한 조직구성원들의 역할도 조직과 개인의 기능수행 속에서 이루어질 수 있다. 그 동안 우리의 교원단체는 크게 다음과 같은 세 가지 기능을 추진해 오면서 그 역할과 사업이 이루어져 왔다고 할 수 있다. ⅰ) 회원조직 및 유지관리를 위한 일반적 기능이다. 회원모집과 회원조직 그리고 회원의 유지, 관리는 조직의 생명이다. 회원이 없는 조직이거나 회원은 있어도 유지, 관리가 힘든 조직은 생존할 가능성이 희박하다. 하나의 조직체라고 할 수 있는 교원단체도 생존할 가능성이 희박하다. 하나의 조직체라고 할 수 있는 교원단체도 생존, 유지, 발전되기 위해서는 회원의 구성 및 조직의 유지관리가 충실히 이루어져야 할 것이다. 그래야 조직의 유지관리사업이 시작될 수 있을 것이다. 그 동안 회원 배가 운동이나 각종 홍보 등을 통하여 회원확보에 주력해 왔으며, 어느 정도의 성과도 이루었다. 그러나 21세기에는 정치 · 정책적인 차원에서 교원정책이나 교육정책에 참여하는 일로서 회원을 조직하고 관리할 수 있는 영역은 급격하게 줄어들 것이며, 강력한 지도성도 한계를 갖게 될 것이다. 그보다는 회원 상호간의 의사소통과 정보교환이 순기능으로 작용할 수 있는 '네트워킹'(networking)을 잘 해줄 수 있는 새로운 방식의 회원관리 및 조직관리가 요청될 것이다. ⅱ) 단체조직의 홍보기능이다. 단체조직의 홍보를 위하여 교원단체는 그동안 홍보지, 정보지, 연구지, 뉴스레터 등을 정기적으로 발간하면서 많은 일을 해왔다. 이러한 홍보기능을 수행하는 것은 조직이 유지 및 관리되고 발전되는 데에 기여해 왔다. 앞으로도 이러한 일은 지속되어야 할 것이다. 그러나 지식 및 정보기반사회의 홍보사업은 개념과 내용 그리고 방법 측면에서 종전과 크게 달라져야 한다.

민주주의라는 차원에서 홍보란 대중과의 관계로서 일방적인 전달일 수는 없다. 즉 홍보란 정보유통의 과정에서 전달과 피드백이 중요한 것이다. 일방적으로 전달하는 기능에서 피드백될 수 있는 의사소통의 창구가 열릴 때 조직의 홍보기능은 그 빛을 발할 수 있을 것이다. 간단히 말하면, 정보의 전달과 함께 회원의 모니터링(monitering)과 토론의 광장 등을 통하여 모든 유통정보와 지식이 홍보의 수요자인 회원들에게서 피드백 되는 과정이 활짝 열려져야 할 것이다. iii) 국내외 유관기관 및 단체와의 교류기능이다. 교원단체는 그동안 국내에서는 교육인적자원부 및 광역 · 지역 교육청과의 연계를 맺는 일에 전력 질주해 왔다고 할 수 있으며, 국외적으로는 다양한 간행물 활동을 통하여 정보교환 및 정보유통 그리고 국제학술대회 또는 국제전문가대회의 유치 등 고유한 사업을 수행해 왔다고 할 수 있다. 특히 교원해외연수사업은 상당히 진전한 분야이기도 하다. 또한 유네스코의 교육문화사업과 연계를 확보하는 과정도 이에 포함될 수 있을 것이다. 그러나 이러한 사업은 교원단체 차원에서 볼 때 부차적인 일에 속한다.

21세기는 세계화 시대이며 교원단체도 세계화의 대열에서 낙오되지 않기 위해 보다 적극적으로 국제교류에 주력해야 할 것이다. 그러나 교사의 국제교류에는 막대한 예산이 소요되기 때문에, 인터넷 교육을 강화하여 교사들의 국제적인 정보교류를 활성화시키는 방안도 고려해 볼 수 있다.

둘째, 교원의 지위향상과 서비스 사업이다. 교원단체가 출범하면서 교원의 경제 · 사회적 지위향상과 권익보호 그리고 교원의 후생복지가 제고되어 왔다. 이른바 교권옹호는 소극적이었던 반면, 교권신장은 적극적이었다. 교원단체활동의 역사를 살펴보면 처음엔 교권옹호에 주력하다가 전교조의 활동이 가세되면서부터 교권신장이라는 사업영역으로 확장 및 통합되었다. 교원의 지위가 실추되면서 권위마저 실추되는 사태가 발생하였다. 이러한 위기감 때문에라도 교권이 회복되어야 할 것이다. 교사는 자라나는 청소년을 가장 선두에서 책임지는 사람이다. 이러한 사람들이 경제적으로 보장되지 못하고 사회적으로 낮은 지위에 머무르게 되는 것은 모순이다. 사회는 이들의 지위 향상을 위해 최선을 다해야 한다. 하지만 그러한 일에는 항상 실천상의 문제가 따른다. 이는 방법론적인 차이 때문이다. 방법의 다수성이 지배하는 시대에 교권의 옹호와 신장을 위해서는 다양한 접근방법을 시도해 나가야 할 것이다. 이를테면 사회적인 권위회복과 자기 스스로의 권위회복을 위한 자기개발의 가능성을 최적화할 수 있는 다양한 창구를 개방시켜야 할 것이다.

셋째, 전문성 제고 사업이다. 우리나라의 교원단체는 그 동안 교육연구 활동의 진작 및 교원연수 강화 등을 위해 상당한 성과를 거두었다고 할 수 있다. 그러나 이러한 사업이 전문가로서의 교사의 위치와 역할에 기여할 수 있는지에 대해 검토되어야 할 것이다. 21세기에는 교육전문가로서 교사집단이 활동할 수 있는 영역이 사업목표로 설정되어야 할 것이다. 교원단체는 교원의 전문성 신장을 위하여 i) 교원의 연구기능과 재교육 연수기능을 통합하는 교육 전문가 양성 체제의 하드웨어를 구축하고, ii) 실천적 프로그램을 공유하면서 교육현장에 활용할 수 있는 소프트웨어를 제공할 수 있어야 한다. 이를 위해서 교원단체는 교원들에게 세미나, 토론회, 공청회 등의 교육연구 및 활용을 대폭 개방해야 한다. 전문가 시대에는 전문가만이 살아남을 수 있다. 이제 학교의 교사도 학교교육의 전문가로서 군림하지 못하면 살아남기 힘들다. 물론 여기서 살아남는다는 말은 교육적 권위를 회복하는 길이며 전문가로서 살아남는 유일한 길이 된다. 특히 지식 및 정보기반사회에서 교사는 각종 정보매체를 활용하여 교수하는 전문가로서도 자리를 잡아야 할 것이다.

넷째, 교육정책개발 참여 사업이다. 교육정책의 영역은 우리의 교원단체가 그동안 가장 중요한 과제로 인식하고 활동하였던 부분이라고 할 수 있다. 그러한 연유로 성과도 쌓였다. 광복 후 교육정책의 황무지 상태에서 이에 적극적으로 참여하는 것은 당시로서는 가장 유용한 일이었으며, 또 그래야 했던 과업이라고 볼 수도 있다. 그러나 이러한 성과에도 불구하고 실질적으로 교원의 이익을 대변하지 못하고 교육인적자원부나 행정부의 요구대로 안건이 작성될 때는 회원으로부터 어용단체라는 손가락질을 받아온 것도 틀림없는 사실이다. 또한 정책적인 영역에 깊이 관여하게 되면서 정치 · 사회적 문제에 휩싸이기도 하였다. 지식 및 정보기반사회에로 진전되면서 교원단체 역시 소비자의 입장에서 정책을 개발하여야 할 것이다. 회원의 욕구와 필요가 반영되는 교육정책의 개발은 바로 교육권 사상과 학습권 사상이 합일되는 첩경이 될 것이므로 교원단체는 교육원을 포괄하는 교육소비자로서 그의 입장을 대변해야 할 것이며, 각 교원들은 자신의 역할이 한국의 교육발전에 지대한 영향을 미친다는 인식을 바탕으로 보다 적극적인 단체 활동에 참여할 수 있어야 할 것이다.

3. 교원단체의 종류

교원단체는 현재 교육기본법 제15조와 교원지위 향상을 위한 특별법에 따라 조직된 한국 교원단체연합회와 노사정 합의에 따라 1999년 1월 16일 국회 본회의 의결을 거쳐 공포된 교원의 노동조합 설립 및 운영 등에 관한 법률에 따라 조직된 교직원노동조합으로 크게 나눌 수 있다. 다만 과거의 교원지위향상을 위한 특별법에서는 교원의 단결을 위한 하나의 교원단체만을 인정했으나 교직원노동조합법은 복수노조결성을 허용하고 있으므로 앞으로도 여러 개의 노동조합이 생겨날 가능성이 있다.

따라서 여기서는 한국교원단체총연합회, 전국교직원노동조합, 한국교원노동조합 등에 대해서 고찰하기로 한다.

1) 한국교원단체총연합회(한국교총)

(1) 설립목적

한국교총은 교육기본법 제15조에 설립근거를 두고 교원 지위 향상을 위한 특별법에 의거하여 조직된 단체로서 교원의 처우를 증진하고 복지향상을 추구하며 전문직 종사 집단으로서 교원의 자질 향상과 전문직 이익단체 구실을 함으로써 교육의 진흥과 문화창달에 기여하고자 하는 것을 설립 목적으로 하고 있다.

(2) 역사와 조직

한국교총은 우리나라가 일제에서 광복된 후 극심한 혼란기인 1947년 11월 23일 교육계 대표들이 일제의 잔재를 일소하고 민주교육의 터전을 다진다는 일념으로 창립하여 오늘에 이르기까지 50년이 넘었다. 그동안 1950년 6 · 25 전쟁으로 인한 국가적 위기를 교육으로 극복해왔고, 1960년대의 교육자치제 부활과, 초 · 중등교원 단일호봉제 실현, 1970년대 교원승급기간 단축 반대, 1980년대 교육세 신설과 교육재정 확충, 그리고 1990년대의 교육부와 단체 교섭실시, 교육재정 GNP 5% 확보 추진, 특히 최근에는 교원의 정년을 60세로 단축하려는 정부의 방침에 강력 대처하여 62세로 조정하는 등 교원의 사회적 · 경제적 지위향상과 우리나라 교육발전에 큰 공헌을 하면서 성장해 왔다.

한국교총에서 제공받는 신규임용교원을 위한 교직생활 안내에 따르면 2005년 1월 현재 한국교총의 뿌리조직인 학교분회가 1만 1천여 개에 176개의 시 · 군 · 구 교원연합회와 16개 시 · 도 교원단체연합회로 조직되어 있다. 한편 25개의 전공별 연구단체(17개)와 직능단체(8개), 2004년 현재 92개의 교원동호회 조직을 한국교총이 행 · 재정적으로 지원하고 있다고 한다. 아울러 한국교총 회원이 된 교원은 학교급별과 직위에 따라 5개의 직능조직(초등교사회, 중등교사회, 초등교장(감)회, 대학교수회)에 자동적으로 가입된다.

(3) 교총의 이념과 활동

첫째, 한국교총의 이념은 다음과 같다. i) 교육의 수월성과 교직의 전문적 위상 확립을 추구하는 전문직주의이다. ii) 학교급별 · 직위별 · 설립별 구분 없이 40만 교육자가 함께 참여하는 조직의 통합주의 · 교육의 종속화 · 수단화를 경계하는 활동의 자주주의이다.

둘째, 한국교총의 주요활동은 다음과 같다. i) 전문성 신장이다. 교원들 자신의 자질 향상과 전문성 신장은 한국교총의 지속적인 관심사이었다. 한국교총 초창기의 우선 과제였으나 점차 처우개선이나 교권옹호에 더 큰 역점이 주어지게 된 사실은 부인하기 어려울 것 같다. 하지만 지금도 여전히 전문성 신장에 대하여 깊은 관심을 쏟고 있는 것이 사실이다. 일찍부터 교원의 현장연구대회는 교원단체의 지속적인 활동의 일부로 정착되었다. 전문별 연구단체에 대한 지원 육성도 교원의 전문성 신장을 위한 활동의 일환이라 할 수 있다. ii) 처우개선과 복지증진이다. 한국교총은 교원의 경제적 지위 향상에 지대한 관심을 가져 왔다. 하나의 이익단체, 압력단체로서 한국교총은 교원의 사회적 · 경제적 지위향상을 초대의 역점사업으로 간주하고 있다. 특히 최근에 이르러서는 회원의 관심과 소망이 집중되고 있으므로 그와 같은 기대에 부응할 필요도 있는 것이 사실이다. 다만 한국교총으로서는 단순히 집단 이기주의로 흐르거나 법적 제약을 넘어서 지나치게 과격한 방법에 호소하여 자기주장만을 내세울 수 없는 고충을 안고 있는 것이 사실이다. 아무튼 봉급표의 개선, 교직수당 등을 비롯한 각종 수당의 신설 및 개선 등 착실한 정책대안의 제시로 교원처우를 꾸준히 개선하는데 노력해 온 실적을 과소평가해서는 아니 될 것이다. 교원자녀들에 대한 학비감면의 확대, 한국교총장학회를 통한 회원자녀 장학금 지급 확대, 연구보조비에 대한 면세제도의 추진, 대학교원의 연구보조비 인상 등의 시책이 끊임없이 추진되고 있다. iii) 교권의 옹호와 확대이다. 교권의 옹호 확대와 신분피해 구제를 위해 계속적인 활동을 한다. 범사회적 교원 존중의 풍토조성, 예방교권활동, 침해된 교권의 회복 등 다각적인 활동을 전개하고 있는데, 구체적으로 교원이 교직 수행 중 겪을 수 있는 고충, 신분피해, 안전사고, 폭행피해, 명예훼손 등 여러 가지 유형의 교권 침해를 당하게 되면 한국교총은 신속한 현장조사 및 중재, 법률자문, 소송비 지원과 교원징계 지원을 하고 있다. iv) 교육정책에의 참여 확대이다. 교원단체의 교육정책에 대한 참여는 1950년대 이래 추진되어 왔다. 교육정책위원회가 설치 및 운영되었고, 중요 교육정책의 형성과정에서 교원단체가 직접 · 간접으로 상당한 역할을 수행해 왔던 것이 사실이다. 그러나 최근에 이르러 한국교총은 보다 적극적으로 그리고 합리적인 대안을 가지고 정책에의 참여를 활성화하고자 노력하고 있다. 사실 교원의 처우개선을 비롯하여 거의 모든 시책이 교육정책을 통해서 구체화되지 않고서는 그 실효성을 기대하기 어려운 점이 있기 때문이다. 1989년 이래 한국교총은 교육부와 시 · 도 교련을 해당 교육청과 정책협의회를 정례화하여 정부의 교육정책결정에 효과적으로 참여해 왔으며, 1991년 5월 제정된 교원 지위법에 의해 정부와 교섭 및 협의라는 보다 강화된 권한을 통해 결집된 정책대안을 실현시켜 나가고 있다. v) 회원의 협동과 단결력 강화이다. 교육기본법과 민법에 근거해 설립된 한국교총이 추진하고 있는 가장 기본적인 사업은 회원의 협동 · 단결을 강화하는 일이며 각종 상호 부조사업, 조직의 활성화와 응집력 강화사업 등을 다양하게 개발 및 추진하고 있다. 매년 전국학교 분회장이 참석하는 전국교육자대회를 개최하고 스승의 날을 맞아 교육공로자에 대한 표창행사를 갖는 것도 이들 사업 중 하나라고 볼 수 있다. vi) 국제 교원단체와의 협력 및 교류이다. 한국교총은 1993년에 창설되었고 세계 148개국 2,300만여 명의 회원을 가진 세계통합교원단체인 EI(Education International)에 창립단체로 가입하였다. 따라서 국제교원 단체 간의 폭넓고 활발한 교류를 통한 국제교육 및 문화의 이해 증진과 상호 협력을 강화해 나가고 있다. vii) 정기간행물의 발간 및 보급이다. 한국교총은 한국교육신문사를 설치 및 운영하면서 각종 정기간행물을 발간 보급하는 사업을 추진하고 있다. 이는 교원들과 학생들을 위한 것으로서 교원의 전문성 신장, 학습지도의 개선, 교육정보의 제공, 학생들의 학습습관의 형성 등 다양한 목표를 성취하는데 도움을 주고 있다. 한국교육신문은 매주 30만 부가 발간되어 전 회원에게 배포되고 있고, 새교육과 새교실, 교육연감 등은 주로 교육전문직과 교원들에 대한 정보와 자료를 제공하기 위한 것이다.

2) 전국교직원노동조합

교원노동조합은 교원노조법에 의해 설립된 단체이다. 교원노동조합 활동을 바르게 알려면 교원노조법을 알고 교원노조의 활동을 바르게 이해해야 한다.

(1) 교원노조법의 바른 이해

학교장은 교원노조법의 의의와 주요 내용을 확인하고 그에 따라 교원복지 및 학교운영의 적정화를 기해야 한다. 교원노조는 교원의 노동조합 설립 및 운영 등에 관한 법률에 따라 조직운영되는 것이므로 그 법률에서 보장되는 범위와 권리 등을 바르게 이해하고 교원활동과 학생교육에 도움이 되도록 해야 할 것이다.

첫째, 교원노조법의 제정의 절차는 다음과 같다. 1998년 1월 국민의 정부 출범 후 노동계, 사용자 측, 정부가 한자리에 모여 노동 현안에 대한 협의를 하기 위해 대통령 자문기구로 노사정위원회가 구성되고, 1998년 2월 6일 노사정위원회에서 교원의 노동조합 결성권을 보장하기로 합의된 후 여러 차례 모임이 진행된 후에 1998년 10월 31일 노사정위원회 본 회의에서 구체적 보장방안에 대한 합의점을 도출하였고, 1998년 11월 23일 정부는 노사정 합의에 따라 교원 노동조합 설립 및 운영 등에 관한 법률안을 국무회의에서 의결했으며, 1998년 12월 1일 정기국회에 제출하였다. 그리고 1999년 1월 16일 국회 본회의 의결을 거쳐 1999년 1월 29일 공포되었다.

둘째, 교원노조 법제화의 의의는 다음과 같다. 교원들이 자신의 권익신장을 위하여 합법적으로 활동할 수 있는 길이 확대됨으로써 교직사회에 새로운 활력을 불어 넣을 수 있는 길이 마련되었다. 또한 국제적으로 통용되는 노동기준에 관한 보편적 규범을 수용함으로써 국제사회에서 우리나라의 신임도를 높일 수 있는 계기가 마련되었다.

(2) 전교조의 현황

1989년 5월 28일 결성된 전교조는 1999년 7월 1일 이후 합법화되었다. 전교조의 설립목적, 사업, 구성 및 조합원 자격, 조직 및 기구에 대해서 알아보고자 한다.

첫째, 전교조의 설립목적은 다음과 같다. 본 조합은 선언 및 강령의 정신에 입각하여 교육노동자로서의 기본 권익을 적극 옹호하고 민주교육의 발전에 기여함을 목적으로 한다(전교조 규약 제3조).

둘째, 전교조의 사업이다. 본 조합은 그 목적을 달성하기 위해 다음 각 호의 사업을 전개한다. i) 근로 조건의 개선 및 조직 강화에 관한 사업, ii) 교육환경 및 교육제도의 개선을 위한 사업, iii) 교육의 민주화와 자주성 확립을 위한 사업, iv) 노동 3권의 완전보장 등 교육관계법의 개정을 통한 교직원의 민주적 제 권리 확보 사업, v) 민족, 민주, 인간화 교육을 위한 각종 연구 및 실천사업, vi) 산하 조직 및 조합원에 대한 교육, 교권옹호, 복지후생, 문화 및 선전홍보사업, vii) 노동운동단체와의 제휴 및 노동운동의 국제적 연대활동에 관한 사업, viii) 민족통일과 민주화를 촉진하기 위한 사업, ix) 기타 목적 달성에 필요한 사항(전교조 규약 제4조) 등이 있다.

셋째, 전교조의 구성 및 조합원의 자격이다. i) 본 조합원은 전국의 유치원, 초등학교, 중 · 고등학교, 대학교, 교육인적자원부 및 기타 교육기관에 종사하는 교직원으로 하되 사용자를 위해 일하는 자를 제외한다. ii) 교육인적자원부나 시 · 도 교육청, 재단의 부당한 처사에 의하여 해직(파면, 해임, 직권면직 등), 임용 제외된 교직원도 조합원이 될 수 있다(1989. 12. 10 개정, 1990. 8. 19 개정, 1992. 2. 24 개정). iii) 제1항과 제2항에 해당하지 아니하는 자로 조합에 임용되어 1년 이상 경과한 자는 조합원이 될 수 있다(1995. 2. 26 신설). iv) 조합에는 위 1항의 조합원 외에 준 조합원을 둘 수 있으며, 준조합원의 자격 및 권리와 의무는 준 조합원 규정에서 정한다(1989. 12. 10 신설)(전교조 규약 제5조).

넷째, 전교조의 조직 및 기구이다. 전교조는 16개 시도지부와 168개 급별 · 시 · 군 · 구 지회, 그리고 1,000여 개의 단위 학교별 분회로 구성되어 있다. 그리고 본 조합에는 총회, 대의원대회, 중앙위원회, 중앙집행위원회, 중앙상임집행위원회, 선거관리위원회, 상설위원회, 특별위원회가 있으며, 임원으로는 위원장, 부위원장단, 사무처장, 정책위원장, 편집실장, 회계감사위원이 있다(전국교직원노동조합, 1998).

다섯째, 전교조의 활동은 다음과 같다. 전교조는 사업목적을 달성하기 위해 다음과 같은 활동을 하고 있다. i) 정책위원회: 본부의 정책위와 16개 지부정책실장으로 구성된 전국정책위원회가 주요 정책사업을 개발한다. 본부 정책위원회는 정책기획국과 정책연구실로 구성되어 있다. 정책기획국은 연간 사업계획 및 평가, 주요사업의 집행기획, 교육현장과 조직현안에 대한 대응방침 등 구체적이고 실천적인 단기과제를 다룬다. 정책연구실은 연구기획실, 제1연구실(교육제도 개혁), 제2연구실(교원정책), 제3연구실(참교육실현)로 구성되어 있다. ii) 사립위원회: 이는 전교조의 사립학교 정책을 보좌하는 상설위원회를 사립학교에 대한 정책개발, 사립학교 실태조사, 교사 권리 확보를 위한 사립학교법 개정 및 제도연구 및 제안, 교권침해 방지를 위한 감시활동, 학교민주화운동 지원 등을 주목적으로 하고 있다. iii) 초등위원회: 이는 전국의 6개 특별시, 광역시 단위로 초등지회와 도 단위로 각 도 초등위원회의 대표들이 모여 전국초등운영위원회를 구성하고 있다. 월 1회 소집되는 운영위원회에서 의결한 초등사업의 집행을 위해 전초위 산하에 정책, 참교육실천, 조직, 편집, 총무 등의 분과를 두고 있다. 매년 방학이 되면 각 지역에서 다양한 형태의 숲속학교(캠프)를 운영해 제도권 교육 내에서의 대안교육을 모색하는가 하면 해마다 여름방학이면 전국의 초등교사들이 참교육 내용을 연수하는 여름 대중연수가 진행되고 있다. iv) 참교육실천위원회: 이는 교과, 문화, 환경, 학생생활, 실업생활 등 주제별 · 영역별 참교육 실천 역량과 현장에서 분산적으로 이루어지는 통합적 교육활동을 총체화하여 발전시키고자 참교육 실천연구모임을 조직, 활동하고 있다. v) 교과위원회: 이는 수업 현장에서 활용할 수 있는 다양한 수업교재와 교수-학습 방법을 개선하고 개발하여, 교과의 전문성을 확보하기 위한 연구와 활동을 하고 있다. 교과위원회는 11개 교과모임(국어, 영어, 역사, 사회, 과학, 한문, 체육, 가정, 미술, 지리, 도덕)에서 현장의 활용도가 높은 교과 자료를 개발하도록 지원하고, 교사 대중에게 연구 성과물을 배포하여 참교육 이념이 실천될 수 있도록 자료개발 및 보급을 하고 있다. vi) 교육문화예술위원회: 이 위원회는 매년 방학기간에 풍물, 노래, 놀이, 사진, 영상, 민요, 연극, 춤 등 다양하고 풍부한 내용의 전국 교육문화연수를 개최하고, 학기 중에도 다채로운 주제를 가지고 대중문화 강좌를 펼치고 있다. 또 건강한 청소년 문화를 확산시켜 나가는 청소년 문화학교를 열고 있다. 연구사업으로는 교육문화 참교육실천관련 단행본 및 문화특별활동 자료집 등 각종 자료집을 발간 및 보급하며, '해맑은 웃음을 위하여', '불량 제품이 부르는 희망노래' 등 교육 노래, 타래 제작 · 보급, 놀이 · 풍물 · 춤 · 연극 등 교육영상자료를 제작 · 보급하고 있다. vii) 환경교육분과: 환경교육분과는 죽임이 아닌 살림의 교육, 경쟁하고 짓밟는 교육이 아닌 공생의 교육, 산업문명이 아닌 생태문명에 대비한 교육으로의 전환이 시급히 필요함을 인지하고, 이러한 변화를 위해서 이론적 탐구와 실천적 과제를 연구 및 개발하여 학교 현장에 뿌리내리기 위해 노력한다. 중점사업으로는 중등환경반 운영, 지도안 개발, 각종 생태기행 등 다양하다. viii) 학생생활국: 학생생활국은 1989년 학생들을 교육의 주체로 인식하고 그들의 자치 능력과 문화활동을 지원하기 위한 실무 단위로 출발하여, 학급운영과 학생생활지도 사업을 주관하는 부서로 자리 잡아 가고 있다. 중점사업으로는 학생 자치활동, 지원사업, 올바른 학생관 교육 선전, 학생사업 현장 소모임 건설과 지원, 학급운영과 생활지도 연구를 위한 교사 소모임 활동 등을 해오고 있다. ix) 교권국: 교권국은 교원의 권리를 옹호하고 교권 침해 사안에 대해 적절히 대처하는 것을 주된 활동으로 하고 있다. 즉 교권상담은 학교현장에서 겪는 각종 고충사항, 부당한 권리 침해 사안에 대해 상담하고 이에 대한 적절한 해결책을 안내하고 있다. 그리고 소송업무가 있는데 상담 당사자가 소송을 제기하고자 하는 경우에는 소송과 관련한 자문을 하고 있다. 교육관계 법령 및 제도와 관련된 활동으로는 교권을 신장시키고 부당한 교권 침해를 방지하기 위해 교육관계법령 및 제도를 연구하고 그에 관련한 개선책과 대안을 제시하는 데 필요한 활동을 하고 있다. x) 교육상담센터: 전교조는 교육상담센터를 개설하여 교원단체로서는 처음으로 대국민 교육상담을 실시함으로써 그동안 성원해 준 국민들과 학부모, 교사, 학생들에게 조금이나마 보탬이 되는 활동을 전개하고 있다. xi) 참교육상담소: 참교육상담소는 현직 교사들이 중심이 되어 교육에 관한 모든 문제를 상담하는 곳이다. 주요 상담 내용은 학업문제, 친구문제, 이성교제, 진로지도, 생활습관, 가족갈등 등으로 아이들 문제로 이야기를 나누고 싶은 교사나 학부모나 물론 자신의 문제로 고민하는 학생들을 기다리고 있다. xii) 전교조 신문: 전교조 신문은 지난 1987년 전교협 시절 '전국교사신문'으로 출발, 1989년 전교조 결성과 더불어 '전교조 신문'으로 새롭게 태어났다. 격주 12면으로 약 6만부가 발행되는 전교조 신문은 교육제도 정책, 교육일반, 초등 · 사립, 교권, 교육단체, 시사연대, 참교육 실천, 문화, 여론 등 그 영역을 세분화하고 교사들이 필요로 하는 정보제공과 참교육실천 사례, 교육정책들에 대한 올바른 관점과 대안 제시를 위해 노력하고 있다.

3) 한국교원노동조합

한교조는 전교조와는 달리 '중도합리주의'를 표방하여 기존의 전교조가 흡수하지 못한 교원을 상대로 만들어졌다. 푸른 교육이라고 하고 이를 실천할 이념으로 i) 행복하고 자긍심 있는 교사관 확립, ii) 깨끗하고 선명한 교육, iii) 미래 지향적이고 창의적인 교육이라고 밝히고 있다.

이를 실행하는 방법론인 '중도합리주의'는 급진적인 개혁이나 현실을 외면한 일방적인 개혁으로는 진정한 교육의 발전을 기대할 수 없고, 마찬가지로 현실에 안착하려는 보수 기득권 세력의 사고로는 진정한 교육의 발전을 이룰 수 없다는 생각에서 출발한다. 따라서 급진이 몰고 올 수 있는 교육의 혼란을 지양하고 현실적인 개혁을 이루어내고자 점진적이고 투명한 교육개혁을 중심으로 활동을 전개하겠다는 입장이다.

우선 실추된 교권을 회복하고 교육의 발전을 도모하는 것이 바로 교원의 사회경제적 지위 향상을 이룰 수 있는 방법이라고 강조한다. 이러한 가운데 교원에 대한 사회적 인식의 제고가 교권의 회복으로 이어질 것이고, 교원에 대한 사회적 인식 제고는 다시 교원의 사회 및 경제적 지위 향상으로 돌아올 것이라는 점을 강조해 전교조와는 구별되는 활동을 전개할 것이라고 주장하고 있다.

한교조가 단체교섭안으로 내세우는 내용은 ⅰ) 정년을 65세로 원상회복, ⅱ) 인문계의 학제는 현행을 유지하되 실업계의 경우 중학교 때부터 전문적인 실업교육이 가능한 학제로의 전환 등을 담고 있다(우창수, 1999).

제5절 학교환경 조성 · 관리 및 정화

본 절에서는 학교환경 조성의 목표와 방향, 학교환경 조성 및 관리의 기본방향, 학교 환경 조성 및 관리의 실제, 학교 주변 유해환경 정화 등을 중심으로 고찰하기로 한다(서정화 외, 2002).

1. 학교환경 조성 및 관리의 목표

학교 안팎의 환경을 청결하고 아름답게 조성하고 유지함은 학생들의 정서 함양과 교육 운영에 중요한 요건이 된다. 그러므로 학교환경 조성 및 관리의 주요 목표는 학생들에게 안정된 학교 생활공간을 제공해 주고 건강을 증진하며, 효율적인 학습활동의 기회를 갖게 함으로써 바른 인성을 함양하고 창의력을 신장시켜 학습의 효과를 높이는데 있다고 할 것이다.

2. 학교환경 조성 및 관리의 기본방향

학교환경 조성 및 관리의 기본방향은 다음과 같다.

첫째, 모든 건물과 체육관 및 교문 등 학교 내의 시설 설비와 학교 주변은 일상적으로 청결을 유지하도록 하고 교정을 정서적으로 가꾸며 교실과 관리실 등은 밝고 쾌적하게 관리하도록 한다.

둘째, 건축물은 유지 관리에 따라 건축 수명에 큰 영향을 주므로 수시로 점검한다. 시설물의 파손 및 훼손 부분은 적기에 보수하고 불안정한 설비 시설 및 위험 대상 시설을 사전 점검하여 안전사고를 예방하고, 실외 시설은 수시로 점검하여 불의의 재해를 막아야 한다.

셋째, 시설설비와 교구는 항상 양호한 상태를 유지하고 노후 및 고장에 대하여 사전 점검하여 개선함으로써 안전하게 활용할 수 있도록 관리를 하며, 활용률을 높여 경제성을 갖게 한다.

넷째, 교직원과 학생들이 학교 시설에 깊은 관심을 갖도록 주인의식을 고취시키고, 시설애호 및 시설유지 관리 및 안전관리에 관한 교육을 철저히 실시한다.

다섯째, 학생들이 건강하고 안전한 학교생활을 할 수 있도록 학교 보건요원의 활동을 강화하고 보건교육을 실시하여 학생들의 건강관리능력을 갖게 하며, 보건위생 시설을 확충 및 개선하여 깨끗하고 건강한 교육환경을 조성한다.

여섯째, 학교 환경위생정화 구역에 대한 사후관리를 철저히 하여 유해업주의 준법의식을 고취시키고 학교 주변 환경정화 인식 제고로 학생들의 비행 및 탈선을 예방한다.

3. 학교환경 조성 및 관리의 실제

1) 학교시설의 조성 방향

(1) 일반적인 학교시설의 조성방향

일반적인 학교시설의 조성방향은 다음과 같다. i) 학교시설은 교육활동 수행에 적합한 구조와 환경을 갖추도록 조성되어야 한다. ii) 학교시설은 채광, 통풍 및 안전을 고려하여 설치되어야 한다. iii) 학교시설은 음악실, 가사실, 과학실, 전산실, 도서관, 시청각실 등 특별교실이 일반교실과 조화롭게 배치되도록 하여야 한다. iv) 학교시설은 활용도가 높도록 계획하고 관리상 편리하도록 설치되어야 한다. v) 학교시설은 쾌적한 학습 환경을 조성하도록 아름답게 가꾸어져야 한다.

(2) 이동식 수업에 따른 교과 교실형의 시설 조성방향

이동식 수업에 따른 교과 교실형의 시설 조성방향은 다음과 같다. i) 각 교과마다 특색을 살릴 수 있는 오픈페이스를 중심으로 교실, 연구실, 준비실을 배치한다. ii) 교과 교실형에서의 학급의 홈페이스를 두어 학생 로비공간으로서 개인휴식, 자유로운 그룹 간의 휴식, 담화 교류 등의 다양한 생활의 중심이 되게 한다. iii) 교내장소를 언제나 쉽게 파악이 가능하고 일체감을 가질 수 있는 공간 구성을 한다. 이를 위해 교내 생활의 중심적 위치에 두어 각 교과 블록 및 관리실 등과의 원활한 동선을 고려하여 구성한다. 그리고 홈페이스는 이동공간인 복도와 단차를 두어 영역을 확보한다. iv) 도서관, 방송 관계실, 시청각실 등은 가장 사용하기 쉬우며 항상 눈에 띌 수 있도록 동선의 중심에 배치한다. v) 공간사용에 융통성이 있는 교실의 칸막이는 가동 또는 이동식으로 하여 필요에 대응하여 장래 혹은 일상적인 사용목적에 쉽게 변경이 가능하도록 계획한다. vi) 학생의 이동에 대응하여 통로 계단의 배치와 폭을 결정하고 특히 출입이 많고 학생들이 집중되는 부분에는 공간을 여유 있게 한다.

4. 학교주변 유해환경 정화

1) 학교환경위생정화구역의 설정 및 관리

(1) 학교환경위생정화구역의 설정

교육감은 학교보건법 제5조의 규정에 의하여 학교의 보건·위생 및 학습 환경을 보호하기 위하여 대통령령이 정하는 바에 따라 학교주변에 학교환경위생정화구역을 설정하여야 한다(교육법전편찬위원회 편, 2004). 정화구역의 설정권은 동법 제5조 제2항의 규정에 의거 지역교육청 교육장에게 위임할 수 있다.

① 학교환경위생정화구역은 학교 경계선으로부터 200m를 초과할 수 없으며(학교

보건법 제5조 제1항), 절대정화구역과 상대정화구역으로 구분하여 설정한다(학교보건법시행령 제3조).

* 절대정화구역: 학교 출입문으로부터 직선거리 50m까지의 지역
* 상대정화구역: 학교경계선으로부터 직선거리 200m까지의 지역 중 절대정화구역을 제외한 지역

② 정화구역 설정 대상교는 초 · 중등교육법 제2조 및 고등교육법 제2조에 의한 각급학교로 한다.

③ 지역교육청 교육장은 각급학교에 대하여 학교환경위생정화구역을 설정 및 공고하고(학교보건법 제5조 및 동법 시행령 제3조), 공고자료(공고안, 지번, 지목일람표, 지적도 등)를 비치 및 열람토록 하여야 한다.

④ 유치원은 인가일로부터, 신설학교는 준공일로부터 최소한 1개월 이내에 정화구역을 설정 및 공고하여야 한다.

⑤ 학교출입문의 개설, 폐쇄, 이전 및 학교의 경계선이 변경되었을 경우에는 정화구역을 조정, 재공고하여야 한다.

(2) 학교환경위생정화구역의 관리

① 학교보건법시행령 제3조 규정에 의하여 설정된 정화구역은 정화구역이 설정된 당해 학교장이 이를 관리한다(학교보건법시행령 제3조의 2).

② 학교 간에 정화구역이 서로 중복될 경우에는 그 중복된 구역은 다음과 같이 관리한다.

* 상 · 하급 학교 간의 정화구역이 서로 중복될 경우에는 하급 학교, 다만 학교가 유치원인 경우에는 그 상급학교가 관리한다.
* 같은 급의 학교 간에 정화구역이 서로 중복될 경우에는 학생 수가 많은 학교가 관리한다.
* 학교 간에 절대정화구역과 상대정화구역이 서로 중복될 경우에는 절대정화구역이 설정된 학교장이 관리한다.

③ 학교장은 '학교환경위생정화구역내 금지행위 및 시설 개별관리 카드'를 작성 · 비치하고, 전담책임자를 임명하여 정화구역을 수시, 반복점검토록 하며 변동사항의 기록, 보고 및 정화 요청 등 정화구역 관리에 철저를 기하도록 하여야 한다.

그리고 정화구역 의 경계선 및 취약지구 등에 '학교환경위생정화구역 안내 표지판'을 설치하여야 한 다.

2) 학교환경위생정화구역 안에서의 금지행위 및 시설

(1) 정화구역 안에서의 금지행위(학교보건법 제6조 제1항)

* 대기환경보전법 및 수질환경보전법에 의한 배출허용기준 또는 소음 진동규제법에 의한 규제기준을 초과하여 학습과 학교보건위생에 지장을 주는 행위 및 시설
* 극장, 총포화약류의 제조장 및 저장소, 압축가스 · 고압가스 · 천연가스 · 액화석유가스의 제조장 및 저장소
* 도축장, 화장장, 폐기물 수집장소, 폐기물처리시설 · 폐수종말처리시설 · 축산폐수배출시설 · 축산폐수처리시설 및 분뇨처리시설
* 가축의 사체처리장 및 동물의 가죽을 가공 및 처리하는 시설
* 전염병원, 전염병격리병사 · 격리소
* 전염병요양소, 진료소
* 가축시장
* 주로 주류를 판매하면서 손님이 노래를 부르는 행위가 허용되는 영업 및 위와 같은 행위 이외에 유흥종사자를 두거나 유흥시설을 설치할 수 있고 손님이 춤을 추는 행위가 허용되는 영업
* 호텔, 여관, 여인숙, 당구장(초 · 중등교육법 제2조 제1호의 규정에 의한 유치원 및 고등 교육법 제2조 각호의 규정에 의한 학교의 학교환경위생정화구역의 경우를 제외한다)
* 사행 행위장 및 경마장
* 기타 제1호 내지 제13호와 유사한 행위 및 시설과 미풍양속을 해하는 행위 및 시설로서 대통령령으로서 정하는 행위 및 시설

(2) 정화구역 안에서의 기타 금지시설(학교보건법 시행령 제4조의 2)

i) 1990. 12. 31 학교보건법시행령 개정으로 금지행위 및 시설로 추가된 업소

* 게임제공업(전용 · 종합 · 멀티게임장)(개정 1999. 5. 15)

* 특수목욕장중 증기탕(개정 1997. 2. 24)
* 만화가게(개정 1993. 9. 27)

ii) 1993. 9. 27 학교보건법시행령 개정으로 금지행위 및 시설로 추가된 업소

* 무도학원 · 무도장
* 노래연습장
* 담배자동판매기

iii) 1998. 1. 16 학교보건법시행령 개정으로 금지행위 및 시설로 추가된 업소

* 비디오물 감상실
* 성기구취급업소
* 전화방

(3) 행위제한의 완화구역(학교보건법 시행령 제4조의 2)

행위제한의 완화구역은 상대정화구역과 정화구역 안에서 당구장 시설을 하는 경우에는 절대정화구역을 포함한 정화구역이다.

(4) 정화구역 내에 절대적으로 설치가 불가능한 시설(학교보건법 제6조)

정화구역 내에 절대적으로 설치가 불가능한 시설은 다음과 같다 i) 대기환경보전법 및 수질환경보전법에 의한 배출허용기준 또는 소음 · 진동규제법에 의한 규제기준을 초과하여 학습과 학교보건위생에 지장을 주는 행위 및 시설, ii) 도축장 및 화장장, iii) 폐기물 처리시설 폐수 종말 처리시설 · 축산폐수배출시설 · 축산폐수처리시설 및 분뇨처리시설, iv) 가축의 사체처리장 및 동물의 가죽을 가공 · 처리하는 시설, v) 전염병원, 전염병격리병사 · 격리소, vi) 가축시장, vii) 성기구 취급업소, 전화방 등이 있다.

(5) 상대정화구역 내에서 제한적으로 설치 가능한 시설(학교보건법 제6조 제2호, 제4호, 제8호, 제10호, 제14호, 개정 91. 3. 8, 98 12. 31)

상대정화구역 내에서 제한적으로 설치 가능한 시설은 다음과 같다. i) 극장, 총포화약류의 제조장 및 저장소, 고압가스 · 천연가스 · 액화석유가스의 제조장 및 저장소, ii) 폐기물수집장소, iii) 전염병요양소, 진료소, iv) 주로 주류를 판매하면서 손님이 노래를 부르는 행위가 허용되는 영업 및 위와 같은 행위 이외에 유흥종사자를

두거나 유흥시설을 설치할 수 있고 손님이 춤을 추는 행위가 허용되는 영업(유흥주점, 단란주점), ⅴ) 호텔, 여관, 여인숙, ⅵ) 당구장, ⅶ) 사행행위장, 경마장, ⅷ) 게임제공업(전용, 멀티, 종합게임장), ⅸ) 특수목욕장 중 증기탕, ⅹ) 만화대여업, 무도학원, 무도장, ⅹⅰ) 노래연습장, 담배자동판매기, 비디오물감상실 등이 있다.

(6) 유치원 및 대학교 정화구역에서 제외되는 업종(학교보건법 제6조 제12호, 개정 1999. 12. 31)

유치원 및 대학교 정화구역에서 제외되는 업종은 다음과 같다. 당구장, 게임제공업(전용, 종합, 종합게임장), 만화대여업, 노래연습장, 담배자동판매기, 비디오물 감상실 등이다.

3) 정화구역 내 금지행위 및 유해시설(유해업소)에 대한 정화 대책

정화구역 내 금지행위 및 유해시설(유해업소)에 대한 정화 대책은 다음과 같다.

ⅰ) 학교장은 학교보건법 제6조 및 동법 시행령 제5조의 규정에 의거 학교환경위생정화구역 내의 금지행의 및 유해시설(유해업소)에 대하여 지역 교육청에 정화요청을 하여 교육장으로 하여금 관계행정기관장에게 방지 또는 철거 등의 정화 조치를 취하도록 요청하여 학교 주변 환경이 항상 쾌적하게 유지되도록 한다. ⅱ) 학교장은 정화대상 업주와의 면담, 설득으로 업소의 전업 등 자진정비를 적극 유도하도록 한다. ⅲ) 학교운영위원회를 활용하여 유해시설(유해업소) 정화대책을 강구한다. 즉 학교주변 유해환경 정화의 분위기 조성하며, 청소년 출입 허용 유해시설(유해업소) 적발 시 고발조치한다. ⅳ) 학생들로 하여금 유해시설(유해업소)에 출입을 하지 않도록 생활지도에 만전을 기한다. ⅴ) 유해환경감시단 및 민간감시기구를 적극 활용한다.

제6절 수련회와 현장체험학습

1. 수련활동

경기도 남양주시 소재 와부중학교 수련회계획서를 소개하고자 한다(와부중학교, 2005).

1) 수련활동 목적

현장체험학습과 다양한 프로그램의 자발적 참여를 통하여 호연지기를 기르고 더불어 살아가는 공동체의식의 함양과 급우 간의 우의를 증진시킬 수 있는 계기를 마련하고자 한다.

2) 수련활동 일정

(1) 날 짜 : 2005. 4.4(월) – 4.6(수)

(2) 장 소 : 강원도 ○○군 K수련원

(3) 참가 인원 : 464명

(4) 인솔 교사 : 학년부장 및 담임교사 11명, 총 12명

(5) 집합 장소 및 출발 예정시간 : 학교운동장 09:30

(6) 도착 예정시간 : 2005. 4. 6(수) : 15:30

(7) 수련원 주소 : 강원도 ○○군 ○○리 ○○○-○○

3) 학생 준비물

(1) 학교를 출발하고 돌아올 때 : 교복착용

(2) 수련활동 시: 긴팔 체육복, 간편한 운동화 착용, 긴팔 잠바(저녁 활동 시 추위에 대비), 여벌옷(서바이벌 게임 시), 장갑

(3) 취침 시 : 간편한 복장

(4) 출발 당일 : 점심 도시락 및 음료수 등

(5) 개인 체질을 고려한 개인 상비약과 의료보험증 또는 의료보험카드 번호 알아오기

(6) 수련 활동 시 필요용품: 황토 염색할 면 손수건 2장(가제 손수건도 가능), 필기도구, 메모지 등

(7) 개인세면도구: 수건, 비누, 치약, 칫솔, 화장지, 개인 위생용품 등

(8) 여벌옷과 양말

(9) 카메라, 워크맨, 핸드폰, MP3, 오락기, 필요 이상의 돈 등 수련활동과 직접관련 없거나 분실위험이 있는 물품은 가져오지 말 것 – 분실 시 개인이 책임집니다.

(10) 반별 장기자랑 한 팀 이상 철저한 준비– 으뜸응원전 대비

4) 수련 활동 시 학생이 꼭 지켜야 할 사항

(1) 복장 및 준비물

i) 수련활동 중에는 체육복과 병행하여 편안한 자유복장으로 하되 학생 신분에 맞는 복장을 준비한다.

ii) 수련 활동 시 필요한 준비물을 잘 챙겼는지 확인한다.

iii) 학생 신분에 어긋난 식품이나 물건을 지참하지 않는다.

(2) 차량으로 이동 시

i) 차를 타고 내릴 때는 차량번호를 확인하고 질서 있게 승 · 하차한다.

ii) 차를 타고 출발하기 전에 반장은 인원 점검한다.

iii) 멀미하는 학생은 멀미약을 미리 복용토록 하며, 오물은 비닐봉지에 담아서 휴지통에 버린다.

iv) 차내에서 고성이나 장난을 삼가며, 창 밖으로 손 · 머리 등을 내놓지 않도록 한다.

v) 휴게소에서는 정해진 시간 내에 용무를 마치고 출발시각에 늦지 않게 탑승한다.

vi) 민물고기 생태학습 박물관 견학 시 질서 있게 관심을 가지고 견학한다.

(3) 수련활동 시

i) 수련활동 중에는 일체 개인행동을 하지 않는다.

ii) 값비싼 귀중품이나 많은 현금은 지참하지 않는다.

iii) 개인의 체질에 맞는 비상약을 준비하고 건강에 이상이 있으면 즉시 담임 선생님께 적절한 조치를 받는다.

iv) 수목을 꺾거나 자연을 훼손하는 일이 없도록 한다.

v) 조별, 단체 활동에 적극 참여하고 개인적으로 이탈하지 않는다.

vi) 교사의 지시를 잘 따르고 지시된 사항은 반드시 준수한다.

vii) 본교 학생으로서 품위를 손상시키는 일체의 행동을 삼가도록 한다.

(4) 숙소 내에서

i) 숙소 내의 시설물을 아껴 쓰고 파손하지 않는다.

ii) 숙소의 실내 · 외를 항상 청결한 상태를 유지한다.

iii) 숙소 내에서 개인의 물건을 잘 정리하고 귀중품이나 현금을 분실하지 않도록 잘 관리한다.

iv) 지정된 숙소에서 이탈하지 않도록 하며 취침과 기상시간을 준수한다.

v) 비상 시 담임과 연락할 수 있도록 담임교사의 핸드폰 번호를 기록한다.

5) 차량 탑승 인원 및 인솔교사

〈표 10-3〉 차량 탑승 인원 및 인솔교사

배차번호	인솔교사	승차자명단 (반장)	대표학생 HP	승차인원		비고
				교사	학생	
1호차	○○○ 017-272-○○○○	1-1반 이민지	010-4529-○○○○ (이소원)	2	42	여 22, 남 20
2호차	○○○ 019-9160-○○○○	1-2반 이나윤	010-6281-○○○○	1	42	여 23, 남 19
3호차	○○○ 016-327-○○○○	1-3반 이은솔	010-3265-○○○○	1	42	여 22, 남 20
F호차	○○○ 016-9229-○○○○	1-4반 서진경	010-7660-○○○○	1	41	여 22, 남 19
5호차	○○○ 011-9024-○○○○	1-5반 이병재	010-9754-○○○○	1	43	여 22, 남 21
6호차	○○○ 017-293-○○○○	1-6반 정세라	010-3121-○○○○	1	42	여 20, 남 22
7호차	○○○ 010-2622-○○○○	1-7반 김미애	010-4612-○○○○	1	42	여 21, 남 21
8호차	○○○ 011-242-○○○○	1-8반 임채진	010-3009-○○○○	1	43	여 21, 남 22
9호차	○○○ 010-3993-○○○○	1-9반 박효빈	010-6317-○○○○	1	43	여 20, 남 23
10호차	○○○ 018-373-○○○○	1-10반 장애리	010-4876-○○○○	1	43	여 21, 남 22
11호차	○○○ 016-9222-○○○○	1-11반 박미나	010-4368-○○○○	1	41	여 20, 남 21
				12명	464명	
				계 : 476명		
계	승차인원	학생 464 명(남 228명, 여 23명) 교사 12명(남 1명, 여 11명)				

6) 식단

〈표 10-4〉 식단

구 분	아 침	점 심	저 녁
1일 (4월 4일)			백반, 배추된장국, 콩나물, 제육볶음, 단무지무침, 생선까스, 맛김치
2일 (4월 5일)	백반, 미역국, 섭산적, 해초무침, 옥수수샐러드 깍두기	참치김치국, 어묵국, 해물야채튀김, 메추리알 조림, 잡채, 맛김치	돈까스, 야채샐러드/드레싱 스위트콘, 단무지, 김치
3일 (4월 6일)	백반, 황태국, 계란찜, 소시지 야채볶음, 김구이 깍두기	백반, 김치국, 닭다리튀김, 어묵볶음, 콩나물무침, 백김치	

7) 수련활동 일정표

〈표 10-5〉 수련활동 일정표

구분	제1일차(4/4)	제2일차(4/5)	제3일차(4/6)
07: 00	학교집합(09: 00) 인원 점검 출발(09: 30) 민물고기 박물관 견학	기상, 체조, 세면	기상, 체조, 세면
08: 00		아침 식사	아침 식사
09: 00		극기체험활동/민속놀이 체험활동	공동체 활동
10: 00			
11: 00			
12: 00	숙소 도착, 중식	중식	중식
13: 00	입소식/ 객실배정 1. 생활교육 2. 7단계 공동체 훈련 -예절교육 -팀워크활동	레포츠 활동 민속문화 체험활동	퇴소식(우수반 시상)
14: 00			집으로 출발 도착 예정시간(15: 30) 프로그램은 사정상 변경될 수 있음
15: 00			
16: 00			
17: 00		저녁 식사	
18: 00	저녁 식사	개인 점검	
19: 00	환영의 밤 1. 열린무대 2. 레크리에이션 3. 장기자랑 4. 수련교사와 함께	별빛축제 캠프파이어 단체게임 촛불의식	
20: 00			
21: 00			
22: 00	점호 및 취침	점호 및 취침	
23: 00	인수인계(학교선생님)	인수인계(학교선생님)	
24: 00	취침	취침	

2. 현장체험학습

경기도 남양주시 소재 와부중학교 현장체험계획서를 소개하고자 한다(와부중학교, 2005).

1) 현장체험학습의 목적

(1) 학교생활에서 배우고 익힌 것을 현장학습을 통하여 체험하고, 조상이 남긴 문화유산을 직접 보고 느낄 수 있는 기회를 가져 우리 민족에 대한 자부심과 조국을 사랑하는 마음을 갖도록 한다.

(2) 단체 생활을 통하여 협동하고 양보하는 정신을 기르고, 심신단련을 통하여 풍부한 정서와 올바른 이상과 꿈을 갖도록 한다.

2) 현장체험학습의 방침

(1) 여행지에 대한 예비 교육: 과목별 교안 마련 후 1시간씩 공부하고 떠나기, 학급별 자치활동 시간을 이용한 여행지 조별 학습과 기말 고사 문항으로 출제를 통해 학생들의 관심과 동기 유발로 여행의 효과를 높이고, 기행문, 일기 등을 쓰게 힘으로써 진지한 여행이 되게 한다.

(2) 단체 생활과 견학, 등산을 통해 친구를 사랑하는 마음을 갖게 하고, 공중 도덕심과 극기력을 배우게 한다.

(3) 승하차 및 차내 질서 지키기와 자연을 보호하는 건전한 분위기 조성에 힘쓰도록 지도한다.

(4) 문화유산을 관람하면서 문화재 보호, 자연보호, 깨끗한 환경 만들기 등을 전개하여 환경시설 보존활동을 전개한다.

3) 세부추진계획

(1) 일시 : 2005. 4. 4(월)~4. 6(수) 2박 3일

(2) 코스

i) 제1일: 학교 → 채석강(중식) → 내소사 → 숙소

ii) 제2일: 숙소 출발 → 노고단 → 보성차밭(중식) → 낙안읍성 → 숙소

iii) 제3일: 숙소 출발 → 광한루 → 진안마이산(중식) → 학교

(3) 숙소: ○○ 리조트(전남 ○○군 ○○면 ○○리 447-1)

(4) 경비: 1인당 79,500 원

〈표 10-6〉 현장체험학습 경비

항목	1인당 경비	산출내역
버스비	33,422원	1일 420,000원 × 10대 ×3÷ 377명 = 33,422원
숙식비	38,000원	2박 6식
관람료	4,900원	채석강: 500원, 내소사: 600원, 노고단: 1,100원, 광한루: 600원, 마이산: 1,100원, 낙안읍성: 1,000원, 보성차밭 무료
의료비	133원	50,000원÷377명≒133원 ★멀미약. 소화제. 진통제 등
상품비	796원	학급당 3만원 × 10반, 30만원÷ 377명≒796원
간식비	1,000원	1인당 1,000원 × 377명 = 377,000원
예비비	1,249원	1인당 1,249원 × 377명 = 470,873원
합 계	79,500원	

(5) 업무 담당 교사(학급 인솔 책임)

〈표 10-7〉 현장체험학습 업무 담당 교사(학급 인솔 책임)

담당업무	담당교사	담당업무	담당교사
인솔책임자	교 감	식사지도	전 교사
총 괄	○○○	방 배정 · 취침 지도	각 반 담임
인원파악 · 안전관리	각 반 담임, 김○○	기행감상문	○○○
경 리	○○○	승하차 지도	각 반 담임
보건 · 양호	○○○		

(6) 취침지도

〈표 10-8〉 현장체험학습 취침지도

날짜	시간대	지도교사	비고
4. 4(월)	오후 10시~12시	김○○, 신○○, 이○○	
4. 5(화),	오전 0시~2시	장○○, 김○○, 고○○	
	오후 10시~12시	황○○, 조○○, 이○○	
4. 6(수)	오전 0시~2시	구○○, 이○○, 신○○	

(7) 차량별 지도 교사 및 학생 배차 현황

〈표 10-9〉 현장체험학습 차량별 지도교사 및 학생 배차 현황

버스번호	지도교사	승차 학급 및 인원	동승 인솔 교사
1	김○○	1반(38명)	교감, ○○○(학년부장), 여행실무자
2	윤○○	2반(39명)	○○○(양호)
3	양○○	3반(39명)	
4	윤○○	4반(38명)	
5	전○○	5반(38명)	
6	오○○	6반(39명)	○○○, 사진기사
7	이○○	7반(40명)	
8	김○○	8반(38명)	기사님
9	박○○	9반(39명)	
10	신○○	10반(38명)	
계		386명	

(8) 숙소 배치현황

〈표 10-10〉 현장체험학습 숙소 배치현황

반(여학생)	객실호수	반(남학생)	객실호수
1반【17名】	351.350호	1반【21名】	354.333호
2반【18名】	348.349호	2반【21名】	332.331호
3반【19名】	346.345호	3반【20名】	353.330호
4반【18名】	344.343호	4반【20名】	329.328호
5반【20名】	347.358호	5반【18名】	352.327호
6반【18名】	342.341호	6반【21名】	325.326호
7반【19名】	340.339호	7반【21名】	323.324호
8반【19名】	338.337호	8반【19名】	309.310호
9반【21名】	355.336호	9반【18名】	307.308호
10반【20名】	335.334호	10반【18名】	320.321호
여교사	357.319호 【11名】		
남교사	356.322호 【2名】		
교 감	301호 【1名】		
기사님	303.304호 【10名】		
인솔자	301호 【1名】		

(9) 현장체험학습 일정표(2005. 4. 4~2005. 4. 6)

〈표 10-11〉 현장체험학습 일정표

구분	시간	견학일정	비고
제1일 4/4	08:00~08:30	인원점검 및 승차	
	08:30~12:30	학교출발 ▶ 변산반도 채석강 도착	
	12:30~14:00	변산반도 채석강 도착 및 중식	
	14:00~14:20	변산반도 채석강 출발 ▶ 내소사 도착	
	14:20~15:20	내소사 관람	
	15:20~18:20	내소사 출발 ▶ 송원 리조트 도착	
제2일 4/5	06:30~08:00	기상, 세면 및 조식	
	08:00~08:50	숙소 출발 ▶ 성삼재, 노고단 도착	
	08:50~11:20	성삼재, 노고단 등반	
	11:20~12:00	성삼재, 노고단 출발 ▶ 숙소도착	
	12:00~12:40	중식 및 휴식	
	12:40~15:00	숙소 출발 ▶ 보성차밭 도착	
	15:00~16:00	보성차밭 관람	
	16:00~17:30	보성차밭 출발 ▶ 낙안읍성 도착	
	17:30~18:30	낙안읍성 관람	
	18:30~19:40	낙안읍성 출발 ▶ 송원리조트 도착	
제3일 4/6	07:00~08:40	기상, 세면 및 조식	'진안 마이산' 중식 ◎현지 비빔밥◎
	08:40~09:00	숙소 출발 ▶ 남원 광한루 도착	
	09:00~10:00	남원 광한루 관람	
	10:00~11:00	남원 광한루 출발 ▶ 진안 마이산 도착	
	11:00~12:30	진안 마이산 탑사 및 중식	
	12:30~17:00	진안 마이산 출발 ▶ 학교 출발	

* 위 일정은 변경 가능합니다.

(10) 현장체험학습 식단

〈표 10-12〉 현장체험학습 식단

구분	1일차	2일차	3일차
조식		새우미역국 오징어볶음 비엔나볶음 시금치무침 요구르트 김 치	소고기무국 참치볶음 계란찜 장조림 요구르트 김 치
중식	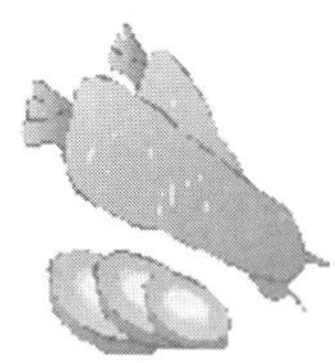	◎ 도시락 ◎ 야채 계란국 장조림 돈까스1/2 멸치볶음 김구이/메추리알 오복채 미니토마토 비엔나볶음	◎ 비빔밥 ◎
석식	두부 된장국 돈육야채볶음 야채 사라다 어묵조림 콩조림 김 치	오뎅국 닭 두 리 탕 콩나물 무침 생 선 가 스 새 우 조 림 김 치	Bye~★

* 위 식단은 계절과 시장성에 따라 변경될 수 있습니다.

(11) 준비물 및 주의 사항

① 출발 30분 전 집결 시 준비물

i) 중식지참(출발당일): 환경을 위하여 1회용을 사용하지 맙시다. 훌륭한 여행자는 흔적을 남기지 않습니다.

ii) 복장은 교복으로 단정하게 할 것

iii) 세면도구(치약, 치솔, 비누, 수건 등) 및 바늘과 실 준비

iv) 잠옷 대용 체육복 1벌

v) 갑작스러운 기온변화에 대비한 비상옷 1벌
vi) 우천 시 비상용 비닐 우의
vii) 자신의 상비약품
viii) 여행소감이나 관광지 설명 기록용 필기도구
ix) 수학여행 안내서, 메모장, 손수건, 휴지, 소화제, 멀미약, 모자, 긴소매 웃옷, 양말
x) 용돈(꼭 필요한 금액만 조금)
xi) 의료보험 카드 복사본 1장. 담임 선생님께 미리 드리세요.
xii) 지참 금지품목 : 고급 카메라, 많은 돈, 무스, 스프레이, 귀걸이, 목걸이, 반지, 화장품, 술, 담배

② 주의사항
i) 복장은 단정한 교복으로 하고, 산행 시는 체육복으로 준비할 것
ii) 복장은 단정하고 간편하게 할 것
iii) 신발은 가볍고 착용이 간편한 운동화를 신을 것
iv) 용돈은 꼭 필요한 만큼 지참하고 잘 관리할 것
v) 공중도덕을 준수할 것

③ 차내에서 지킬 일
i) 질서 있게 승하차한다.
ii) 출발 5분 전까지 차량을 확인 후 승차하고, 반드시 안전벨트를 맨다.
iii) 담임 입회하에 승차점검, 학급실장은 점검 후 담임 선생님께 보고한다.
iv) 시간은 필히 엄수하여야 한다.
v) 옆 사람이 있는지를 확인, 승차하지 않았을 시에는 담임 선생님께 보고한다.
vi) 담임 선생님의 지시에 의하여 지정좌석에 착석한다.
vii) 달리는 차창 밖으로 손 · 머리 · 커튼이 나오지 않도록 하고 물건을 던지지 않는다.
viii) 멀미약은 30분 전에 복용한다.
ix) 허약한 학생은 앞좌석에 앉는다.
x) 시가지 및 커브 길에서는 조용히 한다.

xi) 차내의 청결을 유지한다(특히, 껌 주의).
xii) 차창 밖으로 휴지 · 쓰레기 · 병 · 깡통 등을 버리지 않는다.

④ 숙소에서 지킬 일

i) 도착하자마자 비상구와 소방시설의 위치를 확인하고, 화재 시에 대피로를 익히며 시설물을 애호한다.
ii) 지시된 시간에 취침하고 기상한다.
iii) 동료에게 위험한 장난은 금한다.
iv) 건전한 오락으로 친구들과의 관계를 친숙하게 한다.
v) 배정받은 객실에 자신의 소지품을 보관한다.
vi) 세면과 식사는 질서를 지킴으로써 시간이 절약된다.
vii) 개인 외출은 절대 금지하며, 언제나 단정한 용의와 청결한 생활을 하며, 숙소의 물건을 깨끗하게 다룬다.
viii) 지정된 방 이외의 다른 방에는 출입하지 말 것이며, 남의 물건에 손을 대지 않는다.
ix) 숙박지에서 자유시간 외에는 면회, 외출을 일절 금한다.
x) 장난, 음주, 흡연, 도박 등을 하지 않는다.
xi) 취침시간 이후에는 충분히 휴식할 수 있는 환경을 조성하고, 휴식에 방해되는 행동은 삼간다.
xii) 숙박지를 떠날 때는 침구정리와 청소를 하고 나온다.

⑤ 견학할 때 지킬 일

i) 질서를 지키고 자신의 조에서 이탈하지 않는다.
ii) 위험지역이나 위험표시가 있는 곳에는 접근하지 않는다.
iii) 견학물에 손대지 않는다.
iv) 무리하고 과다한 촬영을 삼간다.
v) 관찰, 감상, 견해를 기록한다.
vi) 건강에 이상이 있을 시 즉시 보고한다.
vii) 인솔교사의 지시에 따른다.
viii) 기념품 구입 시 비교 · 조사하여 기념이 될 만한 것을 고른다.

ix) 학교명예와 학생으로서의 본분을 지킨다.

⑥ 자유 활동 시간 때 지킬 일

i) 자유시간의 시종을 엄격히 지킨다.

ii) 사진촬영 등을 이유로 집단을 이탈하지 않는다.

iii) 귀중품은 본인이 철저히 관리한다.

iv) 타인의 소지품을 보호하고 발견 즉시 보고한다.

v) 불량식품을 사 먹지 않으며, 군것질을 삼가고, 건강에 이상이 있을 때에는 즉시 담임 선생님에게 알린다.

⑦ 수학여행 기행문 작성

i) 여행의 목적과 동기

ii) 출발 당시의 감정묘사

iii) 여행코스와 그 지방의 특성, 명승, 고적지의 견학소감 묘사

iv) 여행 중 가장 감명 깊었던 기억을 서술한다.

v) 귀교 후 기행문을 1편씩 담임 선생님께 제출(원고지 8매~10매)

⑧ 지도 교사 유의 사항

i) 수학여행은 학교교육의 연장이므로 철저한 사전 계획 아래 지도해야 한다.

ii) 집단 조직 체제를 확립하고 개별 행동은 삼간다.

iii) 출발 전과 도착 후에는 반드시 인원 및 소지품 점검을 한다.

iv) 버스 생활, 숙소 생활, 사적지 관람 등에서 지켜야 할 교양 교육을 충분히 실시한다.

v) 숙박지에서 교사는 윤번제로 근무하면서 지휘 및 연락을 담당한다.

vi) 담임 선생님은 학급원들의 조를 편성하여 담당 지역에 대하여 조사 발표하게 함으로써 수학여행지에 대한 관심도를 높인다.

vii) 학생들이 즐길 수 있는 교육적 레크리에이션을 준비해서 활용한다.

viii) 다녀와서는 수학여행 기행문을 써서 발표할 수 있도록 지도한다.

ix) 여행 중 안전지도에 만전을 기하고 교통안전 규칙을 준수한다.

x) 각 차마다 인솔교사가 승차하여 차내 질서 및 여행을 안전하게 지도한다.

xi) 숙박지 등에서 고성방가, 소란행위, 오락실 출입, 비행 및 풍기문란을 근절한다.

xii) 문화유적 순례지역에서 역사를 배우고, 선현들의 업적을 기리도록 한다.

(13) 수학여행 불참학생 지도

① 지도방침

i) 여행 불참 학생은 여행기간 중 평상시와 같이 등교해서 자신의 형편에 맞는 학습 활동에 임하게 한다.

② 지도내용

〈표 10-13〉 수학여행 불참학생 지도내용

날짜	교시	학습내용	장소	성명			
				유○○	박○○	이○○	민○○
4. 4(월)	1	독서	2-1교실				
	2	독서 및 소감문작성					
	3	교육용 영상자료 시청(영화)	도서관				
	4	교육용 영상자료 시청					
4. 6(수)	1	독서	2-1교실				
	2	독서 및 소감문작성					
	3	교육용 영상자료시청(다큐멘타리)	도서관				
	4	교육용 영상자료시청					

* 4교시 후 귀가 및 가정학습

제7절 학교 자체연수

학교 자체연수는 교직생활에 도움을 줄 수 있는 새로운 지식과 기술을 연마하여 자기 자신의 발전과 성장을 꾀할 수 있고 이를 통하여 교육의 질을 보장할 수 있다는 데 의의가 있다. 무엇보다도 교직은 전문직이기 때문에 이에 상응한 전문가로서의 자기 성장에 필요하다. 그리고 시대에 적응하기 위한 교육과정의 개편은 교사의 교내연수의 필요성을 요구하고 있다. 변화하는 교육과정에 맞는 효율적인 교수-학습과 평가

방법의 개선을 위해서라도 학교 자체연수의 필요성은 매우 절실하다.

교사의 자질향상과 전문성을 개발하여 학습의 능률화, 교육방법의 개선, 교육조건의 정비 등을 통해 학생들의 바람직한 성장 발달을 돕고 다양한 능력을 개발하여 교육의 질을 향상시키는 데 학교 자체연수의 목적이 있다.

따라서 본 절에서는 학교 자체연수의 방법과 내용, 자체연수의 사례와 문제점, 자체연수의 활성화 방향 및 활성화 방안 등에 대해서 고찰하기로 한다(서정화 외, 2002).

첫째, 학교 자체연수의 방법과 내용이다. ⅰ) 강의: 자체연수의 방법으로 가장 많이 사용되는 방법이다. 전달하고자 하는 내용을 효율적으로 빠른 시간 안에 전달할 수 있으나 수강자의 목적의식이 뚜렷하지 못하거나 강사가 강의하는 내용이 수강자의 요구를 충족하지 못할 때는 연수의 효과가 떨어진다. ⅱ) 워크숍: 전문적인 기술 또는 아이디어를 시험적으로 실시하면서 검토하는 모임을 말한다. 절차는 문제에 따라 다르지만 문제제기, 문제해결을 위한 조언, 문제해결법의 강구와 해결, 잠정적인 결론의 형성 등으로 나뉜다. 협의에 의하여 얻어진 결론은 어디까지나 가설적인 성격을 지니고 있으며, 실천을 통해 그 결론의 타당성을 평가하게 된다. ⅲ) 세미나: 고등교육기관에서 교수의 지도 하에 학생들이 공동으로 토론 및 연구하는 교육방법이나, 학회 등에서 지명된 소수의 회원이 자기의 연구를 발표하면서 전체 회원이 토론하는 연구 활동을 지칭한다. 이와 같은 방법을 중등학교 현장에서 적용함으로써 교직원 상호 간의 의문점을 깊이 있게 추구하여 교사들의 자질을 향상시켜야 한다. ⅳ) 답사: 교사 및 학생들의 여행 준비에 대한 진행과 마무리에 이르기까지 전문적인 준비를 답사라고 한다. 특히 교육현장에서는 문학과 사회, 사회와 과학, 예술과 사회가 어우러진 답사 여행을 통하여 과목의 벽을 넘어서 상호 이해를 증진시킬 수 있다. ⅴ) 사이버교육: 정보통신이 발달하면서 사이버 공간에서 정보를 주고받고 교육과 관련한 내용을 토론하는 기회와 모임이 늘고 있다. 이는 시·공간을 초월해서 교직원들의 강력한 욕구가 반영된 모임으로 증가 추세에 있다.

학교 자체연수의 내용을 살펴보자. 과거에는 정신교육, 정부 시책 홍보교육이 주를 이루었다. 하지만 오늘날 학교 자체연수의 내용이 연수의 성공적인 파급 효과와 밀접히 연관성을 갖는다는 점을 고려할 때 연수의 내용은 상향식으로 이루어져야 한다. 다시 말하면 교사의 요구를 수용하면서 직무를 성공적으로 수행하는 데 가장 필요한 내용이 무엇인가를 파악하는 것이 중요하다. 이러한 추세를 반영하여 수업연구,

교과협의회, 컴퓨터 사용 능력 및 ICT 활용교육 등에 대한 연수가 활발해지고 있다.

둘째, 학교 자체연수의 사례와 문제점이다. 학교 자체연수의 주제는 〈표 10-14〉와 같다.

〈표 10-14〉 학교 자체연수의 주제

구 분	주 제	비 고
3월	2003학년도 교육계획서	교무기획부
	동료장학 및 교과협의에 대한 연수, 2003학년도 수행평가 연수	교육연구부
	학생 용의복장 규정, 교통안전 현장지도	생활지도부
	학교종합정보관리시스템 자체연수	교육정보부
	2003학년도 독서지도 계획 안내, 회의 진행 요령 및 용어 연수	인문사회교육부
	1인 2자격증 갖기 교육	관광외국어교육부
	5분 생활영어 사전연수	관광외국어교육부
	학생 봉사활동에 대한 연수	환경과학부
	직장 성희롱 예방교육	디·예체련부
	2003학년도 체험학습활동 운영 연수	디·예체련부
4월	생활기록부 입력 방법 및 작성요령	교무기획부
	수행평가 연수	교육연구부
	특별활동에 대한 연수, 학습지도안 작성요령, 평가관계 연수	교육연구부
	홈페이지 제작, 학교 종합정보관리시스템 자체연수	교육정보부
	학생토론 문화 형성을 위한 직원연수	인문사회교육부
	특기적성 교육활동 안내(1차)	진로실업교육부
	학교 운영 위원회 구성	교무기획부
	체험활동(학생·학부모) 가정통신문	디·예체련부
	학생진학에 대한 연수	관광외국어교육부
5월	시험 감독 유의 사항 연수, 2003학년도 교원 정보화 연수 계획	교육연구부
	학내망을 활용한 공문 관리의 효율적 운영	교육정보부
	교수 학습용 제작도구(오쏘웨어)	교육정보부
	검정시행일정 소개 및 자격증 관리	진로실업교육부
	폭력 및 집단 따돌림 예방(가정통신문)	생활지도부
	홈페이지 보조프로그램(photoshop)	교육정보부
	교육 부조리 근절 대책 세부 추진 계획	교무기획부
	교내영어말하기, 팝송경연대회 안내	관광외국어교육부
7월	한글 문서를 HTML문서로 변경하기	교육정보부
	약물오남용 예방교육, 성교육 자료	디·예체련부

구 분	주 제	비 고
9월	2학기 수행평가 연수	교무기획부
	공무원 휴가 업무 예규	생활지도부
	Windows 2000사용법	교육정보부
	담배와 금연에 대한 연수	환경과학부
	중간 체조 운영 방안	디 · 예체련부
10월	은목 학예전 개최에 대한 안내	예 · 체련교육부
	엑셀, 엑세스, 파워포인트	교육정보부
	특기 적성교육 활동 안내(2차)	진로실업교육부
	일본자매교 방문안내	관광외국어교육부
	체육대회에 따른 진행안내	디 · 예체련부
	학교자체 평가계획, 2001학년도 대학 수학 능력 시험 시행 계획	교무기획부
11월	학업성적 관리 및 전산처리 관계 연수	교육연구부
	학생회 선거 규정	생활지도부
	네트워크, 업무용 PC의 효율적 관리	교육정보부
	교내외국어 경시대회 안내	관광외국어교육부
	자원 봉사에 관한 교직원 연수	환경과학부
12월	학교생활 기록부 작성요령	교무기획부
	통신인터넷(FTP, 세롬데이터맨)	교육정보부
2월	2003년 교육계획, 부서별 업무추진 계획	교무기획부
	졸업 사정회 및 2003년 입학식 안내	교무기획부
	2002학년도 학교교육계획 추진실적 평가	교무기획부

* 자료: http://www.deokmyung.hs.kr/introduce/2003edu-plan.hwp.

〈표 10-14〉에서 살펴본 바와 같이, 7월, 12월, 2월을 제외한 매월 5회 이상 학교 자체연수를 갖고 있다. 연수 장소로는 컴퓨터를 제외하고는 대부분 교사 회의실을 사용하였다. 연수의 내용으로는 당해 연도의 시책 중 새로운 내용에 대한 교사들의 바른 이해가 요구되는 내용을 연 8회(3월, 4월, 5월, 6월, 9월, 10월, 11월, 2월), 교내교육 활동과 관련된 연수 연 8회, 정보화 교육과 관련된 연수 연 8회, 학생생활지도와 관련된 내용 연 5회, 어문교육과 관련된 연수는 3회 등이 있었다.

그러면 학교 자체연수의 문제점을 살펴본다. 대부분의 학교에서 학교 자체연수가 계획적으로 실시되지 않거나 이루어진다 하여도 매우 형식적으로 이루어지는 것이 사실이다. 그것은 계획단계에서부터 교사들의 요구가 정확히 반영되지 못하고 있는 것에도 기인하고 있다. 그리고 연수방법과 내용의 다양성이 부족하기 때문에 교사의 자질 향상이나 교육 현장에서 직무개선에 도움을 주지 못하고 있다. 이는 연수시간의 확보가 어렵고 정례화되지 않았으며, 교사들이 업무를 수행하는 데 많은 시간을 들여 함께 연수를 받을 공동의 시간의 확보가 어렵기 때문일 것이다. 성공적인 연수에는 필요한 시설의 확보와 재원 마련이 선행되어야 한다. 사실 대부분의 학교에서는 이에 대한 적절한 수준의 지원책이 마련되지 못하고 있는 것이 효율적인 연수를 어렵게 하는 요인이 되고 있는 것이다. 그리고 학교 자체연수에 교사들이 자발적 참여가 이루어지지 않고 있다는 비판이 있다. 이의 개선을 위해서 교사들 스스로의 의식의 전환이 이루어져야 한다. 하지만 연수계획의 수립이나 방법 그리고 연수내용의 선정, 진행 등에 교사들의 의사가 제대로 반영되지 않는 것도 사실이다.

셋째, 학교 자체연수의 활성화 방향 및 활성화 방안이다. ⅰ) 연간 연수계획서의 작성이다. 학교 교육계획서에 학교 자체연수의 일정, 내용, 방법 등을 포함시켜 연수계획을 작성하여 연수를 실시해야 한다. 아울러 교내자율장학 체제를 통해 학교 자체연수가 정착되도록 한다. 자체연수가 일회성이 되지 않도록 연수에서 얻어진 자료는 책자를 제작하여 지속적으로 활용될 수 있도록 한다. ⅱ) 학교 자체연수를 제도화할 필요성이 있다. 필요한 연수내용을 적시에 적정한 장소에서 재교육 받을 수 있는 기능이 학교에서 이루어지도록 하여야 한다. 그리고 학교 자체연수를 담당할 지도사를 양성할 필요성이 있다. ⅲ) 수요자 중심의 학교 자체연수 프로그램의 개발이다. 교내연수가 흥미를 끌지 못하는 원인으로는 교사의 참여 기회가 적다는 것이다. 즉 전국 규모의 '교내연수연구회'를 만들어 모든 학교에 적용할 수 있는 학교 자체연수 프로그램을 개발하는 것도 생각해 볼 일이다. 연수내용에 있어서도 정보화 시대에 적응할 수 있는 연수 프로그램을 개발한다. 아울러 교육개혁의지를 잘 실천하는 학교, 최신 교육 기자재를 구비하고 있는 학교를 견학할 수 있는 기회를 자주 마련하는 것도 적극 권장할 만하다. ⅳ) 수업 및 행정사무의 경감이다. 업무의 효율성과 교과별 협의나 교내연구 활동의 활성화를 위한 제 방안을 실시해야 한다. 특히 행정 사무의 간소화를 통한 연구 시간의 확보가 시급하다. 아울러 연중 특정 기간을 연수일로 미리 확보하여 자발적인 참여를 유도해야 할 것이다. ⅴ) 학교 자체연수에 필요한 시설 및 재원의 확보이다. 학교 예산 편성 시에 반드시 일정 비율을 학교 자체연수 비용으로 배정하고 소규모 학교, 예산 및 시설의 확보가 어려운 학교는 형편에 따라 인근 2~3개 학교가 연대한 연수 프로그램을 개발한다. 그리고 특별한 주제에 대하여 강사진의 구성이 어려울 경우에 대학에서 강의를 듣도록 하고 이에 소요되는 경비를 보상하는 방안을 강구할 필요가 있다. vi) 자생적 조직 활동의 유도이다. 자생적 조직 활동이란 교사 동호회 모임을 포함하는 모든 종류의 교원들이 비정규적 모임을 의미하며, 교육과 관련된 모임에 국한된 활동을 지칭한다. 이러한 모임을 활성화시킬 수 있는 방안을 강구하여 교사들이 절실히 요구하는 교육 현장의 문제를 중심으로 한 학교 자체연수의 내용과 교사들의 자율성과 적극적인 참여 의지를 바탕으로 하는 학교 자체연수의 효율적 방안을 모색하여 실천한다면 교내연수는 교사들에게서 외면당하지 않고 반드시 기대한 만큼의 성과를 거두리라고 전망된다.

제8절 학교교육계획 수립과 학교평가

학교경영이란 주어진 학교여건을 고려하여 실현 가능한 교육목표를 설정하고, 이를 위한 협동적인 조직체계를 구성하여 교육목표 달성을 위한 교육과정을 편성하고 교육조건을 마련해서 교육과정에 근거한 교수-학습 활동을 전개함으로써 이미 정해진 교육목표의 달성 결과를 평가하는 과정이라 할 수 있다. 이러한 학교경영 측면에서 가장 핵심적인 것은 학교교육계획을 수립하는 것이다.

따라서 이 절에서는 학교교육계획 수립과 학교경영평가에 대하여 살펴보고자 한다.

1. 학교교육계획 수립

학교교육계획은 학교경영의 제1단계로서 교육계획의 기저, 목표 및 방침의 설정, 조직계획, 활동계획, 평가계획 등을 포함한다.

첫째, 교육계획의 기저(문제의 규명)이다. 학교교육계획의 기저는 교육의 요구가 무엇이며, 현재 학교의 여건에서 해결해야 할 교육적 과제가 무엇인지를 학교교육의 상위목표, 지역사회의 실태, 학교의 여건 등을 중심으로 분석한다. 아울러 교육인적자원부와 지방자치단체의 교육시책을 분석하고, 지역사회의 특성상 대부분의 학생들이 전통문화나 자연과의 접촉이 부족하다는 점을 고려한다. 그리고 전년도 학교경영평가의 결과를 반영할 필요가 있다.

둘째, 목표 및 방침 설정이다. ⅰ) 교육목표: 장기적인 안목에서 학생들이 궁극적으로 도달해야 할 인간상을 제시하거나, 그 행동특성을 종합적으로 명시해야 한다. 전교직원 참여 같은 집단에 의한 합리적 의사결정이 반영된 것으로 구체성, 주체성, 포괄성이 있게 행동적 용어로 진술되고 지역성과 시대성이 반영된 것이어야 한다. 전교직원에게 바람직한 학교 교육목표를 응모하여 부장워크숍 및 부장회의를 통해 결정하되 지방자치단체의 교육시책에 제된 목표가 구현되도록 하는 것이 바람직하다. ⅱ) 경영목표: 교육목표를 달성하기 위해 수행되어야 할 경영상의 실천에 따른 기본 방향을 제시한 것으로 교육조건, 목표달성을 위한 수단과 방법, 달성 가능한 목표치 제시 등을 고려해야 한다. 목표관리제의 취지를 반영하여 달성 가능한 목표를 수치화, 또는 계량화하여 제시한다. 목표가 수치화, 계량화되면 그만큼 목표 달성이 용이해진다. 경영목표에는 교육인적자원부의 장학목표와 방침과 광역 및 지역교육청의 혁신과제나 역점사업이 반영되어야 한다. ⅲ) 경영방침: 경영목표가 더욱 구체화된 것으로 경영목표 달성을 위해 채택해야 할 기본적 지침 내지 활동원칙이라고 할 수 있다. 다시 말하면, 경영목표에 대한 수단적 지침으로 경영목표 달성을 위한 최적의 지침이라고 할 수 있다. 여기서 한 개의 경영목표에 몇 개의 경영방침이 수립될 수 있다.

셋째, 조직계획이다. 학교 경영목표와 방침이 결정되면 실천단계에서 각종 활동이나 과업을 수행할 부서를 마련하고 담당자를 정해야 한다. 교육지도 조직, 교무분장 조직, 운영협의 조직, 지역사회 조직 등을 만들어 협동체제로서 학교경영이 기능하도록 한다. 특히 교육지도 조직과 운영협의회 조직을 활성화하여 집단 토론문화를 형성하여 새 학교문화 창조에 공헌해야 한다. ⅰ) 교육지도 조직은 교장-교감-학년부장교사-학급 및 교과담임교사로 이어지는 조직형태이며(계선조직), ⅱ) 교무분장 조직은 교무기획부장, 독서교육부장, 특활부장, 교육정보부장, 학생지도부장, 예체능부장, 지역사회부장 등과 같은 참모조직을 둔다. ⅲ) 운영협의 조직은 교직원의 집단의사를 수렴하고 전문적인 자문 및 조언을 얻기 위해 필요한 조직이다. 이러한 조직은 전교직원회의, 부장회의, 학교운영위원회, 인사자문위원회, 성적관리위원회, 공적심사위원회, 학생선도위원회, 학년협의회, 교과협의회 등을 둔다. ⅳ) 공식적인 조직은 아니지만 상조회나 동호인 모임 등도 활성화하여 운영협의 조직으로 활용한다. 동호인 모임으로는 컴퓨터 동호회, 테니스회, 등산회, 바둑회, 각종 취미단체 모임

등을 들 수 있다. v) 지역사회 관련 조직은 학부모 조직, 지역사회의 인사들로 구성된 조직, 동문회 등으로 각 학년 학부모회, 경찰서 산하 선도위원회, 각종 장학회 등이 여기에 포함된다.

넷째, 활동계획이다. 활동계획은 학교조직이 경영목표를 달성하고 경영방침을 실천하기 위한 세부 활동계획으로 교육과정의 운영계획과 각부의 세부 실천계획이 여기에 포함된다. i) 교육과정운영이다. 교육과정운영에는 교육과정의 편성방향 및 교육과정편성표, 각 교과의 운영계획, 재량활동의 운영계획, 특별활동의 운영계획 등이 포함된다. 교육과정 편성방향을 제시하는 것은 교육과정 편성 의도를 드러내어 경영목표나 방침이 달성될 수 있도록 하기 위한 것이다. 각 교과의 운영계획은 연간 학습지도계획과 평가계획이 포함되어야 한다. 목표지향의 평가에서는 교육과정과 연계된 평가를 해야 하기 때문에 평가계획은 구체성을 띠어야 한다. 재량활동운영계획에는 창의적 재량활동의 구체적인 계획이 수립되어야 한다. 특별활동 운영계획에는 특기 · 적성반 운영계획, 클럽활동 운영계획, 학생회 운영계획 등이 포함되어야 한다. 특별활동계획은 각각의 운영중점과 조직편성표를 포함해야 한다. ii) 각부의 세부실천계획이다. 각부의 세부 실천계획에는 부별로 경영목표와 방침, 추진전략을 세우고 이를 구체적으로 실천할 수 있는 활동을 명시적으로 제시하여야 한다. 이를 구체적으로 예시하면 〈표 10-15〉, 〈표 10-16〉과 같다.

다섯째, 평가계획이다. 평가계획은 계획단계의 마지막 과정으로 학교 교육계획에서 계량적으로 설정된 목표들이 달성될 수 있도록 모든 체제의 하위 요소들이 적절하게 투입되고, 그 과정에서 가장 적절하게 상호작용을 하여, 산출을 극대화할 수 있는지를 검토하는 계획을 말한다. 이를 위해서 평가의 영역, 평가의 내용, 방법, 도구의 작성 등 총괄적인 학교평가의 계획과 환류의 절차가 마련되어야 한다.

2. 학교경영평가

'신교육체제 수립을 위한 교육개혁방안'의 특징 중 하나는 학습자 중심교육을 실천하고 교육의 다양화를 추구하며 자율과 책무성에 바탕을 둔 학교운영이 이루어지도록 한다는 것이다. 아울러 자유와 평등이 조화된 교육을 실천하고 첨단 멀티미디어 정보 통신 기술을 활용한 교육을 실시함으로써 교육의 질적 고도화를 기하겠다는 것

〈표 10-15〉 교육연구부 운영계획

1. 교육연구부 운영계획

1) 운영목표

(1) 교육 수요자 중심의 새 학교 문화 창조를 위해 학생 개개인의 개성과 창의력을 계발할 수 있는 교육환경과 존경과 신뢰받는 교육풍토를 조성하도록 한다.

(2) 자율성과 책임성에 바탕을 둔 학교 경영에 기여할 수 있는 기반을 조성하도록 한다.

(3) 교사의 전문적 발달을 도모하여 교육력을 강화시키고 신뢰받는 교육 풍토를 조성한다.

(4) 창의적인 교수 · 학습 방법의 개선과 수업의 질 향상을 도모한다.

(5) 스스로 연구하는 학교 분위기를 조성함으로써 학생 지도에 있어 전문성과 책무성을 강화하고 교육의 선진화에 능동적으로 참여한다.

(6) 연수 기회의 확대 및 연구 분위기 조성을 통하여 투철한 교직 윤리관을 확립 전문성을 신장한다.

2) 운영 방침

(1) 자율장학 실천 계획
(2) 학력 향상 계획
(3) 기초학력 부진아 지도 계획
(4) 교육실습생 지도 계획

3) 추진 전략

(1) 자율장학 실천 계획
① 동일 교과 상호 수업참관을 통한 수업 공개
② 교과 및 부별 협의회 활성화
③ 공동 지도안 개발에 의한 협력학습 추진
④ 전교사의 학부모에 대한 수업 공개
⑤ 수업연구를 통한 교수-학습 방법 개선
⑥ 교사의 전문성 신장을 위한 연수활동 강화

(2) 학력 향상 계획
① 목적
i) 교육과정 운영의 정상화로 기초 학력을 정착시킨다.
ii) 수준별 교수-학습 방법 및 평가 방법의 개선으로 학력 향상을 도모한다.
iii) 창의성 교육을 강화하기 위하여 재능 발표 및 종합 작품 전시회를 개최한다.

② 운영 방침
i) 기초 학력에 힘쓰며 학습부진아를 담임 책임 하에 특별 지도하여 구제한다.
ii) 교과별 · 수준별 교수-학습을 실시하여 학습 효과를 극대화시킨다.
iii) 자율 장학을 실시하여 스스로 연구하는 학교 분위기를 조성한다.
iv) 교수-학습 자료 제작 및 활용으로 수업의 질과 효과를 높인다.
v) 현직연수 및 교과 연구활동을 통하여 교사의 전문성을 제고한다.

〈표 10-16〉 주요 업무 실천계획

학력 향상 방안	실천내용	목 표	시 기
기초학력 정착	• 학력의 분석 및 학생실태 파악	2회	3월, 9월
	• 학습부진 학생 책임 지도	연 중	3~12월
	• 교과별 학력 향상 목표치 설정	2회	3월, 9월
교수-학습 방법 개선	• 학습지도안 작성 및 활용	4회	3, 5, 9, 11월
	• 교무실의 연구실화	연 중	3~2월*
	• 교과-학년 협의회 실시	10회	3~2월*
	• 현직연수 실시	45회	수 시
	• 학습자료 제작 및 활용	연 중	수 시
	• 수업연구 실시와 평가	6회	5,6,9,10,11월
	• 교과 협의회 실시	수 시	3~2월*
	• 학습지도안 작성	연 중	3~2월*
학습 평가 방법 개선	• 학습요소 중심 평가 실시	정기고사	5, 7, 10, 12월
	• 각종 고사 평가결과의 분석 및 활용	정기고사	〃
	• 종합 사고력을 측정할 수 있는 문항 제작	정기고사	〃
	• 정기고사 공동 출제 및 공동 채점	정기고사	〃
	• 수행평가에 의한 학습 과정 평가	수 시	3~12월*
학력 평가	• 진단평가 실시 (기초학습, 기본학습)	전교생	3월
	• 정기고사 실시 (중간, 기말고사)	4회	5, 7, 10, 12월
	• 수행평가 및 수준별 학습 평가	2회	6월, 11월
	• 영어 말하기 대회	1회	6월
	• 영어 듣기 평가 실시	4회	4, 6, 9, 11월
	• 수학, 과학 경시대회	2회	7월, 12월

*주: 차기년도 2월을 의미함.

이다. 이와 같은 특징과 비전 아래 학습자의 다양한 개성을 존중하고 인성(도덕성, 사회성, 정서 등) 및 창의성을 최대한 신장시키는 교육체제를 갖춤으로써 모든 학습자의 잠재능력이 최대한 계발되도록 초·중등 교육의 목표로서 몇 가지 원칙을 제시하면 다음과 같다. i) 학부모와 교직원이 자율적으로 학교운영에 참여하여 '우리 학교 공동체'를 만든다. ii) 각급학교의 운영 과정과 결과를 평가하여 학교운영의 공공성과 투명성을 보장하고 교육 수요자가 교육의 질을 판단할 수 있게 한다. iii) 단위학교에 최대한의 자율을 허용함으로써 최대한의 창의성을 발휘하여 교육활동을 전개하도록 지원하고 유도하되 그 결과를 평가하여 교육의 질을 높인다. 동시에 학교평가와 행정 및 재정 지원연계로 교육의 질 향상을 기한다. 이러한 방침을 다음과 같이 표현하고 있다.

> "학교교육의 질적 향성을 위한 학교 간 선의의 경쟁을 유도하기 위하여 초 · 중등학교에 대한 평가를 실시한다. 학교평가는 교육과정 운영을 비롯한 교사와 학생 등의 영역이 포함되도록 하되, 평가원칙과 기준, 방법 등은 신설된 평가전담기구에는 별도로 마련하여 실시하도록 한다. 학교의 평가와 행정 및 재정지원의 연계를 강화하여 교육프로그램을 다양화, 특성화하고 교육의 질 향상 등에 자구 노력을 많이 하는 학교에 우선 지원한다(학생 선발방식이 선 복수지원, 후 추첨으로 전환됨에 따라 학교평가 시 학생지원율이 평가사항에 포함될 수 있다)."

이렇듯 학교평가 활동을 통해 교육수요자 요구와 필요에 부응하고 교육프로그램의 다양화와 특성화를 유도하는 동시에 학교운영의 공공성과 투명성을 보장하고 교육수요자와 교육의 질을 판단할 수 있도록 하자는 것이다. 이러한 내용은 학교평가 활동의 배경 및 필요성을 다음과 같은 측면에서 강조하고 있는 것으로 풀이된다. ⅰ) 21세기 지식 및 정보기반사회에서 사회가 전문화 및 개방화됨에 따라 교육의 다양화와 특성화가 강조되었으며, 여기에는 학교교육의 자율적 운영이 그 바탕이 된다. 이러한 자율성의 폭이 확대됨에 따라 단위학교의 책임경영을 구현하는 노력이 강조되지 않을 수 없으며, 이는 학교교육의 책무성 제고에 대한 교육수요자의 요구에 부응하는 일이다. ⅱ) 학교평가는 학교교육의 질 향상과 교육의 경쟁력 강화를 유도 및 촉진하는 활동이다. 요즈음 초 · 중등학교뿐만 아니라 대학과 시 · 도교육청을 대상으로 교육개혁 추진 평가를 실시하고 그 결과를 토대로 재정을 차등 지원하고 있다. 이와 같이 재정과 평가를 연계시킴으로써 각급 학교를 비롯하여 교육행정기관에서는 교육개혁 추진평가를 하지 않을 수 없다. 결국 창의적이고 특성화된 교육프로그램 개발 및 운영에 본격적으로 나서게 되었다. 이는 국가적으로 추진하고 있는 교육개혁 사업 및 교육시책을 확인하고 점검함으로써 교육개혁의 효율적 추진과 성과를 높이기 위한 불가결한 활동이 아닐 수 없다. ⅲ) 그리고 학습목표에 따라 학생들을 가르치고 그 결과를 평가하는 것과 마찬가지로 학교평가는 학교교육의 운영과정과 성과를 확인하는 학교 경영의 한 과정이라는 점이다. 학교경영의 과정을 계획, 실천, 평가의 흐름으로 볼 때 학기 초에 학교교육계획을 수립하고 이를 한 학기 또는 일년 내내 충실하게 실천하고 그 결과를 평가하고 피드백 시키는 일은 학교경영의 본질적인 과정인 것이다.

3. 학교평가의 원리와 실제

학교평가에 대한 지향점을 다음과 같이 제시할 수 있다(서정화 외, 2002). i) 학교평가는 학교교육의 질 향상을 위한 수단이어야 한다. 학교평가는 학생들의 지적 · 정의적 · 신체적 수준을 향상시키고, 이를 최대한으로 달성할 수 있는 기본적인 여건과 바탕을 마련해주는 과정이어야 한다. 만약 그렇지 못하면 교수–학습 활동을 수행하는 데 지장을 초래하거니와 또는 직 · 간접적으로 관련되는 학사업무를 소홀히 하게 되어 본말이 전도되는 상황이 아닐 수 없다. ii) 자율성의 바탕 위에 이루어져야 한다. 자율성이란 외부의 간섭이나 제재 없이 스스로 결정하고 실천하고 그 결과를 책임지는 일을 의미한다. 학교평가활동은 기본적으로 학교 나름대로 자율적인 평가를 실시하고 자체적인 경영활동 개선을 위해 그 결과를 활용할 수 있는 방향으로 나가야 한다. 이런 측면에서 교육청 및 교육인적자원부 등 행정 당국의 평가지침 제시나 행정 및 재정적 뒷받침도 단위 학교의 자율적 평가활동을 지원하는 '교정적이며 격려적인' 노력의 일환으로 볼 수 있다. 학교에서 세운 교육목표 및 경영목표 달성을 위해 학교교육 계획을 수립하고 이를 실천하며 그 결과를 평가하는 데 있어서 학교경영자의 책임 아래 모든 교직원이 자발적으로 참여하여 그 결과를 점검, 확인하는 활동이어야 한다. iii) 교직원의 전문성을 신장시키는 하나의 과정이어야 한다. 교직원이 학교평가 업무를 추진하는 과정에서 교육과 행정 지원 활동과 관련된 전문적 자질 향상을 위한 직 · 간접적인 연수과정이 되어야 한다. 예를 들면, 보고서를 작성하는 과정에서도 기획력이라든지 자료를 효율적으로 분석하고 종합하는 분석 및 종합능력, 교수–학습뿐만 아니라 학생생활지도 · 상담, 학급경영, 자원 활용이나 재정 운용 등 학교경영 전반에 걸친 종합적인 안목을 기르고 정보를 확보할 수 있는 기회로 활용하는 것이다. iv) 학교교육 관련자들이 함께 참여하는 활동이어야 한다. 학교평가 계획을 수립하고 이러한 계획에 따라 관련 자료를 취합하고 이를 토대로 실제로 평가를 하는 과정에서 학교경영층 뿐 아니라 교직원, 학부모, 지역 사회 인사, 그리고 광역 및 지역 교육청 장학담당자 등 이해 당사자들의 참여와 협력이 필요하다. v) 선의의 경쟁체제를 가미함으로써 학교 간의 경쟁을 유도하는 과정이어야 한다. vi) 학교평가는 학교교육 혁신을 유도하는 개선 지향적인 과정이어야 한다. 학교평가를 통해 각 개별 학교에서 실천하고 있는 모범적인 사례들을 타학교로 전파, 확산시킬 수 있는 계기가 될 수 있다. 현재 각급 학교에서 교육목표 설정, 교수-학습활동을 개선, 능력별 · 수준별 반 편성, 시설활용, 학교운영위원회 운영, 재정운영 등 학교운영 전반에 걸쳐 나름대로 다양한 개선 노력을 전개하고 있거니와 창의적인 활동들을 자극하고 알리고 상호 정보교환이 기재가 될 수 있어야 한다. 그리고 교육활동은 끊임없이 개선을 요구하는 행위이므로 학교 교육활동의 문제가 어떤 것이고 이를 어떻게 해결해야 할 것인가 하는 계속적인 가치 판단을 추구해 나갈 때 보다 효율적이며 성공적인 학교를 가꾸어 나갈 수 있기 때문이다. vii) 단위학교의 개별성과 특수성을 드러낼 수 있는 평가가 이루어져야 한다. 다양하고도 창의적인 교육활동을 유도 및 촉진하기 위해서는 학교 나름대로 실천하는 특색있는 교육 프로그램들을 평가할 기준과 평가방식을 마련함으로써 학교운영의 특수성을 유도 및 촉진해야 할 것이다. viii) 학생 · 학부모 · 지역사회 등 교육 수요자의 알 권리를 충족시키는 책무성 제고 노력의 일환이어야 한다. 학교교육에 대해 기대하는 목표가 무엇인지, 그 목표가 어느 정도 달성되었는지, 학교교육이 학생, 학부모, 지역사회에 제대로 봉사하고 있는지 등을 종합적으로 분석, 평가함으로써 교육 수요자에 대한 책무성을 보여 주어야 한다. ix) 평가의 공정성과 객관성, 신뢰성을 높여야 할 것이다. 이를 위해서는 평가기준 및 척도 등의 신뢰성과 타당성을 높여야 할 것이고, 평가자들의 엄정하고도 객관적인 시각과 민주적인 태도가 요청된다. x) 학교평가는 지속적으로 추진되는 순환활동으로 뿌리내려야 한다.

이러한 학교평가의 지향점과 더불어 학교평가의 원리를 살펴보면 다음과 같다.

첫째, 평가의 목적이다. i) 학교평가의 목적은 학교경영의 자율성 신장에 따른 책무성을 제고하기 위함이다. 여기서 책무성이란 사회로부터 자금 지원을 받는 학교는 그 사회가 부여한 과업을 제대로 완수해야 한다는 뜻으로, 학교가 수행한 일이나 그 결과에 대한 책임을 강조하는 개념이다. 미국의 경우 학교평가를 통해 '실패한 학교'로 판정되면 학교를 폐쇄하기도 한다. ii) 학교운영의 효율성과 효과성을 제고하기 위함이다. 학교평가를 통해 학교에서 이루어지는 각종 교육활동이나 관리 및 경영활동의 장단점을 파악하여 지도 및 조언을 하고 그 개선 방안을 제시하여 학교운영의 효과성과 효율성을 높여나가야 한다. iii) 단위학교에 대한 정보를 교육 수요자인 학부모, 학생 등에게 제공하기 위함이다. 학교에서 이루어지는 각종 교육활동이나 관리 및 경영활동에 대한 정보나 자료들을 교육수요자들에게 제공함으로써, 교육수요자들이 학교를 선택하거나 교사나 수업을 선택하는 교육적 의사결정을 돕기 위한 정보를 제공한다(백순근, 1997). 우리나라의 경우 교육청 평가는 i)와 ii) 목적이 강조되고 있는 실정이고, 학교자체평가는 ii) 목적이 강조되고 있다.

둘째, 평가의 기능이다. 학교평가는 학교경영 전반에 대해 객관적인 관점에서 계량적으로 그 수준을 평가하는 것으로 다음과 같은 기능을 지니게 된다(김경성, 1997). i) 목표관리 기능: 학교에 대한 평가는 학교의 이념·목적·목표의 적합성과 성취도가 중요한 내용이 됨으로써 결과적으로 단위학교로 하여금 목표에 의한 학교경영을 촉진하는 기능을 하게 될 것이다. ii) 계획조정 기능: 학교평가를 통해 학교 자체의 계획을 수립하고 학교 특성에 맞는 프로그램을 수행할 수 있는 기반을 조성할 수 있다. iii) 정보제공 기능: 학교평가보고서 또는 학교평가 우수사례집 등을 통해 다른 학교에 학교경영에 관한 정보를 제공해 준다. iv) 자율적 통제의 기능: 상위기관에서 마련된 일정한 기준을 고려하여 자체 평가기준을 수립하기 때문에 자체 평가기준은 상위기관의 기준을 초과하여 제시될 것이다. 따라서 자율적으로 교육의 질적 개선을 도모하고 통제하는 기능을 하게 된다. v) 자극·동기 부여 기능: 학교평가가 교사, 학부모, 지역사회의 관점에서 이루어지게 되면 평가의 과정에서 학교의 구성원이 학교에 대해 관심을 갖고, 학교현황을 정확히 이해하며, 문제점을 인식하고, 그 해결책을 강구할 수 있게 된다. 이러한 과정을 통해 학교가 자체적으로 발전할 수 있는 자극과 동기를 부여하는 기능을 수행하게 된다. vi) 공식적인 인정의 기능: 학교에 대한 평가는 평가결과에 따라 학교의 목표와 계획, 교육과정 운영, 교직원, 시설 및 행·재정 등에 관련된 제 기준에 도달하였는가를 판단할 수 있기 때문에 학교의 실태를 객관적으로 확인하는 기회를 제공하게 된다. vii) 선별적 지원의 기능: 학교평가의 결과에 따라 학교를 선별적으로 지원하는 데 필요한 기준을 제공하고, 부수적으로 인사자료로 활용할 수 있는 정보를 제공해 준다.

셋째, 평가의 영역 및 내용이다. 학교평가는 평가를 시행하는 상황과 목적에 따라 평가의 영역이나 내용이 매우 다양하다. 정태범(1998: 476-479)은 학교평가를 교육기능과 경영기능에 대하여 그 성과를 측정하고 진단하는 데 목적을 두고 투입평가, 과정평가, 산출평가로 구분할 수 있다. 학교경영의 성과로서 나타난 산출을 평가하는 데 중점을 두고 투입과 과정의 실태를 동태적으로 파악하는 과정평가와 학교경영의 성과에 대한 성과평가로 구분하기도 한다. 결국 학교평가란 투입평가, 과정평가, 산출평가의 측면에서 평가의 실제를 다루고자 한다. 여기서 투입평가에는 학교교육 계획에서 교육목표 달성이 가능했는가를 파악하기 위한 투입자원별 평가활동이 포함되고, 과정평가에는 일정 기간의 실천과정을 거치면서 각종 교육활동이 무리 없이 진행되고 있는가를 확인하기 위한 평가활동이 포함되며, 산출평가에는 실천의 결과가 교육계획에서 정한 목표에 어느 정도 달성했는가를 판정하는 평가활동이 포함된다.

넷째, 평가의 절차이다. 평가는 평가의 기준이나 목표를 정하고 그 기준에 따라 평가를 실시하고 그 결과를 분석하여 대안을 마련하는 일련의 절차를 거치게 된다. 이러한 평가의 절차는 학교경영평가위원회를 구성하고, 교육계획에 따라 평가영역을 정하여 기본 관점을 설정하고, 학교경영에 필요한 정보를 수집하여 해석하고, 이에 따라 나타나는 문제점이나 개선점을 확인하여 구체적인 대안을 마련하고 수집 · 정리된 정보를 충분히 활용되도록 한다.

[그림 10-1]은 평가의 구체적인 절차를 제시하고 있다.

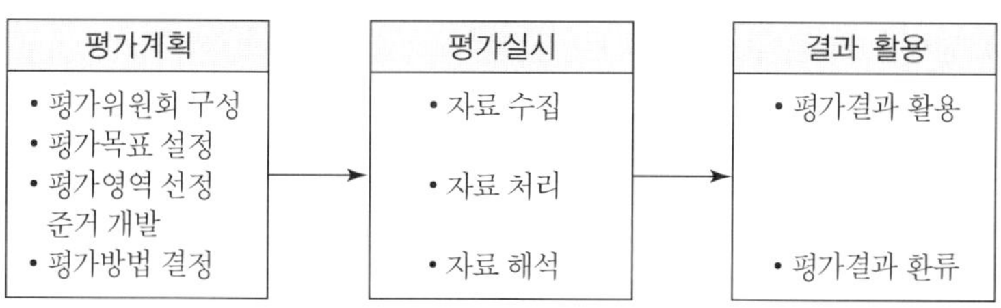

[그림 10-1] 학교경영평가과정

[그림 10-1]에서 학교경영평가의 과정을 살펴본 바와 같이, 평가계획 단계는 평가위원회 구성, 평가목표 설정, 평가영역 선정 및 준거개발, 평가방법의 결정 등이 있으며, 평가실시 단계는 자료수집, 자료처리, 자료해석 등에 대해서 실시하고, 결과 활용 단계는 평가결과를 활용하고, 반드시 차기년도에 평가결과를 피드백 처리해야 한다.

참고문헌

교육법전편찬위원회 편(2005). 2005년 개정판 교육법전. 서울: 교학사.

기순신(2002). 교사론. 서울: 학지사.

김경성(1997). '학교평가의 제도와 절차'.「학교평가의 과제와 발전 방향」. 학술세미나발 표논문집. 서울: 한국교육평가학회, 26-27.

남정걸(2004). 교육행정 및 교육경영. 서울: 교육과학사.

와부중학교(2005). 1학년 수련회 계획서. 남양주, 경기도: 와부중학교

와부중학교(2005). 2학년 현장체험학습 계획서. 남양주, 경기도: 와부중학교.

우창수(1999). 교원노조 법제화의 의의 및 우리나라 교원노조와 외국 교원노조의 비교 및 검토. 노동법률, 제100호.

백순근(1997). '학교평가에 대한 선진외국 동향'.「학교평가의 과제와 발전 방향」. 학술 세미나발표논문집. 서울: 한국교육평가학회, 110-112.

서정화, 서성옥, 김동희, 이수임(2002). 교장학의 이론과 실제. 서울: 교육과학사.

정태범(1998). 장학론. 서울: 양서원.

조성일, 안세근(2005). 교육행정 및 교육경영. 서울: 재동문화사.

주삼환(1990). 장학 · 교장론: 교육의 질 관리. 서울: 도서출판 성원사.

주삼환(1998). 교육행정 강독. 서울: 원미사.

주삼환(2000). 지식정보화 사회의 교육과 행정. 서울: 학지사.

한국교원단체총연합회(1991). 교원단체와 교원. 서울: 한국교원단체총연합회.

한국교원단체총연합회(1994). '94 당면교육 정책 개선방안. 서울: 한국교원단체총연합회.

제11장 현장 중심의 학교장의 지도성

21세기 지식 및 정보기반사회에서는 학교교육의 질적 향상과 전문적 주체성을 구현할 수 있는 학교교육개혁 및 개선의 재구조화가 요구되고 있는 실정이다. 이러한 노력은 단위학교경영의 혁신을 통하여 지속적이며 총체적으로 추진되어야 한다. 따라서 단위학교경영의 최고관리자인 학교장은 이러한 변화 속에서 무엇보다도 중요한 역할을 기대 받고 있다.

오늘날 학교장은 단위학교의 경영 및 관리에 있어서의 새로운 패러다임을 이해할 필요가 있으며, 이는 곧 학교장의 지도성 역량을 높이는 중요한 자질인 것이다. 특히 재구조화의 핵심은 권한 위임을 통한 학교의 자율성 증진, 교육수요자 중심의 다양한 교육과정 마련, 개별화 학습을 지향하는 다양한 교수-학습 방법의 도입, 교사 전문성 신장을 통한 교육의 책무성 증대 등으로 설명될 수 있다(C. A. Reavis & H. Griffith, 1993: 6-7). 다시 말하면, 학교재구조화는 학교교육의 질 향상을 위한 교육체제 상의 변화를 의미하는 것으로 최근에 단위학교 수준에서 강조되고 있는 학교중심 교육과정개발과 학교장의 지도성, 단위학교 책임경영제와 학교장의 지도성, 총체적 질 관리(TQM)와 학교장의 지도성, 학교 공동체 문화와 학교장의 지도성에 대하여 살펴보기로 한다(주삼환, 1992; 김윤태, 2000; 정일환, 2000; 정태범, 2002; 김형관 외, 2003; 이병진, 2003).

제1절 학교중심 교육과정개발과 학교장의 지도성

원래 학교중심 교육과정개발(school-based curriculum development, SBCD)이 처음 사용되기 시작한 것은 영국의 스킬백크(M. Skilbeck, 1984)가 교사참여 배제형 교육과정(teacher-proof curriculum)을 주도하는 중앙집권형 교육과정 개발체제와 대립되는 개념으로 사용되면서부터이다. 특히 학교중심 교육과정개발은 교육과정의 질을 개선하기 위하여 학교교육 활동에 관계되는 당사자들, 즉 교사, 학부모, 학생, 학교행정가들에 의해 결정되는 모든 활동을 의미한다. 왜냐하면 학교중심 교육과정개발의 최종 결정은 학교와 교사의 독자적 활동이지만, 그것은 학교와 사회적 맥락 속에서 의미를 부여하고 상호 연계되어 이루어지는 교육적 활동이기 때문이다(F. M. Connelly, 1972). 따라서 단위학교 현장에서 지역사회 인사, 학부모, 교사, 전문가 등이 공동으로 참여하여 지속적으로 만들어 가는 교육과정이기 때문에, 학교장은 교육과정 전문가로서의 지도성 역량을 발휘하여 학교 구성원들이 총체적으로 참여하여 적극적으로 의견을 반영할 수 있도록 교육과정을 운영하여야 하며, 그 방법은 민주적으로 이행되어야 한다.

결국 학교중심 교육과정개발이란 의도된 국가 수준의 교육과정을 검토하여 단위학교 수준에 맞는 교육과정안의 계획, 실행 및 평가의 환류를 통하여 교육과정 운영을 점검하고 계속적으로 개선 및 발전하게 하는 활동을 포함하는 포괄적인 관리체제를 의미한다. 이렇듯 학교중심 교육과정개발은 단위학교 교육의 질을 향상시키고자 하는 노력이며, 바로 학교장의 주된 관리 대상이라고 할 수 있다.

특히 캠벨(R. J. Campbell, 1985: 33-34)은 학교중심 교육과정개발의 여섯 가지 특성을 다음과 같이 제시하고 있다. i) 독특성(particularity): 특정한 학교가 가지고 있는 지역사회와 학생들의 지각적 요구에 초점을 맞춘 개발활동이다. ii) 틀 적응성(frame adaptive): 학교 교육과정은 국가, 지역 교육과정을 지침으로 학급의 교육과정을 개발하는 활동이다. iii) 과정중심(process-oriented): 결과보다는 개발 과정 그 자체에 더 강조를 두는 개발활동이다. iv) 참여성(participatory): 교사를 비롯한 교육과정 관련자들의 참여와 협동을 요하는 개발활동이다. v) 예비성(preliminary): 개발된 교육과정은 실행한 후 평가를 통해 수정될 수 있는 개방적 융통성이 있는 활동이

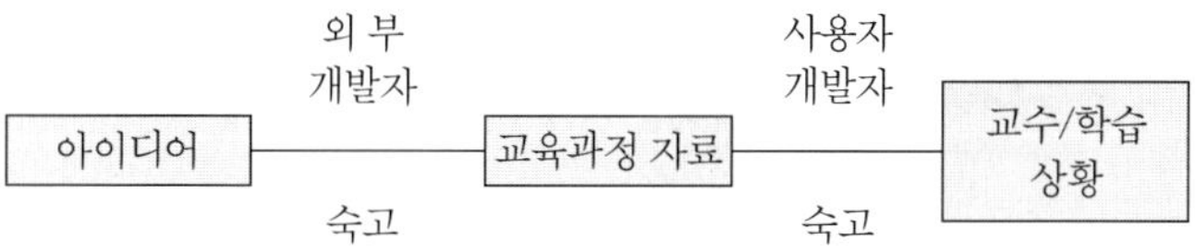

[그림 11-1] 코넬리(Connelly)의 교육과정개발 모형

* 자료: Lewy, A.(1991). *National and School-Based Development*. Paris: Unesco, International Institute for Educational Planning, p. 30 재인용함.

다. vi) 역할 확대성(role extensive): 교사의 역할을 학급수준에서 학교 및 지역수준으로 확대함으로써 교사의 기존 교수 역할에서 교육 전문가로서의 역할 변화를 요하는 개발활동이다.

따라서 학교중심 교육과정개발은 교육과정개발에 학교교육 관련자들의 총체적 참여를 통하여 보다 적절한 교육과정을 개발하려는 것이며, 동시에 상위 수준의 보다 표준적인 교육과정과의 연계를 유지하는 개발 활동이라고 할 수 있다.

그리고 교육과정개발 모형은 어떻게 접근하느냐에 따라 다양하나, 코넬리(Connelly) 모형(1972), 실버스테인(Silberstein) 모형(1979) 등을 중심으로 고찰하면 다음과 같다.

i) 코넬리(Connelly)는 [그림 11-1]과 같이 교육과정개발을 외부개발에서 지역사용자 개발로 이어지는 공간 이동의 차원에서 보고 학교중심 교육과정개발 모형을 제시하고 있다(A. Lewy, 1991: 30 재인용함).

[그림 11-1]에서 살펴본 바와 같이, 학교중심 교육과정의 1단계는 외부 개발자들이 교육과정 아이디어를 교육과정 자료로 개발하는 단계이며, 2단계는 사용자들이 교육과정 자료를 기초로 교수-학습 상황에 맞게 수정·변화·변형하는 단계이다.

ii) 실버스타인(Silberstein, 1979) 모형이다. 이 모형은 학교 외부 개발자와 지역사용자 간의 협동적 교육과정개발 모형을 [그림 11-2]와 같이 제시하고 있다.

실버스타인(Silberstein) 교육과정개발 모형에서 외부 개발자들은 일차적으로 교수자료를 제작하는 역할을 하지만, 보다 중요한 역할을 지역 사용자들의 교육과정개발 활동에 협동적으로 참여하고 있다(A. Lewy, 1991: 31 재인용함). 즉 외부 개발자들의 협동관계는 교사교육, 개별화 혹은 지역화된 보충 교육과정의 단원개발 워크숍, 교육과정 적용에의 참여로 이어진다.

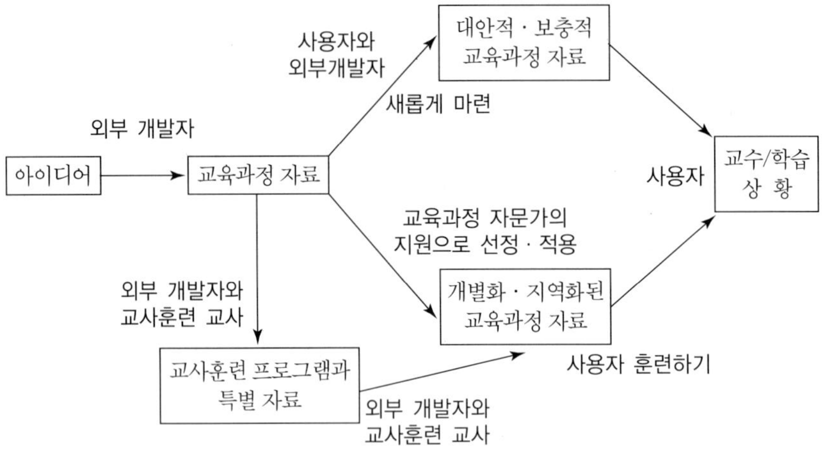

[그림 11-2] 실버스타인(Silberstein) 교육과정개발 모형

*자료: Lewy, A.(1991). *National and School-Based Development*. Paris: Unesco, International Institute for Educational Planning, p. 30.

과거와 달리 오늘날 학교교육은 학교장으로 하여금 단순히 학교단위의 경영 및 관리적 지도성의 역량뿐만 아니라 학교교육의 본질적인 기능인 교수-학습의 효과를 극대화하기 위한 다양한 지도성 역량을 요구하고 있다. 학교장은 학교교육과정에 대한 전문적 이해와 변화하는 시대에 부응할 수 있어야 하며, 학습자 중심의 교육을 제공하기 위한 교육과정의 편성 및 운영의 전문가이어야 한다. 결국 학교장은 단위학교에서 교육과정 의사결정의 책임자로서의 역할을 담당하고 있기 때문에, 교육과정개발과 그 운용에 대하여 어떠한 지도성을 발휘하느냐에 따라 교육과정의 질이 결정될 수 있다. 월페, 호웰 그리고 차랜드(M. P. Wolfe, G. L. Howell & J. A. Charland, 1989)는 학교중심 교육과정개발 시 학교장의 역할에 대하여 교사, 학생, 학부모와 행정가들 사이에 열린 의사소통과 의사결정의 공유를 돕는 일, 동료교사 간 관계를 향상시킬 수 있는 기회를 제공하는 일, 학교의 임무에 대해 동의를 구하는 일, 강력한 학교 정신을 신장시키는 일 등을 강조하고 있으며, 캠벨(R. J. Campbell, 1985)은 학교장이 학교중심 교육과정개발에 있어서 학교 구성원들과 긍정적인 관계를 마련하는 데 필요한 전략으로 맡은 직무의 책임 한계를 명시하는 일, 교육과정개발의 책임을 위임하는 일, 개발 기회를 인식하고 지원하는 일, 주도적으로 역할을 이행할 수 있도록 실제적 지원을 하는 일, 주도적 역할에 대하여 시범보이는 일 등을 제시하고 있다.

한편 학교중심 교육과정을 개발하는 데 있어서 학교장의 역할에 대하여, 루이(A. Lewy, 1991)는 학교장은 교육과정을 개발하는 데 있어서 실질적인 개발활동에서 주도적 입장에 있다기 보다는 학교사회에 활력을 넣어주는 간접적이고 지원적인 역할을 하는 것이 바람직하다고 보았다. 캠벨(R. J. Campbell, 1985: 109)은 학교장은 교육과정개발에서 대외적인 공식적 책임을 가지고 있지만, 교육과정의 형태와 방향을 잡아주는 지원자적 · 촉진적 역할을 해야 한다고 강조하고 있다. 또한 올리바(P. F. Oliva, 1982: 73)도 학교장은 교육과정개발의 핵심적인 의사결정자가 아닌 교육과정개발의 지원 · 조장자적 역할을 담당해야 한다고 한다.

또한 학교중심 교육과정개발 과정에 있어서 학교장의 지원적 · 촉진적 역할에 대해 슈바브(J. J. Schwab, 1983)는 학교중심 교육과정개발 위원회의 의장으로서의 역할을 맡지 않는 것이 효과적이라고 한다. 왜냐하면, 학교장이 의장의 역할을 맡게 되면 교육전문가라기보다는 교육행정가로서 행사할 위험성이 높아질 뿐만 아니라 교사들이 교육과정개발 과정에서 학교장을 탁월한 권위자로 인식하기보다는 같은 동료로서 보기 때문에 신뢰성에 문제가 생길 수 있기 때문이라고 한다.

결국 학교장은 학교조직의 공식적 위계구조 속에서 최고관리자로서 교육과정개발의 역할을 한다기보다는 교육과정의 입안과 이행에 있어서 교사와 동반자적 역할로 인식될 수 있다. 따라서 가능한 다양한 관련자들의 참여를 보장할 필요가 있다(G. G. Tankard, Jr., 1974: 58; G. A. Griffin, 1988: 253).

학교중심 교육과정개발에 있어서 교육과정개발의 촉진자 및 조정자로서 학교장은 다음과 같은 역할 수행이 요구된다. i) 교육과정 활동에 필요한 시간을 마련한다. ii) 교육과정 개발에 필요한 자원의 제공자로서 교육과정 자문위원의 역할을 수행한다. iii) 교사들에 대한 현직연수를 실시하고 조정한다. iv) 특히 소규모 학교에서는 교육 지도자는 교육과정 창시자로서, 개발자로서 그리고 실행자로서 능동적으로 일한다. 학교장이 학교중심 교육과정개발을 위하여 특히 역량을 발휘해야 할 영역을 살펴보면 다음과 같다.

① 교육목표의 설정이다. 학교장은 학교가 추구할 비전을 제시하고 그것을 학교의 목표로 구체화시킬 수 있는 청사진을 가지고 있어야 한다. 교육목표의 설정에 있어서 지역사회의 요구, 학부모의 요구, 학생의 요구, 교직원의 요구 등 학교

교육과 관련이 있는 개인이나 집단의 요구를 포괄적으로 수용하되, 법으로 국가가 제시해 놓은 교육목적의 범위 안에서 조화시켜 나가야 한다. 또한 교육 지도자는 학교목표의 설정 과정에서 교사들을 참여시켜 목표에 대한 그들의 이해를 도우며, 실천적 사명감을 높여야 한다.

② 교육과정과 수업구조의 설계 및 조직이다. 학교장은 교육과정과 수업구조의 조직을 위한 중요한 의사결정을 해야 한다. 교육과정과 수업구조의 설계 및 조직은 학생들의 학습경험에 영향을 주는 학교구조와 교육과정 편성, 그리고 수업조직의 여러 측면을 포함한다. 따라서 학교장의 수업 지도성 행위는 학생조직, 교사집단 조직, 교육과정 편성조직, 그리고 수업조직으로 나누어 살펴볼 수 있다. 먼저 학생집단의 조직에 있어서 학교장은 학교 여건을 최대한 활용하고 재량권을 최대한 발휘하여 교수-학습활동의 효과를 극대화할 수 있는 학생집단을 조직하여야 한다. 교사집단의 조직에 있어서는 학교장은 사무분장에 의한 보직의 성격과 교사의 개인별 능력을 고려하여 조직하여야 하며, 교사 개개인의 욕구성향, 자질 등을 충분히 탐색하고 이해해야 한다. 또한 교육과정 편성 및 조정하여야 하며, 효과적인 수업을 할 수 있도록 적절히 수업 상황을 구조화하도록 노력해야 한다.

③ 수준별 교육과정의 운용이다. 수준별 교육과정은 교육과정의 계획, 적용 및 운용을 능력별 차이가 있는 다양한 학생집단에 기초하여 개발된 교육과정으로 그 운용 측면에서 학교중심 교육과정보다 더 많은 준비를 필요로 한다. 이는 각 능력별 학생들을 정확하게 파악해야 하며, 교육과정을 학생들의 다양한 수준별로 재구성해야 하기 때문이다. 따라서 학교장은 수준별 교육과정의 운용을 위해서 다음과 같은 역할이 요구된다. ⅰ) 학교중심 교육과정의 운용을 통해 축적된 노하우를 능력별 수준에 따른 교육과정의 운용에 적극적으로 활용될 수 있도록 관련된 모든 자원을 활용한다. ⅱ) 학교장은 수준별 교육과정의 의사결정 및 운용에 적극적으로 참여하고자 하는 교사들과 수준별 교육과정의 의사결정에 기초가 되는 학생들의 요구를 진단할 수 있는 능력을 갖추어야 한다. ⅲ) 수준별 교육과정 개발 시에 직면하게 되는 문제를 해결할 수 있는 능력과 책임감이 학교장에게 요구된다. ⅳ) 수준별 교육과정의 운용과정에서의 의사소통을 원활하게 하고, 교사들이 활용할 수 있는 충분한 시간과 자료, 외부 전문가의 조언, 교육

과정개발에 도움을 받을 수 있는 타 학교와 기타 조직의 협력체제가 구축되도록 해야 한다.

④ 수업모형의 개발이다. 수업모형은 교사의 가르침과 학생의 배움이 동시에 고려되는 상황에서 형성된 것이라고 할 수 있다. 수업모형은 학습과제에 따라 다양하기 때문에 수업모형을 획일적으로 활용할 수는 없다. 학교장은 교사들이 다양한 학습과제에 활용할 수 있는 수업모형을 학교실정에 맞게 개발하여야 한다. 학습과제에 따른 수업모형을 개발하는 데 있어서 학교장에게 요구되는 역할은 다음과 같다. i) 학습과제에 따른 수업모형을 개발하기 위해서는 교사들과의 충분한 공동 노력이 필요하다. 교사들의 수업 경험은 수업모형을 개발하는 일차적인 자원이기 때문이다. ii) 학교장은 교사들이 수업모형의 개발에 적극적으로 참여할 수 있도록 동기부여를 해야 한다. iii) 학교장은 교사들이 다양한 수업모형을 적용할 수 있는 기회를 부여하고, 각종 시범수업을 통하여 많은 교사들과 정보를 교환하여야 한다. iv) 학교장은 교사들로 하여금 효과적인 수업모형의 개발과 활용에 보다 많은 시간을 투자하도록 교사부담을 줄여야 한다.

결국 학교중심 교육과정을 개발함에 있어서 학교장은 다른 참여자들과 지도성을 공유하고, 함께 문제를 해결하고, 교육과정개발과 운용에 기여하는 데 필요한 제반 인적 · 물적 자원을 제공하고, 참여하는 교사들에 대해 각별한 배려를 해 주는 것이 주된 역할이라고 할 수 있다.

제2절 단위학교 책임경영제와 학교장의 지도성

과거의 교육은 획일적인 생산라인을 거쳐 표준화하고 정형화된 물건을 만들어 내듯, 고정적인 관행과 방식으로 객관성만 중시하여 동조와 단일성을 이끌어 냈고, 교육의 질을 양으로 측정하기 위해 계량화했다.

하지만 현재와 미래는 다양한 과제에 도전적이고 능동적으로 대처하기 위한 새로운 전략이 요구된다. 이러한 사회적 변화와 요구를 수용하여 장기적인 학교 발전과 경쟁력을 도모하려는 학교경영구조 개선의 일환으로 도입된 개념이 단위학교 책임경영제이다(Y. C. Cheng, 1996).

단위학교 책임경영제(school-based management)는 교육의 질을 높이고 학교 효과성을 추구하기 위하여 미국에서 1980년대 중반 이후부터 본격적으로 사용된 용어로 기존의 중앙집권적인 학교경영 방식과 대비되는 개념이다. 이는 권한의 분산과 책임의 공유를 통하여 민주화를 도모하고 학교경영이 공개됨으로써 열린 교육사회가 구축될 수 있으며, 교육에 대한 책무성을 증대시킬 수 있는 등 학교경영의 효과 증대라는 실질적인 측면에서 보다 자율적인 의사에 따라 학교 경영을 하는 것을 의미한다.

단위학교에 대한 학교 운영의 권한과 책임을 부여하여 보다 자율적인 의사결정권을 가지고 학교 경영을 하는 단위학교 책임경영제의 주체는 교육행위에 대하여 권리와 의무를 지닌 학교장, 교사, 학부모, 지역사회와 그들로 구성된 학교운영위원회가 주체가 된다. 따라서 학교단위 책임경영제의 핵심 전제는 교육적 상황에 가장 근접해 있는 사람들이 교육 현실에 대한 자신들 및 수요자의 요구를 가장 잘 대변할 수 있는 위치에 있다는 것이다(J. L. David, 1991).

이러한 학교교육의 주제들이 자율성과 책무성의 균형하에 단위학교 책임경영제를 이행하기 위한 기본 원리는 다음과 같다(Y. C. Cheng, 1996: 45-48).

① 목표달성 다원의 원리 대 표준적 구조의 원리이다. 외부통제관리에서는 과학적 관리법과 관료제 이론과 같은 고전적 이론에 기초하는 전통적인 학교체제의 관리를 강조한다. 외부통제관리에서는 관리목표를 달성하기 위한 표준적인 수단과 절차가 있어야 하고, 그것들은 모든 학교에 적합하다고 가정한다.

하지만 단위학교 책임경영제는 목표를 달성하기 위한 다양한 방법들이 있을 수 있다고 가정하는 현대적 관리이론에 근거하고 있다. 유연성이 강조되고, 학교는 각각의 상황에 따라 자체적으로 관리됨을 말한다. 현재의 교육업무의 복잡성과 학교 간의 큰 차이 때문에(학생들의 학업수준, 공동체의 상황), 여러 학교들을 표준적인 구조로 관리하는 것은 비현실적이다. 따라서 목표달성 다원의 원리는 권력의 분산을 통해 학교들로 하여금 역동적이고 독특한 지도전략을 적용하여 각자의 학교를 효과적으로 관리하는 것을 말한다.

② 분권의 원리 대 집중의 원리이다. 집중과 상반되는 개념으로서 분권은 목표달성 다원의 원리와 상응하는 현대적 학교경영 개혁의 중요한 현상이다. 학교경영

과 지도활동은 필연적으로 어려움과 문제점을 안고 있기 때문에 가능한 한 빨리 문제를 효과적으로 해결할 수 있는 권한과 책임이 각 학교에 주어져야 한다는 것이다. 즉 단위학교 책임경영제는 문제를 발견하고 적시에 해결하며 지도와 학습활동의 효과성에 더 큰 공헌을 할 수 있다는 것을 말한다.

③ 자기관리체제의 원리 대 집행체제의 원리이다. 종래의 학교는 흔히 교육정책 목표를 달성하기 위한 수단으로서 면밀한 외부통제를 요하는 수동적인 집행체제로 간주되었다. 학교의 역할이 수동적으로 중앙교육기관으로부터 명령을 받는 것이라면, 어떠한 진취적인 힘이나 책무성도 뚜렷이 학교에 위임되지 않는다. 단위학교 책임경영제는 학교가 정책 목표를 달성할 필요가 있다는 것을 부정하는 것은 아니나, 정책목표를 달성하는 방법은 다양할 수 있다. 따라서 학교에는 교육목표와 관리전략을 발전시키기 위해 상당한 자율성을 지니고, 인력과 예산에 맞추어 그들 자신의 상황에 따라 문제를 해결하고 목표를 달성해 가는 자기관리체제가 필요하다. 학교가 자기관리를 한다면, 그들 자신의 책임을 위해 더욱 솔선하게 될 것이다.

④ 인간 창의성의 원리 대 구조적 통제의 원리이다. 인간적 요소와 구조적 요소 중 어느 것이 더 중요한가? 조직의 목표와 임무가 분명하고 명확하다면 조직의 구조적 요소가 강조될지도 모르고, 이상적인 조직 구조나 정확한 체계가 사람들을 효과적으로 활동하게 만들지도 모른다. 이러한 관점에서 보면, 항상 학교에 대한 감독을 강화하고, 학교를 통제하기 위한 규정을 증가시키는 것이 바람직한 것이다. 그 결과 중앙교육기관의 관료적 체제의 팽창을 가져오고, 외부의 통제가 강화되면 될수록 학교 구성원들은 점점 더 중앙교육기관에 의존하게 되어 그들의 창의성은 점점 더 낮아지는 생태적 현상이 일어날 것이다. 결국 교육의 질은 저하되고 중앙교육기관은 교육의 질을 높이고자 감독과 통제에 더욱 많은 투자를 하게 되는 것이다.

하지만 인간 자원적 시각에서 인간은 조직의 귀중한 자원이며, 따라서 관리의 중점은 학교 내의 인적자원이 창의성을 충분히 발휘하도록 개발하는 것이라는 것을 강조한다. 이러한 시각에 기초하여 단위학교 책임경영제는 학교 구성원들이 폭넓게 참여하고 그들의 잠재력을 개발시킬 수 있도록 적정한 환경을 구축하는 것을 목표로 한다. 따라서 교육의 질 향상은 주로 내적 과정의 개선, 특히 인적자원 관점에 있어서의 개선으로부터 비롯된다. 많은 연구들은 이미 학교의 과업수행은 학교의 조직 환경이 학교 구성원들의 동기를 유발하느냐 못하느냐에 달려있다는 것을 입증하고 있다.

우리나라에서도 단위학교 책임경영제가 정착되기 위해서는 이제까지와는 다른 학교경영의 기본 방향이 정립되어야 할 것이다. 이는 단위 학교교육의 철학 확립 및 교육의 본질을 중시하고, 자율과 책임의 조화를 이루며, 교육 각 주체들의 참여 제고와 지역사회의 특수성을 반영하는 전문화된 학교경영이 이루어져야 함을 의미한다. 이를 위해서는 무엇보다도 학교장의 교육운영의 민주화와 학교교육 구조의 개선이 필요하며, 이러한 정책의 성공적인 수행을 뒷받침해 줄 수 있는 교육재정의 확충 및 합리적인 운영이 요구된다(정태범, 2002).

첫째, 학교경영의 민주화이다. 단위학교 책임경영제가 성공하기 위해서는 관련된 모든 사람들이 이 제도에 걸맞은 의식과 자질을 갖추어야 하겠지만, 특히 학교장의 역할이 중요하다. 즉 학교장은 그동안 관리자로서의 소극적인 역할 수행에 벗어나 변화를 선도하고 추진하는 지도자로서의 변신을 적극적으로 꾀해야 할 것이다. 그러기 위해서는 획일적인 지시와 통제, 관리행정 위주의 교육행정구조 등이 지양되어야 한다. 아울러 교육행정 업무수행 과정에서도 지시보다는 구성원의 상호이해를 통한 자유로운 의사소통 관계를 수립하여 가능한 여러 대안을 도출하고 최선의 대안을 선택하도록 하여야 할 것이다.

그리고 중요 의사결정 과정에 관련 인사를 가급적 많이 참여시켜 이들의 의견이 의사결정에 충분히 반영하도록 하는 의사결정 과정의 민주화가 중요하다. 그리고 교직원, 학생, 학부모, 지역사회 인사의 참여 기회를 확대하기 위하여 각종 위원회의 기능을 활성화시켜야 할 것이다.

둘째, 학교교육구조의 개선이다. 학교교육의 질적 향상을 위한 필요에서 도입된 것이 단위학교 책임경영제라면, 이의 성공적 실행을 꾀하는 우리의 교육구조는 많은 문제를 안고 있다. 그동안 우리 학교의 교육구조는 입시 지상주의의 왜곡된 교육풍토, 반세기에 걸쳐 운영해 온 단일화된 교육과정 운영, 지역사회의 자연적 · 문화적 환경과 관련 없는 형식적인 교과과정 운영, 기본적인 시설설비만 갖춘 학교시설 등의 많은 문제가 있다. 따라서 이러한 구조적 문제들을 해결하기 위한 변화의 방향으로서 학습 집단의 적정화, 다양한 학습 자료의 개발, 교과전용 교실제, 학생들의 교과 선택권과 학교의 교육과정 편성 운영권 등이다. 이를 구체적으로 설명하면 다음과 같다. ① 학습 집단의 적정화: 우리나라는 선진국의 학급규모와 비교할 때 학습 집단의 규모가 대단히 큰 편이다. 따라서 학습의 효과를 높이고 개별학습이 가능하도록 하려면 학습 집단의 구성은 30명 이내가 되어야 한다. 과다한 학급규모로서는 개별학습이 불가능하기 때문이다. 그동안 학교경영에서 주종을 이루어 온 학급의 운영방식은 학습 집단의 운영 방식으로 전환되어야 할 것이다. ② 다양한 학습 자료의 개발: 그동안 단일 학습자료 속에서 학생들은 학습의 흥미와 의욕을 잃고 학습결손을 누적시키는 결과를 초래했다. 따라서 학습 자료는 학생들의 수준에 맞게, 적어도 학습속도가 빠른 학생, 중간 정도의 학생, 학습 속도가 늦은 학생 등 세 집단을 고려하여 개발되어야 한다. 이러한 학생들의 능력에 맞는 학습 자료의 마련은 효과적인 학습에 필수적인 조건이기 때문이다. ③ 교과전용 교실제: 교사는 자기의 교실을 가지고 전공 교과교육에 필요한 각종 교육기기와 교육 자료를 구비하여 풍부한 자료 속에서 수업을 할 수 있어야 한다. 하지만 우리의 교육은 학급별로 학생들의 교실이 정해져 있으며, 교사는 학생들이 속한 학급에 이동하여 수업을 하고 있다. 그러므로 교사는 시간마다 많은 학습 자료와 교육기기를 이동시켜 개별학습을 지도한다는 것이 불가능하다. 따라서 학습의 효과를 높이고 교사가 계속적으로 안정된 공간에서 그의 지도내용에 대한 연구를 할 수 있도록 교사들이 고정 배치되는 교실구조를 갖게 될 때, 교사의 전문성은 보다 심화될 것이다. ④ 학생들의 교과 선택권과 학교의 교육과정 편성 운영권이다. 학교에서는 다양한 교과를 제공하고 학생들로 하여금 그들의 적성과 흥미에 따라 교과를 선택할 수 있게 하여야 한다.

셋째, 교육재정의 확충 및 합리적 운영이다. 교육재정은 교육의 질적 수준을 좌우하는 중요한 관건이다. 지금까지의 입시중심 교육과정 운영은 학교 재정을 단순화시켰다. 강의중심의 수업운영은 교사의 인건비만으로도 교과과정 운영이 가능하였으며, 학생들의 다양한 적성을 고려할 필요가 없었기 때문에 학습에 투입되는 경비는 극히 적었다. 하지만 이제 전문화되고 질 높은 교육경영을 이루기 위해서는 학교재정의 확보와 그 운영의 자율권이 확대되도록 하여야 한다. 이를 위해서는 단위학교에 대한 예산이 도급경비 및 일상 경비로 항목을 정하여 지원되는 방식에서 연간 총량경비로 지원되는 체제로 전환함으로써 단위학교의 특성에 맞게 재정운영이 이루어지도록 해야 한다. 또한 학교재정에 대한 예산과 그 내용을 학교장 내지는 서무담당자만 알고 있기보다는 모든 교직원에게 공개하고, 건설적인 의견을 수렴하여 합리적인 집행이 되도록 하여야 할 것이다.

이상의 내용을 종합하여 단위학교 책임경영제 모형을 제시하면 [그림 11-3]과 같다.

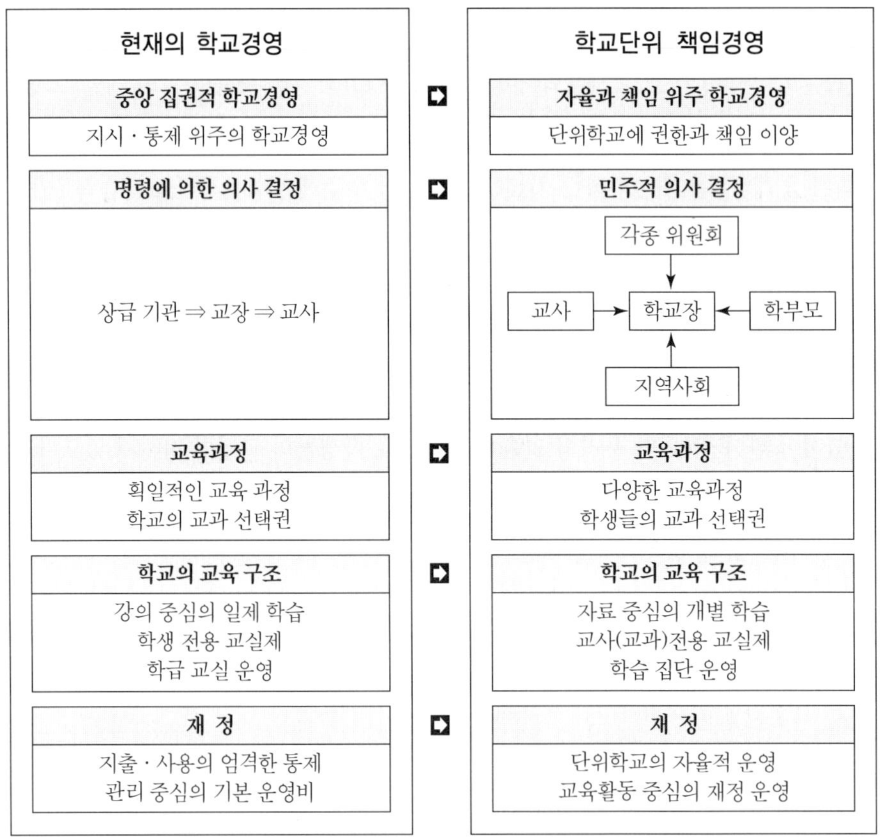

[그림 11-3] 단위학교 책임경영제 모형

* 자료: 정태범(2002). 학교경영의 발전과 과제. 서울: 양서원, p. 335.

[그림 11-3] 단위학교 책임경영제의 원리 및 모형을 토대로 해서 단위학교 책임경영제와 학교장의 지도성과의 관계를 살펴보면 다음과 같다. 학교는 개성과 철학을 가지고 수준 높은 프로그램을 특색 있게 마련하여 교육 활동을 전개해야 한다. 지식 및 정보기반사회의 학교교육 발전의 새 지평을 여는 경영모델을 창출하여 학교가 생동감 있고 활력 넘치는 미래 세대를 위한 창조의 공간으로 거듭나야 한다. 따라서 전통적인 경영 개념과 다른 학교중심경영은 새로운 체제에 적합한 교육지도성이 요구되

는 실정이다.

학교의 자율성과 책무성을 강조하는 최근의 교육개혁은 학교의 자율권을 인정하고 강화하는 단위학교 책임경영제는 학교의 자율화 책임, 학교조직구성원의 참여를 강조하고 있다. 많은 상부의 권한이 학교로 이양되고 있다. 이러한 관점에서 단위학교 책임경영제하의 학교장의 지도성은 다음과 같은 방향으로 개발되어야 한다. i) 학교와 교사에게 많은 권한과 책임이 위임되어야 한다. ii) 지방 교육청의 단위학교에 대한 전폭적인 지원이 이루어져야 한다. iii) 학교의 전반적인 교육활동에 교사들의 재량권이 많이 부여되어야 한다. iv) 학부모 및 지역 사회의 학교경영 참여가 증대되어야 한다. v) 학교 내의 각종 위원회의 활동이 활성화되어야 한다. vi) 학교장의 지도성 역량이 단위학교 책임경영제의 전반에 걸쳐 요구된다(이병진, 2003).

제3절 총체적 질 경영(TQM)과 학교장의 지도성

1. 총체적 질 경영의 배경과 개념

총체적 품질경영(total quality management: TQM)은 1985년 경 미국기업에서 발생한 새로운 품질운동이다. 미국에서 일반화되고 있는 TQM은 현재 전략적 품질경영시대에 개발되고 있는 새로운 경영방식으로서 다른 나라, 다른 조직에도 확산되고 있다. TQM은 총체적 품질관리(total quality control: TQC)와 관계가 있다. TQC는 생산기능과 품질기능이 완전히 분리되었던 전통적 생산 시스템에서 탈피하여 소비자가 만족할 수 있는 제품이나 서비스를 경제적으로 생산 및 제공할 수 있도록 기업조직 내의 모든 부문과 구성원이 수행하는 품질 개발, 품질 유지, 품질 향상의 노력을 통합하는 효과적인 체제이다.

TQC의 개념은 1950년대 일본에서 활동한 데밍(W. E. Deming)과 주란(J. M. Juran)에 의해서 처음 소개되었고 미국의 파이겐바움(A. V. Feigenbaum)이 출간한 『총체적 품질관리』(Total Quality Control)라는 저서에서 완전히 정립되었다. 일본의 품질관리에 크게 공헌한 이시가와(Kaoru Ishikawa)는 파이겐바움이 주장한 미국식 TQC와 차별하기 위하여 1968년부터 일본의 품질관리를 전사적 품질관리(company-wide quality control: CWQC)라고 불렀다. TQC는 품질에 대한 책임은 조직의 모든 구성원이 져야 함을 강조한다. 즉 경영층의 강한 지도성 하에서 제품의 책임은 특허 제품 생산현장의 작업자가 져야 한다는 것이다(강금식, 1996: 16-17).

한편 TQM은 품질보증과 TQC의 기본원리에 입각하고 있지만 이들이 단순히 품질향상을 위한 프로그램인 반면 TQM은 지속적 품질개선 과정을 강조하는 경영방식이라고 할 수 있다. 따라서 TQM은 품질관리보다 넓은 개념이다. TQM은 품질을 관리하고 보증하는 것을 의미할 뿐만 아니라 품질을 계획하고 조직하고 감독하고 통제하는 모든 구성원의 노력을 포함하고자 하는 이념이다. TQM은 조직 밖의 이해관계집단 및 모든 고객에까지 확대 및 적용할 수 있다. TQM에 있어서는 고객이 중심이요 고객의 만족이 추진력이다.

사실 그동안 TQM의 정의에 대하여 여러 학자와 기관들이 다양한 방법으로 규정한 바 있지만 보편적으로 받아들일 만한 단일 정의는 없다. 하지만 이들 정의들을 종합하면 대체로 다음과 같은 두 가지 공통적인 특징을 발견할 수 있다(J. Pike & R. Barnes, 1994: 26).

먼저 각 정의를 관통하는 줄거리, 즉 접근의 종합적 성질(the comprehensive nature of the approach)을 들 수 있다. 그것은 모든 기능과 모든 계층에 속하는 모든 사람을 포함한다. 그것은 정말 말 그대로 총체적(total)이다. 그러나 실제에서 정의의 질 측면이나 경영요소에 너무 강조를 둘 위험이 있다. 총체, 질, 경영 세 가지 요소는 모두 똑같이 중요하다. 다음으로 각 정의들이 나타내고 있는 바는 강조점이 다르다는 것이다. 예를 들면, 미국국방성(1988)은 조직개선에 인적 자원만이 아니라 양적 방법 적용의 중요성을 강조하는 것 같고 영국철도위원회(British Railway Board, 1989)는 고객의 요구를 만족시키는 것을 강조하지만 컬렌(J. Cullen)과 홀링검(J. Hollingum, 1987)은 공장의 제품과 제공되는 서비스에서 무결점(zero defects)을 강조하는 것 같다. 요컨대 TQM이란 조직에 관련된 모든 사람, 즉 고객, 공급자, 이해관계 집단, 구성원 등의 만족 수준을 증가시키는 것을 목적으로 하는 개인 및 조직의 발전과정이다(J. Pike & R. Barnes, 1994: 25).

모든 TQM이 성공하기 위해서는 지도성, 종업원의 참여, 제품 및 공정 우수성, 고객중심 등 네 가지 요소를 갖추어야 한다(강금식, 1996: 19-21). ⅰ) 지도성: 조직의 경영층에 의한 지도성은 TQM을 성공적으로 개발하고 실행하는데 필수 요건이다.

TQM은 전체 조직의 모든 구성원을 포함하고 전통적 기능 분야를 초월하기 때문에 비전, 계획, 커뮤니케이션 등이 필요하며, 이것은 최고 경영층의 책임에 속한다. ii) 종업원 참여: 의사결정 과정에 모든 종업원을 포함함으로써 경영층은 문제해결에 필요한 투입요소를 획득하여 좋은 결정을 내릴 수 있다. iii) 제품 · 공정 우수성: 이는 제품의 설계 품질을 의미하지만 적합 품질(결정된 설계 규격에 일치하도록 제품을 생산하는 것)의 관리를 위한 공정관리와 기타 분석도구까지 포함한다. 공정관리는 현재 생산하고 있는 품목이 설계 규격을 준수하고 있는지를 감시하여 필요한 공정 상의 품질 변동을 발견하는데 목적이 있다. 제품 · 공정 우수성을 달성하려는 기본 철학은 지속적 개선이라는 개념이다. 이는 작업이 수행되고 있는 공정의 지속적 개선을 통하여 제품 품질을 향상시키고자 하는 노력을 의미한다. iv) 고객중심: 이것은 제품의 품질을 고객이 결정하기 때문에 고객의 품질 요구를 설계규격에 반영해야 함을 의미한다. 마케팅 또는 제품개발부서는 고객이 원하는 바를 정확하게 결정하고 제품설계 부서는 고객이 원하는 품질 수준을 갖춘 제품을 개발해야 한다.

2. 총체적 질 경영의 특징

총체적 질 경영 철학은 수요자 만족을 위하여 조직의 모든 구성원들이 지속적으로 조직문화를 개선하고 조직의 목적을 성취하기 위한 실제적 이행의 과정 철학이다. 즉 조직의 전 구성원들의 헌신적 참여하에 지속적인 질 개선을 통하여 상품이나 서비스의 질을 향상시켜 수요자의 요구에 부응하는 것을 의미한다.

이러한 총체적 질 경영 철학을 동일한 방식으로 적용하는 조직은 없다 하더라도, 질 경영 적용에 있어서 기본적인 신념 혹은 철학은 다음과 같이 두 가지 관점에서 논의될 수 있다(W. E. Deming, 1986: 507). i) 수요자가 조직의 운영에 절대적으로 중요하다는 사실이다. 수요자가 없다면 사업도 없으며, 사업이 없다면 조직이 없기 때문이다. 결국 수요자들에게 질 높은 상품을 제공함으로써 그들의 만족을 유지하는 것은 어떠한 조직에 있어서의 기본 목적인 것이다. ii) 사람들은 질 높은 일을 하려고 하고, 만약 관리자가 그들의 의견을 경청하고 그들의 아이디어에 기초한 작업 환경을 마련한다면 기대 이상의 성취를 얻으리라는 신념에 기초를 둔다.

따라서 질 경영은 수요자의 요구나 필요에 부응해야 하며, 조직구성원들로 하여금 조직의 질 경영 이행에 헌신하고 총체적으로 참여하게 하는 지도성 발휘가 전제되어야 한다. 특히 무르개트로이드와 모건(S. Murgatroyd & C. Morgan, 1993)은 학교조직에서의 총체적 질 경영 철학이 수요자인 학습자의 요구와 기대를 충족시켜 줄 수 있도록 하기 위해서 지속적인 질 개선의 경영철학이라는 관점에서, 학교에서의 과정의 질을 계속적으로 개선하기 위하여 조직의 모든 구성원들 간의 상호관계를 체계적으로 관리하고, 모든 부문이 추구하려는 전략과 구성원들이 요구하는 최상의 기준에 대한 목표에 기여하는 것이라고 보고 있다.

한편 본스틴글(J. J. Bonstingl, 1992: 6)은 총체적 질 경영(Total Quality Management: TQM)을 학교조직에 적용하기 위한 네 가지 기본 원리를 다음과 같이 제시하고 있다. i) 조직은 공급자와 수요자에 초점을 맞추어야 한다. 총체적 질 경영에 있어서 모든 조직의 구성원은 공급자인 동시에 수요자이기 때문이다. ii) 조직에 종사하는 모든 구성원은 개별적 · 집단적으로 계속적인 개선을 위해 헌신해야 한다. iii) 조직은 하나의 체제로 인식되어야 하며, 조직의 구성원들은 조직 체제를 계속적 과정으로 이해하고 종사해야 한다. iv) 총체적 질 경영의 성공은 관리자의 책임이다. 질 경영의 이행을 위한 관리자의 헌신과 노력의 실천 없이는 성공할 수 없다.

결국 학교장은 학교조직의 목적은 높은 질을 산출하고자 하는 계속적인 질 개선의 과정을 통해서 얻어진다는 인식 하에 학교 구성원인 동시에 교육의 수혜자인 학생 개개인의 계속적인 성장의 과정에 초점을 맞출 수 있는 질 개선의 학교조직문화를 조성하여야 한다. 나아가 모든 부문의 구성원들이 계속적인 질 개선과정에 총체적으로 참여하고 교육수요자 만족에 초점을 두도록 해야 한다.

3. 학교의 총체적 질 경영

기업의 TQM 철학과 방법은 1980년대 말부터 영국, 캐나다, 미국을 중심으로 학교조직에도 적용되기 시작하였다. 그것은 이들 나라에서 교육 서비스에 대한 새로운 문제가 발생하였기 때문이다. 즉 그들은 교육비가 매년 증가함에 따라 교육 투자 수익에 대해 관심을 갖게 되었던 것이다. 정부나 기업이 교육체제 성과에 대해 불만이 있었던 것이다. 또 하나의 추진요인으로 들 수 있는 것은 정보기술과 세계 경제 속에서 국가 간 경쟁전략으로 교육투자와 그 성과의 중요성에 대한 인식이 증대되었다는 점이다. 이러한 상황 속에서 영국, 캐나다, 미국 등은 학교자치의 강화, 학부모의 학교 선택권 확대, 국가 공통교육과정 제정 그리고 학교성과 지표의 개발 및 지출에 대한 효과의 감시를 통한 기준의 강요를 추구하는 등 다양한 방법으로 대응하고 있다. 여기서 초점이 되는 것은 교육성과의 질에 관한 문제이다. 대부분 정부들은 기존 자원 내에서 교육성과의 질을 개선하는 것으로 대응하고 있다. 학교경영자나 행정가는 그들이 책임지고 있는 학교의 질과 성과를 지속적으로 개선하기 위하여 TQM을 학교에 적용할 수 있다.

그러면 학교의 TQM이 추구하는 질은 무엇인가? 여러 가지로 정의될 수 있지만 크게 질 보증(quality assurance), 계약 적합(contract conformance) 및 수요자(고객) 주도의 질(customer-driven quality) 등 세 가지로 분류해 볼 수 있다(S. Murgatroyd & C. Morgan, 1993: 45-50). ⅰ) 질 보증: 전문가 집단이 기준, 적절한 방법 및 질 요건을 결정하고 실제 이들 기준을 어느 정도 충족시켰는지를 조사하는 감독 또는 평가과정이 수반되는 것을 말한다. 예를 들면, 교사에 대한 평가 방법, 국가 또는 지역의 학력검사, 국가 교육과정 기준 등을 결정하고 시행할 때 고려될 수 있는 질이다. ⅱ) 계약 적합: 여기에서는 어떤 질 기준이 계약을 형성하는 교섭 중에 일을 맡은 사람이나 서비스를 제공하는 사람에 의해 상세화된다. 계약에 대한 적합성은 작업 진행 과정에 기초를 두어 평가되고 질은 계약요건을 충족했느냐로 규정된다. 특수아 지도를 위한 학교와 학부모 간의 동의에 의한 지도, 교사에 의해 학생에게 과제물 부과와 그 기대되는 내용의 정확한 개요 및 제출 마감일 설정, 교사와 학교 간의 수업부담 계약 등을 예로 들 수 있다. ⅲ) 수요자 주도의 질: 제품이나 서비스를 받는 사람들이 그것들에 대한 그들의 기대를 표명하는 질의 개념이다. 이 질은 수요자의 기대를 충족했느냐 또는 초과했느냐로 규정된다. 학부모나 학생이 그들의 기대를 분명히 말하고 그들의 기대나 요구와 이들 요구를 충족시킬 서비스를 학교가 그들과 협력하여 규정할 때 성과는 개선될 수 있다. 수요자 주도의 질을 보장하기 위해서 학교는 학부모나 학생의 요구에 관하여 부단히 탐구하고 그들의 아이디어, 관심 문제 및 제안이 정상적으로 실시되고 있음을 볼 수 있도록 해야 한다.

TQM을 성공적으로 실시하고 있는 조직을 보면, ⅰ) 조직구성원 간의 제휴와 공유된 비전에 대한 헌신, ⅱ) 질에 대한 수요자 주도적 및 과정 지향적 기초에 관한 폭넓은 이해, ⅲ) 우수한 팀과 팀 작업의 구축, ⅳ) 도전적이거나 비상한 목표 설정, ⅴ) 효과적 측정에 의한 피드백 등 다섯 가지 특징이 있다. 이 특징들은 TQM 조직 내 경영 팀이 성공하기 위해 성취해야 할 과업으로 간주될 수 있다. 따라서 효과적인 TQM 조직에는 3C(culture, commitment, communication), 즉 문화, 헌신, 의사소통이 내포되어 있음을 알 수 있다. i) 첫째 C의 문화는 조직을 결속시키는 내재적 규칙, 가정 및 가치이며, ii) 둘째 C인 헌신은 모든 조직구성원이 조직목표에 대한 소유의식이 크고 그것을 달성하기 위하여 위험을 감행하며 혁신과 발전 기회에 관하여 잘 아는 사람과 더불어 체계적으로 작업하는 것이며, iii) 셋째 C인 의사소통은 작업팀 내에서 또는 팀 간에 이루어지는 의사소통이 강력하고 단순하고 효과적임을 말한다(S. Murgatroyd & C. Morgan, 1993: 65-66).

이와 같이 TQM의 성공적인 실시는 5가지 특징(비전, 전략, 비상한 목표, 팀, 일상경영을 위한 도구)과 세 가지 C(문화, 헌신, 의사소통)에 달려 있음을 알 수 있다. 이들 요소들의 관계를 모형화하면 [그림 11-4]와 같다.

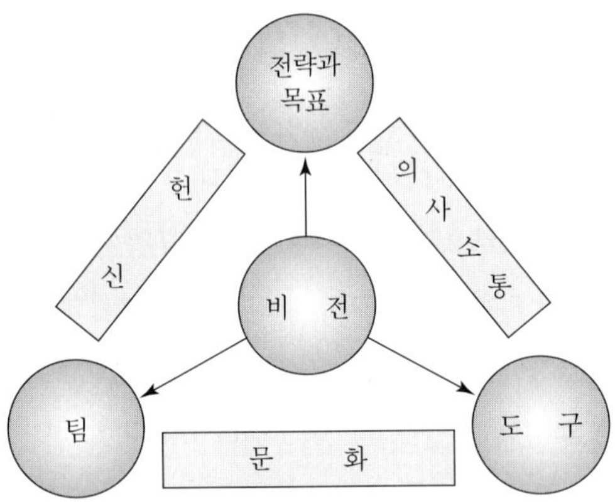

[그림 11-4] 학교지도성을 위한 TQM 모형

*자료: S. Murgatroyd & C. Morgan(1993). *Total Quality Management and the School.* Philadelphia: Open University Press, p. 67.

[그림 11-4]에서 살펴본 학교지도성을 위한 TQM 모형은 성공적인 TQM 실시를 위해서는 비전을 중심으로 하여 구체적 전략과 목표수행을 위한 팀과 도구가 뒷받침되고 문화, 헌신, 의사소통의 3C 요소가 균형 있게 조화를 이루어야 함을 알 수 있다. 하지만 이들 요소들이 중요하다고 말하는 것만으로 발생하게 할 수는 없다. 이는 다른 세 가지 요소, 즉 i) 신뢰(trust), ii) 지도성(leadership), iii) 권한위임

(empowerment)을 또한 필요로 한다. 이 요소는 TQM의 효과적인 방안, 비효과적인 방안의 차이를 드러내는 특징이 된다(S. Murgatroyd & C. Morgan, 1993: 66-68). 여기서 신뢰란 얻어야만 되는 것이지 사거나 거래를 통하여 확보되거나 자동적으로 유지될 수 있는 성격이 아니다. 신뢰는 조직문화의 3C의 많은 측면이 의존하는 기초가 된다. 지도성은 대체로 조직 내 지위의 문제로 보는 것이 아니다. 경영자는 일을 바르게 한다는 등 존경의 문제로 간주되고 그렇게 함으로 인정받는 것이다. 교장과 같은 지도자는 TQM에 대한 헌신과 그것이 그의 모든 행동에 언제나 함의되어 있음을 보여줄 필요가 있다. 다시 말하면, 지도자는 그의 동료나 직원이 TQM을 그들 자신의 직무만족을 달성하는 기회를 증대시키는 방법으로 이해하도록 그들을 지도, 조언, 교육, 훈련, 지원, 격려해야 한다. 지도자는 그들의 직원이 능력껏 일하도록 그들을 고무, 자극, 대면 및 도전하는 의미로 파악하고 그들의 능력을 개선하도록 부단히 그들에게 압력을 가해야 한다. 지도자는 주어진 정책의 실천을 통제하고 보장하는 것을 지도성의 기능으로 해석하기보다는 조직에서의 비전 가능성의 감각을 확보할 필요가 있다. 이러한 비전 지향적 지도자는 경영 과정에 가장 가까운 사람들에게 그 과정을 자신들이 경영하도록 권한을 부여하는 것이 비용-효과적임을 인식하였다.

이상 TQM의 주요 요소, 즉 5가지 특징, 3C 및 지도성을 고찰할 때 TQM 조직과 지도성은 인사(임명, 연수, 작업형태, 보상 및 인정 등), 구조, 역할, 성과기대 및 조직 작업에 이해관계자의 참여 등에 관한 다양한 합의를 수반함을 알 수 있다. 더 중요한 TQM을 성공적으로 실시하면 구성원의 사기가 높아지고 전직률이 떨어지고 스트레스가 감소되고 직무만족이 일어난다는 사실이다. 아울러 성공적인 TQM을 통해 학교교육의 질이 향상되고 교육수요자의 불만이 줄어들고 비용이 절감될 수 있고 따라서 교육 투자 효율성이 높아지고 인기 있는 학교가 만들어질 수 있다는 것이다.

4. 총체적 질 관리와 학교장의 지도성

학교조직에 있어서의 총체적 질 경영 철학의 기본 특성을 종합하여 학교조직의 질 경영을 위한 학교장의 지도성 방향을 제시하면 다음과 같다(이병진, 2003).

첫째, 학교장의 높은 질의 지도성이다. 질 경영철학의 성공적 이행을 위한 요건들 중 최고관리자의 높은 질의 지도성은 중요한 요소이다. 헌트(V. D. Hunt, 1992: 30)는 지도성을 학교행정에 있어서 최고관리자의 핵심역할이며, 특히 질 경영에 있어서 학교장은 과업 이행을 위한 전반적인 신념체계를 만들어내는 양질의 비전과 목표 및 실제 방침을 수립해야 한다는 점에서 더욱 중요성을 갖는다고 한다. 또한 살리스(E. Sallis, 1993: 87)도 지도성은 질 경영의 필수적 구성요인이며, 조직의 지도자는 미래의 비전을 가지고 있어야 하며 그 비전을 구체적 이행 목적으로 적절히 전환할 수 있어야 한다. 따라서 학교장은 현실성이 높고 신뢰할 만하며 구성원들에게 매력적인 비전을 통해 조직의 미래상을 구성원들에게 제시할 수 있어야 한다(B. Nanus, 1992: 33). 아울러 학교조직의 질 경영 철학을 도입 및 이행하고 추진하기 위해서는 학교장의 확고한 의지가 필요하며, 이행과정에 직접 참여하여 적극적인 지도성을 발휘해야 한다.

둘째, 구성원들의 총체적 참여 및 헌신이다. 학교 조직도 다른 일반 조직들과 마찬가지로 일련의 목적을 가지고 있으며, 조직의 목적을 달성하기 위해 조직구성원 모두의 공동의 노력을 필요로 한다. 일반적으로 어떤 조직도 질 경영 도입의 초기 단계에서는 약간의 성공을 거둘 수 있으나 시간이 지남에 따라 구성원들의 지속적인 헌신과 참여가 약해지면서 큰 성과 없이 끝나는 경우가 많다. 따라서 질 높은 교육을 통하여 학생들의 교육적 목적을 성취하고 학교 구성원 모두의 만족을 위하여, 학교교육 질 개선은 모든 교육 수혜자에게 책임이 있다. 따라서 학교장은 학교 구성원 모두가 학교의 질 추구 및 질 개선에 총체적으로 참여하도록 해야 한다. 또한 학교조직의 질 경영은 학교장 개인적 노력에 의해서만 결정되는 것이 아니며, 특정 학교조직 내·외집단의 요구에 의해서 결정되는 것도 아니다. 학교교육의 질 경영은 학교조직을 구성하는데 내·외의 모든 구성원들의 총체적 참여와 헌신을 통해 조화롭게 이루어진다.

셋째, 학교조직 질 개선 문화의 조성이다. 모든 조직은 그 나름대로의 풍토를 가지고 있으며, 조직의 독특한 풍토는 다른 조직과 구별되는 조직문화를 형성하게 된다. 이러한 조직풍토는 조직의 질과 효과성에 중요한 영향을 준다. 학교조직 역시 학교교육의 본질적인 목적을 성취하기 위해서는 학교조직의 학교규율과 질서를 유지하며, 교육의 질을 개선하기 위한 교육적 분위기를 조성해야 한다. 학교 조직구성원들 사이의 자유로운 의사소통은 개인과 조직 간의 갈등을 줄이고, 양질의 조직문화를 창조하는데 중요하다. 특히 학교조직의 질 경영에 있어서 효과적인 의사소통은 학교조직의 과업을 수행하는데 필요한 정보를 교환하는 중요한 수단이 되기 때문에, 교육현장에서는 있는 그대로의 자료와 정보에 기초해야 한다. 또한 분명한 조직의 목표와 가치의 공유를 통하여 구성원들 사이의 공동체 의식을 강화하고, 변화와 변혁의 시기에 부응할 수 있는 학교조직의 질 개선 문화를 조성해야만 한다.

넷째, 교육수요자의 기대 고려이다. 일반기업과 마찬가지로 학교조직의 질이 수요자의 필요나 요구에 부응하는 것이라면, 누가 수요자인지를 명확히 전제하는 것은 매우 중요한 일이다. 왜냐하면 무엇보다도 중요한 것은 수요자가 학교조직에 있어서 절대적으로 중요하기 때문이다. 학교교육에 있어서 수요자를 어떻게 결정하든지 간에 교육수요자가 없다면 학교교육은 있을 수 없으며, 학교교육이 없다면 학교조직도 의미가 없기 때문이다. 따라서 학교조직의 질 경영은 학교조직의 일차적 목적을 교육수요자의 만족에 두는 관리 철학을 반영한 것이다. 학교장은 학교교육의 수요자인 학생의 현재와 미래의 요구를 이해할 필요가 있으며, 교사로 하여금 학교행정 및 경영에 만족함과 동시에 학생들이 학교생활에 만족할 수 있도록 삶의 질, 생활의 질을 높여야 한다.

다섯째, 교직원에 대한 권한 부여(empowerment)이다. 조직구성원들의 참여와 함께 학교조직의 질 경영에서 중시되는 것은 구성원들에 대한 권한 부여이다. 권한 부여의 목적은 조직구성원들로 하여금 스스로 사고하고 판단할 수 있는 기회를 부여하고, 동시에 책임의식을 제고하여 조직의 발전에 많은 기여를 하도록 하는 것이다. 따라서 학교조직의 구성원들이 책임성 있게 과업을 수행할 것을 신뢰하고, 그들에게 자신들이 작업의 질을 개선할 수 있는 적절한 권한을 부여해 주어야 한다. 특히 학교장은 수업과 관련된 권한을 최대한 교사들에게 주어야 한다(L. H. Bradley, 1993: 161-163). 즉 학교장은 학교구성원들에게 자신의 교육적 활동에 대한 의사결정을 이행하고 적절한 조치를 할 수 있도록 권한을 부여하며 격려해야 한다.

여섯째, 교직원의 전문성 개발과 훈련이다. 교직원들은 학교교육의 지속적인 질 경영 및 개선에 있어서 매우 중요한 인적 자원이기 때문에, 학교교육의 질 경영을 위해서는 인적자원개발의 차원에서 교직원 능력개발을 위한 적절한 교육과 훈련 프로그램이 마련되어야 한다. 이를 위해 교직원 개개인에게 여러 가지 형태의 교육과 훈련을 제공하여 욕구를 충족시킬 수 있어야 한다. 또 교직원들의 잠재능력을 끊임없이 개발하고 창의력을 발휘할 수 있는 기회를 제공해 주어야 한다. 나아가 다양한 장학의 본질적 목적을 활성화하여 교직원의 전문성을 계속적으로 향상시키기 위해 일정

주기의 연수를 강화해야 한다. 따라서 학교교육의 질 향상과 교직원 개개인의 능력개발을 위해 교직원 능력개발 프로그램의 제공을 제도화해야 하며, 적절한 교육 · 훈련, 자율연수체제 확립 등의 기회가 주어져야 한다.

일곱째, 계속적인 질 개선의 노력이다. 학교교육의 질 향상을 위해서는 학교조직의 모든 활동 과정 속에서 계속적인 개선의 노력이 요구된다. 학교교육의 질 경영은 일시적인 결과의 만족이나 부분적인 관리 기법의 도입이 아닌, 계속적인 개선의 노력이 필요하며, 총체적이고 지속적인 활동이 요구된다. 따라서 학교조직의 질 경영은 신속 처방의 일시적인 것이 아니라 변화하는 사회에 발맞추어 계속적으로 개선해 가는 노력의 과정인 것이다.

제4절 학교 공동체 문화와 학교장의 지도성

개인의 가치와 공동체의 가치를 조화시키고자 하는 것이 우리가 직면한 과업이라면, 이 과업은 어디에서보다도 교육을 통해 특히 학교교육을 통해 공고히 할 수 있다. 학교 및 학교교육을 중심으로 관계를 맺고 있는 사람은 학생, 교사, 학부모로 대표될 수 있다. 이들은 모두 직 · 간접적으로 교육을 다루는 사람들이기 때문에 누구보다도 이들의 공동체에 대한 인식과 공동체 의식 형성이 중요하다. 이런 의미에서 학교 및 학교 교육에서 공동체의 의미를 검토해 볼 필요가 있다. 학교교육과 관련해서 공동체는 두 가지로 생각해 볼 수 있다.

첫째, 학교교육을 위한 공동체 의식이다. 이런 공동체 의식 및 공동체가 의미하는 것은 학교교육은 교사뿐만 아니라 학부모 지역사회 및 국가적 차원에서의 협력을 필요로 한다는 의미이다. 이런 의미에서 공동체는 학교교육의 발전을 위하여 학교교육의 여러 관련자와 기관들이 공동으로 노력해야 하며, 이런 공동의 노력들이 학교교육 발전에 기여할 수 있다. 맥밀란과 차비스(D. W. McMillan & D. M. Chavis, 1986)는 이런 방식의 학교 공동체 의식은 다음과 같이 네 가지 요소에 의해 형성된다고 했다. ⅰ) 주인의식(membership): 학교교육이 곧 나의 일이 된다는 의식을 바탕으로 모두가 학교를 중심으로 소속감 및 개인적 헌신, 울타리의식(a sense of boundaries)을 가질 때 공동체 의식이 형성된다. ⅱ) 영향력(influence): 학교와 개인 혹은 집단은 서로 영향을 주고 영향을 받는 관계에 있기 때문에 이런 관련성을 인식하는 것이 곧 학교 공동체 의식을 형성한다. iii) 욕구충족(fulfillment): 학교 및 학교교육 관련자 및 기관들이 서로 유사한 욕구와 가치관을 가지고 그 욕구와 가치관을 충족할 때 전체로서 의식을 갖고 응집력을 갖게 된다. iv) 유대감(shared emotional connection): 모든 구성원들이 긍정적인 방식으로 상호작용하고, 중요 사건을 공유하며, 사건을 해결할 긍정적인 수단을 제공하고, 구성원들을 존중할 기회를 가지면서 공생관계를 형성하면서 공동체 의식이 형성된다. 또한 서지오바니(T. J. Sergiovanni, 1994)는 학교조직 측면에서 공동체 의식을 강조하고 있다. 즉 지금까지 학교조직은 목적에 따라 각 부서로 조직되어 명령과 통제로 유지되어 왔다. 이러한 선형적(linear) 조직의 대안으로서 공동체 개념을 도입하는 이유는 공동체가 주는 헌신성을 담보할 수 있기 때문이다.

이와 같은 공동체 의식은 학교교육을 개선한다든가 원활히 하기 위한 목적으로 이를 위한 공동의 노력 및 헌신을 중시한다. 따라서 직접적으로는 교사의 헌신과 학부모 및 지역사회의 봉사 등이 학교교육의 발전 및 효과성에 기여하는 형태를 취한다.

둘째, 학생, 교사, 학부모 모두가 학교를 자신들의 삶과 성장에 도움이 되는 곳이라고 인식하는 공동의 의식을 공동체 의식이라고 보는 관점이 있다. 이런 논의는 비교적 최근에 교육 패러다임의 이동에 대한 논의와 더불어 교육 및 학교교육 관련 개념들이 재개념화되는 경향과 함께 대두되었다고 볼 수 있다. 재개념화 관점에서 학교 공동체의 의미는 학생들만 사회적 지식을 전수받고 나아가 창출하는 장소로 그치는 것이 아니라, 교사 및 학부모들도 학교라는 사회적 장소를 통해 또 그곳에서 행해지는 교육활동을 통해 자신들의 삶을 성장시킬 수 있을 때 진정한 의미에서 이들 모두의 공동체 의식을 형성시킬 수 있다고 보는 것이다. 또한 학교가 학부모들의 봉사와 헌신을 요구하는 장소로 간주될 때 이런 봉사정신과 헌신적인 태도가 없거나 약한 학부모의 경우 스스로를 학교 공동체 일원이라고 간주하기는 힘들 것이다. 학교가 학부모로서 뿐만 아니라 인간으로서 그들의 인간발달과 삶을 성숙시켜주는 무엇인가를 제공하는 장소가 될 때 학부모의 학교 공동체 의식은 보다 강화될 수 있다.

결국 학교교육과 관련하여 공동체 및 공동체 의식이 뜻하는 의미를 어떻게 이해하든 학교라는 공동체를 매개로 학생, 교사, 학부모의 공동체 의식 형성에 적잖은 영향력을 발휘하는 사람, 지도적인 역할을 할 사람은 바로 학교장이다.

따라서 학교 공동체 문화와 학교장의 지도성을 살펴보고자 한다. 우선 학교 공동체 문화 형성에서의 학교장의 역할을 논의해 보고, 공동체 회복을 위한 학교 구성원들의 역할 등을 고찰하기로 한다.

첫째, 학교 공동체 문화 형성에서의 학교장의 역할이다. 현대사회의 어려움은 공동체적 가치보다는 개인의 가치가 우선한다는 데 비해, 학교의 주된 책무는 학교와 관계하고 있는 사람들, 즉 학생, 교사, 학부모들에게 공동체의 가치를 전수하는데 있다는 점이다. 그렇다면 공동체적 가치를 전달하는 동시에 개인의 가치를 존중하는 교육적 활동이 따라야 하는데, 그러기 위해서는 학생을 둘러싼 학교, 교사, 학부모의 공동체 의식의 형성이 필수적이다. 학생은 이러한 공동체적 연대 속에서 자신이 형성할 사고체계의 기준을 확립하고 그 가치를 추구하게 된다.

학교 공동체 문화를 형성하는 데 있어서 학교장의 궁극적인 어려움은 학교가 단순히 학생 개인의 가치만을 심어주기 위한 외재적 도구가 아닌 공동체적 가치에 참여하고 내재적인 가치를 추구하는 인간을 형성하는 일이다. 이러한 인간 형성을 위해서는 공동체 의식이 전제되어야 하는데 현실적으로 매우 어려운 일이다. 학생, 학부모, 교사의 가치는 너무나도 상이하기 때문이다. 교육적 활동에 참여할 수 있는 기회를 최대한 허용함으로써 서로의 의견을 교환하고 개인의 삶의 발달을 성취하게 된다. 이는 학교 및 교육공동체에 진정한 참여를 이끌며 나아가 공동체 의식 형성으로 발전할 것이다. 따라서 학교장은 이들을 하나로 묶을 수 있는 지도성을 발휘해야 한다. ① 교육공동체의 비전을 제시해야 한다. 학교가 궁극적으로 달성하고자 하는 교육목표를 제시하고 이에 대한 공감대가 형성되도록 해야 한다. ② 도덕적 탁월성을 보여야 한다. 도덕적 탁월성은 내적인 복종을 가능하게 하기 때문에 공동체적 의식 형성의 기초가 된다. ③ 교사와 학부모의 학교교육 및 자신의 개발을 위한 교육활동에의 참여기회를 최대한 활성화해야 한다. ④ 교육적 활동에 참여할 수 있는 기회를 최대한 허용함으로써 서로의 의견을 교환하고 개인의 삶의 발달을 성취하게 된다. 이는 학교 및 교육공동체에 진정한 참여를 이끌며 나아가 공동체 의식 형성으로 발전할 것이다. ⑤ 학교장은 학교가 봉사하고 있는 지역사회의 구조를 잘 알아야 한다. 지역사회에는 여러 단체들이 있으며 그 가운데에는 압력집단들도 있을 수 있다. 압력집단은 그 활동이 일시적이고 단순한 문제를 중심으로 형성되기 때문에 일반적인 지역사회의 의사결정 체제와는 구별해야 한다. 이러한 압력집단은 상황에 따라 파괴적으로 작용하기도 하고 생산적인 변화를 가져오기도 하는데 가볍게 취급해서는 안 된다.

학생, 교사, 학부모의 공동체적 의식형성은 멀게만 느껴진다. 그러나 이것이 학생들에게 자신만을 생각하는 편협한 이기주의가 아니라 공동체로서의 한 구성원으로 전체를 생각할 수 있는 참된 개인주의를 형성하는 기초를 마련한다는 점에서 공동체 의식은 무엇보다도 이들 모두에게 교육적인 일이기도 하다. 그리고 그 어려운 공동체 의식 형성을 위해 지도자의 역할을 담당해야 하는 학교장의 책무는 더욱 무겁기만 한 것이다.

둘째, 공동체 회복을 위한 학교 구성원들의 역할이다. 학생을 둘러싼 강력한 환경은 크게 가정, 학교, 교사라 할 수 있다. 따라서 학생에게 보다 조화롭고 통일된 성장을 바란다면 이들 환경의 조화는 필수적이라고 할 수 있다. 따라서 학생을 둘러싼 공동체 문화가 학생에게 어떤 의미를 지니는가가 고려되어야 한다. 따라서 학교는 이러한 공동체적 가치를 학생에게 전달시켜 주어야 하며 그러하기 위해서는 학교, 교사, 학부모가 일치하는 공동체적 이상을 공유하도록 해야 한다. 그리고 학생은 이러한 공동체적 가치 속에서 학교를 믿고 안심하며 각자의 생각과 삶을 구성하게 된다. 공동체의 실현은 학교가 단지 교육의 외재적 가치를 실현하는 수단이 아닌 내재적 가치를 실현하는 장으로 전환 가능하게 하는 원동력이 된다. 그리고 이것은 학생에게 참된 인격을 형성할 수 있도록 해 준다.

그러나 다원화된 사회 속에서 학교장의 역할은 매우 어려운 과업이다. 이미 많은 학부모와 교사들은 학교의 주된 기능을 지식의 전달로 보기도 하고, 학생의 개인적인 비전을 실현하는 수단으로 여기고 있다. 학교가 세속적 개인주의를 넘어 성숙한 개인주의를 실현하기 위해서는 학부모와 교사의 교육에 대한 참된 동의가 필요하다. 결국 학교장은 학교를 둘러싼 다양한 구성원들의 의견을 모두 종합하는 차원을 넘어서 이들 의견을 묶을 수 있는 탁월한 가치관을 제시해야 할 것이다. 이러한 가치를 학생, 교사, 학부모가 동의할 때 하나의 공동체가 형성되며 학생들은 이러한 가치추구에 의미를 부여하고 자신의 인격을 형성해 나갈 것이다.

① 교사와의 공동체 의식 형성과 학교장과의 관계이다. 학교에서 학생들과 가장 많은 시간을 가지는 구성원이 교사라 할 때 공동체적 가치에 대한 인식과 정서는 무엇보다도 중요하다. 학교공동체 안에서 교사들은 교실을 벗어나 다른 교사들과 동료관계를 갖게 됨으로써 다음과 같은 긍정적 경험을 하게 된다(C. Dimmock, 1993: 7). ⅰ) 교사들끼리 수업에 관해 이야기함으로써 자신들의 행동과 학생들의 학습간의 복잡한 관계가 명료화될 수 있다. ⅱ) 교사들이 함께 교육과정을 계획하고 준비함으로

써 학교교육 전반에 걸쳐 일관성과 조정이 가능해진다. iii) 교사들은 서로 수업을 관찰하고 피드백을 제공할 수 있다. iv) 교사들은 함께 교육할 뿐만 아니라, 서로를 교육하게 된다.

특히 교사와의 공동체 형성에 있어서 학교에 대한 정서적 반응이 무엇보다도 중요한데, 학교장은 이러한 심리적 특성을 신중하게 고려해야 한다. 교사들의 공동체 의식을 형성하기 위해서 학교장은 무엇보다도 교사들과 많은 대화를 나누어야 하며, 교사들이 공동체의 한 구성원이라는 의식을 심어주기 위한 다양한 방안을 강구해야 한다.

i) 학교장은 교사들과 비전을 공유하기 위한 시간을 가져야 한다. 학교의 비전은 강령적인 성격으로 제시되기도 하지만 많은 이야기를 통해 비전은 이해되어진다. 이야기는 구성원들의 행동이 이해될 수 있는 맥락을 제공해준다. 모든 가치들은 우연히 생긴 것이 아니라 많은 시간을 통해 형성되며 그 과정에 대한 이해가 없이 비전을 제대로 이해할 수는 없다. 따라서 비전을 이해한다는 것은 비전을 제시하는 공동체의 전통과 역사에 입문한다고 볼 수 있다. 특히 이야기란 의도적인 언어를 통한 상호활동인데 이야기를 하는 사람은 자신의 이야기를 설득하기 위해서는 모든 지식과 열정을 동원한다. 이러한 언어적 전달 과정에서는 언어 이면에 숨겨진 사회적 · 문화적 · 역사적 맥락과 당사자 간의 경험, 가치, 태도가 중요하게 작용한다(S. Lyle, 2000). 따라서 이야기를 서로 나누는 과정에서 당사자들은 인식적 반응뿐만 아니라 정서적 반응과 교감까지 하게 된다. 학교장이 학교의 비전을 설득력 있게 전달할 때 이것은 교사에게도 강력한 비전이 되고 교사들은 학생들에게 학교공동체가 추구하는 비전을 전달하게 되는 것이다.

ii) 학교장은 학교의 중요한 의사결정과정에 교사들을 참여시키고 각자에게 권한을 위임한다. 교사들의 권한부여는 조직구성원이 의사결정을 내리고 실행하는 과정에서 상급자의 결재를 얻지 않고서는 행동할 수 있는 권한을 위임하고 조직의 향상 및 발전을 위해 구성원의 지식, 경험, 직관, 창의성을 활용할 수 있는 여건 조성을 의미한다. 교사들의 의사결정과정에의 참여와 권한 위임은 가장 의미 있고 효과적인 전략이다. 변화의 속도가 점점 빨라지며 무수히 많은 정보가 쏟아지는 이 시대에서 모든 문제를 학교장 혼자 해결할 수는 없다. 오히려 학교장은 교사들에게 중요한 권한을 필요한 정보와 시간과 함께 제공함으로써 교사들이 문제를 해결할 수 있는 구조를 형성해야 한다. 특히 교사 팀의 구성과 팀에 권한을 위임함으로써 팀에 소속된 교사들은 학교 교육과정의 목적을 달성하기 위해 적절한 교수방법을 선정하고 평가과정을 개발하고 학생의 능력 향상 전략을 개발하고 공유하게 된다. 이때 자율 권한부여를 위한 전제 조건이 있다. 그것은 구성원에 대한 신뢰이다. 구성원들의 능력과 지식, 성실성을 신뢰하지 못하는 학교장은 구성원에게 권한부여를 할 수 없다. 따라서 학교장은 과거의 관리, 통제 위주의 지도성 유형에서 벗어나 교사를 믿어주고 밀어주는 신뢰의 지도성을 스스로 개발해야 할 것이다.

iii) 학교장은 교사들이 좋은 결정을 할 수 있도록 정보를 제공하고 전문성을 개발하며 한계를 명확히 해야 한다. 학교장이 교사들에게 권한을 위임한다는 것은 자신의 역할이 감소하거나 교사의 활동에 방관자적 입장에 있는 것을 의미하지 않는다. 단지 학교장의 권한이 교사들에게 위임된 것이며 학교장은 교사들이 권한을 올바르게 사용하는지 확인하고 이를 돕기 위해 필요한 정보를 제공하고 정보를 적절히 처리하는 훈련의 기회를 마련하여 제공해야 한다. 또한 교사들이 자신의 판단을 반성하고 토론할 수 있는 공간과 시간뿐만 아니라 비전 성취에 필요한 보충자료도 제공해 주어야 한다. 따라서 학교장의 역할은 더욱 증가된다.

iv) 학교장은 교사 간의 의사소통이 잘 이루어지는 환경을 조성하여야 한다. 의사소통은 사람들 간의 감정, 태도, 사실, 신념, 생각 등을 전달하는 과정이다. 이러한 의사소통은 양방향적 과정이다. 의사소통은 정책결정, 의사결정의 합리화를 도모하며, 사기앙양과 참여 촉진을 일으키며 행동에 동기를 부여한다. 의사소통의 활성화는 전문성 개발을 자극하고 필요한 정보를 나누고 교사들의 요구를 파악하게 하는 방안이 된다.

② 학부모와의 공동체 의식 형성과 학교장과의 관계이다. 학부모의 공동체 의식 형성은 현대사회에 접어들면서 점점 멀어지고 있다. 가정과 학교의 교육적 이상이 동일한 시대에 학부모들은 학교에서의 가르침에 전적으로 동의하고 교육적 활동에 적극적인 관심을 가졌지만, 다원화된 현대사회에서 학부모의 학교 참여는 교육공동체의 내재적 가치보다는 외재적 가치에 치우쳐 있다. 이것은 참된 의미의 공동체를 형성하는 데 걸림돌이 되는 동시에 학교와 가정이라는 양분된 세계를 아동에게 제공하는 모양이 된다. 학부모는 학교교육의 교육적 활동에 있어서 지원자적 역할을 담당하며, 학교중심 교육과정의 구성과 이행에 실제적인 영향력을 행사할 수 있다. 특히 바르트(R. S. Barth, 1972: 78)는 교육적 활동에 대한 학부모의 지원적 역할은 학교교육의 중요한 기능을 담당한다고 한다. 그러나 학부모는 학교교육의 교육적 활동에 항상 지원적 역

할을 하는 것은 아니다. 학부모는 특정 교과나 교육적 활동에 대하여 학교에 압력을 행사할 수 있으며, 학교교육과정에 영향을 미칠 수 있다(G. G. Tankard, Jr., 1994).

따라서 학교장이 가정과 학교의 공동체 의식을 형성시키기 위해서는 학교에 대해 신뢰할 수 있도록 해야 한다. 학교의 비전과 가치를 학부모들에게 지속적으로 알려주며 학부모의 의사표현을 가능하게 함으로써 학교에 대한 신뢰를 형성해야 한다. 이러한 신뢰는 공동체적 연대감 형성의 기반이 된다. 흔히 학부모의 학교교육 참여 유형은 학부모 교육모형, 협력모형, 비자발적 참여모형, 부분적 참여모형, 정치적 참여모형, 소비자 중심 모형으로 나누어지는데, 그중 협력모형은 학부모와 학교가 공동의 목표를 달성하기 위해 공동체를 형성하는 모형이라 할 수 있다.

학교장이 학부모의 학교 참여를 활성화하기 위한 방안으로 다음과 같은 활동을 제시할 수 있다. ⅰ) 학교운영위원회의 목적 지향적 활성화이다. 학교운영위원회는 학부모와 지역사회가 적극적으로 학교 운영에 참여하는 것을 전제로 하는 교육공동체이다. 학교운영위원회는 종전의 학부모 참여와 같은 수동적 참여가 아닌 적극적으로 공동체를 구성하여 교육적 활동에 참여하는 자생적 공동체를 형성할 수 있는 터전이 된다. 자치는 자발적인 참여로부터 시작한다. 자치공동체는 구성원들의 적극적 참여를 통해 참여민주주의를 공동체에 구현하는 것이다. 이때 자치에 참여한다는 것은 단순한 정치적 행위가 아니라, 참여가 개방되어 있고, 자치에의 접근이 방해 받지 않으며, 참여제도들이 일반적으로 이용될 수 있게 이루어져야 한다. 자치공동체는 교사와 학부모가 지역의 학교를 단위로 공동의 이념을 지향하며 공동으로 구성하는 공동체이다. 교사이든, 학생이든 지역만으로서 학부모든 공동체를 혼자 세우기는 어렵기에 함께 더불어 일으켜 세우는 공동자치의 자치공동체가 필요하다. 학교운영위원회는 학교를 중심으로 이러한 공동체 의식 형성에 기초가 된다는 점에서 중요하다. 특히 학교운영위원회가 자치 공동체로서 역할을 다하기 위해서는 오늘날의 운영위원회 제도는 구성원 문제, 학교경영에의 참여 정도 문제 등 대폭 개선되어야 한다. ⅱ) 학부모회의 건전한 육성과 활성화를 들 수 있다. 교사들의 합리적 의견수렴을 위하여 교사회가 필요하듯이, 교육의 수혜자이며 교육비 부담자인 학부모들의 합리적 의견수렴과 의식개혁을 위하여 학부모회가 활성화되고 건전하게 육성되어야 한다. 그래서 현재처럼 학교운영위원회 학부모위원도 선출하고, 경우에 따라서는 학부모회에서 학교운영위원회와 공조하여 교육문제를 해결하기도 하고, 학부모회를 정례화하여 자녀교육에 대해 고민하고 운영위원회에 심의 사항을 올릴 수 있어야 한다. iii) 학부모의 교육 체험이다. 어떻게 보면 학부모의 직접적인 교육활동 없이는 교육의 진정한 참여, 교사와의 본질적인 갈등 문제는 해소하기 힘들 것이다. 직접 학생들의 교육활동에 참여를 통해 학교를 중심으로 한 학생 교육공동체가 형성되고 나아가 교육의 문제점 파악 및 대안 제시가 가능해지며, 이들의 관계도 개선될 것이다. 따라서 학부모가 참여할 수 있는 다양한 현장교육체험 방안이 모색되어야 할 것이다. 이러한 교육체험을 통해 학교의 입장, 교사의 입장, 학생의 입장, 그리고 스스로에 대한 자신의 입장을 생각하고 더 나은 방향으로 나갈 수 있는 비전을 만들어 가게 될 것이다.

참고문헌

강금식(1996). **품질경영**. 서울: 박영사.

김윤태(2000). **교육행정 · 경영 및 정책의 탐구**. 서울: 동문사.

김형관, 신현석, 오영재, 박종필(2003). **교육행정 - 이론, 연구, 실제 -**. 서울: 원미사.

이병진(2003). **새로운 교육의 패러다임 교육리더십**. 서울: 학지사.

정일환(2000). **교육정책론 - 이론과 적용 -**. 서울: 원미사.

정태범(2002). **학교경영의 발전과 과제**. 서울: 양서원.

주삼환(1992). **새로운 세기의 교장과 장학**. 서울: 성원사.

Barth, R. S.(1972). *Open Education and the American School*. New York: Schocken Books and Agathon Press.

Bonstingl, J. J.(1992). *School of Quality: An Introduction to Total Quality Management in Education*. Alexandria, VA: Association for Supervision and Curriculum Development.

Bradley, L. H.(1993). *Total Quality Management for Schools*. Lancaster, PA: Technomic.

Campbell, R. J.(1985). *Developing the Primary School Curriculum*. New York: Holt, Rinehart and Winston.

Cheng, Y. C.(1996). *School Effectiveness and School-based Management: A Mechanism for Development*. London: The Falmers Press.

Connelly, F. M.(1972). *The Functions of Curriculum Development*. *Interchange, 3(2-3)*, 161-177.

David, J. L.(1991). Synthesis of Research: School-based Management. *Educational Leadership 46(8)*, 45-53.

Deming, W. E.(1986). *Out of the Crisis*. Cambridge, Mass.: Massachusetts Instiute of Technology.

Dimmock, C.(1993). *School-based Management and School Effectiveness*. London: Routledge.

Griffin, G. A.(1988). Leadership for Curriculum Improvement: The School Administrator's Role. In L. N. Tanner, ed., *Critical Issues in Curriculum*, NSSE(87: 1).

Hunt, V. D.(1992). *Quality in America*. Homewood, Illinois: Business One Irwin.

Lewy, A.(1991). *National and School-Based Development*. Paris: Unesco, International Institute for Educational Planning, 30.

Lyle, S.(2000). Narrative Understanding: Developing a Theoretical Context for Understanding How Children Make Meaning in Classroom Settings. *Journal of Curriculum Studies, 32*, 45-63.

McMillan, D. W., & Chavis, D. M.(1986). Sense of Community: A Definition and Theory. *Journal Community Psychology 14(1)*. 6-23.

Murgatroyd, S., & Morgan, C.(1993). *Total Quality Management and the School*. Philadelphia: Open University Press.

Naus, B.(1992). *Visionary Leadership*. San Francisco, CA: Jossey-Bass.

Oliva, P. F.(1982). *Developing the Curriculum*. Boston: Little, Brown and Company.

Pike, J. & Barnes, R.(1994). *TQM in Action*. London: Chapman & Hall.

Reavis, C. A., & Griffith, H.(1993). *Restructuring Schools*. Lancaster, Pennsylvania: Technomic Publishing Company, Inc.

Sallis, E.(1993). *Total Quality Management in Education*. London: Kogan Page.

Schwab, J. J.(1983). The Practical 4: Something for Curriculum Professors to do. *Curriculum Inquiry*, 13(3), 239-265.

Sergiovanni, T. J.(1994). *Building Community in Schools*. San Francisco: Jossey-Bass.

Skilbeck, M.(1984). *School-based Curriculum Development*. London: Harper & Row, Publishers.

Tankard, G. G. Jr.(1994). *Curriculum Improvement: An Administrator's Guide*. New York: Parker Publishing Co.

Wolfe, M. P., Howell, G. L., & Charland, J. A.(1989). Energizing the School Community: A Research Approach to Practical School Improvement. *Clearing House, 63(1)*, 29-32.

제12장 21세기의 교육지도자

오늘날 학교교육은 시대적 전환기를 맞아 많은 변화를 거듭하고 있다. 이러한 변화를 수용하면서 효율적으로 학교 발전을 이룩하고 학교교육을 개혁하여 사회의 다양한 요구와 기대에 부응하려면 학교경영이 혁신적으로 변화되고 발전을 이룩해야 한다. 이를 위해 학교장은 선두에 서서 혁신을 주도해 나아가지 않으면 안 된다.

따라서 본 장에서는 지식 및 정보기반사회에서의 학교장 지도성의 전망과 과제에 대해서 고찰하고자 한다. 구체적으로 제시하면, 지도성의 개발방향과 교육 지도성의 개발 방안, 21세기 교육지도자 등에 대해서 살펴보고자 한다(주삼환, 1997; 정범모 외, 1999; 주삼환, 2001; 서정화 외, 2002; 윤종건 외, 2002; 주삼환, 2002; 이병진, 2003).

제1절 지도성 개발의 방향

21세기를 지향하는 학교장의 지도성 개발에 대한 제 논의에서 공통적으로 거론되는 개념은 비전, 촉진자, 의사소통과 인간관계, 인격성과 낙관성, 전문성과 추진력, 구성원에 대한 감화와 영향력 등이다. 특히 학교 조직문화를 혁신하고 구성원들로 하여금 조직에 헌신하고 총체적으로 참여하게 하며, 계속적인 동기부여를 통하여 기대 이상의 성과를 올리도록 하는 변혁적 지도성(transformational leadership)의 발휘에

〈표 12-1〉 변혁적 지도성 개발 영역

개발영역	개발에 따른 결과
문제해결력 • 문제 상황 이해하기 • 문제 해결하기	• 문제해결에 대한 실제적 지침 • 복잡한 문제의 점진적인 대응 • 일반문제에 관한 지식 획득 • 문제해결과정에서의 반성적 사고
교사 지도성 함양 • 교사 지도성의 본질과 인식	• 학교장의 지도성은 전교사의 지도성 발휘보다 더 영향력이 있음 • 학교장의 지도성은 학교개선계획, 학교구조와 조직, 학교임무와 학교 문화에 가장 큰 영향을 끼침 • 교사 지도성은 학교개선계획과 학교구조와 조직에 대한 영향이 큼 • 학교장과 교사들은 학교를 다양한 방식으로 이끌고 다양한 유형으로 영향을 줌
변화를 위한 교사의 헌신 구축 • 개인적 목적 • 능력에 대한 신념 • 상황에 대한 신념 • 정서적 각성과정	• 지도성 영역의 방향 설정 • 공유된 비전의 구축 • 학교목적에 대한 합의 도출 • 높은 수행기대의 표명
교사 전문적 지식과 기술의 향상 마련 • 개별교사의 능력 개발	• 변혁적 지도성의 상징적 특성은 학교개선에 직접적인 공헌을 하지 않으며, 교사들이 중요하게 여기지 않을 수 있음 • 거래적 혹은 도구적 과업은 변혁적 지도성의 과정 시 사용될 수 있음
조직학습을 위한 지도성 • 팀 학습 • 학교 전반의 학습	• 지도성은 집단과 학교전체의 학습에 따라 차이가 있음 • 지도자는 학습 기회와 방법, 기타 목적, 문화, 구조와 자원 등을 조정할 수 있음
정서적 균형의 유지 • 교사 스트레스와 피로 예방	• 지도성은 교사 피로를 야기할 수 있고 개선할 수 있는 요인이 됨 • 지도성은 조직 요인들에 대한 효과를 통하여 교사 피로에 간접적인 영향을 줄 수 있음

*자료: Gunter, H. M.(2001). *Leaders and Leadership in Education*. London: Paul Chapman Publishing, p. 71 재인용함.

있어서 지도성 개발 방향은 학교조직 변화에 중요한 요건이 된다.

레이스우드, 잰쯔 그리고 스테인바흐(Leithwood, Jantzi, & Steinbach, 1999)는 지도자에게 요구되는 변혁적 지도성의 개발 영역을 〈표 12-1〉과 같이 제시하고 있다(H. M. Gunter, 2001: 71 재인용).

〈표 12-1〉에서 살펴본 바와 같이, 학교장의 지도성 영역을 바탕으로 학교조직의

변화를 위해 헌신해갈 수 있는 자질을 부단히 닦아야 할 것이다. 이러한 변혁적 지도성의 개발 영역에 대한 논의를 중심으로 21세기를 지향한 학교장의 지도성 개발의 방향을 세 가지 측면에서 집약해볼 수 있다.

1. 창조적 자기변혁으로의 개발 방향

21세기는 급격한 변화의 시기이다. 변화하는 사회 속에서 변화하지 않는 개인은 도태된다. 특히 변화하지 않는 지도자는 자신만이 아니라 조직마저도 도태시키기 때문에 지도자의 변화는 필연적으로 일어나야 한다. 하지만 단순히 변화하고 자기 변혁하는 것만으로는 안 된다. 문제는 방향감이다. 21세기에 역행하는 자기 변혁은 조직에 해악이 되므로 하지 말아야 할 것이다.

창조적 자기변혁의 지도성은 두 가지 측면에서 살펴볼 수 있다. 하나는 창조적인 변혁이며, 다른 하나는 자기변혁이다. 창조적 변혁은 개인의 개체성과 독특성에 기반을 둔 변혁을 의미하며, 자기변혁은 지도자가 먼저 솔선하는 지도성이 필요하며 조직구성원과 조직의 변화를 가져오기 전에 먼저 자신의 변화부터 있어야 함을 의미한다. 동시에 자기변혁은 조직구성원의 자발적인 변혁의지를 북돋을 수 있다.

2. 비전(vision) 제시로의 개발 방향

비전이란 조직이 미래에 도달해야만 하는 바람직한 모습을 말한다. 비전은 미래를 예견하는 능력, 사회를 보는 안목, 조직과 구성원에 대한 통찰을 포함하는 개념이다. 동시에 비전은 조직의 지향점이 되며 목표달성을 위해 노력을 통합하는 매개가 되기도 한다. 역사발전은 꿈을 꾸는 사람들에 의해 이루어졌다. 하위자가 현실에 매몰되어 자신의 능력과 힘을 미처 발견하지 못할 때 지도자는 눈을 들어 미래를 보며 하위자를 끌어올리는 것이 비전을 가진 지도자의 힘이다.

비전을 주는 학교장은 지금의 조직의 모습 속에서 미래의 조직의 모습을 예측하는 안목을 가지고 현재의 조직 구조를 미래지향적으로 변화시키는 추진력도 동시에 지니고 있다. 드러커(Drucker)의 말처럼 '보통 사람으로 하여금 보통이 아닌 일을 하게 만드는 것'이 비전을 주는 지도자가 하는 일이다. 다시 말하면, 비전을 주는 지도자는 구성원으로 하여금 그들 자신의 능력을 뛰어넘도록 고무시키고 비전을 공유하며 격려와 고양을 통하여 시너지 효과를 창출하는 지도자를 말한다.

3. 조직문화와 윤리창달로의 개발 방향

지도자의 문화적 · 도덕적 힘은 가장 강력한 지도성의 근원이다. 지도자가 조직의 문화와 도덕적 기준에 적합하고 조직의 문화적 · 도덕적 기저를 마련해 주고 새로운 조직문화와 윤리를 창달할 수 있어야 한다. 요즈음 우리 사회에서 문화적 · 도덕적 내용이 부족하다는 것은 문화와 윤리를 창달하는 사회의 지도자가 부족하기 때문이다. 조직구성원의 존경과 신뢰를 도출하는 지도성은 조직의 문화와 윤리를 창달하는 능력에 달려 있다고 볼 수 있다.

그런데 조직문화에는 세 가지 측면이 있다. 즉 가치와 신념, 도식, 정보처리 유형이다. 이러한 세 가지 요인은 문화를 유지하고 창달하는 지도자의 행동을 설명하는데 도움을 준다. 조직구성원이 공유하는 가치와 신념이 문화이다. 가치와 신념은 무엇을 해야 하는가에 대한 조직구성원의 지각이다. 도식은 행동을 만들어내는 개념적인 틀이며 기본적인 가정이다. 그리고 정보처리 유형은 조직구성원이 참여하여 특정 정보를 처리하는 과정을 말한다.

한편 신재흡(2002)은 서울특별시에 소재하는 69개교의 초 · 중 · 고등학교 교사를 대상으로 한 연구에서 밝히고 있다. 교사가 지각한 학교 조직문화와 학교 조직효과성 간의 관계 연구에서 학교 조직문화가 학교 조직효과성에 적합한 예측모형으로 판명되었으나, 보존적 문화는 학교 조직효과성을 예측하는 적합하지 못한 변인으로 밝혀졌다. 학교장이 학교 조직효과성을 증대하기 위해서는 교사와 더불어 진취적 문화와 친화적 문화로 분위기를 유지하는 것이 학교 조직효과성을 증대시키는 방안이 될 것이라고 주장했다.

결국 학교장은 조직문화를 창달하는 문화의 기저이다. 21세기를 지향하는 학교문화를 위하여 학교장은 조직의 사명(목적)을 정의하고 교육환경의 유연성을 높이며 피라미드 구조의 학교조직문화를 친화적 · 진취적 문화로 바꾸고, 조직의 내 · 외부와의 새로운 결속을 만드는 것이 필요하다. 그리고 학교장의 윤리는 지도성의 발휘여부를 결정짓는 가장 중요한 요인이다. 학교장이 윤리적으로 문제가 있다면 아무리 유능하고 전문성과 비전을 가지고 있더라도 구성원의 자발적인 동의를 얻을 수 없기 때문에 실패한 지도성이 될 것이다. 특히 책임 있는 자리일수록 많은 권력이 집약되기에 권한이 커짐에 따라 더욱 자신을 경계하는 정화된 지도성이 요구된다.

제2절 교육 지도성의 개발 방안

지도성 개발은 기본적으로 지도자는 타고나는 것이 아닌 일련의 발달과정을 통하여 길러질 수 있음을 전제한다. 브리슨과 켈리(J. Bryson & G. A. Kelley, 1978)는 생애주기에 따른 발달과정을 분석한 결과, 지도자는 지도성 능력과 기술이 획득되는 단계로부터 새롭고 책임 있는 과업을 수행하기 위해 준비하는 단계에 이르기까지 일련의 과정을 거쳐 발달된다고 보았다. 또 지도성 개발은 지도자가 과거에 어떠한 직무를 수행했는가와 미래에 어떠한 과업을 수행할 것인가를 고려해서 이루어져야 한다. 따라서 조직 상황에서 지도성 개발은 매우 다양한 방식으로 이루어질 수밖에 없다. 학교장의 지도성 개발에 있어서도 마찬가지이다. 학교장의 지도성 개발은 학교장이 학교조직에서 겪는 다양한 경험 세계와 무관할 수 없다. 학교장의 다양한 경험을 통한 반성적 과정이 지도성을 개발하는 데 중요한 역할을 하지만, 체계적인 지도성의 개발은 더욱 중요하다. 특히 교육지도자의 지도성 개발은 일차적으로는 학교장 개인의 문제이지만, 학교장의 지도성은 조직구성원 모두에게 영향을 미친다는 측면에서 학교장의 지도성 개발은 집단적 차원에서 접근될 필요가 있다.

따라서 학교장의 지도성 개발 방안을 개인적 차원과 집단적 차원으로 구분하여 제시하면 다음과 같다.

1. 개인 차원의 지도성 개발

첫째, 자기 갱신이다. 효율적인 지도자의 주된 특성 중의 하나는 다른 사람들의 발달을 도모하는 동시에 자기를 갱신시키려는 강한 욕구를 가지고 있다는 것이다. 이러한 지도자들의 성장의 기회를 볼 비전을 소유하며, 그러한 기회를 스스로 이용한다. 자기갱신의 가장 진지한 접근은 자신의 일에 충분한 능력과 확신을 가지고 있는 관리자에 위해서만 실제로 이루어질 수 있다.

일반적으로 사람들은 자신의 특성과 전문적인 활동의 평가분석이 단점으로 지적될 수 있다는 것을 두려워한다. 그러나 자기갱신에 대한 강한 욕구가 있는 지도자는 이를 거침없이 수용한다. 따라서 일반적으로 자기갱신의 첫 단계는 자기평가이다. 진지하고 체계적인 자기평가는 현재 지도성 개발에 없어서는 안 되는 전문적인 과정의 하나가 되고 있다. 학교장의 경우에 이러한 자기평가는 개인의 특성, 전문적 기능, 폭넓은 정보의 이해 및 인간관계 등이 포괄적으로 포함되어야 한다.

둘째, 강의이다. 강의방식은 가장 일반적인 전문성 개방 방법이다. 강의는 학습과정이 토의와 같은 방식보다도 신속하고 바르게 진행될 수 있으며 다른 훈련 방법에서 놓치기 쉬운 생각들의 분석이 가능하다. 또한 강의는 궤도, OHP, 프리젠테이션, 영화 등 다양한 매체를 통하여 보다 효과적으로 활용될 수 있다. 강의의 구체적인 장점으로는 다량의 지식을 체계적으로 전달할 수 있고, 내용의 수준 및 분량을 적절하게 조정할 수 있으며, 전체적이고 종합적인 시각을 유지하게 한다. 반면 강의방법의 한계는 실제 활동을 통한 경험 증진에 한계가 있기 때문에 현실생활과 유리된 지식이 되기 쉬우며, 구성원들의 다양한 개인적 특성을 고려하지 못하고 일률적으로 이루어질 수 있음으로 단순한 지식의 나열이나 이론 전달이 될 가능성이 있다. 또한 강의 시 학습자는 수동적 입장에 있기 때문에 고등정신기능을 함양하기 어려우며 개인차를 고려하기 어렵다.

셋째, 역할 놀이다. 강의실을 하나의 드라마 연출장으로 설정하여 역할 놀이에 참여하는 모든 사람에게 별도의 역할을 부여하고 서로의 행동을 관찰하고 건설적으로 비판함으로써 자신의 행동이나 사고를 숙고하는 방법이다. 지도성 개발을 위한 역할 놀이의 일차적인 목적은 조직상황에서 실제로 생길 수 있는 다양한 경험을 통하여 인간관계뿐만 아니라 여러 갈등 구조에 있어서의 적용 기술을 실제적으로 시연함으로써 문제를 해결할 수 있는 능력을 부여함에 있다.

이러한 역할 놀이를 통하여 참여자들은 자신의 행동을 반성적으로 고려해보고, 타인의 관점에서 감정이나 정서를 공유하게 되며 구성원 각자의 장단점을 수용할 수 있는 기회를 갖게 된다. 조직의 지도자는 이러한 역할 놀이를 통하여 구성원들과 함께 행동함으로써 배우고 구성원들과 공유된 인간관계를 증진시킬 수 있다.

넷째, 감수성 훈련이다. 이 훈련은 자신의 경험을 서로 토의하고 상호 피드백하는 과정에서 자신에 대한 자아인식뿐만 아니라 타인에 대한 공감적 이해를 통하여 보다 긍정적인 자아를 개발하는 것이다. 이러한 감수성 훈련의 목적은 자기 자신의 행동과 자기행동이 타인에게 주는 다양한 영향에 대한 이해를 통해 자기 자아에 대한 인식을 높이고, 타인 및 집단의 행동, 집단 간 상호작용에 대한 이해를 증진시키며, 대인관계에서 자기 자신의 행동을 다른 사람의 행동이나 정서에 반영하여 자신의 행동을 개선할 수 있는 능력을 길러주는 데 있다. 특히 감수성 훈련에서 가장 중요한 부분은 참가자들 간의 실제적이고 진솔한 상호작용과 참가자 행동에 관한 상호 간의 공감적 이해와 개방적 분위기이다. 따라서 감수성 훈련을 통하여 자아 및 타아의 상호 영향의 의미를 인식할 수 있고, 진솔한 의사소통을 통하여 상호 피드백의 중요성을 이해하게 함으로써 조직상황에서 보다 긍정적인 인간관계를 증진할 수 있다.

다섯째, 행동수정이다. 행동수정은 강화와 벌의 조건화 법칙을 통하여 개인의 바람직한 행동을 유도하는 지도성 개발방법이다. 일반적으로 행동수정기법은 변화시키고자 하는 행동 목표를 설정하고 적절한 강화방법과 강화 일정 등의 이론적 적용뿐만 아니라 구성원의 바람직한 행동을 개발하기 위한 지도자의 지속적인 노력이 요구된다. 행동수정에서 전형적으로 사용되는 접근은 〈표 12-2〉와 같이 강화와 벌에 의한 행동수정이다.

강화이론에 따르면, 의도적인 어떤 반응에 만족스러운 보상이 주어지면 그 행동의 경향성이 강해진다는 것이다. 즉 강화는 어떤 원하는 행동의 수를 증가시킬 것으로 목적으로 제시되는 것인데, 정적 강화는 어떤 행동에 대해 조건부로 제시하여 그 행동이 일어날 확률을 증가시키는 자극이며, 부적 강화는 어떤 행동에 대해 조건부로 제시되지 않았을 때 그 행동이 일어날 확률을 증가시키는 자극이다. 한편 벌은 특정의 바람직하지 못한 행동에 가함으로써 그 행동의 수를 감소시키고자 하는 것인데, 벌에는 바람직하지 못한 행동에 대하여 불쾌자극을 제공하는 제1유형의 벌과 바람직하지 못한 행동에 대하여 쾌자극을 제거하는 제2유형의 벌이 있다.

〈표 12-2〉 강화와 벌의 유형

구 분	자극 유형	
	쾌의 자극	불쾌의 자극
가해지는 경우(정적)	정적 강화	제1유형의 벌
제거되는 경우(부적)	제2유형의 벌	부적 강화

2. 집단 차원의 지도성 개발

첫째, 집단대면기법이다. 조직 내에는 다양한 집단이 있다. 학교조직의 경우, 교사집단, 학생집단 혹은 학부모집단으로 나눌 수 있으며, 교사집단 내에도 다양한 현시적·잠재적 집단이 있다. 이러한 집단 내 혹은 집단 간에는 어느 정도의 갈등상황은 불가피한 것이기 때문에, 학교장은 제 역기능적 갈등상황에 항상 대비하여야 한다. 이러한 갈등상황에서 대처능력을 향상시키는 데 적용될 수 있는 기법이 집단대면기법이다. 지도성 개발기법의 하나인 집단대면기법은 집단 사이의 상호 협조적이고 지원적인 관계를 조정하기 위하여 상호 이해를 증진시키고 잠재되어 있는 문제를 인식시켜 해결책을 모색하는 데 그 목적이 있다.

둘째, 과정 컨설팅이다. 이 방법은 외부 전문 상담자의 도움을 받아 조직이나 조직 내 한 집단간에 발생하는 과정을 개선하려는 방법으로, 개인적 행동이나 집단 내 인간관계 등 조직 전반적인 운영과정에서 나타나는 당면문제를 분석할 수 있는 능력과 그 해결 능력을 향상시키는 데 목적이 있다. 이러한 기법을 통하여 조직의 당면문제를 인식시키고 자기 자신에게 바람직한 변화를 가져올 수 있도록 자신의 능력을 개발하도록 도움을 준다는 데 의의가 있다.

셋째, 설문조사에 의한 피드백이다. 이 방법은 구성원들을 대상으로 집단이나 조직문제에 대한 질문지를 통하여 얻은 피드백 자료로 활용하여, 구성원들로 하여금 자신의 집단과 조직문제를 해결하도록 하는 지도성 개발기법이다. 이러한 기법이 일반적인 설문방법과 다른 점은 모든 단계에 걸쳐 조직 내 다양한 팀의 적극적인 참여를 전제한다는 것이다. 지식적인 피드백 과정을 통한 지도성 개발을 위해서는 전 과정에 걸친 구성원들의 관심과 참여가 있어야 하며, 이 기법의 실제적 활용기술이 있어야 효과적일 수 있다.

교육지도자가 다양한 사회변화와 사회의 요구에 부합하는 끊임없는 노력, 세계의 흐름을 파악하는 명확한 예지력을 바탕으로 교육조직을 이끌어 갈 때 교육의 질은 향상될 수 있을 것이다. 따라서 교육지도자의 지도성 함양은 이 시대가 요구하는 가장 중요한 과제로 볼 수 있다.

제3절 21세기 교육지도자

21세기는 산업사회와 많이 다른 사회적 특성을 나타낼 것이다. 교육도 21세기 지식 및 정보기반사회를 창출해내는데 기여하기 위해서는 지금과 확연히 달라져야 한다. 본 절에서는 21세기를 대비한 교육, 학교장의 전문화 관련 이슈와 과제, 21세기 교육 지도자에 대해서 고찰하기로 한다.

1. 21세기를 대비한 교육

1) 21세기 사회의 특징

지식 및 정보사회는 지식과 정보를 통하여 사회를 움직이기 때문에 지식과 정보를 개발하고 창조하기 위한 지적 기술이 중심이 될 것이다. 학교는 지적 활동을 하는 곳이기 때문에 어느 기관보다 중요한 기능을 해야 한다. 21세기는 힘의 기반인 인공지능 기술에 의한 인지적 힘의 확대와 연장이라고 할 수 있다. 지배적인 패러다임은 인공지능체세의 출현과 상호인과싱, 역동직 복합성, 생태학적 사고라고 할 수 있다. 지식 및 정보사회에서 요구되는 구체적인 기술은 정보의 수집 · 조직 · 저장 · 활용과 의사소통, 망조직과 체제적 계획과 설계 기술이다.

그리고 지식 및 정보기반사회의 핵심가치는 새로운 체제를 만드는 아이디어를 생각해 낸 다음 체제 설계로 연결해야 한다. 새로운 핵심 가치를 제시하면 다음과 같다(주삼환, 1997).

i) 인간에 대한 생각이 한쪽은 개인, 다른 한쪽은 지구촌으로 초점이 맞추어질 것이다. ii) 개인, 가정, 여러 사회 체제 내에서 내재하는 독특성과 독특한 가능성을 존중해야 한다. 이 세상에 하나밖에 없는 것이야말로 귀중하다. iii) 학습에의 자유와 권리가 존중되어야 한다. 배우는 방법에는 여러 가지가 있고 어떻게 배우느냐는 학습자에게 맡겨져 있다. iv) 삶의 질 확보와 풍요화를 귀중하게 여겨야 한다. v) 윤리, 도덕, 정신적 발달과 더불어 문화적 다양성이 중시되어야 한다. 지식 및 정보기반사회에서도 인간답게 살아야 하고, 삶의 방식은 다양해질 수밖에 없다. 산업사회에서 물질이 지배하는 사회가 되어 온갖 문제가 파생되었듯이 지식 및 정보기반사회에서

도 정보가 인간을 압도하여 정보지배 사회가 되면 문제가 야기될 수 있다. vi) 대인관계와 사회적 관계성은 지식 및 정보기반사회에서 여전히 중요하다. vii) 위협적인 힘(군사/정치), 교환적 힘(경제), 통합적 힘(사회) 중에서 통합적 힘이 제일 중요시된다. viii) 학습과 인간개발을 육성하는 일이 중요시된다.

이러한 가치들이 중핵가치로 부상하게 되면 교육은 새로운 사회적 기능을 담당하게 된다. i) 사회와 교육의 상호발전 관계가 성립된다. 지식 및 정보기반사회에서는 정보와 지식을 개발하고 창출하는 교육이 보다 더 중시되지 않을 수 없다. 물질주의에서는 공장이 학교보다 더 중시될 수 있었으나 지식 및 정보기반사회에서는 학교가 곧 지식 생산의 공장이 되는 셈이다. ii) 다른 사회체제와의 새로운 관계성을 성립해야 한다. 다른 체제와의 고려 없이 교육체제에서만 개혁을 시도해서는 소용없을 것이다. iii) 지구공동 사회와 교육체제와의 관계를 성립해 나가게 된다. 한 지구에서 같이 살아가기 위한 교육이 되어야 할 것이다. iv) 인간잠재 능력의 개발이 가장 중요한 산업이 된다. v) 학습에의 자유와 권리, 앎에 대한 권리의 보장이 더 중요한 기능이 된다. vi) 인간의 질과 지혜의 발전이 교육의 중요한 기능이 된다. vii) 인간 조건의 개선이 중요한 교육 기능이 된다. 인간을 인간답게 살 수 있게 하는 환경과 조건을 만들어 줘야 한다. 교육이 오히려 인간의 조건을 파괴하는 기능을 하고 있는지 반성해 볼 필요가 있다.

21세기 지식 및 정보기반사회에 필요한 중요한 덕목은 다음과 같다. i) 개별성과 독특성을 강조한다. 한사람 한사람의 개인과 그 개인의 독특성에 초점을 맞추고 또 이를 인정하고 장려해야 한다. ii) 다른 한편으로는 공간을 확대하여 지구촌에서 살아갈 것을 생각하면 지구촌 · 국제화, 개방성이 중요시된다. 마음이 열리고, 공간이 열리고, 시간이 열리고, 체제가 열려야 한다. iii) 더불어 살아가기 위해서는 협동성, 동료의식, 팀 정신, 통합성이 요구된다. 학생들도 팀으로 학습해 나가고, 교사도 팀으로 가르치고, 행정가들도 팀으로 행정하고 경영 · 관리 · 지원하게 되기 때문이다. 조각난 지식을 통합하고 어떤 영역에서건 분리주의로부터 통합주의로 나가야 한다. iv) 변화의 시대에는 융통성과 신축성이 강조된다. 교육과정, 학습, 행정, 조직, 시설 등은 융통적이고 신축적이어야 한다.

2) 지식 및 정보기반사회에서 학교교육의 발전 방향

정보화, 개방화, 다원화와 변화에 능동적으로 부응하며 우리 사회가 추구하는 새로운 한국인을 길러내기 위해 앞으로 강조되어야 할 우리 교육의 지향 방향을 제시하면 다음과 같다(서정화 외, 2002).

첫째, 21세기를 주도할 인간을 길러내기 위해서는 먼저, 학생 개개인의 소질과 적성을 개발하고 신장시키는 일을 으뜸으로 삼아야 한다. 학업성취도가 우수한 학생이나 부진한 학생 각각의 수준에 맞도록 교육내용을 선정·조직·운영하여야 하며, 이를 위한 교육 여건을 조성해 주어야 한다. 교육방법, 학습자료 역시 개인차를 고려하여 다양하게 적용될 수 있어야 한다. 아울러 각자의 취미나 소질을 개발 및 확인함으로써 진로를 개척할 수 있도록 도와주는 과정이 강조되어야 한다.

둘째, 전인을 지향하는 교육에 더욱 힘써야 할 것이다. 지식교육뿐만 아니라 도덕교육, 인간교육에 힘씀으로서 전인적 품성을 길러 주어야 할 것이다. 특히 정직과 근검 및 절약하는 정신, 다른 사람의 의견을 존중하는 개방적인 태도, 질서의식 등 민주시민으로서 구비해야 할 품성을 길러주는 데 힘써야 하겠다. 이를 위해서는 교육과정이 정상적으로 운영되어야 한다. 특히 학생들의 적성, 특기, 소질을 살릴 수 있는 다양한 특별활동 프로그램을 연구 및 개발하고 이를 적극적으로 활용하도록 해야 할 것이다.

셋째, 인간존중 교육이 실천되어야 한다. 학생의 인격을 존중하는 '사랑의 교육'이 전개되어야 한다. 이는 교수-학습과정, 학습과제 제시, 평가방식, 학생과의 대화, 생활지도 등 교육의 장 전반에 걸쳐 나타나야 할 것이다. 학생들이 교사에게 바라고 싶은 것 중 가장 두드러진 것은 편애하지 않는 것과 관심을 가져주는 것이며, 자신들과 많은 대화를 가져 주기를 원하고 있고 또 체벌이나 폭언을 하지 않는 것이다.

넷째, 창의력 신장 교육에 더욱 힘써야 할 것이다. 이러한 능력은 개방성과 융통성 있는 마음가짐과 함께 항상 새로운 것을 탐색하고 시도하려는 노력에서 비롯된다. 학교교육에서 창의적 사고능력을 길러 주기 위해서는 교과목 조직, 수업형태, 평가방법, 학습 분위기 등 제 측면에서 변화가 요구된다. 특히 교과시간뿐 아니라 학교생활의 모든 과정에서 학생들의 자유로운 상상과 발표, 개인 행동이 수용되는 '허용적인 분위기'와 여유 있는 학교 풍토가 조성되어야 한다.

다섯째, 교사가 교육활동에 전념할 수 있는 여건을 조성해야 한다. 교육활동의 관건은 교사들로 하여금 가르치고 지도하며 연구하는 데 전념할 수 있는 제반 여건을 마련해주는 것이다. 이를 위해 교사의 사무 부담을 줄여 나가야 하며 교육활동 수행을 저해 또는 지장을 초래하는 제반 요소들을 제거해야 한다. 또한 교사의 자질 향상을 위한 양성 및 연수제도를 획기적으로 개혁해야 하며, 우수교사 인력을 확보하기 위한 획기적인 방안이 강구되어야겠고, 자유롭게 교수하고 연구하며 봉사할 수 있는 신분보장과 교권확립이 요구된다.

여섯째, 학교교육 환경의 인간화를 추구해야 할 것이다. 21세기를 이끌어갈 우리의 꿈과 희망인 귀여운 자녀들로 하여금 학교생활이 재미있고 즐거운 삶의 장이 될 수 있도록 쾌적한 분위기를 마련해 주어야 한다. 이를 위해 학급당 학생 수를 적정화하며 학교생활에 불편이 없도록 최소한의 기본적인 시설과 복지시설을 구비 및 확충해 주어야 한다. 나아가서 학습활동을 전개하는 데 필요한 학습 기기와 현대적인 설비와 최신의 교육공학 매체 등을 최대한 활용할 수 있도록 지원해야 한다. 아울러 쾌적한 학교주변 환경을 조성해 주어야 한다.

일곱째, 교육행정 운영에서의 자율성과 책무성이 요청된다. 교육행정 운용의 대상은 학생과 교사와 학교가 그 초점이므로 그 기본성격과 운용방식은 봉사적이며 수단적이고 조장적이어야 한다. 그것은 일차적으로 단위학교가 본래적인 교육활동을 활발하게 전개할 수 있도록 자율성의 폭을 신장시킴으로써 가능하다. 그리고 단위학교와 구체적인 교육의 장을 효율적으로 지원할 수 있는 행정 및 제도적인 뒷받침이 마련되어야 하며 단위학교 내에서의 학생들의 자치활동 및 교원의 전문적 교수활동을 제약하지 않는 풍토가 조성되어야 한다. 아울러 학교, 학부모, 지역사회와의 연계를 강화하여 자율적인 학교공동체를 형성하여 운영함으로써 학교교육의 질 향상을 지원 및 조장할 수 있는 장치가 마련될 필요가 있다. 그리고 무엇보다도 지방교육행정의 창의성과 특수성을 살릴 수 있도록 교육자치제의 활성화를 적극적으로 추진해 나가야 할 것이다. 또한 사회가 학교에 기대하는 것이 무엇이고, 그 목적이 어느 정도 달성되고 있는지, 그리고 개선점 및 원인과 개선방안은 무엇인가 등에 대한 모색이 종합적으로 분석, 및 평가되도록 하는 학교평가의 체제를 구축해야 된다.

여덟째, 교육기회의 균등화 실현을 위해 지속적으로 노력을 기울여야 할 것이다. 진정한 교육의 기회균등 내지 평등의 실현은 교육의 투입 측면과 함께 교육의 과정 및 교육 결과의 균등의 실현에서도 이루어져야 한다. 이러한 측면에서 보면, 도시지역과 농촌지역, 공립과 사립, 초·중등학교와 대학에서의 제반 교육여건, 교육의 과정, 교육의 성취 측면에서의 격차 해소를 위한 노력이 적극 추진되어야 할 것이다. 아울러 교육수요자의 선택권의 폭을 넓혀 나갈 수 있는 방안이 강구 및 실천되어야 한다.

아홉째, 교육재정의 확충이 절실히 요청되고 있다. 과밀학급, 과대규모학교, 열악한 교육환경, 교원처우의 미흡, 그리고 교육방법의 전근대성 등도 따지고 보면 그 원인이 재정의 취약과 관련된다. 그러므로 이러한 문제점들을 해결하고 교육의 발전을 도모하기 위해서는 교육재정 확보는 그 관건이 아닐 수 없다. 이러한 이유에서 교육의 발전과 개혁을 위해 최소한 GNP 6% 수준 이상의 재정확보를 위한 노력이 절실히 요청된다.

마지막으로 교육을 중시하는 풍토가 조성되어야 한다. 즉 학부모, 행정가 및 정책결정자 그리고 매스컴 등에서 이 시대 교육이야말로 21세기 우리의 국운을 좌우하는 과업임을 인식하고 최우선적인 지원과 협력을 아끼지 말아야 한다.

2. 학교장의 전문화 관련 이슈와 과제

최근 우리학교 현장에 만연되고 있는 교실 붕괴현상, 더 나아가서 교육의 위기에 적극적으로 대처할 수 있는 교육행정가의 전문성의 원천은 어디에 있을까? 교육행정가에게 법적으로 부여된 권한만으로는 해결되지 않을 것임은 분명하다. 학교교육의 수요자가 피부로 느낄 수 있을 정도로 전문성이 발휘되지 않는 한 학교행정가의 전문성에 대한 회의는 지속될 것이다. 학교행정의 전문성이 제대로 발휘되지 않는다면, 극단적으로 교육행정의 대상이 되는 사람들이 '교육행정 전문가'를 필요로 하지 않고 스스로 교육기관을 운영하겠다고 나설지 모른다. 하지만 과거 권위주의적인 시대에 비하면 열린 교육행정구조 속에서 자신의 전문성을 발휘하기가 더 좋아진 것도 사실이다.

여기에서 21세기 학교행정가의 전문화를 위하여 학교행정가 양성 프로그램 개혁, 학교행정가에게 요구되는 새로운 전문성, 학교행정과 학교 밖의 교육행정의 협력 강화, 여교장의 문제와 과제 등에 대해서 고찰하기로 한다(윤종건, 2002).

1) 학교행정가 양성 프로그램 개혁

21세기가 요구하는 학교행정가의 전문성을 담보하기 위해서는 학교 행정가의 양성과 임용을 위한 제도가 크게 달라져야 한다. 먼저 교장 자격연수 과정이 개편되어야 한다. 1999년도부터 교장 자격연수과정에서 LG 인화원, 한국생산성 본부, 삼성 인력개발원 등에 의뢰하여 1주간(35시간)의 민간 연수를 받도록 한 것은 놀라운 변화임에는 틀림없다. 그러나 이들 연수의 내용은 기업 속에서 이루어져 왔던 노하우(know-how)를 학교에 적용한다는 점에서 한계가 있을 것으로 생각된다. 물론 학교도 회사와 같은 특성이 있어서 기업의 경영 마인드가 필요한 것은 사실이나 학교 나름대로의 고유한 특성이 있기 때문에 이것이 그대로 학교에 적용되어서는 곤란하다고 본다. 이제 막 도입되고 있는 새로운 프로그램인 만큼, 이에 대한 세심한 평가 작업이 이루어져야 할 것이다.

교원대학교에서 실시되는 4주간(120시간)의 연수도 그 이전과 비교해 보면 학교경영과 직접 관련된 내용이 보강되고, 방법 측면에서도 실습, 토론, 사례발표 등이 늘어나는 등 긍정적인 변화가 눈에 띈다. 하지만 교장 양성 프로그램의 내용과 방법이 전통적인 기능주의와 기술적 합리주의의 틀에서 벗어나 숀(D. A. Schön, 1987)이 말하고 있는 실천적 인식론의 틀에 따라 새롭게 구성된 것처럼 보이지는 않는다. 전문성 함양을 위한 교육의 효과가 더 크게 나타나려면, 교장 양성과정은 학교에서 행정가로 당면하고 있거나 또는 당면하게 되는 실제 문제사태로부터 시작하는 게 좋을 것이다. 이러한 점에서 보면, 학교사태에서의 경험이 충분히 축적된 교사들 중에서 교감, 교장이 되는 우리나라의 교장 양성과정이 가지고 있는 장점이 있다고 할 수 있다. 문제는 교장이 당면하게 되는 각종 문제사태들을 해결해 나가는 데 있느냐 하는 것이다. 이와 관련하여 기존 교장 양성프로그램과 교육행정의 효과성의 관계에 대한 경험적 연구를 체계적으로 수행할 필요가 있다.

연구를 진행해 보아야 그 결과를 알 수 있겠지만, 지금의 상황에서 교장으로 하여금 반성적 실천을 통하여 학교행정에서 전문성을 발휘할 수 있도록 도와 줄 만한 지식과 이론의 체계가 우리의 교육행정학에 구축되어 있는가 하는 데에는 회의적인 의견이 지배적이다. 아직까지 우리의 교육행정학은 교장이 되겠다는 사람들에게 정말 쓸모 있는 것을 제공해 줄 만큼 알찬 내용들을 갖고 있지 못하다. 학교행정가를 준비시키는 프로그램이 적절하지 못했다면, 그것은 적어도 부분적으로 우리 교육행정학자들의 책임이다(N. A. Prestine & B. F. LeGrand, 1991). 교장의 전문성을 함양하고 신장시킬 수 있을 만큼 좋은 지식과 이론체계가 성숙된 이후에 우리는 모든 교장으로 하여금 적어도 교육행정학 분야의 전문박사학위(Ed. D)를 취득할 것을 요구할 수 있을 것이다.

둘째, 교장 자격연수 기간을 늘릴 필요가 있다. 전문적 실천 속에서 전문적 지식을 적용하는 법을 배우는 것은 단기간의 훈련으로 이루어지지 않는다. 특별히 과정의 초기에 개별 학교에서 사례연구 또는 현장연구를 위한 시간을 길게 갖도록 하고, 이 기간 중에 교육행정 전문가와 주기적으로 상호작용할 수 있도록 한다. 그리고 합숙하여 실시하는 집중훈련 기간 동안에는 사례를 중심으로 집단 협동학습이 이루어지도록 한다. 이때, 실제 학교현장에서 발생할 수 있는 제 문제상황들과 이에 대한 해결 방안의 탐색과정을 컴퓨터 시뮬레이션 프로그램으로 개발하여 활용하면 좋을 것이다(B. Maynes McIntosh & D. Mappin, 1966). 이 방법은 캐나다의 Alberta 대학교의 교장지도성 훈련과정에서 10년 이상 활용해 본 결과 효과가 상당히 있는 것으로 알려져 있다.

셋째, 교육행정학을 체계적으로 공부한 사람은 학교행정 상담가의 역할을 담당할 필요가 있다. 학교행정 상담가란 마치 장학사(관)들이 교사의 전문성을 유지 및 발전시키는데 도움을 주는 것처럼, 교육행정가가 자신의 업무를 수행하다가 당면한 문제를 가지고 왔을 때 함께 고민하고 해결에 이르는 길을 제시해 주는 역할을 수행할 수 있다. 학교행정 상담가가 제도적으로 정착하게 되면 교장 자격연수의 초기 단계에서 교장 후보자가 사례연구 또는 현장연구를 수행할 때 조언해 주는 역할을 할 수 있을 것이다. 더 나아가, 학교행정 상담가들은 교장이 된 이후의 현직 연수과정에 있어서도 현장을 방문하여 문제해결에 도움을 주는 등 중요한 역할을 담당할 수 있을 것이다. 이와 같은 맥락에서, 소위 '특출한 교장'에 대한 사례연구를 통하여 그가 지니고 있는 지식과 기술을 발굴하여 정리하는 일이 교육행정학의 중요한 연구 프로그램으로 자리 잡아야 할 것이다.

넷째, 교장 양성문제도 중요하지만 어떤 방식으로 교장을 임용할 것인가 하는 문제도 이에 못지않게 중요하다. 경력 평정 점수의 비중이 상대적으로 높은(총 승진 평정점의 42.1%) 현재의 교원승진제도 하에서는 교장 자격을 취득하는 데 최소한 28년이 걸린다. 교장 승진 대상자는 교감 중에서 승진 평정점의 다득점자 순에 따라 결정된다. 과연 이렇게 긴 경력이 교장의 전문성을 보장해 줄 수 있는 가장 정확한 요인인지, 또 승진후보자를 승진 평정점의 점수 순으로만 선정해야 하는가에 대해서는 재고의 여지가 있다. 그리고 교감 자격증 소지자로 교장 자격을 제한하고 있어 교장 자격을 소지하지 않은 사람은 아무리 유능해도 교장으로 임용될 수 없다는 것도 문제이다.

21세기 지식 및 정보기반사회에서는 단순한 경력보다는 능력과 실적이 더 중시되는 교장 임용체제로 전환할 필요가 있다. 우선 현행 승진 평정점의 구조를 경력중심에서 연수중심으로 바꾸어야 한다. 예를 들면, 경력 평정점을 90점에서 50점 정도로, 근무성적 평정점을 80점에서 70점으로 각각 낮추고, 연수성적 평정점을 30점에서 80점으로 상향 조정한다. 교장 승진후보자를 선정하는 경우, 승진점수라는 일원적 기준에서 필답고사, 논술고사, 구술고사, 면접, 동료 및 교사 여론청취 등 다양한 기준에 따라 할 필요가 있다. 한편 유능한 교사들도 일정 능력이 검증되는 경우 이들에게도 교장 자격 취득기회를 과감하게 열어줄 필요가 있다.

2) 학교행정가에게 요구되는 새로운 전문성

미래 사회는 국가의 권력이 점점 약해지고 지방, 더 나아가 작은 공동체 중심의 생활이 개인들에게 훨씬 더 큰 영향을 미칠 것으로 전망된다. 이렇게 보면 학교 공동체의 역할은 지금보다 훨씬 더 커질 것으로 생각되며, 학교 안에서 교장의 역할도 더 중요해질 것으로 생각된다. 주어진 법규 안에서 단순한 행정 업무만을 수행한다든지, 관료제의 틀 안에서 주어진 권위를 행사하는데 만족한다든지, 학교를 공장처럼 생각하고 공장책임자로서의 역할을 수행한다든지, 아니면 학교를 학생들을 일정 기간 동안 안전하게 지켜 주는 일종의 수용소로 보고 수용소장의 역할을 수행한다든지 하는 것은 21세기 학교장으로서 제대로 그 직무를 수행하고 있다고 보기 어렵다.

우선 학교장에게 요구되는 새로운 전문성은 교육적 지도성(educative leadership)이다. 학교행정가는 행정에 관한 일반적인 지식이나 기술은 물론이고, 교육적 가치에 대한 이해와 체험에 있어서 보통 사람들과는 구별되는 뛰어난 수준을 유지하고 있어야 한다. 즉 교장은 학교의 본질적인 목표 가운데 하나인 교육적 가치에 대한 이해와 체험의 수준이 뛰어나야 교육 본위의 학교행정을 펴 나갈 수 있을 것이다. 학교행정가의 전문성은 학교 안에서 교육적 활동이 왕성하게 일어나도록 인적 및 물적 자원을 구비하고 조정하는 일과, 학교 내·외적 경계선상에서 학교 안에서 이루어지는 교육활동의 교육적 가치가 손상되지 않도록 방어하고 조정하는 데에 발휘되어야 한다. 요컨대 21세기 사회에서는 학교행정가의 교육 본위의 지도성이 더욱 크게 요구된다고 할 수 있다. 이와 관련하여, 학교행정과 관련된 제 요소들에 대한 지도성 발휘에 있어서 비교육적인 부분은 없는지 새삼 반성할 필요가 있다. 이미 언급했듯이, 지도성 과정은 곧 교육적 과정이다. 교장이 전체 직원회의를 운영하는 방식과 학급 교사조직 방식에서, 그리고 예산편성 및 운영 방식이나 학교운영위원회 운영 방식에서 교사와 학생들, 그리고 학부모는 교장의 교육에 대한 이해 수준을 파악한다. 이러한 구체적인 영역에서조차 교장과 교사 사이에 교육적 만남이 이루어질 수 있도록 교장의 교육에 대한 이해의 수준과 눈금을 높여야 한다. 중요한 것은 교장이 학교 안에서 지도성을 발휘하는 과정은 명시적으로 또는 묵시적으로 학교의 전체 구성원과 학부모 및 지역사회에 교육적 영향력을 행사하고 있다는 사실이다. 따라서 학교를 하나의 학습공동체로 만들기 위해 학교행정가는 교육적 가치를 지속적으로 고양시켜 나가야 할 것이다(허병기, 1997).

둘째, 미래의 교장에게 요구되는 또 다른 전문성은 갈등해소 능력이다. 교장의 경우에 교육에 대한 전문성만으로 모두 충족되지 않는 것은 앞에서 지적한대로 학교가 지니고 있는 다양한 기능을 충족시켜야 하기 때문이다. 교장은 학교를 둘러싸고 있는 다양한 세력들이 학교에 대하여 요구하는 다양한 가치들이 가능한 한 공존하며 조화를 이루도록 애써야 한다. 하지만 실제로는 학교에 대한 다양한 요구와 가치들, 예컨대 정치적 요구와 가치 또는 경제적 요구와 가치들이 교육적 가치와 갈등을 일으키는 경우가 많다. 어떤 측면에서 보면 교장의 전문적 능력은 특히 이러한 가치 갈등 상황에서 잘 드러난다고 할 수 있다. 가치 갈등의 해소자 또는 중재자로서의 교장상이 어느 때보다도 요구된다고 하겠다.

셋째, 21세기 미래의 교장은 변화를 두려워하기보다는 선도해 나가는 변혁적 지도성을 구비하도록 노력해야 할 것이다. 변혁적 지도성은 구성원의 성장 욕구 자극, 내재적인 동기부여 등을 통하여 구성원들로 하여금 조직의 목적 달성에 자발적으로 참여하도록 유도하는 지도성이다. 이러한 변혁적 지도성은 침체 일로에 있는 학교경영에 활력을 불어 넣고, 새로운 학교 조직문화를 창출할 수 있을 것이다(신재흡, 2002).

넷째, 미래의 학교장은 윤리적 지도성을 갖추어야 한다. 윤리적 지도성은 '지도자의 개인적 자질에 기반을 둔 힘으로써, 타인으로부터 존경을 받거나 인격을 갖추어 동일시 대상이 되어 구성원에 영향을 미치게 되는 지도성'이다. 학교장이 학교운영과 연관된 제반 영역에서 도덕적 자신감을 상실하게 되면 그의 말이 먹혀들지 않는다는 점을 기억할 필요가 있다. 특히 돈과 관련된 부분에서 교장의 도덕적 자신감의 회복은 무엇보다도 중요하다고 할 수 있다. 특히 예산의 편성과 집행, 그리고 평가단계에서 학교 구성원들의 참여를 보장하여 투명행정을 이끌어 갈 필요가 있다. 교사들로 하여금 '나도 교장처럼 되고 싶다'는 마음이 들게 되면, 일단 교장의 지도성은 성공하고 있다고 할 수 있다.

다섯째, 교내장학 전문가로서의 교장의 권위가 회복되어야 한다. 교내장학을 시도하려는 교장에 대하여 호응을 하지 않는 교사가 있다면 일단 교장의 수준에 문제가 있다고 보아야 한다. 교장은 법률에 의해 주어진 권위로서만 교사들을 지도하려 할 것이 아니라 교수-학습에 대한 이해와 실천의 폭에 있어서 교사들을 압도할 수 있는 '실력'으로 교사들을 지도해야 할 것이다. 그래야 지도성이 행사되는 과정에서 서로에게 의미 있는 '교육'이 일어난다. 교장과 교사 사이의 교육적 만남이 교사와 학생 사이의 교육적 만남으로 전이될 수 있을 것임은 당연한 일이다.

여섯째, 개별학교의 교장이 소신을 갖고 교육적 지도성을 발휘할 수 있도록 시·도교육청 차원의 협조와 지원이 필요하다는 점이다. 교육청에서 학교별로 대학입학 실적을 비교한다든지, 그러한 것을 기준으로 교장을 평가한다든지 하는 사례가 없도록 해야 할 것이다. 학교와 교장 자신에 대한 평가가 학생들의 성적과 상급학교 진학률에 의하여 이루어지는 현실 속에서, 그리고 자기 자녀들의 성적에만 관심이 있는 학부모들의 과도한 간섭 속에서 '입시위주교육'을 하지 않기란 보통 힘든 일이 아닐 것이다. 이런 분위기 속에서도 '교육적 가치'를 수호하고 조장하기 위해 소신껏 교육적 지도성을 발휘하는 교장이 없는 것이 아니다. 이런 교장들은 대개의 경우 학교운영에 있어서 도덕적으로 깨끗한 사람들이다. 이러한 학교들에는 학교 운영에 재량권을 최대한 보장하고 강력한 재정적인 지원도 받도록 해야 할 것이다.

3) 학교행정과 학교 밖의 교육행정의 협력 강화

교육활동은 학교 울타리 안에 한정되지 않는다. 앞으로 학교 밖의 교육적 기능은 더욱 활성화될 것으로 생각된다. 앞으로 예상되는 평생학습국가 건설 측면에서는 기존 학교중심 교육체제와는 근본적으로 다른 특성을 지니게 될 것이다. 평생학습 국가

체제에서의 프로그램 제공자는 정부와 학교, 교사에 한정되지 않는다. 학습자가 배우고 싶은 것을 제공해 주는 사람이 곧 프로그램 제공자가 된다. 넓은 의미에서 보면 인터넷을 비롯한 각종 정보통신망에 교육적으로 유용하게 활용될 수 있는 모든 정보와 자료를 올려놓는 사람뿐만 아니라 신문, 잡지, 방송 등 언론매체를 기획하고 제작하는 사람이 모두 프로그램 제공자라고 할 수 있다. 그 외에 평생교육의 관점에서 성인의 학습욕구를 만족시켜 주는 모든 사회교육기관들도 훌륭한 프로그램 제공자이다. 예를 들면, 대학부설 평생교육원(또는 사회교육원), 기업체 연수원, 공무원 연수원, 군대 교육기관, 언론기관 문화센터, 지방자치단체 구민회관 및 문화원, 그리고 사설학원 등 다양한 교육기관들도 프로그램 제공자라 할 수 있다.

한편 평생학습국가 측면에서는 교육의 수요자, 특히 학습자가 학습하고 싶은 모든 내용이 교육의 소재로 간주될 수 있다. 굳이 전통적인 학교에서 공식적으로 인정하고 있는 교육과정에 국한될 필요가 없다. 아무리 훌륭한 학문이라도 그것이 학습자와 의미 있는 연관을 맺지 못하면 교육의 소재로서 아무런 가치가 없는 것이다.

전통적인 학교교육체제에서의 전달매체, 즉 가르치는 사람과 배우는 사람 사이에 교육의 소재를 연결시켜 주는 주 매체는 사람의 육성이다. 즉 일정한 공간 및 시간에 가르치는 사람과 배우는 사람이 얼굴을 마주 보고 있는 상태에서 교육의 소재가 육성으로 전달되고 환류된다. 그러나 평생교육체제는 교육적으로 유용하게 사용할 수 있는 다양한 전달 매체를 모두 동원한다. 라디오, 텔레비전, 케이블 TV, VOD(Video-on-Demand), CD-Rom, 원격영상 강의, PC 통신, 인터넷 등 다양한 교육매체를 동원하게 된다.

평생교육체제에서는 교육 프로그램 간 연계, 즉 네트워킹이 최대 강점 중의 하나이다. 평생교육체제에서 활용할 수 있는 네트워킹은 교육적으로 의미 있는 자료와 정보를 가지고 있는 국내외 기관들의 정보 서버의 연결망 구축을 의미한다. 나아가 평생교육체제의 네트워킹은 정보통신망을 통하여 전자적으로 연계하는 것도 필요하지만, 이에 못지않게 중요한 것은 정규 교육체제와 사회교육체제를 제도적으로 연계하는 것이다. 이 경우에 교육행정가로서 관심을 가져야 할 분야로서는 다음과 같은 것들이 있다. 학점을 어떻게 호환할 것인가, 교육 프로그램을 어떻게 공유할 수 있을 것인가, 가르치는 사람의 자격과 교육의 질을 어떻게 유지할 것인가, 교육 시설을 어떻게 공유할 수 있을 것인가 등이다.

이러한 전망 속에서 학교장은 새롭게 전개될 평생학습국가의 특징을 정확히 이해하고, 나아가 우리나라 전체의 교육력을 극대화하는데 이바지할 수 있어야 할 것이다.

4) 여교장의 문제와 과제

교직사회의 여성화가 종종 사회문제가 되고 있으나, 정작 교육행정가 집단이 남성 중심으로 이루어져 있다는 사실은 사회적으로 큰 관심을 끌지 못하고 있다. 하지만 최근 들어 여자교사들의 비율이 증가함에 따라 자연스럽게 여교장의 비율도 증가하고 있다. 예를 들면, 2000년도 초등학교의 경우 여자교원(교장 · 교감 포함)이 66.4%인데 비해 여교장은 7.0%에 불과하며, 중학교의 경우 57.6%의 여교원에 비해 여교장은 8.7%에 불과하다. 고등학교의 경우 여교원의 비율은 32.4%이지만 여교장은 4.5%에 머물고 있다(교육부, 2000).

하지만 21세기 사회는 적어도 지금보다는 양성 평등에 대한 요구가 훨씬 강해질 것으로 예상되며, 교육행정직에 대한 여성의 진출에 대한 논의가 훨씬 활발하게 전개될 것으로 생각된다. 여교사들도 남교사와 같이 교장으로서 학교의 중요한 결정에 참여할 수 있는 기회를 가져야 한다는 것은 일종의 당위이다. 현행과 같이 여교사에 비해 턱없이 저조한 행정직의 성별 분리 구조는 상위직은 남성, 하위직은 여성이라는 잘못된 성정형화된 역할의식을 부지불식간에 학생들에게 심어줄 소지를 안고 있다. 그러한 성별 불평등 구조가 일종의 잠재적 교육과정을 형성하고 있다고 할 수 있다.

우리나라의 경우 여교사가 교장으로 진출하는데 장애가 되는 요인은 개인적 요인, 제도적 요인, 그리고 남교사 선호 풍토 등으로 구분할 수 있다. 개인적 수준에서 보면, 대체로 여교사들이 승진에 대한 의욕이나 동기가 저조한데다가, 가정과 직장에서 여성으로서 감당해야 하는 이중역할 때문에 대학원 진학이나 연수에 있어서 남교사에 비해 상대적으로 열성이 적다는 사실과 관련이 있다. 제도적 측면에서 보면, 승진을 위한 평정에 이어서 경력 기간이 상향 조정되어 온 가운데 여교사들은 육아휴직 등 경력관리에 있어서 불리한 위치에 있다. 또 도서벽지에 대한 가산점에서 가정을 떠나 도서벽지로 가기가 어려운 여교사들이 승진 평정점에서 불리하다는 사실도 있다. 아울러 근무평정 점수에서도 교무, 연구 등 주요 부장보직을 맡아야 1순위를 차지할 가능성이 많은데, 학교 내의 남교사 선호 풍토로 인하여 이러한 주요 보직을 여교사가 맡는 것이 어려운 것이 현실이다. 물론 교직사회에서 여성이 차지하는 비율이 점점 증가하고 있는 추세를 감안해 볼 때, 별도의 조치를 취하지 않아도 언젠가는 여성 교장의 비율이 여교사의 비율에 근접할 것이다. 하지만 그때까지 그냥 기다리는 것보다는 나름대로 여성도 학교 안에서 지도성을 발휘할 수 있는 기회가 공정하게 주어지도록 하여 여교장의 비율의 증가가 보다 빠르게 나타나도록 하는 것이 바람직하다고 본다.

여성도 나름대로 독특한 여성적 특성을 살려 교장으로서의 지도성을 충분히 발휘할 수 있다는 연구결과들을 볼 때, 우리나라의 학교에서도 여성 행정가가 얼마든지 능력을 발휘할 수 있을 것이라는 가정을 해볼 수 있다(C. Shakeshaft, 1999). 소위 성 문제에 민감한 정책(gender-sensitive policy)을 수립하여 여성들이 교육행정직에 진출할 수 있도록 제도적으로 지원할 필요가 있다. 예를 들면, 여자교원의 능력개발을 위한 별도의 연수과정을 신설한다든지, 경력평정기간의 하향조정한다든지, 근무평정 방식을 다양화하고 세분화한다든지, 교육전문직 공개전형을 확대하여 지원자격을 최소화한다든지, 시 · 도교육청 평가 시 여교원 관련 정책 수립 및 이행도를 반영한다든지, 복수 교감제를 확대한다든지 하는 것을 생각해 볼 수 있다. 마지막으로 학교 내에서 남녀 교사에 대한 평등 의식이 자리를 잡을 수 있도록 학교와 사회의 인식을 바꿔 나가는 것이 무엇보다도 중요하다고 하겠다(민무숙, 조문현, 김재웅, 허현란, 1999). 21세기 우리가 살아가야 할 사회는 남녀가 함께 가꾸어 가야 하는 사회이며, 그것은 지금 우리가 어떻게 하느냐에 따라 결정되는 사회이기 때문이다.

3. 21세기 교육지도자

21세기 지식 및 정보기반사회는 기존의 틀을 혁신적으로 바꾸어 사회 각 분야에서 전문성을 갖고 지식을 창출하고 정보를 활용하며 능동적인 자세로 자기가 하는 일을 지속적으로 개선하고 발전시켜 나가는 지식 및 정보기반사회의 중심세력으로서의 신지식인을 요구한다. 결국 변화하는 사회에서 또 다른 미래를 지향해 가는 변혁적인 인간상이 필요한 것이다. 이것은 교육을 통해 가능한 일이다. 그렇기 때문에 세계 각국은 교육적 변혁을 통하여 변화를 주도하고자 노력하고, 이러한 교육은 변혁적인 학교장들에 의해서 가능하다는 신념을 갖고 있다. 그러므로 교육적 지도자는 지식 및 정보기반사회 최일선의 새롭게 탄생하는 지식인이 되어야 한다. 교육지도자는 기존의 틀에서 벗어나 변화하는 교육 패러다임의 흐름을 파악하고 자신이 선택한 교직에서 지식활동을 통해 가치를 창조하고 자아를 실현해 가야 한다.

그러나 이러한 지식 및 정보기반사회의 새로운 지식인으로서의 교육자상은 노력 없이 이루어지지 않는다. 적어도 다음과 같은 노력이 함께 행해져야 할 것이다(이병진, 2003). 첫째, 21세기 교육지도자는 통합적인 사고를 가진 교육자이어야 할 것이다. 학생들을 통합적인 안목에서 바라보는 자세가 필요하며, 교육방법에 있어서도 교육을 거시적인 안목에서 볼 수 있는 통합적 접근이 필요하다. 정형적이고 틀에 짜인 사고를 가진 교육자는 변화하는 사회 속에서 늘 혼란스러울 수밖에 없다. 따라서 교육자적 지적능력을 소유한 융통성 있고 포괄적 안목을 바탕으로 하는 통합적 사고를 하여야 할 것이다.

둘째, 21세기 교육지도자는 진행형 사고를 가진 교육자이어야 할 것이다. 현재의 상황이나 사건을 과거의 느낌이나 사고로 받아들이는 것이 아니라 계속 진행되는 것으로 받아들이는 능동적 사고가 요구된다. 기존의 지식에 의하거나 과거를 답습하는 것에 그치는 것이 아니라 스스로 문제를 발견하고 방법을 찾으며 발전적 사고과정 속에서 일을 수행해가는 진행적 사고야말로 교육자의 발전을 가져올 것이다.

셋째, 21세기 교육지도자는 창의적 감성사고를 가진 교육자이어야 할 것이다. 지금까지의 고정관념을 버리고 새로운 자기 창조를 시도하고 비약적 사고를 가진 교육자가 필요하다. 창의적인 교육자는 스스로 방법지(方法知)를 창조하며, 이를 동료 교육자들과 더불어 공유할 수 있는 협동적인 교육자일 것이다.

넷째, 21세기 교육지도자는 미래를 투시하는 교육철학을 가진 교육자이어야 한다. 교육자가 가지고 있는 교육관, 인생관, 세계관 등은 교육의 배경을 제공한다. 앞으로의 교육자는 현재의 나를 인식하고 미래의 나와 우리를 인식하며 신지식인으로서 요구되는 교육철학을 갖고 있어야 할 것이다.

이상과 같이 학교에 대한 외부의 압력이 높아지고 있는 현실에서 교육지도자의 새로운 지도성을 몇 가지로 정리하면 다음과 같다.

첫째, 교육지도자는 중개자가 되어야 한다. 즉 학교 문제에 더 많은 참여를 요구하는 학부모 집단의 의견을 교육계에 반영되도록 하고, 또한 학교 내부의 요인과 학교 외부를 연결하는 역할을 해야 한다.

둘째, 교육지도자는 정치적 지도자이어야 한다. 수요자 중심 교육, 교원의 정년 단축, 교원 노동조합법의 시행 등은 그 문제의 당위성을 떠나서 학교지도자가 정치적 지도성을 발휘해 가야 하는 과제를 안고 있다. 교육지도자는 학교에서 이루어지는 다양한 활동에 대하여 정당성을 확보하고 학교활동의 장점, 지역사회에 대한 기여도 등을 성공적으로 홍보하여야 한다.

셋째, 교육지도자는 변화 지향적이어야 한다. 교육지도자는 상황에 자신을 적응시킬 뿐만 아니라 상황을 변화시킬 수 있는 사람이어야 한다. 따라서 주체적으로 상황을 개선하고 발전시키는 노력이 있어야 한다.

넷째, 교육지도자는 문화적 지도자이어야 한다. 학교장이 학교 조직효과성을 증대하기 위해서 진취적 문화 및 친화적 문화로 분위기를 유지하는 것이 학교 조직효과성을 증대시키는 방안이 된다(신재흡, 2002). 조직문화가 조성되어야 교사들은 긍지를 가지며 자신이 가진 능력을 최대한 발휘하게 된다. 즉 관료적 의사결정으로부터 참여적 의사결정의 문화로, 수락과 순응으로부터 창의와 비판적 사고의 문화로, 굳어진 계층적 구조로부터 전문적 · 동료적 구조의 문화로, 고립체제로부터 협동적 공동체 문화로, 수동적 태도로부터 적극적 및 열정적 태도의 문화로, 전통지향 학교로부터 혁신지향의 학교문화로, 기관과 개인의 비난으로부터 기관과 개인의 책임강조의 문화로, 경쟁으로부터 다양성의 문화로, 분리로부터 통합성의 새로운 학교문화로 전환하는데 학교장은 문화적 지도성을 발휘해야 한다(주삼환, 2000).

다섯째, 교장 스스로 자기성장을 위해서 피나는 노력을 해야 한다. 지식과 정보가 폭발적으로 늘어나고 변하는데 교장이 제자리에 멈춰 서 가지고는 지식 정보형 학생교육을 할 수 없다. 우리가 지금까지 남을 가르치기 위해서 노력을 많이 했으나 자기자신을 가르치기 위해서는 덜 노력했던 점을 솔직히 인정해야 한다. 내가 배워야 남을 가르칠 수 있다.

여섯째, 언젠가는 학교단위자율책임경영제로 갈 것이므로 학교장의 자율과 책임이 강조된다. 학교교육은 전적으로 교장의 책임하에 맡겨지게 되었다. 인사권, 재정권, 교육과정결정권이 모두 학교에 주어지게 된다. 이렇게 되면 교장은 교사들과 똘똘 뭉쳐 질 높은 교육서비스를 창출하고 제공하는 데 총력을 기울여야 한다.

교육지도자가 다양한 사회 변화와 사회의 요구에 부합하는 지속적인 노력, 세계의 흐름을 파악하는 명확한 예지력을 바탕으로 교육조직을 이끌어 갈 때 교육의 질은 향상될 수 있을 것이다. 결국 교육지도자의 지도성 함양은 이 시대가 요구하는 가장 시급한 과제라고 할 수 있다. 그런데 그러한 지도성은 누구에 의해서 어떻게 함양될 것인가? 그것은 무엇보다 지도자 자신이 주체적으로 자기 갱신적 노력을 기울임으로써 가능한 일이다. 지도성에 관한 많은 이론과 실제가 있다하더라도 그러한 이론과 실제가 자신이 처한 상황에 적합한 처방전이 될 수는 없다. 다만 그러한 이론과 실제들은 문제해결과 창조적 변혁을 위한 자원으로서 참고적 활용이 가능할 뿐이다. 결국 성공적 지도자가 되기 위해서는 자신이 처한 환경과 과업과 구성원에 따른 적합한 지도성을 선택, 부단히 피드백을 도모해갈 때 지도성 역시 성장해 가는 것이다. 교육지도자의 지도성 함양은 쉬운 일이 아니다. 하지만 미래를 새롭게 열고자 하는 지도자의 결단과 땀 흘림이 있다면 결코 어려운 일만도 아니다. 머뭇거리거나 주저함 없이 지도성에 대한 이해와 신념을 바탕으로 나아가는 교육지도자야말로 우리 교육의 미래를 활짝 열게 될 것이다.

참고문헌

기순신(2002). 교사론. 서울: 학지사.

민무숙, 조문현, 김재웅, 허현란(1999). 여교원의 학교행정직 및 교육전문직 진출 여건 조성 방안에 관한 연구. 서울: 한국여성개발원.

서정화, 서성옥, 김동희, 이수임(2002). 교장학의 이론과 실제. 서울: 교육과학사.

신재흡(2002). 교사가 지각한 학교장의 변혁적 지도성과 학교 조직문화 및 학교 조직효과성 간의 관계연구. 건국대학교대학원 박사학위논문.

윤종건, 허병기, 주철안, 김재웅, 신현석(2002). 전환시대의 한국교육행정. 서울: 도서출판 원미사.

이병진(2003). 새로운 교육의 패러다임 교육리더십. 서울: 학지사.

정범모, 이시형, 현동화, 이원영, 임승룡, 정영수 외 8명(1999). 21세기를 향한 교육개혁. 서울: 민음사.

주삼환(1997). 변화하는 시대의 장학. 서울: 도서출판 원미사.

주삼환(1999). 지식정보화 사회의 교육과 행정. 서울: 학지사.

주삼환(2001). 역사적 전환시대의 한국교육. 서울: 동문사.

주삼환(2002). 한국교육의 위기. 서울: 동문사.

허병기(1997). 학교와 전문성 문화. 교육행정학연구, 15(3).

Bryson, J., & Kelley, G. A.(1978). A Political Perspective on Leadership Emergence, Stability, and Change in Organizational Networks. *Academy Management Review, 3,* 712-723.

Gunter, H. M.(2001). *Leaders and Leadership in Education.* London: Paul Chapman Publishing.

Maynes, B., McIntosh & Mappin, D.(1966). Computer-based Simulations for School Principalship: Preparation for Professional Practice. *Educational Administration Quarterly, Vol. 32, No. 4.*

Prestine, N. A., & LeGrand, B. F.(1991). Cognitive learning theory and the Preparation of Educational Administrators: Implications for Practice and Policy, *Educational Administration Quarterly, Vol. 27, No. 1.*

Scchön, D. A.(1987). *Educating the Reflective Practitioner.* San Francisco: Jossey-Bass Publishers.

Shakeshaft, C.(1999). *The Struggle to Create a More Gender-inclusive Profession.* In J. Murphy & K. S. Louis(eds.). Handbook of Research on Educational Administration (2nd ed.). San Francisco: Jossey-Bass.

찾아보기

인명

내용

저자소개

주삼환

서울교육대학 교육학과 졸업
서울대학교 교육대학원 교육행정 전공(교육학석사)
미국 미네소타 대학교 대학원 교육행정 전공(Ph.D)
前 서울 시내 초등학교 교사 약 15년
한국교육학회 회원, 한국교육행정학회 회장(1999)
미국 오하이오 주립대학교 객원교수(2003~2004)
現 충남대학교 인문대학 교육학과 교수

• 저서

교육의 질 향상을 위한 장학의 이론과 기법(학지사, 2003), 교육행정 및 교육경영(공저, 개정판, 학지사, 2003), 미국의 교장(학지사, 2005), 교육행정강독(한국학술정보(주), 2005), 교육행정사상의 변화(한국학술정보(주), 2005), 교육행정철학(역, 한국학술정보(주), 2005), 대안적 교육행정학(공역, 한국학술정보(주), 2005), 미국교육행정(역, 한국학술정보(주), 2005), 사회과학이론 입문(공역, 한국학술정보(주), 2005), 수업분석과 수업연구(공저, 한국학술정보(주), 2005), 올바른 교육행정을 지향하여(한국학술정보(주), 2005), 우리의 교육, 몸으로 가르치자(한국학술정보(주), 2005), 임상장학(역, 한국학술정보(주), 2005), 입문 비교교육학(역, 한국학술정보(주), 2005), 전환적 장학과 학교경영(한국학술정보(주), 2005), 질의 교육과 교육행정(한국학술정보(주), 2005), 허즈버그의 직무동기이론(역, 한국학술정보(주), 2005), 교육이 바로서야(원미사, 2002), 역사적 전환시대의 한국교육(동문사, 2001), 교양 인간관계론(공역, 법문사, 1987) 외 다수

신재흡

계명대학교 인문과학대학 졸업(문학사)
건국대학교 대학원 교육학 석사
건국대학교 대학원 교육학 박사
한국교육학회, 한국교원교육학회, 한국교육재정경제학회, (사) 교육종합연구소 정회원
현재: 한국교육행정학회 학술편찬위원, 한국유아교육 · 보육행정학회 이사,
건국대학교 사범대학, 한성대학교 교직과, 서일대학 유아교육학과 외래교수

• 저서 및 논문

『교육방법과 교육공학』(서울: 동문사, 2002), 『교육사회학』(서울: 학이당, 2004), 『교육학의 이해』(서울: 학이당, 2004), 『21C 지식 및 정보기반사회에서의 장학행정 이론과 실제』(서울: 학이당, 2004), 『교육심리학』(서울: 박학사, 2005), 『한국 교육행정발달사 탐구』(서울: 집문당, 2005), 『유아교사론』(서울: 양서원, 2006), 『교사가 지각한 학교장의 변혁적 지도성과 학교 조직문화 및 학교 조직효과성 간의 관계연구』(서울: 한국교육행정학회, 2002. 10), 『협동학습을 통한 국어과 심화 · 보충형 ICT 교수-학습지도 자료개발』(서울: 교육인적자원부, 2004), 『평생학습국가 건설에 따른 유아교육 · 보육시스템의 기능 강화 방안』(서울: 한국유아교육 · 보육행정학회, 2005) 외 다수

학교경영의 이론과 실제

2006년 3월 3일 1판 1쇄 인쇄
2006년 3월 10일 1판 1쇄 발행

지은이 • 주삼환 · 신재흡
펴낸이 • 김진환
펴낸곳 • 학지사
121-837 서울시 마포구 서교동 352-29 마인드월드빌딩 5층
대표전화 • 02-326-1500 팩스 • 02-324-2345
등록 • 1992년 2월 19일 제2-1329호
홈페이지 www.hakjisa.co.kr

ISBN 89-5891-228-6 93370
가격 18,000원